제3판

IFRS 회계원리

PRINCIPLES OF ACCOUNTING

이창우 · 김갑순 · 조형득

博 英 社

제 3 판 머리말

본서의 제 2 판은 2007년 9월에 출간되었다. 이보다 5개월여 전인 2007년 3월 15일에 한국회계기준원과 국제회계기준도입준비단은 국제회계기준(IFRS)을 전면 도입할 것을 국제사회에 선포하고, 국제회계기준 도입로드맵을 발표하였다.

그리고 이에 따라 한국회계기준위원회(KASB)는 IFRS에 대한 번역작업을 마친 후 2007년 12월 21일 한국채택국제회계기준(약칭 K-IFRS)을 제정 공표하였다. 그리고 공인회계사 시험을 주관하고 있는 「금융감독원」은 2010년부터 공인회계사 시험에 K-IFRS를 출제하는 것으로 결정하였다. 국제회계기준은 공정가치 측정을 광범위하게 수용하고, 연결재무제표를 기본재무제표로 공시한다는 점에서 기존회계기준과 차별된다. 이러한 국제회계기준의 도입은 현재의 우리나라 회계환경에 많은 변화를 초래할 것이다.

올해 2009년은 금융회사를 제외하고 어떤 기업이든 선택에 의해 국제회계기준을 적용할 수 있는 첫해가 된다. 금융회사가 아닌 상장사의 경우는 만약 올해 국제회계기준 적용을 선택하지 않을지라도 2011년부터는 개별재무제표 및 연결재무제표를 작성함에 있어 국제회계기준을 의무적으로 적용해야 한다. 2011년 재무제표를 공시할 때 2010년 제무제표를 비교하여 제시해야 하는 것을 고려한다면 상장사의 경우 국제회계기준에 의한 회계정보 작성은 당장 내년부터 이루어져야 하는 당면과제라 할 수 있다.

이에 본서도 K-IFRS의 내용을 대폭 반영하여 「IFRS 회계원리」라는 제목으로 제 3 판을 출간하게 되었다. 제 3 판에서는 그 동안 저자들이 본서를 교재로 강의하며 느꼈던 문제점과 본서를 사용하신 많은 분들이 지적하고 제안해 주신 사항들을 보다 충실히 반영하고자 노력하였다.

국제회계기준의 전면도입에도 불구하고 회계의 근본원리에 변화가 발생한 것은 아니다. 하지만 '대차대조표'라는 용어가 '재무상태표'로 개정된 것이 상징하듯이 관습을 중시하는 회계학에서 그 어느 때보다도 많은 변화가 이루어진 것은 사실이다. 이에 제 3 판에서는 다음과 같은 점에 중점을 두어 개정작업을 진행하였다.

첫째, 기존의 기준체계가 규정(rules) 중심이었다면, 국제회계기준은 원칙(principles) 중심의 체계라 할 수 있다. 그리고 이러한 원칙은 개념(concepts)에 바탕을 두고 있다. 따라서 이번 개정에서는 K-IFRS "재무제표의 작성과 표시를 위한 개념체계"와 K-IFRS 제1001호 "재무제표 표시"를 제 2 장에 전면 반영하였다.

둘째, K-IFRS에서는 기존의 용어를 일부 개정하여 사용하고 있다. 이에 본서에서는 새롭게 개정된 용어를 전면 반영하였다.

셋째, K-IFRS에서는 금융상품의 표시와 측정에 상당한 변경이 있었다. 본서에서는 이러한 변경사항을 제 9 장과 제12장에 충실히 반영하였다.

넷째, K-IFRS가 공정가치 회계를 강조함에 따라 기존에 원가법으로만 측정하던 유형자산과 무형자산에도 공정가치법을 사용할 수 있도록 하였다. 본서에서는 제13장과 제14장에서 이러한 재평가모형을 설명하였다.

다섯째, K-IFRS는 퇴직급여에 대한 기존의 회계처리방법에서 퇴직연금제도의 도입에 따른 새로운 회계처리방법을 사용하고 있다. 따라서 본서에서는 제15장에 퇴직연금제도에 관한 내용을 소개하였다.

마지막으로, K-IFRS에서는 현금흐름표의 표시방법에 일부 변경이 있어 본서에서는 제17장에 이러한 변경사항을 반영하였다.

이번에 정부가 국제회계기준을 전면도입하기로 결정하게 된 배경에는 외환위기 이후 기업회계 선진화를 위해 회계제도 개선을 지속적으로 진행하여 왔음에도 불구하고 기업의 재무상태와 경영성과를 표시하는 기초언어인 회계처리기준이 국제회계기준과 달라 우리나라의 회계신인도가 선진국에 미치지 못하는데 한 원인이 있었다. 하지만 우리가 바라는 회계신인도의 향상은 국제회계기준의 전면도입만으로 달성될 수 있는 것이 아니다. 국제회계기준의 전면도입은 회계신인도 향상을 위한 하부구조를 튼튼히 한 것에 해당한다. 지금부터 중요한 것은 국제회계기준에 대한 올바른 이해와 적용이다. 본서가 국제회계기준을 바르고 쉽게 이해하는 데 작은 도움이라도 될 수 있기를 바라마지 않는다.

본서의 출판을 위해 그 동안 많은 분들이 도움을 주셨다. 본서의 출간을 위해 적극적으로 지원하여 주신 박영사의 황인욱 전무님, 조성호 부장님, 그리고 더운 날씨에도 불구하고 편집을 위해 애써주신 김양형 편집위원님을 비롯한 편집부 직원분들께 진심으로 감사드린다.

끝으로 저자들이 본서를 개정하는 동안 항상 옆에서 용기와 위로를 준 가족들에게 고마운 마음을 전하고, 우리가 행하는 모든 일에 언제나 풍성한 은혜를 베풀어 주시는 하나님께 모든 영광을 돌린다.

2009년 8월

이창우 · 김갑순 · 조형득

제 2 판 머리말

본서의 수정판이 출간된 지도 벌써 3년 반이라는 시간이 흘렀고 그 동안 국내외의 회계환경에는 많은 변화가 이루어져 왔다. 국제적인 정합성을 갖춘 새로운 기업회계기준서가 계속 발표되면서 기업들의 회계처리 선진화에 기여하고 있고, 또한 국제회계기준(IFRS)의 전면적인 도입에도 힘을 기울이고 있는 상황이다.

그 동안 본 교재를 사용하신 많은 분들이 격려와 충고를 해 주셨다. 고마우신 분들의 격려와 충고를 바탕으로, 저자들이 본서를 교재로 채택하여 학생들을 가르치면서 느낀 점 및 독자들이 궁금해 하던 것들을 종합하여 본 교재를 이용하는 독자들이 보다 쉽게 회계원리를 이해할 수 있도록 노력하였다.

이러한 점들을 제 2 판에 반영한 결과, 세부적인 면에서는 변화가 많았지만 회계원리에서 다루어야 할 근본적인 부분에서는 큰 변화가 없다고 보아 기본적으로는 수정판과 같은 골격을 유지하였다. 제 2 판에서는 다음과 같은 사항들에 중점을 두고 작업을 진행하였다.

첫째, 새로운 기업회계기준서, 특히 기업회계기준서 제21호 "재무제표의 작성과 표시 1"을 전면적으로 반영하였다. 이에 따르면 기업의 기본 재무보고서는 대차대조표와 손익계산서, 현금흐름표, 이익잉여금처분계산서 및 자본변동표로 구성된다.

둘째, 재무회계개념체계에서는 차익과 차손이라는 용어를 사용하였기 때문에 수정판에서는 계정과목에 차익과 차손이라는 용어를 사용하였지만, 기업회계기준서 제21호에서는 계정과목으로 차익과 차손이라는 용어를 사용하지 않도록 하였다. 따라서 제 2 판에서는 평가차익과 평가차손을 평가이익과 평가손실로, 처분차익과 처분차손을 처분이익과 처분손실로 수정하여 사용하였다.

셋째, 새로운 기업회계기준서에 따라 일부 계정과목 및 계정과목의 정의를 수정하였고, 특히 무형자산과 자본의 상당 부분은 수정 및 재집필하였다. 이를 통해 독자들은 변화하는 기업환경을 기업의 언어인 회계로 적절히 표현할 수 있을 것으로 생각된다.

넷째, 다양하고 수준 높은 연습문제를 보강하였다. 본문에서 다룬 기본적인 내용들을 응용하는 문제 이외에 최근에 출제된 공인회계사시험이나 세무사시험 문제 중에서 회계원리를 공부한 독자들이 접근할 수 있는 문제들을 선별하여 연습문제에 추가하였다.

다섯째, 국제적인 회계환경에서 공정가치회계에 대한 관심이 높아짐에 따라 공정가치의 의미와 측정방법에 관한 내용을 추가하였다. 이 주제는 회계원리 및 회계학의 전반적인 부분에 해당되는 내용이고, 또한 접근방법이 쉽지 않기 때문에 본서의 마지막 부분인 부록에 수록하였다.

제 2 판에서는 동국대학교의 김갑순 교수가 저자로 새롭게 합류하였다. 김갑순 교수는 수정판의 전반적인 내용과 구성을 검토하여 본서가 나아가야 할 방향을 설정하는 데 많은 도움을 주었고, 또한 제 2 판의 개정작업에 직접 참여함으로써 새로운 저자로 합류하게 되었다.

본서의 출판을 위해 그 동안 많은 분들의 도움을 받았다. 본서의 출간을 위해 적극적으로 지원하여 주신 박영사의 황인욱 전무님, 조성호 차장님, 그리고 더운 날씨에 여름휴가도 반납하고 무척이나 힘든 편집과정을 매우 효율적으로 수행해 주신 마찬옥 부장님을 포함한 편집부 직원분들께 진심으로 감사드린다.

끝으로 저자들이 본서의 출간을 위해 애쓰는 동안 항상 옆에서 큰 힘이 되어준 가족들에게 고마운 마음을 전하고, 무엇보다도 언제나 은혜를 풍성하게 베풀어 주시는 하나님께 깊은 감사를 드린다.

2007년 8월

이창우 · 김갑순 · 조형득

머리말

현재 우리나라에는 300여 종이 넘는 회계원리 서적이 있다고 한다. 이렇게 수많은 교재 중에서 '어떠한 회계원리 교재가 가장 좋은가' 하는 질문을 학생들로부터 받을 때마다 저자의 답변은 항상 동일하였다. 즉, 모든 교재가 동일하다고 생각하며 문제는 독자들이 그 교재를 어떻게 사용하는가에 달려 있다는 것이다. 그러나 회계원리를 공부하고자 하는 학생들의 학습습관이 다르듯이 회계원리를 강의하시는 교수들의 강의방법 역시 각각 다르다고 할 수 있다. 이러한 관점에서 본서는 저자가 재직하고 있는 서울대학교에서 학부과정 학생들을 대상으로 회계원리를 강의하면서 중요하다고 생각하여 수업시간에 다룬 여러 주제들을 중심으로 집필한 것이다. 따라서 본서의 내용 대부분은 다른 회계원리 교재와 거의 동일하지만 어느 특정 부분에서는 다른 교재에 비해 좀더 깊은 논의를 하고 있으며, 경우에 따라서는 회계원리의 수준을 넘는 내용도 포함되어 있다.

본서는 다음과 같이 4부로 구성되어 있다. 먼저 제 1 부에서는 회계로부터 산출되는 회계정보의 역할에 대해 설명하였다. 제 1 장에서는 현대 경제활동의 중심이 되는 주식회사와 기업이 수행하는 여러 활동에 대해 다루었다. 그리고 회계와 회계정보의 의의 및 회계정보 이용자에 대해 언급하였다. 제 2 장에서는 회계학에서 전반적으로 적용되는 이론구조와 기업이 작성하고 공시해야 하는 재무보고서의 기본적인 형태와 구성요소에 대해 설명하였다. 독자들은 제 1 부를 공부함으로써 회계학의 기초를 이해할 수 있을 것이다.

제 2 부는 거래로부터 재무보고서가 작성되기까지의 회계순환과정에 대한 논의를 하였다. 제 3 장에서는 기업의 경제활동을 회계장부에 인식하고 기록하는

과정을 다루었고, 제 4 장에서는 거래를 회계장부에 인식한 이후의 과정으로서 시산표의 작성과 결산 시에 수행하는 조정분개에 대해 설명하였다. 그리고 제 5 장에서는 앞의 과정에 이어 정산표 작업을 통한 재무보고서 작성방법에 대해 서술하였다. 제 3 장부터 제 5 장까지는 회계시스템이 비교적 간단한 서비스기업을 이용하여 회계순환을 설명하고, 제 6 장과 제 7 장에서는 회계시스템이 좀더 복잡한 상품매매기업과 제조기업의 회계기록과정에 대해 다루었다. 제 2 부를 공부한 독자들은 거래를 회계장부에 인식하는 방법부터 간단한 재무보고서를 작성하기까지의 회계순환과정을 이해하고 실행할 수 있는 능력을 갖출 수 있을 것이다.

제 3 부는 계정과목별 회계처리를 설명하여 제 2 부의 회계순환과정에서 언급한 재무보고서의 각 구성내역들에 대한 기술적이고 세부적인 항목을 다루었다. 제 8 장에서는 기업 유동성의 핵심이 되는 현금과 금융상품에 대해 언급하였고, 제 9 장에서는 유휴자금을 단기간에 투자하는 단기매매증권을 설명하였다. 제10장에서는 거래회사에 신용을 제공하거나 거래회사로부터 신용을 제공받음에 따라 발생하는 수취채권과 지급채무에 대해 다루었고, 제11장에서는 기업의 영업활동과정에서 판매를 위한 상품이나 판매를 위한 제품의 생산에 사용할 목적으로 필수적으로 보유해야 하는 재고자산에 대해 살펴보았다. 제 8 장부터 제11장까지는 대차대조표의 유동자산으로 분류되는 항목들이다.

제12장에서는 장기적인 투자나 영향력 행사를 목적으로 한 투자자산을 설명하였고, 제13장에서는 기업의 영업활동에 사용할 목적으로 보유하는 유형자산을 다루었다. 제14장에서는 무형자산과 이연법인세의 회계처리에 대해 언급하였는데, 이연법인세 회계는 회계원리 수준에서는 쉽지 않은 주제이지만 재무보고서의 작성 및 이해를 위해서는 필요한 항목이라 판단하여 설명하기로 하였다. 제12장부터 제14장까지는 대차대조표의 고정자산으로 분류되는 항목들이다.

제15장에서는 회사채를 중심으로 고정부채의 회계처리에 대해 설명하였고, 제16장은 기업의 소유주지분(자본)에 대해 언급하였다. 제15장과 제16장은 대차대조표의 대변을 구성하는 부채와 자본을 다루는 부분이다. 제 3 부를 공부한 독자들은 재무보고서를 구성하는 각 항목들의 기본적인 회계처리방법을 파악할 수 있으므로 재무회계의 이론과 실무에 대한 기초를 어느 정도 갖추게 된다고 할 수 있다.

제 4 부에서는 회계정보의 활용에 대해 설명하였다. 앞의 제 2 부와 제 3 부는 회계정보의 생산 측면을 강조한 부분인데 반해 제 4 부는 생산된 회계정보의 활용 측면을 다룬다. 제17장에서는 기업의 다양한 활동에 따른 현금흐름을 파악할 수 있는 현금흐름표에 대해 설명하였고, 제18장에서는 이미 작성된 회계정보를 바탕으로 다양한 의사결정에 활용하는 재무제표 분석을 다루었다. 제 4 부를 공부한 독자들은 앞에서 배운 회계의 내용들을 의사결정에 응용할 수 있게 될 것이다.

저자들의 노력에도 불구하고 본서에는 미흡한 점이 많으리라고 생각한다. 본서를 이용하여 강의하시거나 공부하면서 궁금한 점이나 개선할 사항이 있으면 언제든지 저자들에게 연락을 주시기 바란다. 본서를 사용하시는 분들의 고견을 적극적으로 반영하여 앞으로 좀더 좋은 교재로 개선해 나갈 것을 약속한다.

본서의 출판과 관련하여 그 동안 많은 분들의 도움을 받았다. 먼저 각 장의 연습문제를 엄선하여 직접 작성하여 준 서울대학교 대학원 경영학과의 한학주 군과 홍명주 양에게 깊은 감사를 드린다. 이들은 본서의 집필과정에서 매우 유익한 제안을 하여 주었으며 원고의 정리와 교정작업에도 큰 도움을 주었다. 또 본 저자가 회계원리 강의를 하는 동안 수업을 들으면서 적극적으로 수업에 참가하여 좋은 질문과 제안을 하여 준 여러 수강생들에게 심심한 감사를 표하고자 한다. 본서의 집필은 이들의 의견을 바탕으로 시작하게 된 것이라고 볼 수 있다. 본서의 출간을 위해 적극적으로 지원하여 주신 박영사의 황인욱 전무님, 조성호 과장님, 송창섭 님, 그리고 무척 힘든 편집과정을 매우 효율적으로 수행하여 주신 홍석태 대리님을 포함한 편집부 직원분들께 진심으로 감사드린다.

끝으로 저자들이 본서를 집필하는 동안 항상 옆에서 큰 힘이 되어 준 가족들에게 고마운 마음을 전하고, 무엇보다도 항상 은혜를 주시고 힘이 되어 주시는 아버지 하나님께 무한한 감사를 드린다.

2003년 여름

이창우 · 조형득

[수정판 안내]

기업회계기준서의 제정 등으로 수정판에서는 다음과 같은 사항들을 변경하였다.

첫째, 재무제표의 작성과 표시에 관한 기업회계기준서가 개정되어 기업의 주요 재무보고서 중의 하나인 이익잉여금처분계산서를 자본변동표로 수정하였다.

둘째, 재무제표의 작성과 표시에 관한 기업회계기준서를 바탕으로 자산과 부채의 분류를 변경하였다. 즉 기존에는 자산과 부채를 유동자산과 고정자산, 유동부채와 고정부채로 나누었는데, 새로운 기업회계기준에서는 유동자산과 비유동자산 및 유동부채와 비유동부채로 분류하도록 개정되어 이러한 변경사항을 수정판에 반영하였다.

셋째, 재무회계개념체계에서 이득과 손실을 차익과 차손으로 용어를 변경하였다. 따라서 수정판에서는 처분이익을 처분차익으로, 처분손실을 처분차손으로 변경하였으며, 평가이익을 평가차익으로, 평가손실을 평가차손으로 변경하였다. 예를 들어 유형자산처분이익은 유형자산처분차익으로 수정하였으며, 단기매매증권평가손실은 단기매매증권평가차손으로 수정하였다.

넷째, 제14장의 이연법인세 부분을 전면 재집필하였다. 이연법인세 부분의 내용이 회계원리 수준에서는 다소 어렵다고 판단되어, 수정판에서는 이를 전면 손질하여 독자들이 이연법인세의 개념에 대해 이해할 수 있도록 배려하였다.

다섯째, 연습문제 해답이 없어 공부하기에 어려움이 있다는 지적을 받아, 수정판에서는 연습문제 해답을 부록에 첨부하여 독자들이 참고할 수 있도록 하였다.

2004년 2월

차 례

제 1 부 회계정보의 의의

제 1 장 기업활동과 회계정보

제 2 장 재무제표

제 5 장 정산표와 재무제표의 작성

제 6 장 상기업의 회계기록과정

제11장 재고자산

제12장 장기투자목적 금융자산

제13장 유형자산과 투자부동산

제14장 무형자산과 이연법인세

제15장 비유동부채

제16장 자 본

제 4 부 회계정보의 활용

제17장 현금흐름표

Part 1 회계정보의 의의

chapter 01

기업활동과 회계정보

A · C · C · O · U · N · T · I · N · G

chapter 1

기업활동과 회계정보

제 1 절 기업의 의의와 기업활동

1.1 기업의 의의

기업(enterprise)은 인적자원과 물적자원을 결합하여 재화와 용역을 생산하고 고객에게 판매하여 얻은 이익을 분배하거나 재투자하는 활동을 함으로써 성장하는 조직이라고 정의할 수 있다. 이러한 견해는 기업이 외부의 이해관계자로부터 취득한 자원을 바탕으로 내부프로세스를 활용하여 부가가치를 창출하고 이를 다시 외부로 인도하여 이익을 창출하면서 발전해 가는 조직이라고 보는 것이다.

이러한 관점에서 기업을 바라보면, 기업은 자신을 둘러싼 여러 이해관계자들과 많은 교류를 하고 있으며 이에 따라 많은 경제적 자원들이 교환되고 있다. 기업은 노동력과 자본, 그리고 설비나 원자재 등의 자원을 기업내부로 유입시키고, 이러한 자원을 활용하여 재화나 용역을 생산한 후 다시 외부에 판매한다.

즉, 투입물시장(input market)으로부터 각종 자원들을 공급받고 기업의 내부프로세스를 통해 이들 자원을 활용하여 고객에게 가치 있는 생산품을 만들어내어 산출물시장(output market)을 통해 고객에게 전달하여 이익을 창출하는 것이다.

이러한 관점을 그림으로 나타내보면 〈자료 1-1〉과 같다.

〈자료 1-1〉에서 보면 기업은 세 종류의 투입물시장 및 한 종류의 산출물시장과 경제적 자원을 교환하며 경영활동을 하고 있음을 알 수 있다. 이러한 활동을 구체적으로 살펴보면 다음과 같다.

자료 1-1 기업활동 모형

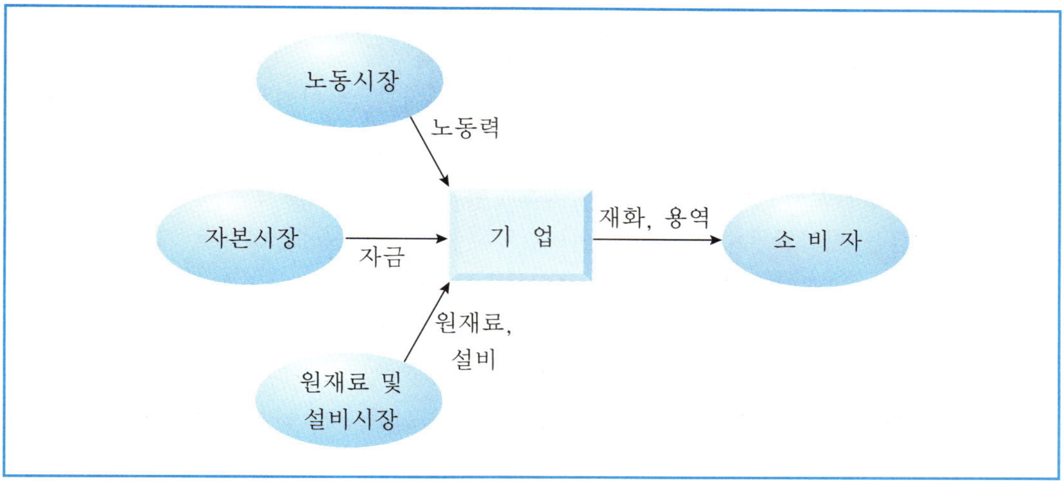

자료: 이창우 외 공저, 「재무제표의 이해」.

첫째, 기업이 경영활동을 수행하기 위해서는 자금이 필요하다. 경영활동에 필요한 자금은 자기가 보유하고 있는 것을 사용하기도 하지만, 일반적으로 자본시장(capital market)을 통해 조달한다. 이 경우 기업은 다양한 방법으로 자본시장으로부터 자금을 조달할 수 있는데, 가장 일반적인 방법은 금융기관에서 차입하거나 주식이나 사채를 발행하는 것이다.

주주는 기업이 발행한 주식을 구입한 사람이고, 채권자는 사채를 구입하거나 신용으로 자금을 대여한 사람이다. 이러한 주주나 채권자들은 그 기업이 사용한 자금에 대한 대가를 적절히 지급할 수 있는지에 대해 관심을 갖게 된다.

둘째, 기업은 자본시장으로부터 조달된 자본을 바탕으로 생산설비를 구입한다. 생산설비는 기업의 영업활동에 활용할 목적으로 구입한 것으로서 토지나 건물, 기계장치 및 차량운반구 등이 이에 포함되는데, 이를 취득하기 위해서는 거액의 자금이 소요된다. 따라서 생산설비의 취득은 기업의 최고경영진의 의사결정이 필요한 활동이며, 경영자는 여러 정보를 활용하여 이러한 취득활동이 기업에 충분한 수익성을 가져오는지에 대해 사전에 조사해야 한다.

셋째, 노동시장으로부터 생산활동을 담당할 인력을 확보하여 앞에서 언급한 생산설비 및 원자재와 함께 제조활동에 투입한다. 그리고 인력은 생산활동 이외에도 판매 및 관리활동에도 투입되어 재화와 용역의 판매와 기업의 일반관리를 위해 일하게 된다. 이러한 근로자들도 자신들이 일하는 기업이 임금을 충분히 줄 수 있고 발전가능성이 있는 기업인지에 대해 궁금해 한다.

넷째, 생산활동을 통해 생산된 재화와 용역은 소비자들에게 판매된다. 재화와 용역이 판매되기 위해서는 소비자들의 욕구를 충족시켜야 하는데, 소비자를 만족시킨 재화와 용역에 대해서는 소비자들이 높은 가격을 지불하여 생산에 소요된 비용보다 더 높은 가격을 받을 수 있게 된다.

가치있는 재화와 용역의 판매로부터 기업은 이익을 창출하여 근로자들에게 임금을 지불할 수 있고, 채권자와 주주에게 자금사용의 대가를 지불하며, 남은 자금은 미래의 투자를 위해 기업내부에 보관한다.

이와 같은 기업활동은 (1) 자본시장을 통해 자금을 조달하는 재무활동, (2) 생산설비를 구입하는 투자활동, (3) 재화나 용역을 생산하고 외부에 판매하는 영업활동의 세 가지로 분류할 수 있다. 이에 대해서는 다음에서 자세히 알아보기로 한다.

1.2 기업의 활동

재무활동(financing activities)은 기업이 필요로 하는 자금을 조달하는 활동이다. 기업이 경영활동을 수행하기 위해서는 거액의 자금이 필요한데, 자기가 보유하고 있는 자금으로는 그것을 모두 충당하는 것이 사실상 어렵다. 따라서 외부로부터 자금을 조달해야 하는데, 이 때 기업이 필요한 자금의 규모와 조달방법을 결정하여 실제로 자금을 조달하는 기업의 활동을 재무활동이라 한다.

자금을 조달하기 위해서는 주식이나 사채를 발행하거나 금융기관에서 차입해야 한다. 이 중에서 주식을 발행하여 자금을 조달한 것을 자기자본(owners' equity)이라 하고, 금융기관에서 차입하거나 사채를 발행하여 자금을 조달한 것을 타인자본이라 한다.

투자활동(investing activities)은 재화를 생산하거나 생산된 재화를 판매하기 위한 영업활동에 사용하기 위해 필요한 자원을 취득하거나 처분하는 활동을 말한다.[1] 투자활동으로 취득하는 자원으로는 토지와 건물, 기계장치, 차량운반구 등이 있는데, 토지와 건물은 생산활동을 위한 공장 등의 건설을 위해 필요하고, 기계장치는 재화를 직접 생산하는 데 활용되며, 차량운반구는 생산된 재화를 외부

1) 일반적으로 회계에서는 '매입'과 '취득'을 구분하여 사용한다. 상품과 같은 재고자산을 사는 것을 '매입'이라고 하고, 기계장치와 같은 유형자산을 사는 것을 '취득'이라고 한다. 또한 '매출'과 '처분'도 구분하여 사용한다. 상품과 같은 재고자산을 파는 것을 '매출'이라고 하고, 토지와 같은 유형자산을 파는 것을 '처분'이라고 한다. 회계에서 이들 용어를 구별하여 사용하는 이유는 재고자산과 다른 자산의 성격과 중요성에 차이가 있기 때문이다.

에 판매하거나 원자재를 운반할 때 사용되는 자원이다.

영업활동(operating activities)은 투자활동으로부터 취득한 자원을 바탕으로 재화와 용역을 생산하고 이것을 소비자에게 판매하여 수익을 창출하는 활동이다. 기업은 영업활동을 통해 수익을 창출하고 이를 바탕으로 생산비용과 근로자의 노동 및 사용한 자금에 대한 대가를 지불하며, 나머지는 내부에 유보하여 미래의 성장을 위해 재투자한다.

그러므로 영업활동의 결과는 바로 기업의 경영성과와 연계되어 기업이 성장하거나 쇠퇴하는 원인이 되기 때문에 영업활동이 기업활동의 핵심이라 할 수 있다.

이러한 세 가지 활동은 독립적으로 이루어지는 것이 아니라 상호 연관되어 수행된다. 기업활동은 경영자의 의사결정을 통해 이루어지는데, 경영자는 장기계획을 수립하여 투자의사결정을 하고 투자에 소요되는 자금을 조달하기 위해 재무활동을 한다. 그리고 이러한 투자 및 재무활동을 바탕으로 기업고유의 영업활동에 대한 의사결정, 즉 원재료의 구입량과 구입시기, 재화의 생산량과 생산시기 및 판매량과 판매시기 등에 대한 의사결정을 수행한다. 이러한 세 가지 활동을 통합적으로 수행하는 경영자의 활동을 경영관리(management)라고 한다.

제 2 절 기업의 형태

2.1 주식회사의 의의

오늘날 자본주의 경제사회에서 대표적인 기업의 형태는 상법에 의해 설립한 주식회사(corporation)이다. 주식회사는 소유주(owners)와 별도로 구분되는 실체로서 사람이 가지는 많은 권리와 의무를 가지는 주식회사 자체의 법인격이 있다. 즉, 주식회사의 이름으로 계약을 할 수 있고 물건을 사거나 팔 수도 있으며 재산을 보유하기도 한다. 또한 돈을 빌릴 수도 있고 사람을 고용하고 해고하기도 하며 소송을 걸거나 소송을 제기당하기도 한다. 이와 같이 주식회사와 같은 기업은 소유주와 별개의 독립된 실체로 존재하는데, 이를 기업실체(business entity)라고 한다.

주식회사는 대규모의 자본조달이 필요한 기업에 적합한 형태이다. 왜냐하면

주식회사는 회사에 대한 소유권을 분할한 주식(stock)을 발행함으로써 일반 대중으로부터 많은 자금을 모을 수 있기 때문이다. 투자자들이 주식을 구입하는 이유는 다음의 두 가지이다.

첫째, 주식의 보유기간 동안에 기업가치가 상승하여 나중에 높은 가격에 판매함으로써 자본이득(capital gain)을 얻을 수 있기 때문이고, 둘째, 주식의 보유기간 동안에 자금을 사용한 대가로 주식회사에서 주주들에게 배당금(dividends)을 지급하기 때문이다. 결국 투자가들은 자본이득과 배당이득을 얻을 수 있기 때문에 주식회사의 주식을 소유하고 주식회사는 투자가들에게 이러한 효용을 제공하면서 대규모의 자금을 조달할 수 있는 것이다.

주식회사를 조직하여 사업을 하면 개인기업이나 다른 종류의 기업(조합기업, 합명회사, 합자회사, 유한회사)들보다 유리한 점은 다음과 같다.

첫째, 소유권(주식)의 이동이 자유롭다. 개인기업은 소유권이 개인에게만 집중되어 있으므로 이동이 불가능하고, 조합회사나 유한회사 등은 소유지분을 가진 다른 사원(partner) 모두의 동의가 있어야 소유권을 이전할 수 있다. 하지만 주식회사에서는 주식의 이동이 자유로우므로 해당 기업이 매력적인 투자대상이라고 판단한 투자자들은 그 회사의 주식을 마음대로 살 수 있으며, 현재의 주주 또한 제한 없이 자신의 소유지분을 판매할 수 있다.

둘째, 주식회사의 주주는 유한책임(limited liabilities)만을 부담한다. 개인기업의 소유주나 조합기업의 조합원 및 합명회사나 합자회사의 무한책임사원은 기업이 부담하는 모든 채무에 대해 책임을 져야 하므로 무한책임의 의무가 있다고 할 수 있다. 그러나 주식회사의 소유주인 주주는 주식회사의 채무에 대해 개인적으로 변상해야 할 책임이 없고 자신이 투자한 투자액의 범위 내에서만 책임을 부담하면 된다.

예를 들어, 부채가 500원인 상황에서 파산한 주식회사에 100원을 투자한 주주가 있다면 이 주주는 500원의 부채가 아니라 자신이 투자한 100원에 대해서만 책임지면 되는 것이다. 즉, 주식과 같은 지분증권에 투자한 투자자는 회사가 발행한 사채와 같은 채무상품에 투자한 투자자에 비해 회사가 청산할 때 잔여재산에 대한 분배순위가 늦기 때문에 자신이 투자한 100원을 회수하지 못할 뿐이지 회사에 대한 채권회수를 목적으로 채권자가 주주의 개인재산까지 요구할 수는 없는 것이다.

셋째, 주식회사는 대규모의 자본조달이 용이하다. 주식의 이동이 자유롭고 주주가 유한책임을 지기 때문에 주식회사의 주식을 소유한다는 것이 일반 대중에게는 유용한 투자수단이 된다. 또한 주식회사의 소유권인 소유주지분이 소규모의 금액인 주식으로 분할되어 있기 때문에 투자자들은 소액의 자금만으로 주식을 취득하여 자본이득과 배당이득을 추구할 수 있고, 기업은 많은 대중에게서 자금을 모을 수 있으므로 거액의 자금을 어렵지 않게 조달할 수 있다.

넷째, 주식회사는 소유주와는 별도의 법인격을 가진다. 개인기업이나 조합기업에서는 소유주나 조합원의 사망과 같은 상황에서는 영업을 지속할 수 없지만, 소유주(주주)와 별도의 법인격을 가지고 있는 주식회사는 이러한 소유주의 상황이 계속기업으로서의 존속에 영향을 끼치지 못한다. 그리고 주식회사 자체로 권리와 의무를 행사할 수 있으므로 의사결정이 신속하게 이루어질 수 있다.

다섯째, 주식회사는 소유와 경영이 분리됨에 따라 전문적인 경영을 할 수 있다. 일반적으로 개인기업의 소유주와 조합기업의 조합원, 합명회사나 합자회사의 무한책임사원은 회사의 주인임과 동시에 사업의 경영자이지만 이들이 모두 회사를 경영할 수 있는 적절한 능력을 소유했다고는 볼 수 없다. 그러나 주식회사에서는 대부분의 주주들이 회사의 일상적인 경영활동에는 참가하지 않고, 전문경영자들을 고용하여 경영활동을 하고 있다.

주식회사의 소유주들은 보통 1년에 한 번 이루어지는 주주총회(general stockholders' meeting)에 참가하여 경영자의 경영성과를 평가하거나 경영진을 선임하는 등 회사경영에 간접적인 역할만 수행하고 있다. 이와 같이 소유와 경영이 분리된 주식회사에서는 경영의 전문가들이 사업을 함에 따라 더 나은 경영성과를 얻을 수 있다.

그러나 주식회사제도를 활용하면 다음과 같은 단점도 있게 된다.

첫째, 주식회사가 얻은 소득에 대해 법인세와 소득세의 이중과세를 부담하게 된다. 개인기업이 벌어들인 소득에 대해서는 소득세만 납부하면 된다. 그러나 주식회사는 별도의 법인격을 가지고 있으므로 법인세(corporate income tax)를 납부해야 한다. 그리고 주식회사의 소유주인 주주들은 주식회사가 지급한 배당에 대한 개인소득세(personal income tax)를 납부해야 한다.

둘째, 주식회사는 법률에 의해 세워졌으므로 정부의 규제가 많아진다. 그리고 개인기업에 비해 이해관계자(주주, 채권자, 근로자, 사회단체 등)들이 다양하므로 이해관계자들의 욕구를 충족시키기 위해 노력해야 한다. 따라서 본질적인 사업 이외의 다른 활동들에 대해서도 많은 관심을 가져야 한다.

셋째, 대리인비용(agency cost)이 발생할 수 있다. 대리인비용은 주인과 대리인 사이에 이해관계가 일치하지 않음에 따라 발생하는 여러 비용들로서, 주식회사에서 주인은 주주이고 대리인은 전문경영자라고 할 수 있다. 전문경영자들은 주식회사의 주인인 주주이익의 극대화를 추구하기보다는 자신들의 명성을 높이거나 과도한 소비를 하는 등 자기 자신의 욕구를 충족시키기 위해 비효율적인 경영활동을 할 수 있다.

2.2 주식회사의 구조

주식회사의 경영은 주주로부터 이사회와 경영담당자들에 이르는 권한의 위임을 통해서 이루어진다. 주주는 이사회 구성원들을 선출하고, 이사회는 회사의 일반적인 경영정책을 설정하고 실제 회사의 경영을 담당하는 경영담당자(임원)를 선출한다. 이와 같은 경영활동의 결과는 주주들의 모임인 주주총회에서 평가받아 경영실적이 좋은 경영진은 보너스를 지급받지만 경영실적이 떨어지는 경영진은 물러나기도 한다. 이와 같은 구조를 통해 주식회사의 경영활동이 소유주인 주주의 목적에 적합하도록 유도하는 것이다.

(1) 주　　주

주주(stockholders)는 이사회나 경영진에 참가하는 경우를 제외하고는 회사의 일반적인 경영활동에 능동적으로 참여할 권리가 없다. 그렇지만 주주는 회사경영과 관련된 다음과 같은 권리들을 가지고 있다.

첫째, 주주들은 주식을 처분할 권리가 있다. 둘째, 주식회사가 새로운 주식을 발행할 때 주주들은 그들이 보유한 주식의 지분율만큼 신주를 구입할 수 있는 권리인 신주인수권(preemptive right)을 가지고 있다. 셋째, 배당이 선언되었을 때 배당금을 지급받을 권리가 있다. 넷째, 회사를 청산할 때 채권자에 이어 회사재산을 분배받을 수 있다. 다섯째, 주주총회에 참가해서 투표를 함으로써 경영활동에 간접적으로 영향을 미칠 수 있다.

주주총회는 보통 1년에 한 번 열리는데, 주주들은 회사의 일반적인 의사결정사항에 대해 주주총회에서 투표를 함으로써 간접적으로 회사경영에 참가한다. 이사나 감사를 선임하거나 회사가 작성한 재무제표를 승인하고 배당금을 정하며 정관을 변경하는 등의 의사결정을 할 때 주주총회의 투표를 거치게 된다.

(2) 이 사 회

이사회(board of directors)의 구성원인 이사는 주주들에 의해 선출되며 주식회사의 일반적인 경영정책을 수립하는 역할을 한다. 그리고 일선 경영담당자(임원)들을 임명하여 이사회에 의해 설정된 전반적인 회사 경영정책의 실제 수행을 위임한다. 이사회를 주재하고 최종 책임을 지는 사람을 이사회 의장이라고 하는데, 주식회사의 회장이 겸임하기도 하고 회장과 다른 사람이 임명되기도 한다.

이사회는 주식회사의 최고 업무집행기관으로서 주주총회의 권한이 아닌 사항의 모든 업무집행에 관한 의사결정은 이사회의 권한이다. 따라서 중요한 계약을 체결하거나 자금차입의 승인 등은 이사회의 권한인데, 이사회 구성원들의 의사결정 사항은 이사회의사록에 기록된다.

(3) 경영담당자

이사회 구성원들은 경영담당자를 임명하여, 회사 경영의 구체적인 업무를 하게 되는데 이들을 임원(corporate officers)이라 한다. 임원들의 숫자나 직책 등은 회사에 따라 다르지만 대개 회장과 몇 명의 부회장 및 생산, 마케팅, 인사, 재무, 회계 등과 같은 경영관리 분야마다 최고책임 임원들을 두고 있다.

주식회사의 회장을 최고경영자(CEO: chief executive officer)라 하는데, 최고경영자는 이사회의 결의를 실제로 집행하는 최고책임자이다. 최고경영자는 회사의 운영에 필요한 모든 직원들을 고용하고 해임할 수 있는 권한을 가지고 있다.

이와 같은 주식회사의 구조(주주, 이사회, 경영담당자)를 그림으로 나타낸 것이 〈자료 1-2〉이다.

자료 1-2 주식회사의 구조

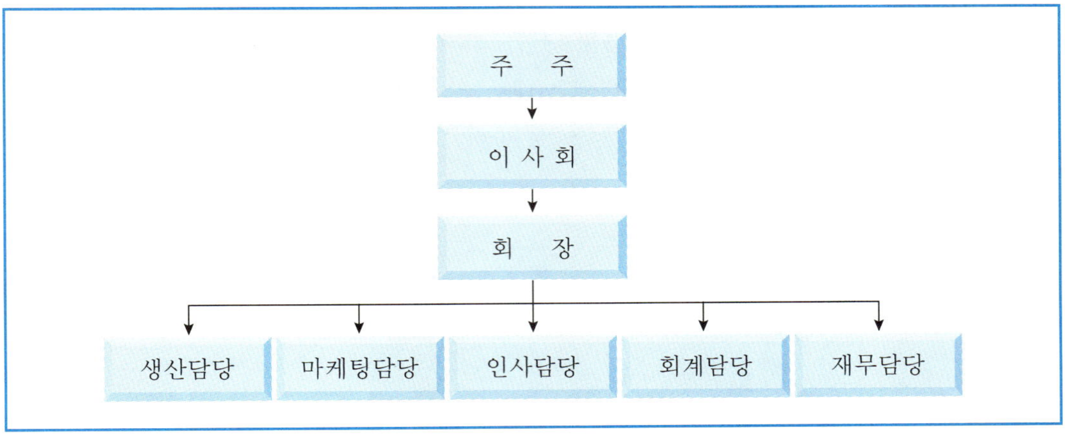

2.3 기타의 기업

기타의 기업으로는 개인기업과 민법상의 조합기업 및 상법상의 회사인 합명회사, 합자회사, 유한회사를 들 수 있다.

개인기업(sole proprietorship)은 한 개인이 소유하는 기업으로서 기업경영도 그 개인이 직접 수행하는 기업이다. 우리 주위에서 많이 볼 수 있는 점포들의 대부분은 개인기업인데, 법적으로는 법인격을 갖추지 못했으므로 소유주와 사실상 동일하게 취급한다. 그러나 이 경우에도 회계상으로는 개인기업이 소유주와 독립적으로 존재한다고 보아 별도의 회계기록을 수행해야 한다. 그렇지 않으면 그 기업이 벌어들인 수익과 지출한 비용을 개인적인 사용용도와 구분해 낼 수 없기 때문이다.

조합기업(partnership)은 민법상의 제도로서 2인 이상의 사람(조합원)이 조합계약을 맺고 출자한 기업으로서 소규모기업이나 전문직업인에 적합한 기업형태이다. 조합계약은 손익의 분배와 지분의 이전 및 경영상의 책임에 대해 작성한다.

합명회사(general partnership)는 무한책임사원만으로 조직된 회사로서 회사의 채무에 대해 모든 사원(partner)이 무한의 책임을 지는 회사이다. 합자회사(limited partnership)는 무한책임사원과 유한책임사원이 공동으로 조직한 회사로서 무한책임사원은 회사의 채무에 대해 무한한 책임을 져야 하지만, 유한책임사원은 출자가액을 한도로 유한책임을 진다.

유한회사(limited company)는 유한책임사원만으로 구성되는 회사로서 주식회사와 비슷하다. 유한회사는 주식회사에 비해 설립이 간단하지만 주식과 사채를 발행할 수 없으므로 자금조달이 제한적이어서 중소기업에만 적합하다.

이러한 기타 기업들의 회계는 대부분 주식회사와 비슷하므로 본서에서는 주식회사의 회계에 대해서만 다루기로 한다.

제 3 절 회계와 회계정보

3.1 회계의 의의

회계(accounting)는 경제실체의 활동에 대한 회계정보를 측정하고 기록하여 전달하는 과정으로서 정보이용자의 합리적인 의사결정에 유용하게 활용되는 정보를 제공하는 활동이라고 정의할 수 있다.

회계를 기업의 언어(language of business)라고 부르기도 하는데, 이는 회계를 통해 작성된 회계보고서가 기업의 활동결과를 정확히 포착하여 기업 내부와 외부 이해관계자들의 의사결정에 유용하게 활용될 수 있으며 또한 여러 이해관계자들간의 의사소통 수단이 될 수 있기 때문이다.

과거에는 회계를 경제실체의 활동에 대해 기록하고 분류하며 요약하는 활동으로서 재무제표의 작성에 관련된 것으로만 해석하였다. 따라서 회계를 단순히 회계장부에 기록하는 것, 즉 부기(bookkeeping)와 동일시하였다. 하지만 이는 회계정보의 생산적 측면만을 인식한 것이었다.

정보이용자의 의사결정에 유용한 정보를 제공하는 것이 회계의 목적이라는 새로운 정의에서는 회계정보의 활용 측면도 강조한다. 결국 회계는 정보를 생산하는 것만이 아니라 생산된 정보를 유용하게 활용하는 것도 포함된다고 할 수 있다. 그러므로 회계담당자들은 기업의 활동을 기록하기 위한 능력뿐만 아니라 다양한 목적으로 회계정보를 활용할 수 있는 능력도 가지고 있어야 한다.

이러한 관점에 따라 본서는 재무제표의 작성이라는 회계의 생산적 측면을 강조하는 회계순환과정, 계정과목별 회계처리 부분과 정보의 이용측면을 강조하는 회계정보의 활용 부분으로 나누어 서술하고 있다.

최근에는 회계정보시스템(accounting information system)이라는 말이 많이 사용되고 있다. 회계정보시스템이란 기업의 회계정보를 측정하여 정보이용자에게 전달하는 과정을 말한다. 이는 현대의 회계가 경제실체의 활동에 대해 측정하고 기록하여 재무제표를 작성하는 정보의 생산적 측면과 이러한 회계정보가 기업 내부와 외부 정보이용자들의 합리적인 의사결정에 영향을 끼칠 수 있다는 정보의 활용 측면을 동시에 가지는 일련의 통일적인 구조를 가지고 있다는 의미이다.

이와 같은 회계정보시스템을 그림으로 나타내보면 〈자료 1-3〉과 같다.

자료 1-3 회계정보시스템

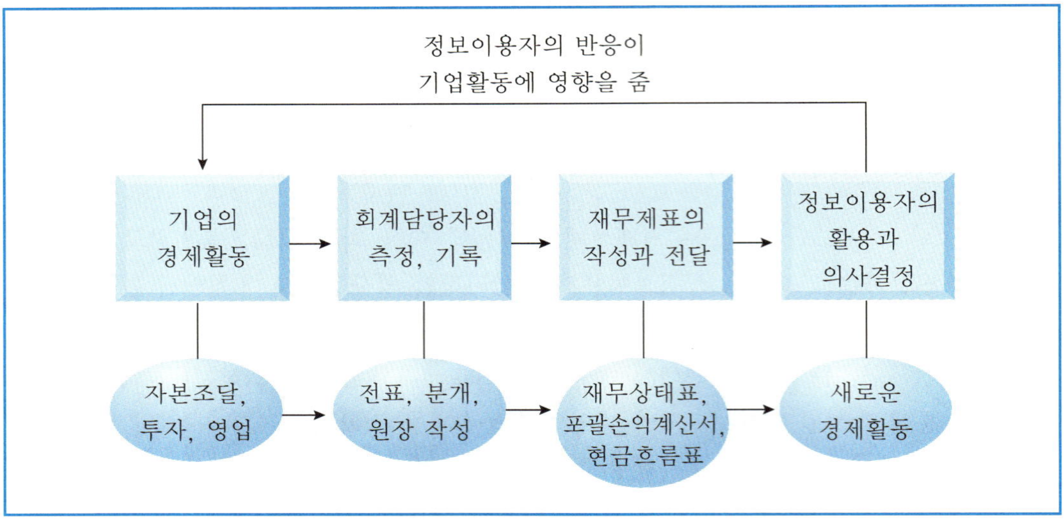

〈자료 1-3〉에서 정보이용자의 반응이 기업활동에 영향을 끼치는 것은 다음과 같은 상황이다. 예를 들어, 손실에 대한 회계정보, 즉 재무제표에 기업의 당기순손실이 크게 발생하였다는 정보가 주어진다면 기업에 자금을 빌려준 채권자들은 자금을 회수하려 할 것이고, 주식에 투자한 주주들은 주식을 매각하려고 할 것이다. 이에 따라 기업은 자금난을 해소하기 위해 영업활동을 더욱 열심히 하거나, 자산을 매각하는 구조조정을 수행할 수도 있고, 새로운 자금조달처를 찾는 등의 기업활동을 수행하게 되는 것이다.

3.2 회계의 분야

회계는 다양한 분야로 구성되는데 재무회계, 관리회계, 세무회계 및 회계감사가 대표적이다. 기업의 재무상태와 경영성과를 외부의 이해관계자들에게 알리기 위해 재무제표를 작성하는 것을 재무회계라 한다. 제조회사에서 생산한 제품의 생산원가를 계산하는 방법을 다루는 원가회계도 재무제표 작성을 위한 것이므로 재무회계에 속한다고 할 수 있다.

정보이용자를 위해 외부에 공시하는 회계정보의 신뢰성을 제고하기 위해 회사가 작성한 재무제표가 일반적으로 인정된 회계원칙에 맞게 작성되었는지 확인하는 것이 회계감사의 목적이다. 그리고 관리회계는 기업의 내부이용자가 경영의사결정을 하는 데 유용한 정보를 제공하는 것을 목적으로 한다. 한편 세무회계는 세무당국에 기업의 과세소득에 대한 법인세를 납부하기 위한 것이다.

(1) 재무회계와 관리회계

재무회계(financial accounting)는 기업 외부의 정보이용자가 합리적인 의사결정을 하는 데 유용한 정보를 제공하는 것을 목적으로 한다. 즉, 재무회계의 주된 정보이용자는 외부 의사결정자가 되는 것이다. 이러한 의사결정자에는 현재의 투자자뿐만 아니라 미래에 이 기업에 투자할 잠재적인 투자자까지 포함될 수 있으므로 매우 다양하다.

따라서 기업이 제시하는 회계정보를 외부의 정보이용자들이 올바르게 이해하고 파악하여 의사결정을 하기 위해서는 정보의 생산자와 정보의 이용자가 회계정보에 관한 지식을 공유할 수 있어야 한다. 그러므로 재무회계정보를 외부에 알려서 활용하기 위해서는 내부생산자와 외부이용자가 공통의 지식을 갖추고 있어야 하는데, 이 중 대표적인 것이 기업회계기준으로 대표되는 일반적으로 인정된 회계원칙(GAAP: generally accepted accounting principles)이다. 재무회계는 GAAP를 사용하여 외부의 다양한 정보이용자들이 공통적으로 이해할 수 있도록 일정한 형식에 따라 재무제표를 작성하는데, 이를 일반목적의 재무제표라고 한다.

재무회계는 기업의 과거활동에 대해 기업 외부의 정보이용자에게 재무제표의 형태로 정보를 제공하므로 재무회계가 다루는 정보는 과거와 관련되어 있다.

관리회계(managerial accounting)는 기업 내부의 경영자들이 영업, 투자 및 재무활동과 관련된 의사결정을 하는데 유용한 정보를 제공하는 것을 목적으로 한다. 관리회계가 재무회계와 다른 점은 관리회계의 정보이용자가 기업 내부에 있다는 것이다.

기업 내부의 의사결정은 예산편성, 공장의 건설과 폐쇄 및 근로자의 업적평가 등과 같이 다양하므로 의사결정의 특성에 따라 한 가지 방법이 아닌 다양한 방법으로 정보를 제공할 수 있다. 그러므로 관리회계정보를 생산하는데 반드시 따라야 할 일반적인 규범이 있는 것이 아니고 합리적인 방법으로 결과를 도출하면 된다.

기업의 의사결정은 대부분 미래지향적이므로 관리회계에서 다루는 정보는 미래와 관련되어 있다.

원가회계(cost accounting)는 기업의 이익계산시 고려해야 하는 제품원가를 계산하는 방법에 대해 다루므로 외부이용자를 위한 재무회계의 분야에 속한다고 할 수 있다. 이렇듯 원가회계와 관리회계는 서로 구분될 수 있지만 대부분의 경우에는 결합되어 사용되기도 하는데, 그 이유는 원가회계와 관리회계가 다루는 부분이 서로 중복되는 부분이 많기 때문이다. 따라서 많은 교재들이 '원가관리회계'라고 하여 원가회계와 관리회계를 동시에 다루고 있다.

재무회계와 관리회계를 비교해보면 〈자료 1-4〉와 같다.

자료 1-4 재무회계와 관리회계의 비교

내 용	재 무 회 계	관 리 회 계
사 용 목 적	기업 외부 정보이용자의 의사결정에 유용한 정보 제공	기업 내부 정보이용자의 의사결정에 유용한 정보 제공
주된 이용자	외부이용자(주주, 채권자와 미래의 투자자 및 정부 등)	내부이용자(경영자)
작 성 기 준	기업회계기준 등과 같은 일반적으로 인정된 회계원칙	일정한 형식은 없으며, 의사결정에 목적적합한 방법
정보의 특성	과거와 관련된 정보	미래지향적인 정보

(2) 세무회계와 회계감사

세무회계(tax accounting)는 기업이 창출한 이익을 바탕으로 세무서에 납부해야 하는 법인세를 계산하는 것을 목적으로 한다. 세무당국에서 기업에게 적절한 세금을 부과하기 위해서는 객관적인 기준이 있어야 하는데, 이를 위해서 세무회계로부터 창출한 정보를 사용한다. 법인세를 산출하기 위한 이익(과세소득)은 재무회계에서 계산한 당기순이익으로부터 출발하여 재무회계와 세무회계의 차이를 조정하기 위한 세무조정 과정을 거쳐서 계산된다.

회계감사(auditing)는 기업이 재무회계 목적으로 일반적인 외부이용자에게 제공한 재무제표의 신뢰성 제고를 목적으로 한다. 즉, 회계감사는 기업 외부의 회계와 감사에 대한 전문적인 지식을 갖춘 독립적인 감사인이 기업이 작성한 재무제표가 GAAP에 맞게 작성되었는지에 대해 감사의견을 표명함으로써 외부 이해관계자들이 이 재무제표를 믿고 이용할 수 있도록 하는 것이다.

회계감사를 수행하는 전문가를 공인회계사(CPA: certified public accountant)라 한다. 여기에서 주의할 점은 공인회계사가 수행한 회계감사를 통해 기업이 작성한 재무제표의 신뢰성을 제고할 수는 있어도 이것이 경영자의 효율성이나 기업의 수익성 및 미래의 존속가능성 등을 보장하지는 않는다는 것이다.

3.3 회계정보의 의의 및 종류

기업의 세 가지 활동, 즉 재무활동과 투자활동 및 영업활동은 기업의 목적달성을 위해 상호 연계되어 이루어지는데, 이러한 활동의 결과로 기업의 재산상태가 변화하고 수익이 창출되어 기업이 성장한다. 따라서 기업에 투자를 하거나 그 기업과 거래를 하기 위해서는 기업을 평가해야 하고, 이를 위해서는 기업이 수행한 활동의 내역과 결과를 이해하는 것이 필수적이다. 이러한 기업활동의 내역과 결과는 수치로 표현되는데, 이것을 회계정보(accounting information)라 한다.

재무활동과 투자활동, 영업활동에 따라 기업의 재무상태가 변하고 수익이 발생한다. 우선 재무활동과 투자활동이 이루어지면 기업이 보유하는 자산의 구성내역이 달라진다. 즉, 자산, 차입금, 자본금 등은 투자와 재무활동의 결과로 나타나는 항목들인데, 일정한 시점에서 투자와 재무활동의 결과인 자산과 차입금, 자본금 등의 항목을 수치로 측정하여 정리한 재무제표가 재무상태표(statement of financial position)이다.

기업이 영업활동을 수행하면 재화와 용역을 소비자에게 판매하여 수익이 발생하고, 영업활동을 전개하는 과정에서 경제적인 자원을 소비하게 되는데, 영업활동을 수행하는 과정에서 경제적인 자원을 소비하는 것을 비용이라 한다. 이러한 비용에는 채권자로부터 자금을 조달한 대가로 지불하는 이자가 포함된다. 이와 같은 영업활동의 결과로 발생하는 수익과 비용 및 수익에서 비용을 차감한 당기순이익을 계산하여 기업의 경영성과를 정리한 재무제표가 포괄손익계산서(statement of comprehensive income)이다.

기업의 소유주인 주주들은 영업활동의 결과 기업 내에 유보된 이익잉여금에 대한 정보뿐만 아니라 자신에게 귀속되는 자본 전체의 크기와 변동에 관한 정보도 필요로 하는데, 이러한 정보는 자본변동표(statement of changes in owner's equity)에 정리된다.

앞에서 설명한 재무상태표, 포괄손익계산서, 자본변동표는 기업의 활동결과로부터 발생하는 재무상태, 수익과 비용, 이익의 변화 및 자본의 변화에 대해 보여주지만, 기업의 활동으로부터 나타나는 현금흐름의 내용에 대해서는 알려주지 못한다. 왜냐하면 현행의 회계는 현금의 유입이나 유출에 따라 작성되지 않고 현금과 관계없이 활동이 발생했느냐의 여부에 따라 작성되기 때문이다. 전자를 현금주의 회계라 하고 후자를 발생주의 회계라 하는데, 이에 대해서는 제 2 장과 제 4 장 및 제17장에서 다루고 있다.

기업에 자금을 투자한 채권자와 주주, 그리고 기업의 경영자는 기업의 재무상태와 경영성과뿐만 아니라 기업의 현금흐름에 대한 정보에도 관심이 많다. 왜냐하면 채권자는 그 기업이 원금과 이자를 상환할 수 있는 능력이 있는지를 평가해야 하며, 주주는 기업이 적절한 배당금을 지급할 수 있는지, 경영자는 미래의 투자를 위한 자금이 충분한지에 대한 정보를 요구하기 때문이다. 이러한 정보이용자들의 요구를 충족시키기 위해 영업활동과 투자활동 및 재무활동으로부터 창출되는 현금흐름에 관한 정보를 제공하는 재무제표를 현금흐름표(statement of cash flows)라 한다.

이와 같이 기업활동의 결과로 발생하는 재무상태의 변동, 수익과 비용의 발생, 자본의 변동 및 현금흐름은 네 가지의 재무제표, 즉 재무상태표와 포괄손익계산서, 자본변동표, 현금흐름표에 요약되는데 이것이 회계정보의 핵심을 이룬다. 기업의 세 가지 활동과 각각의 재무제표와의 관계를 정리하면 〈자료 1-5〉와 같다.

〈자료 1-5〉에서 보듯이 투자활동과 재무활동의 결과는 재무상태표에 요약되며, 영업활동의 결과는 포괄손익계산서에 정리된다. 그리고 세 가지 활동의 결과로 발생하는 현금흐름에 대한 정보와 자본의 변화에 대한 정보는 현금흐름표와 자본변동표에 정리된다.

자료 1-5 기업활동과 재무제표의 관계

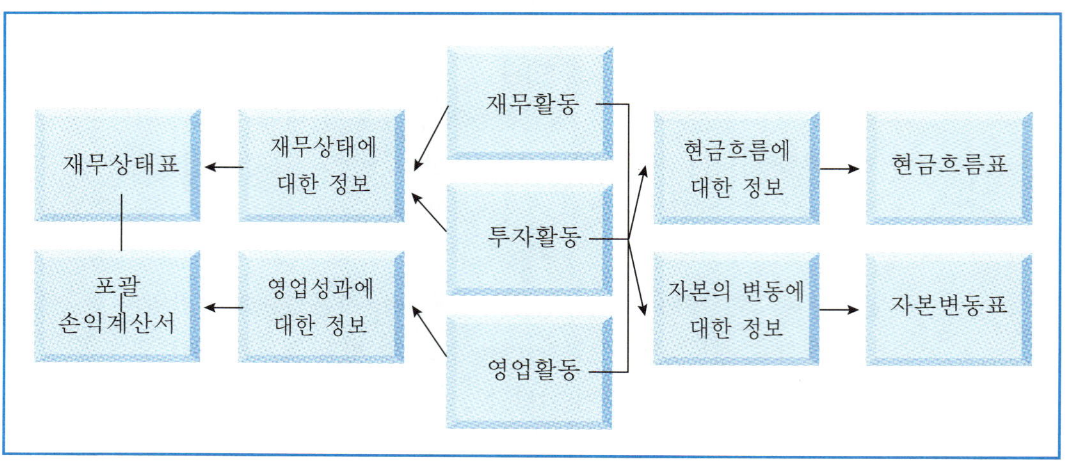

자료: 이창우 외 공저, 「재무제표의 이해」 수정.

3.4 회계정보의 기능

회계정보는 기업활동의 결과를 수치로 표현하여 보고서의 형태로 나타낸 것이다. 따라서 기업의 활동으로부터 발생한 기업의 재무상태와 수익성이 정확히 표시되어야만 이용자들이 회계정보를 믿고 활용할 수 있다. 즉, 기업활동의 결과가 정확히 재무제표에 나타나야 한다는 것이다. 그러나 주관적인 경영활동을 객관적인 수치로 나타내는 것은 어려운 경우도 많으므로 재무제표가 기업활동의 내용과 결과를 정확하게 반영하기가 쉽지 않다. 따라서 여러 가지 가정을 도입하여 기업의 활동을 객관적으로 재무제표에 반영하도록 노력하고 있다. 재무제표를 작성하는데 사용되는 이러한 가정들에 대해서는 제 2 장에서 다룬다.

재무제표가 기업의 실상을 정확히 파악하여 나타낸다면 기업을 둘러싼 여러 이해관계자들이 기업에 대한 의사결정을 수행할 때 재무제표를 적절하게 활용할 수 있다. 그러므로 이는 정보이용자들의 의사소통 수단이 될 수도 있으므로, 이러한 관점에서 회계정보를 기업경영의 언어(business language)라고 부르는 것이다.

회계정보는 크게 두 가지 기능을 가지고 있다. 첫째는 소유와 경영이 분리된 현대의 주식회사에서 전문경영자와 주주간의 의사소통수단을 제공하는 것이고, 둘째는 기업 내 · 외부의 의사결정자에게 유용한 정보를 제공하여 경제적 자원의 배분에 기여하는 것이다. 전자를 수탁책임보고의 기능이라 하고 후자를 경제적 자원의 배분기능이라 한다.

(1) 수탁책임보고의 기능

수탁책임(stewardship responsibility)이란 자본을 수탁받은 경영자가 자본을 제공한 주주의 위임에 따라 기업의 자원을 효과적으로 관리할 책임을 말한다. 즉, 위탁자인 자본주는 수탁자인 경영자가 자신이 투자한 자본을 잘 관리하는지에 대한 책임을 묻기 위해 회계정보를 필요로 하는 것이다.

대규모의 자본을 모집하는 주식회사는 소유와 경영이 분리되어 있는 경우가 많다. 오늘날의 주식회사는 기업경영에 대한 전문적인 지식이 부족한 다수의 주주(소유주)로부터 주식시장을 통해 자본을 조달하고, 전문적인 경영능력이 있는 전문경영자를 고용하여 경영을 위탁하는 형태이다.

소유와 경영이 분리된 기업은 자본조달이 쉽고 회사가 영속적으로 이어지며 경영에 전문지식을 소유한 전문경영자가 회사를 효율적으로 이끌어나갈 수 있다. 그러나 소유주가 직접 경영하지 않고 전문경영자에게 위탁하므로 소유주와 경영자 사이에 이해관계가 일치하지 않을 수 있다.

이러한 문제로 인해 비효율이 발생하는데, 비효율에 따른 손실을 대리인비용(agency cost)이라 한다. 대리인비용은 주인과 대리인 사이에 서로 이해관계가 일치하지 않음에 따라 발생하는 비용으로서, 주식회사에서 주주는 기업의 주인이고 전문경영자는 대리인이라 할 수 있다. 따라서 주식회사의 대리인비용은 전문경영자가 주주이익의 극대화를 위해 노력하지 않고 자신의 욕구를 충족시키기 위한 행동을 함에 따라 발생하게 된다.

예를 들어, 전문경영자가 호화로운 사무실을 사용한다든가, 주주를 위해 내실있는 경영을 꾀하지 않고 자신의 명성을 높이기 위해 외형 부풀리기에 집중한다든가 하는 행동으로 인해 발생하는 비효율을 들 수 있다.

이러한 대리인비용은 바람직하지 않은 것이므로 주주의 궁극적인 목적인 기업가치 극대화를 위해서는 이 비용을 줄여야 한다. 대리인 비용을 줄이기 위해서는 경영자를 감시하여 바람직하지 않은 행동을 통제하거나 경영자가 기업가치 극대화를 위해 열심히 일할 수 있는 유인을 제공해야 한다. 회계정보는 대리인비용을 줄이기 위한 이 두 가지 방법에 모두 활용될 수 있다.

전자의 경우 다수의 주주들이 경영자를 감시하는 것은 사실상 불가능하므로 간접적인 방법을 사용하는데, 기업의 재무상태와 경영성과에 대한 재무제표를 제출하도록 함으로써 경영자가 효과적인 경영활동을 수행하였는지 감시할 수 있다. 경영자가 주주들에게 재무제표를 제출해야 하는 것을 수탁책임보고(stewardship reporting)라 한다.

후자의 예로는 재무제표에 나타난 매출액이나 이익 또는 기업가치를 바탕으로 경영자에게 보너스를 제공하는 계약을 들 수 있다. 이는 매출액, 이익 또는 기업가치의 증가와 같이 주주의 이익을 증대시키는 방향과 경영자 보상의 증대라는 경영자의 목표를 일치시켜서 목표일치성(goal congruence)을 추구하는 것이다. 최근에 많은 기업에서 시행하고 있는 주식선택권(stock option)제도는 이와 같은 목표일치성을 달성하기 위한 제도이다.

수탁책임보고는 경영자가 작성한 재무제표에 의해 이루어지므로 기업의 재무상태나 경영성과를 과대하게 표시하려는 경영자가 있을 수 있다. 이러한 행위를 분식회계 또는 분식결산이라 하는데, 이를 방지하기 위해 일정한 규모 이상(현행은 자산총액 100억 원 이상)[2)]의 자산을 소유하고 있는 주식회사는 독립된 외부

2) 금융위원회가 2009년 1월 6일 주식회사의 외부감사에 관한 법률 시행령을 개정 · 시행함으로써 자산규모 100억 원 미만인 비상장 중소기업은 선택에 따라 외부감사를 받지 않아도 된다. 이전

감사인으로부터 감사를 받아야 한다.

외부감사제도는 공인회계사가 기업이 작성한 재무제표가 일반적으로 인정된 회계원칙에 맞게 작성되었는지를 입증하는 것으로 재무제표의 신뢰성을 높여 정보이용자들이 회계정보를 믿고 활용할 수 있게 한다.

(2) 경제적 자원의 배분기능

경제적 자원은 한정되어 있기 때문에 자원의 배분과 이용은 어느 사회에서나 매우 중요한 의사결정과정을 필요로 한다. 따라서 회계에서도 기업의 이해관계자들이 자원배분에 대한 의사결정을 하는데 필요한 정보를 제공하는 것을 주요 목적으로 하고 있다. 특히 자본시장과 노동시장 등 기업 외부의 공급시장이 발달하면서 이러한 자원들을 활용하기 위한 회계정보의 중요성이 증대하고 있다.

자본시장은 배당이나 이자를 지급하는 조건으로 주주와 채권자들로부터 기업경영에 필요한 자금을 조달하는 시장이다. 자본시장에 참여하는 자본공급자들은 기업의 재무상태나 경영성과, 성장성 및 안정성 등에 대한 정보를 바탕으로 투자의사결정을 내리는데 이들은 회계정보를 분석하여 파악할 수 있다.

만약 자본시장에 자본공급자들이 요구하는 양질의 정보가 존재하지 않는다면 그들은 올바른 의사결정을 내리기 어렵다. 또한 자본공급자들이 자본시장에 실망하여 기업에 투자하려 하지 않을 수도 있으므로 자본시장에는 자금이 부족하게 되어 기업의 자금조달비용, 즉 이자나 배당으로 지급해야 하는 비용이 증가할 것이다. 따라서 기업들은 투자를 할 자금이 부족하여 기업활동이 위축되고 경제는 성장하지 못할 것이다.

노동시장에서도 마찬가지이다. 기업에 자신의 노동력을 제공하고자 하는 사람들은 그 기업의 성장성이나 안정성, 자기계발가능성 등을 고려하는데, 이 또한 대부분 회계정보를 통해 획득할 수 있다. 하지만 양질의 정보가 존재하지 않는다면 노동시장의 참가자들은 실망하게 되어 자신이 원하는 최적의 일자리를 얻지 못할 것이고 결국 기업들도 성장을 위해 필요한 인재를 구할 수 없게 된다.

그러므로 현대의 기업환경에서 자본시장과 노동시장이 제 역할을 발휘하여 희소한 경제적 자원을 최적으로 배분하기 위해서는 양질의 회계정보가 공급되어야 한다. 그럴 때 이해관계자들은 충분한 정보를 제공받고 합리적이고 경제적인 의사결정을 내릴 수 있게 된다.

까지는 자산규모 70억 원 이상인 경우에는 대·중소기업을 가리지 않고 외부감사 대상에 포함됐었다.

3.5 회계정보의 이용자

회계정보를 필요로 하는 집단은 다양하다. 기업을 경영하는 경영자, 기업에 자금을 공급하는 주주와 채권자, 노동력을 공급하는 근로자, 시설 및 원자재를 공급하는 공급자, 정부기관, 세무당국 및 각 이익집단들이 모두 회계정보를 필요로 한다. 회계정보의 이용자를 정보에 대한 접근가능성에 따라 내부이용자와 외부이용자로 나눌 수 있는데, 내부이용자는 정보에의 접근이 쉬운 경영자이고 그 이외는 모두 외부이용자이다.

(1) 경 영 자

다양한 이해관계자들과의 관계 속에서 경영자는 주어진 경제적 자원을 효율적으로 활용하여 기업가치를 창출하고 이를 효율적으로 배분함으로써 경제발전에 기여하고 있다. 경영자는 많은 이해관계자들과의 다양한 계약을 통해 한정된 경제적 자원을 관리하는 책임을 지는 것이다.

이를 위해 경영자들은 미래의 기업활동에 대한 계획을 세우고 계획을 적절히 수행하였는지에 대해 통제를 한다. 이와 같이 이루어지는 경영활동이 합리적이기 위해서는 회계정보를 적절히 활용해야 한다. 즉, 경영자들은 사업의 성과를 분석하거나 기업의 강점과 약점을 분석하기 위해 회계정보를 요구하고, 이 정보를 바탕으로 사업이 계획대로 수행되고 있는지에 대해 파악할 수 있다. 또한 기업경영상에 문제가 발생했을 때에도 원인을 분석하고 대안을 찾기 위해 회계정보를 활용하기도 한다.

(2) 주주와 채권자

주주나 채권자들은 기업이 필요한 자금을 자본시장을 통해 공급하는 자금공급자이다. 주주는 자금의 공급자이면서도 동시에 기업의 소유자이고, 채권자는 자금을 공급하고 그에 따른 이자를 받는 투자자이다. 채권자는 기업이 발행한 회사채를 보유하고 있는 채권자와 기업에 장단기의 자금을 융통한 채권자의 두 부류로 나눌 수 있다. 이들은 자금을 빌려준 대가로써 일정한 기간마다 이자를 지급받고 회사채나 대여금의 만기가 되면 원금을 회수한다.

회사의 주식을 소유하고 있는 주주는 그 기업의 주식을 현재 보유하고 있는 투자자와 미래에 그 기업의 주식을 구입하려는 잠재적 투자자로 구분할 수 있다. 현재의 투자자들은 보유중인 주식을 계속 보유할 것인가, 더 구입할 것인가, 처분할 것인가, 처분한다면 언제 처분할 것인가에 대한 의사결정을 내려야 한다. 잠재적 투자자들은 어떤 기업의 주식에 투자해야 하는가, 투자한다면 언제 얼마나 투자해야 하는가에 대한 의사결정을 내려야 한다. 따라서 이들은 각 기업에 대한 회계정보를 자세히 파악하여 해당기업의 재무상태가 안전하고 경영성과가 좋으며 미래의 전망이 괜찮은지에 대해 분석해야 한다.

그리고 기업의 주주들은 경영자가 적절히 자원을 활용하여 자기가 제공한 자본에 대한 수탁책임을 성실히 이행하였는지 평가하기 위해 회계정보를 활용하는데, 이에 대해서는 앞의 수탁책임보고의 기능에서 살펴보았다.

회사의 사채를 구입하거나 또는 자금을 융통해 준 채권자들은 회계정보를 분석함으로써 채권의 원금과 이자를 상환할 수 있는지에 대한 채무지급능력을 파악해야 한다. 그리고 회사채를 구입한 채권자들은 회사채의 추가구입과 처분 및 보유기간 등에 대해 판단하기 위해 회계정보를 활용한다.

(3) 기타의 정보이용자

기업에 노동력을 공급하는 근로자들은 회계정보를 통해 직업의 안정성이나 승진가능성 및 자기계발가능성을 알아볼 수 있다. 그리고 노동조합에서 회계정보를 바탕으로 임금의 인상폭을 정하는 협상에 활용할 수 있다. 또한 잠재적인 근로자, 즉 미래에 취직할 기업을 정하는 사람들도 어떤 기업에 취업할 것인지를 결정할 때 해당 기업의 전망을 고려한다.

생산시설과 원자재를 공급하는 공급자들은 거래하고 있는 기업이 충분한 지불능력을 갖추고 있으며, 장기적으로 거래를 지속할 수 있는 재무적인 능력이 있는지를 파악하기 위해 회계정보를 활용한다. 또한 거래기업이 너무 많은 이익을 내고 있다면 이러한 회계정보를 바탕으로 공급대가를 조정하는데 활용할 수도 있다.

정부기관도 역시 회계정보를 필요로 한다. 일반 투자자들이 기업의 환경과 경영성과에 대해 알 수 있도록 정부는 공시제도를 갖추고 있으므로 기업은 자신들의 회계정보를 정부기관에 알려야 한다. 그리고 정부는 이렇게 얻은 정보를 바탕으로 경제정책을 세운다. 예를 들어 전체적으로 당기순이익이 너무 많이 실현되는 산업의 회사에게는 이익률을 낮추도록 조정할 수 있고, 물가정책을 세울 때나 기업경쟁력 제고를 위한 정책을 세울 때에도 기업이 작성한 회계정보를 기초로 한다. 또한 독과점 규제나 정부조달가격을 결정하기 위해 회계정보를 활용하기도 한다.

세무당국에서는 기업이 적절한 법인세를 납부하였는지에 대해 알기 위해 회계정보를 사용한다. 기업이 납부한 세금은 정부의 예산집행에 사용되므로 이익을 많이 낸 기업들은 그에 맞는 수준의 세금을 납부해야 한다. 따라서 동종산업의 다른 회사에 비해 세금을 적게 납부하거나 세금탈루의 의혹이 있는 회사들에 대해서는 세무조사를 통해 그 회사의 회계정보를 자세히 검증하여 세금을 적게 내지는 않았는지를 검토하기도 한다.

이익집단들은 기업활동을 자신들에게 유리하도록 이끌거나 사회적으로 바람직한 방향으로 나아가도록 회계정보를 활용한다. 그리고 증권회사나 재무분석가들은 자신들이 상대하는 고객들이 합리적인 투자를 할 수 있도록 회계정보를 이용하여 해당 기업에 대한 철저한 분석을 하고 이들에게 조언을 한다.

〈자료 1-6〉은 회계정보이용자들과 그들의 정보활용에 대해 정리한 것이다.

자료 1-6 회계정보이용자들의 정보활용

정보이용자	정 보 의 활 용
경 영 자	사업의 성과 분석, 미래의 경영계획, 경영통제
주 주	경영자의 수탁책임, 증권의 보유 및 처분 의사결정
채 권 자	증권의 보유 및 처분 의사결정, 채무지급능력 검토
근 로 자	직업의 선택, 임금협상
공급업자	기업과의 장기계약 가능성, 거래가격의 협상
정부기관	경제정책의 기초, 독과점의 규제, 일반인에게 정보공시
세무당국	세무신고서 검토, 세금탈루의 제재
이익집단	바람직한 기업활동의 방향제시, 자신들의 이익추구
재무분석가	고객들의 합리적 투자를 위한 기업 분석

연습문제

문제 1-1 기업활동의 분류

기업활동은 자본시장을 통해 자금을 조달하는 (   ), 생산설비를 구입하는 (   ), 재화나 용역을 생산하고 외부에 판매하는 (   )의 세 가지로 분류할 수 있다.

문제 1-2 주식회사의 의의

자본주의 체제에서 가장 대표적인 기업의 형태는 주식회사이다. 주식회사제도를 활용하는 경우의 장점과 단점을 개인기업의 경우와 비교하여 열거하시오.

문제 1-3 대리인문제

1. 대리인문제를 정의하시오.
2. 회계정보가 대리인비용을 줄이기 위해 어떻게 사용되는지 예를 들어 설명하시오.

문제 1-4 주식회사에서 이사회가 어떠한 역할을 담당하는지 서술하시오.

문제 1-5 회계의 의의

1. 회계란 무엇인가?
2. 회계와 부기의 차이점을 설명하시오.

문제 1-6 회계정보시스템이란 무엇인가?

문제 1-7 재무회계와 관리회계

재무회계와 관리회계를 비교하여 설명하시오. 단, 사용목적과 주된 이용자 및 작성기준에 관한 내용을 반드시 포함할 것.

문제 1-8 세무회계와 회계감사의 목적을 각각 서술하시오.

문제 1-9 재무제표의 종류와 각각이 제공하는 정보에 대해 서술하시오.

문제 1-10 회계정보이용자

재무제표 이용자를 열거하고, 이들이 각각 어떠한 목적으로 재무제표를 이용하는지 답하시오.

문제 1-11 사회적 자원의 배분에 있어서의 회계의 역할을 설명하시오.

문제 1-12 회계의 수탁책임기능에 대해 간략히 설명하시오.

chapter 2
재무제표

chapter 2 재무제표

제 1 절 회계의 이론적 구조

1.1 일반목적의 재무보고

회계(accounting)는 경제실체의 활동에 대한 회계정보를 측정하고 기록하여 전달하는 과정으로서 정보이용자의 합리적인 의사결정에 유용하게 활용되는 정보를 제공하는 활동이라고 정의할 수 있다. 이 중에서 특히 재무회계(financial accounting)는 기업 외부의 정보이용자가 합리적인 의사결정을 하는 데 유용한 정보를 제공하는 것을 목적으로 한다.

회계정보를 이용하는 정보이용자는 다양한 목적을 가지고 있으므로 그들에게 제공되는 정보 또한 다양하다. 즉, 기업에 투자하고자 하는 투자자와 기업에 자금을 제공하려는 채권자는 그 기업에 대한 서로 다른 정보를 요구할 것이다. 그리고 만약 정보를 생산하는 기업들이 동일하거나 비슷한 거래나 항목에 대해 다른 명칭과 처리방법을 사용한다면 정보이용자들은 혼란을 겪게 될 것이다.

따라서 회계정보를 생산하거나 외부에 공시할 때에는 일정한 표준화작업이 필요하다. 이러한 표준화작업은 모든 외부이용자들의 개별적인 정보욕구를 충족시키지는 못할지라도 어느 정도의 회계적인 지식을 가진 이용자들이라면 충분히 이해할 수 있는 수준으로 만들어져야 한다.

대부분의 기업들은 재무보고(financial reporting)라는 과정을 통해 회계정보를 정보이용자들에게 전달하는데, 재무보고란 기업 외부에 존재하는 이해관계자의 경제적 의사결정을 위해 기업의 재산과 경영성과 등에 대한 재무정보를 재무제표 등을 통해 전달하는 것을 말한다. 표준화된 재무보고, 즉 일반적인 이용자를 위한 재무보고를 일반목적의 재무보고라 한다.

일반목적의 재무보고를 위해 회계정보가 산출되어 재무제표에 기재되고 재무제표의 수요자인 정보이용자에게 전달되는 체계는 〈자료 2-1〉과 같다.

자료 2-1 일반목적 재무보고의 체계

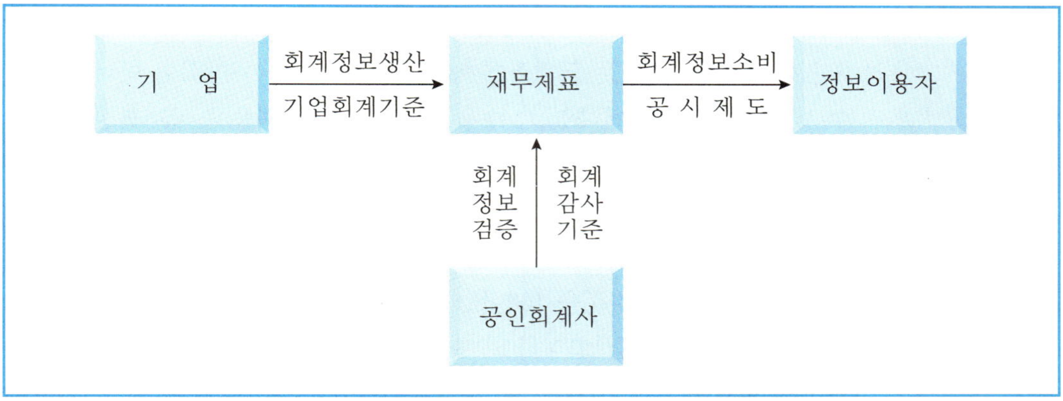

자료: 이창우 외 공저, 「재무제표의 이해」.

(1) 기업회계기준

회계정보, 즉 재무제표는 기업회계기준에 의해 작성된다. 따라서 회계정보를 생산하거나 이용하기 위해서는 기업회계기준의 성격을 이해해야 한다.

모든 기업이 각자가 원하는 방법으로 재무제표를 작성한다면 다른 기업과의 비교가능성이 저해되고 또한 재무제표의 신뢰성이 매우 떨어질 것이다. 따라서 회계실무를 이끌어 나갈 기본적인 원칙이 있어야 하는데, 이러한 원칙은 회계정보 작성자와 이용자가 모두 만족할 수 있어야 한다. 이러한 대표적인 원칙으로서 기업회계기준이 있다.

기업회계기준은 재무제표의 작성기준으로서 자연과학처럼 정해진 정의나 공리에 의해 도출된 것이 아니고 재무제표를 작성하거나 이용하는 사람들에게 인정되느냐의 여부에 따라 정해진다. 또한 많은 이해관계자(기업, 공인회계사, 정부, 이익집단)들이 기업회계기준의 제정 및 개정과정에서 영향력을 행사하기도 하므로 기업회계기준은 정치적 산물이라고도 할 수 있다.

과거의 우리나라 기업회계기준은 정부의 주도로 법조문 형식으로 작성되어 일반인들이 이해하기 어려웠고 실무상 적용에 필요한 상세한 규정들이 결여되어 있었으며 외국의 기업회계기준과 비교가 불가능하다는 비판을 받아왔다. 따라서 2000년 7월에 한국회계기준원(KAI: Korea accounting institute)[1]이 기업회계기준의 제정과 개정에 대한 업무를 위탁받았고, 한국회계기준원이 설치한 회계기준위원회(KASB: Korea accounting standards board)에서 심의와 의결을 거쳐 기업회계기준을 만들게 되었다. 회계기준위원회는 기업회계기준의 국제적 정합성을 높이기 위해 국제회계기준에 준거한 문단형식의 28개 '기업회계기준서' 제정을 완료하여 국제회계기준의 대부분을 수용하였다.

하지만 한국회계기준원은 국제회계기준을 일괄도입하는 방식이 아니라 단계적으로 수용하는 방식을 채택하였고, 수용과정에서 일부 내용을 국내현실에 맞게 수정 · 반영하였다. 그래서 우리나라는 실질내용상 국제회계기준의 대부분을 수용했지만, 국제사회에서 국제회계기준과 다른 회계기준을 사용하는 나라로 분류되었다.

이에 정부는 국제회계기준을 100여 개국이 도입 또는 허용하고 있어 글로벌 스탠더드로 정착되는 추세를 고려하고, 회계기준 국제정합성 확보를 통한 회계정보 신뢰성의 제고를 위해 2007년 3월에 정부감독기구 및 민간기구로 구성된 국제회계기준(IFRS: international financial reporting standards) 도입준비단을 통해 국제회계기준 전면도입 로드맵을 발표하였다. 주요 내용은 2009년부터 상장법인에 대하여 국제회계기준에 근거하여 제정된 한국채택국제회계기준을 선택적으로 적용하는 것을 허용하고, 2011년부터는 모든 상장기업이 의무적으로 적용하도록 하는 것이다. 그리고 이에 대비하여 회계기준위원회(KASB)는 국제회계기준(IFRS)을 번역하여 이를 현행 기업회계기준(약칭 K-GAAP)과 구별하기 위해 한국채택국제회계기준(약칭 K-IFRS)으로 명명하였다.

따라서 우리나라 기업회계기준의 현 체계는 IMF 경제위기 이전부터 존재하여 왔던 기업회계기준 및 그 하위 회계기준과 경제위기 이후 회계기준위원회(KASB)이 독자적으로 제정한 기업회계기준서와 기업회계기준해석서 그리고 국제회계기준의 전면도입에 대비하여 번역해 놓은 한국채택국제회계기준(K-IFRS)이 혼재되어 있는 과도기적 상황이다.

우리나라가 전면일괄도입을 결정한 국제회계기준(IFRS)은 영국 런던 소재 민간기구인 국제회계기준위원회(IASB: international accounting standards board)가 제

1) 1999년 9월 사단법인 한국회계연구원으로 개원하였다가 2006년 3월 한국회계기준원으로 명칭을 변경함.

정하고 있다. 국제회계기준은 급속하게 세계화되어 가고 있는 자본시장의 요구를 충족하기 위한 고품질의 단일 글로벌 회계기준을 지향하고 있다. EU, 호주, 남아프리카공화국 등 100여 개국이 국제회계기준을 의무적용 또는 허용하고 있다. 미국도 외국기업에 대해 국제회계기준을 허용할 것을 2007년에 결정하였으며, 자국 기업에게도 국제회계기준 적용 허용을 고려중에 있다.

국제회계기준(IFRS)의 가장 큰 특징은 원칙중심의 회계기준(a principle based standard)이라고 할 수 있다. 국제회계기준위원회(IASB)는 원칙중심의 국제회계기준을 제정하기 위해 다음과 같은 제정 원칙을 표방하고 있다.

- 회계기준의 복잡성을 줄이기 위해 기준 내에서 예외 규정을 지양한다(No exceptions).
- 회계기준 내에서 목적과 핵심원칙(Core principles)을 명확하게 기술한다.
- 회계기준서간 일관성을 유지한다(No inconsistencies among Standards).
- 개념체계에 근거하여 규정한다(Tied to conceptual framework). 개념체계와 다른 규정을 포함하는 경우에는 결론도출근거에서 설명한다.
- 규정에 대한 해석은 전문가의 판단에 의존한다(Relies on Judgement). 판단하고 선택한 방법과 이유에 대해 주석으로 공시할 필요가 있다.
- 지침은 꼭 필요한 경우에 한하여 최소한으로 제공한다(Minimum guidance).

기업회계기준보다 더 포괄적인 회계정보의 산출기준으로서 일반적으로 인정된 회계원칙(GAAP: generally accepted accounting principles)이 있다. 기업의 활동은 다양하고, 시대가 변함에 따라 많은 경제활동들이 새롭게 생겨나고 있으므로 명문화된 기업회계기준만으로는 실무적으로 발생하는 여러 가지 상황들에 대처할 수 없었다. 따라서 기업회계기준 해석이나 회계관습 등과 같이 기업회계기준을 보충하는 규정들이 적용되기도 하는 것이다. 여기에서 '일반적으로 인정된' 이라는 의미는 회계처리방법이 학계나 실무계의 지지를 받은 것을 말한다.

(2) 회계감사기준, 공시제도

회계와 감사에 관한 전문가인 공인회계사(CPA: certified public accountant)는 기업의 경영자가 작성한 재무제표의 신뢰성을 검증하기 위해 회계감사를 실시한다. 회계감사는 정보작성자인 기업과 정보이용자로부터 독립된 지위를 갖는 감사인이 정보이용자로 하여금 기업이 제공한 회계정보의 질을 평가할 수 있도록 도움을 주어 정보이용자들의 합리적인 의사결정에 기여하는 것을 목적으로 한다.

재무제표를 검증하는 기준을 회계감사기준이라 한다. 회계감사기준은 감사인이 기업의 재무제표를 감사함에 있어서 준수해야 할 사항을 정한 것으로서 감사인은 회계감사에 관련되는 모든 사항의 중요성과 위험에 대한 합리적인 판단에 따라 이 기준을 준수해야 한다.

기업이 작성하고 공인회계사가 검증한 재무제표는 공시제도에 의해 회계정보이용자들에게 전달된다. 증권거래법 등에 규정되어 있는 공시제도는 일반 투자자들이 기업의 상황에 대해 알 수 있도록 정부가 마련한 것이다. 예를 들어, 기업은 재무상태나 경영성과에 대해 경영자가 작성한 재무제표를 일반 투자자들에게 알리기 위해 결산일이 끝나고 3개월 이내에 공인회계사의 감사의견이 첨부된 사업보고서를 공시해야 한다.

1.2 재무회계의 이론적 구조

회계가 정보시스템으로서의 체계를 가지고 발전하고 정보생산자와 정보이용자가 회계정보를 적절히 활용하기 위해서는 먼저 재무제표의 목적이 설정되어야 한다. 재무제표의 목적은 광범위한 정보이용자의 경제적 의사결정에 유용한 기업의 재무상태, 경영성과 및 재무상태 변동에 대한 정보를 제공하는 것이다.

재무제표의 목적이 달성되기 위해서는 재무제표에 의해 제공되는 정보가 정보이용자들의 의사결정에 유용해야 한다. 회계정보가 유용하기 위해 갖추어야 할 주요 속성을 회계정보의 질적특성이라 하는데, 이는 회계정보의 유용성에 대한 판단기준이 된다. 또한 회계정보의 질적특성은 회계기준의 제정과 개정시에 판단기준이 되고, 회계정보의 이용자가 특정기업이 선택한 회계처리방법의 적절성 여부를 판단할 때 기준이 되기도 한다.

재무제표는 외부 정보이용자에게 기업에 대한 재무적 정보를 전달하는 핵심적 수단이다. 따라서 재무제표의 종류 및 재무제표의 기본요소와 재무제표를 작성하는 측정기준에 대해 설명해야 한다.

이러한 재무회계의 이론적 구조를 바탕으로 기업회계기준이 작성되고 이에 따라 기업회계 실무가 이루어진다. 이론적 구조의 목적이 기업의 경제적 실질을 반영하는 재무제표를 작성하는 것이므로 재무제표를 작성하는 기본가정은 이러한 이론구조 전체적으로 영향을 끼친다.

이와 같은 재무회계의 이론적인 구조를 재무회계 개념체계라고 한다. 재무회계 개념체계(conceptual framework for financial accounting)는 하나의 체계화된 회계개념으로서 재무회계의 기본이 되기 때문에 일관된 회계기준의 발전을 도모하고 회계실무의 질을 향상시키기 위해 필수적이다. 따라서 개념체계는 기업회계기준을 제정하거나 개정할 때, 그리고 회계기준에 의해 영향을 받는 기업이나 공인회계사 등이 업무를 수행할 때 도움을 받을 수 있으며, 바람직한 방향으로 회계기준을 유도하기 위해서도 중요하다.

그리고 회계정보이용자들도 재무회계 개념체계를 익히는 것이 필요하다. 정보이용자들은 재무제표를 통해 얻어진 회계정보를 이해하고 활용하는 측면에서 개념체계를 다루어야 할 것이다.

재무회계 개념체계에 대해 요약하면 〈자료 2-2〉와 같다.

자료 2-2 재무회계 개념체계의 구성

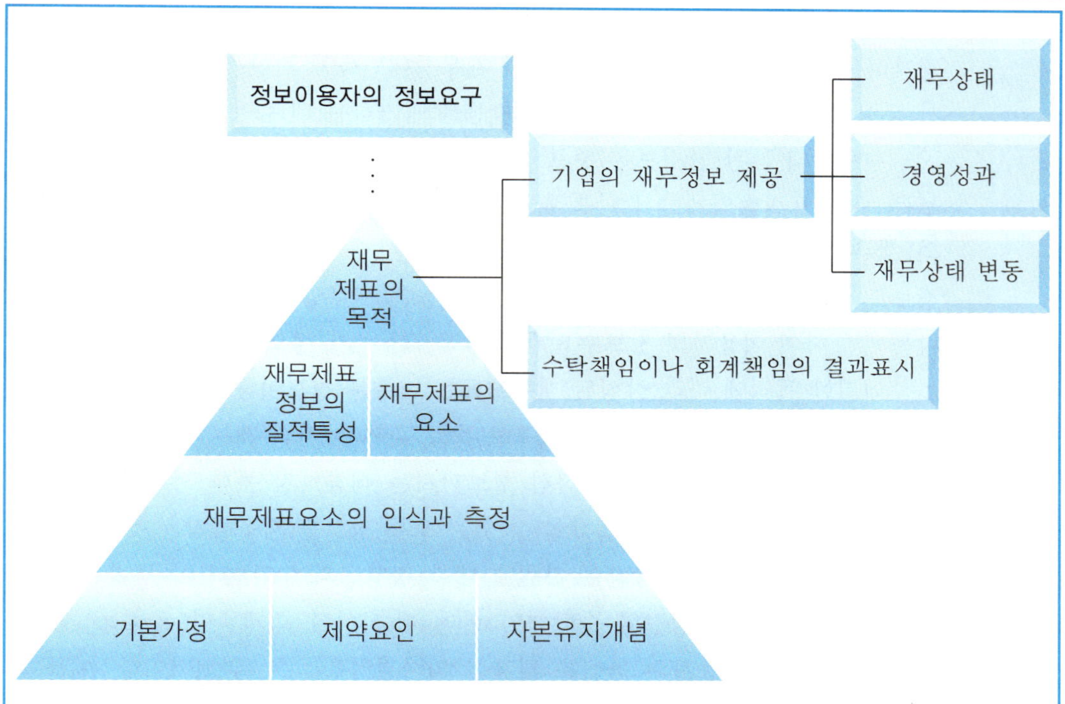

국제회계기준위원회에서 제정한 재무제표의 작성과 표시를 위한 개념체계 중에서 재무제표의 목적과 재무제표의 질적특성에 대해서는 제 2 절에서 자세히 살펴보고 재무제표 표시에 대해서는 제 3 절에서 알아보기로 한다.

제 2 절 재무제표의 작성과 표시를 위한 개념체계

2.1 재무제표의 목적

재무제표의 목적은 광범위한 정보이용자의 경제적 의사결정에 유용한(useful) 기업의 재무상태, 성과 및 재무상태변동에 관한 정보를 제공하는 것이다.

기업의 재무상태는 기업이 통제하는 경제적 자원, 기업의 재무구조, 유동성과 지급능력, 영업환경 변화에 대한 적응능력에 의해 영향을 받는다. 기업이 통제하는 경제적 자원과 그 자원을 과거에 조정한 능력은 기업의 미래 현금 및 현금성자산의 창출능력을 예측하는 데 유용하고, 성과 특히 수익성에 관한 정보는 그 기업이 장래 통제하게 될 가능성이 높은 경제적 자원의 잠재적 변동가능성을 평가하는 데 유용하다. 그리고 기업의 재무상태변동에 관한 정보는 일정 회계기간 동안의 기업의 투자, 재무 및 영업활동을 평가하는 데 유용하다.

재무상태에 관한 정보는 주로 재무상태표를 통해 제공되며, 성과에 관한 정보는 주로 포괄손익계산서를 통해 제공된다. 재무상태변동에 관한 정보는 별도의 재무제표를 통해 제공된다. 재무제표는 주석과 부속명세서, 그리고 그 밖의 정보도 포함한다. 예를 들어, 이러한 주석 등은 재무상태표와 포괄손익계산서의 항목에 대하여 이용자의 정보수요에 목적적합한 추가 정보를 포함할 수 있다.

이러한 목적에 따라 작성된 재무제표는 대부분 정보이용자의 공통적인 정보수요를 충족시킨다. 그러나 재무제표는 주로 과거 사건의 재무적 영향을 표시하는 것을 목적으로 하며 비재무적인 정보까지는 제공하지 못하므로, 정보이용자의 경제적 의사결정을 위해 필요할 수 있는 모든 정보를 제공하지는 못한다.

재무제표는 또한 위탁받은 자원에 대한 경영진의 수탁책임이나 회계책임의 결과를 보여준다. 경영진의 수탁책임(stewardship)이나 회계책임(accountability)을 평가하려는 정보이용자의 목적은 경제적 의사결정을 하기 위해서이다. 예를 들어, 이러한 경제적 의사결정에는 기업의 투자지분을 계속 보유(hold)하거나 매도(sell)할지 또는 경영진을 재선임하거나 교체할지와 같은 결정이 포함될 수 있다.

2.2 재무제표의 기본가정

회계는 현실에서 일어나는 기업활동을 수치로 표현한 것이므로 실제의 기업활동을 정확하게 나타낸다는 것은 거의 불가능하다. 따라서 기본적인 가정을 바탕으로 회계가 추구하는 궁극적 목적을 달성하기 위해 연역적으로 회계원칙을 도출하고 있다.

재무제표의 기본가정(underlying assumptions)은 회계원칙을 연역적인 방법으로 도출하기 위한 재무회계의 이론적 틀을 정립하는 토대가 된다. 이러한 기본가정으로는 발생기준(accrual basis)과 계속기업(going concern)이 있다.

재무제표의 기본가정은 또 회계가 이루어지는 환경을 분석한 것으로서 연역적 논리를 위해 아무 증명 없이 받아들이는 것이므로 환경적 가정(environmental assumptions) 또는 회계공준(accounting postulates)이라고도 한다.

(1) 발생기준

재무제표는 그 목적에 부합하기 위하여 발생기준을 적용하여 작성한다. 발생기준에서는 거래나 그 밖의 사건의 영향을 (현금이나 현금성자산의 수취나 지급 시점이 아니라) 발생한 기간에 인식하며 해당기간의 장부에 기록하고 재무제표에 표시한다. 발생기준을 적용하여 작성한 재무제표는 현금의 수지를 수반한 과거의 거래뿐만 아니라 미래에 현금을 지급해야 하는 의무와 현금의 수취가 기대되는 자원에 대한 정보를 이용자에게 제공한다. 따라서 재무제표는 과거의 거래와 그 밖의 사건에 대해 이용자의 경제적 의사결정에 가장 유용한 형태의 정보를 제공한다.

(2) 계속기업

재무제표는 일반적으로 기업이 계속기업이며 예상가능한 기간(foreseeable future) 동안 영업을 계속할 것이라는 가정하에 작성된다. 따라서 기업은 그 경영활동을 청산하거나 중요하게 축소할 의도나 필요성을 갖고 있지 않다는 가정을 적용하며, 만약 이러한 의도나 필요성이 있다면 재무제표는 계속기업을 가정한 기준과는 다른 기준을 적용하여 작성하는 것이 타당할 수 있으며 이때 적용한 기준은 별도로 공시하여야 한다.

2.3 재무제표의 질적특성

재무제표의 질적특성(qualitative characteristics)이란 재무제표를 통해 제공되는 정보가 이용자에게 유용하기 위해 갖추어야 할 속성을 말한다. 네 가지의 주요한 질적특성은 이해가능성, 목적적합성, 신뢰성 및 비교가능성이다.

(1) 이해가능성(understandability)

재무제표 정보가 갖추어야 할 필수적인 특성의 하나는 이용자가 그 정보를 쉽게 이해할 수 있어야 한다는 것이다.

이때 이용자는 경영 및 경제활동과 회계에 대한 합리적인 지식을 가지고 있으며 관련 정보를 분석하기 위하여 합리적인 노력을 기울일 의지가 있는 것으로 가정한다. 그러나 복잡한 내용의 정보이지만 다수 이용자의 경제적 의사결정 목적에 적합하여 재무제표에 포함될 필요가 있는 경우 단지 그 정보가 일부 이용자에게는 너무 어려워서 이해하기 어려울 것이라는 이유만으로 제외하여서는 아니 된다.

(2) 목적적합성(relevance)

정보가 유용하기 위해서는 이용자의 의사결정에 목적적합해야 한다. 목적적합한 정보란 이용자가 과거, 현재 또는 미래의 사건을 평가(정보의 예측)하거나 (evaluate) 과거의 평가를 확인(confirm) 또는 수정(정보의 확인)하도록(correct) 도와주어 경제적 의사결정에 영향을 미치는 정보를 말한다.

정보의 예측역할(predictive role)과 확인역할(confirmatory role)은 상호 관련이 있다. 예를 들어, 기업이 현재 보유하고 있는 자산규모와 그 구성에 관한 정보는 이용자가 기업의 기회활용능력과 위기대응능력을 예측하는 데 유용한 정보이다. 당해 정보는 예를 들어, 기업의 예상 조직구조나 계획한 영업의 성과에 대한 이용자의 과거 예측이 적절하였는지를 확인하는 역할을 하기도 한다.

재무상태 및 과거 성과에 대한 정보는 통상적으로 미래의 재무상태와 성과, 그리고 배당과 급여지급능력, 주가변동, 기업의 의무이행능력과 같이 이용자와 직접적 이해관계가 있는 사안을 예측하는 기초 자료로 이용된다. 정보자체가 명백한 예측의 형태를 갖추어야만 예측가치가 있는 것은 아니다. 그러나 과거 거래나 사건이 표시되는 방법에 따라 재무제표의 예측능력이 제고될 수 있다. 예를 들어, 수익이나 비용의 비경상적, 비정상적 그리고 비반복적인 항목이 구분 표시되는 경우 포괄손익계산서의 예측가치는 제고된다.

정보의 목적적합성은 정보의 성격(nature)과 중요성(materiality)에 따라 영향을 받는다. 어떤 경우에는 정보의 성격 그 자체만으로 목적적합성을 충족한다. 예를 들어, 신규 사업부문에 대한 재무보고는 동 기간 중 해당 사업부문이 달성한 결과의 중요성에 관계없이 기업이 직면하고 있는 위험과 기회를 평가하는 데 영향을 미칠 수 있다. 어떤 경우에는 정보의 성격과 중요성이 모두 중요한데, 사업의 주요부문별로 보유하고 있는 재고자산 금액을 예로 들 수 있다.

어떤 정보가 누락되거나 왜곡표시되어, 재무제표에 기초한 이용자의 경제적 의사결정에 영향을 미친다면 이는 중요한 정보이다. 중요성은 정보의 누락이나 왜곡표시가 있는 특정상황에서 판단대상 항목이나 오류의 크기에 따라 결정된다. 따라서 중요성은 정보의 유용성을 충족하기 위한 주된 질적특성이라기보다는 재무제표 표시와 관련된 임계치나 판단기준으로 작용한다.

(3) 신 뢰 성(reliability)

정보가 유용하기 위해서는 또한 신뢰할 수 있어야 한다. 신뢰성 있는 정보란 그 정보에 중요한 오류나 편의(偏倚, bias)가 없고, 그 정보가 나타내고자 하거나 나타낼 것이 합리적으로 기대되는 대상을 충실하게 표현하고 있다고 이용자가 믿을 수 있는 정보를 의미한다.

목적적합한 정보일지라도 성격상 또는 표현상 신뢰성 부족으로 인하여 해당 정보를 인식하는 경우 잠재적으로 오해를 유발할 수 있다. 예를 들어 소송이 진행중인 손해배상요구액의 타당성과 그 금액에 대한 논란이 있다면, 해당 기업이 배상요구액과 진행상황을 공시하는 것은 적절할 수 있으나 배상요구액을 전액 재무상태표에 인식하는 것은 부적절할 수 있다.

신뢰성의 구성요소로는 충실한 표현, 형식보다 실질의 우선, 중립성, 신중성, 완전성 등이 있다.

첫째, 충실한 표현(faithful representation)이다. 정보가 신뢰성을 갖기 위해서는 그 정보가 나타내고자 하거나 나타낼 것이 합리적으로 기대되는 거래나 그 밖의 사건을 충실하게 표현하여야 한다. 따라서 예를 들어, 재무상태표는 보고기간말 현재 인식기준을 충족하여 기업의 자산, 부채 및 자본으로 귀결되는 거래나 그 밖의 사건을 충실하게 표현해야 한다.

대부분의 재무정보는 나타내고자 하는 대상을 충실하게 표현하지 못할 위험이 있다. 이는 측정에 따른 편의가 있기 때문이 아니라 측정하고자 하는 거래나 그 밖의 사건을 식별하는 데 어려움이 있거나, 그 거래나 그 밖의 사건에 부합되는 정보를 전달하기 위한 측정방법과 표시방법을 고안하고 적용하는 데 본질적인 어려움이 있기 때문이다. 경우에 따라서는 특정 항목의 재무적 영향에 대한 측정이 매우 불확실하기 때문에 기업이 일반적으로 그 항목을 재무제표에 인식하지 않을 수 있다. 예를 들어, 대부분 기업의 경우 시간의 경과에 따라 내부적 영업권[2)]이 발생하게 되는데, 이와 같은 영업권은 일반적으로 신뢰성 있게 식별하거나 측정하기 어렵다. 그러나 어떤 경우에는 항목을 재무제표에 인식하고 관련된 인식과 측정에 따른 오류의 위험에 대해 공시하는 것이 더 목적적합할 수도 있다.

둘째, 형식보다 실질의 우선(substance over form)이다. 재무정보가 특정 거래나 그 밖의 사건에 대해 나타내고자 하는 바를 충실하게 표현하기 위해서는 거래나 그 밖의 사건을 단지 법률적 형식(legal form)만이 아니라 그 실질(substance)과 경제적 현실(economic reality)에 따라 회계처리하고 표시하여야 한다. 거래나 그 밖의 사건의 실질은 법률적 형식이나 외관상의 형식과 항상 일치하지는 아니한다. 예를 들어, 특정 기업이 자산을 다른 기업이나 개인에게 처분하여 서류상으로는 자산의 법률적 소유권을 이전하지만 자산을 처분한 기업이 그 자산이 갖는 미래 경제적 효익을 계속 향유하기로 합의할 수 있다. 이 경우 해당 거래를 자산의 매각으로 회계처리한다면(거래가 실제로 있었더라도) 표현의 충실성을 충족한 것으로 볼 수 없다.

셋째, 중립성(neutrality)이다. 정보가 신뢰성을 갖기 위해서는 중립적이어야 한다. 즉, 편의가 없어야 한다. 미리 의도된 결과를 달성할 목적으로 특정 정보를 선택하거나 표시하여 이용자의 의사결정이나 판단에 영향을 미친다면 그 재무제표는 중립적이지 않다.

넷째, 신중성(prudence)이다. 재무제표 작성자는 수취채권의 회수가능성, 공장시설과 설비의 경제적 내용연수, 제품보증청구의 예상 발생 건수와 같이 수많은 사건과 상황에 필연적으로 수반되는 불확실성에 직면한다. 이러한 불확실성은 불확실성의 성격과 범위를 공시하고 재무제표의 작성에 신중을 기함으로써 인식된다. 신중성은 불확실한 상황에서 요구되는 추정에 필요한 판단을 하는 경우, 자산이나 수익이 과대평가되지 않고 부채나 비용이 과소평가되지 않도록 상당한 정도의 주의를 기울이는 것을 말한다. 그러나 신중을 기하더라도 비밀적립금(hidden reserves)의 창출, 과도한 충당부채(excessive provisions)의 계상, 고의적

---

2) 영업권(goodwill)이란 사업(혹은 기업)에 내재된 무형의 자원으로서, 그 가치는 해당 사업의 공정가치(사업 전체의 포괄적 이전을 전제로 한 공정가치)가 그에 속하는 순자산의 공정가치(자산의 공정가치−부채의 공정가치)를 초과하는 금액에 해당한다.

인 자산 또는 수익의 과소평가, 부채 또는 비용의 과대평가는 재무제표의 중립성이 상실되어 신뢰성이 없을 수 있으므로 허용되지 아니한다.

다섯째, 완전성(completeness)이다. 재무제표 정보가 신뢰성을 갖기 위해서는 중요성과 원가를 고려한 범위 내에서 완전성을 갖추어야 한다. 정보가 누락되면 그릇되거나 오해를 유발하여 신뢰성이 상실되고 목적적합성을 충족하지 못하는 정보가 제공될 수 있다.

(4) 비교가능성(comparability)

회계정보에 대한 이용자는 한 기업의 재무상태와 성과의 추세를 식별하기 위해 재무제표를 기간별로 비교할 수 있어야 한다. 이용자는 또한 다른 기업의 상대적인 재무상태와 성과 및 재무상태변동을 평가하기 위해 기업간 재무제표를 비교할 수 있어야 한다. 따라서 유사한 거래나 그 밖의 사건의 재무적 영향을 측정하고 표시할 때 한 기업 내에서 그리고 당해 기업의 기간별로 일관된(consistent) 방법이 적용되어야 하며, 기업간에도 일관된 방법이 적용되어야 한다.

비교가능성의 질적특성이 가지는 중요한 의미는 이용자가 재무제표의 작성에 사용된 회계정책 및 회계정책의 변경과 그 영향에 대해 알 수 있다는 것이다. 이용자는 유사한 거래나 그 밖의 사건에 대해 한 기업이 기간별로 적용한 회계정책이나 기업간에 적용한 회계정책의 차이점을 파악할 수 있어야 한다. 기업이 한국채택국제회계기준을 준수하여 재무제표를 작성(사용한 회계정책의 공시 포함)한다면 비교가능성을 달성하는 데 도움이 될 수 있다.

비교가능성은 단순한 통일성(uniformity)과 혼동되지 않아야 하며, 개선된 회계기준의 도입에 장애가 되지 않아야 한다. 기업이 채택한 회계정책이 목적적합성과 신뢰성의 질적특성이 확보되지 않았는 데도 특정 거래나 그 밖의 사건에 대해 동일한 방법으로 계속 회계처리하는 것은 적절하지 않다. 또한 목적적합성과 신뢰성을 제고할 수 있는 대체적 방법이 있음에도 기존의 회계정책을 유지하는 것도 적절하지 않다.

이용자는 특정 기업의 재무상태, 성과 및 재무상태변동에 대한 기간별 비교를 원하기 때문에 재무제표는 당해기간과 과거기간의 정보를 비교 표시하는 것이 중요하다.

(5) 목적적합하고 신뢰성 있는 정보에 대한 제약요인

재무제표가 이용자에게 유용하기 위해서는 이해가능성, 목적적합성, 신뢰성 및 비교가능성의 질적특성을 가져야 하지만, 이러한 질적특성을 가진 정보라 하더라도 몇 가지 제약요인(constraints)을 충족할 때 정보제공이 정당화될 수 있다. 이러한 제약요인으로서 적시성, 효익과 원가간의 균형, 질적특성간의 균형 등이 있다.

첫째, 적시성(timeliness)이다. 만일 정당한 사유 없이 정보의 보고가 지체된다면 그 정보는 목적적합성을 상실할 수 있다. 경영진은 적시성 있는 보고와 신뢰성 있는 정보 제공의 장점에 대한 상대적 균형을 고려할 필요가 있다. 적시에 정보를 제공하기 위해서는 특정 거래나 그 밖의 사건의 모든 내용이 확인되기 전에 보고할 필요가 흔히 있을 수 있으며, 이로 인해 신뢰성이 훼손될 수 있다. 반면, 모든 내용이 확인될 때까지 보고를 지연할 경우 정보의 신뢰성은 매우 높아질 수 있으나 그 보고시점 이전에 의사결정을 해야 하는 이용자에게는 거의 유용하지 않은 정보가 될 수 있다. 신뢰성과 목적적합성이 균형을 이루기 위해서는 이용자의 경제적 의사결정 요구를 어떻게 최대한 충족시킬 수 있느냐를 우선 고려하여야 한다.

둘째, 효익과 원가간의 균형(balance between benefits and costs)이다. 효익과 원가간의 균형은 질적특성이라기보다는 포괄적 제약요인이다. 특정 정보에서 기대되는 효익은 그 정보를 제공하기 위하여 소요되는 원가보다 커야 한다. 그러나 효익과 원가에 대한 평가에는 상당 부분 판단이 필요하다. 더욱이 정보의 효익을 향유할 수 있는 이용자가 반드시 그 원가를 부담하지는 않는다. 정보의 제공 대상이 아닌 다른 이용자가 그 효익을 향유할 수도 있다. 예를 들어, 대여자에게 상세한 정보를 제공함으로써 기업의 차입원가를 낮출 수 있는 경우이다. 이 같은 이유로 어떤 특정 사례에 대해서는 원가-효익 분석을 적용하기가 쉽지 않다. 그럼에도 불구하고 재무제표의 작성자와 이용자 그리고 특히 기준제정자는 원가와 효익의 제약요인을 고려하여야 한다.

셋째, 질적특성간의 균형이다. 실무에서는 때때로 정보의 질적특성간의 균형 또는 상충관계(trade-off)를 고려할 필요가 있다. 일반적으로는 재무제표의 목적을 달성하기 위해 질적특성간에 적절한 균형을 이루는 것을 목표로 한다. 서로 다른 사례에서 질적특성의 상대적 중요성을 결정하는 문제는 전문적 판단사항이다.

(6) 진실하고 공정한 관점/공정한 표시

재무제표는 흔히 기업의 재무상태, 성과 및 재무상태변동을 진실하고 공정한 관점에서, 또는 공정하게 표시하고 있는 것으로 기술된다. 개념체계는 그 같은 개념을 직접 다루지는 않지만 재무제표의 작성에 있어 주요 질적특성과 적절한 회계기준이 적용된다면 일반적으로 재무제표는 그러한 정보를 진실하고 공정한 관점에서, 또는 공정하게 표시하게 된다.

이상에서 설명한 재무제표의 질적특성을 그림으로 나타내보면 〈자료 2-3〉과 같다.

자료 2-3 재무제표의 질적특성과 제약요인

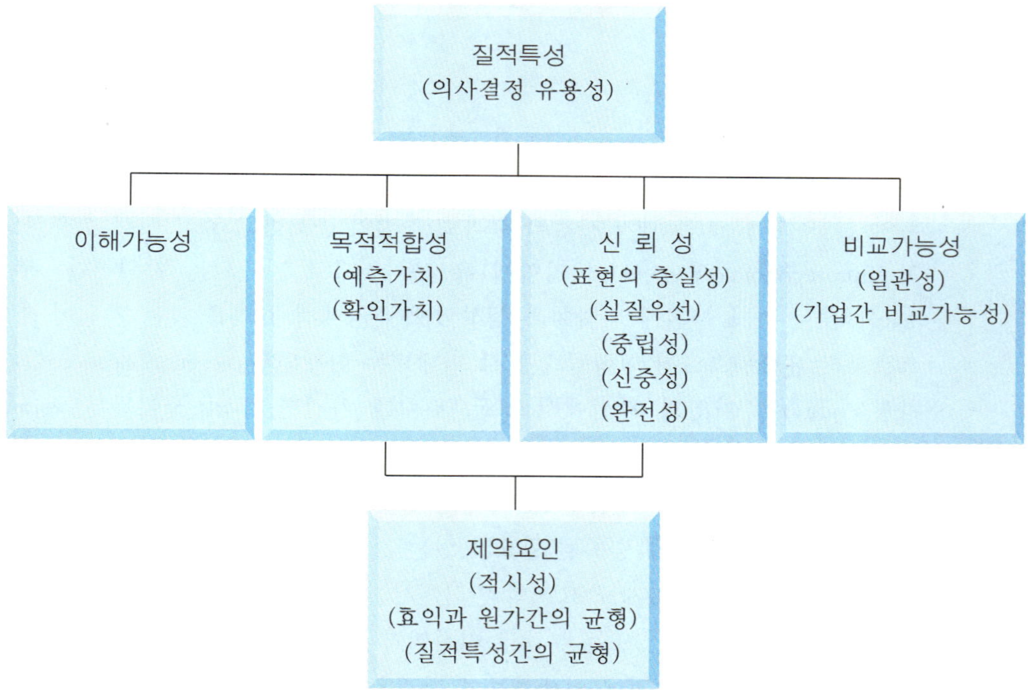

2.4 재무제표의 요소

재무제표는 거래나 그 밖의 사건의 재무적 영향을 경제적 특성에 따라 대분류(broad classes)하여 나타낸다. 이러한 대분류를 재무제표의 요소(elements of financial statements)로 정의한다. 재무상태표에서 재무상태의 측정과 직접 관련된 요소는 자산, 부채 및 자본이다. 그리고 포괄손익계산서에서 성과의 측정과 직접 관련된 요소는 수익과 비용이다. 재무상태변동표는 일반적으로 재무상태표 요소의 변동과 포괄손익계산서 요소를 반영하므로 개념체계에서는 재무상태변동표의 고유한 요소에 대해 별도로 식별하지 아니한다.

재무제표의 요소가 재무상태표와 포괄손익계산서에 표시될 때 소분류의 과정(sub-classification)을 거친다. 예를 들어, 자산과 부채는 기업이 영위하는 사업에서의 해당 항목의 성격이나 기능에 따라 이용자의 경제적 의사결정 목적에 가장 유용하도록 당해 정보를 나타내는 방법으로 분류할 수 있다.

재무상태표와 관련된 재무제표 요소인 재무상태, 자산, 부채, 자본과 포괄손익계산서와 관련된 재무제표 요소인 성과, 수익, 비용에 대해 자세하게 살펴보면 다음과 같다.

(1) 재무상태

재무상태(financial position)의 측정에 직접 관련되는 요소는 자산, 부채 및 자본이다. 자산(assets)은 과거 사건의 결과로 기업이 통제하고 있고 미래 경제적 효익(future economic benefits)이 기업에 유입될 것으로 기대되는 자원이다. 부채(liabilities)는 과거 사건에 의하여 발생하였으며 경제적 효익을 갖는 자원이 기업으로부터 유출됨으로써 이행될 것으로 기대되는 현재의무(present obligation)이다. 자본(equity)은 기업의 자산에서 모든 부채를 차감한 후의 잔여지분(residual interest)이다.

이러한 자산과 부채의 정의는 그 본질적 특성을 식별하기 위한 것이지, 재무상태표에 인식하기 위해 충족될 필요가 있는 기준을 정하는 것은 아니다. 따라서 이러한 정의는 2.5 재무제표 요소의 인식에서 설명하는 인식기준을 충족하지 못하여 재무상태표에 자산 또는 부채로 인식되지 못한 항목을 포괄한다. 특히 자산 또는 부채를 인식하기 전에 발생가능성 기준을 충족하려면 미래 경제적 효익이 기업에 유입되거나 기업에서 유출될 것이라는 기대가 충분히 확실해야 한다.

특정 항목이 자산, 부채 또는 자본의 정의를 충족하는지를 판단할 때에 단순한 법률적 형식이 아닌 거래의 실질과 경제적 현실을 고려하여야 한다. 예를 들어, 금융리스 거래의 실질과 경제적 현실은 리스이용자가 리스자산의 공정가치 상당액과 관련 금융비용을 지급하는 의무를 부담하는 대가로서 내용연수의 대부분 기간 동안 리스자산의 사용에 따른 경제적 효익을 향유하는 것이다. 따라서 금융리스는 자산과 부채의 정의를 충족하는 항목을 발생시키며 리스이용자의 재무상태표에 관련 자산과 부채로 인식된다.

현행 한국채택국제회계기준(K-IFRS)에 따라 작성되는 재무상태표에는 자산 또는 부채의 정의를 충족하지 못하면서 자본으로 표시되지 않는 항목이 있을 수 있다. 그러나 위에 제시된 정의는 현행 한국채택국제회계기준의 개정을 검토하거나 향후 새로운 기준을 제정할 때 기초가 될 것이다.

(2) 자　　산

자산(assets)이 갖는 미래 경제적 효익이란 직접으로 또는 간접으로 미래 현금 및 현금성자산의 기업에의 유입에 기여하게 될 잠재력(potential)을 말한다. 이 잠재력은 기업의 영업활동의 일부인 생산과 관련될 수 있다. 또한, 현금이나 현금성자산으로의 전환 능력의 형태이거나 대체적인 제조과정의 도입으로 생산원가가 절감되는 경우와 같이 현금유출을 감소시키는 능력일 수도 있다.

기업은 일반적으로 고객의 요구를 충족시킬 수 있는 재화나 용역의 생산에 자산을 이용한다. 고객은 재화나 용역의 제공에 따른 요구충족의 대가를 지불할 것이므로 이로 인해 기업의 현금흐름이 창출된다. 현금은 그 밖의 자원에 대한 구매력을 가지므로 그 자체로 기업에 효익을 제공한다.

자산이 갖는 미래 경제적 효익은 다양한 형태로 기업에 유입될 수 있다. 예를 들어, 다음과 같다. 첫째, 자산은 기업이 판매하는 재화나 용역의 생산에 개별적으로 또는 그 밖의 자산과 복합적으로 사용된다. 둘째, 자산은 다른 자산과 교환된다. 셋째, 자산은 부채를 상환하는 데 사용된다. 넷째, 자산은 기업의 소유주에게 배분된다.

유형자산을 포함한 많은 종류의 자산은 물리적 형태(physical form)를 가지고 있다. 그러나 자산의 존재를 판단하기 위해서 물리적 형태가 필수적인 것은 아니다. 예를 들어, 특허권과 저작권도 미래에 그로부터 경제적 효익이 창출되어 기업에 귀속되고 기업이 통제한다면 자산이다.

수취채권과 부동산을 포함한 많은 종류의 자산은 소유권(right of ownership) 등 법률적 권리(legal rights)와 관련되어 있다. 그러나 소유권이 자산의 존재를 판단함에 있어 필수적인 것은 아니다. 예를 들어, 기업이 리스계약에 따라 점유하고 있는 부동산에서 기대되는 경제적 효익을 통제할 수 있다면 그 부동산은 기업의 자산이다. 일반적으로는 경제적 효익에 대한 통제력은 법률적 권리의 결과이지만 경우에 따라서는 법률적 통제(legal control)가 없어도 자산의 정의를 충족시킬 수 있다. 예를 들어, 기업이 개발활동에서 습득한 핵심지식(know-how)은 이를 독점적으로 보유함으로써 그로부터 유입될 것으로 기대되는 효익을 통제한다면 자산의 정의를 충족할 수 있다.

기업의 자산은 과거의 거래나 그 밖의 사건에서 창출된다. 기업은 일반적으로 구매나 생산을 통하여 자산을 획득하지만 다른 거래나 사건도 자산을 창출할 수 있다. 그러한 예로는 지역의 경제성장을 장려하기 위한 정부의 프로그램에 따라 증여받은 자산이나 매장된 광물의 발견 등이 포함된다. 미래에 발생할 것으로 예상되는 거래나 사건 자체만으로는 자산이 창출되지 아니한다. 예를 들어, 재고자산을 구입하고자 하는 의도 그 자체는 자산의 정의를 충족하지 못한다.

일반적으로 지출의 발생(incurring expenditure)과 자산의 취득은 밀접하게 관련되어 있으나 양자가 반드시 일치하는 것은 아니다. 따라서 기업이 지출을 한 경우 이는 미래 경제적 효익을 추구했다는 증거가 될 수는 있지만 자산의 정의를 충족시키는 어떤 항목을 취득했다는 확정적인 증거는 될 수 없다. 마찬가지로 관련된 지출이 없더라도 특정 항목이 자산의 정의를 충족할 경우 재무상태표의 인식대상이 되는 것을 배제하지는 못한다. 예를 들어, 증여받은 재화는 자산의 정의를 충족할 수 있다.

(3) 부　　채

부채(liabilities)의 본질적 특성은 기업이 현재의무(present obligation)를 갖고 있다는 것이다. 의무란 특정 방법으로 실행하거나 수행할(act or perform) 책무(duty) 또는 책임(responsibility)을 말한다. 의무는 구속력 있는 계약(binding contracts)이나 법규에 따라 법률적 강제력(legal force)이 있을 수 있다. 제공받은 재화와 용역에 대한 미지급채무가 일반적인 예이다. 의무는 정상적인 거래실무, 관행 또는 원활한 거래관계를 유지하거나 공평한 거래를 하려는 의도에서 발생할 수도 있다. 만일 어떤 기업이 보증기간이 명백히 경과한 후에 발생하는 제품하자에 대해서도 수리해 주기로 방침을 정한 경우에 이미 판매된 제품과 관련하여 지출될 것으로 예상되는 금액은 부채이다.

현재의무와 미래의 약속(future commitment)은 구별되어야 한다. 미래에 특정 자산을 취득하겠다는 경영진의 의사결정 그 자체만으로는 현재의무가 발생하지 아니한다. 의무는 일반적으로 그 자산이 인도되는 때 또는 기업이 자산획득을 위한 취소불능약정(irrevocable agreement)을 체결하는 때 발생한다. 후자의 경우에 속하는 취소불능약정은 예를 들어, 의무불이행의 결과에 따른 상당한 위약금 때문에 거래상대방에 대한 자원의 유출을 회피할 여지가 거의 없는 약정을 말한다.

기업이 거래상대방의 요구에 따라 현재의무를 이행(settlement)하기 위해서는 일반적으로 미래 경제적 효익을 갖는 자원을 희생하게 된다. 현재의무는 다양한 방법으로 이행될 수 있는데, 예를 들어 현금 지급, 다른 자산의 이전, 용역의 제공, 다른 의무로 대체, 부채의 자본 전환 등이 있다. 의무는 채권자의 권리포기나 권리상실 등 다른 방법에 의해서 소멸되기도 한다.

부채는 과거의 거래나 그 밖의 사건에서 발생한다. 예를 들어, 재화를 구입하거나 용역을 제공받는 경우 매입채무가 발생하며(선급 또는 인도와 동시에 지급이 이루어지지 아니한 경우), 은행대출을 받은 경우에는 상환의무가 발생한다. 또한 기업이 고객의 연간 매입액에 따라 미래에 지급할 환불액을 부채로 인식할 경우 고객에 대한 과거의 매출이 부채를 발생시키는 거래가 된다.

일부 부채는 상당한 정도의 추정을 해야만 측정이 가능할 수 있다. 이러한 부채는 충당부채(provisions)라고도 한다. 일부 국가에서는 이러한 충당부채를 부채에서 제외하는데, 이는 부채를 추정의 필요 없이 확정할 수 있는 금액만 포함되도록 협의의 개념으로 정의하기 때문이다. 위의 부채 정의는 광의의 접근법에 따른 것이다. 따라서 어떤 충당부채가 현재의무를 수반하며 부채의 나머지 정의를 충족한다면 금액을 추정해야 하더라도 부채이다. 그러한 예로는 제품보증에 따른 충당부채와 연금지급의무에 대한 충당부채가 있다.

(4) 자 본

자본(equity)은 위에서 잔여지분(residual interest)으로 정의되었지만 재무상태표에는 소분류하여(sub-classified) 표시할 수 있다. 예를 들어, 주식회사의 경우 소유주가 출연한 자본(funds contributed by shareholders), 이익잉여금, 이익잉여금 처분에 의한 적립금(reserves representing appropriations of retained earnings), 자본유지조정을 나타내는 적립금(reserves representing capital maintenance adjustments) 등으로 구분하여 표시할 수 있다. 이러한 분류는 자본의 배당이나 그 밖의 활용에 대한 기업능력의 법률적 또는 기타의 제한(restrictions)을 표시함으로써 재무제표이용자의 의사결정 목적에 적합할 수 있다. 또한 이러한 분류는 배당금 수령이나 자본의 환급과 관련하여 기업의 각 지분보유자들이 상이한 권리를 갖는다는 사실을 반영할 수도 있다.

때로는 손실의 영향으로부터 기업과 그 채권자를 보호하기 위한 추가 조치로서 정관이나 법규에서 적립금(reserves)의 설정을 요구하는 경우가 있다. 또는 특정 적립금으로 전입되는 금액에 대해 세법상 면세 또는 감세혜택이 부여되는 경우에 해당 적립금이 설정될 수도 있다. 법률, 정관 그리고 세무 목적에 따라 설정되는 적립금의 존재와 규모에 대한 정보는 이용자의 의사결정 목적에 적합한 정보이다. 이와 같은 적립금으로 전입되는 금액(transfers to reserves)은 비용이 아니라 이익잉여금의 처분(appropriations of retained earnings)에 해당한다.

재무상태표에 표시되는 자본의 금액은 자산과 부채 금액의 측정에 따라 결정된다. 일반적으로 자본총액은 그 기업이 발행한 주식의 시가총액, 또는 순자산을 나누어서 처분하거나 계속기업을 전제로 기업전체를 처분할 때 받을 수 있는 총액과 우연한 경우에만 일치한다.

상업, 산업, 사업 활동이 때로는 개인사업, 파트너십, 신탁, 다양한 정부사업 등의 실체 형태로 수행된다. 이와 같은 실체에 적용되는 법률 및 감독 체계는 통상 일반 주식회사에 적용하는 체계와는 다르다. 예를 들어, 자본에 포함된 금액을 소유주나 그 밖의 수익자에게 분배하는 데 제한이 거의 없을 수 있다. 그럼에도 불구하고 자본의 정의와 자본을 다루는 개념체계의 다른 관점들은 이들 실체에 적합하다.

(5) 성 과

이익(profit)은 흔히 성과의 측정치로 사용되거나 투자수익률이나 주당이익과 같은 측정치의 기초로 사용된다. 이익의 측정과 직접 관련된 요소는 수익(income)과 비용(expense)이다. 수익과 비용의 인식과 측정, 그리고 그에 따른 이익은 부분적으로는 기업의 재무제표 작성에 적용된 자본과 자본유지개념에 의존한다. 그러한 개념은 2.7 자본과 자본유지의 개념에서 논의한다.

수익과 비용은 다음과 같이 정의한다. 수익은 자산의 유입이나 증가 또는 부채의 감소에 따라 자본의 증가를 초래하는 특정 회계기간 동안에 발생한 경제적효익의 증가(increase in economic benefits)로서, 지분참여자에 의한 출연(contributions from equity participants)과 관련된 것은 제외한다. 비용은 자산의 유출이나 소멸 또는 부채의 증가에 따라 자본의 감소를 초래하는 특정 회계기간 동안에 발생한 경제적효익의 감소(decreases in economic benefits)로서, 지분참여자에 대한 분배(distributions to equity participants)와 관련된 것은 제외한다.

이러한 수익과 비용의 정의는 그 본질적 특성을 식별하기 위한 것이지, 포괄손익계산서에 인식하기 위해 충족될 필요가 있는 기준을 정하는 것은 아니다. 수익과 비용의 인식기준은 2.5 재무제표 요소의 인식에서 설명한다.

경제적 의사결정에 목적적합한 정보를 제공하기 위하여 포괄손익계산서에 수익과 비용을 다양한 방법으로 표시할 수 있다. 예를 들어, 기업의 정상영업활동의 일환으로 발생하는 수익과 비용 항목 및 그렇지 않은 수익과 비용 항목을 구분하여 표시하는 것이 보통이다. 이와 같은 구분은 수익과 비용 항목의 원천이 기업의 미래 현금 및 현금성자산의 창출능력을 평가하는 데 목적적합한 정보라는 점에 근거한 것이다. 예를 들어, 장기투자자산의 처분과 같은 부수적인 활동은 일상적으로 반복될 가능성이 낮을 것이다. 수익과 비용 항목을 이와 같이 원천별로 구분할 때에는 기업과 그 경영활동의 성격을 고려할 필요가 있다. 어떤 기업에는 정상영업활동에서 발생하는 항목이 다른 기업에는 정상영업활동 이외에서 발생하는 항목일 수 있다.

수익과 비용 항목을 구분하거나 다양하게 결합하면 기업의 성과를 여러 가지 측정치로 표시할 수 있다. 결과적으로 이 같은 측정치는 포괄하는 범위가 서로 다르다. 예를 들어, 포괄손익계산서는 매출총이익(gross margin), 세전정상영업손익(profit or loss from ordinary activities before taxation), 세후정상영업손익과 당기순손익(profit or loss)으로 구분 표시될 수 있다.

(6) 수 익

광의의 수익(income)의 정의에는 수익(revenue)과 차익(gains)이 모두 포함된다. 수익(revenue)은 기업의 정상영업활동의 일환(in the course of the ordinary activities)으로 발생하며 매출액, 수수료수익, 이자수익, 배당수익, 로열티수익 및 임대료수익 등 다양한 명칭으로 구분된다.

차익(gains)은 광의의 수익의 정의를 충족하는 그 밖의 항목으로 기업의 정상영업활동의 일환이나 그 이외의 활동에서 발생할 수 있다. 차익도 경제적 효익의 증가를 나타내므로 본질적으로 수익과 차이가 없다. 따라서 이 개념체계에서는 차익을 별개의 요소로 보지 아니한다.

예를 들어, 차익은 비유동자산의 처분에서 발생한다. 또한 광의의 수익의 정의는 시장성 있는 유가증권의 재평가나 장기성 자산의 장부금액 증가로 인한 미실현이익(unrealized gains)을 포함한다. 차익을 포괄손익계산서에 표시하는 경우 일반적으로 구분 표시하는데, 의사결정자가 이를 알면 경제적 의사결정에 도움이 되기 때문이다. 차익은 흔히 관련 비용을 차감한 금액으로 보고된다.

수익의 발생에 따라 다양한 자산이 수취되거나 증가될 수 있는데, 제공하는 재화나 용역의 대가로 받은 현금, 수취채권 및 재화나 용역이 그 예이다. 수익은 또한 부채의 상환에 따라 발생할 수도 있는데 예를 들어, 기업이 차입금의 상환의무를 이행하기 위해 대여자에게 재화나 용역을 제공하는 경우가 이에 해당한다.

(7) 비 용

광의의 비용(expense)의 정의에는 기업의 정상영업활동의 일환으로 발생하는 비용뿐만 아니라 차손(losses)도 포함된다. 기업의 정상영업활동의 일환으로 발생하는 비용은 예를 들어, 매출원가, 급여 및 감가상각비 등이다. 비용은 일반적으로 현금 및 현금성자산, 재고자산 또는 유형자산과 같은 자산의 유출이나 소모의 형태로 나타난다.

차손은 비용의 정의를 충족하는 그 밖의 항목으로 기업의 정상영업활동의 일환이나 그 이외의 활동에서 발생할 수 있다. 차손도 경제적 효익의 감소를 나타내므로 본질적으로 다른 비용과 차이가 없다. 따라서 개념체계에서는 차손을 별개의 요소로 보지 아니한다.

예를 들어, 차손은 화재나 홍수와 같은 자연재해 또는 비유동자산의 처분에서 발생한다. 또한 비용의 정의는 미실현손실(unrealized loss)도 포함하는데, 예를 들어 기업의 외화차입금에 관련된 환율상승의 영향으로 발생하는 미실현손실이다. 차손을 포괄손익계산서에 표시하는 경우 일반적으로 구분 표시하는데 의사결정자가 이를 알면 경제적 의사결정에 도움이 되기 때문이다. 차손은 흔히 관련 수익을 차감한 금액으로 보고된다.

2.5 재무제표 요소의 인식

인식(recognition)은 재무제표 요소의 정의에 부합하고 다음에서 설명하는 인식기준을 충족하는 항목을 재무상태표나 포괄손익계산서에 반영하는 과정을 말한다. 이 과정은 해당 항목을 서술하는 계정명칭과 화폐금액으로 기술하고 그 금액을 재무상태표 또는 포괄손익계산서 총계에 산입하는 것을 포함한다. 인식기준(criteria for recognition)을 충족하는 항목은 재무상태표나 포괄손익계산서에 인식되어야 한다. 관련된 회계정책의 공시, 주석 또는 설명 자료만으로는 그러한 항목의 인식누락을 정당화할 수 없다.

재무제표 요소의 정의에 부합하는 항목이 다음 기준을 모두 충족한다면 재무제표에 인식되어야 한다.

첫째, 그 항목과 관련된 미래 경제적 효익이 기업에 유입되거나 기업으로부터 유출될 가능성이 높다.

둘째, 그 항목의 원가(cost) 또는 가치(value)를 신뢰성 있게 측정할 수 있다.

어떤 항목이 이러한 기준을 충족하여 재무제표에 인식해야 하는지를 평가할 때 재무제표의 질적특성 중의 하나인 목적적합성의 구성요소인 중요성(materiality)을 고려할 필요가 있다. 재무제표의 요소간 상호연관성은 특정 요소의 정의 및 인식기준을 충족하는 항목 예를 들어, 자산을 인식하는 경우 수익이나 부채 같은 다른 요소가 자동적으로 인식되어야 하는 것을 의미한다.

(1) 미래 경제적 효익의 발생가능성

인식기준에는 특정 항목과 관련된 미래 경제적 효익이 기업에 유입되거나 기업에서 유출될 불확실성의 정도를 의미하는 발생가능성의 개념이 사용된다. 이 개념은 영업활동이 수행되는 기업환경의 특성을 반영하는 불확실성을 고려하고자 하는 것이다. 미래 경제적 효익의 유입과 유출에 대한 불확실성 정도의 평가는 재무제표를 작성할 때 이용가능한 증거에 기초하여야 한다. 예를 들어, 기업이 보유하는 특정 매출채권과 관련하여 대손가능성에 대한 증거가 없고 회수가능성이 높다면 해당 매출채권을 자산으로 인식하는 것이 정당화된다. 그러나 다수의 매출거래처가 존재한다면 어느 정도 대손이 발생할 가능성이 높은 것이 일반적이므로 예상되는 경제적 효익의 감소를 나타내는 비용을 인식하여야 한다.

(2) 측정의 신뢰성

어떤 항목의 인식을 위한 두 번째 기준은 재무제표의 질적특성 중의 하나인 신뢰성 있는 측정이 가능한 원가 또는 가치를 갖고 있어야 한다는 것이다. 많은 경우에 원가 또는 가치가 추정되어야 하는데, 이 경우 재무제표를 작성할 때 합리적인 추정을 사용해야 하며 합리적 추정이 신뢰성을 훼손하지는 않는다. 그러나 합리적인 추정을 할 수 없는 경우 해당 항목은 재무상태표나 포괄손익계산서에 인식될 수 없다. 예를 들어, 소송으로부터 예상되는 배상금이 자산과 수익의 정의에 부합하고 인식을 위한 발생가능성 기준을 충족한다 하더라도 그 금액을 신뢰성 있게 측정할 수 없는 경우에는 이를 자산이나 수익으로 인식할 수 없다. 그러나 이와 같은 배상금의 존재는 주석, 설명 자료 또는 부속명세서에 공시될 수 있다.

특정 시점에서는 위의 인식기준을 충족하지 못하는 항목이더라도 그 후에 후속 상황이나 사건의 결과에 따라 인식기준을 충족할 수도 있다.

어떤 항목이 재무제표 요소에 부합하는 본질적 성격(essential characteristics)을 가지고 있으나 인식기준을 충족하지 못하는 경우에도 해당 항목은 주석(notes),

설명 자료(explanatory material) 또는 부속명세서(supplementary schedules)에 공시될 수 있다. 이러한 공시는 재무제표의 이용자가 기업의 재무상태, 성과 및 재무상태변동을 평가할 때 해당 항목에 대한 정보가 목적적합하다고 판단되는 경우에 적절하다.

(3) 자산의 인식

자산은 미래 경제적 효익이 기업에 유입될 가능성이 높고 해당 항목의 원가 또는 가치를 신뢰성 있게 측정할 수 있을 때 재무상태표에 인식한다.

지출(expenditure)이 발생하였으나 당해 회계기간 후에는 관련된 경제적 효익이 기업에 유입될 가능성이 높지 않다고 판단되는 경우에는 재무상태표에 자산으로 인식하지 아니한다. 대신에 그러한 거래는 포괄손익계산서에 비용으로 인식한다. 이와 같은 회계처리는 경영진이 그 지출과 관련하여 미래 경제적 효익을 창출하려는 의도가 없었거나 의사결정이 잘못되었다는 것을 의미하지는 않는다. 이는 단지 당해 회계기간 후 관련된 경제적 효익이 기업에 유입될 가능성의 정도가 자산의 인식을 정당화하기에는 불충분하다는 것을 의미할 뿐이다.

(4) 부채의 인식

부채는 현재 의무의 이행(settlement)에 따라 경제적 효익을 갖는 자원의 유출 가능성이 높고 결제될 금액에 대해 신뢰성 있게 측정할 수 있을 때 재무상태표에 인식한다. 실무에서는 주문 후 아직 인도되지 않은 재고자산에 대한 부채와 같이 동일한 비율로 미이행된 계약상의 의무는 일반적으로 재무제표에 부채로 인식하지 아니한다. 그러나 그러한 의무도 때로는 부채의 정의에 부합할 수 있으며 특정한 상황에서 인식기준이 충족된다면 재무제표에 인식될 수 있다. 이와 같은 상황에서는 부채의 인식과 동시에 관련 자산이나 비용도 인식한다.

(5) 수익의 인식

수익은 자산의 증가나 부채의 감소와 관련하여 미래경제적효익이 증가하고 이를 신뢰성 있게 측정할 수 있을 때 포괄손익계산서에 인식한다. 이는 실제로 수익의 인식이 자산의 증가나 부채의 감소에 대한 인식과 동시에 이루어짐을 의미한다. 예를 들어, 재화나 용역의 매출에 따라 자산의 순증가가 인식되며 미지급채무의 면제에 따라 부채의 감소가 인식된다.

실무에서 일반적으로 사용하는 수익인식의 절차, 예를 들어, 수익이 가득되어야 한다는 요건은 이 개념체계에서 제시하는 인식기준을 적용한 것이다. 그러한 절차는 일반적으로 신뢰성 있는 측정이 가능하고 충분히 확실한 항목들만을 한정하여 수익을 인식하기 위한 것이다.

(6) 비용의 인식

비용은 자산의 감소나 부채의 증가와 관련하여 미래 경제적 효익이 감소하고 이를 신뢰성 있게 측정할 수 있을 때 포괄손익계산서에 인식한다. 이는 실제로 비용의 인식이 부채의 증가나 자산의 감소에 대한 인식과 동시에 이루어짐을 의미한다. 예를 들어, 종업원급여의 발생에 따라 부채의 증가가 인식되며 설비의 감가상각에 따라 자산의 감소가 인식된다.

비용은 발생된 원가와 특정 수익항목의 가득간에 존재하는 직접적인 관련성을 기준으로 포괄손익계산서에 인식한다. 수익에 원가를 대응시키는 과정(matching of costs and revenues)에는 동일한 거래나 그 밖의 사건에 따라 직접 그리고 공통으로 발생하는 수익과 비용을 동시에 또는 통합하여 인식하는 것이 포함된다. 재화의 판매에 따라 수익이 발생됨과 동시에 매출원가를 구성하는 다양한 비용요소가 인식되는 것이 그 예이다. 그러나 이 개념체계하에서 대응개념을 적용한다 하더라도 자산이나 부채의 정의를 충족하지 못하는 항목을 재무상태표에 인식하는 것은 허용되지 아니한다.

경제적 효익이 여러 회계기간에 걸쳐 발생할 것으로 기대되고 수익과의 관련성이 단지 포괄적으로 또는 간접적으로만 결정될 수 있는 경우 비용은 체계적이고(systematic) 합리적인(rational) 배분절차를 기준으로 포괄손익계산서에 인식된다. 이러한 비용 인식 절차는 유형자산, 영업권, 특허권과 상표권 같은 자산의 사용과 관련된 비용을 인식하기 위하여 자주 필요하다. 이러한 경우에 관련된 비용은 감가상각비 또는 상각비로 표시된다. 이 배분절차는 해당 항목과 관련된 경제적 효익이 소비되거나 소멸되는 회계기간에 비용을 인식하는 것을 목적으로 한다.

미래 경제적 효익이 기대되지 않는 지출이거나, 미래 경제적 효익이 기대되더라도 재무상태표에 자산으로 인식되기 위한 조건을 원래 충족하지 못하거나 더 이상 충족하지 못하는 부분은 즉시 포괄손익계산서에 비용으로 인식되어야 한다.

제품보증에 따라 부채가 발생하는 경우와 같이 자산의 인식을 수반하지 않는 부채가 발생하는 경우에는 포괄손익계산서에 비용을 동시에 인식한다.

2.6 재무제표 요소의 측정

측정은 재무상태표와 포괄손익계산서에 인식되고 평가되어야 할 재무제표 요소의 화폐금액을 결정하는 과정이다. 측정은 특정 측정기준(particular measurement basis)의 선택과정을 포함한다.

재무제표를 작성하기 위해서는 다수의 측정기준이 다양한 방법으로 결합되어 사용된다. 그러한 측정기준의 예는 다음과 같다.

첫째, 역사적 원가(historical cost)이다. 자산은 취득의 대가로 취득 당시에 지급한 현금 또는 현금성자산이나 그 밖의 대가의 공정가치로 기록한다. 부채는 부담하는 의무의 대가로 수취한 금액으로 기록한다. 어떤 경우(예: 법인세)에는 정상적인 영업과정에서 그 부채를 이행하기 위해 지급할 것으로 기대되는 현금이나 현금성자산의 금액으로 기록할 수도 있다.

둘째, 현행원가(current cost)이다. 자산은 동일하거나(same) 또는 동등한(equivalent) 자산을 현재시점에서 취득할 경우에 그 대가로 지불하여야 할 현금이나 현금성자산의 금액으로 평가한다. 부채는 현재시점에서 그 의무를 이행하는데 필요한 현금이나 현금성자산의 할인하지 아니한 금액으로 평가한다.

셋째, 실현가능(이행)가치(realizable value)이다. 자산은 정상적으로 처분하는 경우(in an orderly disposal) 수취할 것으로 예상되는 현금이나 현금성자산의 금액으로 평가한다. 부채는 이행가치(settlement value)로 평가하는데, 이는 정상적인 영업과정에서 부채를 상환하기 위해 지급될 것으로 예상되는 현금이나 현금성자산의 할인하지 아니한 금액으로 평가한다.

넷째, 현재가치(present value)이다. 자산은 정상적인 영업과정에서 그 자산이 창출할 것으로 기대되는 미래 순현금유입액(future net cash inflows)의 현재할인가치로 평가한다. 부채는 정상적인 영업과정에서 그 부채를 상환할 때 필요할 것으로 예상되는 미래 순현금유출액(future net cash outflows)의 현재할인가치로 평가한다.

재무제표를 작성할 때 기업이 가장 보편적으로 채택하고 있는 측정기준은 역사적 원가이다. 역사적 원가는 일반적으로 다른 측정 기준과 함께 사용된다. 예를 들어, 재고자산은 통상 역사적 원가와 순실현가능가치(net realizable value)를 비교하여 저가로 평가되고, 시장성 있는 유가증권은 시가(market value)로 평가되기도 하며 연금부채(pension liabilities)는 현재가치로 평가된다. 일부 기업은 비화폐성자산(non-monetary assets)에 대한 가격변동효과를 반영하지 못하는 역사적 원가 모형에 대한 대응책으로 현행원가기준을 사용하기도 한다.

2.7 자본과 자본유지의 개념

자산과 부채에 대한 재평가 또는 재작성은 자본의 증가나 감소를 초래한다. 이와 같은 자본의 증가 또는 감소는 수익과 비용의 정의에는 부합하지만, 이 항목들은 특정 자본유지개념에 따라 포괄손익계산서에는 포함하지 아니한다. 그 대신 자본유지조정 또는 재평가적립금으로 자본에 포함한다. 자본유지의 개념에 대해서 살펴보면 다음과 같다.

(1) 자본의 개념

대부분의 기업은 '자본의 재무적 개념(financial concept of capital)'에 기초하여 재무제표를 작성한다. 자본을 투자된 화폐액(invested money) 또는 투자된 구매력(invested purchasing power)으로 보는 재무적 개념하에서 자본은 기업의 순자산(net assets)이나 지분(equity)과 동의어로 사용된다. 자본을 조업능력으로 보는 '자본의 실물적 개념(physical concept of capital)'하에서는 자본은 예를 들어, 1일 생산수량과 같은 기업의 생산능력(productive capacity)으로 간주된다.

기업은 재무제표이용자의 정보요구에 기초하여 적절한 자본개념을 선택하여야 한다. 따라서 재무제표의 이용자가 주로 명목상의 투하자본이나 투하자본의 구매력(purchasing power of invested capital) 유지에 관심이 있다면 재무적 개념의 자본을 채택하여야 한다. 그러나 이용자의 주된 관심이 기업의 조업능력 유지에 있다면 실물적 개념의 자본을 사용하여야 한다. 비록 자본개념을 실무적으로 적용하는 데는 측정의 어려움이 있을 수 있지만 선택된 자본개념에 따라 이익의 결정 목표가 무엇인지 알 수 있게 된다.

(2) 자본유지개념과 이익의 결정

위의 자본개념에 따라 다음과 같은 자본유지개념이 도출된다.

첫째, 재무자본유지개념(concept of financial capital maintenance)이다. 재무자본유지개념하에서 이익은 해당 기간 동안 소유주에게 배분하거나 소유주가 출연한 부분을 제외하고 기말 순자산의 재무적 측정금액(화폐금액)이 기초 순자산의 재무적 측정금액(화폐금액)을 초과하는 경우에만 발생한다. 재무자본유지는 명목화폐단위(nominal monetary units) 또는 불변구매력단위(constant purchasing power units)를 이용하여 측정할 수 있다.

둘째, 실물자본유지개념(concept of physical capital maintenance)이다. 실물자

본유지개념하에서 이익은 해당 기간 동안 소유주에게 배분하거나 소유주가 출연한 부분을 제외하고 기업의 기말 실물생산능력이나 조업능력(또는 그러한 생산능력을 갖추기 위해 필요한 자원이나 기금)이 기초 실물생산능력을 초과하는 경우에만 발생한다.

자본유지개념은 기업이 유지하려고 하는 자본을 어떻게 정의하는지와 관련된다. 자본유지개념은 이익이 측정되는 준거기준(point of reference)을 제공함으로써 자본개념과 이익개념 사이의 연결고리를 제공한다. 자본유지개념은 기업의 자본에 대한 투자수익과 투자회수를 구분하기 위한 필수요건이다. 자본유지를 위해 필요한 금액을 초과하는 자산의 유입액만이 이익으로 간주될 수 있고 결과적으로 자본의 투자수익이 된다. 따라서 이익은 수익에서 비용(필요한 경우 자본유지조정액을 포함)을 차감한 후의 잔여액이다. 만일 비용이 수익을 초과한다면 그 초과액은 손실이다.

실물자본유지개념을 사용하기 위해서는 현행원가기준에 따라 측정해야 한다. 그러나 재무자본유지개념은 특정한 측정기준의 적용을 요구하지 아니한다. 재무자본유지개념하에서 측정기준의 선택은 기업이 유지하려는 재무자본의 유형과 관련이 있다.

재무자본유지개념과 실물자본유지개념의 주된 차이는 기업의 자산과 부채에 대한 가격변동 영향의 처리방법에 있다. 일반적으로 기초에 가지고 있던 자본만큼을 기말에도 가지고 있다면 이 기업의 자본은 유지된 것이며, 기초 자본을 유지하기 위해 필요한 부분을 초과하는 금액이 이익이다.

자본을 명목화폐단위로 정의한 재무자본유지개념하에서 이익은 해당 기간 중 명목화폐자본의 증가액을 의미한다. 따라서 기간 중 보유한 자산가격의 증가 부분, 즉 보유이익은 개념적으로 이익에 속한다. 그러나 보유이익은 자산이 교환거래에 따라 처분되기 전에는 이익으로 인식되지 않을 것이다. 만일 재무자본유지개념이 불변구매력 단위로 정의된다면 이익은 해당 기간 중 투자된 구매력의 증가를 의미하게 된다. 따라서 일반물가수준에 따른 가격상승을 초과하는 자산가격의 증가 부분만이 이익으로 간주되며, 그 이외의 가격증가 부분은 자본의 일부인 자본유지조정으로 처리된다.

자본을 실물생산능력으로 정의한 실물자본유지개념하에서 이익은 해당 기간 중 실물생산능력의 증가를 의미한다. 기업의 자산과 부채에 영향을 미치는 모든 가격변동은 해당 기업의 실물생산능력에 대한 측정치의 변동으로 간주되어 이익이 아니라 자본의 일부인 자본유지조정으로 처리된다.

측정기준과 자본유지개념의 선택에 따라 재무제표의 작성에 있어 사용되는 회계모형(accounting model)이 결정된다. 각각의 회계모형은 상이한 목적적합성과 신뢰성을 나타내며, 경영진은 다른 경우와 마찬가지로 목적적합성과 신뢰성 간에 균형을 추구하여야 한다. 이 개념체계는 다양한 회계모형에 적용가능하며 선택된 모형하에서 재무제표의 작성과 표시에 대한 지침을 제공한다. 현재 한국회계기준위원회는 초인플레이션하에 있는 통화로 보고해야 하는 기업의 경우와 같은 예외적 상황을 제외하고는, 특정한 모형의 사용을 규정하려는 의도를 가지고 있지는 않다. 그러나 이러한 의도는 사회의 발전에 따라 재고될 것이다.

제 3 절 재무제표 표시

3.1 재무제표의 개요

(1) 전체 재무제표(a complete set of financial statements)

한국채택국제회계기준에 따라 작성하여야 하는 재무제표에는 기말 재무상태표, 기간 포괄손익계산서, 기간 자본변동표, 기간 현금흐름표 및 주석이 있다. 특히 회계정책을 소급하여 적용하거나, 재무제표의 항목을 소급하여 재작성 또는 재분류하는 경우 가장 이른 비교기간의 기초 재무상태표를 포함하여야 한다.

재무제표의 명칭은 한국채택국제회계기준에서 사용하는 명칭이 아닌 다른 명칭을 사용할 수 있다. 또한 각각의 재무제표는 전체 재무제표에서 동등한 비중으로 표시한다.

(2) 공정한 표시와 한국채택국제회계기준의 준수 (fair presentation and compliance with K-IFRSs)

재무제표는 기업의 재무상태, 재무성과 및 현금흐름을 공정하게(fairly) 표시해야 한다. 공정한 표시를 위해서는 '개념체계'에서 정한 자산, 부채, 수익 및 비용에 대한 정의와 인식요건에 따라 거래, 그 밖의 사건과 상황의 효과를 충실하게(faithfully) 표현해야 한다. 한국채택국제회계기준에 따라 작성된 재무제표(필요에 따라 추가공시한 경우 포함)는 공정하게 표시된 재무제표로 본다.

한국채택국제회계기준을 준수하여 재무제표를 작성하는 기업은 그러한 준수

사실을 주석에 명시적이고 제한 없이 기재한다. 재무제표가 한국채택국제회계기준의 요구사항을 모두 충족한 경우가 아니라면 한국채택국제회계기준을 준수하여 작성되었다고 기재하여서는 아니 된다.

한국채택국제회계기준을 준수하여 작성된 재무제표는 국제회계기준을 준수하여 작성된 재무제표임을 주석으로 공시할 수 있다.

(3) 계속기업(going concern)

경영진은 재무제표를 작성할 때 계속기업으로서의 존속가능성을 평가해야 한다. 경영진이 기업을 청산하거나 경영활동을 중단할 의도를 가지고 있지 않거나, 청산 또는 경영활동의 중단 외에 다른 현실적 대안이 없는 경우가 아니면 계속기업을 전제로 재무제표를 작성한다. 계속기업으로서의 존속능력에 유의적인 의문이 제기될 수 있는 사건이나 상황과 관련된 중요한 불확실성을 알게 된 경우, 경영진은 그러한 불확실성을 공시하여야 한다. 재무제표가 계속기업의 기준하에 작성되지 않는 경우에는 그 사실과 함께 재무제표가 작성된 기준 및 그 기업을 계속기업으로 보지 않는 이유를 공시하여야 한다.

(4) 발생기준 회계(accrual-based accounting)

기업은 현금흐름 정보를 제외하고는 발생기준 회계를 사용하여 재무제표를 작성한다. 발생기준 회계를 사용하는 경우, 각 항목이 '개념체계'의 정의와 인식요건을 충족할 때 자산, 부채, 자본, 광의의 수익 및 비용(재무제표의 요소)으로 인식한다.

(5) 중요성과 통합표시(materiality and aggregation)

유사한 항목은 중요성 분류에 따라 재무제표에 구분하여 표시한다. 상이한 성격이나 기능을 가진 항목은 구분하여 표시한다. 다만 중요하지 않은 항목은 성격이나 기능이 유사한 항목과 통합(aggregation)하여 표시할 수 있다.

수많은 거래와 그 밖의 사건은 성격이나 기능에 따라 범주별로 통합되어 재무제표에 표시된다. 통합 및 분류의 마지막 단계는 재무제표에 각 개별 항목으로 나타내기 위하여 관련 자료를 요약하고 분류하여 표시하는 것이다. 개별적으로 중요하지 않은 항목은 상기 재무제표나 주석의 다른 항목과 통합한다. 상기 재무제표에는 중요하지 않아 구분하여 표시하지 않은 항목이라도 주석에서는 구분표시해야 할 만큼 충분히 중요할 수 있다.

(6) 상 계(offsetting)

한국채택국제회계기준에서 요구하거나 허용하지 않는 한 자산과 부채 그리고 수익과 비용은 상계하지 아니한다.

자산과 부채, 그리고 수익과 비용은 구분하여 표시한다. 상계표시로 거래나 그 밖의 사건의 실질이 반영되는 경우를 제외하고는, 포괄손익계산서, 재무상태표, 별개의 손익계산서(표시하는 경우)에서의 상계표시는 발생한 거래, 그 밖의 사건과 상황을 이해하고 기업의 미래현금흐름을 분석할 수 있는 재무제표이용자의 능력을 저해한다. 재고자산에 대한 재고자산평가충당금과 매출채권에 대한 대손충당금과 같은 평가충당금을 차감하여 관련 자산을 순액으로 측정하는 것은 상계표시에 해당하지 아니한다.

(7) 보고빈도(frequency of reporting)

전체 재무제표(비교정보를 포함)는 적어도 1년마다 작성한다. 보고기간종료일을 변경하여 재무제표의 보고기간이 1년을 초과하거나 미달하는 경우 재무제표 해당 기간뿐만 아니라 보고기간이 1년을 초과하거나 미달하게 된 이유와 재무제표에 표시된 금액이 완전하게 비교가능하지는 않다는 사실을 추가로 공시한다.

(8) 비교정보(comparative information)

한국채택국제회계기준이 달리 허용하거나 요구하는 경우를 제외하고는 당기 재무제표에 보고되는 모든 금액에 대해 전기 비교정보를 공시한다. 당기 재무제표를 이해하는 데 목적적합하다면 서술형 정보의 경우에도 비교정보를 포함한다.

(9) 표시의 계속성(consistency of presentation)

재무제표 항목의 표시와 분류는 다음의 경우를 제외하고는 매기 동일하여야 한다.

첫째, 사업내용의 유의적인 변화나 재무제표를 검토한 결과 다른 표시나 분류방법이 더 적절한 것이 명백한 경우. 이 경우 기업회계기준서 제1008호에서 정하는 회계정책의 선택 및 적용요건을 고려한다.

둘째, 한국채택국제회계기준에서 표시방법의 변경을 요구하는 경우

(10) 재무제표의 식별(identification of financial statements)

재무제표는 동일한 문서에 포함되어 함께 공표되는 그 밖의 정보와 명확하게 구분되고 식별되어야 한다.

각 재무제표와 주석은 명확하게 식별되어야 한다. 또한 다음 정보가 분명하게 드러나야 하며, 정보의 이해를 위해서 필요할 때에는 반복 표시하여야 한다.

① 보고기업의 명칭 또는 그 밖의 식별 수단과 전기 보고기간말 이후 그러한 정보의 변경내용
② 재무제표가 개별 기업에 대한 것인지 연결실체에 대한 것인지의 여부
③ 재무제표나 주석의 작성대상이 되는 보고기간종료일 또는 보고기간
④ 기업회계기준서 제1021호에 정의된 표시통화(reporting currency)
⑤ 재무제표의 금액 표시를 위하여 사용한 금액 단위(level of rounding)

3.2 재무상태표

재무상태표(statement of financial position 또는 B/S: balance sheet)는 일정 시점에서 기업이 보유하고 있는 경제적 자원인 자산과 경제적 의무인 부채, 그리고 자본에 대한 정보를 제공하는 재무제표이다. 즉, 재무상태표는 일정 시점에서 측정된 기업의 투자활동과 재무활동의 결과로 발생한 기업의 재무상태를 나타낸 표이다.

투자활동은 기업의 영업활동을 수행하기 위해 필요한 여러 경제적 자원을 취득하거나 처분하는 활동이고, 재무활동은 이러한 투자자금을 조달하는 활동이다. 이러한 투자와 재무활동이 이루어지면 기업은 투자의 결과인 경제적 자원(자산)과 이러한 자원을 획득하기 위해 조달한 자금의 원천(타인자본과 자기자본)을 보고해야 하는데, 이를 정리한 것이 재무상태표인 것이다.

한국채택국제회계기준 제1001호 재무제표 표시는 재무제표의 구조와 내용에 대해 재무제표 작성시 기업들이 준수해야 할 일반적인 원칙만 규정하고 있을 뿐 세부적인 지침은 제공하지 않고 있다. 이는 더 목적적합한 정보를 제공하기 위해서라면, 일반적인 원칙에도 불구하고 재무제표의 형식, 재무제표 항목들의 명칭, 배열순서, 통합 또는 세분류 등에 관하여 기업에게 상당한 선택의 폭을 허용하고 있다.

재무상태표의 구조와 내용에 관한 일반적인 원칙을 살펴보면 다음과 같다.

(1) 재무상태표 항목의 구분표시

서로 충분히 다르거나(sufficiently different) 중요한 항목들은 재무상태표에 서로 구분하여 표시한다. 이러한 구분을 결정함에 있어서, 자산항목의 경우는 금액의 크기(size), 기능(function), 성격(nature) 및 유동성(liquidity)을 고려한다. 그리고 부채항목의 경우는 금액의 크기, 성격 및 시기(timing)를 고려한다. 예를 들어, 투자부동산과 같은 투자목적의 자산과 공장용 부동산과 같은 사업용 자산은 성격은 같아도 기능이 서로 다른 자산이므로 구분표시한다.

(2) 이분법과 유동성 배열법

원칙적으로 재무상태표는 이분법에 의하여, 유동(current)항목과 비유동(non-current)항목을 구분하여 표시한다. 이는 명확히 식별가능한 영업주기(operating cycle)[3] 내에서 재화나 용역을 생산판매하고 있는 기업의 경우, 유동/비유동의 구분은 운전자본(working capital)으로서 계속 순환되는 순자산과 장기 영업활동에서 사용하는 순자산을 구분함으로써 유용한 정보를 제공하기 때문이다. 이는 또한 정상영업주기 내에 실현될 것으로 예상되는 자산과 동 기간 내에 결제 기일이 도래하는 부채를 구분하여 보여준다.

그러나 금융회사처럼 명확히 식별가능한 영업주기 내에서 재화나 용역을 제공하지 않는 일부기업들은 유동/비유동의 분류보다는 단순히 유동성 순서에 따라 자산과 부채를 제시하는 것이 더 유용한 정보가 될 수 있다. 이런 경우라면 유동성을 기준으로 항목들을 묶어서 오름차순이나 내림차순의 유동성 순서에 따라 표시한다.

뿐만 아니라 기업이 다양한 사업을 영위하는 경우에는 신뢰성 있고 더욱 목적적합한 정보를 제공하기 위해 자산과 부채의 일부는 이분법으로, 나머지는 유동성 배열법으로 표시하는 것이 허용된다.

재무상태표의 기본적인 형태를 예시하면 〈자료 2-4〉와 같다.

---

3) 영업주기란 영업활동을 위한 자산(예: 재고자산)의 취득시점부터 그 자산이 현금이나 현금성자산으로 실현되는 시점까지 소요되는 기간을 말한다.

자료 2-4 재무상태표

(주)수원
재무상태표
20×1년 12월 31일 현재

(단위: 원)

자 산	
현금	92,600
매출채권(순액)	224,320
재고자산	261,200
선급광고비	6,200
투자자산	34,000
토지	200,000
건물	350,000
감가상각누계액-건물	(59,500)
기계장치	396,000
감가상각누계액-기계장치	(115,300)
자산 총계	1,389,520
부채와 자본	
매입채무	182,840
미지급급여	19,780
당기법인세부채	24,000
장기차입금	70,000
사채	80,000
부채 합계	376,620
자본금과 자본잉여금	780,000
이익잉여금	232,900
자본 합계	1,012,900
부채와 자본 총계	1,389,520

재무상태표의 의의와 한계를 정리하면 〈자료 2-5〉와 같다.

자료 2-5 재무상태표의 의의와 한계

1. 재무상태표의 의의

① 일정시점에서 기업의 재무상태에 관한 정보를 제공한다.
② 기업의 재무적 탄력성 및 기업가치 평가에 유용한 정보를 제공한다.
③ 기업의 장 · 단기 채무지급능력에 대한 정보를 제공한다.

2. 재무상태표의 한계점

① 수치로 표현되지 않는 경영능력이나 종업원의 자질 등에 대해서는 정보를 제공하지 못한다.
② 역사적 원가주의에 따라 현행 시가를 반영하지 못한다.
③ 재무상태표에 표시되지 않는 지급보증채무와 같은 부외부채(off-balance-sheet financing)가 존재할 수 있다.

3.3 포괄손익계산서

포괄손익계산서(statement of comprehensive income)는 해당 기간에 인식한 모든 수익과 비용 항목을 나타내는 보고서로서 일정기간 동안의 기업의 경영성과에 대한 재무정보를 제공하는 재무제표이다. 특히 이러한 경영성과를 요약한 순이익(net income)이나 총포괄이익(total comprehensive income)은 재무제표이용자들에게 매우 유용한 정보이다.

(1) 총포괄이익과 순이익

총포괄이익은 일정 기간 동안의 자본의 변동에서 소유주(주주)와의 거래(자본거래, 예: 유상증자, 유상감자, 자기주식의 취득 또는 재발행, 배당 등)로 인한 자본변동의 효과를 제외한 것이다. 수익은 자본을 증가시키고, 비용은 자본을 감소시키는 항목이므로, 총포괄이익을 구성하는 기본적인 항목은 수익과 비용이다. 즉, 총포괄이익은 수익에서 비용을 차감한 금액이다.

그런데 총포괄이익을 구성하는 수익과 비용 항목 중에는 포괄손익계산서상의 당기순이익의 계산에 포함되지 않고, 재무상태표의 자본에 직접 가감되는 수익과 비용 항목들이 있다. 이러한 항목들을 통칭하여 기타포괄이익(other comprehensive income)이라고 부른다. 따라서 총포괄이익은 다음과 같이 표시할 수 있다.

총포괄이익 = 순이익 + 기타포괄이익

기타포괄이익에 속하는 항목들로는 매도가능금융자산평가손익, 현금흐름위험회피파생상품평가손익, 해외사업환산손익, 재평가잉여금변동, 확정급여제도의 보험수리적손익 등이 있다.

(2) 포괄손익계산서의 표시 방법

한국채택국제회계기준 제1001호는 포괄손익계산서를 다음의 두 가지 방법 중 한 가지 방법으로 표시하도록 하고 있다.

첫 번째 방법은 당기순이익을 구성하는 수익 · 비용과 기타포괄이익을 구성하는 수익 · 비용을 구분은 하되, 단일 포괄손익계산서에 통합하여 표시하는 방법이다.

두 번째 방법은 당기순손익의 구성요소를 배열하는 별개의 손익계산서와 당기순손익에서 시작하여 기타포괄손익의 구성요소를 배열하는 포괄손익계산서로 분리하여 표시하는 방법이다.

포괄손익계산서의 두 가지 표시 방법을 예시하면 〈자료 2-6〉과 같다.

자료 2-6 포괄손익계산서

(주)수원
포괄손익계산서(통합형식)
20×1년 1월 1일부터 20×1년 12월 31일까지
(단위: 원)

항목	금액
매 출	1,230,000
매출원가	875,000
매출총이익	355,000
기타수익	384,000
관리비	112,000
물류비	270,000
세전이익	357,000
법인세비용	(40,000)
계속영업이익	317,000
중단영업이익(손실)	(17,000)

(주)수원
포괄손익계산서(분리형식)
20×1년 1월 1일부터 20×1년 12월 31일까지
(단위: 원)

항목	금액
매 출	1,230,000
매출원가	875,000
매출총이익	355,000
기타수익	384,000
관리비	112,000
물류비	270,000
세전이익	357,000
법인세비용	(40,000)
계속영업이익	317,000
중단영업이익(손실)	(17,000)

당기순이익	300,000
기타포괄이익:	
매도가능금융자산	(21,000)
현금흐름위험회피	(5,000)
세후기타포괄이익	26,000
총포괄이익	274,000
당기순이익의 귀속	
지배기업소유주지분	270,000
비지배지분	30,000
	300,000
총포괄이익의 귀속	
지배기업소유주지분	246,600
비지배지분	27,400
	274,000
주당이익	25

당기순이익	300,000
당기순이익의 귀속	
지배기업소유주지분	270,000
비지배지분	30,000
	300,000
주당이익	25
당기순이익	300,000
기타포괄이익:	
매도가능금융자산	(24,000)
현금흐름위험회피	(6,000)
기타포괄이익법인세	4,000
세후기타포괄이익	(26,000)
총포괄이익	274,000
총포괄이익의 귀속	
지배기업소유주지분	246,600
비지배지분	27,400
	274,000

한국채택국제회계기준 제1001호는 포괄손익계산서에 표시될 최소한의 항목을 제시하고 있으나 기업은 경영성과를 설명하는 데 필요하다면 중요성, 항목의 성격 및 기능 등을 고려하여 추가항목을 포함하거나 사용된 용어와 항목의 배열도 수정할 수 있다.

하지만 수익과 비용의 어느 항목도 단일 포괄손익계산서, 별개의 손익계산서 또는 주석에 특별손익 항목으로 표시할 수 없도록 금지하고 있다.

(3) 비용의 분류 표시방법

기업은 당기손익의 계산에 포함된 비용항목에 대해 성격별 또는 기능별 분류방법 중에서 신뢰성 있고 더욱 목적적합한 정보를 제공할 수 있는 방법을 적용하여 당기손익으로 인식한 비용의 분석내용을 표시해야 한다.

성격별 분류방법은 당기손익에 포함된 비용을 그 성격에 따라 감가상각비, 원재료의 구입, 운송비, 종업원급여와 광고비 등으로 통합하며, 기능별로 재배분하지 않는다. 이 방법은 기능별 분류방법에 비해 배분과정이 없으므로 간단하게 바로 적용할 수 있다. 비용의 성격별 분류의 예는 다음과 같다.

수익		×××
기타수익		×××
제품과 재공품의 변동	×××	
원재료와 소모품의 사용액	×××	
종업원급여비용	×××	
감가상각비와 기타 상각비	×××	
기타비용	×××	
총비용		(×××)
법인세비용차감전순이익		×××

기능별 분류방법은 매출원가법이라고도 하며 비용을 그 기능에 따라 매출원가, 물류원가와 관리활동원가 등으로 구분하는 것이다. 이 방법에서는 적어도 매출원가를 다른 비용과 분리하여 공시한다. 이 방법은 성격별 분류보다 재무제표 이용자에게 더욱 목적적합한 정보를 제공할 수 있지만 비용을 기능별로 배분하는 데 자의적인 배분과 상당한 정도의 판단이 개입될 수 있다. 비용을 기능별로 분류하는 기업은 감가상각비, 기타 상각비와 종업원급여비용을 포함하여 비용의 성격에 대한 추가 정보를 공시한다. 비용의 기능별 분류의 예는 다음과 같다.

수익	×××
매출원가	(×××)
매출총이익	×××
기타수익	×××
물류원가	(×××)
관리비	(×××)
기타비용	(×××)
법인세비용차감전순이익	×××

비용의 기능별 분류 또는 성격별 분류에 대한 선택은 역사적·산업적 요인과 기업의 성격에 따라 다르다. 두 방법 모두 기업의 매출 또는 생산수준에 따라 직접으로 또는 간접으로 연계하여 변동함을 시사한다. K-IFRS는 각 방법이 상이

자료 2-7 포괄손익계산서의 의의와 한계

1. 포괄손익계산서의 의의

① 기업의 영업활동으로 인한 경영성과에 대한 정보를 제공한다.
② 기업의 수익성뿐만 아니라 미래의 수익력을 평가할 수 있다.
③ 주주들은 포괄손익계산서를 통해 경영자의 성과를 평가할 수 있고, 채권자들은 이자와 원금을 받을 수 있는지 평가할 수 있다.
④ 경영자가 경영계획을 수립하는 데 중요한 정보가 된다.

2. 포괄손익계산서의 한계

① 인위적으로 정한 회계기간에 따라 추정된 수익과 비용으로 작성된다.
② 발생주의에 의해 수익과 비용이 측정되므로 순수한 현금흐름과는 다르다.
③ 기업의 경제적 실질은 동일하더라도 회계처리방법의 차이로 인해 상이한 회계이익이 산출될 수 있다.

한 유형의 기업별로 장점이 있기 때문에 신뢰성 있고 보다 목적적합한 표시방법을 경영진이 선택하도록 하고 있다. 그러나 비용의 성격에 대한 정보가 미래현금흐름을 예측하는 데 유용하기 때문에, 비용을 기능별로 분류하는 경우에는 추가 공시가 필요하다.

포괄손익계산서의 의의와 한계를 정리하면 〈자료 2-7〉과 같다.

3.4 자본변동표

자본변동표(statement of changes in owners' equity)는 일정기간 동안 발생한 자본의 변동에 대한 정보를 구성요소별(즉, 납입자본, 기타포괄손익의 누계액과 이익잉여금의 누계액 등)로 구분하여 나타내는 재무제표이다. 즉, 자본변동표에는 소유주의 투자와 소유주에 대한 분배, 그리고 소유주와의 거래 이외의 모든 원천에서 인식된 자본의 변동에 대한 정보(총포괄손익)가 포함된다. 이에 따라 자본변동표는 한 회계기간 동안 발생한 자본금, 자본잉여금, 자본조정, 기타포괄손익누계액, 이익잉여금(결손금)의 변동에 대한 포괄적인 정보를 제공한다.

이전까지 우리나라는 상법의 규정에 따라 이익잉여금처분계산서를 기본재무제표의 하나로 인정하여 왔다. 그러나 이익잉여금처분계산서는 자본을 구성하는 하나의 항목에 불과한 이익잉여금의 변동내역만을 보고할 뿐이다. 반면에 자본변동표는 자본을 구성하는 모든 항목의 변동내용을 총체적으로 보고한다. 이러

자료 2-8 자본변동표

(주)수원
자 본 변 동 표
20×1년 1월 1일부터 20×1년 12월 31일까지

(단위: 천원)

구 분	자본금	자본잉여금	이익잉여금	총 계
20×1. 1. 1	690	40	168.2	898.2
연차배당			(36)	(36)
기타 이익잉여금 처분액			(0)	(0)
처분 후 이월이익잉여금			132.2	862.2
유상증자	40	10		50
당기순이익			100.7	100.7
20×1. 12. 31	730	50	232.9	1,012.9

한 이유에서 한국채택국제회계기준은 자본변동에 관한 총제적인 정보를 제공하기 위하여 자본변동표만을 주요 재무제표로서 표시하도록 하였다.

자본변동표의 기본형태는 〈자료 2-8〉과 같다.

자본변동표는 재무제표간의 연계성을 제고시키며 재무제표의 이해가능성을 높인다. 즉, 재무상태표에 보고되는 자본의 기초잔액과 기말잔액을 모두 제시함으로써 재무상태표와 연결할 수 있고, 자본의 변동내용은 포괄손익계산서와 현금흐름표에 나타난 정보와 연결할 수 있으므로 정보이용자들이 보다 명확히 재무제표간의 관계를 파악할 수 있게 되는 것이다. 자본변동표에 대해서는 제16장에서 자세히 다룬다.

자본변동표의 기본요소는 소유주의 투자와 소유주에 대한 분배, 총포괄손익이 포함된다. 총포괄이익에 대해서는 포괄손익계산서에서 이미 언급한 바 있으므로 여기에서는 소유주의 투자와 소유주에 대한 분배만 알아보기로 한다.

(1) 소유주의 투자

소유주의 투자(investments by owners)는 기업에 대한 소유주로서의 권리를 취득하거나 증가시키기 위해 기업에 경제적 가치가 있는 자원을 이전하는 것을 말하며, 이에 따라 자본이 증가하게 된다.

소유주가 기업에 자원을 납입함에 따라 기업은 영업활동에 필요한 자원을 제공받고 동시에 소유주는 기업의 자산에 대한 청구권을 취득한다. 따라서 기업의 순자산 증가를 가져오지 않는 소유주 상호간의 거래는 소유주의 투자에 포함되지 않는다.

(2) 소유주에 대한 분배

소유주에 대한 분배(distributions to owners)는 기업이 소유한 자원을 소유주에게 이전하는 것으로서 현금배당, 자기주식의 취득, 감자 등이 이에 속한다. 소유주에 대한 분배가 있게 되면 기업의 순자산은 감소한다.

3.5 현금흐름표

현금흐름표(statement of cash flows)는 한 회계기간 동안에 발생한 현금흐름을 영업활동, 투자활동 및 재무활동으로 인한 현금흐름으로 분류하여 현금의 증감을 보고하는 재무제표이다. 현금흐름정보는 기업의 현금 및 현금성자산 창출능력과 기업의 현금흐름 사용 필요성에 대한 평가의 기초를 재무제표이용자에게 제공한다.

기업활동을 수행함에 따라 현금의 유입과 유출이 반드시 수반되는데, 이러한 현금흐름은 기업의 모든 활동을 통하여 일어난다. 예를 들어, 은행으로부터 자금을 차입하면 재무활동으로부터 현금이 유입되고, 상품을 판매하면 영업활동으로부터 현금이 유입되며, 건물을 구입하면 투자활동에 현금이 유출되는 것이다. 이러한 현금의 유출입은 경영자나 주주 및 채권자 모두에게 중요하므로 기업의 활동별로 정리한 것이 현금흐름표이다.

현금흐름표의 기본적인 형태는 〈자료 2-9〉와 같다.

현금흐름표는 회계기간 중의 현금증감을 영업활동과 투자활동 및 재무활동으로 나누어 구하고, 이에 기초의 현금을 더하여 기말의 현금액을 구하는 형식으로 작성한다. 현금흐름표에서 작성의 기준이 되는 현금은 재무상태표상의 현금및현금성자산으로서 현금은 일반적으로 통화, 타인발행수표 등 통화대용증권과 보통예금 등 요구불예금으로 구성된다. 현금의 분류에 대해서는 제 8 장에서 자세히 다루고 있다.

현금흐름표의 기본요소는 영업활동 현금흐름, 투자활동 현금흐름 및 재무활동 현금흐름인데, 이는 다음과 같은 등식관계를 유지한다.

영업활동 현금흐름 ± 투자활동 현금흐름 ± 재무활동 현금흐름
= 현금의 증감
기초현금 ± 현금의 증감 = 기말의 현금

자료 2-9 현금흐름표

(주)수원
현금흐름표 – 간접법
20×1년 1월 1일부터 20×1년 12월 31일까지
(단위: 원)

Ⅰ. 영업활동으로부터의 현금		
당기순이익	100,700	
조정사항		
감가상각비-건물	6,500	
감가상각비-기계장치	62,100	
기계처분손실	1,800	
투자자산처분이익	(3,400)	
매출채권의 증가	(22,320)	
재고자산의 증가	(30,600)	
선급광고비의 감소	3,200	
매입채무의 증가	9,100	
미지급급여의 감소	(4,680)	
법인세의 납부	(4,200)	
영업활동으로부터 조달된 순현금		118,200
Ⅱ. 투자활동으로부터의 현금		
투자자산의 처분	19,400	
토지와 건물의 구입(현금지급분)	(60,000)	
기계장치의 처분	5,200	
기계장치의 구입	(86,000)	
투자활동에 사용된 순현금		(121,400)
Ⅲ. 재무활동으로부터의 현금		
주식의 발행	50,000	
배당금 지급	(36,000)	
재무활동으로부터 조달된 순현금		14,000
Ⅳ. 현금의 순증가		10,800
Ⅴ. 기초현금		81,800
Ⅵ. 기말현금		92,600

(1) 영업활동 현금흐름

영업활동 현금흐름(cash flow from operating activities)은 사업활동의 지속, 차입금 상환, 배당금 지급 및 신규투자 등에 필요한 현금을 외부로부터 조달하지 않고 자체적인 영업활동으로부터 얼마나 창출하였는지에 대한 정보를 제공한다. 영업활동은 주로 제품의 생산과 판매활동, 상품과 용역의 구매와 판매활동 및 관리활동을 포함한다. 예를 들어, 매출에 의한 현금유입, 원재료의 매입, 노무비, 제조경비, 판매비와관리비 등이 영업활동으로 인한 현금흐름으로 분류된다.

(2) 투자활동 현금흐름

투자활동 현금흐름(cash flow from investing activities)은 미래 이익과 미래 현금흐름을 창출할 다양한 영업자산의 확보와 처분에 관련된 현금흐름에 대한 정보를 제공한다. 투자활동 현금흐름은 현금의 대여와 회수활동, 유가증권, 대출채권, 투자자산 및 무형자산의 취득과 처분활동 등을 포함한다.

(3) 재무활동 현금흐름

재무활동 현금흐름(cash flow from financing activities)은 주주와 채권자 등이 미래 현금흐름에 대한 청구권을 예측하는 데 유용한 정보로서, 현금의 차입과 차입금 상환, 신주발행과 배당금의 지급 등을 포함한다.

발생주의에 따라 산출된 회계이익은 영업활동으로 인한 순현금흐름과 일치하지 않으므로 현금흐름표는 회계이익과 현금흐름간의 차이 및 그 차이의 원인에 대한 정보를 제공한다. 또한 현금흐름표는 기업의 채무지급능력에 관한 정보, 배당금 지급능력에 관한 정보 및 기업의 미래 현금창출능력에 관한 정보를 제공해 주기 때문에 주주와 채권자 및 경영자는 현금흐름표를 매우 중시하고 있다.

현금흐름표의 작성방법에 대해서는 제17장에서 자세히 설명할 것이다.

3.6 주 석

주석(notes)은 위에서 설명한 재무상태표, 포괄손익계산서, 별개의 손익계산서(표시하는 경우), 자본변동표 및 현금흐름표에 표시되는 정보에 추가하여 제공되는 정보이다. 주석은 이들 재무제표에 표시된 항목을 구체적으로 설명하거나 세분화된 정보를 제공한다. 또한 이용자의 의사결정에는 유용하지만 재무제표 인식요건을 충족하지 못하는 항목들에 관한 정보도 제공한다.

재무상태표, 포괄손익계산서 등과 같은 재무제표는 일정한 틀 속에 특정 항목에 대한 계량적 정보를 담아 일목요연하게 재무정보를 제공한다. 따라서 제한된 형식과 공간으로 인해 이들 재무제표에 이용자의 의사결정에 유용한 세부적이고 구체적이며 비계량적인 정보를 담지 못하는 한계가 있다. 또한 이들 재무제표에 표시되는 항목은 일정한 인식요건을 만족해야만 재무제표에 표시된다. 그러므로 이용자의 의사결정에 필요한 정보임에도 불구하고 인식요건을 충족하지 못해 재무제표에 표시되지 못하는 경우도 있을 수 있다.

이러한 문제를 완화하고, 이용자의 의사결정에 유용한 정보를 가능한 많이 제공하기 위해 기업이 재무상태표 등의 재무제표 정보에 추가하여 제공하는 정보가 주석(notes)이다. 주석은 재무상태표, 포괄손익계산서 등의 각 재무제표와 동등한 비중을 갖는 재무제표로 간주된다.

주석은 원칙적으로 다음과 같은 정보를 제공한다. 첫째, 재무제표 작성 근거와 기업이 사용한 구체적인 회계정책에 대한 정보. 둘째, K-IFRS에서 요구하는 정보지만 재무제표 어느 곳에도 표시되지 않은 정보. 셋째, 재무제표 어느 곳에도 표시되지 않지만 재무제표를 이해하는 데에 목적적합한 정보. 그리고 주석은 재무상태표 등의 각 재무제표상에 표시된 관련 항목과 상호 연결되는 방식으로 작성한다.

3.7 재무제표의 상호 관련성

이상에서 언급한 각 재무제표는 동일한 거래 또는 사건의 다른 측면을 반영하고 있으므로 서로 연관되어 있다. 즉, 각각의 재무제표가 서로 다른 정보를 제공한다 할지라도 어느 한 재무제표가 의사결정에 충분한 정보를 제공하지 못할 수 있기 때문에 다른 재무제표를 동시에 활용해야 하는 것이다.

합리적인 의사결정을 위해 다른 재무제표를 같이 활용해야 하는 경우의 예는 다음과 같다.

(1) 재무상태표와 현금흐름표

재무상태표는 기업의 유동성과 재무건전성을 평가하는 데 유용한 정보를 제공한다. 현금흐름표는 기업의 채무지급능력이나 배당금 지급능력 등을 보여주므로 재무상태표 정보를 현금흐름표 정보와 함께 이용한다면 유동성 또는 재무적 탄력성을 평가하는 데 더 유용할 수 있다.

(2) 포괄손익계산서와 재무상태표

포괄손익계산서는 기업의 수익성을 평가하는 데 유용한 정보를 제공한다. 이러한 포괄손익계산서 정보는 재무상태표 정보와 함께 이용될 때 더욱 의미 있는 해석을 할 수 있게 된다. 예를 들어, 재무상태표 항목인 자기자본과 포괄손익계산서 항목인 당기순이익 정보를 합한 자기자본이익률은 수익성의 기간비교 또는 기업간 비교에 있어 보다 유용한 정보를 제공할 수 있다.

(3) 현금흐름표와 포괄손익계산서, 재무상태표

현금흐름표는 일정기간 동안의 현금유입과 현금유출에 대해 많은 정보를 제공한다. 그러나 현금유입과 현금유출은 동일한 회계기간 내에서 수익, 비용과 대응되지 않는 경우가 많으므로 현금흐름표는 기업의 미래 현금흐름을 전망하는 데 충분한 정보를 제공하지 못한다. 즉, 현금유입이 과거 활동의 결과로 나타난다거나 현금유출이 미래의 경영활동을 위해 이루어지는 경우가 있으므로 미래의 현금흐름을 예측하기 위해 현금흐름표 정보는 포괄손익계산서 및 재무상태표 정보와 함께 사용될 필요가 있는 것이다.

(4) 자본변동표와 포괄손익계산서, 현금흐름표

자본변동표는 자산, 부채, 자본변동의 주요 원천에 대한 정보를 제공한다. 그러나 이러한 정보는 다른 재무제표 정보와 함께 사용되어야 유용성이 증대된다. 예를 들어, 주주에 대한 배당은 포괄손익계산서상의 당기순이익과 비교되어 당기순이익에 비해 너무 많거나 너무 적은 배당을 지급하지 않는가에 대한 분석이 필요하다. 또한 유상증자는 신규차입이나 기존 채무의 상환 등과 비교될 때 정보유용성이 증대될 수 있다.

3.8 재무제표 정보의 특성과 한계

재무제표로부터 얻을 수 있는 회계정보를 활용하면 경제적이고 합리적인 의사결정에 도움을 얻을 수 있다. 하지만 재무제표에 표시되는 정보는 다음과 같은 특성과 한계를 가지고 있다.

① 재무제표는 주로 화폐단위로 측정된 정보를 제공한다.
② 재무제표는 대부분 과거에 발생한 거래 및 사건에 대한 정보를 나타낸다.
③ 재무제표는 추정에 의한 측정치를 포함한다.
④ 재무제표는 특정한 기업에 관한 정보를 제공하며, 산업 및 경제 전반에 관한 정보를 제공하지는 않는다.

연습문제

문제 2-1 재무제표의 기본가정에 대해 설명하시오.

문제 2-2 재무제표정보의 이해가능성에 대해 3줄 이내로 설명하시오.

문제 2-3 재무제표정보의 질적특성

재무제표정보의 주요 질적특성인 이해가능성, 목적적합성, 신뢰성 및 비교가능성에 대해 설명하시오. 단, 각 질적특성이 갖추어야 할 하위 질적특성에 대한 언급을 포함할 것.

문제 2-4 재무제표정보의 질적특성간 상충에 대해 구체적인 예를 들어 설명하시오.

문제 2-5 재무제표정보의 질적특성을 제한하는 제약요인에 대해 설명하시오.

문제 2-6 다음 설명과 가장 관련이 있는 재무제표정보의 질적특성을 쓰시오.

1. 정보는 의사결정시점에서 과거 및 현재 사건의 평가 또는 미래 사건의 결과예측에 도움을 주어야 한다.
2. 유사한 거래나 사건의 재무적 영향을 측정 · 보고함에 있어 기간별 일관성이 있어야 한다.
3. 특정 정보는 그 정보가 나타내고자 하거나 나타낼 것으로 기대되는 거래나 사건을 있는 그대로 표현해야 한다.
4. 측정방법의 편의를 감소시키고 회계기준의 신뢰성을 유지하기 위한 질적특성이다.
5. 특정 기업의 회계정보를 다른 기업의 회계정보와 비교할 수 있다.

문제 2-7 재무상태표의 구성요소를 제시하고, 각각을 정의하시오.

문제 2-8 포괄손익계산서의 구성요소를 제시하고, 각각을 정의하시오.

문제 2-9 재무제표의 구성요소

다음은 재무제표의 구성요소에 대한 설명이다. 이 중 옳지 않은 것을 모두 고르시오.

1. 특정 항목이 자산 또는 부채의 정의를 충족시키는지 판단할 때에 법적 실질보다는 경제적 실질을 우선시 해야 한다.
2. 기업이 개발한 신기술로부터 미래 경제적 효익의 유입이 예상되는 경우에도 그 기술에 대한 특허권 등 법적 권리를 취득하지 못한 경우에는 자산으로 인식할 수 없다.
3. 자산은 과거의 거래나 사건으로부터 발생하는 것으로, 미래에 발생할 것으로 예상되는 거래나 사건만으로는 인식되지 않는다.
4. 자산의 취득에는 반드시 관련 지출의 발생이 수반된다.
5. 자본은 기업실체의 자산에서 부채를 차감한 잔여액 또는 순자산으로서 자산에 대한 잔여청구권으로 정의된다.

문제 2-10 발생주의와 현금주의

발생주의 회계를 현금주의 회계와 비교하여 설명하고, 발생주의의 유용성을 제시하시오.

문제 2-11 특정 거래 또는 경제적 사건이 화폐액으로 측정되어 재무제표에 계상되기 위한 인식요건은 무엇인가?

문제 2-12 수익과 비용의 인식기준은 무엇인가?

문제 2-13 총포괄이익과 순이익을 비교하여 설명하시오.

문제 2-14 다음 문장을 읽고, 맞으면 T, 틀리면 F를 표시하시오. 그리고 틀린 부분을 바르게 고치시오.

1. 회계학적 이익의 중대한 문제점은 다양한 대체적 회계처리방법의 존재로 인해 적용한 회계처리방법에 따라 이익이 다르게 측정되는 것이다.
2. 비경상적 · 비반복적인 손익 항목도 기업실체의 장기적인 이익창출능력을 반영하는 것이므로 당기업적주의에 따라 당기순이익을 보고해야 한다.
3. 경상항목과 비경상항목을 경영자의 판단에 따라 구분하도록 하면 당기순이익을 조작할 수 있으므로 포괄주의에 따라 당기순이익을 보고해야 한다.

문제 2-15 역사적 원가로 자산을 측정 · 평가하는 경우의 장점과 단점을 설명하시오.

문제 2-16 현금흐름표의 작성방법과 구성요소를 설명하시오.

문제 2-17 자본변동표의 유용성에 대해 설명하시오.

문제 2-18 재무제표의 상호 관련성에 대해 예를 들어 설명하시오.

Part 2 회계순환과정

chapter 03

거래의 인식과 기록

chapter 3 거래의 인식과 기록

제 1 절 거래의 발생

1.1 회계상의 거래

일상생활에서 거래(transactions)란 여러 가지 의미로 사용되는데, 일반적으로는 상인과 고객 사이의 상품의 매매나 서비스의 제공 등이 포함된 활동을 말한다. 회계상의 거래(accounting transactions)는 기업의 활동 결과로서 기업의 자산·부채·자본의 구조, 즉 재무상태에 변화를 일으키는 경제적 사건(economic events)을 의미한다. 따라서 회계상의 거래가 발생하게 되면 어느 특정 시점에서의 기업의 재무상태가 변화되어 다른 재무상태로 바뀌게 된다. 이를 다시 표현하면 회계상의 거래로 인하여 어느 특정시점에서의 자산, 부채 및 자본에 증가와 감소 현상이 발생하게 되고 이에 따라 다른 형태의 자산, 부채 및 자본의 관계가 형성되는 것이다.

회계상의 거래는 일상생활에서 사용되는 거래와 일치할 수도 있고 일치하지 않을 수도 있다. 예를 들어, 상품을 매매하는 경우에는 이를 일상생활에서 거래라고 하고 또 기업의 입장에서 보면 자산의 크기에 영향을 미쳤으므로 회계상에서도 역시 거래라고 한다. 그러나 화재 등으로 기업이 보유하고 있는 기계장치 등이 손실되었을 경우 이는 기업의 재무상태(자산)에 영향을 끼치므로 회계상으로는 거래가 되지만, 일상생활에서는 화재와 같은 사건은 일방적 사건이므로 거래라고 하지 않는다. 이와 반대로, 원재료의 장기공급 계약 등과 같은 경우에는 일상생활에서는 계약체결 시점에서 "거래를 성사시켰다"라고 한다. 그러나 이러한 계약체결 시점에서 기업은 어떠한 재화를 제공하거나 받지 않은 상태이므로 기업의 재무상태에는 영향이 없고 따라서 회계상으로는 거래로 인식하지 않는다. 후에 이 계약에 따라 기업이 재화를 제공하거나 받게 되는 경우 그 시점에서 비로소 회계상의 거래로 인식하는 것이다. 결국 어떤 사건이 회계상 거래인지 아닌지에 대한 판단은 그 사건이 기업의 재무상태에 영향을 미치느냐에 달려 있는 것이다.

회계상의 거래는 기업의 자산, 부채 그리고 자본의 구성에 변화를 초래한다. 이 때 기업의 자본에 영향을 미치는 요소로는 수익과 비용이 포함되는데, 수익은 기업의 자본을 증가시키는 요인이고 비용은 자본을 감소시키는 요인이 된다. 따라서 기업이 제품을 판매하여 수익이 증가된 경우 기업의 재무상태에는 자본이 증가하는 것으로 나타나고 임직원에 대한 급여의 지급 등으로 비용을 지출하는 경우에는 기업의 자본이 감소하는 것으로 각각 그 영향이 나타나는 것이다.

1.2 거래의 이중성과 거래요소의 결합

회계상의 거래는 기업의 재무상태에 영향을 미치는 경제적 사건이라고 앞서 언급한 바 있다. 그러므로 회계에서의 거래는 자산의 증가와 감소, 부채의 증가와 감소, 자본의 증가와 감소, 수익의 발생, 그리고 비용의 발생 등 총 8가지 항목이 거래의 요소(이를 거래의 8요소라 한다)를 이루어 이들이 여러 가지 방법으로 결합하는 형태로 나타난다.

거래의 이중성(duality of transactions)이란 회계상의 거래의 결과 거래의 8요소들 중 반드시 둘 이상이 서로 결합하여 기업의 재무상태에 영향을 미치는 것을 말한다. 예를 들어, 기업이 은행에서 6개월 후에 갚기로 하고 100만원을 차입하였다고 하자. 이 경우 기업의 현금이 증가하므로 자산이 증가하게 되고 동시에 단기차입금이라는 부채가 증가하게 되어 기업의 재무상태에는 자산의 증가와 부채의 증가라는 두 가지 변화가 발생하게 되는 것이다. 이 때 이들 거래요소들 간의 관계는 서로 원인도 되고 결과도 되는 관계이다. 한편 거래의 이중성은 어떠한 회계상의 거래가 발생하더라도 동일한 금액으로 이중기입 하여야 하는 것을 의미하기도 하는데 이를 복식부기의 원리라고 한다. 복식부기에 대해서는 제 3 절에서 다루기로 한다.

거래요소의 결합이란 거래의 8요소가 서로 결합되어 여러 가지 조합을 이루는 관계를 말하며 다음에 제시된 〈자료 3-1〉은 거래요소의 결합관계를 나타내는

자료 3-1 거래요소의 결합관계

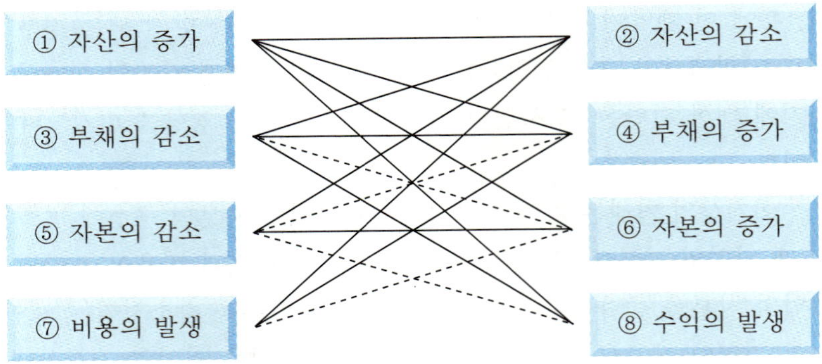

참고 1) ——— 자주 발생하는 거래
-------- 자주 발생하지 않는 거래

참고 2) 자주 발생하지 않는 거래의 예로, ③ 부채의 감소와 ⑥ 자본의 증가의 결합관계를 들 수 있다. 이러한 결합의 예로는 전환사채를 주식으로 전환하는 거래를 들 수 있다.

자료 3-2 자산의 증가를 중심으로 한 거래요소의 결합관계

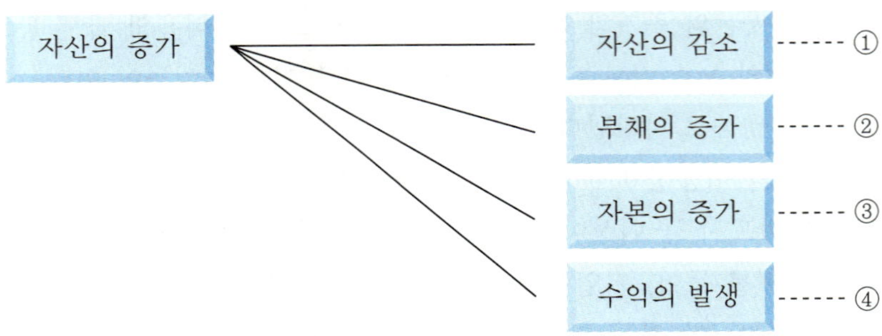

〈각 결합관계별로 알아보는 실제 거래 사례〉

① 건물을 구입하고, 구입대금 100원을 현금으로 지급하였다.
→ 건물의 증가: 자산의 증가, 현금의 감소: 자산의 감소

② 상품 50원을 외상으로 구입하였다.
→ 상품의 증가: 자산의 증가, 외상매입금의 증가: 부채의 증가

③ 주식을 발행하여 현금 200원을 수령하였다.
→ 현금의 증가: 자산의 증가, 자본금의 증가: 자본의 증가

④ 상품매출의 대가로 현금 80원을 받았다.
→ 현금의 증가: 자산의 증가, 매출의 발생: 수익의 발생

표이다. 한편 〈자료 3-2〉는 자산의 증가를 중심으로 한 거래요소의 결합관계를 예시한 것이다.

위와 같은 거래의 결합은 자산의 증가뿐만 아니라 자산의 감소나 부채의 증가 등과 같이 거래의 각 8요소별로 모두 분석할 수 있다. 이를 이해하기 위하여 다음의 예제를 살펴보기로 한다.

예제 3-1 **거래의 8요소 분석**

다음의 거래에 대해 거래의 8요소가 어떻게 결합되는지 파악하시오.

(1) 건물을 매각하여 매각대금 100원을 수령하였다.
(2) 외상매입금 50원을 지급하였다.
(3) 청소용역을 제공한 대가 중 70원은 현금으로 받고, 나머지 30원은 아직 받지 않았다.
(4) 주주에게 배당금 60원을 지급하였다(배당금의 재원은 이익잉여금, 즉 자본항목이다).
(5) 종업원에 대한 급여 40원이 발생하였으나 아직 지출하지 않았다.
(6) 정기예금에서 이자수익이 발생하였는데 아직 받지 않았다.
(7) 은행으로부터 2년 후에 갚기로 하고 100원을 차입하였다.
(8) 상품의 운송을 위해 30원을 지출하였다.

해 답

(1) 현금의 증가: 자산의 증가, 건물의 감소: 자산의 감소
(2) 외상매입금의 감소: 부채의 감소, 현금의 감소: 자산의 감소
(3) 현금(70원)의 증가: 자산의 증가, 매출채권(30원)의 증가: 자산의 증가,
청소용역수익(100원)의 발생: 수익의 발생
(4) 배당금의 지급: 이익잉여금(자본)의 감소, 현금의 감소: 자산의 감소
(5) 급여의 발생: 비용의 발생, 미지급비용의 증가: 부채의 증가
(6) 미수수익의 증가: 자산의 증가, 이자수익의 발생: 수익의 발생
(7) 현금의 증가: 자산의 증가, 장기차입금의 증가: 부채의 증가
(8) 운송비의 발생: 비용의 발생, 현금의 감소: 자산의 감소

제 2 절 거래의 발생과 계정과목의 사용

2.1 계정과목

기업에서 발생하는 대부분의 거래는 반복된다. 따라서 이들 반복적으로 수행되는 거래에 대한 기록의 편의를 위해 회계담당자들은 공통적인 특성을 가지는 거래를 구분해서 일정한 그룹으로 만들었는데, 이와 같이 공통적 특성을 중심으로 거래를 분류하여 모아 놓은 것을 계정(account)이라고 한다. 예를 들어, 자산이라는 특성을 갖는 거래는 자산계정을 사용하여 기록하고, 부채의 특성을 갖는 거래는 부채계정을 사용하여 기록하는 것이다. 또한 동일한 자산계정이라고 하더라도 그 성격에 따라 현금계정, 상품계정, 매출채권계정 등 여러 가지 다양한 형태의 자산계정이 있을 수 있다.

그러므로 계정이란 기업의 거래를 기록하는 최소한의 단위라고 볼 수 있으며 이는 기업의 자산, 부채, 자본, 수익, 비용 등의 증가와 감소를 분류하고 요약하기 위하여 사용되는 것이라고 할 수 있다. 예를 들어, 기업에서는 현금의 유입과 유출에 대한 거래가 동일한 회계연도 중에 지속적으로 그리고 반복적으로 이루어지는데, 이를 현금계정이라는 자산계정을 사용하여 일괄적으로 기록, 정리함으로써 업무의 효율성을 꾀함과 동시에 기업의 현금보유상태에 대한 정보이용자들의 정보욕구도 충족시킬 수 있는 것이다. 또 유사한 거래에 대해서는 같은 계정을 사용하는 것이 논리적이고 체계적이므로 일단 어느 특정 계정을 사용하기로 결정하게 되면 이 계정을 지속적으로 사용하게 된다.

계정은 재무제표상의 분류에 따라 크게 재무상태표계정과 포괄손익계산서계정으로 나누어진다. 그리고 재무상태표계정은 자산계정, 부채계정 및 자본계정으로 분류되고, 자산계정은 다시 유동자산계정과 비유동자산계정으로, 부채계정은 유동부채계정과 비유동부채계정으로, 자본계정은 자본금계정, 이익잉여금계정 등으로 기업의 특성에 따라 계속하여 세분화될 수 있다. 이를 정리하여 표시하면 다음의 〈자료 3-3〉과 같다.

자료 3-3 계정의 분류

1. **재무상태표계정**
   1) 자산계정: 유동자산, 비유동자산
   2) 부채계정: 유동부채, 비유동부채
   3) 자본계정: 자본금, 자본잉여금, 자본조정, 기타포괄손익누계액, 이익잉여금
2. **포괄손익계산서계정**
   1) 수익계정: 매출액, 기타수익, 중단사업이익 등
   2) 비용계정: 매출원가, 판매비와관리비, 기타비용, 중단사업손실, 법인세비용 등

2.2 재무상태표계정의 분류

재무상태표계정을 분류하는 기준은 유동성 기준, 화폐성 기준, 물리적 형태 기준과 같이 세 가지로 나눌 수 있다. 여기에서는 이 세 가지 분류 기준에 대해 알아보고 또한 K-IFRS에 의한 재무상태표계정의 구조를 예시를 통해 설명하고자 한다.

(1) 유동성 기준에 의한 분류 - 유동항목과 비유동항목

자산의 현금전환가능성, 즉 자산이 어느 정도 빨리 현금으로 바뀔 수 있는가를 보여주는 능력을 유동성(liquidity)이라고 하는데, 유동성은 만기가 도래하는 부채를 갚을 수 있는 기업의 채무지급능력을 나타내는 지표이다. 유동항목과 비유동항목을 구분하는 기준은 1년 기준과 영업순환기준이 있다. K-IFRS에서는 1년 기준에 따라 보고기간 후 1년 이내에 현금으로 전환할 수 있는 자산을 유동자산, 보고기간 후 1년 이내에 만기일이 도래하는 부채를 유동부채로 분류하고 그 이외의 자산과 부채는 비유동자산과 비유동부채로 분류한다. 또한 정상적인 영업주기 내에 실현되거나 결제되면 1년이 넘더라도 유동항목으로 분류하는데, 본서에서는 1년 기준에 따라 유동항목과 비유동항목을 구분하기로 한다.

재무상태표에서 각 자산계정과목을 배열하는 순서에는 고정성배열법과 유동성배열법이 있다. 고정성배열법은 고정성이 강한 비유동항목을 우선적으로 배치하고, 그 이후에 유동항목을 배열하는 방법이다. 이와 반대로 유동성배열법은 유동항목을 먼저 나타내고 비유동항목을 나중에 배열하는 것으로, 환금성이 빠른 것부터 먼저 표시하는 방법을 말한다. K-IFRS에서는 유동성 순서에 따른 표시방법인 유동성배열법이 신뢰성 있고 더욱 목적적합한 정보를 제공하는 경우를 제

외하고는 유동자산과 비유동자산, 유동부채와 비유동부채로 재무상태표에 구분하여 표시하도록 규정하고 있다. 이미 국제회계기준을 도입한 유럽기업들이 공표한 재무상태표를 보면 그 형식이 매우 다양하다. 비유동자산(부채)이 유동자산(부채)보다 위에 위치하기도 하고, 자본이 부채보다 위에 놓이기도 한다. 이는 국제회계기준이 강조하는 원칙중심의 사고가 반영된 결과로 이해할 수 있다.

(2) 화폐성 기준 – 화폐성항목과 비화폐성항목

화폐성항목(monetary items)이란 일정액의 화폐액, 즉 고정된 화폐액(fixed amount of money)으로 표시되는 항목으로서, 기간이 경과하거나 화폐가치가 변동하더라도 변화하지 않는 고정된 화폐액으로 표시된다. 화폐성자산(monetary assets)으로는 현금, 매출채권, 대여금 등을 들 수 있고, 화폐성부채(monetary liabilities)로는 매입채무, 사채, 차입금 등을 들 수 있다. 예를 들어, 매출채권 100원이 회계장부상 기재되어 있다면, 6개월 후에 대금을 회수할 때에도 역시 100원만큼만 받을 수 있는 것이고, 차입금 200원이 회계장부에 기록되어 있다면 1년 후에 갚을 때에도 고정된 화폐액인 200원만 지불하면 된다.

비화폐성항목(non-monetary items)은 기간이 경과하거나 화폐가치가 변동되면 변동된 화폐액으로 표시되는 항목이다. 비화폐성자산(non-monetary assets)으로는 재고자산과 유형자산 등을 들 수 있다. 예를 들어, 100원에 구입한 재고자산이 있다면 이는 현재 100원으로 회계장부에 기록되어 있지만 이를 6개월 후에 판매할 때에는 변동된 가격인 120원에 판매할 수 있는 것이다. 한편 비화폐성부채(non-monetary liabilities)는 일반적으로 존재하지 않는데 이는 대부분의 부채는 약정이나 계약 등에 의하여 확정된 금액으로 표시되기 때문이다.

화폐성항목과 비화폐성항목의 구분은 외화환산회계와 물가변동회계에서 중요하다. 이들 회계에서는 자산과 부채를 화폐성항목과 비화폐성항목으로 나누어서 이 분류에 따라 각각 환율 또는 물가지수를 적용하여 계산하기 때문이다. 이 중에서 물가변동회계는 대부분의 나라에서 기업회계기준으로 인정되고 있지 않지만, 인플레이션(inflation)이 이루어지는 경제상황 하에서는 이론적으로 매우 중요한 회계처리방법이라 할 수 있다.

(3) 물리적 형태 기준 – 유형자산과 무형자산

자산을 물리적 형태에 따라 유형자산과 무형자산으로 나눌 수 있는데, 유형자산은 물리적 형태가 있는 자산으로서 토지, 건물, 비품 등이 이에 속한다. 그리고 무형자산은 물리적 실체가 없는 자산으로서 이에는 산업재산권, 영업권 등이 있다.

(4) K-IFRS에 의한 재무상태표계정의 분류 예시

재무상태표계정 중에서 회계원리 수준에서 자주 접할 수 있는 계정과목을

자료 3-4 재무상태표계정의 분류 예시

Ⅰ. 자　　산

1. 유동자산
   - (1) 현금및현금성자산, 단기금융상품, 단기매매금융자산, 매출채권, 미수금, 미수수익, 선급비용 등과 같이 현금전환성이 매우 높은 자산
   - (2) 상품, 제품, 재공품, 원재료 등으로 외부에 판매되거나 생산에 투입됨으로써 현금화가 이루어지는 재고자산
2. 비유동자산
   - (1) 장기투자목적 금융자산:
     만기보유금융자산, 매도가능금융자산, 관계기업투자주식, 장기금융상품, 장기성매출채권, 장기미수금 등과 같이 1년이 지난 후에야 현금화가 이루어지는 자산
   - (2) 유형자산:
     영업에 사용할 목적으로 취득한 토지, 건물, 기계장치, 비품 등
   - (3) 무형자산:
     영업권, 산업재산권, 개발비 등
   - (4) 기타비유동자산:
     이연법인세자산 등

Ⅱ. 부　　채

1. 유동부채:
   매입채무, 단기차입금, 미지급금, 미지급비용, 선수금, 예수금 등과 같이 1년 이내에 지급해야 할 의무가 도래하는 채무
2. 비유동부채
   - (1) 장기차입부채:
     사채, 장기차입금 등과 같이 실질적으로 이자를 부담하는 차입채무
   - (2) 장기충당부채:
     제품보증충당부채, 구조조정충당부채, 확정급여채무 등
   - (3) 기타비유동부채:
     이연법인세부채, 임대보증금, 장기성매입채무 등

Ⅲ. 자　　본

1. 자 본 금:
   보통주자본금, 우선주자본금
2. 자본잉여금:
   주식발행초과금 등
3. 자본조정:
   자기주식, 주식선택권 등
4. 기타포괄손익누계액:
   매도가능금융자산평가손익 등
5. 이익잉여금(결손금):
   이익준비금, 미처분이익잉여금(미처리결손금) 등

예상하면 〈자료 3-4〉와 같다.

〈자료 3-4〉에 예시한 재무상태표계정들에 대한 정의는 다음의 〈자료 3-5〉에 정리되어 있다. 이들 각 계정들에 대한 자세한 설명은 각 계정과목별 회계처리를 언급할 때 다시 구체적으로 논의하기로 한다.

자료 3-5 재무상태표계정의 정의

(1) 유동자산계정

① 현금및현금성자산:
통화 및 타인발행수표 등 통화대용증권과 당좌예금 · 보통예금 및 현금성자산. 현금성자산은 큰 거래비용 없이 현금화가 가능하고, 이자율 변동에 따른 가치변동의 위험이 중요하지 않은 유가증권 · 단기금융상품 등으로 취득당시 만기가 3개월 이내에 도래하는 것을 말한다.

② 단기금융상품:
정기예금이나 정기적금, 기타 정형화된 상품 등으로 기한이 1년 내에 도래하는 것

③ 단기매매금융자산:
단기간 내에 매각 · 재매입하거나 단기적 이익획득목적의 포트폴리오를 구성하는 금융자산

④ 매출채권:
일반적 상거래에서 발생한 외상매출금과 받을어음

⑤ 미 수 금:
일반적 상거래 이외에서 발생한 미수채권

⑥ 미수수익:
당기에 속하는 수익 중에서 아직 받지 못한 것

⑦ 선급비용:
이미 현금으로 지급한 비용 중에서 다음 회계연도까지 그 효익이 지속되는 것

⑧ 상　　품:
판매를 목적으로 구입한 상품 · 미착상품 · 적송품 등이며, 부동산매매업에 있어서 판매 목적으로 소유하는 토지 · 건물 등도 상품에 포함된다.

⑨ 제　　품:
판매를 목적으로 제조한 생산품 등

⑩ 재 공 품:
제품의 제조를 위해 재공과정에 있는 것

⑪ 원 재 료:
제품의 제조를 위해 투입하는 원료 · 재료 · 미착원재료 등

(2) 비유동자산계정

① 만기보유금융자산, 매도가능금융자산, 관계기업투자주식:
장기투자목적의 채권으로 만기까지 보유할 의도와 능력이 있으면 만기보유금융자산으로 분류하고, 장기투자목적의 주식 · 채권 중에서 단기적 매매차익을 목적으로 하지 않고 만기까지 보유하지 않는 경우에는 매도가능금융자산으로 분류한다. 한편 유의적인 영향력의 행사를 목적으로 취득한 주식은 관계기업투자주식으로 분류한다.

② 장기금융상품:
금융상품 중 만기가 1년 이후에 도래하는 것

③ 영 업 권:
사업결합시 취득자가 지불한 이전대가가 피취득자의 순자산의 공정가치보다 큰 경우 그 초과액으로서 경쟁기업에 비해 초과이익을 창출할 수 있는 능력을 뜻함

④ 산업재산권:
일정기간 독점적 · 배타적으로 이용할 수 있는 권리로서 특허권 · 실용신안권 · 의장권 · 상품권 · 상호권 및 상품명 등

⑤ 개 발 비:
신제품이나 신기술 등의 개발과 관련하여 발생한 비용으로서 개별적으로 식별가능하고 미래의 경제적 효익을 확실하게 기대할 수 있는 것

(3) 유동부채계정

① 매입채무:
일반적 상거래에서 발생한 외상매입금과 지급어음

② 단기차입금:
금융기관으로부터의 당좌차월액과 1년 내에 상환될 차입금

③ 미지급금:
일반적 상거래 이외에서 발생한 채무(미지급비용은 제외)

④ 미지급비용:
발생된 비용으로서 아직 지급되지 않은 것

⑤ 선 수 금:
일반적 상거래에서 발생한 현금 선수액

⑥ 예 수 금:
일반적 상거래 이외에서 발생한 현금 선수액으로서 일정 기간이 지난 후에 일정 기관 등에 납부해야 하는 것

(4) 비유동부채계정

① 사 채:
1년 후에 상환되는 사채의 금액. 사채 중에서 1년 이내에 상환될 부분은 유동성사채로 하여 유동부채로 분류한다.

② 장기차입금:
1년 이후에 상환해야 할 차입금. 장기차입금 중에서 1년 이내에 상환될 부분은 유동성장기부채로 하여 유동부채로 분류한다.

③ 확정급여채무:
종업원이 퇴직한 후 일정 기간 동안 지급해야 할 연금의 현재가치

(5) 자본계정

① 보통주자본금:
발행주식수에 주식의 액면금액을 합한 금액. 주식의 액면금액(par value)이란 주권 표면에 인쇄되어 있는 금액으로서 정관에 명시된 것을 말한다.

② 주식발행초과금:

주식의 발행으로 수령한 현금액(신주발행 수수료 등을 차감한 후의 금액)이 주식의 액면금액을 초과하는 경우 그 초과하는 금액. 시장에서 거래되는 주가는 회사의 경영성과와 재무상태를 반영하기 때문에 액면금액과 다른 경우가 대부분이다. 따라서 주식을 시가로 발행한다면 주식발행으로 수령하는 현금액은 액면금액보다 크게 되는데, 그 차액을 처리하기 위한 계정이 주식발행초과금이다.

③ 자기주식:
회사가 이미 발행한 주식을 주주로부터 취득하여 가지고 있는 것

④ 매도가능금융자산평가손익:
매도가능금융자산을 공정가치로 평가함에 따라 발생하는 평가손익

⑤ 이익준비금:
상법의 규정에 의해 현금배당액의 10%를 적립한 금액

⑥ 미처분이익잉여금(미처리결손금):
이익잉여금처분계산서(또는 결손금처리계산서)상의 미처분이익잉여금(미처리결손금). 미처분이익잉여금은 당기순이익의 누적액에서 배당금의 누적액과 기타 준비금 적립액 등을 차감한 금액이고, 미처리결손금은 결손금의 누적액에서 결손금 보전액을 차감한 금액이다.

(5) 혼동하기 쉬운 상황에 대한 논의

1) 일반적 상거래

일반적 상거래란 기업의 주요 영업활동을 의미하며 이는 기업이 상품이나 제품의 판매, 서비스의 제공 등과 같이 주된 영업으로 하는 거래를 말한다. 예를 들어, 빵을 제조하여 판매하는 기업에서 빵을 제조하기 위해 밀가루를 구입하는 거래와 빵을 판매하는 거래는 그 기업의 입장에서는 일반적 상거래라고 할 수 있다. 하지만 이 기업에서 건물을 구입하거나 처분하는 거래는 일반적 상거래라고 할 수 없다. 이러한 구분이 중요한 이유는 외상거래로 발생하는 자산과 부채의 기록에 사용되는 계정과목에 차이가 있기 때문이다. 앞에 언급한 기업의 경우 만약 밀가루를 외상으로 구입하였다면 매입채무로 기록해야 하지만, 컴퓨터를 외상으로 구입하였다면 그 대금은 미지급금으로 기록해야 하는 것이다.

동일 품목의 거래가 주된 상거래인지 아닌지의 여부는 기업의 성격에 따라 다른데, 제조기업의 경우 건물을 구입하는 거래는 일반적으로 주된 영업활동으로 분류되지 않지만, 부동산매매회사의 경우에는 건물을 구입하는 거래가 주요 영업활동이 될 수 있는 것이다. 기업의 정관을 보면 그 기업이 주된 영업활동으로 정하고 있는 사업이 무엇인지 파악할 수 있다.

2) 어음거래

어음(notes)은 약정한 일자에 약정한 금액을 지급하겠다는 약속증서인데 일반적으로 대금의 지급을 확약하거나 대금의 회수를 확신하게 하는 수단으로써 어음을 발행하거나 수령한다. 회계기간 중의 회계처리를 보면 대개 어음의 발행자는 부채인 지급어음으로 기록하고, 어음의 수령자는 자산인 받을어음으로 기록한다. 보통 어느 특정 회계기간 중의 회계처리에서는 어떻게 하든지 별 문제가 되지 않는다. 그러나 재무제표를 작성하여 외부에 공시할 때 이러한 어음계정을 사용해서는 안 된다. 이 경우 어음계정이 아닌 다른 이름의 계정으로 대체하고 재무상태표를 공시하여야 하는데 이 때 적용되는 기준은 다음과 같다.

첫째, 일반적 상거래로 인해 어음을 주고받았느냐의 여부이다. 즉 일반적 상거래로 발생한 대금을 지불할 것을 약속하는 어음이었다면 어음을 발행한 기업은 지급어음을 매입채무로 대체해야 하고, 어음을 받은 기업은 받을어음을 매출채권으로 대체해야 한다. 만약 일반적 상거래 이외의 거래에서의 대금 지불 때문에 어음이 발행되었다면, 어음발행자는 부채계정인 미지급금으로 기록하고, 어음수령자는 자산계정인 미수금으로 기록해야 한다. 그러므로 〈자료 3-5〉에서 언급한 재무상태표계정에 대한 정의에서 매출채권을 일반적 상거래에서 발생한 외상매출금과 받을어음으로 정의하였고, 매입채무를 일반적 상거래에서 발생한 외상매입금과 지급어음으로 정의한 것이다.

둘째, 자금을 차입하거나 대여하고, 어음의 만기일을 상환일로 하는 경우가 있다. 이러한 때에는 어음발행자는 부채계정인 단기차입금으로 계상하고, 어음수령자는 자산계정인 단기대여금으로 계상해야 한다(어음의 만기는 대개 3개월에서 6개월 정도로서 1년 이내이므로 단기로 가정하였다).

위의 설명을 요약한 것이 〈자료 3-6〉이다.

자료 3-6 어음의 본 계정으로의 대체

상 황	어음수령자의 대체	어음발행자의 대체
일반적 상거래	받을어음 → 매출채권	지급어음 → 매입채무
일반적 상거래 외	받을어음 → 미수금	지급어음 → 미지급금
자금의 대여	받을어음 → 대여금(단기)	지급어음 → 차입금(단기)

2.3 K-IFRS에 의한 포괄손익계산서계정의 분류 예시

일반적인 포괄손익계산서계정들에 대한 정의는 다음의 〈자료 3-7〉에 정리되어 있다. 본 장에서는 이러한 계정들이 어떠한 상황에서 사용되는지 정도만 살피는 것으로 충분할 것이다. 포괄손익계산서계정에 대해서는 관련된 재무상태표 계정을 설명할 때 자세히 설명하기로 한다.

자료 3-7 포괄손익계산서계정의 정의

(1) 수익계정

① 매 출 액:
상품 또는 제품의 총매출액에서 매출에누리와환입 및 매출할인을 차감한 금액. 이 경우에 일정기간의 거래수량이나 거래금액에 따라 매출액을 감액하는 것은 매출에누리에 포함되어 매출액에서 차감된다.

② 기타수익:
일반적인 상거래 이외에서 발생한 수익으로 외화환산이익, 외환차익, 유형자산처분이익 등

③ 금융수익:
금융자산에서 발생한 수익으로 이자수익, 단기매매금융자산평가이익 · 단기매매금융자산처분이익, 매도가능금융자산처분이익 등

④ 중단사업이익:
중단사업으로부터 발생한 영업이익, 기타수익 등

(2) 비용계정

① 매출원가:
상품판매업에 있어서의 매출원가는 기초상품재고액과 당기상품매입액의 합계액에서 기말상품재고액을 차감하는 형식으로 구한다. 제조업에 있어서의 매출원가는 기초제품재고액과 당기제품제조원가의 합계액에서 기말제품재고액을 차감하는 형식으로 구한다.
즉, 매출원가는 판매된 상품의 구입원가 또는 판매된 제품의 제조원가인 것이다.

② 판매비와관리비:
상품과 용역의 판매활동 또는 기업의 관리와 유지에서 발생하는 비용으로 급여, 퇴직급여, 복리후생비, 임차료, 접대비, 감가상각비, 무형자산상각비, 대손상각비 등에서 매출원가에 속하지 않는 모든 영업비용

③ 기타비용:
일반적인 상거래 이외에서 발생한 비용으로 외화환산손실, 외환차손, 유형자산처분손실, 재고자산감모손실 등

④ 금융비용:
금융자산에서 발생한 비용으로 이자비용, 단기매매금융자산평가손실 · 단기매매금융자산처분손실, 매도가능금융자산처분손실 등

⑤ 중단사업손실:
중단사업으로부터 발생한 영업손실, 기타비용 등
⑥ 법인세비용:
법인세법 등의 법령에 의해 납부해야 할 금액과 이연법인세 변동액을 가감하여 산출된 금액

(3) 기타포괄손익계정

① 매도가능금융자산평가손익:
매도가능금융자산으로 분류한 주식이나 채권을 공정가치로 평가한 경우에 발생하는 평가손익이다.
② 현금흐름위험회피파생상품평가손익:
현금흐름위험회피를 목적으로 투자한 파생상품을 기말에 공정가치로 평가하면서 발생하는 평가손익을 의미한다.
③ 해외사업장환산손익:
해외사업장(종속기업, 관계기업, 조인트벤처 등)에 대한 연결재무제표 작성, 지분법 적용 및 비례연결에서 순투자의 일부인 화폐성 항목에서 발생하는 외환차이

2.4 거래에 대한 분석과 기록

여기에서는 20×1년도에 발생한 서울주식회사의 여러 가지 회계상의 거래를 바탕으로 이러한 거래들이 기업의 재무상태에 어떠한 영향을 미치는지, 그리고 어떠한 계정과목들이 거래의 기록을 위해 사용되는지 알아보기로 한다.

(1) 소유주(주주)의 자본금 납입과 회사의 설립

① 상 황: 20×1년 1월 1일에 김길동은 현금 1,000원을 투자하여 서울주식회사를 설립하고, 동 금액만큼 주식을 발행하였다.

② 거래의 분석과 기록: 현금계정의 증가, 자본금계정의 증가

서울주식회사에 현금이 입금되었으므로 자산(현금)이 증가하였고, 주식을 발행함으로써 자본(자본금)이 증가하였다.

(2) 본사 건물의 구입

① 상 황: 서울주식회사는 20×1년 2월 1일에 주주로부터 받은 현금을 바탕으로 본사 건물을 500원에 취득하였다.

② 거래의 분석과 기록: 건물계정의 증가, 현금계정의 감소

건물을 취득하였으므로 자산(건물)이 증가하였고, 현금으로 대가를 지불하였으므로 자산(현금)이 감소하였다.

(3) 비품의 구입

① 상　　황: 서울주식회사는 20×1년 3월 11일에 인터넷 사업을 위해 컴퓨터를 구입하였는데, 구입대금 100원은 3개월 후에 지급할 것이다.

② 거래의 분석과 기록: 비품계정의 증가, 미지급금계정의 증가

컴퓨터를 구입하였으므로 자산(비품)이 증가하였고, 외상으로 구입하였으므로 부채(미지급금)가 증가하였다.

(4) 미지급금의 상환

① 상　　황: 컴퓨터 구입시 미지급하였던 대금 100원 중에서 80원을 6월 9일에 지급하였다.

② 거래의 분석과 기록: 미지급금계정의 감소, 현금계정의 감소

미지급금의 일부를 상환하였으므로 부채(미지급금)가 감소하였고, 현금으로 지급하였으므로 자산(현금)이 감소하였다.

(5) 수익의 발생

① 상　　황: 20×1년 7월 22일에 서버구축과 관련된 용역을 수행하고, 수수료 400원은 2개월 후에 받기로 하였다.

② 거래의 분석과 기록: 매출계정의 증가, 매출채권계정의 증가

용역을 수행하였으므로 수익(매출 또는 용역수익)이 발생하였고, 대금을 추후에 받기로 하였으므로 자산(매출채권 또는 미수수익)이 증가하였다.

(6) 비용의 발생

① 상　　황: 20×1년 8월 3일에 전기료 40원과 종업원에 대한 급여 100원이 발생하였는데, 전기료는 현금으로 지급하고, 급여는 다음달에 지급하기로 하였다.

② 거래의 분석과 기록: 전기료계정의 증가, 급여계정의 증가, 현금계정의 감소, 미지급비용계정의 증가

전기료와 급여가 발생하였으므로 비용(전기료, 급여)이 발생하였고, 전기료의 현금 지급분에 대해서는 자산(현금)이 감소하였으며, 급여를 미지급하였으므로 부채(미지급비용)가 증가하였다.

(7) 매출채권의 회수

① 상　　황: 20×1년 9월 15일에 7월 22일 매출분에 대한 매출채권 400원

중에서 300원을 현금으로 회수하였다.

② **거래의 분석과 기록:** 현금계정의 증가, 매출채권계정의 감소

현금을 받았으므로 자산(현금)이 증가하였고, 매출채권의 일부를 회수하였으므로 자산(매출채권)이 감소하였다.

(8) 차입금의 차입

① **상 황:** 20×1년 10월 11일에 신림은행으로부터 600원을 차입하였다. 이 차입금은 20×2년 4월 11일에 상환해야 하는 조건이다.

② **거래의 분석과 기록:** 현금계정의 증가, 단기차입금계정의 증가

차입에 따라 현금을 받았으므로 자산(현금)이 증가하였고, 부채(단기차입금)가 증가하였다.

(9) 배당금의 지급

① **상 황:** 20×1년 12월 25일에 주주에게 배당금 100원을 현금으로 지급하였다.

② **거래의 분석과 기록:** 이익잉여금계정의 감소, 현금계정의 감소

배당금의 지급으로 자본(이익잉여금)이 감소하였고, 현금으로 지출하였으므로 자산(현금)이 감소하였다.

제 3 절 회계등식과 복식부기의 원리

3.1 회계등식과 재무제표의 연계성

"기업이 보유한 자산의 합계와 자산에 대한 청구권(claim)의 합계는 같아야 한다"는 개념은 아래에서 보는 바와 같이 등식 1로 표현된다. 등식 1에서 등식의 왼쪽에는 자산을 나타내고 오른쪽에서는 자산에 대한 청구권을 나타내게 되는데 이들의 크기는 반드시 동일하여야 한다.

등식 1: 자산 = 청구권

자산에 대한 청구권은 소유주인 주주와 소유주 이외의 타인인 채권자가 가지고 있는데, 자산에 대한 채권자의 청구권은 부채라 하고, 자산에 대한 소유주의 청구권은 자본이라고 하므로 등식 1은 다음의 등식 2로 다시 표현할 수 있다.

등식 2: 자산 = 부채(채권자 청구권) + 자본(소유주 청구권)

등식 2는 자산과 부채, 그리고 자본 등 기업의 재무상태의 관계를 나타내고 있으므로 "재무상태표 등식"이라고도 한다. 즉, 재무상태표(statement of financial position)는 기업이 보유하고 있는 자산(assets)의 내용을 보고하고 또 자산에 대한 청구권을 채권자의 청구권인 부채(liabilities)와 소유주의 청구권인 자본(owners' equity)으로 구분하여 보고한다. 재무상태표에서 자산에 대한 청구권을 부채와 자본으로 구분하는 이유는 기업이 수행하는 사업이 종료될 때 자산의 배분순위가 주요 관심사가 되기 때문이다. 즉, 재무상태표에 보고되는 정보를 통하여 채권자는 기업이 자산을 충분히 보유하여 부채를 변제할 수 있는가를 알아볼 수 있게 되는데, 재무상태표가 채권자의 보호를 목적으로 하고 있다는 말은 바로 이러한 재무상태표의 특성 때문이다.

한편 기업이 공시하는 재무제표의 주요 이용자 중의 하나는 주주라고 불리는 소유주들이다. 이들 소유주들의 주된 관심사는 기업의 수익성(profitability)이지만 재무상태표만으로 기업의 수익성을 보고하기에는 한계가 있다. 따라서 기업의 수익성을 별도로 보여 줄 수 있는 보고서가 필요한데 이러한 목적을 위하여 작성되는 재무제표가 포괄손익계산서이다.

포괄손익계산서(statement of comprehensive income)는 어느 한 회계기간 동안에 기업이 사업을 통해 어느 정도의 자본의 증감을 가져왔는지를 구체적으로 보여 주는 재무제표이다. 포괄손익계산서는 아래의 등식 3과 같이 자본의 증가를 가져오는 수익(revenues)에서 자본의 감소를 초래하는 비용(expenses)을 차감한 결과인 이익(net income)을 보고하는 것을 목적으로 한다. 포괄손익계산서에서 산출된 이익은 결국 자산에 대한 소유주의 청구권인 자본에 포함되므로 등식 3은 등식 2의 세부 항목 중의 하나가 된다.

등식 3: 이익 = 수익 − 비용

자본은 그 구성항목에 따라 다음과 같이 세분화된다. 즉, 자본은 소유주가 납입한 납입자본금(contributed capital)과 기업이 여러 기간에 걸쳐 수행한 영업활동을 통하여 실현한 이익의 누적액에서 주주들에게 배당한 배당금(dividends)을 차감한 잔액인 이익잉여금으로 표시된다. 따라서 다음의 관계가 성립한다.

등식 4: 자산 = 부채 + 자본금 + 이익잉여금

등식 5: 자산 = 부채 + 자본금 + 수익 − 비용 − 배당금

기업의 자산과 그에 대한 청구권을 나타내는 재무상태표와 회사의 수익성을 보여 주는 포괄손익계산서만으로는 회계정보이용자들의 정보욕구를 만족시키지 못하는 경우가 있다. 예를 들어, 포괄손익계산서 상으로는 이익이 나므로 우량한 기업이라고 판단되는 때에도 도산하는 경우가 종종 발생하는데 이를 흑자도산이라고 한다.

흑자도산이 발생하는 이유는 비록 기업의 이익이 양(+)의 부호를 갖는 것으로 보고되는 경우에도 기업이 영업활동을 수행하기 위하여 필요한 현금의 조달이 원만하게 이루어지지 않을 경우 기업은 갚아야 할 부채를 갚지 못하게 되고, 기업이 필요로 하는 원재료를 구입하지 못하게 되거나 기업의 영업활동의 수행을 위하여 필요한 인력에 대한 인건비를 지급할 수 없게 되어 기업활동을 멈추어야 하기 때문이다. 이와 같은 문제를 보완하기 위해 작성되는 재무제표가 바로 현금흐름표이다.

현금흐름표(statement of cash flows)는 어느 한 회계기간 동안 기업의 현금흐름을 영업활동, 투자활동 및 재무활동으로 분류하여 각 활동에서 조달하거나 사용한 현금액을 구하고 이를 합하여 해당 회계기간 동안의 현금증감액을 구한 다음 이에 회계기간 시작시점의 현금잔액을 더하여 회계기간 말 시점에서의 현금잔액을 표시하는 방식으로 작성된다. 이러한 현금흐름표 양식을 나타낸 것이 다음의 등식 6이다.

등식 6: 기초 현금 + 회계기간 중 현금의 증감 = 기말 현금
영업활동 현금흐름 ± 투자활동 현금흐름 ± 재무활동 현금흐름
= 현금의 증감

다음에 제시된 〈자료 3-8〉은 재무상태표와 포괄손익계산서, 그리고 현금흐

름표의 상호관계를 보여 준다. 재무상태표는 회사의 재산인 자산과 그것에 대한 청구권인 부채와 자본을 보고한다. 포괄손익계산서는 회계연도 초의 자본과 회계연도 말의 자본의 차이, 즉 한 회계기간 동안에 자본의 증감이 발생한 내역을 수익과 비용으로 나누어서 보고한다. 현금흐름표는 회계연도 초의 현금과 회계연도 말의 현금의 차이를 영업활동과 투자활동, 그리고 재무활동으로 분류하여 보고한다. 이와 같이 각각의 재무제표는 서로 연계가 되고 있는데, 이를 재무제표의 연계성(articulation of financial statement)이라 한다.

자료 3-8 재무상태표, 포괄손익계산서, 현금흐름표의 관계

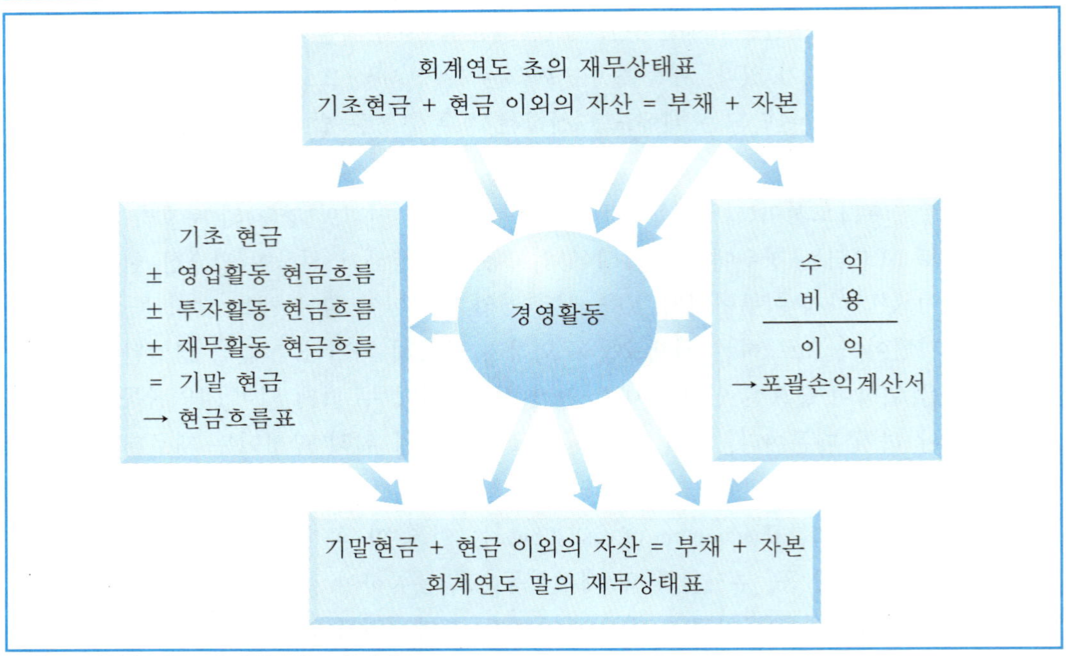

자료: 이창우 외 공저, 「재무제표의 이해」.

예제 3-2 회계등식의 활용 I

다음은 본문 중에 언급한 서울주식회사의 20×1년도 중 발생한 거래이다. 이에 대하여 재무상태표 등식인 회계등식 2를 사용하여 각 거래에 대한 분석을 하시오.

(1) 20×1년 1월 1일에 김관악은 현금 1,000원을 투자하여 서울주식회사를 설립하고, 동 금액만큼 주식을 발행하였다.

(2) 서울주식회사는 20×1년 2월 1일에 주주로부터 받은 현금을 바탕으로 본사 건물을 500원에 취득하였다.

(3) 서울주식회사는 20×1년 3월 11일에 인터넷 사업을 위해 컴퓨터를 구입하였는데,

구입대금 100원은 3개월 후에 지급할 것이다.

(4) 컴퓨터 구입시에 미지급하였던 대금 100원 중에서 80원을 20×1년 6월 9일에 지급하였다.

(5) 20×1년 7월 22일에 서버구축과 관련된 용역을 수행하고, 수수료 400원은 2개월 후에 받기로 하였다.

(6) 20×1년 8월 3일에 전기료 40원과 종업원에 대한 급여 100원이 발생하였는데, 전기료는 현금으로 지급하고, 급여는 다음 달에 지급하기로 하였다.

(7) 20×1년 9월 15일에 7월 22일 매출분에 대한 외상매출금 400원 중에서 300원을 현금으로 회수하였다.

(8) 20×1년 10월 11일에 신림은행으로부터 20×2년 4월 11일에 상환하는 조건으로 600원을 차입하였다.

(9) 20×1년 12월 25일에 주주에게 배당금 100원을 현금으로 지급하였다.

해 답

	자 산	=	부 채	+	자 본
(1)	+1,000				+1,000
(2)	−500, +500				
(3)	+100		+100		
(4)	−80		−80		
(5)	+400				+400
(6)	−40		+100		−140
(7)	−300, +300				
(8)	+600		+600		
(9)	−100				−100

참고 1) 회계등식에서 보는 바와 같이 모든 거래에 대한 분석에서 "="을 중심으로 왼쪽의 거래금액의 합계액과 오른쪽의 거래금액의 합계액은 항상 같다.

참고 2) (5)와 (6)은 수익과 비용에 관련된 것인데, 이곳에서는 자본계정을 사용하여 등식을 완성하였다.

예제 3-3 회계등식의 활용 Ⅱ

앞의 〈예제 3-2〉에서 언급한 거래에 대하여 회계등식 4를 사용하여 분석하시오.

해 답

	자산				=	부채			+	자본	
	현금	매출채권	비품	건물		미지급비용	미지급금	단기차입금		자본금	이익잉여금
(1)	1,000									1,000	
(2)	−500			500							
(3)			100				100				
(4)	−80						−80				

(5)		400			400
(6)	−40		100		−140
(7)	300	−300			
(8)	600			600	
(9)	−100				−100

참고 1) 회계등식에서 보는 바와 같이 모든 거래에 대한 분석에서 "="을 중심으로 왼쪽의 거래금액의 합계액과 오른쪽의 거래금액의 합계액은 항상 같다.

참고 2) (5)와 (6)은 수익과 비용에 관련된 것인데, 이곳에서는 이익잉여금계정을 사용하여 등식을 완성하였다.

예제 3-4 회계등식의 활용 Ⅲ

앞의 〈예제 3-2〉에서 언급한 거래에 대하여 회계등식 5를 사용하여 분석하시오.

해 답

	자산				=	부채			+	자본			
	현금	매출채권	비품	건물		미지급비용	미지급금	단기차입금		자본금	수익	비용	배당금
(1)	1,000									1,000			
(2)	−500			500									
(3)			100				100						
(4)	−80						−80						
(5)		400									400		
(6)	−40					100						−140	
(7)	300	−300											
(8)	600							600					
(9)	−100												−100

참고 1) 회계등식에서 보는 바와 같이 모든 거래에 대한 분석에서 "="을 중심으로 왼쪽의 거래금액의 합계액과 오른쪽의 거래금액의 합계액은 항상 같다.

참고 2) (9)는 배당금의 지급에 관한 거래인데, 이곳에서는 이익잉여금계정의 감소항목인 배당금계정을 별도로 설정하고 배당금의 지급을 (−) 부호를 사용하여 등식을 완성하였다.

3.2 T-계정(T-account)과 거래의 기록

어떤 특정 계정의 증가와 감소를 간략하게 표시하기 위하여 보통 T-계정을 사용한다. T-계정은 모양이 대문자 T와 유사하다고 해서 이름이 붙여졌는데, 어떤 계정에 관한 증가와 감소 사항을 하나의 T-계정 속에 집합시켜서 파악함으로써 그 계정의 변동에 관한 내용을 전체적으로 이해할 수 있게 된다. 한편 T-계정의 왼쪽은 차변(debit)으로, 오른쪽은 대변(credit)으로 부르는데, 어떤 계정이 증가한 경우에 양쪽을 가르는 수직선의 한 편에 적고 감소한 경우에는 다른 한 편에

자료 3-9 T-계정의 예시

1. T-계정의 기본적 형태

(차변)	계 정 과 목	(대변)

2. T-계정의 예시

(차변)	현금계정		(대변)
10/15	10,000	10/16	30,000

(차변)	건물계정		(대변)
10/16	50,000		

(차변)	미지급금계정		(대변)
		10/16	20,000

적음으로써 한 계정의 증감에 대해 전체적으로 파악할 수 있게 된다. 예를 들어, 상품을 판매하여 10,000원의 매출대금이 현금으로 수령되었다고 가정하자. 이 경우 자산계정인 현금계정의 왼쪽인 차변에 10,000을 기록하여 현금이 증가하였다는 것을 나타내게 된다. 또 만약 비용으로 5,000원의 현금을 지출한 경우에는 현금계정의 오른쪽인 대변에 5,000을 기록하여 현금이 감소한 것을 나타내는 것이다.

이러한 T-계정은 각 계정과목의 증가와 감소에 대한 분석을 하는 경우 편리하므로 학교교육에서는 자주 사용되지만 기업의 실무에서는 특별한 분석의 경우를 제외하고는 잘 쓰이지 않는 것이 일반적이다.

T-계정의 모양은 〈자료 3-9〉와 같다. T 모양의 위에는 계정과목(예를 들어 현금계정)을 적어서 해당 계정에 대한 증감임을 표시한다.

여기에서는 재무상태표계정과목과 포괄손익계산서계정과목으로 각각 구분하여 거래의 발생을 T-계정에 어떻게 기록하는지 알아보기로 한다.

(1) 재무상태표계정과목

회계등식 2에서 보는 것처럼 "="를 중심으로 자산은 차변(왼쪽)에, 부채와 자본은 대변(오른쪽)에 잔액이 나타나게 된다. 따라서 거래가 발생하면 다음과 같이 기록한다.

① 자산이 증가할 때에는 자산계정의 차변에 기입하고 감소할 때에는 자산계정의 대변에 기록한다. 이렇게 하면 어느 회계기간 동안의 거래로 인한 증가와 감소 후에 자산계정의 잔액이 차변에 남게 된다.

② 부채와 자본이 증가할 때에는 부채계정과 자본계정의 대변에 각각 적고 감소할 때에는 차변에 적는다. 이렇게 하면 어느 회계기간 동안의 거래로 인한 증가와 감소 후에 부채계정과 자본계정의 잔액은 각각 대변에 남게 된다.

이러한 원리를 T-계정에 요약하면 〈자료 3-10〉과 같다.

자료 3-10 재무상태표계정의 기입

자 산		=	부 채		+	자 본	
증 가 (+)	감 소 (−)		감 소 (−)	증 가 (+)		감 소 (−)	증 가 (+)

(2) 포괄손익계산서계정과목

포괄손익계산서 항목에는 수익과 비용이 있는데, 회계기간 말 시점에서 수익에서 비용을 차감한 후의 이익은 결국에는 재무상태표 항목의 자본(이익잉여금)에 포함되게 된다. 따라서 수익과 비용 항목의 거래는 자본의 구성항목으로서 회계장부에 기입하게 된다. 그러므로 자본을 증가시키는 수익이 발생한 경우에는 수익계정의 대변에 기록하고, 자본을 감소시키는 비용이 발생한 경우에는 비용계정의 차변에 기록한다. 이를 요약하면 다음과 같다.

① 수익이 증가할 때에는 수익계정의 대변에 기입하고 감소할 때에는 차변에 기입한다. 그 이유는 수익이 증가하면 이익이 증가하게 되어 재무상태표상의 이익잉여금이 증가하고 결국 자본이 증가하게 되는데, 자본의 증가를 자본계정의 대변에 기입하기 때문이다.

② 비용이 증가할 때에는 비용계정의 차변에 기입하고 감소할 때에는 대변에 기입한다. 그 이유는 비용이 증가하면 이익이 감소하게 되어 재무상태표상의 이익잉여금이 감소하고 결국 자본이 감소하게 되는데, 자본의 감소를 자본계정의 차변에 기입하기 때문이다.

이러한 원리를 T-계정에 요약하면 〈자료 3-11〉과 같다.

자료 3-11 포괄손익계산서계정의 기입

이 익		=	수 익		−	비 용	
감 소 (−)	증 가 (+)		감 소 (−)	증 가 (+)		증 가 (+)	감 소 (−)

3.3 복식부기의 기본원리와 분개

회계상의 거래는 기업의 재무상태에 영향을 미치는 경제적 사건이고 이러한 회계에서의 거래는 자산의 증가와 감소, 부채의 증가와 감소, 자본의 증가와 감소, 수익의 발생, 그리고 비용의 발생 등 총 8가지 항목이 거래의 요소(이를 거래의 8요소라 한다)를 이루어 이들이 여러 가지 방법으로 결합하는 형태로 나타난다는 것을 앞에서 언급한 바 있다. 또한 거래의 이중성(duality of transactions)이란 회계상의 거래의 결과 거래의 8요소들 중 반드시 둘 이상이 서로 결합하여 기업의 재무상태에 영향을 미치는 것을 의미한다고 하였다. 이 때 이들 거래 요소들 간의 관계는 서로 원인도 되고 결과도 되는 관계이다. 거래의 이중성은 어떠한 회계상의 거래가 발생하더라도 동일한 금액으로 이중기입하여야 하는 것을 의미하기도 하는데 이를 복식부기의 원리라고 한다.

복식부기시스템(double entry bookkeeping system)은 하나의 거래가 발생하면 회계장부에 최소한 두 번 이상 기록하는 회계기록시스템을 말한다. 회계장부에 두 번 이상 기록한다는 것은 하나의 거래를 두 개로, 즉 왼쪽인 차변과 오른쪽인 대변으로 나누어 서로 다른 계정에 동일한 거래금액을 기록한다는 것을 의미한다.

복식부기의 기본원리는 회계등식에 그 근거를 두고 있다. 예를 들어, 어느 기업이 상품을 판매하고 그 대가로 현금 50,000원을 수령하였다고 하자. 이 경우 그 기업의 자산인 현금이 50,000원 증가하게 되고 동시에 자본인 수익(매출)이 50,000원 증가하게 되어 다음의 등식이 유지된다.

자 산	=	부 채	+	자 본
현 금				수익(매출)
+ 50,000				+ 50,000

이 때 기업의 회계장부에는 현금의 증가 50,000원과 수익(매출)의 증가 50,000원이 각각 기록되고 자산의 증가 50,000원과 자본의 증가 50,000원으로 인하여 '자산 = 부채 + 자본' 이라는 회계등식은 항상 유지된다. 이를 T-계정을 사용하여 표시하면 다음과 같다.

현 금	
50,000	

수익(매출)	
	50,000

즉, 현금계정의 차변에 50,000원, 수익(매출)계정의 대변에 50,000원이 각각 동시에 기록되는 것이다.

한편 위의 거래를 다음과 같이 표시할 수도 있다.

(차변) 현금 50,000 (대변) 수익 50,000

위의 표시방법은 현금계정의 차변에 50,000원이 기록되었고 수익계정의 대변에 50,000원이 기록되었다는 것을 의미한다. 또한 이는 다르게 표현하여 수익이 50,000원 발생하여 현금 50,000원을 수령하였다는 것을 의미하기도 한다. 이와 같이 발생한 거래의 내용을 간략하게 표기하는 방법을 사용하여 기업의 회계장부에 기록하는 것을 분개(journal entry)라고 한다.

다른 예를 들어 보기로 하자. 어느 기업이 은행에서 6개월 후에 상환하기로 하고 100,000원을 차입하였다고 하자. 그러면 이러한 거래의 내용을 간략하게 표기하기 위하여 다음과 같은 분개가 이루어진다.

(차변) 현금 100,000 (대변) 단기차입금 100,000

이와 같은 분개가 이루어진 후 각각의 해당 계정에 옮겨 적게 되는데 이를 전기(posting)라고 한다. 따라서 전기의 결과 다음의 T-계정으로 나타나게 되는 것이다.

현 금	
100,000	

단기차입금	
	100,000

3.4 분 개 장

분개장(book of journal entries)이란 회사의 거래를 분개를 사용하여 시간대별 순서대로 기록하는 회계장부를 말한다. 거래가 발생하면 복식부기의 원리에 따라 영향을 받은 계정들을 차변과 대변으로 구분하여 각각의 해당 금액을 기입하게 된다. 이렇게 거래의 영향을 시간의 순서에 따라 간략하게 표기한 분개를 모아놓은 회계장부가 바로 분개장인데, 분개장을 활용하면 거래의 내용과 결과를 시간대별로 일목요연하게 파악할 수 있다는 장점이 있다.

분개장은 사용하는 기업에 따라 그 모양이 다르지만 일반적으로 〈자료 3-12〉와 같은 모습을 띠게 된다.

자료 3-12 분개장의 예시

날 짜	계정과목(차변)	계정과목(대변)	계정번호	차변금액	대변금액
10월 15일	현 금		3000	10,000	
		매 출	6000		10,000
적요: 매출이 발생하여 현금으로 회수함.					
10월 16일	건 물		3700	50,000	
		현 금	3000		30,000
		미지급금	4100		20,000
적요: 건물을 구입하였는데, 대금의 일부는 2개월 후에 지급하기로 함.					

여기에서 "적요"는 분개를 가져온 회계상의 거래에 대해 간략하게 설명하는 부분이다. 이러한 "적요"를 기재함으로써 왜 이러한 분개를 했는지에 대해 이해할 수 있고, 분개를 적절히 수행하였는지에 대해 추후에 검토할 수도 있다. 계정번호는 추후 계정별로 전기(posting)할 때 필요한 고유번호이다. 즉 각 계정별로 고유번호가 정해져 있으므로 각 계정의 번호별로 거래의 결과를 모아서 회계장부의 정리와 요약을 손쉽게 할 수 있게 되는 것이다.

거래를 분개장에 기록하는 절차는 다음의 〈자료 3-13〉과 같다.

자료 3-13 분개장의 작성절차

1. "날짜"란에 거래가 일어난 시기를 적는다.
2. "계정과목"란에 차변과 대변의 적절한 계정과목을 기록하고 각 계정과목에 맞는 고유번호를 "계정번호"란에 기입한다. 거래가 두 개 이상의 차변과목을 필요로 하면 차변을 모두 적은 후에 대변 계정과목을 기록한다.
3. "차변금액"과 "대변금액"란에 각 계정과목에 맞는 금액을 기록한다.
4. 거래에 대한 내용을 적요란에 서술한다.

예제 3-5 거래의 분개

앞의 〈예제 3-2〉에 언급된 서울주식회사의 거래에 대해 분개하고 이 중 현금계정과 매출채권계정, 단기차입금계정과 미지급금계정을 T-계정에 각각 전기하시오.

해 답

1. 거래의 분개

(1) 01/01:	차>	현 금	1,000	대>	자 본 금	1,000
(2) 02/01:	차>	건 물	500	대>	현 금	500
(3) 03/11:	차>	비 품	100	대>	미지급금	100
(4) 06/09:	차>	미지급금	80	대>	현 금	80
(5) 07/22:	차>	매출채권	400	대>	매 출	400
(6) 08/03:	차>	전 기 료	40	대>	현 금	40
		급 여	100		미지급비용	100
(7) 09/15:	차>	현 금	300	대>	매출채권	300
(8) 10/11:	차>	현 금	600	대>	단기차입금	600
(9) 12/25:	차>	배 당 금	100	대>	현 금	100

2. T-계정에의 전기

현 금

01/01	1,000	02/01	500
09/15	300	06/09	80
10/11	600	08/03	40
		12/25	100

매출채권

07/22	400	09/15	300

단기차입금

		10/11	600

미지급금

06/09	80	03/11	100

제 4 절 총계정원장과 재무제표의 작성

4.1 총계정원장과 계정잔액의 산출

기업이 거래에 대한 기록을 위하여 사용하는 모든 계정과목들을 모아 놓은 회계장부를 총계정원장(G/L: general ledger) 또는 원장(ledger)이라 한다. 일반적으로 실무에서는 계정별원장에서 각 계정을 손쉽게 찾기 위하여 각 계정별로 고유번호를 부여하고 있다.

각 계정의 잔액을 구하기 위해서는 각 계정마다 차변의 합과 대변의 합을 구한 후에 큰 숫자에서 작은 숫자를 빼면 된다. 만약 차변의 합이 대변의 합보다 크면 차변에 잔액이 남게 되고 대변의 합이 차변의 합보다 크면 대변에 잔액이 남게 된다. 일반적으로 자산과 비용항목은 차변잔액이 남고 부채와 자본 및 수익항목은 대변에 잔액이 남는다.

예를 들어, 회계연도 중에 자본금의 납입이 100,000원 있었고, 현금매출이 50,000원 있었으며, 임직원의 급여로 70,000원의 지출이 있었다고 하자. 그렇다면 회계연도 중 현금의 증가(차변기입)는 150,000원이고, 현금의 감소(대변기입)는 70,000원이 될 것이다. 따라서 회계기간 말 시점에서 현금잔액은 80,000원이 되어야 한다.

이것을 T-계정으로 분석해보면 다음과 같다.

현 금

차변		대변	
자본금 납입	100,000	급여의 지출	70,000
현금매출	50,000		
합 계	150,000	합 계	70,000
잔 액	80,000		

이렇게 산출된 계정잔액은 보고기간말에 기업의 재무제표를 작성하는 데 기초 자료가 된다.

예제 3-6 계정잔액의 결정

위의 〈예제 3-5〉에서 현금과 매출채권 및 미지급금 계정의 잔액을 구하시오.

해 답

현 금

01/01	1,000	02/01	500
09/15	300	06/09	80
10/11	600	08/03	40
		12/25	100
합 계	1,900	합 계	720
잔 액	1,180		

매출채권

07/22	400	09/15	300
합 계	400	합 계	300
잔 액	100		

미지급금

06/09	80	03/11	100
합 계	80	합 계	100
		잔 액	20

4.2 각 계정과 재무제표와의 연결

다음에 제시된 〈자료 3-14〉는 거래의 결과 이루어진 분개에 따라 각각의 계정에 기입하고, 그것을 재무제표에 연결시키는 것을 보여 주는 그림이다. 재무상태표 항목인 자산은 기초 금액과 기중의 증가액을 더한 금액에서 당기 감소액을 차감한 차변잔액이 재무상태표의 차변에 기입되고, 부채와 자본은 기초 금액과 기중의 증가액을 더한 금액에서 당기 감소액을 차감한 대변잔액이 재무상태표의 대변에 기입된다.

그러나 포괄손익계산서 항목인 수익과 비용은 재무상태표 항목과는 달리 각 계정별로 기중 거래의 총 발생금액이 포괄손익계산서에 일단 포함되어 보고된다. 포괄손익계산서에서 수익에서 비용을 차감하여 계산된 당기순이익은 이익잉여금계정을 통해 이익잉여금(또는 결손금)의 항목으로서 재무상태표의 자본에 포함된다.

자료 3-14 계정과 재무제표의 연결

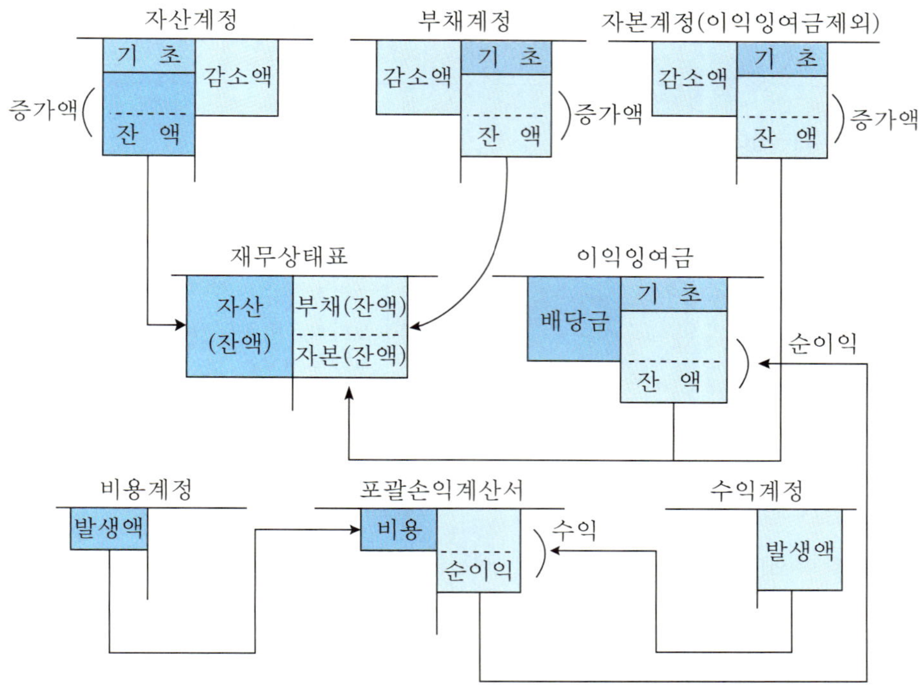

예제 3-7 **계정잔액과 재무제표의 작성**

앞의 〈예제 3-5〉의 거래에 대한 분개를 바탕으로 각 계정별 잔액을 구한 후 서울주식회사의 재무상태표와 포괄손익계산서를 작성하시오.

해 답

1. 재무상태표의 작성

재무상태표

서울주식회사 20×1년 12월 31일 현재 (단위: 원)

자산	금액	부채와 자본	금액
현 금	1,180	단기차입금	600
매출채권	100	미지급금	20
건 물	500	미지급비용	100
비 품	100	부채총계	720
		자본금	1,000
		이익잉여금	160
		자본총계	1,160
자산총계	1,880	부채와 자본총계	1,880

참고) 이익잉여금 160원은 포괄손익계산서상의 당기순이익 260원과 배당금 100원이 결산과정의 마감분개를 통해 이익잉여금으로 대체된 것이다. 마감분개에 대해서는 제 5 장에서 설명하기로 한다.

2. 포괄손익계산서의 작성

포괄손익계산서

서울주식회사 20×1년 1월 1일부터 20×1년 12월 31일 까지 (단위: 원)

1. 수익		
– 용역수익	400	400
2. 비용		
– 전기료	40	
– 급 여	100	140
3. 당기순이익		260

연습문제

문제 3-1 거래와 복식부기

1. 일상생활에서 말하는 거래와 구분하여 회계상의 거래에 대해 설명하시오.
2. 거래의 8요소란 무엇을 말하는가?
3. 복식부기의 원리란 무엇인가?

문제 3-2 계정의 의의

1. 유동성 기준에 의한 재무상태표계정의 두 가지 분류 방법을 제시하고, 각 방법을 비교하여 설명하시오.
2. 화폐성 기준에 의한 두 가지 계정분류에 대해 설명하시오.

문제 3-3 계정의 성격

각 문항별로 아래에 나열된 항목 중 성격이 다른 항목 하나를 고르시오.

1. 단기금융상품 선급비용 만기보유금융자산 현금및현금성자산 매출채권
2. 매입채무 미지급금 미지급비용 단기차입금 사채
3. 매출액 법인세비용 판매비와관리비 비유동부채
4. 보통주자본금 이익준비금 이익잉여금 장기차입금 주식발행초과금

문제 3-4 거래의 기록

다음 거래의 결합관계를 표시하고, 각 일자에 필요한 분개를 하시오.

> 예제: 1월 5일 대주주인 김씨가 현금 1,000,000원을 납입하여 동 금액만큼 주식수가 증가하였다.
> 분석: 현금이 입금되었으므로 자산(현금)이 증가하였고, 주식을 발행함으로써 자본금이 증가하였다.
> 01/05: (차) 현금 1,000,000 (대) 자본금 1,000,000

1월 31일: 시가 10,000,000원의 비품을 영업을 위하여 외상으로 구입하였다.
2월 13일: 비품 구입대금 중 70%를 현금으로 지급하였다.
5월 29일: 2월 초에 건설에 착수한 용역을 완수하였으나 대금은 한 달 후에 받기로 하였다. 도급금액은 70,000,000원이다.

6월 29일: 지난 달의 건설용역제공대가를 현금으로 전액 회수하였다.
7월 21일: 회사 내의 유휴 현금 5,000,000원을 만기가 2년인 정기예금에 가입하였다.
9월 30일: 종업원에 대한 급여 1,500,000원을 현금으로 지급하였다.
12월 5일: 주주들에게 2,000,000원의 배당금을 현금으로 지급하였다.

문제 3-5 거래의 기록

홍성민 회계사는 지난 10년간 용산회계법인에서 쌓은 경험을 바탕으로 SM회계사무소를 설립하고 영업을 개시하였다. 다음은 사업을 시작한 첫 달에 발생한 거래의 내역이다.

10월 5일: SM회계사무소의 은행계좌에 자본금 5,000,000원을 입금하였다.
10월 9일: 회계감사업무에 필요한 노트북 2대(대당 500,000원)를 외상으로 구입하였다.
10월 15일: 사무용 비품 100,000원 어치를 현금으로 구매하였다.
10월 19일: 수습공인회계사인 한은주 씨를 연봉 10,000,000원에 고용하기로 약속하였다.
10월 23일: 경영자문업무를 수행한 대가로 1,500,000원의 현금을 수령하였다.
10월 24일: 회계감사업무를 완수하고 감사보수로 3,000,000원을 의뢰인에게 청구하였다.
10월 28일: 외상으로 구입한 노트북 한 대의 값을 현금으로 지불하였다.
10월 29일: 24일에 청구한 감사수수료 중 75%에 해당하는 현금을 수령하였다.
10월 31일: 사무실임차료, 보험료 및 사무직원급여로 현금 700,000원을 지급하였다.

〈물음〉

1. 회계등식을 이용하여 위의 각 거래를 다음의 예와 같이 분석하시오.

   예: 500원 상당의 건물을 현금으로 구입하다.

자 산	=	부 채	+	자 본
현금 (−)500, 건물 500				

2. 각 일자의 상황에 대해 회계처리를 제시하시오.
3. 각각의 거래를 T-계정에 기입하고 계정의 잔액을 구하시오.

문제 3-6 분개와 계정잔액의 산출

다음은 상암정밀의 거래내역이다.

1. 이유진과 이경환은 20×1년 1월 1일에 자본금 5,000,000원을 현금으로 출자하여 상암정밀을 설립하였다.
2. 본사 건물을 1월 1일에 3년간 임차하였다. 1년분 임차료 100,000원을 이 날 현금

으로 지급하였다.

3. 2월 15일에 사업에 필요한 컴퓨터를 1,300,000원에 외상으로 구입하였다.
4. 사업 초기의 운영자금 부족으로 20×1년 4월 1일에 은행으로부터 3년 만기의 자금을 2,000,000원 대출하였다. 차입금의 이자율은 12%이고 이자 지급일은 매년 3월 31일이다.
5. 7월 2일에 컴퓨터 구입대금 중 60%를 현금으로 지급하였다.
6. 7월 31일에 잠실회사에 기계수리용역을 제공하고, 그 대가로 1,800,000원을 청구하였다.
7. 8월 17일에 기계수리 용역대금 중에서 800,000원을 회수하였다.
8. 상암정밀은 정밀기계 유통업무도 하고 있는데, 9월 12일에 기계를 3,000,000원에 현금으로 구입하였다.
9. 구입한 기계를 9월 15일에 모두 판매하였는데, 판매대금 4,500,000원 중에서 2,500,000원은 추후 받기로 하였다. 회사는 판매시점에서 매출원가도 계산하고 있다.
10. 12월 29일에 종업원 연봉 2,700,000원 중에서 2,000,000원을 지급하고, 나머지는 내년 1월 10일에 지급할 예정이다.
11. 12월 31일에 차입금에 대한 이자비용 180,000원이 발생하여, 이를 미지급비용으로 회계처리하였다.

〈물음〉

1. 위의 각 상황에 대해 분개하시오.
2. 상암정밀의 거래에 대하여 T-계정에 전기하고 계정잔액을 산출하시오.
3. 위의 결과를 바탕으로 포괄손익계산서와 재무상태표를 작성하시오.

문제 3-7 계정잔액과 재무제표 작성

MJ엔터테인먼트는 전국적으로 5개의 영화관을 운영하고 있다. 다음은 MJ엔터테인먼트의 20×1년 12월 31일 현재의 계정 잔액이다. 이 자료를 바탕으로 12월말 시점에서 포괄손익계산서와 재무상태표를 작성하시오.

극장건물 90,000,000　토지 20,000,000　극장설비 5,000,000　현금 500,000
비품 290,000　매출채권 2,500,000　매입채무 3,800,000　단기차입금 900,000
사채 1,000,000　급여 3,000,000　수도광열비 200,000　소모품비 350,000
관람수익 85,360,000　자본금 30,000,000　이익잉여금 1,000,000　배당금 (?)

문제 3-8 거래의 분개와 재무제표의 작성

유능하기로 소문난 포항종합병원 외과전문의 박영숙씨는 최근에 개인병원인 포항외과를 설립하고 병원장직에 취임하였다. 다음의 자료를 바탕으로 물음에 답하시오.

1월 3일: 자본금으로 현금 15,000,000원과 건물 35,000,000원을 출자하였다. 또 개업과 동시에 사업에 필요한 자산을 현금으로 구입하였다. 각 자산의 구입가격은 다음과 같다.

차량 2,000,000 의료비품 5,000,000

1월 4일: 병원진료에 필요한 시가 4,000,000원 상당의 비품을 구입하면서, 2,000,000원의 현금을 지급하고 나머지는 외상으로 하였다.

1월 5일: 개업을 알리기 위하여 500,000원의 광고비를 현금으로 지급하였다.

1월 6일: 교통사고를 당한 환자의 수술을 성공적으로 끝마쳐 2,800,000원의 수술비 및 입원치료비를 청구하였다.

1월 8일: 소모품 구입을 위해 1,200,000원을 지급하였다.

1월 10일: 1월 4일 발생한 외상대금 중 잔액을 현금으로 지급하였다.

1월 11일: 병원홍보부족으로 환자가 오지 않아 신문광고를 내기로 약속하였다. 이에 소요되는 광고비는 총 1,000,000원으로 예상된다.

1월 12일: 수술환자의 가족으로부터 수술비 중 2,000,000원을 현금으로 수령하였다.

1월 13일~26일: 이 기간동안 환자의 진료수익이 5,000,000원이 실현되어 진료비 전액이 현금으로 회수되었다.

1월 28일: 전기요금 및 수도요금으로 100,000원을 지급하였다.

1월 31일: 의료진 및 사무직원의 급여가 4,000,000원 발생하였으나 급여지급규정상 다음달 2월 10일에 지급하기로 하였다. 한편, 포항외과는 의료사고에 대비하여 3년 약정의 보험에 가입하고, 1년치 보험료인 600,000원을 선급하였다.

〈물음〉 위의 자료를 참고하여 회계등식을 사용하여 분석하고, 포괄손익계산서와 재무상태표를 작성하시오. 단, 계정과목은 다음에 제시된 것들을 사용하기로 한다.

〈계정과목〉 현금, 매출채권, 소모품, 선급보험료, 건물, 차량, 비품, 미지급금, 자본금, 급여, 광고비, 전기수도료, 미지급비용, 매출

문제 3-9 거래의 분석

다음은 (주)구미전자의 20×1년도 거래내용을 회계등식에 의해 분석한 것이다. 회계등식으로부터 가장 합리적인 거래내용을 추정하시오.

	자산				= 부채	+ 자본	
	현금	매출채권	건 물	설 비	미지급금	자본금	이익잉여금
(1)	+90,000		+110,000			+200,000	
(2)	-32,000		+32,000				
(3)				+78,000	+78,000		
(4)	+55,000						+55,000
(5)		+45,000					+45,000
(6)	-48,000				-48,000		
(7)	+25,000	-25,000					
(8)	-1,000						-1,000

문제 3-10 총계정원장으로부터 거래의 추정

다음은 HD상사의 20×1년 거래를 총계정원장에 전기한 것이다. 이를 바탕으로 HD상사의 20×1년 거래를 추정하시오.

현 금

01/02	1,000,000	07/20	50,000
10/15	700,000	08/11	150,000
10/31	200,000	12/31	400,000

매출채권

03/31	300,000	10/31	200,000

비 품

02/11	150,000		

미지급금

08/11	150,000	02/11	150,000

자본금

		01/02	1,000,000

배당금

07/20	50,000		

매 출

		03/31	300,000
		10/15	700,000

급 여

12/31	400,000		

chapter 4
결산조정과 회계순환과정

chapter 4

결산조정과 회계순환과정

제 1 절 수익 · 비용의 개념과 발생주의 회계

1.1 수익과 비용의 개념

수익(revenues)은 통상적인 경영활동에서 발생하는 경제적 효익의 총유입을 말하며 자산의 증가 또는 부채의 감소로 나타난다. 수익은 제품이나 상품의 판매, 서비스의 제공 등으로 발생하게 된다. 수익이 발생함으로 인하여 증가하는 자산의 형태는 여러 가지가 있는데, 일반적으로 현금이나 매출채권의 증가를 들 수 있다. 수익으로 인해 부채가 감소하는 경우는 부채를 갚아야 할 곳에 서비스 등을 제공하여 그 부채와 상계하는 거래를 들 수 있다. 결국 수익이란 자산의 증가나 부채의 감소를 통해 자본의 증가를 가져오는 거래라고 볼 수 있다.

수익의 개념을 이해하는 데에는 특별한 주의가 필요하다. 만약 A회사로부터 10,000원에 상품을 구입하여 그 상품을 B회사에 15,000원에 판매하였다고 가정하자. 여기에서 수익인 매출액은 경제적 효익의 총유입액이므로 판매액인 15,000원이 되는 것이고, 판매액과 구입액의 차이인 5,000원은 매출총이익으로 인식한다. 이 때 판매한 상품의 취득금액 10,000원은 수익창출활동과 관련한 자산의 유출이므로 매출원가라는 비용항목이 된다.

비용(expenses)은 수익을 창출하는 활동과 관련하여 발생하는 자산의 유출액 또는 부채의 증가액이다. 즉, 비용은 수익을 획득하기 위해 희생된 자원의 가치라고 할 수 있는 것이다. 수익창출 활동과 관련하여 자산을 감소시키는 예로는 판매된 상품이나 제품의 취득원가를 들 수 있다. 즉, 판매된 상품 · 제품의 판매가격 총액은 매출액이라는 수익으로 인식하고 그 상품 · 제품의 취득원가는 기업으로부터 유출되었으므로 매출원가라는 비용으로 인식하는 것이다. 그리고 종업원에 대한 급여와 같이 판매와 관련하여 발생한 비용을 추후에 지급하겠다고 한다면 미지급비용이라는 부채가 증가한다.

1.2 수익의 인식과 측정

수익이 발생하면 자산이 증가하거나 부채가 감소하므로 수익은 이와 관계되는 자산 또는 부채의 교환가치로 측정할 수 있다. 따라서 거래로 인해 가치가 증가하였다고 확신할 수 있을 정도로 명확하고 객관적인 시점에서 수익을 인식해야 하는데 이를 실현주의(realization principle)라 한다. 수익은 실현주의에 따라 인식하고 비용은 수익 · 비용 대응의 원칙에 따라 인식한다. 여기서 수익의 실현이란 수익을 어느 시점에서 인식해야 하는가를 결정하는 것을 말한다.

수익은 영업활동이 이루어지는 순간순간마다 계속적으로 창출된다. 제품을 제조하여 판매하는 기업을 보면 거래처로부터 제품에 대한 주문의 수령, 원재료의 구입, 제품의 생산, 제품의 판매, 대금의 회수 등과 같은 모든 영업활동의 단계에서 수익이 창출되고 있다고 볼 수 있다. 그러나 이러한 모든 단계마다 수익을 계속적으로 측정한다는 것이 현실적으로 불가능하기 때문에 수익창출과정에서 어떠한 중요한 사건(critical event)이 일어났다고 판단되는 시점에서 수익을 인식하는 것이 일반적이다. 즉, 다음의 〈자료 4-1〉과 같은 수익인식기준을 모두 만족시킬 수 있을 때 수익을 인식하게 된다.

자료 4-1 수익인식기준 - 실현주의

1. 실현기준

수익은 실현되었거나(realized) 또는 실현가능한(realizable) 시점에서 인식한다. 실현되었거나 실현가능하다는 말은 상품이나 제품 등의 비현금자산이 현금이나 현금청구권으로 전환되었거나 전환가능하다는 뜻이다.

2. 가득기준

수익은 수익가득과정이 완료되었거나 사실상 완료되는 시점에서 인식한다. 수익가득활동은 재화의 생산, 인도 또는 용역 제공 등과 같은 일련의 활동에 대하여 경제적 효익에 대한 권리를 주장하기에 충분한 정도를 수행하는 것이다. 따라서 기업이 수익으로 인한 혜택을 누리기 위해 수행해야 할 의무를 실질적으로 완료하였을 때 수익이 가득되는 것으로 해석할 수 있다.

〈자료 4-1〉에서 실현기준은 향후 기대되는 현금유입액을 합리적으로 측정할 수 있어야 함을 의미하고, 가득기준은 회사가 거래와 관련된 의무를 거의 대부분 이행해야 한다는 것을 의미한다.

예를 들어, 현금 또는 매출채권과의 교환으로 재화가 판매되었을 때 ① 제품의 판매가격을 확실하게 알 수 있고, ② 제품을 인도하여 교환이 이루어졌으므로, 위의 실현기준과 가득기준의 두 가지 요건을 모두 충족시킨다고 할 수 있다. 따라서 판매를 가장 중요한 사건이라고 간주하고 판매시점에서 수익을 인식하게 된다. 이와 같이 판매시점에서 수익을 인식하는 기준을 판매기준이라고 하며, 수익실현원칙의 가장 보편적인 기준이 되고 있다.

수익의 인식과 측정에는 판매기준 이외에도 육가공기업이나 귀금속의 채굴·제련기업의 경우에는 생산완료시점에서 수익을 인식하는 생산완료기준을 적용할 수 있고, 건설회사가 장기건설공사를 하는 경우에는 건설 진척도에 따라 수익을 인식하는 진행기준을 적용할 수 있으며, 현금의 회수가 불확실한 장기할부판매의 경우에는 현금이 회수되는 시점에서 수익을 인식하는 현금회수기준의 적용도 가능하다.

1.3 수익·비용 대응의 원칙

비용의 인식기준이란 비용을 어느 회계기간에 보고하여 손익을 산출할 것인가 하는 비용의 귀속기간을 결정하는 기준을 말한다. 한편 수익·비용 대응의 원칙(matching principle)이란 특정한 수익을 창출하기 위해 발생한 비용은 당해 수익이 인식된 회계기간과 동일한 기간에 인식되어야 한다는 원칙이다. 즉, 어느 한 회계기간 동안의 수익은 앞에서 언급한 수익인식기준에 따라 인식하고, 그러한 수익을 창출하기 위하여 발생한 비용은 그 수익에 따라 인식하면 된다는 것이다.

일반적으로 수익·비용의 대응은 5가지 형태로 이루어지는데, 이를 정리한 것이 〈자료 4-2〉이다.

(1) 수익과 직접 대응

비용이 수익에 직접 대응되는 이 방법은 수익과 비용이 확실한 인과관계가 있기 때문에 수익과 비용의 발생이 분명하게 연계되는 경우이다. 이는 대개 수익의 증감에 의해 비용의 증감이 있는 경우인데, 예를 들어 판매된 상품이나 제품의 매출원가는 판매된 자산의 취득원가이므로 수익과 직접 대응되는 비용이라

자료 4-2 비용의 대응방법

1. 수익과 직접 대응

   수익과 비용이 확실한 인과관계가 있기 때문에 수익의 발생과 비용의 발생이 분명하게 연계되는 경우

2. 회계기간에 대응

   기간이 경과함에 따라 발생하는 비용

3. 취득원가의 인위적 배분

   자산의 취득원가를 수혜기간에 걸쳐 인위적으로 배분하여 비용을 인식

4. 직접 비용처리

   현금이 지불되었는데 그 효익이 소진되었거나 또는 불확실한 경우에는 현금 지출금액 전액을 비용화

5. 자산 또는 부채의 평가

   회계기간 말에 자산을 평가한 결과 회계기간 초보다 가치가 감소하거나, 부채를 평가한 결과 부채금액이 커졌다면 평가차이를 비용으로 인식

할 수 있다. 또한 매출액의 일정비율로 지출되는 판매수수료의 경우 이는 매출액의 증감에 따라 변화하기 때문에 수익과 직접 대응되는 비용이라 할 수 있다.

(2) 회계기간에 대응

어떤 비용항목들은 기간이 경과함에 따라 발생하는데, 이 경우의 비용은 회계기간에 직접 대응되어 발생했다고 할 수 있다. 예를 들어, 이자비용이나 임직원에 대한 급여, 건물의 임차에 대한 임차료 등은 어떠한 특정 수익과 직접 대응되는 것이 아니고 시간이 경과함에 따라 발생하는 것이므로 회계기간 동안의 수익에 대해 해당 회계기간 동안의 비용으로 인식된다.

(3) 취득원가의 인위적 배분

자산을 취득하여 영업활동에 활용하는 경우, 자산의 사용에 따라 효익을 얻을 수 있는 기간을 추정할 수 있을 때에는 자산의 취득원가를 수혜기간에 걸쳐 인위적으로 배분하여 비용을 인식한다. 이는 자산을 기업의 영업활동에 사용한 대가로서 비용을 인식하는 것인데, 예를 들어 유형자산의 감가상각비나 무형자

산의 무형자산상각비 등에 이해 해당된다.

(4) 직접 비용처리

현금이 지불되었지만 그 효익이 소진되었거나 또는 불확실한 경우에는 현금 지출금액 전액을 비용화한다. 예를 들어 복리후생비, 접대비, 광고선전비 등과 같은 경우에는 비용이 지출되었을 때 사실상 그 효익을 다한다고 할 수 있거나 또는 효익의 지속기간 등을 추정할 수 없으므로 현금지출시 비용으로 인식한다. 그러나 보험료와 같이 현금지출 후 효익의 지속기간 등을 추정할 수 있는 경우에는 현금으로 지출한 보험료 중에 일부는 자산화해야 한다.

(5) 자산 또는 부채의 평가

회계기간 말에 자산을 평가한 결과 회계기간 초보다 가치가 감소하거나, 부

예제 4-1 **비용의 대응**

다음의 비용들이 위의 다섯 가지 분류 중에서 어디에 속하는지 설명하시오.

1. 보험료
2. 판매보증비
3. 재고자산평가손실
4. 기부금
5. 로열티수수료(매출액의 일정비율)
6. 로열티수수료(1년 단위로 지불)
7. 특허권 상각비
8. 기계장치 수선비

해 답

1. 보험료: 회계기간과 직접 대응 → 기간이 경과함에 따라 비용으로 인식하기 때문
2. 판매보증비: 수익과 직접 대응 → 매출과 관련하여 판매보증이 발생하기 때문
3. 재고자산평가손실: 자산의 평가 → 회계기간 말에 자산을 평가함에 따라 발생하는 손실이기 때문
4. 기부금: 직접 비용처리 → 현금 지출 후 효익을 알 수 없기 때문
5. 로열티수수료(매출액의 일정비율): 수익과 직접 대응 → 매출액의 일정한 비율로 발생하는 수수료이므로
6. 로열티수수료(1년 단위로 지불): 회계기간과 직접 대응 → 수수료를 1년 단위로 지불하므로 기간이 경과함에 따라 비용으로 인식
7. 특허권 상각비: 취득원가의 인위적 배분 → 특허권을 활용할 수 있는 기간에 따라 취득원가를 안분하여 비용으로 인식
8. 기계장치 수선비: 직접 비용처리 → 현금 지출 후 효익을 알 수 없기 때문. 참고로 기계장치를 수선하여 미래의 효익을 얻을 수 있으면 자본적 지출로 처리하여 취득원가에 가산하고 감가상각기간 동안 안분하여 비용화 한다. 자본적 지출에 대해서는 제13장에서 자세히 다루기로 한다.

채를 평가한 결과 부채금액이 증가하였다면 이러한 평가차이를 비용으로 보고한다. 예를 들어, 외상으로 판매한 금액의 일부에 대해 회수가능성이 없다고 판단되는 경우에 인식하는 대손상각비라는 비용은 매출채권의 평가계정인 대손충당금을 설정하여 자산의 평가액을 감소시키기 위한 비용이라 할 수 있다.

1.4 현금주의와 발생주의

수익의 실현시점과 비용의 발생시점을 결정하는 데 있어 중요한 기준으로 현금주의와 발생주의가 있다. 이러한 기준은 기간손익의 결정에 영향을 미칠 뿐만 아니라 실현손익과 미실현손익을 구별하는 중요한 기준이 되기도 한다.

현금주의 회계(cash basis of accounting)란 수익은 현금이 수령된 시점에 인식하고 비용은 현금이 지출된 시점에 인식하는 기준을 말한다. 즉, 현금주의 회계에서는 현금의 수입이 곧 수익이고, 현금의 지출이 곧 비용이 된다.

발생주의 회계(accrual basis of accounting)란 수익은 실현된 시점에서 인식하고 비용은 발생된 시점에서 인식하는 기준이다. 따라서 발생주의 회계하에서는 현금을 아직 수령하지 못하였다 하더라도 수익의 획득과정이 완료되었으면 수익으로 인식하고 현금이 지출되었다 하더라도 비용이 발생되지 않았다면 비용으로 인식하지 않는다. 전자의 예로 예금이나 유가증권에 대한 미수이자를 들 수 있고 후자의 예로는 아직 기간이 미경과한 선급보험료를 들 수 있다.

현금주의 회계와 발생주의 회계의 차이는 〈자료 4-3〉으로 요약할 수 있다.

우리나라 기업회계기준 K-IFRS에 의하면 "기업은 현금흐름 정보를 제외하고는 발생기준 회계를 사용하여 재무제표를 작성한다"라고 규정하고 있다. 따라서 오늘날의 회계는 발생주의 회계를 근간으로 하고 있다.

현금주의 회계와 발생주의 회계를 비교하기 위해 다음과 같은 예를 들어보자. A회사로부터 20×1년 10월 15일에 50원에 구입한 상품을 20×1년 12월 27일

자료 4-3 현금주의와 발생주의

	현 금 주 의	발 생 주 의
수익의 인식	현금이 유입되었을 때	실현되었을 때(제품이 판매되거나 서비스가 제공되었을 때)
비용의 인식	현금이 지출되었을 때	수익창출과 관련되는 때(발생시)

에 B회사에 판매하고 대금 100원은 20×2년 1월 15일에 받기로 하였다고 한다면, 매출액과 매출원가는 언제 인식해야 할 것인가?

현금주의 회계에 의하면 현금의 수입시기에 수익을 인식하고 현금의 지출시기에 비용을 인식하므로 20×1년에는 상품구입에 대한 매출원가를 인식해야 하고 20×2년에 매출을 인식해야 한다. 따라서 현금주의 회계에 의하면 수익은 20×2년에 인식하지만 그에 직접 대응되는 비용은 20×1년에 인식하게 되어 수익과 비용의 대응이 적절하게 이루어지지 않는다는 문제가 발생한다.

그러나 발생주의 회계에 의하면 수익의 인식기준을 충족시킨 20×1년에 매출과 매출원가를 인식하게 된다. 현금주의와 발생주의에 의한 20×1년과 20×2년의 회계처리는 다음과 같다.

〈 현금주의 회계 〉

20×1/10/15:	차>	매출원가	50	대>	현　금	50
20×2/01/15:	차>	현　금	100	대>	매　출	100

〈 발생주의 회계 〉

20×1/10/15:	차>	상　품	50	대>	현　금	50
20×1/12/27:	차>	외상매출금	100	대>	매　출	100
		매출원가	50		상　품	50
20×2/01/15:	차>	현　금	100	대>	외상매출금	100

1.5 발생주의 회계와 조정분개

어떤 활동은 두 회계기간에 걸쳐서 수행되는 경우가 있다. 또 수행한 활동 중에서 현금의 수령은 없었지만 수익이 실현된 것도 있고, 현금의 지출은 있었지만 비용화 되지 않는 것도 있다. 물론 현금주의에서는 이러한 활동에 대해 수익을 인식하지 않고, 이러한 현금지출분 전액에 대해서 비용으로 인식할 것이지만, 발생주의 회계에 따른다면 수익과 비용에 대해 적절한 조정을 해야 할 것이다.

이와 같이 두 회계기간에 걸쳐 획득된 수익 중에서 처음 한 보고기간말까지 획득한 부분을 수익으로 인식하거나, 지출된 현금 중에서 기간 미경과분에 대해 조정하는 분개를 조정분개(adjusting entry)라고 하는데, 조정분개는 수익과 비용, 자산과 부채를 조정함으로써 발생주의에 의한 정확한 경영성과와 재무상태를 도출하기 위하여 보고기간말에 이루어지는 회계처리를 말한다. 조정분개에 대한 구체적인 논의는 제 2 절에서 하기로 한다.

발생주의 회계에서 수익에 대한 조정분개가 필요한 예를 들어보자. 20×1년 12월 1일에 가입한 정기예금을 20×2년 1월 31일에 해지할 경우 총 이자수익이 200원이라 가정하자. 이자수익은 기간의 경과에 따라 실현되는 것이므로 20×1년에 인식해야 할 이자수익은 전체 200원의 절반인 100원일 것이다. 이에 대한 20×1년 말 시점의 조정분개와 20×2년 예금 해지시의 회계처리는 다음과 같다.

20×1/12/31:	차>	미수이자	100	대>	이자수익	100
20×2/01/31:	차>	현 금	200	대>	미수이자	100
					이자수익	100

발생주의 회계에서 비용에 대한 조정분개가 필요한 예로는 보험료에 대한 지출을 들 수 있다. 예를 들어, 20×1년 7월부터 20×2년 6월까지 보장받을 수 있는 자동차보험에 가입하고 20×1년 7월 1일에 보험료 400원을 지출하였는데, 지출했을 때 회사는 전액을 비용처리 하였다고 가정하자(보험료 지출 시에 회계처리 하는 방법은 두 가지가 있는데, 나머지 한 가지에 대해서는 후술하기로 한다.).

그런데 이 보험은 20×2년 6월 30일까지 효익이 지속되는 것이므로 20×1년에 지출액 전액을 비용으로 인식해서는 안 되고, 기간이 경과한 절반(200원)에 대해서만 비용을 인식해야 할 것이다. 따라서 20×2년에 효익을 얻을 수 있는 나머지 절반에 대해서는 자산계정인 선급보험료계정으로 인식하고 20×1년도의 비용을 줄이는 조정분개를 수행해야 한다.

20×1/07/01:	차>	보 험 료	400	대>	현 금	400
20×1/12/31:	차>	선급보험료	200	대>	보 험 료	200

예제 4-2 현금주의와 발생주의의 비교

다음의 상황에 대해 현금주의와 발생주의에 의해 20×1년에 수행해야 할 회계처리를 제시하시오.

1. 청소용역과 관련하여 20×1년 12월 10일에 현금 200원을 수령하였는데, 청소용역은 20×2년 1월 1일부터 20×2년 1월 31일까지 수행해야 한다.
2. 20×1년 12월 31일에 차입금에 대한 이자비용이 150원 발생하였는데, 20×2년 1월 15일에 지급할 예정이다.
3. 1년치 임차료 100원을 20×1년 10월 1일에 선지급하고 전액을 자산으로 기록하였다.
4. 20×1년 11월 1일부터 임대를 실시하였는데, 1년 임대료 300원은 계약만료 시점에 받기로 하였다.
5. 20×1년 12월 25일에 상품을 거래처에 전달하였으나, 대금 100원은 20×2년 1월 15일에 받기로 계약하였다.

해 답

〈현금주의에 의한 분개〉

1. 12/10:	차> 현 금	200	대>	매 출	200
2. 분개 없음.					
3. 10/01:	차> 임 차 료	100	대>	현 금	100
4. 분개 없음.					
5. 분개 없음.					

〈발생주의에 의한 분개〉

1. 12/10:	차> 현 금	200	대>	선수수익	200
2. 12/31:	차> 이자비용	150	대>	미지급이자	150
3. 10/01:	차> 선급임차료	100	대>	현 금	100
12/31:	차> 임차료	25[1]		선급임차료	25
4. 12/31:	차> 미수수익	50[2]	대>	임대료수익	50
5. 12/25:	차> 외상매출금	100	대>	매 출	100

1) 당기 임차료 기간경과분 = 100원 × 3개월 / 12개월 = 25원
2) 당기 미수수익 발생분 = 300원 × 2개월 / 12개월 = 50원

1.6 계속기업과 회계기간

회계에서는 일반적으로 기업은 영속적으로 존재하고 그 기업의 경영활동도 영구히 계속될 것이라고 가정한다. 이것을 계속기업(going concern)의 가정이라고 하는데 실제로는 기업의 생명이 영원한 것은 아니다. 그러나 기업이 언제 도산할 지에 대해 사전적으로 예측할 수 없기 때문에 회계에서는 계속기업으로 가

정하는 것이다.

계속기업의 가정하에서는 기업의 영구적인 생명을 인위적으로 구분하여 기간별 이익을 산출하는데 이렇게 세분된 각 기간을 회계기간(accounting period)이라고 한다. 오늘날의 재무정보 이용자는 기업이 영구히 존속한다는 사실에 괘념하지 않고 시의적절한 정보(timely information)를 알고자 하므로 기업의 존속기간을 일정한 시간간격으로 끊어서 특정 회계기간 말 시점에서의 재무상태와 동 회계기간 동안의 경영성과를 보고하는 것이다. 이를 기간별 보고(periodic reporting)의 가정이라 한다.

일반적으로 회계기간은 인간생활과 밀접하게 1월 1일부터 12월 31일까지의 달력에 따라 1년으로 하고 있다. 이렇게 회계기간을 1년으로 정한다고 하여도 정보이용자의 욕구를 충족시키기 위해 반기보고서나 분기보고서를 작성하기도 한다.

계속기업을 가정하고 이에 따라 회계기간의 개념을 도입하고 있는 회계에서는 다음과 같은 특징이 나타나게 된다.

첫째, 발생주의 회계를 적용한다. 즉, 현금의 수입이나 지출이 없더라도 어떠한 거래가 실현되거나 발생하였다면 수익과 비용을 인식하여 자산이나 부채, 자본의 증감을 인식한다는 것이다. 이에 따라 선급비용이나 선수수익, 미수수익이나 미지급비용 등은 회계기간의 가정에 의해 조정하여 회계기간별 수익과 비용을 정확하게 측정하게 된다.

둘째, 기업의 존속기간을 인위적인 회계기간으로 나누었기 때문에 회계의 측정문제가 발생하며, 이에 따라 회계담당자의 주관적인 판단이나 회계측정상의 불확실성의 문제가 발생한다. 예를 들어, 유형자산과 무형자산의 상각이나 대손상각비의 추정 등과 같은 경우는 당시의 상황에서 최적으로 추정한 정보이지만, 그때그때의 이용 가능한 자료에 근거하여 잠정적으로 추정한 정보이므로 불확실하다는 것은 어쩔 수 없다. 즉 재무제표상의 자산과 부채, 수익과 비용 등은 당시의 상황에서 최적으로 추정한 정보이지만 상황이 변함에 따라 추정이 변할 수 있는 것이다.

제 2 절 조정분개

2.1 결산조정과 조정분개의 분류

결산조정(year-end adjustment)이란 보고기간말 시점에 재무제표를 작성하기 전에 조정분개(또는 수정분개)를 함으로써 기업의 일상적인 거래에 대한 기록인 분개장과 총계정원장을 보충하여 보고기간말에 추가로 분개할 사항을 정리하는 절차를 말한다. 이러한 결산조정절차를 수행함으로써 정확한 재무제표의 작성이 가능해진다.

결산조정이 필요한 이유는 두 가지이다. 첫째, 일상적 거래가 각 계정별로 집계되어 원장이 작성되는데 이 원장의 잔액을 바탕으로 재무제표를 작성할 경우 기업의 재무상태와 경영성과가 정확하지 않게 표시될 수 있기 때문이다. 둘째, 일상적 거래가 아니어서 분개장과 원장에 나타나지 않지만 결산시점에 인식해야 할 거래로서 추가적으로 수행해야 할 분개가 있기 때문이다.

조정분개 또는 수정분개(adjusting entry)는 어느 한 회계기간 동안 발생하였으나 회계장부에 기록되지 않은 경제적 행위를 기업의 재무제표에 반영하기 위하여 수행되는 것이다. 이러한 행위들이 회계기간까지 회계장부에 기록되지 않은 이유는 일반적으로 다음의 두 가지로 볼 수 있다.

첫째, 경제적 사건들이 발생할 때마다 회계장부에 일일이 반영하지 않고 회계기간 말에 일괄적으로 기록하는 것이 편리하고 경제적이다.

둘째, 회계담당자가 회계장부에 기록하기 위해서는 거래를 증명하는 원천문서가 있어야 하는데 그러한 원천문서가 존재하지 않는다.

이러한 조정분개 또는 수정분개의 목적은 보고기간말에 수익과 비용을 적절히 대응시켜서 당 회계기간 동안의 경영성과를 정확히 파악하고 보고기간말의 자산과 부채를 적절히 평가하는 것이다. 따라서 모든 조정분개는 포괄손익계산서계정과 재무상태표계정을 하나 이상씩 포함하게 된다.

보고기간말에 수행하여야 할 조정분개의 분류는 일반적으로 다음의 〈자료 4-4〉와 같다.

이연항목(deferred items)은 이미 회계장부에 기재되어 있는 자료를 조정하는 것이다. 예를 들어, 자산으로 기록되어 있던 항목을 기말에 비용으로 처리하거

자료 4-4 조정분개의 분류

① 이연항목(deferred items)
- 비용의 이연: 비용에서 차감하여 자산으로 인식 – (예) 선급비용
- 수익의 이연: 수익에서 차감하여 부채로 인식 – (예) 선수수익

② 발생항목(accrued items)
- 비용의 발생: 비용에 가산하여 부채로 인식 – (예) 미지급비용
- 수익의 발생: 수익에 가산하여 자산으로 인식 – (예) 미수수익

③ 추정항목(estimated items)
- 비용의 추정: 비용에 가산하고, 자산의 평가계정으로 인식 – (예) 대손상각비

④ 기타의 항목: 재고자산계정의 정리 등

나, 부채로 기록되어 있던 항목을 기말에 수익으로 처리하는 분개를 수행한다. 즉, 이연항목은 자산/비용계정을 조정하거나, 부채/수익계정을 조정하는 사항을 말한다.

발생항목(accrued items)은 회계장부에 기재되어 있지 않은 항목들에 대한 조정이다. 예를 들어, 기말 결산시점에 이익을 인식하고 관련 자산을 증가시키거나, 비용을 인식하고 관련 부채를 증가시키는 분개를 수행한다. 즉, 발생항목은 자산/수익계정을 인식하거나, 부채/비용계정을 인식하는 것이다.

추정항목(estimated items)은 회계담당자의 추정에 의한 추정결과를 재무제표에 반영하는 것이다. 추정항목의 예로는 매출채권에 대한 대손충당금의 설정을 들 수 있는데, 매출채권 중에서 회수가 어렵다고 판단되는 부분에 대해 미리 비용, 즉 대손상각비를 인식하고 매출채권에 대한 대손충당금을 설정하는 것이다.

재고자산계정의 정리는 상품매매기업이나 제조기업의 경우에만 나타나는 항목이다. 즉 상품이나 제품을 판매할 때마다 매출원가를 산정하는 것은 실무상 거의 불가능하기 때문에, 보고기간말에 판매수량에 대한 매출원가를 일괄적으로 산출하는 절차이다.

이러한 추정항목과 재고자산계정의 정리에 대해서는 관련 계정인 매출채권과 재고자산을 논의할 때 자세히 설명하기로 한다.

다음과 같은 사례를 바탕으로 조정분개를 어떻게 수행하는지 구체적으로 알아보자.

조정분개 사례: (주)관악

계 정 잔 액

20×1년 12월 31일 현재

(주) 관악 (단위: 원)

계 정 과 목	차 변	대 변
현금및현금성자산	121,500	
외상매출금	50,000	
소 모 품	14,000	
선급보험료	24,000	
선급임차료	12,000	
건 물	400,000	
외상매입금		7,300
선 수 수 익		45,000
장기차입금		10,000
자 본 금		500,000
매 출		107,000
급 여	36,000	
광 고 비	500	
수도광열비	6,800	
운 반 비	1,500	
이 자 비 용	3,000	
합 계	669,300	669,300

2.2 비용의 이연

비용의 이연(expense deferral)이란 이미 현금을 지급하여 회계장부에 자산 또는 비용계정으로 기록하였지만, 미래의 효익을 가져올 부분에 대해서 자산으로 다시 인식하는 조정이다. 이러한 전형적인 예는 선급보험료와 선급임차료, 선급이자 등의 선급비용계정인데, 선급비용은 유동자산에 포함된다.

또한 소모품의 사용분에 대한 조정이나 건물이나 기계장치 등의 유형자산에 대한 감가상각비의 인식 등도 이에 속한다. 건물, 기계장치 또는 소모품과 같은 자산들은 사용함에 따라 감가상각비와 소모품비로 비용화 되는데, 자산으로 인식되어 있는 자산의 취득원가 중에서 아직 사용하지 않고 남은 부분을 미래로 이연하여 자산으로 보고해야 한다. 따라서 비용의 이연에는 비용계정과 자산계정이 관련된다.

(1) 선급비용의 조정

기업은 경우에 따라 비용을 미리 현금으로 지불하고 지불한 현금액에 상당하는 서비스를 받을 권리를 가진다. 이러한 권리를 선급비용(prepaid expense)이라고 하는데, 비용을 선지출한 만큼 미래의 효익이 있으므로 자산으로 인식한다.

선급비용은 구체적 지급목적에 따라 선급보험료, 선급임차료, 선급이자 등으로 분류되며 시간이 지남에 따라 자산성, 즉 효익이 상실된다. 이렇게 상실되는 자산 부분을 관련 비용(보험료, 임차료, 이자비용)으로 인식해야 한다. 따라서 보고기간말이 되면 서비스를 제공받은 비율만큼을 선급비용에서 차감하여 비용화 시키고, 나머지 부분, 즉 다음 회계기간에 서비스를 제공받을 부분은 그대로 선급비용으로 인식하게 된다.

보험에 가입할 때 보험료는 대개 먼저 지급해야 하고, 건물을 임차하여 사용하는 경우 건물주인도 때때로 임차료의 선지급을 요구한다. 이 때 선급된 보험료나 임차료는 선급보험료 또는 선급임차료라는 자산으로 기록하고, 회계기간 말에 그 동안 받은 서비스에 해당하는 부분을 비용으로 인식하고 미래 효익이 남은 부분은 선급보험료나 선급임차료 등 자산으로서 계속 남게 된다.

(주) 관악의 사례를 보자. (주) 관악은 7월 1일에 1년치 임차료인 12,000원을 선지급 하였고 11월 1일에 1년치 보험료인 24,000원을 선지급하였다. 현금지급 당시 회사의 회계처리는 다음과 같았을 것이다.

07/01:	차>	선급임차료	12,000	대>	현 금	12,000
11/01:	차>	선급보험료	24,000	대>	현 금	24,000

이러한 회계처리 결과, 앞에 제시된 12월 31일의 계정잔액에는 선급임차료 12,000원과 선급보험료 24,000원이 나타나고 있다.

그러나 보고기간말인 12월 31일이 되면 임차서비스의 기간경과분과 보험서비스의 기간경과분에 대한 비용 및 자산의 조정이 필요하다. 임차서비스는 당기 중에 절반의 기간이 지났으므로 선지급한 부분 중에서 6,000원(=12,000원/2)의 효익을 수행하였고, 보험서비스는 당기 중에 2개월의 기간이 지났으므로 선급보험료 중에서 4,000원(=24,000원×2/12)의 효익을 수행하였다. 따라서 이러한 서비스 제공 부분을 비용으로 인식하는 다음과 같은 조정분개가 필요하다.

12/31:	차>	임 차 료	6,000	대>	선급임차료	6,000
12/31:	차>	보 험 료	4,000	대>	선급보험료	4,000

기간경과분을 비용으로 인식한 후 나머지 부분, 즉 선급임차료 6,000원(=12,000원−6,000원)과 선급보험료 20,000원(=24,000원−4,000원)은 20×1년도에 서비스를 제공받지 못하고 20×2년도에 서비스를 제공받게 될 것이므로 20×1년 12월 31일 현재 자산으로 계속 인식되는 것이다. 자산계정을 분석하면 다음과 같다.

① 선급임차료의 경우
총 서비스 기간은 20×1년 7월 1일부터 20×2년 6월 30일까지
서비스 미수행 기간은 20×2년 1월 1일부터 20×2년 6월 30일까지
그러므로 현금지출액 중 미래의 효익기대분은 다음과 같이 구한다.
12,000원 × 6개월 / 12개월 = 6,000원

② 선급보험료의 경우
총 서비스 기간은 20×1년 11월 1일부터 20×2년 10월 31일까지
서비스 미수행 기간은 20×2년 1월 1일부터 20×2년 10월 31일까지
그러므로 현금지출액 중 미래의 효익기대분은 다음과 같이 구한다.
24,000원 × 10개월 / 12개월 = 20,000원

임차료와 보험료의 현금 선지급분 중에서 미래의 효익이 기대되는 부분은 계속하여 자산으로 남아있어야 하는데, 이를 T-계정으로 표현하면 다음과 같다.

선급임차료

07/01	12,000	12/31	6,000
잔 액	6,000		

선급보험료

11/01	24,000	12/31	4,000
잔 액	20,000		

임 차 료

12/31	6,000		

보 험 료

12/31	4,000		

이러한 조정분개의 결과로 임차료 6,000원과 보험료 4,000원은 당기인 20×1년의 포괄손익계산서에 보고하고, 선급임차료와 선급보험료의 기말잔액인 6,000원과 20,000원은 재무상태표의 유동자산으로 보고한다.

이러한 조정분개를 수행하지 않으면 당초 현금지급시의 분개대로 12,000원의 선급임차료와 24,000원의 선급보험료로 재무상태표상에 보고된다. 따라서 선급임차료 6,000원과 선급보험료 4,000원 등 합계 10,000원의 선급비용이 과다하게 보고되고, 임차료와 보험료를 포함한 10,000원의 비용항목들이 포괄손익계산서상에 보고되지 않게 되므로 그 결과 20×1년의 당기순이익이 과다하게 보고되는 것이다.

그러므로 보고기간말에 수행하는 조정분개는 자산과 부채, 손익의 정확한 보고를 위한 필수적인 절차라고 볼 수 있다.

비용의 이연이 필요한 선급비용 항목에는 위에서 언급한 선급임차료, 선급보험료 이외에도 선급수수료 등과 같이 다양하다. 이러한 항목들을 재무상태표에 표시할 때 선급임차료, 선급보험료, 선급수수료처럼 개별적으로 표시할 수도 있고, 이를 일괄하여 선급비용으로 나타낼 수도 있다.

이와 같이 어떠한 항목들을 한 계정에 기록할 것인가 또는 여러 계정으로 나누어 표시할 것인가를 결정하는 기준은 일반적으로 금액적 크기이다. 즉, 금액적으로 중요하면 여러 계정으로 나누어 표시할 수 있고 금액이 중요하지 않다면 하나의 계정에 통합하여 나타낼 수 있는 것이다.

한편 비용을 선지급 할 때 회계처리 하는 방법에는 〈자료 4-5〉와 같이 두 가지가 있다.

첫 번째 방법은 앞에서 설명한 것처럼, 현금지출시 선급비용으로 분개하고 기말에 기간 경과분만큼 비용으로 인식하는 방법이다(이를 제 1 법이라 하자). 두 번째 방법은 현금을 지출할 때 일단 관련된 비용계정으로 분개하고, 보고기간말에 차기에 효익이 지속될 부분을 선급비용으로 대체하여 자산으로 인식하는 방법이다(이를 제 2 법이라 하자).

자료 4-5 **비용의 선지급시 회계처리방법**

1. 제 1 법: 현금지출시 선급비용으로 분개하고 기말에 기간 경과분만큼 비용으로 인식
2. 제 2 법: 현금지출시 비용으로 분개하고 차기에 효익이 지속되는 부분을 기말에 자산으로 대체

(주) 관악의 사례에서 임차료와 보험료를 제2법으로 분개하고 이를 T-계정으로 나타내 보면 다음과 같다.

① 임차료

07/01:	차> 임 차 료	12,000	대> 현 금		12,000
12/31:	차> 선급임차료	6,000	대> 임 차 료		6,000

임 차 료

07/01	12,000	12/31	6,000
비용계	6,000		

선급임차료

12/31	6,000		
잔 액	6,000		

이렇게 두 번째 방법을 사용하여 회계처리 하더라도 20×1년의 포괄손익계산서에 보고될 임차료는 6,000원이고 재무상태표에 보고될 선급임차료는 6,000원이 된다. 따라서 위의 두 방법 중에 어느 방법을 사용하든지, 비용으로 보고될 임차료와 자산으로 보고될 선급임차료는 동일한 결과를 가져오게 되는 것이다.

② 보험료

11/01:	차> 보 험 료	24,000	대> 현 금		24,000
12/31:	차> 선급보험료	20,000	대> 보 험 료		20,000

보 험 료

11/01	24,000	12/31	20,000
비용계	4,000		

선급보험료

12/31	20,000		
잔 액	20,000		

이렇게 두 번째 방법을 사용하여 회계처리 하여도 20×1년 비용항목의 보험료는 4,000원이고 자산으로 보고되는 선급보험료는 20,000원이 된다. 따라서 두 가지 방법 중에 어느 방법을 사용하든지, 회사의 재무상태와 경영성과에 미치는 영향은 동일하다.

기업회계 실무에서는 일반적으로 제 2 법, 즉 현금 지출시점에 일단 비용으로 인식하는 회계처리를 하고 보고기간말이 되면 선지급된 부분을 계산하여 그 부분만큼을 선급비용의 계정으로 자산화 하는 회계처리 방법을 채택하고 있다.

예제 4-3 **선급비용의 회계처리**

다음과 같은 상황에 대해 제 1 법과 제 2 법을 사용하여 분개하시오.

1. 회사는 11월 1일에 300원을 이자비용으로 지출하였는데, 회사는 3개월 이자 선지급 조건의 차입금을 사용하고 있다.
2. 회사는 9월 1일에 A그룹과 1년의 로열티 계약을 맺고 600원을 지급하였다.

해 답

〈제 1 법 사용〉

1. 11/01:	차> 선급비용	300	대> 현 금	300
12/31:	차> 이자비용	200[1]	대> 선급비용	200
2. 09/01:	차> 선급비용	600	대> 현 금	600
12/31:	차> 로열티수수료	200[2]	대> 선급비용	200

1) 기간경과분: 300원 × 2개월 / 3개월 = 200원
2) 기간경과분: 600원 × 4개월 / 12개월 = 200원

〈제 2 법 사용〉

1. 11/01:	차> 이자비용	300	대> 현 금	300
12/31:	차> 선급비용	100[1]	대> 이자비용	100
2. 09/01:	차> 로열티수수료	600	대> 현 금	600
12/31:	차> 선급비용	400[2]	대> 로열티수수료	400

1) 기간 미경과분: 300원 × 1개월 / 3개월 = 100원
2) 기간 미경과분: 600원 × 8개월 / 12개월 = 400원

(2) 소모품의 조정

기업은 사무용품 등과 같은 소모품을 일시에 구입하여 사용하다가 부족해지면 다시 일시적으로 구입한다. 즉, 이러한 소모품은 판매함으로써 매출원가로 비용화되는 것이 아니라 사용한 부분만큼을 소모품비로서 비용으로 보고하고 나머지 미사용분에 대하여는 소모품계정으로 남겨 자산으로 보고하는 것이다.

(주) 관악의 사례를 보자. (주) 관악은 20×1년 11월 15일에 소모품 14,000원어치를 구입하였다. 이때 회사가 행한 회계처리는 다음과 같다.

11/15:	차> 소 모 품	14,000	대> 현 금	14,000

이러한 회계처리로 인하여 계정잔액에는 소모품 14,000원이 나타나고 있고 당기 중에 소모품비로 비용화된 것은 아직 없다.

그러나 20×1년 12월 31일 소모품의 미사용 부분을 파악해 본 결과 9,000원

의 소모품이 남아 있었다고 가정하자. 당기 중에 구입한 소모품이 14,000원이므로 당기에 사용한 소모품은 5,000원(= 14,000원 − 9,000원)이며 따라서 당기에 소모품비로서 비용으로 인식하여야 하는 금액은 5,000원이 된다. 그러므로 12월 31일에 다음과 같은 조정분개가 이루어져야 한다.

12/31:	차> 소모품비	5,000	대> 소 모 품	5,000

이러한 조정분개의 결과로 재무상태표에 자산으로 보고될 소모품은 9,000원이고, 포괄손익계산서에서 비용으로 인식될 소모품비는 5,000원이 되는 것이다. 이를 T-계정으로 나타내 보면 다음과 같다.

소 모 품

	차변		대변
11/15	14,000	12/31	5,000
잔 액	9,000		

소모품비

	차변		대변
12/31	5,000		

이 때 회계기간 중에 소모품이 사용될 때마다 소모품비로 비용화하지 않는 이유는 소모품의 사용은 빈번하게 이루어지므로 사용할 때마다 회계처리를 하게 되면 시간과 노력이 많이 들기 때문이다. 즉, 비용-효익 관점에서 소모품을 사용할 때마다 분개하지 않고 기말에 일괄적으로 사용액을 구하여 비용화하는 것이다.

일반적으로 소모품의 당기 사용분을 파악하기 위해서 재고실사라는 절차를 활용한다. 재고실사는 회계기간 말에 재고자산 수량과 금액을 파악하기 위해 회계담당자가 재고자산의 수량을 직접 파악해 보는 절차로서 외부감사인에 의한 회계감사를 수행할 때에도 필수적으로 수행해야 하는 절차 중의 하나이다. 대개 재고실사는 일년에 한 번 수행하지만 회사의 내부통제 목적상 3개월에 한 번 정도씩 수행하기도 한다.

이론적으로 볼 때 소모품의 미사용분은 재고자산 중 저장품으로 분류되고 당기 중 사용한 분에 대해서만 소모품비로 비용화해야 한다.

예제 4-4 소모품의 회계처리 I

앞에서 언급한 선급비용의 경우와 마찬가지로 소모품의 조정에 대해서도 두 가지 회계처리 방법이 있다. 이 중에서 제 2 법, 즉 현금지출시 모두 비용으로 회계처리하는 방법을 사용하여 (주) 관악의 거래를 분개하고 이를 T-계정으로 나타내시오.

해 답

1. 기중거래의 분개

	차변	금액	대변	금액
11/15:	차> 소모품비	14,000	대> 현 금	14,000
12/31:	차> 소 모 품	9,000	대> 소모품비	9,000

2. T-계정 기입

소 모 품

12/31	9,000		
잔 액	9,000		

소모품비

11/15	14,000	12/31	9,000
비용계	5,000		

참고) 이렇게 제 2 법을 사용하여 회계처리해도 재무상태표에 보고될 소모품은 9,000원이고 포괄손익계산서에 보고될 소모품비는 5,000원이 되므로 결과는 같다.

예제 4-5 소모품의 회계처리 II

회사는 20×1년 7월 1일에 소모품을 100원어치 구매하였고 20×2년 8월 12일에 소모품 130원어치를 구매하였다. 기말 결산을 위해 소모품에 대한 재고실사를 실시한 결과 20×1년에는 40원의 소모품이 남아 있었고 20×2년에는 50원의 소모품이 미사용 중이었다.

1. 20×1년과 20×2년의 거래에 대해 제 1 법과 제 2 법을 사용하여 각각 분개하시오.
2. 20×1년과 20×2년에 포괄손익계산서상 소모품비로 인식되는 금액은 얼마인가?

해 답

1. (1) 〈제 1 법 사용〉

	차변	금액	대변	금액
20×1/07/01:	차> 소 모 품	100	대> 현 금	100
20×1/12/31:	차> 소모품비	60[1)]	대> 소 모 품	60
20×2/08/12:	차> 소 모 품	130	대> 현 금	130
20×2/12/31:	차> 소모품비	120[2)]	대> 소 모 품	120

1) 20×1년 소모품 사용액 = 100원 − 40원 = 60원
2) 20×2년 소모품 사용액 = 130원 + 40원 − 50원 = 120원

(2) 〈제 2 법 사용〉

	차변	금액	대변	금액
20×1/07/01:	차> 소모품비	100	대> 현 금	100
20×1/12/31:	차> 소 모 품	40[1)]	대> 소모품비	40

20×2/08/11:	차> 소모품비	40[2]	대> 소 모 품	40
20×2/08/12:	차> 소모품비	130	대> 현 금	130
20×2/12/31:	차> 소 모 품	50[3]	대> 소모품비	50

1), 3) 기말재고실사 금액을 자산으로 보고한다.
2) 소모품을 다 사용하여 8월 12일에 다시 구입했다고 볼 수 있으므로 8월 11일에 자산으로 표시되어 있던 소모품을 모두 소모품비로 대체하였음.

2. (1) 20×1년 소모품비 = 60원 (제 1 법)
= 100원 − 40원 = 60원 (제 2 법)
(2) 20×2년 소모품비 = 120원 (제 1 법)
= 40원 + 130원 − 50원 = 120원 (제 2 법)

(3) 감가상각비의 인식/기록

건물, 기계장치 및 공기구비품 등과 같은 자산은 사용함에 따라 노후화되거나 경제적으로 진부화되어 그 가치가 감소한다. 이러한 자산에 대한 가치의 감소를 비용으로 인식하고 그만큼 해당 자산의 가치를 감소시키는 과정이 필요한데, 회계에서는 이러한 과정을 감가상각이라고 하고 이 때 발생한 비용을 감가상각비라고 한다.

즉, 감가상각(depreciation)은 기업이 보유하고 있는 유형자산 중에서 사용에 따라 가치가 감소하지 않는 토지를 제외한 자산의 취득원가를 사용가능한 기간에 걸쳐 체계적인 방법으로 안분하는 과정을 말하며 이 때 회계기간별로 안분된 자산의 취득원가를 감가상각비(depreciation expense)라고 하는 것이다.

감가상각비를 계산하기 위한 네 가지 요소는 취득원가, 잔존가치, 유효내용연수 및 감가상각방법이다. 이러한 네 가지 요소들을 사용하여 매기의 감가상각비를 계산하게 되는데, 이에 대한 자세한 내용은 유형자산을 논할 때 구체적으로 설명하기로 한다.

감가상각은 발생주의 회계의 중요성을 설명하는 중요한 예가 된다. 예를 들어, 고가의 기계장치를 구입할 때 지출한 금액 전부를 비용으로 처리한다면, 이러한 기계장치 자산을 구입하는 회계연도에는 관련된 수익이 없으면서도 비용만 보고되는 결과를 가져온다. 반면에 기계장치를 사용하여 제품을 생산하고 판매하는 회계연도에는 유형자산과 관련된 수익이 발생하였는데도 관련된 비용이 전혀 보고되지 않게 된다.

그러므로 이러한 방법을 사용해서는 수익과 비용이 적절하게 대응되지 않으므로 기업의 수익성과 재무상태에 대한 재무제표의 유용성이 크게 떨어지게 될 것이다. 따라서 자산의 취득원가를 수익창출기간에 걸쳐 감가상각비로서 비용으로 인식해야 한다. 결국 감가상각비는 자산을 사용하여 수익을 창출하는 회계기간 동안에 비용으로 인식되는 것이므로 수익·비용 대응의 원칙에 충실한 회계처리방법이다.

(주) 관악의 사례로 돌아가 보자. 여기에서 감가상각 대상 자산은 건물이다. 건물은 장기간에 걸쳐서 사용이 가능하므로 얼마만큼 사용이 가능한지(내용연수)에 대한 추정이 필요하다. 여기에서는 건물 취득일이 20×1년 1월 1일이고 20년간 사용할 수 있으며 감가상각방법은 정액법, 그리고 건물의 잔존가치는 없다고 가정한다.

정액법이란 취득원가를 매기 동일한 금액만큼 비용으로 인식하는 방법인데, 이 경우 건물에 대한 매 회계기간 별 감가상각비는 20,000원(= 400,000원/20년)이 된다.

20×1년의 감가상각비에 대한 회계처리와 T-계정에의 전기는 다음과 같다.

12/31: 차> 감가상각비 20,000 대> 감가상각누계액 20,000

감가상각비

12/31	20,000		

감가상각누계액-건물

		12/31	20,000

감가상각비는 포괄손익계산서에 보고되고, 감가상각누계액은 재무상태표에서 관련 자산의 차감계정(contra account)으로 보고된다. 감가상각누계액은 당해 보고기간말 시점까지 매 회계연도에 인식된 감가상각비를 합한 금액, 즉 자산의 취득시점부터 그 자산을 사용함에 따라 감소된 자산의 가치를 누적한 금액을 의미한다.

유형자산은 선급비용과는 다른 방식으로 재무상태표에 나타내는데 (주) 관악의 재무상태표에 건물은 다음의 〈자료 4-6〉과 같이 표시된다.

자료 4-6 건물계정의 재무상태표상 표시 - (주) 관악의 예

건 물	400,000	← 취득원가로 기재
감가상각누계액	(20,000)	← 가치감소분 누적액 차감
장부금액	380,000	← 아직 비용화되지 않은 취득원가

유형자산을 감가상각할 때에는 선급비용 등과는 달리 자산가치 감소분에 대해 관련 자산에서 직접 차감하지 않고, 감가상각누계액이라는 별도의 계정을 사용하여 간접적으로 차감하고 있다. 그 이유는 정보의 이용자들에게 자산의 본래 취득금액과 가치의 감소분을 알려주기 위해서이다. 즉 정보이용자가 자산의 취득원가와 가치의 감소누계액을 모두 알게 되면 자산 중에서 회사가 활용한 부분의 비율을 알 수 있게 되어 의사결정에 도움을 얻을 수 있기 때문이다. 예를 들어, 감가상각누계액이 취득원가의 90% 정도라면 그 회사는 자산을 새로 구입해야 할 것이라는 정보를 얻을 수 있는 것이다.

감가상각누계액계정은 재무상태표계정으로서 매년 인식하는 감가상각비를 누적한 금액을 나타낸다. 따라서 감가상각을 계속하다 보면 내용연수가 끝나는 시기에 감가상각누계액은 감가상각대상금액(depreciable amount, 일반적으로 '취득원가-잔존가치')과 일치하게 된다.

자산의 취득원가에서 감가상각누계액을 차감하고 남은 가치는 회계장부상 남아있는 가치로서 장부금액(book value)이라 하는데, 이는 자산을 사거나 팔려고 할 때 시장에서 거래되는 시장가치(market value)와는 다른 개념이다. 즉, 장부금액은 매 회계연도에 원가배분을 하고 남은 회계장부상의 금액이므로 시장에서 거래되는 시장가치보다 높을 수도 있고 낮을 수도 있다는 점에 주의할 필요가 있다.

예제 4-6 **감가상각비의 인식과 재무상태표 표시**

회사는 1월 1일에 기계장치를 300원에 구입하여 사용하고 있다. 이 기계는 정액법으로 상각하는데 이 방법에 의한 감가상각비는 1년에 30원씩이라고 한다.

1. 12월 31일의 감가상각비에 관한 분개를 하시오.
2. 12월 31일 현재의 재무상태표에 기계장치를 나타내시오.

해 답

1. 12/31: 차> 감가상각비 30 대> 감가상각누계액 30
2. 재무상태표에 표시

기계장치	300
감가상각누계액	(30)
장부금액	270

2.3 수익의 이연

이미 현금을 수령하여 수익으로 기록된 금액 중 당기의 수익이 아니라 미래의 수익으로 분류하여야 할 부분에 대해 보고기간말 시점에 회계장부에 인식하는 것을 수익의 이연(revenue deferral)이라 한다. 이러한 수익의 이연은 선수수익(unearned revenue 또는 revenue received in advance)의 형태로 나타나는데, 이의 전형적인 예로는 선수임대료와 선수수수료 등을 들 수 있다. K-IFRS에 의하면 이들 항목들을 유동부채로 보고해야 한다.

서비스를 제공하기로 하고 그에 대한 대가로서 현금을 수령하게 되면 미래에 그 서비스를 제공하거나, 만약 서비스를 제공할 수 없게 된 경우에는 현금을 반환해야 하므로 이 때 수령한 현금은 부채로 인식하여야 한다. 그리고 제공하기로 약속한 서비스를 제공한 시점에서 수익을 인식하고 관련 부채를 제거하는 분개를 해야 한다. 따라서 수익 이연의 경우에는 부채계정과 수익계정 관련된 조정분개가 수행된다.

선수수익과 앞에서 언급한 선급비용은 상대적인 개념이라 할 수 있다. 예를 들어, 갑과 을 사이의 거래에서 을이 갑에게 임차료를 선급하였다고 하자. 이 경우 갑은 현금수령액에 대해 미래에 서비스를 제공할 의무를 가지므로 부채인 선수수익으로 기록하지만, 을의 입장에서는 자신이 지급한 현금에 대해 미래에 서비스를 제공받을 권리가 있으므로 자산인 선급비용으로 인식하는 것이다.

(주) 관악의 사례를 보자. 회사는 20×1년 7월 1일부터 20×2년 6월 30일까지 계약되어 있는 컨설팅 업무에 대한 수수료 45,000원을 20×1년 10월 15일에 전액 수령하였다. 이 때 회사의 회계처리는 다음과 같았다.

10/15:	차> 현 금	45,000	대> 선수수익	45,000

그런데 당기 중에 컨설팅 업무의 절반을 수행하였으므로 현금수령분 중에서 절반은 수익으로 인식해야 한다. 따라서 다음과 같이 부채를 감소시키고 수익을 인식하는 조정분개가 필요하다.

12/31:	차> 선수수익	22,500	대> 매 출	22,500

이러한 조정분개와 관련하여 T-계정을 그려보면 다음과 같다.

선수수익			
12/31	22,500	10/15	45,000
		잔 액	22,500

매 출			
		기 존	107,000
		12/31	22,500
		수익계	129,500

즉, 현금을 미리 수령하여 부채(선수수익)로 기록하고 있던 부분에 대해 50%의 서비스를 수행하였으므로 부채를 감소시키고 관련된 수익을 인식하였다. 이러한 조정분개의 결과 재무상태표상에 부채로 표시될 선수수익은 22,500원이고 포괄손익계산서상의 매출액은 129,500원이 된다.

만약 (주) 관악이 20×2년에 서비스를 제공하지 않고 계약을 파기하였다면 20×1년 12월 31일 현재 남은 선수수익분 22,500원은 거래처에게 반환하여야 하는데 이 때의 회계처리는 다음과 같다.

차> 선수수익	22,500	대> 현 금	22,500

예제 4-7 **선수수익의 회계처리 I**

선수수익의 회계처리에 있어서도 선급비용이나 소모품 등과 같이 두 가지 방법이 존재한다. 제 2 법, 즉 현금을 수령할 때 전액을 수익으로 인식하는 방법을 사용하여 (주) 관악의 거래에 대해 회계처리하고 T-계정에 전기하시오.

해 답

1. 기중거래의 분개

10/15:	차> 현 금	45,000	대> 매 출	45,000
12/31:	차> 매 출	22,500	대> 선수수익	22,500

2. T-계정에 전기

선수수익			
		12/31	22,500
		잔 액	22,500

매 출			
12/31	22,500	기 존	107,500
		10/15	45,000
		수익계	129,500

참고) 제 2 법을 사용하여 분개하여도 선수수익은 22,500원이고 매출액은 129,500원으로서 제 1 법의 결과와 동일하다.

예제 4-8 선수수익의 회계처리 Ⅱ

회사는 20×1년 11월 1일부터 20×2년 3월 31일까지 수행해야 하는 컨설팅서비스에 대해 20×1년 12월 25일에 대금 300원을 현금으로 수령하였다. 그리고 20×2년 9월 1일에 현금 600원을 받았는데 이는 20×2년 9월 1일부터 20×3년 2월 28일까지의 회사의 내부통제 관련 컨설팅서비스를 제공하는 계약에 대한 대가라고 한다.

〈물음〉

1. 20×1년과 20×2년의 회계처리를 제 1 법을 사용하여 제시하시오.
2. 20×1년과 20×2년 기말에 선수수익과 매출액으로 기록된 금액을 계산하시오.

해 답

1. 회계처리

날짜	차변	금액	대변	금액
20×1/12/25:	차> 현　금	300	대> 선수수익	300
20×1/12/31:	차> 선수수익	120[1]	대> 매　출	120
20×2/03/31:	차> 선수수익	180	대> 매　출	180
20×2/09/01:	차> 현　금	600	대> 선수수익	600
20×2/12/31:	차> 선수수익	400[2]	대> 매　출	400

1) 매출액 인식 = 300원 × 2개월 / 5개월 = 120원
2) 매출액 인식 = 600원 × 4개월 / 6개월 = 400원

2. 선수수익과 매출액

20×1년 선수수익 = 300원 − 120원 = 180원
= 300원 × 3개월 / 5개월
= 180원

20×2년 선수수익 = 600원 − 400원 = 200원
= 600원 × 2개월 / 6개월
= 200원

20×1년 매출액 = 300원 × 2개월 / 5개월
= 120원

20×2년 매출액 = 180원 + 400원 = 580원
= 300원 × 3개월 / 5개월 + 600원 × 4개월 / 6개월
= 580원

지금까지 언급한 이연항목의 조정분개는 회계장부에 이미 기입되었던 회사의 자산과 부채 또는 비용과 수익과 관련된 조정에 대한 회계처리라고 할 수 있다. 이와는 달리, 앞으로 언급하게 될 발생항목은 회사의 회계장부에 기록되지 않았던 항목들을 결산시점에서 회계장부에 인식하는 내용을 반영하는 조정사항이라는 점에 유의할 필요가 있다.

2.4 비용의 발생

서비스를 제공받았지만 아직 지급일이 도래하지 않아 지급하지 않았고 또한 회사의 회계장부에도 기록되지 않은 비용을 보고기간말 시점에 비용으로 인식하는 것을 비용의 발생(expense accrual)이라 한다. 보고기간말 현재 지급되지 않은 비용은 미지급비용(accrued expense)이라 하며 이는 추후에 현금 등으로 지급되어야 하므로 부채로 인식하는데 일반적으로 유동부채로 분류된다.

미지급비용의 전형적인 예로는 미지급이자와 미지급급여 등을 들 수 있는데, 비용의 발생시점에서 관련 비용계정의 차변에 기재하여 비용을 인식하고, 대변에는 아직 지급하지 않았음을 나타내는 미지급비용계정을 사용하여 부채를 인식하는 분개를 하여야 한다. 따라서 비용의 발생에서는 다음과 같은 형태를 갖는 조정분개가 수행된다.

차> 비 용	×××	대> 미지급비용	×××

(주) 관악의 사례를 보자. 회사는 매월의 급여를 다음 달 10일에 지급하고 있다. 따라서 계정잔액에 기재된 급여는 1월부터 11월까지의 급여일 것이다. 여기에서 (주) 관악의 총무부가 12월의 급여를 계산한 결과 직원들에게 4,000원을 지급해야 한다고 회계팀에 알려왔다고 가정하자.

또 장기차입금에 대한 이자는 매 3개월마다 3,000원을 지급하고 있는데 20×1년 11월 30일에 최종적으로 이자를 지급하였다고 하자. 따라서 이자비용에 대해서도 12월분에 대한 조정이 필요한데 12월분 이자비용은 1,000원(= 3,000원/3)이다.

이 경우 회사의 급여와 이자비용에 대한 조정분개와 T-계정은 다음과 같다.

12/31:	차> 급 여	4,000	대> 미지급급여	4,000
12/31:	차> 이자비용	1,000	대> 미지급이자	1,000

급 여

기존	36,000	
12/31	4,000	
비용계	40,000	

미지급급여

	12/31	4,000
	잔액	4,000

이자비용		
기존	3,000	
12/31	1,000	
비용계	4,000	

미지급이자		
	12/31	1,000
	잔액	1,000

이와 같이 비용의 발생분을 인식하여 포괄손익계산서에 반영하고 다음 회계연도에 지급해야 할 의무에 대해서는 부채로 기록함에 따라 20×1년의 (주) 관악의 경영성과와 재무상태는 적절하게 평가될 수 있게 된다.

예제 4-9 미지급비용의 인식

다음 각 상황에 맞게 20×1년과 20×2년의 회계처리를 제시하시오.

1. 회사는 20×1년 11월 1일에 은행으로부터 차입금 10,000원을 빌렸는데, 이 차입금의 조건은 20×2년 3월 31일에 원금과 이자를 합해 12,000원을 갚는 것이다.
2. 회사는 보름 단위로 급여를 지급하는데, 월 상반기의 급여는 그 달 25일에 지급하고 월 하반기의 급여는 다음 달 10일에 지급한다고 한다. 20×1년 12월의 급여총액은 15,000원이었다.

해 답

1. 20×1/11/01:	차>	현 금	10,000	대>	단기차입금	10,000
20×1/12/31:	차>	이자비용	800[1)]	대>	미지급이자	800
20×2/03/31:	차>	미지급이자	800	대>	현 금	12,000
		이자비용	1,200			
		단기차입금	10,000			

1) (12,000원 − 10,000원) × 2개월 / 5개월 = 800원

2. 20×1/12/15:	차>	급 여	7,500[2)]	대>	미지급급여	7,500
20×1/12/25:	차>	미지급급여	7,500	대>	현 금	7,500
20×1/12/31:	차>	급 여	7,500[2)]	대>	미지급급여	7,500
20×2/01/10:	차>	미지급급여	7,500	대>	현 금	7,500

2) 15,000원 / 2 = 7,500원
회사는 15일 단위로 급여를 산정하고 있으므로 12월 15일과 12월 31일에 두 번 급여를 인식하는 분개를 해야 하며, 급여를 현금으로 지급할 때 미지급비용을 감소시켜 주어야 한다.

2.5 수익의 발생

서비스의 제공을 완료한 후 비록 대금의 회수일이 아직 도래하지 않은 경우에도 완료된 서비스의 제공에 대해 보고기간말 시점에서 수익을 인식하는 것을 수익의 발생(revenue accrual)이라고 한다. 이와 같이 수익을 인식하여 발생된 채권은 미수수익(accrued revenue)의 형태로 나타나는데, 미수수익으로는 미수이자, 미수수수료, 미수임대료 등을 들 수 있다. 미수수익은 재무상태표상의 표시에서 유동자산으로 분류되며 수익의 발생으로 인하여 이루어지는 조정분개는 다음과 같은 형태를 갖는다.

차> 미수수익	×××	대> 수 익	×××

(주) 관악의 사례를 보자. 회사의 예금 중 일부가 만기 6개월인 정기예금에 가입되어 있다고 가정하자. 본 정기예금은 20×1년 10월 1일에 가입한 것인데 20×2년 3월 31일에 만기이자 9,000원을 포함하여 원금과 이자를 모두 상환받는 조건이다.

또한 (주) 관악은 (주) 동작과 20×1년 11월 1일부터 20×2년 2월 28일까지 수행해야 하는 ERP 구축서비스를 10,000원에 계약하고 20×1년 말까지 서비스를 제공해왔다.

이자수익은 시간의 경과에 따라 실현되므로 20×1년에는 정기예금에 대한 3개월에 해당하는 이자 4,500원(= 9,000원 × 3/6)을 인식해야 하고, ERP 서비스는 서비스의 제공진행정도에 따라 수익이 실현되므로 2개월 진행 분에 대한 수익 5,000원(= 10,000원 × 2/4)을 인식해야 한다. 따라서 다음과 같은 조정분개를 하여야 한다.

12/31:	차> 미수이자	4,500	대> 이자수익	4,500
12/31:	차> 외상매출금	5,000	대> 매 출	5,000

참고) ERP 구축서비스는 (주) 관악의 주요 사업이라 가정하여 차변의 계정과목을 외상매출금으로 하였다. 기간경과분에 대해 거래처에 청구서를 보내지 않은 경우 미수수익계정을 사용한다.

이러한 조정분개 후의 T-계정은 다음과 같다.

이자수익은 시간이 지남에 따라 실현되는데 (주) 관악의 사례에서는 3개월에

미수이자

차변	금액	대변	금액
12/31	4,500		
잔 액	4,500		

이자수익

차변	금액	대변	금액
		12/31	4,500
		수익계	4,500

외상매출금

차변	금액	대변	금액
기 존	50,000		
12/31	5,000		
잔 액	55,000		

매 출

차변	금액	대변	금액
		기존[1]	129,500
		12/31	5,000
		수익계	134,500

1) 매출액의 기존 금액은 잔액시산표상의 금액 107,000원과 선수수익에 대한 조정 22,500원이 합해진 것이다. 여기에서는 ERP 구축서비스에 대한 수익 발생의 효과만을 알아보기 위해 기존 매출액에 선수수익 조정분을 가산하였다.

대한 이자수익을 인식하였다. 또한 서비스의 제공도 진행정도에 따라 수익이 실현되는데, (주) 관악에서는 2개월에 대한 매출액을 인식하였다.

독자들은 현금의 수령 여부와 관계없이 수익이 실현된 때에 장부에 기록한다는 발생주의 회계에서의 수익인식에 대해 다시 한 번 상기해야 할 것이다. 회사가 이자수익이나 서비스의 제공에 대해 현금으로 수령하였는지에 관계없이, 실현된(earned), 즉 기간이 경과된 이자수익과 제공된 서비스에 대한 수익은 20×1년의 포괄손익계산서에 반영되어야 하는 것이다.

예제 4-10 수익의 발생

다음의 상황에 대해 20×1년과 20×2년의 회계처리를 제시하시오.

1. 회사는 만기까지 보유할 채권 1,000원을 보유하고 있었는데, 전기까지 이에 대한 이자수익 인식액은 200원이었다. 20×1년 중에는 이 채권에 대한 증감이 없었는데 당기 말에 이 채권에 대한 이자수익을 계산해 보니 250원이었다. 이 채권은 20×2년 1월 1일에 모두 만기가 되어 현금으로 상환한다고 한다.
2. 회사는 B회사에 건물을 임대해주고 있는데, 건물임대료는 매 6개월마다 인식하고 대금은 7월 20일과 1월 20일에 회수하고 있다. 임대차계약서상 1년 임대료는 500원이다.

해 답

1. 20×1/12/31:	차>	미수이자	50[1]	대>	이자수익	50
20×2/01/01:	차>	현 금	1,250[2]	대>	미수이자	250
					만기보유금융자산	1,000

1) 당기 미수이자 인식 = 250원 − 200원(전기까지 인식) = 50원
2) 만기상환분 = 1,000원(액면금액) + 250원(이자수익) = 1,250원

참고) 만기보유금융자산에 대한 회계처리는 매우 복잡하므로 자세한 회계처리에 대해서는 제12장에서 다루기로 하고, 여기에서는 미수이자의 인식에 대해서만 다루기로 한다.

2. 20×1/06/30:	차> 미수임대료	250[3]	대> 임 대 료	250
20×1/07/20:	차> 현 금	250	대> 미수임대료	250
20×1/12/31:	차> 미수임대료	250[3]	대> 임 대 료	250
20×2/01/20:	차> 현 금	250	대> 미수임대료	250

3) 6개월 동안 회사가 인식해야 하는 임대료 = 500원 / 2 = 250원
회사는 반년 단위로 임대료를 인식하므로 6월 30일과 12월 31일에 임대료와 미수임대료를 분개하고 이를 현금으로 회수하는 7월 20일과 1월 20일에 미수임대료를 상계하여 제거한다.

2.6 조정분개와 재무제표

앞에서는 조정분개의 네 가지 종류, 즉 비용의 이연(선급비용), 수익의 이연(선수수익), 비용의 발생(미지급비용) 및 수익의 발생(미수수익)에 대해 조정분개를 하는 방법과 그것이 회사의 재무제표에 미치는 영향을 알아보았다.

회계기간 말에 적절한 조정분개를 수행하지 않으면 재무제표가 경영성과와 재무상태에 대한 회사의 실질을 보여주지 못하게 된다. 다음의 〈자료 4-7〉은 결산시점에 만약 조정분개를 하지 않았을 경우 기업의 포괄손익계산서와 재무상태표에 미치는 영향을 정리한 것이다.

자료 4-7 조정분개를 하지 않았을 때 재무제표에 미치는 영향

수행하지 않은 조정분개의 종류	포괄손익계산서의 영향	재무상태표의 영향
선급비용 사용분의 조정	당기순이익 과대	자산 과대, 이익잉여금 과대
선수수익 실현분의 조정	당기순이익 과소	부채 과대, 이익잉여금 과소
비용의 발생	당기순이익 과대	부채 과소, 이익잉여금 과대
수익의 발생	당기순이익 과소	자산 과소, 이익잉여금 과소

참고사항 역 분 개

역분개(reversing entry)는 기초재수정분개라고도 하는데, 회계연도 말에 수행한 조정분개를 다음 회계연도 초 시점에 차변과 대변을 바꾸어 하는 분개를 말한다. 역분개는 기업의 회계기록과정에서 필수적으로 요구되는 것은 아니지만 회계처리의 편의상 대부분의 기업에서는 역분개를 수행하고 있다.

역분개는 회계기간 중의 거래를 현금주의에 의해 회계처리하고 기말에 조정분개를 한 경우에만 수행하는 것이 일반적인데 역분개의 예를 들어보면 다음과 같다.

20×1년 조정분개 - 기중 현금지출시 전액을 보험료로 처리하였다고 가정함.

12/31:	차> 선급보험료	100	대> 보 험 료	100
20×2년 역분개				
01/01:	차> 보 험 료	100	대> 선급보험료	100

이러한 비용의 선급분, 즉 미경과분은 다음 회계기간에 비용화 되는 것이므로 다음 회계연도가 시작할 때인 1월 1일에 이를 다시 비용계정으로 대체하는 역분개를 수행하는 것이다.

역분개의 수행 여부에 따라 다음 회계연도에 이루어지는 분개는 다르게 나타난다. 다음의 예를 이용하여 역분개의 필요성과 역분개의 유무에 의한 다음 회계연도의 회계처리의 차이를 알아보기로 한다.

(주) 영등포는 20×1년 7월 1일에 1년치(~20×2년 6월 30일까지)에 대한 보험료 1,000원을 납부하였고, 20×2년 7월 1일에 1년치(~20×3년 6월 30일까지)에 대한 보험료 800원을 납부하였다. 현금지출시 전액 비용화하는 회계처리방법을 적용하는 경우 역분개의 수행 여부에 따른 20×1년과 20×2년의 분개를 제시하면 다음과 같다.

(1) 역분개를 하지 않는 경우

20×1년의 회계처리

07/01:	차>	보 험 료	1,000	대>	현 금	1,000
12/31:	차>	선급보험료	500	대>	보 험 료	500

20×2년의 회계처리

06/30:	차>	보 험 료	500	대>	선급보험료	500
07/01:	차>	보 험 료	800	대>	현 금	800
12/31:	차>	선급보험료	400	대>	보 험 료	400

(2) 역분개를 하는 경우

20×1년의 회계처리

07/01:	차>	보 험 료	1,000	대>	현 금	1,000
12/31:	차>	선급보험료	500	대>	보 험 료	500

20×2년의 회계처리

01/01:	차>	보 험 료	500	대>	선급보험료	500
07/01:	차>	보 험 료	800	대>	현 금	800
12/31:	차>	선급보험료	400	대>	보 험 료	400

위에서 보는 바와 같이 다음 회계연도 초에 역분개의 수행여부와 관계없이 포괄손익계산서상 20×1년의 보험료는 500원이고 20×2년의 보험료는 900원이며, 재무상태표상 20×1년의 선급보험료는 500원이고 20×2년의 선급보험료는 400원으로 동일하다.

그러나 다음 회계연도 초에 전기 말에 조정분개를 수행하였던 부분에 대해 역분개를 실시함으로써 차기의 회계처리를 더욱 간단하게 수행할 수 있다. 즉, 역분개를 수행하지 않았을 때에는 20×2년 6월 30일의 보험만기일에 선급보험료 잔액을 보험료로 대체하는 분개를 해주어야 하지만, 역분개를 수행하였을 때에는 보험만기일에 또 다른 분개를 할 필요가 없고 보험료 지출 시에 전액을 보험료로 분개하기만 하면 되는 것이다.

위의 사례처럼 보험가입 건수가 하나인 경우에는 두 가지 방법의 차이가 별로 없지만, 보험가입 건수가 여럿인 경우에는 만기일마다 분개를 하는 방법보다는 다음 회계연도 초에 역분개 하나만을 하는 것이 회계처리의 편의성을 위해 더 나은 방법이다.

미수수익을 인식한 조정분개에 대해서도 역시 역분개를 수행할 수 있다. 다음의 예를 이용하기로 하자. (주) 서천은 20×1년 11월 1일에 여유자금 10,000원을 정기예금에 가입하였는데 이 정기예금은 만기인 20×2년 3월 31일에 원리금 11,000원을 상환받는 조건이다.

이 경우 이자 총액 1,000원 중에서 20×1년 기간 귀속분 400원(= 1,000원 × 2/5)에 대해 이자수익을 인식하는 조정분개가 필요한데, 역분개의 수행 여부에 따른 20×1년과 20×2년의 회계처리는 다음과 같다.

(1) 역분개를 하지 않는 경우

20×1년의 회계처리						
11/01:	차>	정기예금	10,000	대>	현　금	10,000
12/31:	차>	미수수익	400	대>	이자수익	400
20×2년의 회계처리						
03/31:	차>	현　금	11,000	대>	미수수익	400
					이자수익	600
					정기예금	10,000

(2) 역분개를 하는 경우

20×1년의 회계처리						
11/01:	차>	정기예금	10,000	대>	현　금	10,000
12/31:	차>	미수수익	400	대>	이자수익	400
20×2년의 회계처리						
01/01:	차>	이자수익	400	대>	미수수익	400
03/31:	차>	현　금	11,000	대>	이자수익	1,000
					정기예금	10,000

위의 사례에서 보는 바와 같이 다음 회계연도 초에 역분개의 수행 여부와 관계없이 20×1년의 이자수익은 400원이고 20×2년의 이자수익은 600원으로 동

일하다.

그러나 역분개를 수행하지 않는다면 20×2년 3월 31일 정기예금의 만기가 되어 이자수익을 인식할 때 전기에 인식한 이자수익이 얼마인지에 대해 일일이 분석하여 그 금액을 미수수익으로 인식하고 당기의 이자수익에서 차감하여야 한다. 여기의 예에서는 정기예금이 하나이기 때문에 분석이 편하지만 규모가 큰 회사에서는 여러 개의 정기예금을 관리하고 있으므로 만기가 될 때마다 전기의 미수수익 인식액에 대해 일일이 분석하는 것은 시간과 노력의 낭비일 것이다.

따라서 역분개를 수행함으로써 예금의 만기가 되었을 때 모든 현금수령액(원금 차감한 금액, 즉 총이자)을 이자수익으로 인식하는 회계처리를 수행할 수 있으므로 회계기간 중 회계처리의 편의성을 기할 수 있는 것이다.

예제 4-11 역 분 개

(주) 서초는 20×1년 10월 1일에 은행으로부터 10,000원을 차입하였다. 이 차입금의 조건은 20×2년 3월 31일에 원금과 이자를 포함하여 12,000원을 상환하는 것이다. 또 회사는 20×1년 12월 1일에 5,000원을 차입하였는데 이는 20×2년 1월 31일에 원리금 6,000원을 상환하는 조건이다. 이러한 상황에서 역분개를 수행하지 않았을 때와 역분개를 수행하였을 때의 20×1년과 20×2년의 회계처리를 제시하시오.

해 답

1. 역분개 미수행시

20×1년

10/01:	차>	현 금	10,000	대>	단기차입금	10,000
12/01:	차>	현 금	5,000	대>	단기차입금	5,000
12/31:	차>	이자비용	1,000[1]	대>	미지급비용	1,500
		이자비용	500[2]			

1) 20×1년 이자비용 = (12,000원 − 10,000원) × 3개월/ 6개월 = 1,000원
2) 20×1년 이자비용 = (6,000원 − 5,000원) × 1개월 / 2개월 = 500원

20×2년

01/31:	차>	미지급비용	500	대>	현 금	6,000
		이자비용	500			
		단기차입금	5,000			
03/31:	차>	미지급비용	1,000	대>	현 금	12,000
		이자비용	1,000			
		단기차입금	10,000			

참고) 20×2년의 이자비용 인식액 = 500원 + 1,000원 = 1,500원

2. 역분개 수행시

20×1년

10/01: 차>	현 금	10,000	대>	단기차입금	10,000
12/01: 차>	현 금	5,000	대>	단기차입금	5,000
12/31: 차>	이자비용	1,000[1]	대>	미지급비용	1,500
	이자비용	500[2]			

1) 20×1년 이자비용 = (12,000원 − 10,000원) × 3개월 / 6개월 = 1,000원
2) 20×1년 이자비용 = (6,000원 − 5,000원) × 1개월 / 2개월 = 500원

20×2년

01/01: 차>	미지급비용	1,500	대>	이자비용	1,500
01/31: 차>	이자비용	1,000	대>	현 금	6,000
	단기차입금	5,000			
03/31: 차>	이자비용	2,000	대>	현 금	12,000
	단기차입금	10,000			

참고) 20×2년의 이자비용 인식액 = 1,000원 + 2,000원 − 1,500원 = 1,500원

〈예제 4-11〉에서 보는 것과 같이 역분개의 수행여부에 따라 20×1년과 20×2년의 이자비용 인식액의 차이는 없다는 것을 알 수 있다.

그러나 역분개를 하지 않는 경우 20×2년에 차입금의 만기가 되었을 때 전기말에 미지급비용을 인식한 부분을 찾아내서 상계해 주어야 하므로 회계기간 중의 회계처리가 복잡하게 된다. 그러나 만약 기초에 역분개를 수행하였다면 차입금의 만기일이 도래하였을 때 현금지출액에서 차입금 원금을 뺀 부분을 모두 이자비용으로 인식하면 되므로 회계처리가 간편하다.

다음의 〈예제 4-12〉는 조정분개에 대한 종합예제이다.

예제 4-12 조정분개 종합예제

다음은 20×1년 12월 31일 (주) 봉천의 시산표의 일부이다.

계 정 과 목	차 변	대 변
소 모 품	12,000	
선급임차료	50,400	
건 물	400,000	
감가상각누계액-건물		66,500
매 출		350,000
급 여	248,000	
선 수 수 익		8,000
········		

〈추가사항〉

(1) 20×1년 9월 1일에 소모품 12,000원을 구입하였는데, 12월 31일에 실사를 하여 보니, 소모품 미사용액은 4,800원이었다.
(2) 20×1년 5월 1일에 임차료(~20×2년 4월 30일까지) 50,400원을 지불하고, 이를 선급임차료로 분개하였다.
(3) 건물의 감가상각은 정액법으로 이루어지는데, 회계담당자는 당기의 감가상각비를 9,500원으로 계산하였다.
(4) 직원들에 대한 급여는 주급으로 지급하는데, 근무를 한 다음 주 수요일에 현금으로 지급한다. 12월 25일부터 12월 31일까지의 근로에 대한 급여는 12,000원이다.
(5) 20×1년 12월 1일부터 20×2년 3월 31일까지 (주) 부평과 8,000원의 서비스 제공 계약을 맺고, 대금을 12월 15일에 전액 수령하고 선수수익으로 계상하였다.
(6) 20×1년 12월 25일에 크리스마스 선물용 상품 1,200원을 고객에게 전달하였으나, 아직 청구서를 받지 못했다.

〈물음〉

1. 위의 추가사항에 따라 (주) 봉천의 20×1년 12월 31일의 조정분개를 수행하시오.
2. 조정분개에 나타난 사항을 T-계정에 전기하시오.
3. 건물과 감가상각누계액을 재무상태표에 표시하는 양식으로 나타내시오.

해 답

1. 조정분개

(1)	차>	소모품비	7,200[1]	대>	소 모 품	7,200
(2)	차>	임 차 료	33,600[2]	대>	선급임차료	33,600
(3)	차>	감가상각비	9,500	대>	감가상각누계액	9,500
(4)	차>	급 여	12,000	대>	미지급비용	12,000
(5)	차>	선수수익	2,000[3]	대>	매 출	2,000
(6)	차>	외상매출금	1,200	대>	매 출	1,200

1) 12,000원 − 4,800원 = 7,200원
2) 50,400원 × 8 / 12 = 33,600원
3) 8,000원 × 1 / 4 = 2,000원

2. T-계정에의 전기

(1)

소 모 품			
09/01	12,000	12/31	7,200
차기이월	4,800		

소모품비			
12/31	7,200		

(2)

선급임차료			
05/01	50,400	12/31	33,600
차기이월	16,800		

임 차 료			
12/31	33,600		

(3)

감가상각비			
12/31	9,500		

감가상각누계액			
		기 초	66,500
		12/31	9,500
		차기이월	76,000

(4)

급 여			
기존	248,000		
12/31	12,000		
급여계	260,000		

미지급비용			
		12/31	12,000
		차기이월	12,000

(5)

선 수 수 익			
12/31	2,000	12/15	8,000
		차기이월	6,000

매 출			
		기 존	350,000
		12/31	2,000
		합 계	352,000

(6)

외상매출금			
12/31	1,200		
차기이월	1,200		

매 출			
		기존[1]	352,000
		12/31	1,200
		매출계	353,200

1) 선수수익의 대체분(2,000) 포함한 금액임.

3. 건물과 감가상각누계액의 재무상태표 표시

건 물	400,000
감가상각누계액	(76,000)
장 부 금 액	324,000

제 3 절 회계순환과정과 재무제표의 작성

3.1 회계순환과정

기업은 경영활동을 통하여 여러 가지의 거래를 수행한다. 거래가 발생하면 기업은 복식부기의 원리에 따라 거래에 대한 분개를 하고 분개장에 기록한 다음, 그 내용을 총계정원장에 포함되어 있는 각 계정에 전기하게 된다. 이와 같이 분개 및 전기의 과정을 통하여 회계기간 중에 기업이 수행한 거래의 내용이 각 계정별로 집계되고 기업은 보고기간말 시점에서 각 계정별 잔액을 구하여 잔액시산표를 작성하게 된다.

보고기간말 시점에서 기업은 또 회계기간 동안의 경영성과와 보고기간말 현재의 재무상태를 정확하게 산출하기 위하여 필요한 조정분개를 하고 이를 바탕으로 재무제표를 작성하게 된다. 이러한 일련의 과정을 회계순환과정(accounting cycle)이라고 하며 다음과 같이 6단계로 나누어 살펴볼 수 있다.

〈회계순환과정〉

1단계: 거래가 발생하면 분개장에 분개한다.
2단계: 분개의 결과를 계정별 총계정원장에 전기한다.
3단계: 총계정원장에서 각 계정별 잔액을 구한다.
4단계: 계정별 잔액을 바탕으로 시산표를 작성한다.
5단계: 결산정리 사항에 대한 조정분개(수정분개)를 수행한다.
6단계: 재무제표를 작성한다.

이러한 여섯 단계의 회계순환과정을 그림으로 나타내면 다음의 〈자료 4-8〉과 같다.

위의 회계순환과정 중에서 1단계와 2단계는 회계기간 중에 거래가 발생할 때마다 이루어지고 3단계부터 6단계까지는 보고기간말에 일괄적으로 이루어지게

자료 4-8 회계순환과정

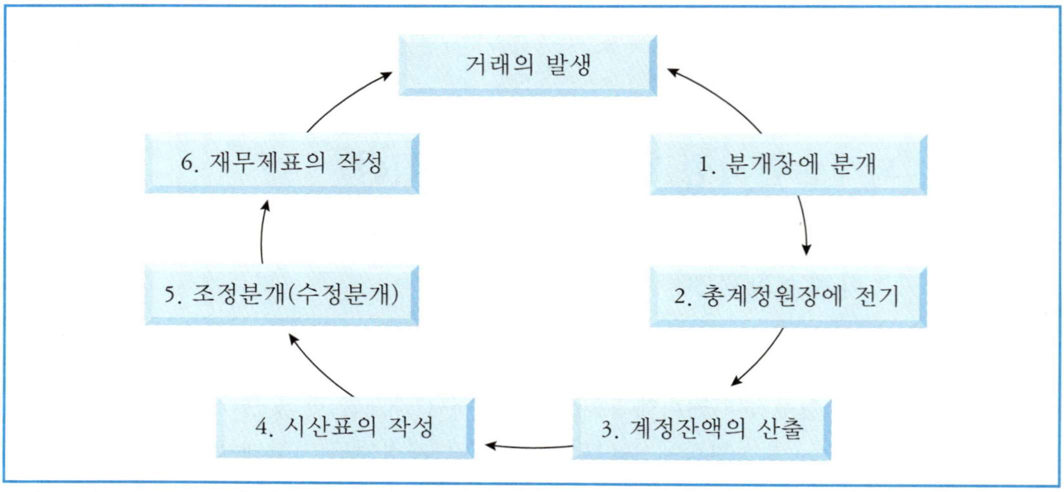

자료: 이창우 외 공저, 「재무제표의 이해」.

된다.

이러한 회계순환 과정 중에서 3단계까지는 앞의 제 3 장에서, 그리고 5단계인 조정분개에 대하여는 본 장의 제 2 절에서 이미 설명하였다. 이곳에서는 1단계인 거래에 대한 분개로부터 시작하여 위의 회계순환과정에 대한 내용을 다시 반복하여 학습하도록 한다. 이 과정을 통하여 위의 4단계, 즉 시산표의 개념과 작성방법 등에 대한 논의를 하게 될 것이다.

3.2 거래의 분개

기업의 회계담당자는 거래가 발생하면 재무제표에 어떠한 영향이 발생하는가를 분석한 다음 어느 계정과목에 얼마의 금액을 차변과 대변 중 어느 쪽에 기입해야 하는지를 파악한다. 이러한 분석과정에서 중요한 점은 거래의 결과로 차변과 대변에 기록되는 금액이 일치해야 한다는 복식부기의 원리가 적용되어야 한다는 것이다.

분개는 거래의 내용을 거래기록의 단위인 계정의 차변과 대변의 양쪽에 나누어 기록하는 것이므로 회계담당자는 차변합계액과 대변합계액이 항상 일치하는가를 검토함으로써 기록의 오류나 누락을 방지할 수 있다. 이것을 복식부기의 자기검증기능(self-checking function) 또는 자기통제기능(self-control function)이라 한다.

회계담당자는 거래를 분석한 후 분석의 결과를 분개장에 기록한다. 분개장은 기업이 수행한 거래를 발생순서별로 기록하는 회계장부로서, 거래의 결과를 일목요연하게 파악할 수 있도록 일정한 형식을 갖추고 있다. 분개장의 형태에 대하여는 제 3 장에서 언급한 바 있다.

예제 4-13 거래의 분개

다음은 관악주식회사의 거래를 나타낸 것이다. 각각의 기중거래에 대해 분개하시오.

1. 이신림과 박봉천은 1월 3일에 자본금 300원을 현금으로 각각 출자하여 관악주식회사를 설립하였다.
2. 본사 사무실과 창고로 사용하기 위해 1월 20일에 건물을 250원에 구입하였는데, 100원은 6개월 후에 지급하기로 하였다.
3. 2월 5일에 컴퓨터를 150원에 구입하였는데, 구입대금은 추후에 지급하기로 하였다.
4. 운영자금이 부족하여 3월 12일에 남현은행으로부터 300원을 차입하였다. 이 차입금은 내년 2월 12일에 상환하는 조건이다.

5. 4월 11일에 서울회사에 청소용역을 제공하였는데, 대금 200원은 아직 받지 못했다.
6. 5월 20일에 종업원에게 2년 만기로 200원을 빌려주었다.
7. 6월 25일에 건물 구입대금 미지급분은 전액을 지급하였지만, 컴퓨터 구입대금은 100원만 지급하였다.
8. 7월 1일에 사무실과 창고에 대해 화재보험에 가입하여 1년치 보험료 100원을 모두 납부하고 이를 자산계상 하였다.
9. 관악회사는 청소용품을 구매하여 판매하기도 하는데, 8월 2일에 250원어치 자동청소기를 외상으로 구입하였다.
10. 구입한 자동청소기를 9월 11일에 전액 판매하였는데, 판매대금 400원 중에서 200원은 추후 받기로 하였다. 판매와 동시에 매출원가도 계산하는 것으로 한다.
11. 10월 15일에 청소용역대금 중에서 150원을 회수하였다.
12. 11월 22일에 자동청소기 외상구입분 중에서 50원을 지급하였다.
13. 12월 1일, 동작회사에 청소용역을 제공하기로 하고 현금 150원을 받았다. 이 용역은 내년 2월말까지 계속될 것인데 회사는 현금수취분을 선수수익으로 계상하였다.
14. 12월 25일에 일년치 급여 100원 중에서 70원만 지급하였고, 나머지는 내년 2월에 지급할 예정이다.
15. 12월 31일의 결산정리 사항
   (1) 대여금에 대한 이자수익 20원이 발생하였다.
   (2) 차입금에 대한 이자비용 60원은 차입금 상환시에 지급하는 조건이다.
   (3) 건물 감가상각비는 30원, 비품 감가상각비는 20원이 계산되었다.

해 답

일자	차변	금액	대변	금액
01/03:	차> 현 금	600	대> 자 본 금	600
01/20:	차> 건 물	250	대> 현 금	150
			미지급금	100
02/05:	차> 비 품	150	대> 미지급금	150
03/12:	차> 현 금	300	대> 단기차입금	300
04/11:	차> 외상매출금	200	대> 매 출	200
05/20:	차> 장기대여금	200	대> 현 금	200
06/25:	차> 미지급금	200	대> 현 금	200
07/01:	차> 선급보험료	100	대> 현 금	100
08/02:	차> 재고자산	250	대> 외상매입금	250
09/11:	차> 현 금	200	대> 매 출	400
	외상매출금	200		
	차> 매출원가	250	대> 재고자산	250
10/15:	차> 현 금	150	대> 외상매출금	150
11/22:	차> 외상매입금	50	대> 현 금	50
12/01:	차> 현 금	150	대> 선수수익	150
12/25:	차> 급 여	100	대> 현 금	70
			미지급비용	30

3.3 총계정원장에의 전기

회계담당자는 분개장에 기록된 내용을 총계정원장(general ledger)이라는 계정묶음집의 해당 계정에 기록하는데, 이와 같이 분개의 내용을 총계정원장의 각 계정에 옮겨 적는 작업을 전기(posting)라고 한다.

기업회계 실무상으로는 대부분의 회계처리가 전표투입이라는 작업을 통해서 이루어지고 있는데, 전표란 회계담당자가 어떠한 거래에 대해 계정과목, 차 · 대변 결정, 금액기입 등 회계처리를 한 결과가 요약되어 있는 서류를 말한다. 전표에는 각 계정과목과 계정과목에 따른 고유번호가 적혀있기 때문에 이를 바탕으로 총계정원장에 포함된 각 계정으로 전표에 기재된 거래의 내용을 옮겨 적게 된다.

3.4 계정잔액의 산출

회계기간에 발생한 모든 거래를 분개하고 해당 계정에 전기한 다음 각 계정의 잔액을 산출한다. 계정잔액을 구하기 위해서는 해당 계정의 차변의 합과 대변의 합을 구한 후에 큰 숫자에서 작은 숫자를 차감하면 된다. 만약 차변의 합이 대변의 합보다 크면 차변잔액이 남게 되고, 대변의 합이 차변의 합보다 크면 대변잔액이 남게 된다.

제 3 장에서 언급한 바와 같이 자산과 비용계정은 차변잔액을 가지고, 부채와 자본 및 수익계정은 대변잔액을 가지는 것이 일반적이다.

예제 4-14 **전기와 계정잔액의 산출**

〈예제 4-13〉의 관악주식회사의 거래에 대하여 T-계정에 전기하고 계정잔액을 산출하시오.

해 답

현 금

차변		대변	
01/03	600	01/20	150
03/12	300	05/20	200
09/11	200	06/25	200
10/15	150	07/01	100
12/01	150	11/22	50
		12/25	70
합 계	1,400	합 계	770
잔 액	630		

외상매출금

차변		대변	
04/11	200	10/15	150
09/11	200		
합 계	400	합 계	150
잔 액	250		

선급보험료

07/01	100		
잔 액	100		

재고자산

08/02	250	09/11	250
합 계	250	합 계	250
잔 액	0		

장기대여금

05/20	200		
잔 액	200		

건 물

01/20	250		
잔 액	250		

비 품

02/05	150		
잔 액	150		

단기차입금

		03/12	300
		잔 액	300

외상매입금

11/22	50	08/02	250
합 계	50	합 계	250
		잔 액	200

미지급금

06/25	200	01/20	100
		02/05	150
합 계	200	합 계	250
		잔 액	50

미지급비용

		12/25	30
		잔 액	30

선수수익

		12/01	150
		잔 액	150

자 본 금

		01/03	600
		잔 액	600

매 출

		04/11	200
		09/11	400
		합 계	600

매 출 원 가

09/11	250		
합 계	250		

급 여

12/25	100		
합 계	100		

참고) 매출과 매출원가, 급여계정은 포괄손익계산서 항목이므로 계정잔액을 산출하지 않고, 당기의 발생액을 구하였다.

자료 4-9 시산표의 기본 형태

계정과목	차 변	대 변
현금및현금성자산	121,500	
외상매출금	50,000	
대손충당금		2,000
선급보험료	24,000	
선급임차료	12,000	
건 물	400,000	
감가상각누계액		1,000
외상매입금		7,300
선 수 수 익		42,000
자 본 금		500,000
매 출		96,200
급 여	36,000	
광 고 비	500	
운 반 비	1,500	
이 자 비 용	3,000	
합 계	648,500	648,500

참고) 위의 금액은 임의로 정한 것임.

3.5 시산표의 작성

모든 거래가 적절하게 분개되고 총계정원장에의 전기가 정확히 이루어졌다면 제 3 장에서 언급한 회계등식에 의하여 모든 계정의 차변합계액과 대변합계액은 언제나 일치하여야 한다. 이 때 총계정원장에 대한 기입이 정확한가의 여부를 조사하기 위하여 총계정원장의 각 계정과 금액을 모아 비교하는 표가 시산표이다.

시산표(T/B: trial balance)를 작성하는 목적은 분개장에서 원장으로의 전기가 정확하게 이루어졌는가를 검토하고, 결산 전에 기업의 재무상태와 경영성과의 개요를 알기 위해서이다. 따라서 시산표는 결산 시점에 재무제표를 작성하는 준비 단계로 작성되는데, 재무상태표와 포괄손익계산서를 작성하기 이전에 시험적으로 시산표를 작성함으로써 회계기록상의 오류가 있었는가를 검토하는 것이다.

시산표의 형태는 〈자료 4-9〉와 같다.

만약 시산표에서 차변과 대변의 합이 서로 일치하지 않았다면 그 이유는 다음과 같다.

(1) 시산표에서의 합계 계산과정의 실수
(2) 계정의 잔액을 시산표로 옮겨 적는 과정의 실수
(3) 각 계정별로 잔액 산정과정의 잘못
(4) 분개장에서 각 계정으로 전기하는 과정에서의 잘못
(5) 분개과정에서의 실수
(6) 거래의 자료 중에서의 오류 가능성

시산표 작성 후 차변과 대변이 맞지 않는 오류가 발생하였다면 이전의 회계과정과 반대방향으로, 즉 "시산표 → 계정잔액 산정 → 분개장 → 원천서류"의 순서로 오류를 찾아내야 한다.

그러나 여기에서 주의할 것은 시산표에 있는 차변잔액과 대변잔액의 합이 서로 일치한다고 하더라도 오류가 발생하지 않았다고는 단언할 수 없다는 것이다. 왜냐하면 차변과 대변에 동일한 오류가 발생하였을 수도 있기 때문이다. 즉, 어떠한 거래가 전혀 기록되지 않았다거나, 어떤 거래의 결과가 차변과 대변에 동시에 기록되었거나, 잘못된 계정과목에 기입하였거나, 또는 차변과 대변의 과목이 뒤바뀌었을 수도 있기 때문이다.

시산표는 형태에 따라 합계시산표, 잔액시산표, 합계잔액시산표의 세 가지로 나누어진다.

합계시산표는 각 계정의 차변합계액과 대변합계액을 모은 것으로, 합계시산표의 합계액은 당 회계기간에 있어서 회사의 총 거래액을 나타내는 것이다. 합계시산표의 차변합계액과 대변합계액은 회계기간 중의 분개의 결과를 모두 합한 것이므로 회계등식에 의해 당연히 일치하여야 한다.

잔액시산표는 각 계정의 잔액만을 모아서 작성한 시산표이다. 따라서 잔액시산표는 합계시산표보다 간단하고 요약된 것인데, 자산 · 부채 · 자본 · 수익 · 비용의 각 계정의 잔액(수익과 비용은 기중 발생액)만을 표시하므로 재무제표 작성의 기초가 되고, 당 회계기간에 대한 회사의 재무상태와 경영성과를 짐작할 수 있게 한다. 따라서 시산표 중에서 잔액시산표가 가장 중요하다고 할 수 있다.

합계잔액시산표는 합계시산표와 잔액시산표를 하나의 표로 나타낸 것인데, 실무상 번거롭기는 하지만 위의 두 가지 시산표의 장점을 모두 갖추고 있다고 할 수 있다. 따라서 현행 기업회계 실무에서는 일반적으로 합계잔액시산표를 작성하는데 이는 먼저 합계시산표에서 계정의 합계를 모두 맞추어 본 후에 잔액시산표를 작성하기 때문이다.

예제 4-15 시산표의 작성

〈예제 4-14〉의 결과를 바탕으로 합계시산표, 잔액시산표, 합계잔액시산표를 작성하시오.

해 답

1. 합계시산표

계정과목	차 변	대 변
현 금	1,400	770
외상매출금	400	150
선급보험료	100	
재고자산	250	250
장기대여금	200	
건 물	250	
비 품	150	
단기차입금		300
외상매입금	50	250
미지급금	200	250
미지급비용		30
선수수익		150
자 본 금		600
매 출		600
매출원가	250	
급 여	100	
합 계	3,350	3,350

2. 잔액시산표

계정과목	차 변	대 변
현 금	630	
외상매출금	250	
선급보험료	100	
장기대여금	200	
건 물	250	
비 품	150	
단기차입금		300
외상매입금		200
미지급금		50
미지급비용		30
선수수익		150
자 본 금		600
매 출		600
매출원가	250	

급 여	100	
합 계	1,930	1,930

3. 합계잔액시산표

계 정 과 목	차변잔액	차변합계	대변합계	대변잔액
현 금	630	1,400	770	
외상매출금	250	400	150	
선급보험료	100	100		
재 고 자 산	0	250	250	
장기대여금	200	200		
건 물	250	250		
비 품	150	150		
단기차입금			300	300
외상매입금		50	250	200
미 지 급 금		200	250	50
미지급비용			30	30
선 수 수 익			150	150
자 본 금			600	600
매 출			600	600
매 출 원 가	250	250		
급 여	100	100		
합 계	1,930	3,350	3,350	1,930

3.6 조정분개(수정분개)와 수정후시산표의 작성

시산표에 정리된 총계정원장의 계정잔액들은 회계기간 중에 발생된 거래들의 결과만을 반영하고 있다. 그런데 회계기간 중에 발생되어 원장에 기록되거나 혹은 기록되지 않은 거래 중의 일부는 시간이 경과함에 따라 계속적으로 기업의 자산, 부채, 수익, 비용의 변화를 초래한다.

이러한 경우에 총계정원장에 기입된 계정잔액을 기초로 하여 그대로 재무제표를 작성할 경우 기업의 재무상태와 경영성과가 명확히 표시되지 않을 수 있으므로 회계연도 말에 결산정리하는 절차를 거치게 되는데, 이 과정에서 조정분개 또는 수정분개가 이루어진다. 이에 대하여는 앞의 제 2 절에서 자세히 언급하였다.

이와 같이 보고기간말에 일괄적으로 결산정리하는 절차를 결산조정(year-end adjustment)이라고 하는데, 이러한 수정작업도 분개의 형태로 이루어지며 이 때 작성되는 조정분개(adjusting entry)의 내용은 또 각 계정에 전기되어야 한다.

재무제표를 작성하기 위해서는 전기가 완료된 수정분개 사항까지 반영된 모

예제 4-16 조정분개와 수정후시산표의 작성

〈예제 4-13〉과 〈예제 4-14〉 및 〈예제 4-15〉를 바탕으로 조정분개를 수행하고 수정후잔액시산표를 작성하시오.

해 답

1. 조정분개

차> 미수수익	20	대> 이자수익	20
차> 이자비용	60	대> 미지급비용	60
차> 감가상각비	50	대> 감가상각누계액-건물	30
		감가상각누계액-비품	20
차> 보 험 료	50[1)]	대> 선급보험료	50
차> 선수수익	50	대> 매 출	50[2)]

1) 선급보험료 중 당기의 기간경과분 = 100 × 6개월 / 12개월 = 50원

2) 선수수익 중 당기 용역제공분 = 150 × 1개월 / 3개월 = 50원

2. 수정후잔액시산표

계 정 과 목	차 변	대 변
현 금	630	
외상매출금	250	
미수수익	20	
선급보험료	50	
장기대여금	200	
건 물	250	
감가상각누계액		30
비 품	150	
감가상각누계액		20
단기차입금		300
외상매입금		200
미지급금		50
미지급비용		90
선수수익		100
자 본 금		600
매 출		650
이자수익		20
매출원가	250	
급 여	100	
보 험 료	50	
감가상각비	50	
이자비용	60	
합 계	2,060	2,060

든 계정의 잔액을 재산출해야 한다. 이러한 회계기록과정의 정확성을 검증하기 위해 새로운 계정잔액을 중심으로 다시 시산표를 작성할 수 있는데, 이 때 작성되는 시산표를 수정후시산표(trial balance after adjustments)라고 한다.

3.7 재무제표의 작성

보고기간말 결산시점에서 조정분개가 이루어진 후 이러한 조정사항들을 바탕으로 재산출된 각 계정의 잔액을 사용하여 재무상태표와 포괄손익계산서를 작성한다.

기업의 경영진은 당 회계기간 동안의 경영성과와 재무상태를 검토한 후 이익잉여금의 처분계획을 세우고 포괄손익계산서에서 산출된 당기순이익(또는 당기순손실) 정보와 자본거래정보를 포함하여 자본변동표를 작성한다. 또한 기초와 기말의 현금정보와 재무상태표, 포괄손익계산서 및 자본변동표에 내재된 정보를 활용하여 현금흐름표를 작성한다.

재무제표는 독립된 제 3 자인 외부감사인에 의해 회계감사를 받은 후 금융감독원의 전자공시시스템에 전자공시되고 주주총회에서 확정된다. 주주총회에서 확정된 재무제표는 일간신문 등에 결산공고를 내어 일반 대중에게 알림으로써 재무제표의 작성과 공시에 관련된 절차가 완료되는 것이다.

〈예제 4-17〉로 회계순환과정 전체에 대해 파악하기로 하자.

예제 4-17 회계순환과정 종합예제

20×0년 12월 31일 현재 인천회사의 재무상태는 다음과 같다.

(1) 자산

현금	75,000원
외상매출금	54,000원
토지	400,000원
자산총계	529,000원

(2) 부채 및 자본

1) 부채

외상매입금	8,000원
장기차입금	400,000원
부채총계	408,000원

2) 자본

보통주자본금	100,000원

이익잉여금	21,000원
자본총계	121,000원
부채와 자본총계	529,000원

20×1년의 거래는 다음과 같다.

1) 1월 10일: 보통주를 발행하여 현금 250,000원을 수령하였다.
2) 2월 20일: 240,000원을 들여서 토지 위에 건물을 건설하였다.
3) 3월 12일: 외상매입금 8,000원을 지급하였다.
4) 4월 27일: 외상매출금 54,000원을 회수하였다.
5) 5월 1일: 1년이 소요되는 용역계약을 체결하고 대금 120,000원을 선수하여 부채로 계상하고 있다.
6) 6월 11일: 수도광열비 11,000원을 지급하지 않았다.
7) 7월 3일: 용역 수행에 대한 수수료 45,000원은 6개월 후에 받기로 하였다.
8) 8월 22일: 잡비 8,000원이 현금으로 지출되었다.
9) 9월 1일: 건물에 대한 보험료로 40,000원을 지급하고 선급비용으로 처리하였다. 보험계약은 1년이다.
10) 9월 7일: 차입금에 대한 이자비용 2,000원을 지불하였다.
11) 10월 4일: 급여 14,000원을 현금으로 지급하였다.
12) 11월 16일: 용역을 수행하고 수수료 36,000원을 청구하였다.
13) 12월 1일: 4개월 만기 단기금융상품에 100,000원을 투자하였는데, 4개월 후에 원리금으로 106,000원을 받을 수 있다.
14) 12월 22일: 주주들에게 배당금 10,000원을 지급하였다.
15) 12월 31일의 결산정리 사항
   (1) 건물 감가상각비는 5,000원으로 계산되었다.
   (2) 장기차입금에 대한 이자비용 1,000원이 발생하였다.

〈요구사항〉

1. 위의 기중거래에 대해 분개하시오.
2. 1의 분개에 대해 T-계정을 사용하여 각 계정별 원장에 전기하시오. 계정별 원장을 작성할 때에는 기초 잔액도 입력하고, 기말의 계정잔액까지 구하시오.
3. 잔액시산표(수정전)를 작성하시오.
4. 기말 조정분개를 수행하시오.
5. 조정항목에 대한 T-계정을 작성하시오.
6. 수정후잔액시산표를 작성하시오.

해 답

1. 거래의 분개

1) 01/10:	차> 현 금	250,000	대> 보통주자본금	250,000
2) 02/20:	차> 건 물	240,000	대> 현 금	240,000
3) 03/12:	차> 외상매입금	8,000	대> 현 금	8,000
4) 04/27:	차> 현 금	54,000	대> 외상매출금	54,000

	차변	금액	대변	금액
5) 05/01:	차> 현 금	120,000	대> 선 수 수 익	120,000
6) 06/11:	차> 수도광열비	11,000	대> 미지급비용	11,000
7) 07/03:	차> 외상매출금	45,000	대> 매출(용역수익)	45,000
8) 08/22:	차> 잡 비	8,000	대> 현 금	8,000
9) 09/01:	차> 선급보험료	40,000	대> 현 금	40,000
10) 09/07:	차> 이자비용	2,000	대> 현 금	2,000
11) 10/04:	차> 급 여	14,000	대> 현 금	14,000
12) 11/16:	차> 외상매출금	36,000	대> 매출(용역수익)	36,000
13) 12/01:	차> 단기금융상품	100,000	대> 현 금	100,000
14) 12/22:	차> 이익잉여금 (배당금)	10,000	대> 현 금	10,000

2. 계정별 원장

현 금

기 초	75,000	02/20	240,000
01/10	250,000	03/12	8,000
04/27	54,000	08/22	8,000
05/01	120,000	09/01	40,000
		09/07	2,000
		10/04	14,000
		12/01	100,000
		12/22	10,000
합 계	499,000	합 계	422,000
차기이월	77,000		

외상매출금

기 초	54,000	04/27	54,000
07/03	45,000		
11/16	36,000		
합 계	135,000	합 계	54,000
차기이월	81,000		

단기금융상품

기 초	0		
12/01	100,000		
합 계	100,000		
차기이월	100,000		

선급보험료

기 초	0		
09/01	40,000		
합 계	40,000		
차기이월	40,000		

토 지

기 초	400,000		
차기이월	400,000		

건 물

기 초	0		
02/20	240,000		
합 계	240,000		
차기이월	240,000		

외상매입금

차변		대변	
03/12	8,000	기 초	8,000
합 계	8,000	합 계	8,000
		차기이월	0

미지급비용

차변		대변	
		기 초	0
		06/11	11,000
		합 계	11,000
		차기이월	11,000

선수수익

차변		대변	
		기 초	0
		05/01	120,000
		합 계	120,000
		차기이월	120,000

장기차입금

차변		대변	
		기 초	400,000
		차기이월	400,000

보통주자본금

차변		대변	
		기 초	100,000
		01/10	250,000
		합 계	350,000
		차기이월	350,000

이익잉여금[1]

차변		대변	
12/22	10,000	기 초	21,000
합 계	10,000	합 계	21,000
		차기이월	11,000

1) 여기서는 당기중의 분개와 원장의 정리에 대해서만 다루고 있으므로 이익잉여금 처분에 관한 사항은 생략한다. 포괄손익계산서의 마감과 이익잉여금 처분에 대해서는 후술하기로 한다.

매출: 용역수익[2]

차변		대변	
		07/03	45,000
		11/16	36,000
		합 계	81,000

급 여[2]

차변		대변	
10/04	14,000		
합 계	14,000		

수도광열비[2]

차변		대변	
06/11	11,000		
합 계	11,000		

잡 비[2]

차변		대변	
08/22	8,000		
합 계	8,000		

이자비용[2]

차변		대변	
09/07	2,000		
합 계	2,000		

2) "매출: 용역수익 이하 이자비용"까지의 포괄손익계산서 항목들은 전기말에 이미 마감분개를 통해 이익잉여금으로 대체되었으므로 기초잔액이 없고, 당기말에 다시 마감분개를 통해 이익잉여금으로 대체될 것이므로 차기이월금액을 산정하지 않고 합계금액만 기재하였다. 마감분개에 대해서는 제 5 장에서 설명한다.

3. 잔액시산표

인천회사, 20×1년 12월 31일 (단위 : 원)

계 정 과 목	차변금액	대변금액
현 금	77,000	
외 상 매 출 금	81,000	
단기금융상품	100,000	
선 급 보 험 료	40,000	
토 지	400,000	
건 물	240,000	
미 지 급 비 용		11,000
선 수 수 익		120,000
장 기 차 입 금		400,000
보통주자본금		350,000
이 익 잉 여 금		11,000
매출-용역수익		81,000
급 여	14,000	
수 도 광 열 비	11,000	
잡 비	8,000	
이 자 비 용	2,000	
합 계	973,000	973,000

4. 기말 조정분개

	차변	금액	대변	금액
(1)	차> 감가상각비	5,000	대> 감가상각누계액	5,000
(2)	차> 이자비용	1,000	대> 미지급비용	1,000
(3)	차> 선수수익	80,000	대> 매 출	80,000[1)]
(4)	차> 보 험 료	13,333	대> 선급보험료	13,333[2)]
(5)	차> 미수수익	1,500	대> 이자수익	1,500[3)]

1) 선수수익 중 당기 용역제공분 = 120,000 × 8개월 / 12개월 = 80,000원
2) 선급보험료 중 당기 기간경과분 = 40,000 × 4개월 / 12개월 = 13,333원
3) (106,000 − 100,000) × 1개월 / 4개월 = 1,500원

5. T-계정에 전기 − 조정분개 사항

(1)

감가상각비

차변		대변	
12/31	5,000		
합 계	5,000		

감가상각누계액 − 건물

차변		대변	
		기 초	0
		12/31	5,000
		차기이월	5,000

(2)

이 자 비 용

차변		대변	
09/07	2,000		
12/31	1,000		
합 계	3,000		

미지급비용

차변		대변	
		기 초	0
		06/11	11,000
		12/31	1,000
		차기이월	12,000

(3)

매출			
		07/03	45,000
		11/16	36,000
		12/31	80,000
		합 계	161,000

선수수익			
12/31	80,000	기 초	0
		05/01	120,000
합 계	80,000	합 계	120,000
		차기이월	40,000

(4)

보험료			
12/31	13,333		
합 계	13,333		

선급보험료			
기 초	0	12/31	13,333
09/01	40,000		
합 계	40,000	합 계	13,333
차기이월	26,667		

(5)

이자수익			
		12/31	1,500
		합 계	1,500

미수수익			
기 초	0		
12/31	1,500		
차기이월	1,500		

6. 수정후잔액시산표

인천회사, 20×1년 12월 31일 (단위 : 원)

계 정 과 목	차변금액	대변금액
현 금	77,000	
외 상 매 출 금	81,000	
단기금융상품	100,000	
선 급 보 험 료	26,667	
미 수 수 익	1,500	
토 지	400,000	
건 물	240,000	
감가상각누계액		5,000
미 지 급 비 용		12,000
선 수 수 익		40,000
장 기 차 입 금		400,000
보통주자본금		350,000
이 익 잉 여 금		11,000
매출-용역수익		161,000
이 자 수 익		1,500
급 여	14,000	
수 도 광 열 비	11,000	
감 가 상 각 비	5,000	
보 험 료	13,333	
잡 비	8,000	
이 자 비 용	3,000	
합 계	980,500	980,500

연습문제

문제 4-1 실현주의의 개념

수익은 실현주의에 따라 인식해야 한다. 이 때, 실현주의의 개념에 대해 10줄 이내로 서술하시오(단, 실현주의의 두 가지 기준에 대한 내용을 포함할 것).

문제 4-2 수익 · 비용대응의 원칙에 대해 간략하게 서술하시오.

문제 4-3 발생주의의 의의

발생주의와 현금주의를 비교해서 설명하고, 기업회계기준(K-IFRS)이 발생주의 회계를 근간으로 삼고 있는 이유를 제시하시오.

문제 4-4 비용의 대응

비용의 대응방법으로는 다음의 다섯 가지 분류가 있다고 할 때, 각각의 항목들이 어디에 속하는지 답하시오.

㉮ 수익과 1:1 대응	㉯ 회계기간에 대응
㉰ 취득원가의 인위적 배분	㉱ 직접 비용처리
㉲ 자산 또는 부채의 평가	

1. 개발비 상각비
2. 차입금에 대한 이자비용
3. 본사 사무직원 급여
4. 광고선전비
5. 당기제품제조원가(매출원가를 구성)
6. 단기매매금융자산평가손실

문제 4-5 조정분개

20×1년 12월 31일 (주)신림건설과 관련된 회계정보는 다음과 같다. 필요한 항목에 대해 조정분개를 제시하시오.

1. 회사는 소유 중인 강남 소재 건물 일부를 벤처기업에게 임대하고 있다. 당기 7월 1일에 1년 분에 해당하는 임대료 6,000,000원을 수령하고, 이 금액을 선수임대료 수익으로 회계처리하였다.

2. 12월 31일 현재 선급보험료계정의 차변에는 다음의 내용이 포함되어 있다.
   전기이월 기초잔액: 1,000,000원 4월 1일: 6,000,000원 7월 1일: 2,000,000원
   기초잔액은 전년도에 가입한 1년 짜리 화재보험의 미경과분을, 4월 1일에 가입한 보험은 2년 짜리 차량보험을, 그리고 7월 1일에 가입한 보험은 1년 짜리 화재보험을 나타내는 것이다.
3. 12월 31일에 회사는 총 도급계약액 7,500,000원 중 40%에 해당하는 부분의 업무를 완성하였다. 나머지 부분에 해당하는 건설용역은 다음 해에 완성될 예정이며, 공사대금 전액이 당기에 미회수 상태에 있다.
4. 회사는 당기에 건설공사에 소요되는 자금을 조달하기 위해 사채를 발행하였다. 당기 중 사채발행에 따르는 이자금액은 100,000원이나 아직 지급되지 않은 상태이다.
5. 회사의 소모품계정의 기초잔액은 200,000원이며, 당기의 소모품 매입액은 500,000원이었고 기말에는 300,000원의 소모품이 미사용 중이었다. 회사는 소모품을 구입할 당시 비용으로 회계처리하는 방법을 채택하고 있다.
6. 회사는 2월 1일에 6,500,000원을 지급하고 건물을 구입하였다. 회사가 선택한 방법인 정액법에 따른 당해 연도의 감가상각비는 1,100,000원이다.
7. 12월 31일 회사의 경리부장은 회사의 20×1 회계연도의 법인세액이 1,800,000원이 될 것으로 예상하고 있다.

문제 4-6 조정분개와 수정후잔액시산표의 작성

다음은 20×1년 12월 31일 현재 (주)청주서적의 수정전잔액시산표이다(단위: 천원).

	차변	대변
현금	1,300	
매출채권	3,250	
소모품	200	
선급보험료	360	
사무용설비	2,750	
(설비)감가상각누계액		750
매입채무		2,000
선수임대료		500
자본금		2,000
이익잉여금		1,410
매출		4,100
급여	2,700	
임차료	200	
계	10,760	10,760

〈추가자료〉

1. 12월말 미지급된 급여는 200,000원이다.
2. 12월말 현재 아직 사용되지 않은 소모품은 95,000원이다.
3. 12월말 현재 선수임대료의 정확한 잔액은 250,000원이다.
4. 당기의 정확한 감가상각비는 250,000원이다.
5. 12월말 현재 정확한 선급보험료 금액은 200,000원이다.
6. 12월말 현재 매출활동이 완료되었으나 아직 고객에게 대금지급을 청구하지 않은 금액이 450,000원이다.
7. 12월말 현재 정부에 납부하여야 할 법인세는 190,000원으로 예상된다.

〈물음〉

1. 위에 제시된 추가자료를 이용하여 조정분개를 하시오.
2. T-계정을 필요한 만큼 설정하여 위의 분개내용을 전기하시오.
3. 수정후잔액시산표를 작성하시오.
4. 포괄손익계산서와 재무상태표를 작성하시오.

문제 4-7 조정분개와 재무제표의 작성

다음은 20×1년 12월 31일 현재 (주)아현웨딩의 수정전 및 수정후잔액시산표이다 (단위: 천원).

	수정전잔액시산표		수정후잔액시산표	
	차변	대변	차변	대변
현금	13,500		13,500	
매출채권	25,000		25,000	
미수수익			1,000	
소모품	1,000		250	
선급임차료	1,600		600	
설비자산	14,000		14,000	
(설비)감가상각누계액		2,000		4,000
매입채무		3,000		3,000
단기차입금		5,000		5,000
미지급비용				700
미지급이자				1,100
미지급급여				2,000
당기법인세부채				3,150
선수수익		5,000		2,500
자본금		30,000		30,000
이익잉여금		16,900		16,900
배당금	5,000		5,000	

매출		70,000		73,500
급여	65,000		67,000	
전기수도료	1,400		2,100	
임차료	5,400		6,400	
소모품비			750	
(설비)감가상각비			2,000	
이자비용			1,100	
법인세비용			3,150	
합계	131,900	131,900	141,850	141,850

〈물음〉

1. 위의 자료를 바탕으로 기말에 (주)아현웨딩이 행한 조정분개를 추정하시오.
2. 다음의 재무제표를 작성하시오.
   ① 포괄손익계산서
   ② 재무상태표

문제 4-8 조정분개

이지선 공인회계사는 (주)대림제약에 대한 회계감사를 실시한 결과 다음과 같은 사항들이 아직 회계장부에 반영되지 않았음을 발견하였다. (주)대림제약의 회계연도는 매년 12월 31일에 종료된다고 할 때, 보고기간종료일에 행할 조정분개를 제시하시오.

1. 회사의 소모품계정의 기초잔액은 300,000원이고 당 회계연도 중 구입한 소모품 총액은 1,000,000원이며, 12월말 현재 실사한 결과 아직 사용되지 않은 소모품의 총원가는 500,000원이라고 한다.
2. 12월 30일 (주)대림제약은 (주)문래약품과 9,000,000원에 상당하는 의약품 안전성 시험 관련 용역계약을 체결하였는데 대금은 내년 3월말에 수령하기로 하였다.
3. 회사는 12월말까지의 연구원의 연봉 3,000,000원을 지급하지 않고 있다고 한다.
4. (주)대림제약의 장부에는 현재 장기차입금 5,000,000원이 있으며 이 차입금에 대한 당기의 이자발생액은 600,000원이다. 이자의 지급일은 6월말이라고 한다.
5. 12월말 현재 선급보험료계정은 다음과 같은 정보를 포함하고 있다.

기초잔액	400,000원
4월 1일(차변기입)	250,000원
7월 1일(차변기입)	300,000원

   위의 기초잔액은 전기말 현재 기간 미경과분으로서 1년짜리 화재보험에 가입한 것이고, 4월 1일 구입한 보험은 당일로 시작되는 1년짜리 새로운 차량보험가입에 관한 것이며, 7월 1일분은 추가적으로 가입한 2년짜리 화재보험내용을 기록한 것이다.
6. (주)대림제약은 현재 수행중인 약품 개발 관련 용역계약(총액 8,000,000원)에 대하

여 결산일 현재 3,500,000원 상당이 완료된 것으로 파악하고 있으며 이 용역은 차기 3월중에 완료되고 대금청구가 이루어질 것이라고 한다.

7. 당기 10월 1일 회사는 (주)구로약품과 2년간에 걸쳐 수행되는 용역계약을 체결하고 24,000,000원을 선금으로 수령하였다. 회사는 이 거래를 선수수익으로 회계처리 하였으며 수익은 매월 인식한다고 한다.
8. 회사가 소유한 건물의 취득원가는 25,000,000원이고 기계장치의 취득원가는 10,000,000원이다. 이들 자산은 모두 당기 1월 1일에 구입한 것이며 건물은 25년간에 걸쳐 감가상각하고 설비는 20년에 걸쳐 감가상각한다고 한다. 이에 따라 계산된 감가상각비는 건물이 1,000,000원이고 기계장치는 500,000원이다.

문제 4-9 조정분개의 손익효과

목포건설(주)의 20×1년 12월 31일의 회계정보가 다음과 같을 때 20×1년 포괄손익계산서에 계상될 수익과 비용항목은 각각 얼마가 되는가?

1. 목포에 위치한 본사건물의 일부를 상원창투(주)에 임대하고 9월 1일에 받은 임대료 3,000,000원(임대기간 1년)을 전액 선수임대료로 분개하였다.
2. 선급수수료계정의 차변에는 다음의 내용이 포함되어 있다.

기초잔액	500,000원
3월 1일	1,200,000원
10월 1일	300,000원

→ 3월 1일의 선급수수료는 (주)전남개발에 대한 2년짜리 로얄티에 대한 것이고, 나머지는 모두 광주컨설팅(주)에 대한 1년짜리 컨설팅수수료이다.

3. 5월 1일, 여수은행으로부터 2년 만기의 자금 10,000,000원(연 12% 이자율)을 빌려서 사용하고 있다.
4. 회사는 '목포빌리지' 브랜드로 도급금액 15,000,000원의 아파트를 건설(건설기간: 20×1년 10월 1일~20×2년 6월 30일)하고 있는데, 공사대금 전액을 아직 현금으로 받지 못한 상태이다.
5. 소모품비에는 600,000원이 기록되어 있는데, 경리부장 위승용 씨가 재고실사를 한 결과 150,000원의 소모품을 사용할 수 있다고 한다.

문제 4-10 조정분개

다음은 서초법무법인의 20×1년 12월 31일 현재 잔액시산표이다. 이 자료를 바탕으로 서초법무법인이 행한 조정분개를 하고 이에 대해 간략하게 설명하시오(단위: 천원).

	수정전잔액시산표		수정후잔액시산표	
	차변	대변	차변	대변
현금	9,500		9,500	
매출채권	17,400		17,400	
소모품	3,000		900	
선급임차료	3,500		1,800	
사무실비품	12,000		12,000	
감가상각누계액(비품)		2,000		3,000
미지급비용		2,900		4,760
은행차입금		4,000		4,000
미지급이자				800
선수수익		4,500		3,000
당기법인세부채				1,350
자본금		10,000		10,000
배당금	3,000		3,000	
용역수익		45,500		49,000
급여	19,000		19,000	
전기수도료	500		2,360	
임차료	1,000		2,700	
소모품비			2,100	
(비품)감가상각비			1,000	
이자비용			800	
미수수익			2,000	
법인세비용			1,350	
합계	68,900	68,900	75,910	75,910

chapter 05
정산표와 재무제표의 작성

chapter 5

정산표와 재무제표의 작성

제 1 절 정산표의 작성

1.1 정산표의 의의

정산표(work sheet)는 수정전잔액시산표를 기초로 조정분개를 하여 계정잔액을 산출하는 과정을 일목요연하게 보여줌으로써 재무제표를 작성하는 데 도움이 되는 칼럼식 표(columnar sheet)이다. 정산표는 공식적인 회계기록이 아니고 재무제표를 작성하는 과정에서 수행하는 회계적 도구일 뿐이므로 다양한 형태로 이루어지고 있다.

정산표의 작성은 선택적으로 이루어진다. 기업의 회계실무에서는 조정분개의 내용을 각 원장에 기입해서 구한 계정별 조정후 잔액을 바탕으로 재무제표를 작성하는 경우가 많으므로 정산표의 작성을 생략하는 경우가 많다. 그러나 학교의 교육에서는 결산절차를 체계적으로 이해하기 위해 정산표의 작성에 대해 강조하고 있다.

정산표는 칼럼의 수에 따라 8위식, 10위식, 12위식 등이 있는데, 일반적으로 8위식이나 10위식을 많이 사용하고 있다. 8위식 정산표에는 "잔액시산표-조정분개-포괄손익계산서-재무상태표"가 기재되는데, 각 표마다 차변과 대변이 있으므로 8위식이 되는 것이다. 10위식 정산표는 8위식 정산표의 조정분개 다음에 수정후시산표 항목이 추가된다. 본서에서는 10위식 정산표를 사용하여 결산과정을 설명하도록 한다.

〈자료 5-1〉에는 10위식 정산표의 양식이 예로 제시되고 있다.

자료 5-1 **10위식 정산표의 예**

정 산 표

20×1년 12월 31일

(주)관악 (단위: 원)

계정과목	시 산 표		조 정 분 개		수정후시산표		포괄손익계산서		재무상태표	
	차 변	대 변	차 변	대 변	차 변	대 변	차 변	대 변	차 변	대 변
현금및현금성자산	121,500				121,500				121,500	
외상매출금	50,000		⑨ 5,000		55,000				55,000	
소모품	14,000			③ 5,000	9,000				9,000	
선급보험료	24,000			② 4,000	20,000				20,000	
선급임차료	12,000			① 6,000	6,000				6,000	
건물	400,000				400,000				400,000	
외상매입금		7,300				7,300				7,300
선수수익		45,000	⑤ 22,500			22,500				22,500
장기차입금		10,000				10,000				10,000
자본금		500,000				500,000				500,000
매출		107,000		⑤ 22,500						
				⑨ 5,000		134,500		134,500		
급여	36,000		⑥ 4,000		40,000		40,000			
광고비	500				500		500			
수도광열비	6,800				6,800		6,800			
운반비	1,500				1,500		1,500			
이자비용	3,000		⑦ 1,000		4,000		4,000			
소계	669,300	669,300								
임차료			① 6,000		6,000		6,000			
보험료			② 4,000		4,000		4,000			
소모품비			③ 5,000		5,000		5,000			
감가상각비			④ 20,000		20,000		20,000			
감가상각누계액				④ 20,000		20,000				20,000
미지급급여				⑥ 4,000		4,000				4,000
미지급이자				⑦ 1,000		1,000				1,000
미수이자			⑧ 4,500		4,500				4,500	
이자수익				⑧ 4,500		4,500		4,500		
소계			72,000	72,000	703,800	703,800	87,800	139,000		
당기순이익							51,200			51,200
합계							139,000	139,000	616,000	616,000

1.2 정산표의 작성순서

10위식 정산표를 작성하는 순서는 아래의 〈자료 5-2〉와 같다.

자료 5-2 10위식 정산표의 작성절차

1. 계정과목란에 시산표 상의 계정과목을 옮겨 적는다.
2. 시산표란에 잔액시산표의 차변과 대변금액을 옮겨 적는다.
3. 조정분개란에 기말 조정분개 사항을 옮겨 적는다.
4. 시산표의 금액과 조정분개의 금액을 합하여 수정후시산표란에 적는다.
5. 수정후시산표에 있는 항목 중에서 수익과 비용 항목을 포괄손익계산서란에 적는다.
6. 수정후시산표에 있는 항목 중에서 자산과 부채, 자본 항목을 재무상태표란에 적는다.

참고) 정산표에서 포괄손익계산서를 먼저 작성한 후에 재무상태표를 작성하는 이유는 포괄손익계산서에서 먼저 당기순이익이 산출되어야, 이 당기순이익이 이익잉여금으로 대체되어 재무상태표가 완성되기 때문이다.

여기에서는 앞의 제 4 장에서 조정분개를 설명할 때 사용한 (주)관악의 사례를 바탕으로 정산표가 어떻게 작성되는지 알아보도록 하자. 단, 이곳에서는 논의의 편리함을 위하여 일단 조정전 잔액시산표와 회계기간 말 시점에서 결산을 위한 조정분개의 내용이 확정된 상태라고 가정하기로 한다.

다음 〈자료 5-3〉은 정산표 작성을 위한 기본자료의 내용이다.

자료 5-3 정산표 작성을 위한 기본자료

(주) 관악, 20×1년 12월 31일

1. **잔액시산표 – 조정전**

잔 액 시 산 표
20×1년 12월 31일

(주)관악 (단위: 원)

계 정 과 목	차 변	대 변
현금및현금성자산	121,500	
외상매출금	50,000	
소 모 품	14,000	
선급보험료	24,000	
선급임차료	12,000	
건 물	400,000	

계정과목	차변	대변
외상매입금		7,300
선수수익		45,000
장기차입금		10,000
자 본 금		500,000
매 출		107,000
급 여	36,000	
광 고 비	500	
수도광열비	6,800	
운 반 비	1,500	
이자비용	3,000	
합 계	669,300	669,300

2. 조정분개

		차변 계정	금액		대변 계정	금액
① 12/31:	차>	임 차 료	6,000	대>	선급임차료	6,000
② 12/31:	차>	보 험 료	4,000	대>	선급보험료	4,000
③ 12/31:	차>	소모품비	5,000	대>	소 모 품	5,000
④ 12/31:	차>	감가상각비	20,000	대>	감가상각누계액	20,000
⑤ 12/31:	차>	선수수익	22,500	대>	매 출	22,500
⑥ 12/31:	차>	급 여	4,000	대>	미지급급여	4,000
⑦ 12/31:	차>	이자비용	1,000	대>	미지급이자	1,000
⑧ 12/31:	차>	미수이자	4,500	대>	이자수익	4,500
⑨ 12/31:	차>	외상매출금	5,000	대>	매 출	5,000

(1) 시산표 column의 작성

계정별 원장에서 각 계정의 잔액이 산출되면 이를 바탕으로 잔액시산표를 작성한다는 것은 제 4 장에서 이미 언급한 바 있다. 이렇게 작성한 시산표 상의 계정과목과 금액을 정산표의 계정과목란과 시산표란에 각각 기입한다.

계정과목을 정산표에 옮겨 적는 순서는 자산, 부채, 자본, 수익, 비용의 순서이다. 그리고 차변과 대변의 합계를 계산해 보고 만약 이들의 합계가 일치하지 않는다면 시산표 상의 계정과목과 금액을 정산표에 옮겨 적을 때 잘못한 것이다. 그 이유는 시산표는 기중 회계처리의 적정성을 검증하기 위해 이미 차변과 대변의 합계를 맞추어본 것이기 때문이다. 시산표 column의 차변과 대변의 합계를 맞춘 이후에 다음의 절차를 수행해야 하므로, 오류는 수정되어야 한다.

다음의 〈자료 5-4〉는 (주)관악의 정산표 작성과정 중 시산표 column의 작성 내용을 나타낸 것이다.

자료 5-4 정산표의 작성 – 시산표 column 기입: (주)관악

계정과목	시 산 표		조 정 분 개		수정후시산표		포괄손익계산서		재무상태표	
	차 변	대 변	차 변	대 변	차 변	대 변	차 변	대 변	차 변	대 변
현금및현금성자산	121,500									
외상매출금	50,000									
소모품	14,000									
선급보험료	24,000									
선급임차료	12,000									
건물	400,000									
외상매입금		7,300								
선수수익		45,000								
장기차입금		10,000								
자본금		500,000								
매출		107,000								
급여	36,000									
광고비	500									
수도광열비	6,800									
운반비	1,500									
이자비용	3,000									
소계	669,300	669,300								

(2) 조정분개 column의 작성

시산표 column에 대한 기입이 완료되면 기말 조정분개의 내용을 정산표상의 조정분개 column에 옮겨 적는다. 이 때 조정분개의 내용을 파악하기 쉽게 조정분개란에 기입된 금액의 왼쪽에 조정분개의 번호를 적어서 정산표의 아랫부분에 분개내용을 설명하기도 한다.

조정분개를 수행하다 보면 회계기간 중에는 사용하지 않았던 계정과목들이 등장하기도 한다. 정산표에 이미 기재되어 있던 계정과목은 회계기간 중 거래에 대한 분개의 결과로 나타난 시산표상의 계정과목이므로 조정분개에서 새로 나타난 계정과목의 경우 이를 정산표상에서 별도로 표시하여야 할 필요가 있다.

새로운 계정과목은 정산표상에서 시산표의 차변과 대변 합계액을 기재한 부분의 아래에 새로 기입하는 방법을 사용하는데, 이와 같이 새로운 계정과목을 정

자료 5-5 정산표의 작성 - 조정분개 column 기입: (주)관악

계정과목	시 산 표		조 정 분 개		수정후시산표		포괄손익계산서		재무상태표	
	차 변	대 변	차 변	대 변	차 변	대 변	차 변	대 변	차 변	대 변
현금및현금성자산	121,500									
외상매출금	50,000		⑨ 5,000							
소모품	14,000			③ 5,000						
선급보험료	24,000			② 4,000						
선급임차료	12,000			① 6,000						
건물	400,000									
외상매입금		7,300								
선수수익		45,000	⑤ 22,500							
장기차입금		10,000								
자본금		500,000								
매출		107,000		⑤ 22,500 ⑨ 5,000						
급여	36,000		⑥ 4,000							
광고비	500									
수도광열비	6,800									
운반비	1,500									
이자비용	3,000		⑦ 1,000							
소계	669,300	669,300								
임차료			① 6,000							
보험료			② 4,000							
소모품비			③ 5,000							
감가상각비			④ 20,000							
감가상각누계액				④ 20,000						
미지급급여				⑥ 4,000						
미지급이자				⑦ 1,000						
미수이자			⑧ 4,500							
이자수익				⑧ 4,500						
소계			72,000	72,000						

산표상에 기입할 때에 적용되는 일반적인 순서는 없고 조정분개가 이루어진 순서대로 기입하는 것이 일반적이다.

조정분개 column에 모든 조정분개 사항들을 옮겨 적은 후에도 역시 차변과 대변의 합계액을 구해서 서로 일치하는지 확인해 보아야 한다. 조정분개의 내용을 정확하게 옮겼다면 조정분개 column의 차변과 대변의 합은 일치해야만 한다.

〈자료 5-5〉는 (주)관악에 대한 정산표 작성과정 중 조정분개 column의 작성 내용을 나타낸 것이다.

(3) 수정후시산표 column의 작성

시산표 column과 조정분개 column에 대한 기입이 완료된 후 시산표의 금액과 조정분개의 금액을 오른쪽 방향으로 더하여 수정후시산표 column에 옮겨 적는다. 이 때 모든 계정과목의 금액이 수정후시산표에 기재되어야 하므로 조정분개가 없는 계정은 시산표에 기재된 금액 그대로 수정후시산표에 기입한다.

수정후시산표 column을 작성할 때에는 잔액시산표상의 금액과 조정분개상의 금액의 차변과 대변을 정확히 파악하여야 한다. 수정후시산표 column도 차변과 대변의 합계가 같아야 하는데, 앞의 시산표와 조정분개란의 합계가 맞았다면 당연히 수정후시산표란의 합계도 같아야 한다. 만약 수정후시산표의 차변과 대변의 합계액이 일치하지 않는다면, 시산표 column과 조정분개 column을 가산하는 과정에서 실수가 발생한 것을 의미하므로 오류를 찾아 수정해야 한다.

수정후시산표 column을 작성하는 것은 필수적인 절차가 아니므로 8위식 정산표에서는 생략되기도 하지만, 마지막 절차인 포괄손익계산서와 재무상태표를 작성하는 과정을 편하게 하므로 10위식 정산표에서는 작성하고 있다.

다음의 〈자료 5-6〉은 (주)관악의 정산표 작성과정 중 수정후시산표 column의 작성내용을 나타낸 것이다.

자료 5-6

정산표의 작성 – 수정후시산표 column 기입: (주)관악

계정과목	시 산 표		조 정 분 개		수정후시산표		포괄손익계산서		재무상태표	
	차 변	대 변	차 변	대 변	차 변	대 변	차 변	대 변	차 변	대 변
현금및현금성자산	121,500				121,500					
외상매출금	50,000		⑨ 5,000		55,000					
소모품	14,000			③ 5,000	9,000					
선급보험료	24,000			② 4,000	20,000					
선급임차료	12,000			① 6,000	6,000					
건물	400,000				400,000					
외상매입금		7,300				7,300				
선수수익		45,000	⑤ 22,500			22,500				
장기차입금		10,000				10,000				
자본금		500,000				500,000				
매출		107,000		⑤ 22,500						
				⑨ 5,000		134,500				
급여	36,000		⑥ 4,000		40,000					
광고비	500				500					
수도광열비	6,800				6,800					
운반비	1,500				1,500					
이자비용	3,000		⑦ 1,000		4,000					
소계	669,300	669,300								
임차료			① 6,000		6,000					
보험료			② 4,000		4,000					
소모품비			③ 5,000		5,000					
감가상각비			④ 20,000		20,000					
감가상각누계액				④ 20,000		20,000				
미지급급여				⑥ 4,000		4,000				
미지급이자				⑦ 1,000		1,000				
미수이자			⑧ 4,500		4,500					
이자수익				⑧ 4,500		4,500				
소계			72,000	72,000	703,800	703,800				

자료 5-7 정산표의 작성 – 포괄손익계산서 column 기입: (주)관악

계정과목	시 산 표		조 정 분 개		수정후시산표		포괄손익계산서		재무상태표	
	차 변	대 변	차 변	대 변	차 변	대 변	차 변	대 변	차 변	대 변
현금및현금성자산	121,500				121,500					
외상매출금	50,000		⑨ 5,000		55,000					
소모품	14,000			③ 5,000	9,000					
선급보험료	24,000			② 4,000	20,000					
선급임차료	12,000			① 6,000	6,000					
건물	400,000				400,000					
외상매입금		7,300				7,300				
선수수익		45,000	⑤ 22,500			22,500				
장기차입금		10,000				10,000				
자본금		500,000				500,000				
매출		107,000		⑤ 22,500 ⑨ 5,000		134,500		134,500		
급여	36,000		⑥ 4,000		40,000		40,000			
광고비	500				500		500			
수도광열비	6,800				6,800		6,800			
운반비	1,500				1,500		1,500			
이자비용	3,000		⑦ 1,000		4,000		4,000			
소계	669,300	669,300								
임차료			① 6,000		6,000		6,000			
보험료			② 4,000		4,000		4,000			
소모품비			③ 5,000		5,000		5,000			
감가상각비			④ 20,000		20,000		20,000			
감가상각누계액				④ 20,000		20,000				
미지급급여				⑥ 4,000		4,000				
미지급이자				⑦ 1,000		1,000				
미수이자			⑧ 4,500		4,500					
이자수익				⑧ 4,500		4,500		4,500		
소계			72,000	72,000	703,800	703,800	87,800	139,000		
당기순이익							51,200			
합계							139,000	139,000		

(4) 포괄손익계산서 column의 작성

수정후시산표 항목 중에서 수익과 비용 항목은 포괄손익계산서 column에 옮겨 적는다. 이 때 대변의 합은 수익의 합계이고 차변의 합은 비용의 합계이므로 수정후시산표를 옮겨 적은 후에 차변과 대변의 합은 서로 일치하지 않는다.

이 경우 대변의 합계가 차변의 합계보다 크다면 당기순이익이 발생한 것이므로 계정과목란에 당기순이익을 적고, 대변 합계와 차변 합계의 차이, 즉 당기순이익 금액을 차변 column에 기입한다. 그 이유는 당기순이익 금액을 차변에 적어야 포괄손익계산서 column의 차변과 대변 합계가 일치하게 되기 때문이다. 만약 차변 합계가 대변 합계보다 크다면 당기순손실계정을 만들고 차이금액을 대변에 적어서 차변과 대변의 합계액을 일치시킨다.

(주)관악의 경우 포괄손익계산서 column의 대변 합계액은 139,000원이고 차변 합계액은 87,800원이므로 (주)관악의 당기순이익은 이들 간의 차이인 51,200원이 된다는 것을 알 수 있다.

〈자료 5-7〉은 (주)관악의 정산표 작성과정 중 포괄손익계산서 column의 작성내용을 나타낸 것이다.

(5) 재무상태표 column의 작성

수정후시산표 항목 중 자산, 부채 및 자본 항목은 재무상태표 column에 옮겨 적는다. 이 때 주의할 점은 포괄손익계산서 column을 완성할 때에 구한 당기순이익은 재무상태표 column을 작성할 때 대변에 기입한다는 것이다. 이와 같이 당기순이익을 대변에 기입하여야 재무상태표 column의 차변과 대변 합계액이 서로 일치하게 된다. 당기순이익이 대변에 기입되는 이유는 당기순이익은 마감분개를 통해 이익잉여금으로 대체되어 결국 자본에 포함되기 때문이다. 이 과정에 대하여는 제 2 절에서 언급하기로 한다.

재무상태표 column의 차변과 대변의 합계는 일치해야 하는데, 만약 일치되지 않는다면 정산표 작성절차를 역으로 적용하여 검토하는 방법을 사용한다. 첫째, 수정후시산표의 계정과목과 금액이 재무상태표에 정확하게 넘어왔는지 확인한다. 둘째, 포괄손익계산서 항목이 수정후시산표에서 적절히 옮겨졌으며, 또한 당기순이익이 적절하게 계산되었는지 확인한다.

자료 5-8 정산표의 작성 – 재무상태표 column 기입: (주)관악

계정과목	시 산 표		조 정 분 개		수정후시산표		포괄손익계산서		재무상태표	
	차 변	대 변	차 변	대 변	차 변	대 변	차 변	대 변	차 변	대 변
현금및현금성자산	121,500				121,500				121,500	
외상매출금	50,000		⑨ 5,000		55,000				55,000	
소모품	14,000			③ 5,000	9,000				9,000	
선급보험료	24,000			② 4,000	20,000				20,000	
선급임차료	12,000			① 6,000	6,000				6,000	
건물	400,000				400,000				400,000	
외상매입금		7,300				7,300				7,300
선수수익		45,000	⑤ 22,500			22,500				22,500
장기차입금		10,000				10,000				10,000
자본금		500,000				500,000				500,000
매출		107,000		⑤ 22,500						
				⑨ 5,000		134,500		134,500		
급여	36,000		⑥ 4,000		40,000		40,000			
광고비	500				500		500			
수도광열비	6,800				6,800		6,800			
운반비	1,500				1,500		1,500			
이자비용	3,000		⑦ 1,000		4,000		4,000			
소계	669,300	669,300								
임차료			① 6,000		6,000		6,000			
보험료			② 4,000		4,000		4,000			
소모품비			③ 5,000		5,000		5,000			
감가상각비			④ 20,000		20,000		20,000			
감가상각누계액				④ 20,000		20,000				20,000
미지급급여				⑥ 4,000		4,000				4,000
미지급이자				⑦ 1,000		1,000				1,000
미수이자			⑧ 4,500		4,500				4,500	
이자수익				⑧ 4,500		4,500		4,500		
소계			72,000	72,000	703,800	703,800	87,800	139,000		
당기순이익							51,200			51,200
합계							139,000	139,000	616,000	616,000

〈자료 5-8〉은 (주)관악의 정산표 작성과정 중 재무상태표 column의 작성내용을 나타낸 것으로, 재무상태표 항목을 마지막으로 하여 정산표 작성과정이 완료된다.

제 2 절 마감분개

2.1 마감분개의 의의

마감분개(closing entry)란 보고기간말에 포괄손익계산서계정들인 수익계정과 비용계정의 잔액을 "0"으로 만들기 위해 이들을 손익계정인 집합손익계정으로 대체하고 이를 다시 재무상태표의 이익잉여금계정으로 대체하는 분개를 말한다.

수익과 비용은 일정한 기간 동안의 경영성과이다. 따라서 수익계정과 비용계정은 회계연도 초에 "0"에서 시작하여 회계기간 중에 누적되고, 보고기간말에 손익을 결정하고 나면 다시 "0"으로 만들어야 한다. 왜냐하면 다음 회계연도의 손익계정은 다시 "0"에서 시작해서 누적시켜야 하기 때문이다. 이와 같이 보고기간말에 포괄손익계산서계정을 "0"으로 만드는 것을 포괄손익계산서계정의 마감이라 하고, 이러한 마감절차를 수행하여 분개로 나타내는 것을 마감분개라고 하는 것이다.

수익과 비용계정을 명목계정(nominal account) 또는 임시계정(temporary account)이라고 부르는데, 이는 수익과 비용 항목이 실질계정(real account) 또는 영구계정(permanent account)이라 불리는 재무상태표 항목의 이익잉여금계정의 하부를 구성하기 때문이다.

집합손익계정(income summary account)은 회계기간 중의 수익과 비용 항목들을 일괄적으로 요약하기 위해 기말에만 설정되는 임시계정(clearing account)이다. 모든 수익계정과 비용계정의 잔액을 집합손익계정으로 대체하면 회계기간 중에 기록된 수익계정과 비용계정의 잔액은 모두 "0"이 되고, 집합손익계정의 차변과 대변을 일치시키는 금액은 당기순이익 또는 당기순손실이 된다.

이러한 집합손익계정은 이익잉여금계정으로 대체되면서 또 다시 마감하는 절차를 거치게 된다. 따라서 이와 같은 마감절차의 결과 임시계정인 집합손익을 포함한 모든 손익계정들이 재무상태표상의 이익잉여금계정으로 요약되는 것이다.

포괄손익계산서 항목들을 마감하여 재무상태표의 이익잉여금으로 대체하는 과정은 아래의 〈자료 5-9〉와 같이 나타낼 수 있다.

자료 5-9 손익계정의 마감과정

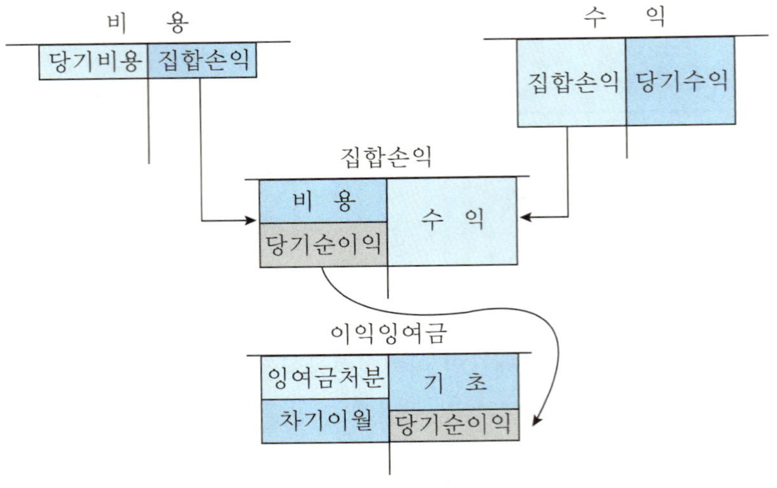

마감분개는 수익과 비용에 관련된 사항만 처리하는 것이지 자산이나 부채, 자본 항목에 대해서는 수행하지 않는다는 것을 주의하여야 한다.

2.2 마감절차

이상에서 언급한 마감분개를 수행하는 절차는 다음의 〈자료 5-10〉에 제시된 바와 같이 세 가지 단계로 나누어 볼 수 있다.

자료 5-10 마감분개를 수행하는 절차

1. 수익계정의 마감

   모든 수익계정을 집합손익계정으로 대체한다.

2. 비용계정의 마감

   모든 비용계정을 집합손익계정으로 대체한다.

3. 집합손익계정의 마감

   1과 2에서 구한 집합손익계정의 차액을 구하여, 차액인 당기순이익 또는 당기순손실을 이익잉여금계정으로 대체한다.

(1) 수익계정의 마감

회계기간 중의 회계처리에서 실현된 모든 수익은 수익계정의 대변에 위치한다. 따라서 마감분개를 하여 수익계정의 잔액을 "0"으로 만들기 위해서는 모든 수익계정(조정분개 후의 금액)의 대변 금액을 차변으로 위치시키고 동 금액을 집합손익계정의 대변에 기입한다.

즉, 차변에 각각의 수익계정을 기록하고 대변에 집합손익계정을 기록함에 따라 당기 중의 수익 항목은 모두 "0"이 되고 수익금액은 모두 집합손익계정에 합해지게 된다.

이 때 정산표의 수정후시산표 column 또는 포괄손익계산서 column과 비교하여 모든 수익 항목이 마감되었으며 수익의 합계가 정확한지 검토해 보아야 한다.

(주) 관악의 경우 수익계정을 마감하는 분개와 관련 T-계정의 전기는 다음과 같다.

12/31	차>	매 출	134,500	대> 집합손익	139,000
		이자수익	4,500		

매 출

차변		대변	
집합손익	134,500	기존	107,000
		12/31	22,500
		12/31	5,000
	134,500		134,500

이자수익

차변		대변	
집합손익	4,500	12/31	4,500
	4,500		4,500

집합손익

차변	대변
	수익마감 139,000

집합손익계정에 대체한 모든 수익금액이 139,000원인데, 이는 수정후시산표상의 수익금액 139,000원과 일치하므로 마감분개가 적절하게 이루어졌다고 할 수 있다.

(2) 비용계정의 마감

회계기간 중의 회계처리에서 모든 비용의 발생은 각 비용계정의 차변에 기록된다. 따라서 마감분개를 통하여 비용계정의 잔액을 "0"으로 만들기 위해서는 모든 비용계정(조정분개 후의 금액)의 합계액을 각 비용계정의 대변에 기입하고 이와 동시에 동 금액을 집합손익계정의 차변에 기입한다.

즉, 대변에 각 비용계정의 잔액을 모두 기록하고 차변에는 집합손익계정을 기록함에 따라 모든 비용계정의 잔액은 "0"이 되고 비용 금액은 모두 집합손익계정에 합해지는 것이다.

이 때 수익계정을 마감할 때와 마찬가지로 정산표의 수정후시산표 column 또는 포괄손익계산서 column과 비교하여 모든 비용 항목이 마감되었으며 비용의 합계가 정확한지 검토해 보아야 한다.

(주) 관악의 예에서 비용계정을 마감하는 분개와 관련 T-계정의 전기는 다음과 같다.

12/31	차> 집합손익	87,800	대>	급 여	40,000
				광 고 비	500
				수도광열비	6,800
				운 반 비	1,500
				이자비용	4,000
				임 차 료	6,000
				보 험 료	4,000
				소모품비	5,000
				감가상각비	20,000

급 여

기존	36,000	집합손익	40,000
12/31	4,000		
	40,000		40,000

광 고 비

기존	500	집합손익	500
	500		500

수도광열비

기존	6,800	집합손익	6,800
	6,800		6,800

운 반 비

12/31	1,500	집합손익	1,500
	1,500		1,500

이자비용

기존	3,000	집합손익	4,000
12/31	1,000		
	4,000		4,000

임 차 료

12/31	6,000	집합손익	6,000
	6,000		6,000

보 험 료

12/31	4,000	집합손익	4,000
	4,000		4,000

소모품비

12/31	5,000	집합손익	5,000
	5,000		5,000

감가상각비

12/31	20,000	집합손익	20,000
	20,000		20,000

집합손익

비용마감	87,800		

집합손익계정에 대체한 모든 비용금액은 87,800원인데, 이는 수정후시산표상의 비용금액 87,800원과 일치하므로 마감분개가 적절하게 이루어졌다고 할 수 있다.

(3) 집합손익계정의 마감

당기 중의 모든 수익계정과 비용계정이 마감되어 집합손익계정으로 대체되었다. 이 때 집합손익의 수익합계가 비용합계보다 크면, 즉 대변금액이 차변금액 보다 크면 당기순이익이 산출되어 이익잉여금에 더해진다. 반대로 집합손익의 비용합계가 수익합계보다 크면, 즉 차변금액이 대변금액보다 크면 당기순손실이 산출되어 이익잉여금에서 차감된다.

그러므로 임시계정인 집합손익계정을 "0"으로 만들기 위해 차변과 대변의 차이를 구하고 이를 이익잉여금으로 대체하게 된다.

(주) 관악의 사례에서 보면, 수익금액이 139,000이고 비용금액이 87,800이므로 그 차액인 51,200은 당기순이익이 되어 이익잉여금으로 대체된다. 이러한 마감분개와 T-계정의 전기는 다음과 같다.

12/31 차> 집합손익 51,200 대> 이익잉여금 51,200

집합손익

차변		대변	
비용마감	87,800	수익마감	139,000
이익잉여금	51,200		
	139,000		139,000

이익잉여금

차변		대변	
		집합손익	51,200

이와 같이 마감분개가 이루어진 결과 재무상태표 항목인 이익잉여금계정의 대변에는 당 회계기간 동안의 경영성과를 나타내는 당기순이익 51,200원이 기입되어 이익잉여금이 증가한 것으로 표시된다는 것을 알 수 있다.

지금까지 수행한 (주)관악의 마감분개의 내용을 정리한 것이 다음의 〈자료 5-11〉이다.

자료 5-11 (주) 관악의 포괄손익계산서계정의 마감

매 출

차변		대변	
집합손익	134,500	기존	107,000
		12/31	22,500
		12/31	5,000
	134,500		134,500

이자수익

차변		대변	
집합손익	4,500	12/31	4,500
	4,500		4,500

급 여

기존	36,000	집합손익	40,000
12/31	4,000		
	40,000		40,000

광 고 비

기존	500	집합손익	500
	500		500

수도광열비

기존	6,800	집합손익	6,800
	6,800		6,800

운 반 비

기존	1,500	집합손익	1,500
	1,500		1,500

이자비용

기존	3,000	집합손익	4,000
12/31	1,000		
	4,000		4,000

임 차 료

12/31	6,000	집합손익	6,000
	6,000		6,000

보 험 료

12/31	4,000	집합손익	4,000
	4,000		4,000

소모품비

12/31	5,000	집합손익	5,000
	5,000		5,000

감가상각비

12/31	20,000	집합손익	20,000
	20,000		20,000

집합손익

비용마감	87,800	수익마감	139,000
이익잉여금	51,200		
	139,000		139,000

2.3 배 당 금

배당(dividends)이란 영업활동을 통하여 획득한 이익을 주주들에게 분배해 주는 것을 말한다. 즉, 배당은 자기자본을 사용한 대가로 지급하는 것이므로 자기자본에 대한 이자라고 보면 이해하기 쉬울 것이다. 배당은 현금으로 지급하는 것이 보통이지만 경우에 따라서는 다른 형태, 즉 주식배당 등과 같은 형태로 지급하기도 한다. 여기에서는 현금배당의 경우만 다루기로 한다.

배당에 대한 회계처리를 논의하기 위해서는 배당기준일, 배당선언일, 배당금지급일과 같은 용어들에 대한 이해가 있어야 한다.

배당기준일이란 배당을 받을 권리가 있는 주주들이 결정되는 날로, 일반적으로 기업의 결산일이 된다.

배당선언일은 배당금을 이익잉여금으로 처분하도록 주주총회에서 결의한 날인데, 이날부터 기업은 배당금 지급에 대한 채무를 부담하게 된다. 따라서 주식을 발행한 회사는 배당선언일에 배당에 대한 회계처리를 해야 한다.

배당지급일은 주주총회에서 확정된 배당금을 실제 현금으로 지급하는 날이다.

배당금은 기업의 경영성과를 나타내는 당기순이익에 영향을 미치지 않는다. 배당금은 기업의 이익잉여금을 재원으로 하여 지급되므로 배당금을 지급하거나 배당금 지급을 결의한 시점에서 이익잉여금에서 직접 차감하는 방법으로 회계처리 해야 한다.

예를 들어, (주)관악이 20×1년 12월 31일에 주주총회를 열어 주주들에게 10,000원의 배당금을 지급하기로 결의하였다고 가정하자. 이 배당금을 20×2년 1월 15일에 지급할 것이라고 한다면 이에 대한 회계처리와 이익잉여금의 T-계정을 예시하면 다음과 같다.

(1) 이익잉여금계정을 사용하여 회계처리하는 경우

12/31: 차> 이익잉여금 10,000 대> 미지급배당금 10,000

이익잉여금

배당금	10,000	집합손익	51,200

미지급배당금

		12/31	10,000

이익잉여금계정을 보면 당기순이익을 나타내는 대변 금액 51,200원이 이익잉여금계정의 잔액을 증가시키고, 배당금 10,000원은 이익잉여금계정의 잔액을 감소시킨다는 것을 알 수 있다.

여기에서는 배당금 지급이 결의된 시점인 12월 31일에 이익잉여금계정의 차변에 기입하는 분개를 하였는데, 배당금계정을 사용하여 다음과 같은 분개를 할 수도 있다.

(2) 배당금계정을 별도로 설정하여 회계처리하는 경우 – 마감분개가 필요함

12/31: 차> 배당금 10,000 대> 미지급배당금 10,000

배 당 금			
12/31	10,000		

미지급배당금			
		12/31	10,000

배당금계정의 성격은 이익잉여금계정의 차감계정이다. 즉, 배당금계정은 수익항목도 아니고 비용항목도 아닌 이익잉여금과 반대되는 성격을 갖는 항목인 것이다. 따라서 배당금계정을 별도로 설정하여 회계처리를 하는 경우에는 결산일에 조정분개를 하여 배당금의 내용을 이익잉여금계정으로 대체할 필요가 있다. 이에 대한 마감분개는 다음과 같이 이루어진다.

12/31: 차> 이익잉여금 10,000 대> 배당금 10,000

배 당 금			
12/31	10,000	12/31	10,000

이익잉여금			
배당금	10,000	집합손익	51,200

또 만약 20×2년 1월 15일에 배당금이 지급되었다면 다음과 같은 분개가 이루어질 것이다.

1/15: 차> 미지급배당금 10,000 대> 현 금 10,000

일반적으로 기업의 결산일인 12월 31일이 배당기준일이 되며, 다음 해의 2월이나 3월에 주주총회를 개최하여 배당금 지급액을 확정한다. 한편 배당기준일에는 배당금에 대한 지급채무가 아직 확정되지 않았으므로 회계처리를 하지 않는다.

제 3 절 재무제표의 작성

3.1 재무상태표계정의 잔액이월

앞의 제 2 절에서는 포괄손익계산서계정의 마감에 대해서 다루었다. 여기에서는 영구계정인 재무상태표계정을 마감하고 그 잔액을 다음 회계기간으로 이월하는 과정에 대해 알아보기로 한다.

재무상태표계정의 마감은 이월기입의 형태로 이루어진다. 이월기입이란 자산과 부채, 자본에 속하는 계정의 잔액을 다음 회계연도로 넘기는 기록과정을 말하는데, 이들 재무상태표계정들은 포괄손익계산서계정들과는 달리 해당 기간에 유효할 뿐만 아니라 차기에도 계속적으로 유효하므로 다음 회계기간의 영업을 위하여 기초가 되는 재산으로 이월시키는 작업을 하는 것이다.

재무상태표계정의 이월기입은 별도의 분개하는 과정을 거치지 않고 직접 자산과 부채, 자본의 해당 계정의 원장에서 이루어진다. 재무상태표계정의 잔액을 다음 회계기간으로 이월하는 방법은 다음의 〈자료 5-12〉에 나타나 있다.

자료 5-12 재무상태표계정 잔액의 이월: (주)관악의 경우

현금및현금성자산

기존	121,500	차기이월	121,500
	121,500		121,500
전기이월	121,500		

외상매출금

기존	50,000	차기이월	55,000
12/31	5,000		
	55,000		55,000
전기이월	55,000		

미수이자

12/31	4,500	차기이월	4,500
	4,500		4,500
전기이월	4,500		

소 모 품

기존	14,000	12/31	5,000
		차기이월	9,000
	14,000		14,000
전기이월	9,000		

선급임차료

07/01	12,000	12/31	6,000
		차기이월	6,000
	12,000		12,000
전기이월	6,000		

선급보험료

11/01	24,000	12/31	4,000
		차기이월	20,000
	24,000		24,000
전기이월	20,000		

건 물

01/01	400,000	차기이월	400,000
	400,000		400,000
전기이월	400,000		

감가상각누계액-건물

차기이월	20,000	12/31	20,000
	20,000		20,000
		전기이월	20,000

외상매입금

차기이월	7,300	기존	7,300
	7,300		7,300
		전기이월	7,300

미지급급여

차기이월	4,000	12/31	4,000
	4,000		4,000
		전기이월	4,000

미지급이자

차기이월	1,000	12/31	1,000
	1,000		1,000
		전기이월	1,000

선수수익

12/31	22,500	10/15	45,000
차기이월	22,500		
	45,000		45,000
		전기이월	22,500

장기차입금

차기이월	10,000	기존	10,000
	10,000		10,000
		전기이월	10,000

자본금

차기이월	500,000	기존	500,000
	500,000		500,000
		전기이월	500,000

이익잉여금

배당금	10,000	집합손익	51,200
차기이월	41,200		
	51,200		51,200
		전기이월	41,200

미지급배당금

차기이월	10,000	12/31	10,000
	10,000		10,000
		전기이월	10,000

어느 한 계정을 마감하고 그 내용을 다음 회계기간으로 이월하기 위해서는 먼저 계정별 원장의 차변과 대변의 합계액을 일치시키는 작업이 필요하다. 이 때 금액이 적은 쪽에 '차기이월'이라고 기입하여 계정잔액을 이월하는데, '차기이

월' 이라고 기입할 때 자산계정은 대변에, 부채와 자본계정은 차변에 각각 기입하게 된다.

그리고 '차기이월' 이라고 기입한 반대편 합계액의 아래에 동 금액을 '전기이월' 이라고 표시하여 다음 회계기간의 기초금액이 전기말로부터 이월되어 온 금액임을 나타내야 한다. 결국 전기이월 금액의 기입은 자산계정은 차변에, 부채와 자본계정은 대변에 각각 기입하게 되는 것이다.

이익잉여금계정 역시 이월기입을 하여 차기이월을 해야 하는데, 이 때의 차기이월 금액은 배당을 차감한 후의 금액임에 유의해야 한다.

3.2 이월시산표의 작성

이월시산표(post-closing trial balance)는 조정분개와 마감분개, 그리고 이월작업이 모두 완료된 후에 작성하는 시산표를 말한다. 이월시산표는 마감분개의 정확성을 검증하기 위해 작성하는데 앞서 언급한 수정후시산표와 다른 점은 다음의 두 가지이다.

자료 5-13 이월시산표의 작성: (주)관악

계 정 과 목	차 변	대 변
현금및현금성자산	121,500	
외상매출금	55,000	
미수이자	4,500	
소 모 품	9,000	
선급보험료	20,000	
선급임차료	6,000	
건 물	400,000	
감가상각누계액		20,000
외상매입금		7,300
미지급급여		4,000
미지급이자		1,000
미지급배당금		10,000
선수수익		22,500
장기차입금		10,000
자 본 금		500,000
이익잉여금		41,200
합 계	616,000	616,000

첫째, 이월시산표는 모든 계정이 마감된 후에 작성하는 것이므로 임시계정인 포괄손익계산서계정은 나타나지 않는다.

둘째, 이월시산표는 이익잉여금이 처분된 후에 작성되므로 보고기간말의 최종적인 이익잉여금 잔액이 도출된다.

그러나 이월시산표는 사실상 재무상태표와 동일한 것이라고 할 수 있으므로 작성되지 않는 경우도 많다.

(주)관악의 이월시산표를 작성하면 〈자료 5-13〉과 같다.

3.3 재무제표의 작성

정산표를 작성하여 기말 조정사항을 반영하고, 포괄손익계산서계정을 마감한 후 재무상태표계정을 차기로 이월시킨 후에는 재무제표를 작성한다. 사실상 정산표에 대부분의 숫자가 나와 있으므로 재무제표를 작성할 때에는 이익잉여금의 조정사항만 최종적으로 반영하면 된다.

이 때 주의할 것은 정산표 상의 유형자산과 감가상각누계액을 재무상태표로 옮겨 적을 때, 재무상태표에서는 감가상각누계액을 관련 자산에서 차감하는 형식으로 기재하기 때문에 정산표 상 재무상태표 column의 차변 합계와 재무상태표상의 자산합계가 다르고, 재무상태표 column의 대변 합계와 재무상태표상의 부채 및 자본합계와는 서로 다르다는 것이다.

다음의 〈자료 5-14〉는 지금까지 언급한 결산절차를 통하여 작성한 (주) 관악의 포괄손익계산서와 재무상태표이다.

자료 5-14 **(주) 관악의 재무제표**

포 괄 손 익 계 산 서

20×1년 1월 1일부터 20×1년 12월 31일까지

(주) 관악 (단위: 원)

수 익		
매 출	134,500	
이자수익	4,500	139,000
비 용		
급 여	40,000	
광 고 비	500	

수도광열비	6,800	
운 반 비	1,500	
임 차 료	6,000	
보 험 료	4,000	
소모품비	5,000	
감가상각비	20,000	
이자비용	4,000	87,800
당 기 순 이 익		51,200

재 무 상 태 표

20×1년 12월 31일 현재

(주) 관악 (단위: 원)

자 산		
현금및현금성자산		121,500
외상매출금		55,000
미수이자		4,500
선급보험료		20,000
선급임차료		6,000
소 모 품		9,000
건 물	400,000	
감가상각누계액	(20,000)	380,000
자 산 계		596,000
부 채		
외상매입금		7,300
미지급급여		4,000
미지급이자		1,000
미지급배당금		10,000
선수수익		22,500
장기차입금		10,000
부 채 계		54,800
자 본		
자 본 금		500,000
이익잉여금		41,200
자 본 계		541,200
부채와 자본 합계		596,000

참고 1) K-IFRS에 의하면 재무제표는 더 상세한 구분을 해서 공시해야 한다. 예를 들어, 재무상태표는 유동자산, 비유동자산(장기투자목적 금융자산, 유형자산, 무형자산, 기타비유동자산), 유동부채, 비유동부채(장기차입부채, 장기충당부채, 기타비유동부채), 자본금, 이익잉여금 등의 형식을 갖추어

야 한다.

참고 2) 재무제표에는 자본변동표와 현금흐름표도 있다. 이들은 본 장에서 서술한 결산과정에서 도출되는 재무제표가 아니고, 재무상태표와 포괄손익계산서를 사용하여 별도의 방법으로 작성해야 하는 재무제표이다. 자본변동표에 대해서는 제16장, 현금흐름표에 대해서는 제17장에서 설명하기로 한다.

연습문제

문제 5-1 정산표와 마감분개

1. 정산표의 정의와 기능에 대해 서술하시오.
2. 마감분개란 무엇인가?

문제 5-2 다음 물음에 답하시오.

1. 재무상태표계정과 포괄손익계산서계정을 마감하는 과정에서의 차이점을 설명하시오.
2. 정산표 작성시 포괄손익계산서를 재무상태표보다 먼저 작성하는 이유는 무엇인가?

문제 5-3 회계순환과정

경제적 사건 → 상황에 대한 해석 → 분개장에 분개 → (　　　　) →
수정전시산표의 작성 → (　　　　) → 조정분개의 전기(원장) →
수정후시산표의 작성 → (　　　　) → 이월시산표 → 재무제표의 작성

문제 5-4 정산표의 작성

다음은 제 4 장 [연습문제 4-7]의 자료이다. 이를 바탕으로 10위식 정산표를 작성하시오.

20×1년 12월 31일 현재 (주)아현웨딩의 수정전 및 수정후잔액시산표는 다음과 같다(단위: 천원).

	수정전잔액시산표		수정후잔액시산표	
	차변	대변	차변	대변
현금	13,500		13,500	
매출채권	25,000		25,000	
미수수익			1,000	
소모품	1,000		250	
선급임차료	1,600		600	
설비자산	14,000		14,000	
(설비)감가상각누계액		2,000		4,000

매입채무		3,000		3,000
단기차입금		5,000		5,000
미지급비용				700
미지급이자				1,100
미지급급여				2,000
당기법인세부채				3,150
선수수익		5,000		2,500
자본금		30,000		30,000
이익잉여금		16,900		16,900
배당금	5,000		5,000	
매출		70,000		73,500
급여	65,000		67,000	
전기수도료	1,400		2,100	
임차료	5,400		6,400	
소모품비			750	
(설비)감가상각비			2,000	
이자비용			1,100	
법인세비용			3,150	
합계	131,900	131,900	141,850	141,850

문제 5-5 정산표의 작성 및 마감분개

다음은 제 4 장 [연습문제 4-6]의 자료이다. 다음 물음에 답하시오.

20×1년 12월 31일 현재 (주)청주서적의 수정전잔액시산표는 다음과 같다(단위: 천원).

	차변	대변
현금	1,300	
매출채권	3,250	
소모품	200	
선급보험료	360	
사무용설비	2,750	
(설비)감가상각누계액		750
매입채무		2,000
선수임대료		500
자본금		2,000
이익잉여금		1,410
매출		4,100

급여	2,700	
임차료	200	
계	10,760	10,760

〈추가자료〉

1. 12월말 현재 미지급된 급여는 200,000원이다.
2. 12월말 현재 아직 사용되지 않은 소모품은 95,000원이다.
3. 12월말 현재 선수임대료의 정확한 잔액은 250,000원이다.
4. 당기의 정확한 감가상각비는 250,000원이다.
5. 12월말 현재 정확한 선급보험료 금액은 200,000원이다.
6. 12월말 현재 매출활동이 완료되었으나 아직 고객에게 대금지급을 청구하지 않은 금액이 450,000원이다.
7. 12월말 현재 정부에 납부하여야 할 법인세는 190,000원으로 예상된다.

〈물음〉

1. 10위식 정산표를 작성하시오.
2. 집합손익계정을 이용하여 마감분개를 수행하고 T-계정에 전기하시오.

문제 5-6 정산표의 작성 및 마감분개

다음은 제 4 장 [연습문제 4-10]이다. 다음 물음에 답하시오.

서초법무법인의 20×1년 12월 31일 현재 잔액시산표는 다음과 같다(단위: 천원).

	수정전잔액시산표		수정후잔액시산표	
	차변	대변	차변	대변
현금	9,500		9,500	
매출채권	17,400		17,400	
소모품	3,000		900	
선급임차료	3,500		1,800	
사무실비품	12,000		12,000	
감가상각누계액(비품)		2,000		3,000
미지급비용		2,900		4,760
은행차입금		4,000		4,000
미지급이자				800
선수수익		4,500		3,000
당기법인세부채				1,350
자본금		10,000		10,000
배당금	3,000		3,000	
용역수익		45,500		49,000
급여	19,000		19,000	

전기수도료	500		2,360	
임차료	1,000		2,700	
소모품비			2,100	
(비품)감가상각비			1,000	
이자비용			800	
미수수익			2,000	
법인세비용			1,350	
합계	68,900	68,900	75,910	75,910

〈물음〉

1. 10위식 정산표를 작성하시오.
2. 집합손익계정을 이용하여 마감분개를 수행하시오.

문제 5-7 회계순환과정 종합예제

(주)창원공업의 20×1년 12월 31일 현재 잔액시산표는 다음과 같다(단위: 천원).

	차변	대변
현금	8,900	
매출채권	16,570	
선급보험료	4,530	
소모품	1,010	
토지	21,000	
건물	45,000	
감가상각누계액(건물)		15,000
비품	78,000	
감가상각누계액(비품)		12,000
매입채무		11,500
선수수익		29,750
은행차입금		10,000
자본금		20,000
이익잉여금		31,160[1)]
매출		69,000
급여	19,900	
전기수도료	3,500	
합계	198,410	198,410

1) 당기 중 지급된 배당금 5,000,000원에 대한 회계처리가 이루어진 후의 잔액이다.

〈추가정보〉

1) 기간이 경과한 보험료는 3,000,000원이다.

2) 소모품 중 미사용 분은 210,000원이다.
3) 당해 연도 건물의 감가상각비는 5,000,000원이다.
4) 당해 연도 비품의 감가상각비는 6,000,000원이다.
5) 회사는 예약매출의 경우 일단 부채로 인식하고 있으며 회계연도 말 시점에서 실제 작업이 이루어진 부분에 해당하는 수익금액을 구분 계산하여 매출로 인식하는 작업을 한다. 연중 이와 같이 인식된 부채 중 12월 31일 현재 25,500,000원에 해당하는 금액만큼 제작이 완료되었다.
6) 보고기간말 현재 미지급된 종업원의 급여는 2,000,000원이다.
7) 회사에 의하면 당해 연도 법인세액은 5,500,000원으로 추정된다.

〈물음〉
1. 위의 자료를 참고하여 다음의 요구사항에 답하라.
   (1) 조정분개　(2) 마감분개(집합손익계정을 사용할 것)
2. 위의 자료를 참고하여 다음의 재무제표를 작성하라.
   (1) 포괄손익계산서　(2) 재무상태표

A·C·C·O·U·N·T·I·N·G

chapter 06
상기업의 회계기록과정

chapter 6

상기업의 회계기록과정

제 1 절 상기업의 회계순환

1.1 상기업의 회계

기업은 서비스를 제공하여 수익을 얻는 서비스기업, 완성품을 구매하여 판매하는 상기업, 제품을 제조하여 판매하는 제조기업으로 분류된다. 상기업은 상품을 구입하여 판매하는 상품의 매매활동을 통해 영리를 추구하는 기업이다. 이에 반해 제조기업은 원재료를 구입한 후 이를 가공하여 만든 제품을 판매하는 제품의 제조 및 판매활동을 통해 영리를 추구하는 기업을 말한다.

이 세 가지 종류의 기업 중에서 서비스기업의 영업이 가장 단순하므로 회계 또한 단순한데, 서비스기업의 회계과정에 대하여는 앞의 장에서 이미 언급하였다. 그러나 서비스기업과는 달리 상품매매기업과 제조기업은 판매한 상품이나 제품의 원가를 산정해야 한다는 특징이 있다.

상기업(merchandising company) 또는 상품매매기업은 상품을 구입하고 그 상품을 소비자에게 판매하여 이익을 창출하는 것을 목표로 하는 기업을 말한다. 상기업의 회계처리과정에서도 앞에서 언급한 서비스기업에서 사용하였던 기본적인 개념이 모두 적용되지만, 상품을 구입하고 판매하는 것을 기록하는 데에 추가적으로 고려할 사항들이 있다. 하나는 상기업의 경우 판매된 상품의 매입원가를 구하여 매출원가라는 비용으로 포괄손익계산서에 보고하여야 한다는 것이고 또 다른 하나는 향후 판매를 위하여 구입하였으나 아직 판매되지 않은 상품을 회계기간 말 시점에서 재고자산으로 분류하여 재무상태표의 유동자산으로 표시한다는 것이다.

일반적으로 제품이 제조된 후 판매를 통하여 최종적으로 소비자에게 이르기까지 기본적인 물류의 흐름은 아래의 〈자료 6-1〉과 같다.

자료 6-1 물류의 흐름과 상품매매기업

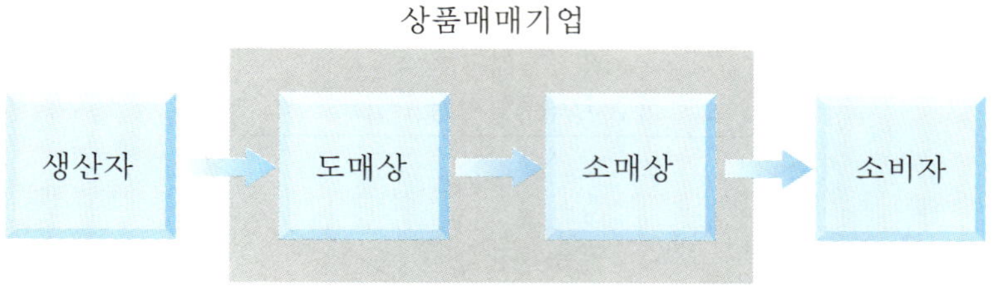

생산자는 원재료를 구입하여 제조과정을 거쳐 제품을 생산하고 도매상에게 판매한다. 도매상은 구입한 제품에 대하여 일정한 추가작업을 하고 이를 다시 소매상에게 판매하면 소매상은 최종소비자를 상대로 상품을 판매하게 된다. 이러한 흐름에서 가운데 상자 안에 있는 도매상과 소매상들이 상품매매기업이고 제품의 생산자는 제조기업이 되는 것이다. 예를 들어, 전자회사가 제조한 가전제품을 무역회사가 구입하고 이를 다시 무역회사가 해외에 판매하는 경우 전자회사는 제조회사가 되고 무역회사는 상기업이 된다.

1.2 상기업의 특성

상기업이 서비스기업과 다른 점은 상품(goods)이라고 불리는 재고자산(inventory)이 존재한다는 것이다. 상기업은 상품을 구입하기 위해 현금을 직접 지불하거나 신용거래를 통하여 외상으로 구입한다. 외상으로 구입한 경우에는 일정한 기간이 경과한 후에 외상대금을 현금으로 지불하여야 한다. 한편, 상품을 소비자에게 판매한 경우에도 현금을 직접 수령하기도 하고 또는 신용거래를 통하여 외상판매를 하고 일정한 기간이 경과한 후에 외상대금을 현금으로 수령하기도 한다.

이와 같이 현금을 투입하여 상품을 매입하고 그 상품을 판매한 다음 일정한 기간이 경과한 후에 그 판매대금을 현금으로 회수하기까지의 과정을 상기업의 영업주기(operating cycle)라 한다. 이러한 상기업의 영업주기를 그림으로 나타낸

자료 6-2 상기업의 영업주기

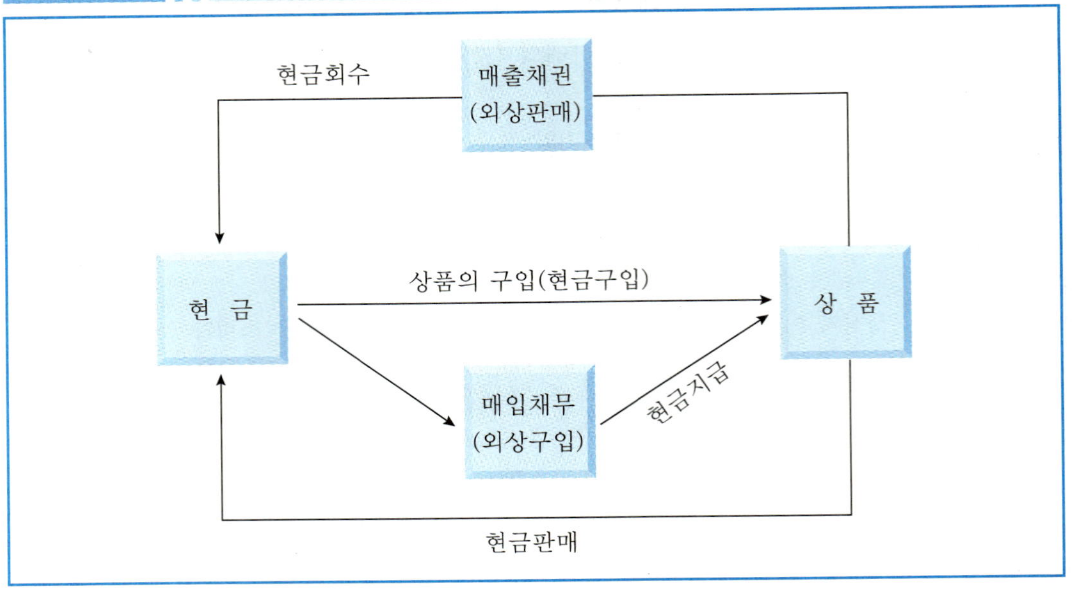

것이 〈자료 6-2〉이다.

상기업의 경우 〈자료 6-2〉에서 언급한 영업주기에 따라 다음과 같은 4가지 사항이 중요한 회계처리문제가 된다.

① 상품판매에 대한 기록
② 상품매입에 대한 기록
③ 판매된 상품에 대한 매출원가의 계산
④ 보고기간말 현재 외부에 판매되지 않고 재고자산으로 남아 있는 상품의 가치

1.3 상기업의 재무제표

앞장에서 본 바와 같이 서비스기업의 포괄손익계산서는 매출과 비용, 그리고 당기순이익의 간단한 형태로 되어 있다. 그러나 상기업의 포괄손익계산서에서는 매출에서 매출원가를 차감한 매출총이익을 보고하고, 매출총이익에서 판매활동 및 기업의 관리를 위해 발생한 비용인 판매비와관리비를 차감하여 영업이익을 산출하게 된다.

한편 판매를 목적으로 상품을 매입하였다 하더라도 보고기간말 현재 판매되지 않은 상품이 재고로 남아 있는 경우가 있다. 이와 같이 매입되었으나 아직 판매되지 않은 상품은 재고자산으로 구분하여 재무상태표의 유동자산으로 보고된다.

먼저 상기업의 포괄손익계산서를 살펴보기로 하자. 상기업의 경우 상품을 판매한 판매대금이 매출액으로서 포괄손익계산서에 수익으로 보고되고, 판매된 상품의 취득원가는 매출원가로서 포괄손익계산서에 비용으로 보고된다. 이 때 매출과 매출원가의 차이를 매출총이익이라고 하는데 매출총이익은 상품의 판매만을 통해 얻을 수 있는 이익으로서 상품의 수익력을 나타내게 된다.

기업이 상품을 판매하기 위한 영업활동을 전개하면 판매비가 투입되고 또한 기업의 일반관리를 위한 비용도 지출되는데 이를 판매비와관리비라 하며 비용으로서 포괄손익계산서에 보고된다.

매출총이익에서 판매비와관리비를 차감하여 영업이익을 산출하는데 영업이익은 기업의 주된 영업활동, 즉 판매활동으로부터 얻는 이익으로서 기업의 지속적인 이익창출능력을 보여준다고 할 수 있다.

〈자료 6-3〉에서는 서비스기업과 상기업의 포괄손익계산서를 비교하였다.

자료 6-3 서비스기업과 상기업의 포괄손익계산서 비교

서비스기업의 포괄손익계산서

매출(수익)		900
비 용		
급 여	300	
보험료	50	
임차료	80	
감가상각비	150	580
영업이익		320

상기업의 포괄손익계산서

매 출		900
매출원가		400
매출총이익		500
판매비와관리비		
급 여	250	
보험료	40	
감가상각비	110	400
영업이익		100

주) 위 포괄손익계산서상의 금액은 임의로 채택한 것임.

다음은 상기업의 재무상태표를 살펴보기로 하자. 상기업은 상품을 판매하고 대금을 현금으로 회수하는 경우도 있으나 신용거래에 의하여 외상으로 판매하는 경우가 일반적이다. 만약 상기업이 상품을 순수한 신용거래로 판매하게 되면 외상매출금으로 기록한다. 만약 해당거래의 결제수단으로 어음을 받게 되면 받을어음으로 기록하게 된다. 재무상태표에 기재되는 매출채권은 외상매출금과 받을어음의 합계액을 말하는데 이러한 매출채권은 그 채권으로부터 현금을 수령하는 시점에 회계장부에서 사라지게 된다.

한편 판매를 목적으로 매입한 상품이 외부로 판매된 경우 그 상품의 취득원가는 매출원가로서 포괄손익계산서에 비용으로 보고되지만 아직 판매되지 않은 상품이 있는 경우 그 상품의 취득원가는 재무상태표에 재고자산으로 보고된다. 매출채권과 재고자산은 재무상태표의 유동자산으로 보고된다.

상품을 매입할 때에도 대금을 현금으로 지급하는 경우도 있지만 대부분은 신용거래를 통하여 외상으로 구입한다. 이 때 상품의 구입거래가 순수하게 신용에 의한 외상거래이면 외상매입금으로 기록하고 만약 거래의 결제수단으로 어음을 지급하게 되면 지급어음으로 기록한다. 재무상태표에 유동부채로 표시되는 매입채무는 외상매입금과 지급어음의 합계인데 이를 갚기 위해 현금을 지출하면 매입채무는 회계장부에서 사라지게 된다.

〈자료 6-4〉에서는 서비스기업과 상기업의 재무상태표를 비교하였다.

자료 6-4 서비스기업과 상기업의 재무상태표 비교

서비스기업의 재무상태표

자산:	
유동자산	
현금	150
매출채권	300

상기업의 재무상태표

자산:		부채:	
유동자산		유동부채	
현금	120	매입채무	200
매출채권	250		
재고자산	180		

주) 위 재무상태표상의 금액은 임의로 채택한 것임.

제 2 절 상품판매의 회계처리

2.1 매출의 인식시기

상기업에 있어서 매출은 구입한 상품을 소비자에게 판매하는 판매거래를 통하여 발생한다. 판매거래는 판매자가 상품의 법적인 권리를 구매자에게 이전하는 것이다. 따라서 대개 상품의 판매와 동시에 상품의 이전이 이루어진다. 이 때 판매를 통한 매출액(sales)을 회계장부에 기록하기 위한 원천문서를 송장(invoice)이라고 하는데 송장은 상품의 판매자가 구매자에게 발송하는 문서로서 여기에는 상품의 수량과 단위당 가격, 총판매금액, 신용판매인 경우 신용기간, 운반의 방법 등과 같은 구체적인 정보가 담겨져 있다.

그러나 우리나라의 기업회계 실무에서는 송장보다는 부가가치세법상 주고받는 세금계산서를 활용하고 있다. 즉, 상품이나 제품을 판매할 때 판매자는 구매자에게 세금계산서를 발행하는데 다량으로 거래하는 기업들 간에는 매월 말에 일괄적으로 월합계세금계산서를 발행하는 경우가 일반적이다. 따라서 우리나라의 회계실무상으로는 매월 말에 월매출액을 집계하여 회계장부에 기록하는 경우가 대부분이다. 비록 실무상으로는 위와 같이 회계처리를 한다고 하여도 이는 단순히 업무의 편의를 위한 것이며 중요한 점은 기업이 매출액을 인식하는 시점은 바로 상품의 판매시점이라는 것이다.

2.2 판매대금 회수유형에 따른 회계처리

상품을 현금으로 판매하였다면 차변에 현금계정을 기록하고 대변에 매출계정을 기록하면 된다. 예를 들어, 상품을 판매하여 그 판매대금으로서 현금 5,000원을 수령하였다면 다음과 같은 분개가 이루어진다.

차> 현 금	5,000	대> 매 출	5,000

그러나 일반적으로는 상품을 신용거래에 의하여 외상으로 판매하는 경우가 많은데 이 때에도 상품을 판매하는 시점에서 수익이 실현된 것으로 간주하므로 비록 현금이 수령되지 않은 상태라고 하더라도 매출로 인식하게 된다.

이와 같이 외상으로 상품을 판매한 경우에는 외상매출금계정이나 받을어음계정을 사용하여 분개가 이루어진다. 이에 따른 회계처리를 예를 들어 설명하면 다음과 같다.

거래의 내용:

01/03: 상품을 순수 신용으로 외상판매 하였는데 판매대금은 100

원이다.
01/31: 거래처가 대금결제수단으로 100원의 어음을 발행하여 수취하였다
02/25: 어음만기가 도래하여 현금으로 수령하였다.

판매자의 회계처리

01/03:	차> 외상매출금	100	대> 매 출	100
01/31:	차> 받을어음	100	대> 외상매출금	100
02/25:	차> 현 금	100	대> 받을어음	100

회계연도 중에 기록을 하는 과정에서는 외상매출금과 받을어음을 별도로 분리하여 기록하지만 회계기간 말 시점에서 재무상태표를 작성할 때에는 매출채권(trade receivables)이라는 자산계정으로 통합하여 보고하게 된다. 이와 같이 기업회계 실무에서 외상매출금계정과 받을어음계정을 각각 구분하여 기록하는 이유는 신용으로 판매한 금액과 어음을 통해서 결제수단을 확보한 것을 구분하여 관리하는 것이 효율적이기 때문이다. 즉, 단순히 신용으로 판매한 부분(외상매출금)은 거래처로부터 회수하지 못할 가능성을 염두에 두어야 하지만 어음으로 수령한 부분(받을어음)은 어음을 통해서 대금의 수령이 거의 확실해질 뿐만 아니라, 어음의 만기일 등을 고려한 자금관리를 융통성 있게 할 수 있다는 장점이 있기 때문이다.

2.3 매출부대비용의 회계처리

상품을 판매하면 운송비용 등과 같은 부대비용이 발생하게 된다. 이와 같은 부대비용은 판매를 위하여 필요한 비용으로 회계처리한다. 예를 들어, 판매한 상품의 배달을 위한 운송비용으로 100원을 지출하였다면 다음과 같이 분개를 한다.

차> 판매비 - 운송비용	100	대> 현금	100

2.4 매출환입과 매출에누리

상기업은 고객만족을 달성하기 위해 색깔, 크기, 수량이나 품질 등에 결함이 있거나 만족스럽지 못한 경우 반품을 허용하고 있다. 매출환입(sales returns)이란 상품의 하자로 인해 구매자로부터 구매의사의 포기와 함께 상품이 되돌아 온 경우를 말하고, 매출에누리(sales allowances)는 반품은 되지 않았으나 원래의 판매가격으로부터 일정한 가격을 깎아 판매하는 경우를 말한다.

이론적으로 볼 때 매출환입이나 매출에누리가 발생한 즉시 다음의 분개에서 보는 바와 같이 매출에서 직접 차감하여 처리하는 것이 타당하지만, 이들 환입된 상품이나 에누리금액에 대하여 별도의 계정을 설정하여 관리하는 경우 경영자의 의사결정에 유용한 정보가 제공될 수 있다는 장점이 있다.

차> 매 출	×××	대> 매출채권	×××

한편 경우에 따라서는 매출환입계정과 매출에누리계정을 매출에누리와환입(sales allowances and returns)이라는 하나의 계정으로 묶어 기록하기도 한다. 그리고 이러한 매출에누리와환입계정의 잔액은 보고기간말에 포괄손익계산서를 작성할 때 매출액에서 차감하여 표시된다.

예를 들어, 신용으로 판매한 상품 중 고객이 품질에 만족하지 못하여 200원의 상품을 반품하였고, 또 이와는 별도로 판매가격 중 100원을 삭감해달라고 요청하여 회사에서 이를 승인하였다면 이에 대한 분개는 다음과 같다.

차> 매출에누리와환입	300	대> 매출채권	300

2.5 매출할인

현금으로 판매를 하면 자금을 운용하여 투자수익을 얻거나 이자수익을 얻을 수 있는 기회가 있으므로 상품을 판매하는 입장에서는 현금판매가 외상판매보다 유리하다. 그러므로 상품을 외상으로 판매하는 경우 판매자는 현금으로 판매할 경우 받을 수 있는 현금판매가격에 외상거래에 의해 주어진 신용기간 동안의 이자를 가산한 가격에 판매하게 된다. 이 때 외상으로 판매하는 판매자는 외상대금의 현금회수가 신속하게 이루어지기를 선호하므로 현금회수를 빨리 할 수 있는 방법을 생각하는데 그러한 방법 중의 하나가 구매자가 외상대금을 조기에 지급하는 경우 대금의 일부를 경감해 주는 할인제도이다.

이와 같이 상품의 판매시에 신용기간을 정해 주더라도 판매자의 입장에서는 현금유동성 때문에 현금을 빨리 수령하는 것이 유리하기 때문에 어느 일정한 기간 내에 현금을 지불하면 매출대금에서 할인해 주는 조건을 덧붙이는 경우 이를 현금할인(cash discount)이라 한다.

현금할인을 판매자의 입장에서 보면 매출할인(sales discount)이 되고, 구매자의 입장에서 보면 매입할인(purchase discount)이 된다. 구매자의 입장에서는 현금할인율이 일반적인 시장이자율보다 높으므로 대금을 빨리 지급하는 것이 유리하고, 판매자의 입장에서는 현금유동성의 차원에서 대금을 빨리 회수하는 것이 유리하므로 이러한 할인조건이 성립하게 된다.

기업이 상품을 신용으로 판매할 때 대부분 지불기간을 정하게 된다. 즉 판매 후 며칠 이내에 대금을 지불해야 한다는 조건을 제시하는 것이다. 이러한 대금의 지불기간을 신용기간(credit term)이라 하는데 신용기간은 산업마다 다르고 또한 같은 산업에서도 회사의 신용상태에 따라 다르다.

신용기간의 예를 들면 "net 40" 이라는 조건이 있다. "*n*/40"이라고 표현하기도 하는데 이것은 구매자가 판매일로부터 40일 이내에 대금을 지급해야 한다는 조건이다. 그리고 "*n*/10/EOM" 이라는 조건도 있는데, EOM은 "End Of Month" 라는 뜻으로서 판매한 날이 속하는 달의 다음달 10일 이내에 대금을 지급해야 한다는 조건을 의미한다. 만약 1월 20일에 상품을 판매하였다면 그에 대한 대금은 2월 10일 안에 지급해야 하는 것이다.

일반적으로 사용하는 현금할인 관련 용어는 다음의 〈자료 6-5〉와 같다

자료 6-5 **현금할인: 구매자의 경우 매입할인, 판매자의 경우 매출할인**

(1) 2/10, *n*/30: 판매 후 10일 이내에 대금을 지급하면 2%를 할인받을 수 있고, 판매 후 30일 안에는 대금을 지급해야 함.
  판매일~판매 후 10일까지 대금지급 → 2% 할인
  판매 후 11일~판매 후 30일까지 대금지급 → 전액 지급
  판매 후 30일까지 대금미지급 → 부도발생

(2) 2/EOM, *n*/60: 판매일이 속하는 달의 말일까지 대금을 지급하면 2%를 할인받을 수 있고, 판매 후 60일 안에는 대금을 지급해야 함.
  판매일이 속하는 달의 말일까지 대금지급 → 2% 할인
  판매일이 속하는 다음 달 1일~판매 후 60일까지 대금지급 → 전액 지급

판매 후 60일까지 대금미지급 → 부도발생

(3) 2/10/EOM, n/60: 판매일이 속하는 달의 다음달 10일까지 대금을 지급하면 2%를 할인받을 수 있고, 판매 후 60일 안에는 대금을 지급해야 함.
판매일이 속하는 달의 다음달 10일까지 대금지급 → 2% 할인
판매일이 속하는 다음 달 11일~판매 후 60일까지 대금지급 → 전액 지급
판매 후 60일까지 대금미지급 → 부도발생

매출할인의 현금할인액에 대하여 회계처리를 하는 방법에는 총액법과 순액법이 있다. 총액법(gross method)은 판매시에 판매대금 전액을 매출액과 매출채권으로 인식하고, 주어진 기간 내에 대금을 수령하는 경우에는 그 할인액을 매출할인으로 처리하여 매출액에서 차감하는 형식으로 기재하는 방법이다.

이에 반해 순액법(net method)은 판매시에 현금할인액을 제외한 순액만큼만 매출액과 매출채권으로 인식하고, 만약 구매자가 대금을 늦게 지급하여 할인을 받지 못하면 할인액에 해당하는 차액을 이자수익으로 인식하는 방법이다.

총액법과 순액법의 차이를 이해하기 위해 다음의 거래를 살펴보기로 하자.

거래의 내용:

1월 10일: 상품 1,000원을 5/10, n/30의 조건으로 외상으로 판매하였다.
1월 15일: 판매대금 중에서 50%를 현금으로 수령하였다.
1월 25일: 판매대금 중 나머지 50%에 대해 대금을 수령하였다.

판매자의 회계처리:

(1) 총액법의 회계처리

01/10:	차> 매출채권	1,000	대> 매　　출	1,000
01/15:	차> 현　　금	475	대> 매출채권	500
	매출할인	25[1]		
01/25:	차> 현　　금	500	대> 매출채권	500

1) 1,000원 × 0.5 × 5% = 25원

(2) 순액법의 회계처리

01/10 :	차> 매출채권	950	대> 매　　출	950[1]
01/15 :	차> 현　　금	475	대> 매출채권	475[2]
01/25 :	차> 현　　금	500	대> 매출채권	475
			이자수익	25[3]

1) 1,000원 × (1−5%) = 950원
2) 950원 × 50% = 475원
3) 500원 × 5% = 25원

판매자의 입장에서는 상품의 구매자가 판매대금을 언제 지급할지 모르기 때문에 현금을 수령할 때까지 매출할인에 대해 회계처리 할 수 없다. 따라서 K-IFRS에서는 매출할인에 대해 총액법을 사용하여 회계처리 하도록 규정하고 있다.

판매자는 자신의 회계장부에 매출할인에 대한 정보를 별도로 기록함으로써 자신의 할인정책에 대해 평가할 수 있게 된다. 그리고 이러한 매출할인은 기말에 포괄손익계산서에 보고할 때 매출액에서 차감하여 표시된다.

2.6 매출액의 공시

기업의 내부관리 목적으로 작성하는 회계장부에서는 총매출액(gross sales)과 매출에누리와환입액, 그리고 매출할인액을 별도로 구분하여 순매출액(net sales)을 나타내는 것이 바람직하다. 이 경우 경영자는 매출에누리와환입, 그리고 매출할인 등에 대한 정보를 수집할 수 있게 되며 소위 예외에 의한 관리(management by exception)를 수행할 수 있게 된다. 그러나 일반 투자자들을 위한 외부공시목적으로 작성되는 포괄손익계산서에서는 매출액의 구성내용을 구체적으로 구분하여 표시하지 않고 순매출액만을 공시하는 것이 일반적이다.

다음은 상품판매에 대한 회계처리를 이해하기 위한 예제이다.

예제 6-1 상품판매의 회계처리

3월 31일에 (주)서천은 화장품 100개를 (주)목동에게 외상판매 하였는데, 판매가격은 개당 1,000원이다. 외상판매의 신용조건은 2/10, *n*/30으로서 판매와 관련된 일련의 거래는 다음과 같다.

03/31: 화장품 100개를 외상판매 하였는데, 상품을 배달하면서 판매운임 4,000원이 발생하여 운반회사에 현금으로 지급하였다.

04/02: (주)목동이 상품검사를 해보니 5개가 품질불량이어서 반품하였고, 품질결함이 경미한 5개에 대해서는 개당 120원씩 대금을 차감해 주었다.

04/07: 판매대금 중 40%를 현금으로 회수하였다.

04/18: 나머지 60%에 대해 현금을 회수하였다.

〈물음〉

1. 위의 거래에 대해 (주)서천의 입장에서 총액법을 사용하여 분개하시오.
2. 매출에 관한 부분포괄손익계산서를 작성하시오.

해 답

1. 총액법에 의한 분개

일자	차변	금액	대변	금액
03/31:	차> 매출채권	100,000	대> 매 출	100,000
	운반비	4,000	현 금	4,000
04/02:	차> 매출에누리와환입	5,000[1]	대> 매출채권	5,000
	매출에누리와환입	600[2]	매출채권	600
04/07:	차> 현 금	39,200	대> 매출채권	40,000
	매출할인	800[3]		
04/18:	차> 현 금	54,400[4]	대> 매출채권	54,400

1) 5개 × 1,000원 = 5,000원
2) 5개 × 120원 = 600원
3) 100,000원 × 40% × 2% = 800원
4) 100,000원 × 60% − 5,000원 − 600원 = 54,400원
→ 매출에누리와환입을 제외하고 남은 잔액인데, 매출할인 해당금액이 없으므로 전액을 현금으로 회수하였다.

2. 부분포괄손익계산서의 작성

총매출	100,000
매출에누리와환입	(5,600)
매출할인	(800)
순매출	93,600

참고) 운반비 4,000원은 판매비의 성격이므로 매출액에서 차감하여 표시하지 않는다.

제 3 절 상품매입에 대한 회계기록과정

3.1 매입의 인식시기

구매자가 매입을 인식하는 시기, 즉 회계기록을 하는 시점은 상품의 판매자가 매출을 인식하는 시기와 같다. 일반적인 상거래에서는 판매자가 주문받은 상품을 구매자에게 전달하면서 송장(invoice)을 같이 보내고 구매자는 자신이 주문한 상품과 판매자가 첨부한 송장을 동시에 수령하게 된다. 이 때 구매자는 송장의 내역과 수령한 상품의 내용을 비교하여 자신이 주문한 상품인가를 확인하고 오류가 없는 경우 자신의 회계장부에 매입거래를 인식하게 된다.

그러나 경우에 따라서는 상품을 받지 않았을 경우에도 일정 조건에 따라 매입을 인식하는 때가 있다. 예를 들어, 중국에서 인형을 구입하여 국내에 판매하는 기업을 가정해 보자. 이 경우 상품은 대개 선박을 통해서 들여오는데, 상품이 선적된 후 구입회사의 창고까지 오기에는 상당한 시간이 걸리기 마련이다. 그렇다면 선적이 되어 현재 운송중으로서 아직 국내에 도착하지 않은 인형은 어느 회사의 소유인가?

선적조건에는 여러 가지가 있지만 FOB 선적지조건(freight on board-shipping point)과 FOB 도착지조건(freight on board-destination point)이 대표적이다. FOB 선적지조건은 배가 판매자 측의 항구를 떠났을 때, 즉 상품이 선적되는 시점에서 자산의 소유권이 이전되는 조건을 말한다. 그리고 FOB 도착지조건은 배가 구매자 측의 항구에 도착했을 때, 즉 구매자에게 도착한 시점에서 자산의 소유권이 이전되는 조건을 말한다.

그러므로 상품을 구입하는 거래의 조건이 FOB 선적지조건이라면 현재 운송중인 인형은 구매자가 소유권을 갖게 되므로 구매자의 입장에서는 회계장부에 매입거래를 인식해야 하고 판매자 회사는 매출거래로 인식한다. 그러나 만약 상품의 구입거래가 FOB 도착지조건이라면 운송중인 인형에 대해서는 판매자와 구매자는 아무런 회계처리도 수행하지 않는다. 즉, 현재 운송중인 상품은 판매자의 자산으로 간주되는 것이다.

3.2 매입대금 지불유형에 따른 회계처리

상품을 현금으로 구매하였다면 차변에 매입계정을 기록하고 대변에 현금계정을 기록하게 된다. 예를 들어, 구매자가 100원의 상품을 현금을 지불하고 구입하였다고 하자. 그러면 구매자의 회계장부에는 다음과 같은 분개가 이루어지게 된다.

차> 매 입	100	대> 현 금	100

한편 외상으로 상품을 구입한 경우에는 외상매입금계정이나 지급어음계정을 사용하여 분개가 이루어진다. 이에 따른 회계처리를 예를 들어 설명하면 다음과 같다.

거래의 내용:

01/15: 상품을 순수 신용으로 외상구입 하였는데 구입대가는 50원이었다.

01/31: 구입대금의 결제수단을 확실히 하기 위해 50원의 어음을 발행하여 거래처에 지급하였다.

02/28: 어음의 만기일이 도래하여 대금을 지급하였다.

구매자의 회계처리:

일자	차변	금액	대변	금액
01/15:	차> 매 입	50	대> 외상매입금	50
01/31:	차> 외상매입금	50	대> 지급어음	50
02/28:	차> 지급어음	50	대> 현 금	50

외상매입금과 지급어음은 보고기간말 시점에서 재무상태표를 작성할 때 매입채무(trade payables)라는 계정으로 통합하여 보고하게 되지만 회계기간 중의 회계처리에서는 외상매입금과 지급어음을 구분하여 회계장부에 기록하는 것이 일반적이다. 그 이유는 지급어음계정을 별도로 사용하게 되면 어떠한 매입거래에 대해 얼마의 어음을 발행하고 지급하였는지 확인할 수 있고, 어음의 번호를 통하여 자금관리를 할 수 있으며, 또한 어음의 만기일 등을 체계적으로 관리함으로써 어음이 부도가 되는 것을 방지할 수 있기 때문이다. 어음은 한 장만 분실

하여도 회사에 커다란 손실의 위험이 있으므로 어음에 대하여는 철저한 관리가 필요하다.

3.3 매입부대비용의 회계처리

매입부대비용은 운송보험료나 매입운임 등 상품을 판매자로부터 구입하여 매장에 진열할 때까지 투입되는 모든 비용을 말하는데, 이는 상품을 매입하여 판매가 가능한 상태에 이르기까지 발생하게 되는 비용이므로 일반적으로 구매자의 상품 매입원가에 포함된다.

이미 언급한 바와 같이 자산의 소유권 이전시점에 관한 매매조건에는 일반적으로 FOB 선적지조건과 FOB 도착지조건이 있다. FOB 선적지조건에서는 판매자가 선적을 한 순간부터 소유권이 구매자에게 이전되므로 운송에 따른 모든 권리와 의무가 구매자에게 귀속된다. 따라서 이 경우에는 운송비용이나 운송보험료 등의 지불도 구매자가 부담하는 것이 일반적이므로 이러한 매입부대비용은 상품의 취득원가에 포함된다.

그러나 FOB 도착지조건에서는 판매자가 구매자의 항구 등 목적지까지 상품을 운반해주어야 한다. 따라서 이 경우 상품이 목적지에 도착할 때까지 발생한 운반비용 등은 판매자가 지불해야 하는 것이므로 구매자의 매입원가에 포함되지 않고 판매자의 판매비용으로 회계처리 되는 것이다.

매입부대비용이 발생하는 경우 매입계정과는 별도로 매입운임(transportation-in 또는 freight-in)계정을 사용하여 기록함으로써 매입계정과 분리하여 회계처리하는데, 이는 순수한 상품의 매입대금 이외에 매입을 위한 부대비용을 별도로 측정하여 보고하기 위한 것이다. 예를 들어, 어떤 기업이 상품 1,000원을 구입하고 그에 대한 운반비 100원을 현금으로 지급하였다면 다음과 같은 분개가 이루어지게 된다.

차> 매　　입	1,000		대> 현　　금	1,000
차> 매입운임	100		대> 현　　금	100

매입운임계정은 매입계정에 추가되어 총매입액으로 다음과 같이 표시된다.

총매입액의 계산:

매입	1,000
매입운임	100
총매입액	1,100

3.4 매입환출과 매입에누리

상품이 구매자에게 도착하면 구매자의 창고에 입고시키기 전에 검수작업(inspection)을 한다. 검수작업은 매입한 물품에 이상은 없는지, 회사가 주문한 상품이 맞게 들어왔는지를 검사하는 작업을 말한다. 검수작업의 결과 도착한 상품의 색깔, 크기, 수량이나 품질 등에 결함이 있거나 만족스럽지 못한 경우 반품을 하거나 대금을 할인받을 수 있다. 이 때 매입환출(purchase returns)이란 상품의 하자로 인해 판매자에게 되돌려 주는 경우를 말하고, 매입에누리(purchase allowances)는 반품은 하지 않았으나 원래의 판매대가로부터 일정한 값을 깍아 구입하는 것을 말한다.

이론적으로 볼 때에는 매입환출이나 매입에누리가 발생하게 되면 매입금액이 감소하게 되므로 매입계정의 대변에 기록하여 매입금액에서 차감하는 것으로 회계처리하는 것이 타당하지만, 반환된 매입금액이나 에누리된 매입금액의 관리 등 경영자의 의사결정에 활용하기 위해서는 매입과는 다른 계정을 별도로 사용하여 기록하게 된다. 이 경우 매입환출계정과 매입에누리계정 등 두 가지 계정을 각각 설정하여 사용하기도 하지만, 매입에누리와환출(purchase allowances and returns)이라는 하나의 계정으로 통합하여 기록하는 경우가 많다. 이러한 매입에누리와환출계정은 포괄손익계산서를 작성할 때 매입계정에서 차감하여 순매입액으로 표시하게 된다.

예를 들어, 만약 신용으로 매입한 상품 중에서 500원을 반품하였고, 품질 하자로 인해 100원의 대금을 감면받았다면 다음과 같은 분개가 이루어진다.

차> 매입채무	600	대> 매입에누리와환출	600

한편 총매입액이 5,000원이라면 순매입액은 다음과 같이 구한다.

순매입액의 계산:

매입	5,000
매입에누리와 환출	(600)
순매입액	4,400

3.5 매입할인

외상대금을 지정된 기한보다 일찍 결제할 때 현금할인을 해 주는 이유와 현금할인의 회계처리에 대해서는 제 2 절의 매출할인에 대한 설명을 할 때 이미 언급한 바 있다. 이러한 현금할인을 판매자의 입장에서 본 것이 매출할인이고 구매자의 입장에서 본 것은 매입할인(purchase discount)이 된다.

K-IFRS에서는 매입할인에 대하여 총액법(gross method)에 의한 회계처리만을 하도록 규정하고 있는데 이는 매입 대금 전액에 대해 매입과 매입채무로 설정하고 할인기간 내에 대금을 지급하였을 때에는 할인금액만큼 매입할인으로 설정하여 매입에서 차감하는 형식으로 기재하고 동시에 매입채무에서 차감하는 회계처리를 말한다.

예제 6-2 **매입할인의 회계처리**

다음과 같은 (주)목동의 거래에 대해 총액법을 사용하여 분개 하시오.

01/11: (주)목동은 (주)서천으로부터 개당 1,000원의 상품 200개를 외상으로 구입하였다.

01/20: (주)목동은 외상대금 120,000원을 지급하였는데, 외상대금의 지불조건은 2/10, n/30이다.

02/09: (주)목동은 나머지 외상대금을 모두 지급하였다.

해 답

01/11:	차>	매 입	200,000	대>	매입채무	200,000
01/20:	차>	매입채무	120,000	대>	현 금	117,600
					매입할인	2,400[1)]
02/09:	차>	매입채무	80,000	대>	현 금	80,000

1) 현금할인액 = 120,000원 × 2% = 2,400원

3.6 현금할인액의 내재이자율 환산

현금할인 조건이 있는 상품을 외상으로 구매하였을 때, 구매자는 외상대금을 조기에 지급하여 매입할인을 받는 것이 유리한지 아니면 만기일에 지급하는 것이 유리한지를 판단하여 대금결제를 수행해야 할 것이다. 또한 판매자는 현금할인 조건을 제시할 때 이러한 조건이 자신의 재무적 유용성에 어떠한 영향을 주는지 파악하여야 한다.

매입자가 조기에 외상대금을 상환하여 현금할인이 발생하면 매출할인은 금융비용이라 할 수 있고, 매입할인은 금융수익이라 할 수 있다. 따라서 이러한 금융비용이나 금융수익을 이자율로 환산하여 활용할 수 있게 된다. 다음과 같은 예로 현금할인 조건을 어떻게 활용할 수 있을지 알아보자.

예를 들어, 2/10, *n*/30의 조건이 있는 상품을 10,000원어치 구입하였다고 하자. 이 경우 상품을 판매한 후 10일 이내에 구매대금을 지불한다면 200원(= 10,000 × 2%)을 할인받을 수 있게 된다. 만약 연 12%의 이자율로 9,800원을 차입할 수 있다면 20일 동안 지불해야 하는 이자비용은 다음과 같이 65.33원(1년을 360일이라 가정함)으로 계산된다.

9,800원 × 12% × (20/360) = 65.33원

따라서 이 거래의 경우 상품의 구매자는 20일 일찍 외상대금을 현금으로 지급함에 따라 134.67원(= 200 − 65.33)을 절약할 수 있게 되는 것이다.

현금할인액에 내재되어 있는 이자율(interest rate implied in cash discount)을 계산하는 식은 다음과 같다.

> 내재이자율(연간) = 현금할인율 × 360일 / (만기일 − 신용기간)
>
> 주) 계산의 편의를 위해 1년을 360일이라 가정하였다.

위의 예에서 언급한 거래에 내재되어 있는 이자율을 구하면 다음과 같이 연 36%가 된다는 것을 알 수 있다.

2% × 360/(30−10) = 36%

여기에서 판매 후 10일이 지난 다음 만기일까지의 기간인 20일 동안 2%의 할인율을 적용받지 못하게 되므로 신용기간은 할인율을 적용받을 수 있는 10일

이 되는 것이다. 이 예에서 외상구입자가 만약 연 36% 미만의 이자율로 자금을 은행으로부터 차입할 수 있다면 은행으로부터 차입한 자금으로 외상대금을 먼저 지급하여 이득을 볼 수 있을 것이다. 마찬가지로 만약 1/10, *n*/30의 신용조건이라면 연 18%의 이자율까지 자금을 차입하여 외상대금을 지급하여 재무적 이득을 볼 수 있다는 것을 알 수 있다.

하지만 지금까지 설명한 내재이자율은 현금할인율을 전제로 내재이자율을 간편하고 쉽게 산출하는 방법이다. 보다 정확한 내재이자율은 현금할인율 대신 현금할인율을 환산한 이자율로 계산해야 한다.

$$\text{환산이자율} = \frac{\text{현금할인율}}{(100\% - \text{현금할인율})}$$

따라서 현금할인율이 2%인 경우 환산이자율은 $\frac{2\%}{98\%} = 2.04\%$가 된다. 위의 예에서 언급한 거래에 대해 내재이자율을 다시 계산하면 다음과 같이 연 36.72%가 된다.

$$2.04\% \times 360/(30-10) = 36.72\%$$

위의 예에서 10일 이내에 구매대금을 지불하면 200원을 할인받아 9,800원만 지불하면 된다. 이 때 차입할 금액은 9,800원이고 이에 대한 20일 동안의 차입이자율이 200원/9,800원 = 2.04%보다 낮으면 9,800원을 차입하여 매입할인을 받는 것이 유리하다.

3.7 매입액의 외부공시

기업의 내부관리용 회계장부에서는 총매입액(gross purchase)과 매입에누리와 환출, 매입할인을 구분하여 순매입액(net purchase)을 나타내는 것이 바람직하다. 왜냐하면 경영자가 매입에누리와 환출, 매입할인 등에 대한 구분된 정보를 바탕으로 필요한 조치를 취할 수 있는, 이른바 예외에 의한 관리(management by exception)를 할 수 있기 때문이다. 그러나 일반 투자자들에게 제시하는 외부공시용 포괄손익계산서에서는 매입액을 구분하여 표시하지 않고 순매입액만을 공시하는 경우가 일반적인데, 기업 외부의 일반 투자자들에게 매입에누리와환출과 매입할인 등의 세부 정보는 필요하지 않은 경우가 많기 때문이다.

예제 6-3 상품매입의 회계처리

3월 31일에 (주)목동은 화장품 100개를 (주)서천에게 외상구입 하였는데, 구입가격은 개당 1,000원이다. 외상구입의 신용조건은 2/10, n/40이었는데 상품구입과 관련된 일련의 거래는 다음과 같다.

03/31: 화장품 100개를 외상구입 하였는데, 상품을 가져오면서 판매운임 4,000원이 발생하여 운반회사에 현금으로 지급하였다.
04/02: (주)목동이 상품검사를 해보니 5개가 품질불량이어서 반품하였고, 품질결함이 경미한 5개에 대해서는 개당 120원씩 대금을 경감받았다.
04/07: 판매대금 중 40%를 현금으로 지급하였다.
04/27: 나머지 60%에 대해 현금으로 지급하였다.

〈물음〉

1. 위의 일련의 거래에 대해 (주)목동의 입장에서 분개하시오.
2. 매입에 대한 부분포괄손익계산서를 작성하시오.
3. 1년을 360일로 가정하고 자금을 차입하여 매입대금을 지급한다고 가정할 때, 매입대금을 먼저 지급하여 현금할인을 받는 것이 유리한 차입이자율의 최대값은 얼마인가?

해 답

1. 거래에 대한 분개

03/31:	차>	매 입	100,000	대>	매입채무	100,000
		매입운임	4,000		현 금	4,000
04/02:	차>	매입채무	5,000	대>	매입에누리와환출	5,000[1]
		매입채무	600		매입에누리와환출	600[2]
04/07:	차>	매입채무	40,000	대>	현 금	39,200
					매입할인	800[3]
04/27:	차>	매입채무	54,400	대>	현 금	54,400[4]

1) 5개 × 1,000원 = 5,000원
2) 5개 × 120원 = 600원
3) 100,000원 × 40% × 2% = 800원
4) 100,000원 − 5,000원 − 600원 − 40,000원 = 54,400원
→ 총 매입채무 중에서 매입에누리와환출과 조기 지급분을 차감한 잔액인데, 현금할인기간이 경과하였으므로 전액을 지급하였다.

2. 부분포괄손익계산서의 작성

매입액	100,000
매입운임	4,000
매입에누리와환출	(5,600)
매입할인	(800)

순매입액 97,600

3. **현금할인에 내재된 이자율** = 2% × 360 / (40−10) = 24%

따라서 차입이자율이 24%일 때까지 자금을 차입하여 매입대금을 지급하는 것이 유리하다.

제 4 절 매출원가와 기말상품재고액의 계산

4.1 매출원가와 기말상품재고액

기업에서 어느 한 회계기간 동안의 경영성과를 나타내는 당기순이익을 계산하기 위해서는 우선 기업이 판매한 상품의 원가인 매출원가를 계산해야 한다. 매출원가는 판매한 상품을 구입하기 위하여 지급한 취득원가를 말하는데, 매출원가를 결정하는 두 가지 요소는 판매된 상품의 수량과 상품 단위당 구입원가이다.

매출원가 = 판매된 상품의 수량 × 상품의 단위당 구입원가

한편 기업이 판매한 상품의 원가인 매출원가와 보고기간말 시점에서 외부에 판매되지 아니하고 재고자산으로 남아있는 상품재고액은 서로 밀접한 관계가 있다. 먼저 다음의 두 가지 관계식을 살펴보자.

(1) 기초상품재고액 + 당기상품매입액 − **매출원가** = **기말상품재고액**
(2) 기초상품재고액 + 당기상품매입액 − **기말상품재고액** = **매출원가**

회계기간 초 시점에서 기업이 보유하고 있는 상품인 기초상품재고액(beginning inventory)에 회계기간 동안 기업이 판매를 목적으로 구입한 상품인 당기 상품매입액(purchase)을 가산하면 해당 회계기간 동안 기업이 판매할 수 있는 판매가능상품액(goods available for sale)이 된다.

기초상품재고액 + 당기상품매입액 = 판매가능상품액

(1)식은 먼저 판매가능상품액을 구한 다음 이에서 매출원가(cost of goods sold)를 차감하여 기말상품재고액(ending inventory)을 구하는 과정을 나타내는 것이고, (2)식은 판매가능상품액에서 보고기간말 시점에 외부에 판매되지 아니하고 기업이 보유하고 있는 상품인 기말상품재고액을 차감하여 매출원가를 구하는 과정을 나타내는 것이다. 그러므로 만일 매출원가를 먼저 구한다면 기말상품재고액은 자동적으로 구할 수 있게 되는 것이며, 반대로 기말상품재고액을 먼저 구한다면 매출원가는 위의 관계식에서 자동적으로 구할 수 있게 되는 것이다.

일반적으로 기업이 상품을 판매할 때마다 판매된 상품의 구입원가를 일일이 추적하여 매출원가를 산정하는 것이 가장 바람직하다고 볼 수 있다. 그러나 상품의 구입원가는 동일한 회계연도에도 계속적으로 변화하고 하루에도 판매거래가 빈번하게 이루어지며 또 판매하는 상품의 종류도 매우 다양할 것이므로 판매시마다 매출원가를 산정하는 것이 쉽지 않다. 그러므로 기업은 각자 주어진 환경에 따라 다음에서 설명하는 계속기록법과 실지재고조사법 중 한 가지 방법을 정하여 매출원가를 구하게 된다.

4.2 계속기록법

계속기록법(perpetual inventory system)은 상품을 판매할 때마다 판매된 상품의 구입원가를 추적하여 매출원가를 계산하는 방법이다. 따라서 위의 (1)식의 관계에 따라 매출원가와 기말상품재고액이 결정된다.

계속기록법하의 매출원가와 기말상품재고액 관계식:

(1) 기초상품재고액 + 당기상품매입액 − 매출원가 = 기말상품재고액
(판매시점 마다 계산)

계속기록법을 적용하기 위하여 기업은 상품의 입고와 출고내용을 기록하는 상품수불부를 비치하여 상품을 매입할 때마다 매입수량과 매입금액을 기입하고 판매할 때마다 판매된 상품의 수량과 매출원가를 일일이 기록한다. 계속기록법을 채택하게 되면 상품을 구입할 때 매입계정을 사용하지 않고 재고자산계정이나 상품계정을 사용하여 회계처리를 한다.

한편 상품을 판매하면 판매시점에서 두 쌍의 분개를 해야 하는데 첫째는 판

매에 대한 매출액을 기록하기 위한 것이고, 두 번째는 판매한 상품에 대한 매출원가를 기록하기 위한 것이다.

계속기록법에 의한 회계처리의 예를 들어보기로 하자. (주)서울은 3월 1일 현재 상품재고액이 1,000원인데 이는 단위당 원가가 100원인 상품 10개로 구성되어 있다. 또 (주)서울은 3월 2일에 단가 100원인 상품 50개를 현금으로 구입하였으며, 3월 15일에는 3월 2일에 구입한 상품 중 30개를 개당 150원에 외상으로 판매하였다고 하자. 계속기록법에 의하면 이에 대한 분개는 다음과 같이 이루어진다.

03/02:	차> 상 품	5,000	대> 현 금	5,000
03/15:	차> 매출채권	4,500	대> 매 출	4,500
	매출원가	3,000[1)]	상 품	3,000

1) 30개 × 100원(취득원가) = 3,000원

위의 분개의 결과 상품계정과 매출원가계정에는 다음과 같은 정보가 각각 나타나게 된다.

상 품

기초재고	1,000	3/15 판매	3,000
3/2 매입	5,000		
기말재고	3,000		

매출원가

3/15 판매	3,000		

즉, 3월 말 시점에서 상품계정에는 기말상품재고액 3,000원이 나타나고 매출원가계정에는 3월의 매출원가인 3,000원이 표시되는 것이다.

계속기록법은 재고자산에 대한 정보와 매출원가와 같은 수익성에 대한 정보를 항상 얻을 수 있다는 장점이 있다. 그러나 취급하는 상품이 단순한 경우를 제외하고는 회계기록을 위한 관리비용이 많이 들기 때문에 판매의 빈도가 낮은 소량의 고가상품을 취급하는 기업만이 계속기록법을 사용한다. 또 회계기간중에 재고자산의 부패나 도난사고 등이 발생하여도 이는 상품수불부에 기록되지 않아 재고자산에 계속 남아 있는 것으로 취급되므로 기업이 실제로 보유하고 있는 재고자산과 회계장부상의 재고자산에 차이가 발생하게 된다는 단점이 있다.

4.3 실지재고조사법

실지재고조사법(periodic inventory system)은 상품을 판매할 때마다 판매된 상품의 구입원가를 추적하여 매출원가를 계산하지 않고, 어느 한 회계기간 동안에 발생한 매입거래를 집계하여 보고기간말 시점에서 기업이 실제 보유하고 있는 상품재고액을 조사한 다음 매출원가를 구하는 방법이다. 따라서 위의 (2)식의 관계에 따라 기말상품재고액과 매출원가가 결정된다.

<u>실지재고조사법하의 기말상품재고액과 매출원가의 관계식:</u>

(1) 기초상품재고액 + 당기상품매입액 − <u>기말상품재고액</u> = 매출원가
(보고기간말에 실재하는 상품의 수량과 금액을 조사하여 결정)

즉, 실지재고조사법하에서는 상품이 판매될 때마다 매출원가를 구하는 것이 아니라, 보고기간말 시점에서 기업이 실제 보유하고 있는 상품재고액을 조사한 다음 이를 판매가능상품액으로부터 차감하여 매출원가를 산정하는 것이다. 실지재고조사법을 사용할 때에는 상품을 구입하였을 때 매입계정을 사용하여 회계처리 하고, 상품을 판매하였을 때에는 매출에 대한 분개만 한다. 실지재고조사법에 의한 회계처리의 예를 들어보기로 하자.

(주)서울은 3월 1일 현재 상품재고액이 1,000원인데 이는 단위당 원가가 100원인 상품 10개로 구성되어 있다. 또 (주)서울은 3월 2일에 단가 100원인 상품 50개를 현금으로 구입하였으며, 3월 15일에는 3월 2일에 구입한 상품 중 30개를 단위당 150원에 외상으로 판매하였다고 하자. 또 (주)서울은 3월 31일에 상품에 대한 실사를 통하여 3월 31일 현재 2,500원의 상품이 아직 판매되지 않고 남아있는 것을 알게 되었다고 한다. 이 경우 실지재고조사법에 의하면 3월 중 다음과 같은 분개가 이루어지게 된다.

03/02:	차> 매 입	5,000	대> 현 금	5,000
03/15:	차> 매출채권	4,500	대> 매 출	4,500

이처럼 실지재고조사법에서는 상품 구매시에 매입으로 분개하고, 상품 판매시에는 매출에 대한 것만 분개하고 매출원가에 대해서는 고려하지 않는다. 위의 분개의 결과 상품계정과 매입계정에는 다음과 같은 정보가 각각 나타나게 된다.

상 품	
기초재고 1,000	

매 입	
3/2 5,000	

즉, 3월 말 시점에서 상품계정에는 기초상품재고액 1,000원이 나타나고 매입계정에는 3월 중 매입액인 5,000원이 표시되고 있다. 따라서 실지재고조사법을 적용하는 경우에는 보고기간말 시점의 기말상품재고액과 회계기간 동안의 매출원가를 구하기 위하여 추가적인 작업이 필요하다는 것을 알 수 있다.

실지재고조사법하에서 매출원가는 보고기간말에 이루어지는 재고자산에 대한 실사의 결과를 바탕으로 다음과 같은 보고기간말의 조정분개를 통하여 계산된다.

실지재고조사법하에서 매출원가를 구하는 조정분개:

	차변	금액	대변	금액
분개 ①:	차> 매출원가	1,000	대> 상 품	1,000
분개 ②:	차> 매출원가	5,000	대> 매 입	5,000
분개 ③:	차> 상 품	2,500	대> 매출원가	2,500

상 품			
기초재고	1,000	분개 ①	1,000
분개 ③	2,500		
기말재고	2,500		

매 입			
3/2	5,000	분개 ②	5,000

매출원가			
분개 ①: 기초상품재고액	1,000	분개 ③: 기말상품재고액	2,500
분개 ②: 당기상품매입액	5,000		
매출원가	3,500		

먼저 분개 ①을 보자. 이 분개는 상품계정에 표시되어 있는 기초상품재고액을 매출원가계정의 차변으로 기록하고 상품계정의 대변에 기록하여 상품계정으로부터 기초상품재고액을 제거하는 분개이다.

분개 ②는 매입계정에 있는 당기중 상품매입액에 대한 정보를 제거하여 이를 매출원가계정의 차변에 기록하는 분개이다. 그 결과 매출원가계정의 차변에는 기초상품재고액과 당기상품매입액이 포함되어 이들의 합계액은 당기중 판매가능상품액을 의미하게 된다.

분개 ③은 기말상품재고액을 상품계정의 차변과 매출원가계정의 대변에 기록하여 그 결과 상품계정에는 기말상품재고액이 표시되고 매출원가계정의 차변합계액에서 대변합계액을 차감한 잔액이 당기의 매출원가가 되도록 하기 위한 것이다.

실지재고조사법은 상품을 판매할 때마다 매출원가를 일일이 계산하지 않기 때문에 회계기록과정이 비교적 간단하다고 볼 수 있다. 실지재고조사법은 또 보고기간말 시점에서 재고자산을 파악하여 매출원가를 간접적으로 계산하기 때문에 회계정보를 위한 관리비용이 적게 든다. 따라서 공산품, 잡화류, 의류, 식료품 등 다양한 저가의 상품을 대량으로 취급하고 상품의 매입과 판매가 빈번히 발생하는 상기업에서는 실지재고조사법을 사용하는 것이 일반적이다.

그러나 이 방법만 사용하게 되면 재고자산감모손실, 즉 재고자산의 수량 부족을 파악하지 못하게 되고, 이와 같이 판매 이외의 이유로 감소한 재고자산금액이 모두 매출원가에 포함된다는 단점이 있다. 따라서 실지재고조사법을 사용하고 있는 기업들도 상품수불부를 비치하여 상품의 입고 및 출고 수량을 기록하여 재고자산을 관리하기도 한다.

지금까지 계속기록법과 실재재고조사법에 대해 살펴보았는데, 두 방법의 특성을 비교해보면 다음의 〈자료 6-6〉과 같다.

자료 6-6 계속기록법과 실지재고조사법의 특성

	계속기록법	실지재고조사법
취급상품	고가의 소량상품	저가의 대량상품
취급품목의 종류	적음	많음
매입과 매출의 빈도	낮음	높음
재고자산의 기록	수량과 원가	수량(안하기도 함)
정보처리비용	높음	낮음
적절한 상품	보석 · 귀금속류, 고급가구, 고급가전제품	공산품, 잡화류, 의류, 식료품

자료: 이창우 외 공저, 「재무제표의 이해」.

예제 6-4 **매출원가의 계산**

한국회사의 20×1년도의 거래는 다음과 같다.

01/01: 전기이월된 상품은 2,000원이다

02/12: 일본회사로부터 상품을 현금으로 구입하였는데, 매입대금 8,000원에는 매입운임 1,000원이 포함되어 있지 않다.

04/22: 기초상품을 미국회사에 3,000원에 현금으로 판매하였다.

06/03: 일본회사로부터 구입한 상품 중의 절반을 영국회사에 5,000원에 외상으로 판매하였다.

08/09: 중국회사로부터 상품 4,000원어치를 외상으로 구입하였다.

11/12: 일본회사로부터 구입한 상품 중 미판매분과 중국회사로부터 구입한 상품의 절반을 독일회사에 9,000원에 현금으로 판매하였다.

12/31: 기말재고실사 결과 회사가 보유하고 있는 상품은 1,900원이었다.

〈물음〉

1. 계속기록법에 의하여 거래에 대한 분개를 하고, 매출원가와 기말상품재고액을 각각 구하시오.
2. 실지재고조사법에 의하여 거래에 대한 분개를 하고, 보고기간말에 매출원가를 산정하는 조정분개를 하고 매출원가를 구하시오.

해 답

1. **계속기록법:**

(1) 기중거래의 분개

02/12:	차> 상 품	9,000	대> 현 금	9,000
04/22:	차> 현 금	3,000	대> 매 출	3,000
	차> 매출원가	2,000	대> 상 품	2,000
06/03:	차> 매출채권	5,000	대> 매 출	5,000
	차> 매출원가	4,500	대> 상 품	4,500
08/09:	차> 상 품	4,000	대> 매입채무	4,000
11/12:	차> 현 금	9,000	대> 매 출	9,000
	차> 매출원가	6,500[1]	대> 상 품	6,500

1) 9,000원 / 2 + 4,000원 / 2 = 6,500원

(2) 매출원가 = 2,000원 + 4,500원 + 6,500원 = 13,000원

(3) 기말상품 = 2,000원 + 9,000원 + 4,000원 − 2,000원 − 4,500원 − 6,500원 = 2,000원
(기중 매출원가 인식분: 2,000원 − 4,500원 − 6,500원)

2. **실지재고조사법**

(1) 기중거래의 분개

02/12:	차> 매 입	8,000	대> 현 금	9,000

		매입운임	1,000		
04/22:	차>	현 금	3,000	대> 매 출	3,000
06/03:	차>	매출채권	5,000	대> 매 출	5,000
08/09:	차>	매 입	4,000	대> 매입채무	4,000
11/12:	차>	현 금	9,000	대> 매 출	9,000

(2) 매출원가를 구하는 조정분개

12/31:	차>	매출원가	2,000	대> 상 품	2,000
	차>	매출원가	13,000	대> 매 입	13,000[2]
	차>	상 품	1,900	대> 매출원가	1,900

2) 8,000 + 1,000(매입운임) + 4,000 = 13,000

(3) 매출원가의 계산

기초상품	2,000
당기매입	13,000
판매가능상품액	15,000
기말상품	(1,900)
매출원가	13,100 [3]

3) 계속기록법에 의한 매출원가 13,000원과 다른데, 이러한 차이는 실지재고조사법이 재고자산감모손실을 따로 구분해 내지 못하고, 이를 일괄적으로 매출원가에 포함시키기 때문이다.

제 5 절 상기업의 결산절차

5.1 상기업과 서비스기업의 결산과정

상기업의 결산과정은 이미 앞장에서 살펴본 서비스기업의 결산과정과 유사하다. 따라서 다음과 같은 절차를 따르게 된다.

(1) 시산표의 작성: 회계기간중의 거래의 결과를 바탕으로 시산표를 작성한다.

(2) 수정 또는 조정분개: 이연항목과 발생항목 등에 대해 수정 및 조정분개를 한다.

(3) 정산표의 작성: 시산표와 조정분개를 바탕으로 정산표를 작성한다.

(4) 마감분개: 포괄손익계산서 항목을 재무상태표의 이익잉여금계정에

마감한다.

(5) 계정과 장부의 마감과 이월: 재무상태표계정 잔액을 다음 회계기간으로 이월한다.

(6) 재무제표의 작성: 재무제표를 작성한다.

상기업의 결산절차가 서비스기업과 다른 것은 재고자산, 매출 및 매출원가에 대한 조정분개가 추가적으로 이루어진다는 것이다. 즉, 상품의 판매와 매입에 관련된 여러 계정들을 정리하여 한편으로는 포괄손익계산서 항목들인 순매출액과 매출원가를 계산하여 매출총이익을 산출하고, 다른 한편으로는 상품계정에 보고기간말 시점의 상품재고액을 표시하도록 하는 회계처리를 추가적으로 수행하는 것이다. 따라서 여기에서는 상기업의 특수한 조정분개에 대해서만 언급하기로 한다.

5.2 순매출액의 계산

순매출액은 총매출액에서 매출할인액과 매출에누리와환입액을 차감하여 구한다. 조정분개 전의 매출계정은 대변에 그 잔액이 나타나고 매출할인계정이나 매출에누리와환입계정은 차변에 잔액이 나타나므로 조정분개에서는 다음의 예에서 보는 바와 같이 매출할인계정과 매출에누리와환입계정의 잔액만큼을 각각의 대변에 기입하고, 이와 동시에 매출계정의 차변에 이들 합계액을 기입하여 매출계정에는 순매출액이 표시되는 것이다.

예를 들어, 어느 한 회계기간 동안의 매출할인액이 100원, 매출에누리와환입액은 300원, 그리고 총매출액은 5,000원이라고 하자. 그러면 회계기간 말 시점에 다음과 같은 조정분개를 통하여 매출계정의 대변에는 4,600원의 순매출액이 표시된다.

조정분개와 T-계정:

차> 매　　출	400	대>	매출에누리와환입	300
			매출할인	100

매 출	
400[1]	5,000
	순매출 4,600

매출에누리와환입	
300	300[1]

매출할인	
100	100[1]

1) 조정분개를 나타냄.

5.3 순매입액의 계산

당기상품 순매입액은 매입액과 매입운임을 합한 금액에서 매입할인액과 매입에누리와환출액을 차감하여 구한다. 조정분개 전의 매입계정과 매입운임계정은 차변에 그 잔액이 나타나고 매입할인계정이나 매입에누리와환출계정은 대변에 잔액이 나타난다. 따라서 순매입액을 구하기 위한 조정분개에서는 매입할인계정과 매입에누리와환출계정은 차변에, 매입운임계정과 매입계정은 대변에 기입하게 된다.

예를 들어, 어느 한 회계기간 동안의 매입할인액이 200원, 매입에누리와환출액은 400원, 매입운임은 500원, 그리고 매입액은 6,000원이라고 하자. 그러면 회계기간 말 시점에 다음과 같은 조정분개를 통하여 매입계정의 차변에는 5,900원의 순매입액이 표시된다.

조정분개와 T-계정:

차> 매 입	500	대> 매입운임	500
차> 매입에누리와환출	400	대> 매 입	600
매입할인	200		

매 입	
6,000	600[1]
500[1]	
순매입 5,900	

매입에누리와환출	
400[1]	400

매입운임	
500	500[1]

매입할인	
200[1]	200

1) 조정분개를 나타냄.

5.4 매출원가와 기말상품재고액의 계산

앞의 제 4 절에서 언급한 바와 같이 상기업에서의 매출원가는 계속기록법을 사용하는가 아니면 실지재고조사법을 사용하는가에 따라 다르게 구하여야 한다. 기업이 계속기록법을 사용하는 경우에는 판매가 이루어질 때마다 매출원가를 계산하여 회계장부에 기록하고 보고기간말 시점에 매출원가의 합계액을 구하여 이를 기초상품재고액과 당기상품순매입액의 합계액인 판매가능상품액으로부터 차감하여 기말상품재고액을 구하게 된다.

계속기록법에서의 매출원가와 기말상품재고액:

기초상품재고액	×××	
당기상품순매입액	×××	
판매가능상품액	×××	
차감: 매출원가	(×××)	→ 판매시마다 계산한다
기말상품재고액	×××	

기업이 실지재고조사법을 사용하고 있다면 기말상품재고액은 보고기간말에 실지재고조사를 통하여 확인한 금액이 된다. 따라서 이렇게 구한 기말상품재고액을 판매가능상품액으로부터 차감하여 매출원가를 구하게 된다.

실지재고조사법에서의 매출원가와 기말상품재고액:

기초상품재고액	×××	
당기상품순매입액	×××	
판매가능상품액	×××	
차감: 기말상품재고액	(×××)	→ 실지재고조사를 통해 구한다
매출원가	×××	

상기업에서 보고기간말에 매출원가와 기말상품재고액을 구하는 조정분개에 대하여는 이미 언급한 바 있으므로 독자들은 제 4 절(특히 4.2와 4.3)을 참조하기 바란다.

예제 6-5 상기업의 결산과정

고려회사의 20×1년 중에 발생한 거래의 내용은 다음과 같다. 고려회사는 실지재고조사법을 사용하여 매출원가를 계산한다.

01/01: 기초상품재고액은 100원이다.
02/11: 신라회사로부터 상품 300원어치(10원 × 30개)를 외상으로 구입하였는데, 현금으로 지불한 운임 50원은 이 가격에 포함되어 있지 않다.
03/04: 신라회사로부터 매입한 상품을 검수한 결과 문제가 있는 상품 6개는 반품하였고, 하자가 경미한 부분에 대해서는 20원을 할인받았다.
04/15: 매입대금을 모두 현금으로 지급하였다.
05/22: 백제회사에 기초 상품 전체를 2/10, *n*/30의 조건으로 150원에 외상판매하였는데, 이 과정에서 운반비 20원이 발생하였다.
05/30: 백제회사가 외상대금 중 2/3를 지급하였다.
06/20: 백제회사로부터 나머지 대금을 회수하였다.
10/04: 당기 매입한 상품 중에서 20개를 고구려회사에 260원에 현금으로 판매하였다.
10/25: 고구려회사의 검수결과 하자가 있는 상품 3개를 반품하였다.
12/31: 재고실사 결과 기말상품재고액은 60원이다.

〈물음〉

1. 고려회사의 기중거래에 대해 분개하시오.
2. 기말 조정분개를 수행하여 순매출액과 순매입액, 매출원가를 산정하시오.
3. 매출총이익과 영업이익을 계산하시오.

해 답

1. 기중거래의 분개

02/11:	차>	매 입	300	대>	매입채무	300
		매입운임	50		현 금	50
03/04:	차>	매입채무	60[1]	대>	매입에누리와환출	60
		매입채무	20		매입에누리와환출	20
04/15:	차>	매입채무	220[2]	대>	현 금	220
05/22:	차>	매출채권	150	대>	매 출	150
		운 반 비	20		현 금	20
05/30:	차>	현 금	98	대>	매출채권	100
		매출할인	2[3]			
06/20:	차>	현 금	50	대>	매출채권	50
10/04:	차>	현 금	260	대>	매 출	260
10/25:	차>	매출에누리와환입	39[4]	대>	현 금	39[5]

1) 반품 6개 × 10원 = 60원

2) 300 − 60 − 20 = 220원 ← 매입채무 잔액
3) 150원 × 2 / 3 × 2% = 2원
4) 반품 3개 × 13원 = 39원 ← 개당 판매가격 = 260원 / 20 = 13
5) 현금판매이므로 매출환입의 상대계정을 현금으로 기록하였다.

2. 기말 조정분개

(1) 순매출 관련

차>	매 출	41	대>	매출에누리와환입	39
				매출할인	2

→ 순매출 = 150원 + 260원 − 41원 = 369원

(2) 순매입 관련

차>	매 입	50	대>	매입운임	50
차>	매입에누리와환출	80	대>	매 입	80

→ 순매입 = 300원 + 50원 − 80원 = 270원

(3) 매출원가의 산정

차>	매출원가	100	대>	상 품	100
차>	매출원가	270	대>	매 입	270[1)]
차>	상 품	60	대>	매출원가	60

→ 매출원가 = 100원 + 270원 − 60원 = 310원

1) 순매입액

3. 매출총이익과 영업이익

(1) 매출총이익 = 순매출 − 매출원가 = 369원 − 310원 = 59원
(2) 영업이익 = 매출총이익 − 판매비와관리비 = 59원 − 20원 = 39원

위의 〈예제 6-5〉에 대해 매출과 매입, 상품과 매출원가계정을 T-계정으로 나타내 보면 다음의 〈자료 6-7〉과 같다.

자료 6-7 순매출과 매출원가의 산정: T-계정

매 출

12/31	41	05/22	150
		10/04	260
		순매출	369

매출할인

05/30	2	12/31	2

매출에누리와환입

10/25	39	12/31	39

매 입

02/11	300	12/31	80
12/31	50		
순매입액	270		

매입운임

02/11	50	12/31	50

매입에누리와 환출

12/31	80	03/04	80

상 품

기초	100	12/31	100
12/31	60		
기말상품	60		

매출원가

기초상품	100	기말상품	60
순매입액	270		
매출원가	310		

5.5 상기업의 포괄손익계산서

일반적으로 기업은 기업경영을 위한 내부관리목적으로 자세한 정보가 주어지는 세분화된 포괄손익계산서를 사용하지만 일반투자가들을 위한 외부 공시용 포괄손익계산서는 약식 포괄손익계산서를 사용한다. 이에 대하여 다음의 〈예제 6-6〉을 살펴보기로 한다.

예제 6-6 포괄손익계산서의 작성

다음은 서울주식회사의 20×1년 자료이다. 이를 바탕으로 영업이익까지 나오는 세분화된 포괄손익계산서와 약식 포괄손익계산서를 작성하시오.

과 목	금 액	과 목	금 액
총매출	35,000	총매입	23,000
매출에누리와환입	1,500	매입에누리와환출	2,300
매출할인	800	매입할인	1,100
기초상품	3,000	매입운임	3,000
기말상품	2,500	기타판매관리비	6,200
매출운임	1,900		

해 답

1. 세분화된 포괄손익계산서

포괄손익계산서

20×1년 1월 1일부터 20×1년 12월 31일까지

서울주식회사 (단위: 원)

과 목		금	액
1. 매출			
(1) 총매출		35,000	
(2) 매출에누리와환입		(1,500)	
(3) 매출할인		(800)	
(4) 순매출			32,700
2. 매출원가			
(1) 기초상품		3,000	
(2) 매입	23,000		
(3) 매입운임	3,000		
(4) 매입에누리와환출	(2,300)		
(5) 매입할인	(1,100)		
(6) 순매입		22,600	
(7) 판매가능상품(1+6)		25,600	
(8) 기말상품		(2,500)	
(9) 매출원가(7−8)			23,100
3. 매출총이익			9,600
4. 판매비와관리비			
(1) 매출운임		1,900	
(2) 기타판매관리비		6,200	8,100
5. 영업이익			1,500

2. 약식포괄손익계산서

포괄손익계산서

20×1년 1월 1일부터 20×1년 12월 31일까지

서울주식회사 (단위: 원)

과 목	금	액
1. 매출		32,700
2. 매출원가		
(1) 기초상품	3,000	
(2) 당기매입	22,600	
(3) 판매가능상품	25,600	
(4) 기말상품	(2,500)	23,100
3. 매출총이익		9,600
4. 판매비와관리비		
(1) 매출운임	1,900	
(2) 기타판매관리비	6,200	8,100
5. 영업이익		1,500

연습문제

문제 6-1 다음의 개념에 대해 간략히 서술하시오.

매출환입	매출에누리	매출할인

문제 6-2 현금할인

1. 현금할인 조건의 거래가 시장에서 성립하게 하는 요건을 판매자와 구매자 각자의 입장에서 설명하시오.
2. 다음의 신용기간 조건을 설명하시오.

> 3/15/EOM, *n*/60

문제 6-3 선적조건의 이해

FOB 선적지조건과 FOB 도착지조건을 비교하여 서술하시오(단, 운송중인 자산의 소유권과 운송중 발생한 운송비용에 대한 회계처리에 관한 사항을 반드시 포함하여 설명할 것).

문제 6-4 계속기록법과 실지재고조사법

1. 계속기록법과 실지재고조사법의 개념을 각각 간략히 쓰시오.
2. 다음 빈칸에 알맞은 내용을 쓰시오.

	계속기록법	실지재고조사법
장점		
단점		

3. 다음 예시를 참고하여 계속기록법 또는 실지재고조사법이 적합한 기업의 특성을 2가지 이상 서술하시오.

> 예) 취급품목의 종류가 적은 기업의 경우 계속기록법이, 반대의 경우 실지재고조사법이 적합하다.

문제 6-5 매출원가와 매출총이익

다음 각 회사의 포괄손익계산서를 바탕으로 번호에 알맞은 금액을 계산하시오.

	울산상사	창원기업	장흥무역	익산물산
매 출	300,000	700,000	(5)	1,500,000
매출할인	–	30,000	110,000	70,000
기초상품재고	50,000	120,000	(6)	220,000
당기상품매입	230,000	(3)	650,000	1,180,000
매입에누리와환출	20,000	–	20,000	90,000
기말상품재고	40,000	90,000	150,000	(7)
매출원가	(1)	(4)	580,000	1,060,000
매출총이익	(2)	160,000	240,000	(8)

문제 6-6 매출에누리와환입 및 매출할인

11월 30일에 (주)서초는 개당 판매가격이 50,000원인 선풍기 200개를 (주)방배에게 신용판매하였다. 판매와 관련된 다음 거래를 참고하여 아래 물음에 답하시오. 단, 외상판매의 신용조건은 3/10, *n*/30 이다.

11/30: 선풍기 200개를 외상판매하였는데, 판매와 관련된 부대비용이 5,000원 발생하여 현금으로 지출했다.

12/03: (주)방배의 상품검사 결과 10개가 품질에 하자가 있는 것으로 밝혀져 반품 받았다.

12/05: 추후에 불량품 5개가 발견되어 개당 1,000원씩 대금을 차감해 주었다.

12/09: 판매대금 중 50%를 현금으로 회수하였다.

12/18: 나머지 50%에 대해 현금을 회수하였다.

〈물음〉

1. 위의 거래에 대해 (주)서초의 입장에서 분개하시오(단, K-IFRS에서 인정하는 방법을 이용하여 회계처리할 것).
2. 매출에 관한 부분 포괄손익계산서를 작성하시오.

문제 6-7 매입에누리와환출 및 매입할인

11월 30일에 (주)방배는 개당 판매가격이 50,000원인 선풍기 200개를 (주)서초로부터 신용구매하였다. 매입과 관련된 다음 거래를 참고하여 아래 물음에 답하시오. 단, 외상구매의 신용조건은 3/10, *n*/30 이다.

11/30: 선풍기 200개를 외상매입하였는데, 상품을 운반하는 과정에서 매입부대비용이 5,000원 발생하여 운반회사에 현금으로 지불하였다.

12/03: (주)방배가 상품검사를 해 보니 10개가 품질에 하자가 있는 것으로 밝혀져 반

품했다.

12/05: 추후에 불량품 5개가 발견되어 개당 1,000원씩 대금을 경감받았다.

12/09: 판매대금 중 50%를 현금으로 지급하였다.

12/18: 나머지 50%에 대해 현금을 지급하였다.

〈물음〉

1. 위의 일련의 거래에 대해 (주)방배의 입장에서 분개하시오(단, K-IFRS에서 인정하는 방법을 이용하여 회계처리할 것).
2. 매입에 대한 부분포괄손익계산서를 작성하시오.
3. (주)방배가 자금을 차입하여 매입대금을 지급한다고 한다면, 매입대금을 먼저 지급하여 현금할인을 받는 것이 유리한 차입이자율의 최대값은 얼마인가(1년을 360일로 가정하라)?

문제 6-8 선적지인도조건과 도착지인도조건

다음은 12월 말 결산법인인 (주)신림에서 결산일을 전후로 하여 일어난 사건들이다. 각각의 상황에서 해당 상품이 (주)신림의 기말재고에 포함되어야 하는 지의 여부와 회사가 각 상황에서 올바르게 회계처리하고 있는 지를 밝히시오.

1. 도착지인도조건으로 매입한 에어컨 1,000,000원의 송장이 1월 2일에 도착하여 동일자로 회계처리하였다. 해당 상품은 상품수불대장에 12월 29일에 입고된 것으로 되어 있다.
2. 선적지인도조건으로 매입한 라디오 600,000원의 송장이 1월 4일에 도착하여 동 일자로 회계처리하였다. 라디오의 선적일은 12월 31일이지만 상품수불대장에는 1월 5일에 입고된 것으로 되어 있다.
3. 도착지인도조건으로 매입한 텔레비전 1,300,000원의 송장이 12월 28일에 도착하여 동일자로 회계처리하였으나 상품수불대장에는 1월 3일에 입고된 것으로 되어 있다.

문제 6-9 계속기록법과 실지재고조사법

다음은 시흥회사의 20×1년도 거래내역이다.

01/01: 기초상품가액은 30,000원이다

03/10: 구로회사로부터 100,000원 상당의 상품을 현금으로 구입하였다. 이 매입대금 중에는 매입부대비용 9,000원이 포함되어 있지 않다.

05/09: 기초상품을 동작회사에 45,000원에 현금으로 판매하였다.

06/17: 구로회사로부터 매입한 상품 중의 60,000원 어치를 낙성회사에 65,000원에 신용판매하였다.

09/24: 영등포회사로부터 50,000원 상당의 재고자산을 외상으로 구매하였다.

10/29: 구로회사로부터 구입한 상품 중 미판매분과 영등포회사로부터 구입한 상품 중 40%를 봉천상회에 74,000원에 현금으로 판매하였다.

12/31: 기말재고실사 결과 회사가 보유하고 있는 상품은 29,000원이었다.

〈물음〉

1. 시흥회사가 계속기록법에 의하여 회계처리한다고 할 때, 거래에 대한 분개를 하고 매출원가와 기말상품재고액을 각각 구하시오
2. 실지재고조사법에 의하여 거래에 대한 분개를 하고, 보고기간말에 매출원가를 산정하는 조정분개를 하고 매출원가를 구하시오.

문제 6-10 상기업의 회계처리 종합문제

인천회사의 20×1년 상반기 중에 발생한 거래의 내용은 다음과 같다.

01/01: 전기로부터 이월된 상품은 18,000원이다.

01/31: 분당회사로부터 55,000원 상당의 상품(@2,750원 × 20개)을 외상으로 구입하였다. 상품 구입가격과는 별도로 운송비용 8,000원을 현금으로 지출하였다.

03/13: 분당회사로부터 매입한 상품을 검수한 결과 불량품으로 판명된 4개는 반품하였고, 하자가 경미한 부분에 대해서는 총 3,000원을 할인받았다.

04/26: 분당회사에 대한 매입대금을 전액 현금으로 지급하였다.

05/25: 일산회사에 기초상품 전체를 3/10, n/30의 조건으로 27,000원에 신용판매하였는데, 이 과정에서 판매비용 3,600원이 발생하여 현금으로 지급하였다.

06/02: 일산회사가 외상대금 중 60%를 현금으로 지급하였다.

06/24: 일산회사로부터 대금의 잔액을 회수하였다.

06/30: 재고실사 결과 상품재고액은 44,000원이다.

〈물음〉

1. 인천회사의 기중거래에 대해 분개하시오.
2. 반기말 조정분개를 수행하여 순매출액과 순매입액, 매출원가를 산정하시오.
3. 매출총이익과 영업이익을 계산하시오.

문제 6-11 포괄손익계산서의 작성

다음은 은평상회의 20×1년 자료이다. 이를 토대로 세분화된 포괄손익계산서와 약식 포괄손익계산서를 작성하시오(단, 영업이익까지만 표시할 것).

과 목	금 액	과 목	금 액
총매출	525,000	총매입	350,000
매출에누리와환입	21,500	매입에누리와환출	34,300
매출할인	13,000	매입할인	16,400
기초상품	45,000	매입운임	44,000
기말상품	37,500	기타판매관리비	92,000
매출운임	28,700		

chapter 7
제조기업의 회계기록과정

chapter 7

제조기업의 회계기록과정

제 1 절 제조기업의 회계순환

1.1 제조기업의 물류흐름

제조기업(manufacturing company)은 원재료의 공급자로부터 원재료를 매입하여 제품을 제조하는 생산공정에 투입하고, 노무비와 제조간접비를 추가로 투입하여 가공한 후 제조작업이 완료된 완성품인 제품을 고객에게 판매하여 이익을 획득하는 기업을 말한다. 이와 같이 제조기업에서는 원재료의 매입, 제품의 생산 및 판매활동이 복합적으로 이루어지기 때문에 회계순환 과정과 재무제표의 내용이 앞서 언급한 상기업이나 서비스기업보다 복잡하다.

제조기업의 경우 원재료의 공급자로부터 원재료를 구입하여 이를 가공하고 제품의 제조과정을 통해 완성된 제품을 판매를 통하여 최종적으로 소비자에게 이르기까지의 기본적인 물류의 흐름을 그림으로 표현하면 다음의 〈자료 7-1〉과 같다.

예를 들어, 자동차 제조기업의 경우 철강업체 등으로부터 자동차를 제작하는데 필요한 원재료를 공급받고 이를 자동차를 제조하는 생산공정에 투입하며 노무비와 제조간접비를 추가로 투입하여 자동차를 완성하게 된다. 이렇게 제조된 자동차는 자동차 판매회사를 통하여 다시 소비자에게 전달되는 것이다.

제조기업의 회계에 대해서는 '원가회계' 또는 '원가관리회계' 과목에서 상세하게 다루기 때문에 여기에서는 제조기업 재무제표의 특징과 제조원가와 매출원가를 어떻게 구하는가에 초점을 맞추어 논의하기로 한다.

자료 7-1 물류의 흐름과 제조기업

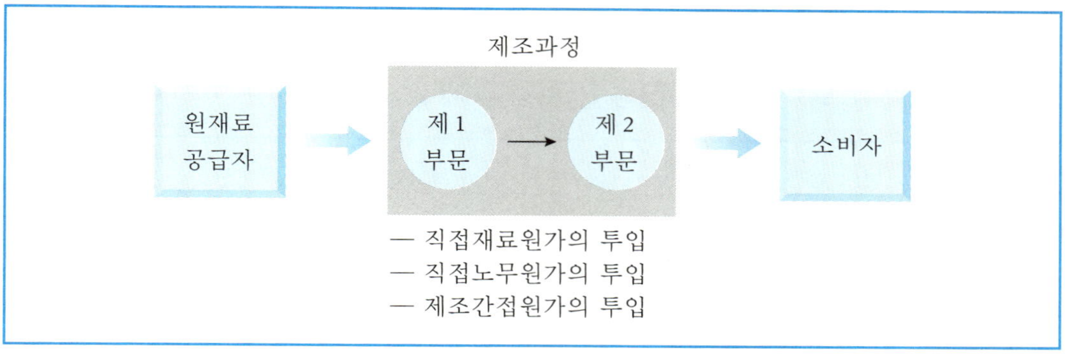

1.2 제조기업의 재무제표

제조기업의 포괄손익계산서도 상기업과 마찬가지로 매출원가에 대한 정보를 보고한다. 상기업의 매출원가는 판매된 상품의 매입원가를 의미하지만 제조기업의 매출원가는 판매된 제품의 제조원가를 의미하게 된다. 제조원가에는 재료비와 노무비, 그리고 제조간접비(제조경비라고도 함)가 포함된다.

재료비는 제품을 생산할 때 투입되는 원재료의 가액이고, 노무비는 제조공정에서 일하는 근로자의 임금이며, 제조간접비는 제조와 관련되어 발생하는 감가상각비, 소모품비 또는 공장감독자의 급여 등 제조작업을 위해 투입되는 일반적인 경비를 말한다.

제조기업의 포괄손익계산서 형식은 상기업의 포괄손익계산서와 동일하다. 다만 제조기업의 포괄손익계산서에 표시되는 매출원가는 다음과 같은 관계에 의해 산출된다는 것을 유의할 필요가 있다.

제조기업의 매출원가

기초제품재고액	×××
당기제품제조원가	×××
판매가능제품	×××
차감: 기말제품재고액	(×××)
매출원가	×××

상기업과 제조기업의 포괄손익계산서를 비교하면 다음의 〈자료 7-2〉와 같다.

자료 7-2 제조기업과 상기업의 포괄손익계산서 비교

제조기업의 포괄손익계산서			상기업의 포괄손익계산서		
매 출		900	매 출		900
매출원가			매출원가		
기초제품	100		기초상품	100	
당기제품제조원가	750		**당기매입액**	750	
기말제품	(120)	730	기말상품	(120)	730
매출총이익		170	매출총이익		170
판매관리비		100	판매관리비		100
영업이익		70	영업이익		70
	……			……	

참고) 두 가지의 포괄손익계산서는 임의로 작성한 것임.

다음으로 재무상태표를 보면, 상기업의 재고자산은 상품 하나인데 반해서 제조기업의 재고자산은 크게 세 가지로 구분된다. 첫째는 제품의 제조를 위해 구입하였으나 아직 제조과정에 투입되지 않은 원재료(raw material)의 기말재고액이고, 둘째는 현재 제품을 제조하는 과정 중에 있는 미완성제품으로서의 재공품(work-in-process) 기말재고액, 그리고 마지막으로 제조작업이 완료되어 완성품으로 분류되지만 보고기간말 현재 아직 외부로 판매되지 않은 제품(product) 기말재고액이다.

제조기업의 재고자산: 기말원재료재고액, 기말재공품재고액,
기말제품재고액

이상에서 논의한 바와 같이 제조기업의 재무상태표와 포괄손익계산서의 관계를 나타내면 다음의 〈자료 7-3〉과 같이 표현할 수 있다.

자료 7-3 제조기업의 재무상태표와 포괄손익계산서

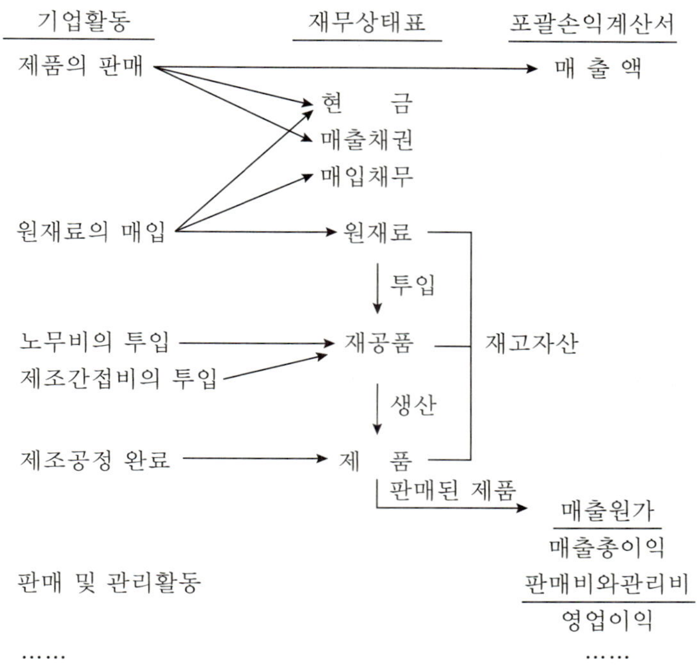

참고) 여기에서는 회계의 순환과정에 초점을 맞추었기 때문에 제조기업의 특수한 활동에 기인한 영업이익까지만 다루었다.

제품이 판매되면 포괄손익계산서에 매출액으로 보고되고, 이 때 현금매출인 경우 현금이 증가하고 외상매출인 경우 매출채권이 증가하는 것은 상기업의 경우와 동일하다.

제조기업이 특이한 것은 매출원가의 계산과정과 그에 따른 재무상태표에의 영향이다. 제조기업의 매출원가는 다음과 같은 과정을 거쳐서 계산된다. 우선 원재료를 매입하면 재고자산으로 기록하는데, 원재료는 제조작업에 투입된다. 여기에다가 노무비와 제조간접비를 투입하여 가공작업이 이루어지고 가공과정이 완료되면 제품으로 기록하였다가 제품이 판매되는 시점에 제품의 제조원가가 매출원가로 보고되는 것이다.

1.3 제조기업의 포괄손익계산서

제조기업의 매출원가는 판매된 제품의 제조원가이므로 제조기업에서는 제품의 제조원가를 계산하는 것이 필수적이다. 제품의 제조원가에는 재료비, 노무비, 제조간접비가 포함된다. 제조기업의 포괄손익계산서는 제조원가의 흐름을 보여주는 형식으로 작성될 수도 있고, 제조원가명세서를 별도로 작성하여 당기제품제조원가만을 보여주는 형식으로도 작성될 수 있다.

현재 공시되고 있는 제조기업의 포괄손익계산서는 앞에서 언급한 〈자료 7-2〉에 제시하는 바와 같이 당기제품제조원가를 보여주고 또 이와는 별도로 제조원가명세서를 재무제표의 부속명세서로 별도로 보고하고 있다. 이러한 방법은 회사의 손익계산 내역을 둘로 나누어 보고하기 때문에 포괄손익계산서가 간결하다는 장점이 있지만, 제조원가를 알기 위해서는 제조원가명세서를 별도로 검토해야 한다는 단점도 있다.

외부에 공시되고 있는 제조기업의 포괄손익계산서 양식과 원가흐름을 알 수 있도록 작성된 포괄손익계산서를 비교하여 나타낸 것이 〈자료 7-4〉이다.

자료 7-4 제조기업의 포괄손익계산서

1. 외부공시용 포괄손익계산서 양식

포괄손익계산서

20×1년 1월 1일부터 20×1년 12월 31일까지

×× 주식회사 (단위: 원)

과 목	금 액	
1. 매출		15,000
2. 매출원가		
(1) 기초제품	1,200	
(2) 당기제품제조원가	10,500	
(3) 판매가능제품	11,700	
(4) 기말제품	(2,000)	9,700
3. 매출총이익		5,300
4. 판매비와관리비		2,000
5. 영업이익		3,300
……		……

2. 원가흐름을 제시하는 포괄손익계산서 양식

포괄손익계산서

20×1년 1월 1일부터 20×1년 12월 31일까지

×× 주식회사 (단위: 원)

과 목	금	액		
1. 매출				15,000
2. 매출원가				
(1) 기초제품			1,200	
(2) 재료비				
① 기초재료	400			
② 당기재료매입액	1,100			
③ 기말재료	(150)	1,350		
(3) 노무비				
① 급여	2,820			
② 퇴직급여	540	3,360		
(4) 제조간접비				
① 전력비	1,010			
② 소모품비	350			
③ 감가상각비	2,300			
④ 공장감독자 급여	930	4,590		
(5) 당기투입원가		9,300		
(6) 기초재공품		2,100		
(7) 기말재공품		(900)		
(8) 당기제품제조원가(5+6−7)			10,500	
(9) 판매가능제품			11,700	
(10) 기말제품			(2,000)	9,700
3. 매출총이익				5,300
4. 판매비와관리비				2,000
5. 영업이익				3,300
……				……

참고 1) 1번 포괄손익계산서와 2번 포괄손익계산서의 차이는 "2. 매출원가" 부분의 (2)~(7) 부분이 포괄손익계산서에 포함되느냐, 제조원가명세서에 포함되느냐의 차이이다.

참고 2) 위의 수치들은 임의로 작성된 것임.

제조원가명세서를 별도로 보고하는 경우의 포괄손익계산서 양식은 상기업의 포괄손익계산서 양식과 대동소이하다. 제조기업에서는 기초제품 금액과 당기제품제조원가의 합에서 기말제품 금액을 차감하여 매출원가를 산정하지만, 상기업에서는 기초상품 금액과 당기상품 매입액의 합에서 기말상품 금액을 차감하여 매출원가를 계산한다. 즉 제품과 상품, 제조원가와 매입액이라는 명칭만 다를 뿐 매출원가의 계산구조는 같은 것이다.

한편 제조원가명세서를 별도로 작성하는 경우에는 다음의 〈자료 7-5〉와 같은 양식을 사용하게 된다.

자료 7-5 제조원가명세서

제조원가명세서
20×1년 1월 1일부터 20×1년 12월 31일까지

××주식회사 (단위: 원)

과 목	금 액	
Ⅰ. 당기투입원가		
1. 재료비		
① 기초재료	400	
② 당기재료매입액	1,100	
③ 기말재료	(150)	1,350
2. 노무비		
① 급여	2,820	
② 퇴직급여	540	3,360
3. 제조간접비		
① 전력비	1,010	
② 소모품비	350	
③ 감가상각비	2,300	
④ 공장감독자 급여	930	4,590
4. 당기투입원가 합계		9,300
Ⅱ. 기초재공품원가		2,100
Ⅲ. 기말재공품원가		(900)
Ⅳ. 당기제품제조원가		10,500

예제 7-1 제조기업의 포괄손익계산서 작성

서천회사는 과자를 제조하여 판매하는 회사이다. 서천회사의 20×1년 영업이익을 계산하기 위해 회계장부에서 입수한 자료는 다음과 같다. 이를 바탕으로 원가흐름을 제시하는 포괄손익계산서와, 외부공시용 포괄손익계산서, 제조원가명세서 및 재고자산만을 나타내는 부분재무상태표를 작성하시오(단위: 원).

〈회계자료〉

원재료 기초재고액 200, 원재료 기말재고액 240
기초재공품원가 1,140, 기말재공품원가 864
기초제품재고액 2,520, 기말제품재고액 3,240
매출액 29,200, 당기 중 원재료 매입액 2,900,
판매비와관리비 6,800, 급여 3,140, 퇴직급여 916
전력비 1,080, 소모품비 1,368, 감가상각비 2,960

해 답

1. 원가흐름을 제시하는 포괄손익계산서

포괄손익계산서
20×1년 1월 1일부터 20×1년 12월 31일까지

서천회사 (단위: 원)

과 목	금		액	
1. 매출				29,200
2. 매출원가				
(1) 기초제품			2,520	
(2) 재료비				
① 기초재료	200			
② 당기재료매입액	2,900			
③ 기말재료	(240)	2,860		
(3) 노무비				
① 급여	3,140			
② 퇴직급여	916	4,056		
(4) 제조간접비				
① 전력비	1,080			
② 소모품비	1,368			
③ 감가상각비	2,960	5,408		
(5) 당기투입원가		12,324		
(6) 기초재공품		1,140		
(7) 기말재공품		(864)		
(8) 당기제품제조원가			12,600	
(9) 판매가능제품			15,120	
(10) 기말제품			(3,240)	11,880
3. 매출총이익				17,320
4. 판매비와관리비				6,800
5. 영업이익				10,520

2. 외부공시용 포괄손익계산서

포괄손익계산서
20×1년 1월 1일부터 20×1년 12월 31일까지

서천회사 (단위: 원)

과 목	금	액
1. 매출		29,200
2. 매출원가		
(1) 기초제품	2,520	

(2) 당기제품제조원가	12,600	
(3) 판매가능제품	15,120	
(4) 기말제품	(3,240)	11,880
3. 매출총이익		17,320
4. 판매비와관리비		6,800
5. 영업이익		10,520

3. 제조원가명세서

제조원가명세서

20×1년 1월 1일부터 20×1년 12월 31일까지

서천회사 (단위: 원)

과 목	금	액
Ⅰ. 당기투입원가		
1. 재료비		
① 기초재료	200	
② 당기재료매입액	2,900	
③ 기말재료	(240)	2,860
2. 노무비		
① 급여	3,140	
② 퇴직급여	916	4,056
3. 제조간접비		
① 전력비	1,080	
② 소모품비	1,368	
③ 감가상각비	2,960	5,408
4. 당기투입원가		12,324
Ⅱ. 기초재공품원가		1,140
Ⅲ. 기말재공품원가		(864)
Ⅳ. 당기제품제조원가		12,600

4. 부분재무상태표

재고자산:

원재료	240
재공품	864
제 품	3,240

제 2 절 제조기업의 원가계산

2.1 작업별원가계산과 종합원가계산

이미 언급한 바와 같이 제조기업의 매출원가 계산도 상기업의 경우와 크게 다르지 않고 상기업에서의 당기상품매입액이 제조기업에서는 당기에 제조작업이 완료된 당기제품제조원가라는 차이가 있을 뿐이다. 따라서 제조기업의 매출원가를 계산하기 위해서는 먼저 제품제조원가를 산정해야 한다.

제조기업에서 제조작업이 완료된 제품의 원가를 계산하는 방법은 제조업의 형태에 따라 크게 작업별원가계산(또는 개별원가계산)과 종합원가계산(또는 공정별원가계산)으로 나누어진다. 이들의 구분은 원가의 집계단위의 차이에 따라 이루어진다. 먼저 작업별원가계산에서 원가의 집계는 각 작업별로 이루어지는데, 고객이 주문한 작업별로 원가를 집계하여 이를 다시 주문한 제품의 수량으로 나누어 제품 한 개당 원가를 계산한다.

종합원가계산에서 원가의 집계단위는 공정(process)인데, 제조작업에 투입된 모든 원가를 합하고 이를 다시 제조공정을 거쳐 완성된 제품의 수로 나누어서 제품 단위당 원가를 계산하는 방법이다. 자세한 원가계산방법에 대해서는 원가회계과목에서 자세히 다루게 되므로 여기에서는 각 방법을 간략하게 소개하도록 한다.

(1) 작업별원가계산

작업별원가계산(job-order costing)은 구체적으로 식별 가능한 개별제품이나 작업에 원가를 배부하는 방법이다. 즉, 작업별로 요구되는 기술의 정도 또는 제조작업에 차이가 있는 제품을 생산하는 기업이 사용하므로 작업별원가계산이라고 하는 것이다. 작업별원가계산에서는 개별적인 제조작업에 대해 제조작업의 시작시점부터 제조작업의 완료시점까지 발생하는 모든 원가를 우선 재공품계정에 기록하고, 작업이 완료된 후 재공품계정에 집계된 모든 원가를 제품계정으로 대체하며, 제품이 판매되면 제품계정에서 매출원가계정으로 대체하는 분개를 하여 원가의 흐름을 파악하게 된다. 〈자료 7-6〉은 이러한 원가의 흐름을 나타낸 그림이다.

작업별원가계산의 특징은 작업지시서(job-order)에 따라 작업이 이루어질 뿐만 아니라 하나의 작업이나 제품묶음에 원가를 직접 관련시킬 수 있다는 데 있

자료 7-6 작업별원가계산과 종합원가계산하의 원가의 흐름

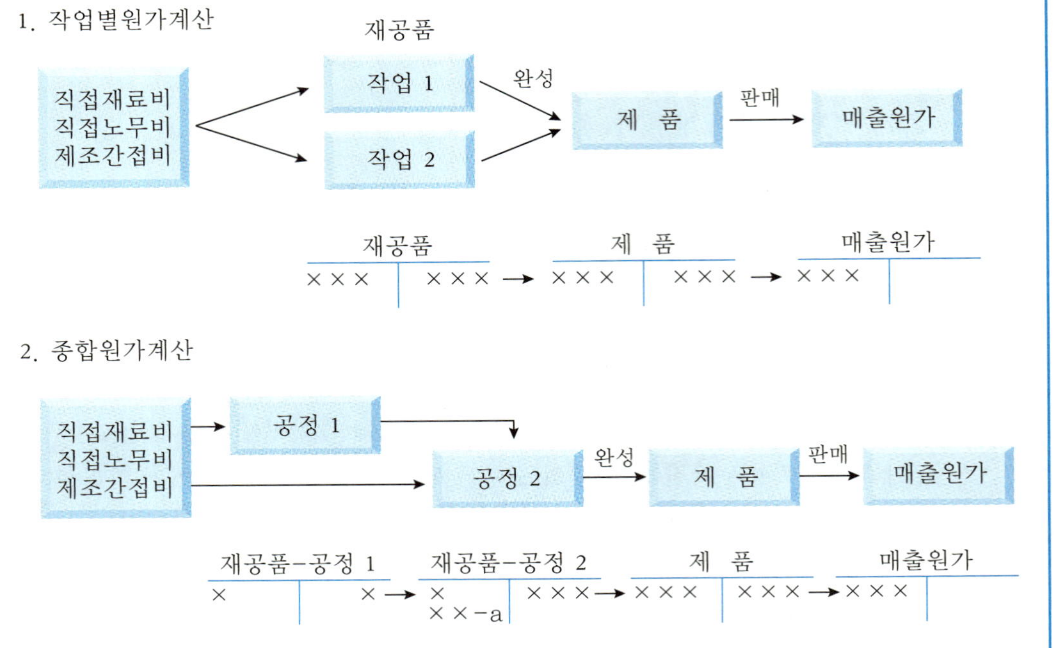

a) 직접재료비, 직접노무비, 제조간접비가 새로이 투입되는 부분임.

자료: 이창우 외 공저, 「원가관리회계」.

다. 작업별원가계산은 기업 외부의 주문이나 계약에 따라 이루어지는 작업의 원가를 계산할 때 적절한 방법이다. 예를 들면 건설업, 비행기 제조, 병원, 영화제작사, 회계법인, 출판사와 같은 업종이나 자가건설과 같은 작업에 활용된다.

(2) 종합원가계산

공정(process)은 하나의 표준화된 생산과정을 말한다. 종합원가계산(process costing)은 대량으로 생산되는 동종의 제품에 대해 공정이나 부문별로 원가를 집계한 후, 이들 집계된 원가를 각 공정에서 생산된 제품에 균등하게 배부하여 단위당 원가를 계산하는 방법이다. 즉, 각 공정별로 원가를 집계하고 그 공정을 거쳐 간 제조단위의 수로 나누면 그 공정에서의 제품 한 개당 원가를 계산할 수 있는 것이다.

극단적인 경우는 공장 전체의 생산과정을 하나의 공정으로 간주하는 것인데, 공장 전체를 하나의 원가의 집계단위로 파악하여 원가를 집계하고 그 공장에

서 생산된 제품의 수량으로 나누면 제품 한 개당 원가를 계산할 수 있다. 〈자료 7-6〉은 이러한 원가의 흐름을 나타낸 그림이다.

종합원가계산은 개별적으로 단위를 분리하기 어려운 경우에 많이 이용된다. 예를 들어, 음료업자들이 생산하는 음료수의 원가를 계산한다고 가정하자. 음료수는 연속적인 흐름의 공정을 통해 생산되기 때문에 공정 내의 각 단위별로 원가를 추적하는 것이 거의 불가능하므로 종합원가계산을 사용해서 원가계산을 해야 하는 것이다.

종합원가계산은 단일 또는 복수의 제조공정을 이용하여 생산되는 동질적인 제품에 원가를 배부하므로 화학제품, 석유정제, 반도체, 제약, 식품가공, 유리, 제지, 플라스틱 산업과 같이 대량생산이 가능한 산업분야에 적절한 방법이다.

2.2 작업별원가계산과 종합원가계산의 비교

다음에 제시된 〈자료 7-7〉에는 이상에서 언급한 작업별원가계산과 종합원가계산을 사용하는 산업의 유형과 제품의 유형, 그리고 원가계산의 유형을 비교하였다.

자료 7-7 작업별원가계산과 종합원가계산의 비교

	종합원가계산	작업별원가계산
생산체제	저가품 대량생산 - 표준화된 제품	고가품 소량주문생산 - 고객의 주문제품
판매체제	생산 후 판매	주문판매
제품간 공정의 차이	작음	큼
적절한 업종	화학, 섬유, 정유, 제지, 음료, 범용기계	건설, 조선, 비행기 제작, 영화스튜디오, 병원, 전용기계
원가계산 유형	1. 각 제조부문(공정)에서 생산된 제품을 동일하게 취급 2. 공정별원가/공정별생산량 = 평균원가 3. 제조원가보고서 이용	1. 각 제조부문(공정)에서 생산되는 묶음별 단위를 개별적으로 취급 2. 작업별원가/작업별생산량 = 평균원가 3. 작업원가표 이용

자료: 이창우 외 공저, 「원가관리회계」.

연습문제

문제 7-1 제조기업과 상기업의 비교

제조기업과 상기업의 회계기록과정은 거의 유사하지만 특정 부문에서 차이가 존재한다. 상기업과 비교하여 제조기업의 회계기록과정상 포괄손익계산서와 재무상태표에 나타나는 차이를 각각 간략하게 설명하시오.

문제 7-2 다음 중 종합원가계산을 설명하고 있는 항목을 모두 고르시오.

㉮ 표준화된 제품을 저가로 대량생산하는 경우에 적합한 계산 방식이다.
㉯ 대체로 고가의 주문제품을 생산하는 경우에 적합한 방식이다.
㉰ 제품간 공정의 차이가 작은 경우에 유용한 방법이다.
㉱ 건설, 조선, 영화스튜디오, 병원 등의 업종에 주로 적용된다.
㉲ 각 제조부문에서 생산되는 묶음별 단위를 개별적으로 취급한다.
㉳ 공정별 원가를 공정별 생산량으로 나누어 평균원가를 산정한다.

문제 7-3 제조기업의 회계기록과정 종합문제

연신내회사는 의류를 제조하여 판매하는 회사이다. 연신내회사의 경리부장인 홍길동 씨는 회사의 20×1년도 영업이익을 계산하기 위해서 다음의 자료를 회계장부에서 입수하였다. 이를 참고하여 제조원가명세서, 원가흐름을 제시하는 포괄손익계산서, 외부공시용 포괄손익계산서 및 재고자산만을 나타내는 부분재무상태표를 작성하시오.

(홍길동 씨가 입수한 자료)

원재료 기초재고액	7,000	원재료 기말재고액	8,500		
기초재공품원가	40,000	기말재공품원가	31,000		
기초제품재고액	88,000	기말제품재고액	115,000		
매출액	1,205,000	원재료 당기매입액	102,000		
판매관리비	240,000	급여	110,000	퇴직급여	32,000
감가상각비	102,500	동력비	38,000	소모품비	48,000

Part 3 계정과목별 회계처리

chapter 8
현금과 예금, 단기금융상품

chapter

8 현금과 예금, 단기금융상품

제 1 절 현　금

1.1 현금과 유동성

기업은 앞으로 상환하여야 할 채무에 대하여 현금으로 지급할 수 있는 능력을 갖추고 있어야 한다. 따라서 기업은 어느 정도의 현금을 항시 보유하고 있어야 하지만 한편으로는 현금 그 자체로서는 수익을 발생시키지 못하기 때문에 과도한 현금보유 또한 바람직하지 않다.

그러므로 기업은 항상 현금으로 전환이 용이한 예금에 가입하거나 언제든지 시장에서 현금으로 바꿀 수 있는 유가증권을 구입함으로써 채무지급능력을 크게 손상시키지 않는 한편 이들 자산을 보유함에 따른 이익을 얻을 수 있는 정책을 수립하게 된다. 자산을 현금으로 전환할 수 있는 가능성을 유동성(liquidity)이라 하는데, 현금은 유동성 바로 그 자체라 할 수 있다.

1년 이내에 현금화할 수 있는 자산을 유동자산(current assets)이라 하고 그렇지 않은 자산을 비유동자산이라 한다는 것은 이미 설명한 바 있다. 유동자산 중에서도 현금으로의 전환성이 특히 높은 자산을 당좌자산(quick assets)이라 하는데, 이에는 현금과 단기금융상품 · 단기매매금융자산 · 매출채권 등이 포함된다.

1.2 현금의 분류

현금(cash)은 모든 제무제표계정에 대한 측정과 보고의 기준이 되는 것으로서, 모든 계정과목은 현금으로 환산된 화폐금액으로 표시된다. 현금에는 지폐나 동전 등의 통화(currency)뿐만 통화대용증권도 포함된다.

통화대용증권이란 통화와 마찬가지로 통용될 수 있는 것으로서 금융기관이 발행한 자기앞수표, 타인이 발행한 당좌수표, 가계수표, 여행자수표, 송금환, 우편환, 만기가 된 공사채의 이자표(coupon), 기한이 도래한 약속어음 · 환어음, 관청의 지급통지서, 배당이 결정된 주식의 배당권 등이 포함된다. 이들은 언제든지 통화로 전환할 수 있기 때문에 현금과 동일하게 취급되는 것이다. 통화대용증권인 자기앞수표, 당좌수표, 가계수표 및 이자표가 있는 채권의 형태는 〈자료 8-1〉과 같다.

자료 8-1 자기앞수표, 당좌수표, 가계수표 및 이자표가 있는 채권

1. 자기앞수표

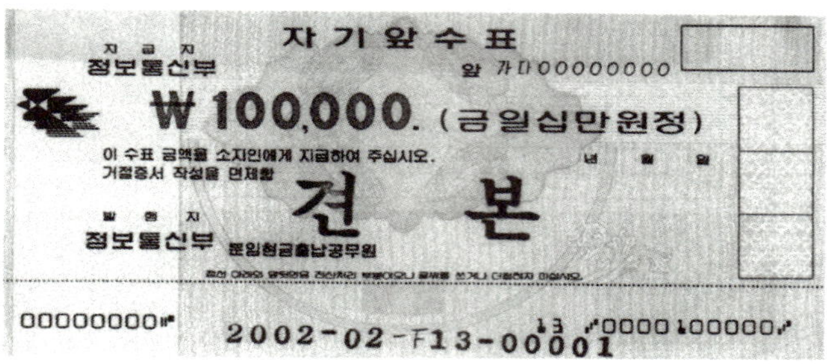
자기앞수표
지급지 정보통신부
₩100,000. (금일십만원정)
이 수표 금액을 소지인에게 지급하여 주십시오.
거절증서 작성을 면제함
년 월 일
견본
발행지 정보통신부
00000000
2002-02-F13-00001

2. 당좌수표

당좌수표
지급지 주식회사 한국외환은행
금
₩
이 수표 금액을 소지인에게 지급하여 주십시오.
년 월 일
발행지
발행인
견양
00000000 05 974000136 31

3. 가계수표

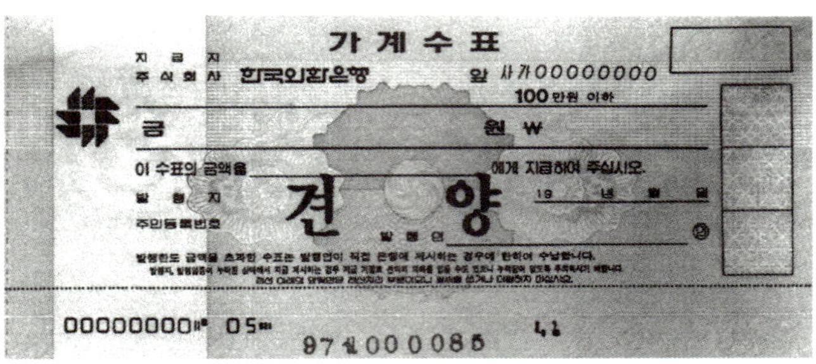
가계수표
지급지 주식회사 한국외환은행
100만원 이하
금 원 ₩
이 수표의 금액을 에게 지급하여 주십시오.
발행지
19 년 월 일
주민등록번호
발행인
견양
00000000 05 974000085 41

4. 이자표가 있는 채권

이를 이자표(coupon)라 하는데, 이자지급 기일이 되면 이자표를 가지고 가서 이자를 받는다. 만약 지급기일이 지난 이자표를 가지고 있으면 통화대용증권이라 하며 현금과 동일하게 취급된다.

현금에는 외국통화도 포함되는데, 원화로 전환이 용이한 외국통화는 재무상태표를 공시할 때 원화로 환산한 금액을 현금에 포함시킨다. 하지만 외국통화를 원화로 전환하는데 제약이 있다면 이를 현금에서 제외하고 별도의 자산으로 보고하여야 한다.

한편 통화대용증권과 유사하지만 현금에 포함되지 않는 자산이 있는데 우표와 인지가 바로 그것이다. 이들은 현금으로의 전환을 위해 보유하는 것이 아니라 우편요금과 인지대금이라는 비용을 선급한 것이므로 선급비용으로 분류하거나 소모품 또는 소모품비로 분류해야 한다.

또 다른 예로 선일자수표(postdated check)를 들 수 있는데, 선일자수표는 수표를 보유하고 있는 소유자가 이 수표에 표시된 지급기일 전까지 은행에 제시하여 현금화하지 않는 것이 관례이므로 일단 미수금이나 매출채권 등으로 분류하는 것이 타당한 회계처리이다. 그러나 당좌수표는 수표에 명시된 날짜에 관계없

예제 8-1 현금의 분류

다음 중 현금액은 얼마인가?

당좌수표 1,000	지폐 1,500	우편환 50
우표 30	만기가 지난 공채의 이자표 100	선일자수표 70
$15(환율 100원/$)	배당이 확정된 배당권 200	인지 40

해 답

현금액 = 1,000원 + 1,500원 + 50원 + 100원 + 1,500원($15 × 100원) + 200원
= 4,350원

주) 우표와 선일자수표, 인지는 현금에 포함되지 않는다.

예제 8-2 **현금거래의 분개**

다음의 거래에 대해 분개하시오.

1월 2일: 한국회사에 상품을 판매하고 대금을 다음과 같이 받았다.

지 폐	50,000원	우편환증서	20,000원
당좌수표	100,000원	기한이 지난 약속어음	50,000원

1월 11일: 컴퓨터 1대를 구입하였는데, 대금 100,000원 중에서 70,000원은 현금으로 지급하고 나머지 30,000원은 자기앞수표로 지급하였다.

1월 23일: 우표를 10,000원어치 구입하였다.

해 답

01/02:	차> 현 금	220,000		대> 매 출	220,000
01/11:	차> 비 품	100,000		대> 현 금	100,000
01/23:	차> 선급비용	10,000		대> 현 금	10,000

이 수표소지자가 은행에 제시하면 은행이 현금을 즉시 지급해야 하므로 사실상 현금과 같다.

K-IFRS에 의하면 통화와 타인발행수표 등의 통화대용증권, 당좌예금 · 보통예금 및 현금성자산을 현금및현금성자산(cash and cash equivalents)으로 분류하도록 하고 있다. 따라서 통화 및 통화대용증권 뿐만 아니라 당좌예금 · 보통예금도 통합하여 한 계정과목으로 보고해야 한다. 이하에서는 재무상태표에 공시될 때를 제외하고는 현금및현금성자산과 현금을 호환하여 사용하기로 한다.

여기에서 현금성자산(cash equivalents)은 유동성이 매우 높은 단기 투자자산으로서 확정된 금액의 현금으로 전환이 용이하고 가치변동의 위험이 경미한 자산이다. 따라서 투자자산 중 지분상품은 현금성자산에서 제외되고, 채무상품은 취득일로부터 만기일이 3개월 이내인 경우와 같이 만기일이 단기에 도래하는 경우에만 현금성자산으로 분류된다. 일반적으로 예금과 단기투자목적의 유가증권 중에서 이러한 현금성자산에 속하는 것들이 많다. 취득 당시 만기가 3개월 이내에 도래하는 국공채와 사채, 취득 당시 상환일이 3개월 이내에 도래하는 상환우선주, 3개월 이내의 환매조건을 가진 환매채(RP: repurchase agreement), 운용하는 포트폴리오에 주식이 포함되지 않은 초단기금융상품(MMF: money market fund) 등이 현금성자산에 속한다.

어느 자산이 현금성자산인가의 판단은 그 자산의 취득시점에서 결정된다. 즉, 어떤 자산을 취득하는 시점으로부터 3개월 이내에 만기일 또는 상환일이 도래하는 자산은 현금성자산으로 분류하게 된다. 그러나 기업이 현재 보유하고 있는 예금이나 유가증권의 만기일이나 상환일이 향후 3개월 이후에 도래하는 경우에는 이들 자산은 현금성자산이 아니라 단기금융상품 또는 단기매매금융자산으로 분류된다. CD, RP, MMF 등에 대해서는 제 3 절에서 추가적으로 설명하기로 한다.

당좌예금과 보통예금은 입출금이 자유로운 예금이므로 요구불예금(demand deposit)이라 한다. 이러한 요구불예금은 사실상 은행에 맡겨둔 현금이라 할 수 있으므로 회사가 보유하고 있는 통화와 다를 바 없으므로 같은 현금계정에 포함시키는 것이다.

통화 이외의 여러 금융상품들, 즉 예금이나 현금성자산은 ① 거래가 발생할 때 바로 현금및현금성자산으로 기록할 수도 있고, ② 이들 각각을 별도의 계정으로 기록하였다가 재무상태표를 공시할 때에만 현금및현금성자산으로 재분류할 수도 있다. 일반적으로 기업들은 자금의 관리를 위해 이들을 각각 별도의 계정으로 기록하였다가 재무상태표 작성 시점에만 공시목적에 맞도록 계정을 바꾸어서 보고하는 방법을 사용하고 있다.

예를 들어, 회사가 보유하고 있는 현금 100원을 보통예금에 입금하였다고 한다면 현금과 보통예금은 모두 현금및현금성자산에 속하는 것이므로 ①의 방법으로는 아무런 분개가 필요 없다. 하지만 ②의 방법을 사용한다면 다음과 같은 분개를 해야 하는데, 이러한 방법을 사용함으로써 회사가 현재 보유하고 있는 현금통화액과 예금액, 그리고 기타의 현금성자산을 구분하여 관리할 수 있게 되는 것이다.

차> 보통예금	100	대> 현　금	100

1.3 현금계정과 현금출납장

현금의 유입과 유출에 대한 기록은 현금계정을 통하여 이루어진다. 현금은 자산 항목이므로 현금의 유입은 현금계정의 차변에 기입하고, 현금의 유출은 현금계정의 대변에 기입하며, 일반적으로 현금 잔액은 차변에 남게 된다. 현금의 유입 및 유출은 회사의 재무상황에 영향을 끼칠 뿐만 아니라, 부정(fraud)이 발생할 가능성도 매우 크므로 현금출납장(cash book 또는 cash receipts and disbursement journal)이라는 별도의 장부를 사용하여 관리하는 것이 보편적이다.

현금출납장은 현금거래의 발생일자와 현금거래의 발생내용, 수입금액, 지출금액, 수입과 지출 후 현금잔액을 각각 기재하도록 되어 있다. 현금출납장은 현금거래가 많지 않고 복잡하지 않은 중소기업의 경우 많이 사용되며, 대기업에서와 같이 현금거래가 많고 복잡한 경우에는 현금출납장을 별도로 분리하여 현금수입장과 현금지급장을 각각 사용하기도 한다. 그러나 최근에는 대기업이라 할지라도 현금을 직접 사용하거나 현금으로 직접 받는 경우는 많지 않고 대개 은행의 예금계좌를 거쳐서 자금이 유입되거나 지출되기 때문에 대기업에서도 현금출납장만을 사용하는 경우가 대부분이다.

일반적으로 사용하는 현금출납장의 형태는 〈자료 8-2〉와 같다.

자료 8-2 현금출납장의 형태

거래일자	적 요	현금수입	현금지출	현금잔액
01/02	상품매출	220,000		220,000
01/11	비품구입		110,000	110,000
01/23	우표구입		10,000	100,000
01/31	차월이월		100,000	0
		220,000	220,000	
02/01	전월이월	100,000		100,000

참고) 현금출납장의 내용은 〈예제 8-2〉를 바탕으로 작성한 것임.

예제 8-3 현금출납장

다음의 거래에 대해 분개하고 현금출납장에 기입하시오.

2월 1일: 전월이월 현금이 30,000원이다.
2월 9일: 서울회사에 상품을 판매하고 대금 100,000원을 당좌수표로 받았다.
2월 12일: 신림회사로부터 상품을 매입하고 매입대금 70,000원을 기한이 도래한 약속어음으로 지급하였다.
2월 17일: 현금 40,000원을 봉천은행의 보통예금 계좌에 입금하였다.
2월 24일: 인지구입을 위해 현금 10,000원을 지출하였다.
2월 26일: 봉천은행으로부터 20,000원을 단기로 차입하였다.
2월 28일: 월 말의 현금을 계산하고 차월로 이월하였다.

해 답

1. 기중거래의 분개

02/09:	차>	현 금	100,000	대>	매 출	100,000
02/12:	차>	매 입	70,000	대>	현 금	70,000
02/17:	차>	보통예금	40,000	대>	현 금	40,000
02/24:	차>	선급비용	10,000	대>	현 금	10,000
02/26:	차>	현 금	20,000	대>	단기차입금	20,000

2. 현금출납장 기입

거래일자	적 요	현금수입	현금지출	현금잔액
02/01	전월이월	30,000		30,000
02/09	상품매출	100,000		130,000
02/12	상품매입		70,000	60,000
02/17	보통예금에 입금		40,000	20,000
02/24	인지구입		10,000	10,000
02/26	단기차입금 차입	20,000		30,000
02/28	차월이월		30,000	0
		150,000	150,000	
03/01	전월이월	30,000		30,000

1.4 현금의 관리와 통제

현금의 보유액이 부족하면 유동성 부족으로 기업이 도산할 수 있고, 반면에 현금을 너무 많이 보유하게 되면 현금 자체로는 이익을 얻을 수 없으므로 기업의 수익성이 떨어지게 된다. 또한 현금은 기업이 보유하고 있는 자산 중에서 유동성과 거래빈도가 가장 높은 자산이다. 따라서 그 취급 및 기록과정에서 오류나 부정이 개입되지 않고 유휴현금이 발생하지 않도록 효율적이고 효과적으로 현금을 관리하고 통제하는 제도를 갖추어야 한다.

기업이 현금을 관리하는 제도는 현금계획이라 할 수 있다. 현금계획(cash planning)은 향후 현금의 수요와 공급을 예측하여 그 수요를 충족시킬 수 있는 적절한 현금의 양을 확보하고 여분의 자금을 수익성이 좋은 투자(일반적으로 단기투자)에 활용하는 계획을 말한다.

현금을 너무 많이 보유하고 있으면 이자수익을 포함한 어떠한 수익도 얻을 수 없으므로 기업의 수익성이 저하되고 또 인플레이션이 발생하는 상황에서는 구매력(purchasing power)을 상실하여 실질가치가 감소하게 되므로, 여유 현금은 일시적으로 단기투자에 활용하여 수익을 추구해야 한다. 그러나 현금이 부족하면 운영자금이나 만기가 도래하는 부채의 상환자금이 부족하여 어려움을 겪을 수 있으며 최악의 경우 기업이 도산할 수도 있는 것이다.

기업은 내부통제제도(internal control system)를 갖추어 현금과 관련된 내부의 부정이나 오류를 방지하는데 활용하고 있다. 현금통제(cash control)는 현금의 부당한 유입과 유출을 방지하는 절차들로 구성되는데, 그 핵심은 업무의 분장과 승인절차의 확립이다.

일반적인 내부통제제도에서는 현금수입과 지출업무, 거래의 기록업무 및 현금의 보관업무 등 현금과 관련한 제반 업무를 여러 사람이 맡도록 업무를 분장시켜서 서로 감시하고 검토할 수 있도록 하고 있다. 또한 현금의 수입과 지출거래에 있어서 상위자에 의한 적절한 승인절차를 확립함으로써 수입과 지출이 정당하게 이루어지도록 해야 한다. 특히 경영자가 현금지출과 관련하여 직원들이 지출승인절차를 준수하게 하고 그 사실을 회계장부에 기록하도록 강조하는 것이 효과적인 현금관리를 위해 필수적이라 할 수 있다. 또한 현금장부상의 잔액(book balance)과 기업이 보유하고 있는 현금시재액(cash balance)을 불시에 비교하는 절차를 수행함으로써 현금과 관련된 오류 등을 방지할 수 있다.

각 기업이 적절한 현금관리 및 통제제도를 운용할 때 지출요구를 충족시킬 수 있는 현금수준을 보유할 수 있고, 유휴현금을 적극 활용하여 최적의 금융수익을 획득할 수 있으며, 취급과정에서 오류나 부정을 방지할 수 있다.

기업이 현금의 통제를 위해 활용하는 제도는 ① 장부상 현금잔액과 현금시재액의 비교, ② 소액현금제도 및 ③ 은행계정조정표의 작성의 세 가지이다. 여기에서는 ①과 ②에 대하여 먼저 언급하고 ③에 대하여는 제 2 절에서 설명하기로 한다.

(1) 현금과부족계정

현금과부족(cash over and short)계정은 기업이 현재 금고에 소유하고 있는 현금시재액과 장부상 현금 사이에 차이가 있을 경우에 나타나는 계정이다. 현금시재액과 장부상 현금에 차이가 발생하는 이유는 기업의 현금거래가 매우 빈번하기 때문에 기록의 착오나 현금 · 증빙의 도난과 분실, 현금수입 · 지출의 착오 등이 발생하기 때문이다. 만약 현금과부족이 발생하게 되면 앞에서 언급한 어느 경우이든 현금 관련 회계장부를 상세히 검사하여 거래에 대한 증빙서류를 검토하고 현금 수입 · 지출의 책임자와 현금의 보관책임을 누가 가지고 있는지를 확인함으로써 그 원인을 밝혀 낼 수 있다. 또 수시로 현금시재액과 장부잔액을 비교하여 차이가 발생하지 않도록 관리해야 할 필요가 있다.

기업이 현재 보유하고 있는 현금이 장부상의 현금잔액보다 작을 때에는 그 차이금액을 현금과부족계정의 차변에 기재하고 이와 동시에 현금계정의 대변에 기록하여 장부상의 현금을 감소시킨다. 이와는 반대로, 만약 현금시재액이 장부상의 현금보다 크다면 현금과부족계정의 대변과 현금계정의 차변에 그 차이금액을 기록하여 장부상의 현금을 증가시킨다.

현금과부족계정은 현금시재액과 장부상의 잔액에 차이가 발생했을 때에만 사용하는 임시적 계정으로서 재무상태표상에는 보고되지 않는다. 그러므로 재무상태표를 작성하기 전에 현금과부족의 원인을 조사하여 그 원인을 판명하고 합당한 계정을 찾아 그 잔액을 조정하여야 한다.

만약 결산작업이 완료되는 시점까지도 현금과부족의 원인이 밝혀지지 않는다면 현금부족액은 잡손실로 현금초과액은 잡이익으로 분류하여 기타수익 · 비용으로 처리한다. 현금과부족액이 작을 경우에는 잡손실이나 잡이익으로 처리하여도 무방하지만, 중요성 원칙에 비추어보아 거액일 경우에는 반드시 원인을 찾아내서 해당 계정으로 분류하여야 한다.

현금과부족계정에 대한 이해를 위해 다음의 〈예제 8-4〉를 보기로 하자.

예제 8-4 **현금과부족**

다음 사항에 대해 분개하시오.

1. ① 현금실사를 해본 결과 장부잔액보다 50,000원 많았다.
   ② 현금초과액 중에서 40,000원은 매출채권 회수대금이 아직 기록되지 않았기 때문으로 판명되었다.
   ③ 나머지 차이 10,000원은 임대료를 먼저 받은 것의 기장을 누락한 것이다.
2. ① 현금시재액이 현금장부상의 잔액보다 30,000원 부족하였다.
   ② 차이 중 일부는 어제 지급한 급여 25,000원을 현금출납장에 기록하지 않았기 때문에 발생하였다.
   ③ 나머지 차이는 밝혀지지 않았다. 따라서 이를 잡손실로 처리하였다.

해 답

1. 현금시재액 > 장부상 현금잔액인 경우

	차변	금액	대변	금액
①	차> 현　　금	50,000	대> 현금과부족	50,000
②	차> 현금과부족	40,000	대> 매출채권	40,000
③	차> 현금과부족	10,000	대> 선수임대료	10,000

2. 현금시재액 < 장부상 현금잔액인 경우

	차변	금액	대변	금액
①	차> 현금과부족	30,000	대> 현　　금	30,000
②	차> 급　　여	25,000	대> 현금과부족	25,000
③	차> 잡 손 실	5,000	대> 현금과부족	5,000

(2) 소액현금제도

현금은 지불수단으로 즉시 사용할 수 있어 도난이나 부정행위 등에 노출될 위험이 매우 높으므로 가능한 한 기업 내부에 보관하는 현금보유액을 줄이고 대부분의 현금을 금융기관에 예치시켜 필요할 때마다 인출하여 사용하는 것이 현금통제를 위해 바람직하다. 즉, 현금지출의 효율적인 관리를 위해서는 모든 지출에 대해 수표나 어음을 사용하여 기록을 남겨두는 작업이 필요한 것이다.

그러나 교통비나 우편요금과 같은 소액의 현금지출에 대해서 일일이 수표나 어음을 발행한다면 오히려 비효율적이므로 기업은 소규모의 현금지출에 대응하기 위해 소액현금제도를 사용한다. 소액현금제도(petty cash system)란 현금을 필요로 하는 부서에 미리 전도금을 지급하고 이를 바탕으로 소액의 현금지출을 하도록 하는 제도를 말한다.

소액현금제도는 정액소액현금제도(정액자금전도제도)와 수시소액현금제도(부정액자금전도제도)의 두 가지로 분류할 수 있는데, 일반적으로 정액소액현금제도가 많이 사용된다.

정액소액현금제도는 사용부서에 일정액의 현금을 먼저 지급하고 일정 기간 후에 그 부서로부터 현금의 실제 사용금액을 보고 받아 그 사용금액만큼의 자금을 다시 보충해주는 현금관리제도이다.

따라서 이 경우 소액현금을 지급할 때마다 소액현금 잔액은 동일하게 되는데, 이 방법의 장점은 현금관리가 편리하고, 전도금액이 정해지므로 사용부서의 책임이 명확해지며, 정기적으로 사용액을 보고함으로써 미결된 지출보고가 없어진다는 것이다.

소액현금제도를 사용할 때에는 일반적으로 다음과 같은 절차를 거치게 된다.

1) 소액현금액의 설정과 지급기간의 산정

소액현금제도를 처음으로 실시할 때, 회계담당자는 과거의 경험 등으로부터 일상적인 지출용도, 지출빈도, 지출금액 등을 예상하여 소액현금의 규모와 소액현금의 보충시점을 정해야 한다. 그리고 소액현금의 관리자를 선정하여 소액지출의 관리 및 기록을 담당하게 한다.

2) 소액현금의 지급

1)에서 설정한 소액현금액을 예금에서 인출하여 관리자에게 전달한다. 이 때 다음과 같은 분개가 이루어진다.

차>	소액현금	×××	대>	현　금	×××

3) 소액현금의 사용

기업의 회계담당자는 부서별로 이루어지는 소액현금의 지출시기와 금액 등을 알 수 없기 때문에 각 부서에서 현금을 지출할 때마다 회계처리를 할 수 없다. 또한 각 부서에 있는 소액현금의 관리자도 현금을 지출할 때마다 분개할 필요는 없고 우선 소액현금출납장에 거래내역을 기록하였다가 정해진 기간이 되면 지출내역을 작성하여 지출과 관련된 증빙서류와 함께 기업의 회계담당자에게 제출한다.

4) 회계처리

기업의 회계담당자는 각 부서별 소액현금 관리자로부터 제출받은 현금지출내역과 관련 증빙 등을 비교 · 검토하여 지출내역에 대해 다음과 같이 분개한다.

차>	여비교통비	×××	대>	소액현금	××××
	통신비	×××			
	잡비 등	×××			

5) 소액현금의 지급

회계담당자는 각 부서가 제출한 자료를 토대로 위 4)에서 사용한 만큼의 소액현금을 해당 부서에 추가로 지급한다. 이 때 각 부서가 사용한 금액만큼 추가적으로 현금을 보충하여 지급하므로 소액현금계정의 잔액은 2)의 경우와 항상 같게 된다. 따라서 이 제도를 정액소액현금제도라 하는 것이다.

위의 절차 중에서 1)의 단계는 소액현금제도를 처음 수립할 때에만 수행하고 2)단계부터 5)단계까지는 매번 현금을 지급할 때마다 반복된다.

한편 수시소액현금제도는 전도액을 미리 확정하지 않고 필요에 따라 소액현금을 수시로 보충해주는 방법이다. 이 경우 소액현금계정을 사용하고 정기적으로 사용보고를 하는 것 등은 정액소액현금제도와 동일하나, 기초의 소액현금을 일정한 금액수준으로 유지할 수 없다는 점이 다르다.

소액현금도 현금의 일종이므로 재무상태표를 작성할 때에는 현금및현금성자산에 포함시켜 보고해야 한다.

예제 8-5 소액현금제도

정액소액현금제도를 운영하고 있는 기업의 다음 거래에 대해 분개하시오.

① 5월 1일부터 정액소액현금제도를 운영하기로 하고 총무팀에 100,000원을 지급하였다.
② 총무팀의 소액현금 관리자는 5월중에 소모품비 20,000원, 여비교통비 30,000원, 통신비 30,000원을 지출하였다.
③ 5월 31일에 소액현금 관리자는 위의 지출내역을 회계담당자에게 제출하였다.
④ 5월 31일에 회계담당자는 소액현금자금을 보충해 주었다.

해 답

① 05/01:	차>	소액현금	100,000	대> 당좌예금	100,000

② 소액현금의 사용 시에는 분개를 하지 않음.

③ 05/31:	차>	소모품비	20,000	대> 소액현금	80,000
		여비교통비	30,000		
		통 신 비	30,000		
④ 05/31:	차>	소액현금	80,000	대> 당좌예금	80,000

주) 5월 31일에 5월의 소액현금 사용분인 80,000원만큼 추가적으로 소액현금을 지급함에 따라 소액현금 잔액은 100,000원이 된다. 이렇듯 정액소액현금제도는 기초의 소액현금이 일정액 수준으로 유지되는 방법이다.

제 2 절 예 금

2.1 당좌예금

예금에는 당좌예금, 보통예금, 정기예금, 정기적금 등 여러 가지가 있다. 이 중 기업의 관점에서 대표적인 예금은 당좌예금이다.

오늘날 대부분의 기업은 은행과 당좌계약을 맺고 당좌계좌(checking account)를 개설하는데, 이 계좌의 예금을 당좌예금이라 한다. 당좌예금은 은행에 현금을 예입하고 필요할 때에는 언제든지 수표를 발행하여 현금을 인출할 수 있는 요구불예금이므로 은행에 맡겨둔 현금이라 할 수 있다. 따라서 당좌예금을 공시할 때에는 현금및현금성자산에 포함하여 표시하여야 하는데, 회계기간 중에 장부에 기록할 때에는 현금계정과 분리하여 당좌예금계정을 사용하다가 보고기간말에 재무상태표를 작성할 때에만 현금및현금성자산으로 대체하게 된다.

당좌예금을 사용하여 예금할 때 기업은 현금 또는 타인발행의 수표 등으로 예입하고, 은행으로부터 수표장을 받아서 수표를 발행하게 된다. 이와 같이 하는 경우 기업은 현금의 보관과 유출입에 따른 도난, 분실, 부정과 오류를 방지할 수 있다는 장점이 있다. 당좌예금은 또 상품의 구입이나 서비스에 대한 대가를 지급할 때 수표를 사용함으로써 은행이 대금지급을 대행해주는 셈이 되어 기업 입장에서 매우 편리한 예금이다. 기업에 이와 같은 편의를 제공하기 때문에 당좌예금에 대한 이자수익은 발생하지 않는다.

당좌예금계정은 자산계정이므로 현금이나 타인발행 수표 등을 은행에 예입하였을 때에는 당좌예금계정의 차변에 기입하고, 수표를 발행하였을 때에는 당좌예금계정의 대변에 기록한다. 기업은 당좌예금의 예입과 인출을 상세히 기록하기 위해 당좌예금출납장이라는 회계장부를 이용하는데 당좌예금출납장은 당좌계약을 맺은 은행별로 작성하는 것이 일반적이다.

당좌예금출납장도 현금출납장과 비슷한 형태를 갖는데 다음의 〈자료 8-3〉은 일반적으로 사용되는 당좌예금출납장의 형태를 나타낸 것이다.

자료 8-3 당좌예금출납장

거래일자	적 요	수 입	지 출	예금잔액
01/01	당좌거래 약정	100,000		100,000
01/10	비품구입		50,000	50,000
01/27	상품매출	70,000		120,000
01/31	차월이월		120,000	0
		170,000	170,000	
02/01	전월이월	120,000		120,000

참고) 위의 당좌예금출납장은 임의로 작성한 것임.

예제 8-6 당좌예금출납장

다음 거래를 분개하고 당좌예금출납장에 기입하시오.

3월 2일: 옥천은행과 당좌거래를 계약하고 현금 200,000원을 예입하였다.
3월 9일: 상품을 구입하고 수표 90,000원을 발행하였다.
3월 14일: 상품 150,000원을 매출하고 자기앞수표로 받아 당좌에 예입하였다.
3월 22일: 현금 70,000원을 당좌 예입하였다.
3월 26일: 매입채무 100,000원을 당좌수표를 발행하여 지급하였다.
3월 31일: 잔액을 차월로 이월하였다.

해 답

1. 거래의 분개

03/02: 차> 당좌예금 200,000 대> 현 금 200,000
03/09: 차> 매 입 90,000 대> 당좌예금 90,000
03/14: 차> 당좌예금 150,000 대> 매 출 150,000
03/22: 차> 당좌예금 70,000 대> 현 금 70,000
03/26: 차> 매입채무 100,000 대> 당좌예금 100,000

2. 당좌예금출납장의 작성

거래일자	적 요	수입	지출	예금잔액
03/02	당좌거래 약정	200,000		200,000
03/09	매입대금 지급		90,000	110,000
03/14	매출대금 입금	150,000		260,000
03/22	현금예입	70,000		330,000
03/26	매입채무 지급		100,000	230,000

03/31	차월이월		230,000	0
		420,000	420,000	
04/01	전월이월	230,000		230,000

2.2 당좌차월

당좌예금의 인출은 당좌예금 잔액의 범위 안에서 이루어지는 것이 원칙이다. 만약 당좌예금의 잔액을 초과하여 수표를 발행하면 그 수표는 은행으로부터 지급이 거절되어 부도수표(dishonored check)가 된다. 그러나 은행과 미리 당좌차월계약을 체결하여 일정한 한도 내에서 당좌예금 잔액을 초과하여 수표를 발행하여도 은행이 지급하도록 할 수 있는데, 이와 같이 예금 잔액을 초과하여 지급한 금액을 당좌차월(bank overdraft)이라 한다.

당좌차월은 차입금의 성격을 가지므로 차월금액과 차월기간에 따른 이자비용을 지급해야 한다. 이러한 당좌차월계약에는 저당권이 설정되는 경우가 많은데 이 때 제공되는 담보물에 대하여는 소유권의 이전이 이루어지는 것은 아니므로 분개를 하지는 않지만 재무제표의 주석에 공시해야 하는 사항이 된다.

금융회사의 요구에 따라 즉시 상환해야 하는 당좌차월은 기업의 현금관리의 일부를 구성하므로 현금및현금성자산에 포함된다. 그 이외의 당좌차월은 단기차입금으로 분류하는데, 우리나라의 당좌차월 계약에서 현금및현금성자산의 성격을 가진 것은 없으므로 모든 당좌차월은 단기차입금으로 공시한다. 따라서 기업은 회계기간 중의 회계처리에서는 당좌차월계정을 사용하여 관리하다가 재무상태표를 작성할 때 이를 단기차입금으로 대체하여 공시하게 된다.

당좌차월이 발생할 때 회계처리 하는 방법은 두 가지가 있는데 이를 정리한 것이 〈자료 8-4〉이다. 일반적으로 제 2 법을 사용하는데, 이는 제 1 법은 매 거래마다 당좌예금잔액을 확인해야 하는 실무상 번거로움이 있기 때문이다.

자료 8-4 당좌차월의 회계처리

1. 제 1 법

회계기간 중에 당좌거래가 발생할 때마다 당좌예금 잔액을 확인하여 이 잔액을 초과하는 부분을 당좌차월로 처리하는 방법, 즉 당좌차월이 발생할 때마다 당좌차월계정에 기록하는 방법이다.

2. 제 2 법

회계기간 중에는 당좌예금과 당좌차월을 구분하지 않고 당좌예금으로만 처리하였다가, 회계기간 말에 당좌예금계정이 차변잔액이면 당좌예금으로 두고, 당좌예금 계정이 대변 잔액이면 이를 당좌차월로 분개하는 방법이다.

예제 8-7 당좌차월의 회계처리

다음 일련의 거래에 대해 제 1 법(당좌차월이 있을 때마다 당좌차월로 처리하는 방법)과 제 2 법(기중에는 당좌차월을 계상하지 않는 방법)을 사용하여 각각 분개하시오.

12월 1일: 현재 당좌예금 잔액은 40,000원이고, 신림은행과 약정한 당좌차월 한도는 100,000원이다.

12월 9일: 상품 70,000원을 매입하고, 대금은 신림은행 수표를 발행하여 지급하였다.

12월 13일: 현금 50,000원을 신림은행 계좌에 예치하였다.

12월 22일: 컴퓨터를 구입하고 대금 90,000원은 신림은행 수표로 지급하였다.

12월 31일: 결산일이 되었다. 단, 당좌차월에 대한 이자는 없는 것으로 가정한다.

해 답

1. 제 1 법

	차변	금액	대변	금액
12/09:	차> 매 입	70,000	대> 당좌예금	40,000
			당좌차월	30,000
12/13:	차> 당좌차월	30,000	대> 현 금	50,000
	당좌예금	20,000		
12/22:	차> 비 품	90,000	대> 당좌예금	20,000
			당좌차월	70,000

12/31: 회계기간 중에 이미 당좌차월로 나타냈기 때문에 분개가 없다.

2. 제 2 법

	차변	금액	대변	금액
12/09:	차> 매 입	70,000	대> 당좌예금	70,000
12/13:	차> 당좌예금	50,000	대> 현 금	50,000
12/22:	차> 비 품	90,000	대> 당좌예금	90,000
12/31:	차> 당좌예금	70,000	대> 당좌차월	70,000

주) 12월 22일까지의 거래에서 당좌예금의 대변잔액이 70,000원이므로, 결산일에 당좌예금을 차변에 기록하여 대변잔액을 "0"으로 만들고 동 금액을 당좌차월로 계상하는 것이다.

2.3 선일자수표와 부도수표

선일자수표(postdated check)는 현재 당좌예금 잔액이 없거나 발행액보다 부족하지만 미래의 입금을 예상하여 앞으로 도래하게 될 날짜를 발행일로 기재한 수표를 말한다. 선일자수표는 선수표라고도 하는데 기업이 자금이 부족할 때 자금압박을 피하기 위해 발행한다.

일반적 상거래에서 선일자수표를 받을 때에는 받을어음계정, 즉 매출채권으로 처리하고 선일자수표를 발행하였을 때에는 지급어음계정, 즉 매입채무로 처리한다. 이는 선일자수표를 일종의 매출채권(또는 매입채무)으로 보아 일정 기간 이후에 일정 금액을 수령하기로(또는 지급하기로) 약속한 것으로 간주하는 것이다.

부도수표(dishonored check)는 당좌예금 잔액이나 당좌차월 한도를 초과하여 발행하여 은행이 지급을 거절한 수표를 말한다. 거래처로부터 받은 타인발행의 당좌수표를 은행의 당좌계좌에 예입하였으나 수표를 발행한 거래처의 예금 잔액이 부족하여 거래처의 은행으로부터 지급거절 통보를 받는 경우에 부도수표가 된다.

이 때 부도수표를 보유하고 있는 회사는 다음과 같이 분개한다.

차> 매출채권	×××	대> 당좌예금	×××

차변에 매출채권을 기입하는 이유는 부도의 발생으로 인하여 수령하지 못한 금액을 매출채권으로 재분류하기 위한 것이다. 이와 같이 재분류한 매출채권에 대하여서는 그 회수가능성을 검토하여 적절한 평가과정을 거치게 되는데 이에 대하여서는 제10장에서 자세히 논의할 것이다.

대변에 당좌예금을 기입하는 이유는 거래처로부터 당좌수표를 받았을 때 자신의 당좌예금을 증가시켰으므로 부도가 발생하면 이를 취소하기 위해 당좌예금을 감소시키는 것이다.

예제 8-8 선일자수표와 부도수표의 회계처리

다음 일련의 거래에 대해 분개하시오.

10월 1일: 현재 서초은행에 예입되어 있는 당좌예금 잔액은 90,000원이다.

10월 7일: 당곡회사에 상품 60,000원을 판매하고 대금은 당좌수표로 받아 예입하였다.

10월 14일: 은천회사로부터 상품 50,000원을 매입하고 수표로 대금을 지급하였다.
10월 22일: 당곡회사로부터 받은 당좌수표가 부도처리 되었다고 통보받았다.
10월 27일: 신봉회사에 상품 40,000원을 판매하고 대금은 11월 25일 만기의 선일자수표로 받았다.
11월 25일: 신봉회사로부터 받은 선일자수표가 만기에 결제되었다.

해 답

10/07:	차>	당좌예금	60,000	대>	매 출	60,000
10/14:	차>	매 입	50,000	대>	당좌예금	50,000
10/22:	차>	매출채권	60,000	대>	당좌예금	60,000
10/27:	차>	매출채권	40,000	대>	매 출	40,000
11/25:	차>	당좌예금	40,000	대>	매출채권	40,000

2.4 은행계정조정표

은행계정조정표(bank reconciliation statement)는 회사가 기록하고 있는 회계장부상의 당좌예금 잔액과 은행에서 별도로 작성하고 있는 은행장부상의 당좌예금 잔액 사이에 차이가 있을 때 이를 조정하는 표를 말한다. 회사는 대개 매월 말에 자신이 보유하고 있는 당좌예금계정의 예금 잔액(book balance)과 은행에서 발급한 당좌예금잔액증명서(bank statement)상의 금액을 대조하여 회사의 기록과 은행의 기록이 일치하는지 확인한다. 이 때 만약 이들 두 잔액에 서로 차이가 있다면 그 원인을 찾아 이들이 일치하도록 조정하기 위해 작성하는 것이 은행계정조정표이다.

회사가 매월 말 은행계정조정표를 작성함으로써 얻을 수 있는 효용은 다음의 두 가지로 정리할 수 있다. 첫째, 회사의 회계장부와 은행의 기록 간의 당좌예금 잔액이 다를 경우 그 원인을 알아낼 수 있고, 둘째, 당좌예금의 입금과 출금에 대한 내부통제(internal control)를 적절히 할 수 있게 된다.

다음에 제시된 〈자료 8-5〉는 매월 말 각 회사들이 작성하는 은행계정조정표의 한 양식이다.

회사의 당좌예금 잔액과 은행의 당좌계정 잔액은 서로 일치하는 것이 원칙이지만 여러 가지 이유로 인해 일치하지 않는 경우가 많다. 이러한 차이는 부정이나 오류가 있을 경우에는 물론이고 그 이외의 경우에도 발생하는데, 이와 같은 불일치의 원인에 대해 정리한 것이 〈자료 8-6〉이다.

자료 8-5 은행계정조정표

은행계정조정표

20×1. 5. 31 (단위: 원)

내 용	회 사 측	은 행 측
수정 전 잔액	2,542,000	2,995,111
(1) 미기록예금		5,000
(2) 기발행 미인출수표		(500,111)
(3) 부도수표	(30,000)	
(4) 추심수수료	(1,000)	
(5) 회사 측 미기입이자	40,000	
(6) 오류수정	(51,000)	
수정 후 잔액	2,500,000	2,500,000

주) 위의 은행계정조정표는 임의로 작성한 것임.

자료 8-6 회사의 회계장부와 은행장부상 당좌예금 잔액의 불일치 원인

1. 회사의 당좌예금 장부에는 기록되었으나 은행에서는 기록되지 않은 사항
   (1) 미기록예금(deposit in transit)
   (2) 기발행 미인출수표(outstanding check)
2. 은행의 당좌계좌에는 기록되었으나 회사에서는 기록되지 않은 사항
   ⇒ 회사 측의 수정분개가 필요한 사항
   (1) 부도수표(dishonored check)
   (2) 무통장입금(on-line deposit)
   (3) 수수료비용 등의 이체(service charge)
3. 기록의 오류 – 거래발생시 회사나 은행 측에서 당좌기록을 잘못 기입한 사항

(1) 미기록예금(deposit in transit)

회사는 어느 특정일에 당좌예금에 예입하고 장부에 기록하였으나, 마감 후 예입 등의 이유로 인해 은행에서는 다음 날짜의 예입으로 기록되는 경우가 있다. 이 때 회사의 당좌예금 잔액과 은행의 당좌계좌 잔액에 서로 차이가 발생하는데, 회사 측의 당좌예금 잔액의 기록은 정확하지만, 은행 측의 당좌예금이 과소계상되어 있으므로 은행계정조정표상에서 정확한 예금 잔액을 구하기 위하여서는 미

기록 예금을 은행 측의 잔액에 가산해야 한다.

회사가 당좌예금으로 예입할 때에 이 거래에 대한 분개를 이미 하였으므로 정확한 잔액을 나타내기 위한 별도의 회사 측의 수정분개는 필요하지 않다.

(2) 기발행 미인출수표(outstanding check)

회사는 상품을 매입하거나 다른 자산을 구입하고 그 대금을 당좌수표로 지급하는 경우가 많다. 이때 회사는 수표를 발행한 시점에서 바로 당좌예금계정에서 차감하는 기록을 하는데, 경우에 따라서는 회사가 발행한 수표의 소지인이 월말까지 은행에 지급제시를 하지 않아서 인출하지 않는 경우가 있다. 따라서 이 수표의 금액이 인출될 때까지 은행에서는 당좌예금을 차감하지 않으므로 회사 장부상 예금 잔액과 은행 장부상 예금 잔액에 차이가 발생하게 된다.

이러한 기발행 미인출수표가 인출될 때까지는 은행의 당좌예금 계좌의 잔액이 과대기록 되어 있으므로 정확한 예금 잔액을 구하기 위하서는 은행계정조정표상의 은행 측 잔액에서 차감해야 한다. 한편, 회사는 수표를 발행할 때 이미 당좌예금을 차감하는 분개를 하였으므로 별도의 수정분개를 할 필요는 없다.

(3) 부도수표(dishonored check)

회사는 상품 등을 판매하고 거래처 등으로부터 받은 수표를 자신이 거래하는 은행에 예입시키고 당좌예금을 증가시키는 분개를 하게 된다. 그러나 수표를 발행한 거래처의 당좌예금 잔액이 부족하여 수표에 대한 지급이 거절되는 경우가 있는데, 이러한 수표를 부도수표라 한다. 수표가 부도로 처리되면 거래처의 은행으로부터 그에 대한 대금을 회수할 수 없으므로 회사의 은행은 그 대금(은행에서 수수료비용을 부과하는 경우 수수료비용을 추가함)만큼 당좌예금 계좌에서 차감시킨다. 하지만 회사는 수표의 부도사실을 알지 못하기 때문에 회사 측 잔액과 은행 측 잔액의 차이가 발생한다.

그러므로 회사의 당좌예금 장부잔액이 부도로 판명된 수표금액과 그에 대한 수수료만큼 과대기록되어 있으므로, 이를 회사의 장부에서 차감하고 부도수표금액과 수수료의 합계액을 매출채권계정으로 대체해야 한다. 즉, 정확한 예금 잔액을 구하기 위해 은행계정조정표상의 회사 측 예금 잔액에서 차감하고 그에 대한 수정분개를 해야 한다.

예를 들어, 30,000원에 해당하는 수표가 부도가 발생하였고 이 사실을 회사가 알게 되었다면 다음과 같은 수정분개를 하여야 한다.

차> 매출채권 30,000 대> 당좌예금 30,000

(4) 무통장입금(on-line deposit)

대금을 지급해야 하는 거래처가 회사에 통지를 하지 않고 판매대금을 직접 온라인으로 당좌계정에 송금하는 경우가 있다. 이로 인해 회사가 기록하고 있는 당좌예금의 장부상 잔액은 무통장입금분만큼 과소계상되어 있으므로 은행계정조정표에서는 이를 회사 측 잔액에 가산하여야 하고, 이러한 대금회수 거래에 대해 적절한 수정분개를 해야 한다. 예를 들어, 거래처가 판매대금 5,000원을 온라인으로 입금한 사실을 추후에 알게 된 경우 다음의 수정분개를 하여 정확한 예금 잔액을 구한다.

차> 당좌예금 5,000 대> 매출채권 5,000

(5) 수수료비용 등의 이체(service charge)

어음대금을 은행이 개입하여 회수해 주는 대가로 받는 수수료인 추심수수료나 각종 서비스수수료, 당좌차월 이자비용 등이 발생하였을 때 은행은 회사의 당좌계정에서 직접 차감하고 이 사실을 회사에 통보하게 된다. 그러나 만약 통보가 늦어지거나 하는 경우에 은행계정조정표를 작성하게 되면 회사 측 당좌예금 잔액이 과대하게 기록되어 있게 된다.

그러므로 은행계정조정표를 작성할 때 회사는 은행으로부터 보내온 은행거래명세표 등을 참고하여 이들 항목들에 대한 조정을 하여 주어야 한다. 이 경우 정확한 예금 잔액을 구하기 위해 이들 각종 비용들을 회사 측 당좌예금 장부에서 차감하고 장부잔액을 수정하는 분개를 하여야 한다. 예를 들어, 은행거래명세서상에 수수료비용 7,000원이 기록되어 있다면 다음의 수정분개를 한다.

차> 수수료비용 7,000 대> 당좌예금 7,000

(6) 기록의 오류

회사나 은행은 분개하거나 총계정원장 등에 기입할 때 등과 같은 거래에 대한 회계기록과정에서 일부 항목을 누락하거나 금액을 잘못 기록하는 수가 있다. 이 경우 오류를 일으킨 측의 당좌예금 잔액은 과대 또는 과소계상된다. 그러므로 은행계정조정표상에서는 오류를 일으킨 쪽의 예금 잔액을 수정하여야 한다.

만약 회사 측에서 오류가 발생하였다면 오류에 대한 수정분개를 하여야 하지만, 은행 측의 잘못인 경우에는 회사의 기록은 정확하므로 회사가 수정분개를 할 필요가 없다.

일반적으로 은행계정조정표를 작성하는 방법에는 다음과 같이 세 가지가 있다.

(1) 은행의 당좌계정 잔액으로부터 시작하여 회사의 당좌예금 잔액으로 수정하는 방법
(2) 회사의 당좌예금 잔액으로부터 시작하여 은행의 당좌계정 잔액으로 수정하는 방법
(3) 회사의 당좌예금 잔액, 은행의 당좌계정 잔액 각각으로부터 정확한 당좌예금 잔액을 구하는 방법

(1)은 은행의 당좌계정 잔액으로부터 출발하여 회사의 당좌예금 잔액에 일치시키는 방법인데, 이는 회사 장부의 입장에서 작성하는 것이므로 편리한 방법이지만 오류가 포함될 경우에 정확한 은행계정조정표를 작성할 수 없다는 문제점이 있다.

(2)는 회사의 당좌예금 잔액으로부터 출발하여 은행의 당좌계정 잔액에 일치시키는 방법인데, 이는 회사가 아닌 은행의 입장에서 작성되는 것이므로 회사 측 입장에서는 작성의 의미가 없다고 할 수 있다.

(3)은 회사의 당좌예금 잔액과 은행의 당좌계정 잔액을 각각 수정하여 양쪽의 정확한 당좌예금 잔액을 구하는 방법이다. 이 방법은 특정 시점에서 정확한 당좌예금 잔액이 어떤 금액이 되어야 할 것인가를 구하는 방법이다. 이 방법은 또 회사 측의 수정분개가 필요한 모든 조정항목이 은행계정조정표상에 회사 측의 조정사항에 집합된다는 장점이 있다. 따라서 일반적으로 세 번째 방법을 사용하여 은행계정조정표를 작성하고 있다. (3)의 방법에 의하여 은행계정조정표를 작성하게 되면 다음의 〈자료 8-7〉과 같은 모습을 갖게 되는데, 앞에서 언급한 〈자료 8-5〉가 이에 해당된다.

한편 회사는 은행계정조정표를 작성함과 동시에 수정분개를 해야 한다. 수정분개는 회사의 입장에서 회사의 회계장부를 수정하는 것이므로 회사 측에서 조정된 사항에 대해서만 수행하면 된다. 왜냐하면 은행 측에서 조정된 사항은 은행이 해야 할 수정분개이지 회사 측에서는 이미 그 사항에 대한 회계처리를 하였기 때문이다.

자료 8-7 은행계정조정표 양식

내 용	회 사 측	은 행 측
수정 전 잔액	×××	×××
조정사항:		
미기록 예금		×××
부도수표	×××	
……	……	……
수정 후 잔액	×××	×××

예제 8-9 은행계정조정표의 작성

20×1년 9월 30일 현재 목동회사의 당좌예금 잔액은 2,063,272원이고 은행으로부터 입수한 잔액증명서의 잔액은 2,216,530원이다. 차이의 원인을 알아본 결과 다음과 같았다고 할 때, 세 번째 방법에 의한 은행계정조정표를 작성하고 수정분개를 제시하시오.

1. 9월 중 회사에서 발행한 당좌수표 중에서 아직 은행에서 지급되지 않은 수표금액은 500,111원이다.
2. 어음추심에 대한 수수료 810원이 자동이체되어 은행에서는 차감하였으나, 아직 회사에 통보하지 않은 상태이다.
3. 9월 30일에 은행은 회사가 보유하고 있던 사채에 대한 이자 60,000원을 받아서 당좌계정에 예입하였으나 회사 측에서는 이 사실을 아직 모르고 있다.
4. 9월 30일에 회사는 매출채권 368,043원을 회수하여 은행에 예입하였으나, 마감 후 입금이므로 은행에서는 다음날 입금처리되었다.
5. 당좌수표로 받아 입금하였던 수표 20,000원이 부도되었는데, 회사 측에는 아직 알리지 않았다.
6. 매출채권 35,000원을 회수하여 당좌예입하였는데, 당좌예금 장부에서는 53,000원으로 기록되어 있다.

해 답

1. 은행계정조정표의 작성

은행계정조정표

20×1, 09, 30

차이의 원인	회사측	은행측
수정전 잔액	2,063,272	2,216,530
1. 기발행미인출수표		(500,111)
2. 추심수수료	(810)	
3. 회사 미기입이자	60,000	

4. 은행 미기록예금		368,043
5. 부도수표	(20,000)	
6. 오류의 수정	(18,000)	
수정후 잔액	2,084,462	2,084,462

2. **수정분개:**

회사 측의 수정사항에 대해서만 수정분개해야 하므로, 수정분개가 필요한 것은 2, 3, 5, 6번이 된다.

② 차>	수수료비용	810	대>	당좌예금	810
③ 차>	당좌예금	60,000	대>	이자수익	60,000
⑤ 차>	매출채권	20,000	대>	당좌예금	20,000
⑥ 차>	매출채권	18,000[1)]	대>	당좌예금	18,000

1) 오류가 발생하지 않았다면 했어야 할 분개 → (가)
회사가 실수하여 수행한 분개 → (나)
수정분개 → (다)

(가) 차>	당좌예금	35,000	대>	매출채권	35,000
(나) 차>	당좌예금	53,000	대>	매출채권	53,000
(다) 차>	매출채권	18,000	대>	당좌예금	18,000

참고) 회사가 회계처리의 실수로 인해 당좌예금을 18,000원 과대계상하였고, 매출채권을 18,000원 과다로 상계하였으므로, 수정분개에서는 당좌예금을 18,000원 줄이고, 과다하게 상계 처리한 매출채권 18,000원을 증가시켜야 한다.

제 3 절 단기금융상품

3.1 단기금융상품의 의의

기업이 부담한 채무를 지급하기 위해서는 현금을 보유해야 한다. 그러나 현금은 자체적으로 수익을 창출하는 능력을 가지지 못하기 때문에 과도한 현금보유는 수익성의 저하를 가져오게 된다. 그래서 기업은 현금으로 전환이 용이한 예금에 가입하거나 유가증권을 구입함으로써 채무지급능력을 크게 손상시키지 않으면서도 보유에 따른 이익을 얻을 수 있는 자산을 보유한다. 즉, 기업들은 현금수요에 대처하기 위해 유동성을 유지하면서도 이자수익이나 배당수익, 매매차익 등의 획득을 목적으로 유휴자금(idle cash)을 예금이나 유가증권 등에 투자하고 있는 것이다.

기업의 투자수단들은 일정한 기준을 충족시키는가의 여부에 따라 현금및현금성자산, 단기금융상품, 장기금융상품, 단기매매금융자산, 만기보유금융자산, 매도가능금융자산, 관계기업투자주식 등으로 분류하여 공시하게 된다. 이러한 금융상품의 세부적인 분류기준 및 회계처리는 제 9 장과 제12장에서 설명하기로 한다.

단기금융상품(short-term financial instruments)은 금융기관이 취급하는 정기예금 · 정기적금 · 사용이 제한되어 있는 예금 및 기타 정형화된 상품 등으로 단기적 자금운용목적으로 소유하거나 기한이 1년 내에 도래하는 것이다. 이때 사용이 제한되어 있는 예금에 대해서는 그 내용을 주석으로 기재해야 한다.

여기에서 '사용이 제한되어 있는 예금'의 의미는 금융기관 혹은 제 3 자와 예탁자간의 합의에 따라 인출이 제한되어 있는 예금을 말한다. 예를 들어, 회사가 금융기관으로부터 대출을 받고 대출상환 목적으로 불입하는 정기적금이 이에 해당된다. 이를 양건예금(compensating balances)이라고도 하는데, 은행에서 기업에 대출할 때 대출액의 일정비율을 대출기간 중에 예금이나 적금 등으로 예치하도록 하는 것이다. 이러한 양건예금의 만기가 보고기간종료일 이후 1년 이내에 도래하면 단기금융상품으로 공시해야 하고 1년 이후에 도래하면 장기금융상품으로 공시해야 한다.

결국 단기금융상품은 보고기간종료일 기준으로 1년 이내에 기한이 도래하는 금융상품이므로 장기금융상품과 구분되고, 보고기간종료일을 기준으로 기한을 산정한다는 점에서 현금및현금성자산과도 다르다(현금및현금성자산은 취득시 3개월 이내에 기한이 도래해야 함).

3.2 단기금융상품의 종류

단기금융상품은 금융기관이 취급하는 정형화된 상품으로서 단기자금의 운용목적으로 취득하거나, 장기자금의 운용을 목적으로 취득하였을 지라도 기한이 보고기간종료일 이후 1년 이내에 도래하는 것을 말한다.

단기금융상품으로 사용되는 대표적인 금융상품들은 〈자료 8-8〉과 같다.

자료 8-8 단기금융상품의 예

1. 정기예금, 정기적금, 기타 사용이 제한된 예금 중에서 기한이 보고기간종료일 이후 1년 이내에 도래하는 것
2. 기업어음(CP)
3. 환매조건부채권(RP)

참고 1) 채권형인 초단기금융상품(MMF) 및 어음관리계좌(CMA)는 현금및현금성자산으로 분류된다.
참고 2) 양도성예금증서(CD)는 수시로 입출이 가능하거나 만기가 3개월 이내이면 현금및현금성자산으로 분류되고, 그 외의 경우에는 매도가능금융자산으로 분류된다.

자료: 각 금융상품에 대해서는 http://www.naver.com을 참고하였다.

(1) 정기예금, 정기적금 등

정기예금은 일정 금액을 일정 기간동안 예치시키는 것이고, 정기적금은 일정 기간동안 정액의 예금을 계속 납입하는 것이다. 사용이 제한된 예금으로는 양건예금과 감채기금이 있는데, 감채기금은 특정한 목적을 달성하기 위한 예금 또는 적금이다.

이러한 예금들은 당초에 정해진 만기일이 1년이 넘는 경우 장기금융상품으로 분류되지만, 만기가 보고기간종료일 현재 1년 이내에 도래하면 단기금융상품으로 재분류해야 한다. 이러한 예로는 불입기간이 3년인 정기적금을 들 수 있는데, 정기적금에 가입하였을 때에는 만기가 1년 이상이므로 장기금융상품으로 분류하지만 시간이 지남에 따라 보고기간종료일 이후 1년 이내에 만기가 도래하게 되면 다음과 같이 단기금융상품으로 재분류하는 분개를 해야 한다.

차> 단기금융상품	×××	대> 장기금융상품	×××

(2) 기업어음(CP)

기업어음(CP: commercial paper)은 신종기업어음이라고도 하는데, 신용도가 높은 우량기업이 종합금융회사에 발행하는 어음으로서 종합금융회사가 이를 할인하여 매입한 후 고객에게 매출하는 상품이다.

어음기간은 일반적으로 1년 이내이며, 이자율은 연 40% 이내에서 투자기간의 구분 없이 발행기업의 신용도 및 실세금리의 변동에 따른 변동금리가 적용된다. 이때 어음은 종합금융회사가 보관하고 고객에게는 통장을 발행한다. 어음이 부도가 나더라도 금융회사가 보증하지 않는 무담보 어음이기 때문에 위험이 있

다는 단점이 있지만 그 대신에 수익률이 높다는 장점이 있다.

(3) 환매조건부채권(RP)

환매조건부채권(RP: repurchase agreement)은 금융기관이 일정 기간 후 확정금리를 보태어 되사는 조건으로 발행하는 채권이다. RP는 경과 기간에 따른 확정이자를 지급하는 채권인데, 주로 금융기관이 보유한 국공채나 특수채 신용우량채권 등을 담보로 발행하므로 환금성이 보장되는 이점이 있다. 또한 채권을 실물로 거래하는 것이 아니라 중앙은행에 맡겨둔 기준 예치금을 대차거래하는 형태로 이루어지며, 질권 및 담보를 설정할 수도 있다.

RP는 일반적으로 채권매도를 뜻하는데, 채권매도는 금융기관이 고객에게 채권을 매각하고, 고객은 자금을 금융기관에 예치시키며, 일정한 조건에 따라서 금융기관이 그 채권을 다시 매수하여 고객에게 원금과 이자를 상환하는 금융상품이다.

운용기간은 1~30일에서 3개월 정도가 적합하며 길게는 1년까지 만기를 지정할 수 있으며, 금리는 자금 사정이나 금융기관에 따라 다르지만 일반적으로 정기예금보다 약간 높은 수준이다. 자금의 운용기간을 자유롭게 정할 수 있고 이익률도 높아 단기투자 목적으로 많이 활용되고 있다.

(4) 초단기금융상품(MMF)

초단기금융상품(MMF: money market fund)은 투자신탁회사가 고객들의 자금을 모아 펀드를 구성한 후 금리가 높은 만기 1년 미만의 기업어음(CP) · 양도성예금증서(CD) · 콜 등의 단기금융상품에 집중투자하여 얻은 수익을 고객에게 되돌려주는 만기 30일 이내의 초단기금융상품이다. 만기가 30일 이내이므로 MMF가 운용하는 자산에 주식이 포함되지 않는 채권형인 경우 현금및현금성자산에 포함된다. 다만, 주식형 또는 혼합형 MMF는 매도가능금융자산으로 분류된다.

MMF는 은행의 보통예금처럼 수시로 입출금이 가능한 상품으로 하루만 돈을 예치해 놓아도 펀드운용 실적에 따라 이익금을 받을 수 있기 때문에 단기자금을 운용하는 데 적합한 상품이다. 1996년 9월부터 허용되어 투자신탁회사에서 취급하고 있으며, 가입금액에 제한이 없어 소액투자자에게 많은 인기를 얻고 있다.

(5) 어음관리계좌(CMA)

어음관리계좌(CMA: cash management account) 또는 종합자산관리계정이라고도 한다. 고객이 예치한 자금을 기업어음(CP)이나 양도성예금증서(CD), 국공채 등의 채권에 투자하여 그 수익을 고객에게 돌려주는 금융상품이다.

투자금융회사와 종합금융회사의 대표적인 단기금융상품이나 2005년 6월부터 증권회사에서도 취급한다. 종합금융회사의 CMA는 예금자보호법에 따라 해당 업체가 부도가 나더라도 최고 5,000만 원까지 보호받을 수 있으나, 증권회사의 경우에는 보호받지 못한다. 단, 종합금융회사를 인수한 증권회사에서 그 업무를 병행하여 예금자보호법이 적용되는 CMA 상품을 취급하는 경우도 있다.

유가증권에 투자한 뒤 남는 자금을 자동적으로 단기 고수익 상품에 운용하며, 은행의 보통예금처럼 입출금은 물론 자동납부 · 급여이체 등의 서비스 기능이 있고, 주식청약 자격이 주어진다. 단기간을 예치해도 높은 이자율을 적용받아 여유자금을 운영할 때 적합하다. CD, CP 및 RP가 모두 확정금리를 제공하는데 비해 CMA는 실적배당을 한다는 점에서 차이가 있다.

(6) 양도성예금증서(CD)

양도성예금증서(CD: certificate of deposit)는 현금지불기(CD: cash dispenser)와 구별하기 위하여 NCD라고도 하는데, 은행이 정기예금에 대해 발행하는 무기명의 예금증서로 예금자는 이를 금융시장에 자유로이 매매할 수 있다. 즉, 양도성예금증서는 은행이 고객이 맡긴 정기예금에 이자를 합하여 만기에 일정한 금액을 지급한다는 것을 약속하는 무기명의 예금증서로서, 은행이 이 금액(원금과 이자)을 발행시점의 이자율로 할인한 금액의 증서를 고객에게 발행하는데 무기명식이므로 고객이 자유로이 양도할 수 있다는 특징이 있다. 하지만 2006년 7월부터 양도성예금증서에 실명제(등록발행제)가 도입됨에 따라 양도성예금증서를 주고받을 때마다 새로운 소유자는 증권예탁원에 실명을 신고해야 한다.

예제 8-10 **단기금융상품**

다음의 거래에 대해 20×1년 12월과 환매조건부채권 · 기업어음의 만기일의 분개를 하시오.

12월 10일: 서천은행으로부터 환매조건부채권을 50,000원에 취득하였는데, 만기는 4개월 후이다.

12월 21일: 정기적금에 가입하였는데, 만기는 10개월 후이고 매달 20,000원씩 납입하는 조건이다.

12월 28일: 목동종합금융회사로부터 만기 5개월인 기업어음을 79,000원에 구입하였다.

12월 31일: 결산일이 되었는데, 전기에 가입하였던 정기예금 80,000원의 만기가 9개월 앞으로 다가왔음을 확인하였다. 단, 예금 등에 관한 미수이자는 무시한다.

20×2년 4월 · 5월: 환매조건부채권과 기업어음을 만기일에 각각 51,000원과 80,500원에 상환하였다.

해 답

12/10:	차>	단기금융상품	50,000	대>	현 금	50,000
12/21:	차>	단기금융상품	20,000	대>	현 금	20,000
12/28:	차>	단기금융상품	79,000	대>	현 금	79,000
12/31:	차>	단기금융상품[1)]	80,000	대>	장기금융상품	80,000
04/10:	차>	현 금	51,000	대>	단기금융상품	50,000
					이자수익	1,000
05/28:	차>	현 금	80,500	대>	단기금융상품	79,000
					이자수익	1,500

1) 전기에 가입하였던 정기예금은 장기금융상품에 계상되어 있었으나, 당기에 결산하면서 만기가 1년 이내로 도래하였으므로 단기금융상품으로 계정을 재분류해야 한다.

연습문제

문제 8-1 현금의 분류

다음 중 현금에 해당하지 않는 항목을 고르고 타당한 회계상 분류를 예시하시오.

선일자수표	타인발행당좌수표	우표	우편환증서
배당금지급통지표	수입인지	당좌차월	기일도래 공사채이자표

문제 8-2 다음 물음에 답하시오.

1. 현금성자산의 정의를 쓰고, 현금성자산에 포함되는 항목의 예를 세 가지 이상 드시오.
2. 기업에서 소액현금제도를 사용하는 이유에 대해 세 줄 이내로 답하시오.
3. 당좌차월이란 무엇인가?
4. 은행계정조정표를 통해 기업이 얻을 수 있는 효익을 한 가지 이상 쓰시오.

문제 8-3 단기금융상품의 의의

( )은 금융기관이 취급하는 정기예금, 정기적금, 사용이 제한되어 있는 예금 및 기타 정형화된 상품 등으로 ( )목적으로 소유하거나 기한이 1년 내에 도래하는 것이다. 이때 사용이 제한되어 있는 예금에 대해서는 그 내용을 ( )으로 기재해야 한다. 단기금융상품은 보고기간종료일을 기준으로 ( ) 이내에 기한이 도래하는 금융상품이므로 장기금융상품과 구분되고, 보고기간종료일을 기준으로 기한을 산정한다는 점에서 ( )과도 다르다.

문제 8-4 현금및현금성자산의 분류

불광회사는 12월 31일 결산 법인이다. 회사가 기말에 다음의 항목들을 기업회계기준에 따라 조정한다면 재무상태표에 표시할 현금및현금성자산의 기말잔액을 구하시오 (공인회계사 1997 1차 수정).

통화 713,800원　　90일 만기 양도성예금증서 1,512,000원　　수입인지 14,800원

직원가불증 78,000원 거래처발행 가계수표 378,000원 소액현금 32,000원
타인발행 당좌어음 970,000원 당좌개설보증금 100,000원 우표 5,430원

문제 8-5 현금과부족

다음 상황을 기록하는 분개를 각각 하시오.

1. ① 현금시재액이 장부상의 현금 잔액보다 45,000원 많았다.
   ② 현금초과액 30,000원은 매출채권 회수대금이 아직 기록되지 않았기 때문으로 판명되었다.
   ③ 나머지 차이의 원인은 밝혀지지 않아서 회사를 이를 잡이익으로 처리하였다.
2. ① 현금실사를 해본 결과 현금시재액이 장부잔액보다 65,000원 부족하였다.
   ② 이러한 차이 중 일부는 이틀 전 지급한 전기요금 30,000원을 장부에 기장누락 했기 때문이다.
   ③ 나머지 차이 중 15,000원은 미리 지급한 임차료에 대한 회계처리를 하지 않았기 때문이다.
   ④ 나머지 차이는 밝혀지지 않았다. 따라서 이를 잡손실로 처리하였다.

문제 8-6 소액현금제도

(주)잠실은 20×1년 6월초에 20×1년 5월말 현재의 현금잔액을 알아보기 위해 다음의 자료를 수집하였다.

(주)잠실은 정액자금전도제도를 운영하고 있는데, 설정액은 200,000원이다.
- 경리과장인 김연숙 씨는 5월말에 소액현금의 정산을 실시하여 195,000원을 당좌예금에서 인출하여 보충하였는데, 정산한 내역은 다음과 같다.
- 소모품비 100,000원 여비교통비 50,000원 통신비 40,000원
  현금보관액 5,000원
- 현금과부족의 원인은 5월말 현재 밝혀지지 않았다.

〈물음〉 김연숙 씨가 5월 31일에 소액현금 정산과 관련하여 기록해야 할 분개를 하시오.

문제 8-7 은행계정조정표

20×1년 11월 30일 현재 송파회사의 당좌예금 잔액은 3,000,000원이고 은행이 통보한 예금잔액증명서의 잔액은 2,935,000원이다. 회사의 장부기록과 은행의 잔액증명서를 비교하여 차이의 원인을 분석한 결과 아래의 사실을 발견하였다.

1. 11월 중 회사에서 발행하여 출금 기록한 당좌수표 중에서 아직 은행에서 인출되지 않은 수표금액이 150,000원이다.
2. 어음추심에 대한 수수료 15,000원이 자동이체되어 은행에서는 차감하였으나, 아직 회사에 통보하지 않은 상태이다.
3. 11월 30일에 은행은 회사가 보유중인 유가증권의 배당금 200,000원을 받아서 당좌계정에 입금하였으나 회사는 이를 장부에 미반영하고 있다.
4. 11월 30일에 회사는 매출채권 180,000원을 회수하여 은행에 예입하였으나, 은행에서 12월 1일에 입금처리하였다.
5. 당좌수표로 받아 입금하였던 수표 400,000원이 부도처리되었는데, 회사의 장부에는 아직 반영되지 않았다.
6. 매출채권 530,000원을 회수하여 당좌예입하였는데, 당좌예금 장부에서는 350,000원으로 기록되어 있다.

〈물음〉

11월 30일 현재의 은행계정조정표를 작성하고 필요한 경우 수정분개를 하시오.

문제 8-8 은행계정조정표

6월 30일 회사의 장부기록에 따른 당좌예금잔액은 5,075,000원이며 다음과 같은 조정사항이 있는 경우 조정전 은행측 예금잔액증명서의 잔액은 얼마인가?(공인회계사 1994 1차 수정).

- 기발행 미인출수표 300,000원
- 은행측의 기장 오류로 타사의 입금액을 회사계좌에 입금 200,000원
- 은행 미기입예금 140,000원
- 어음추심액 408,000원과 어음추심에 대한 수수료 10,500원

문제 8-9 현금 등의 분류

다음 자료를 바탕으로 보고기간말 재무상태표에 기록될 현금및현금성자산, 단기금융상품 및 장기금융상품의 금액을 계산하시오(단위: 원).

- 채권형 MMF 30,000
- 120일 만기 기업어음 600,000
- 1년 이내 만기도래 정기적금 200,000
- 3년 이후 만기도래 정기예금 500,000
- 운용기간이 3개월인 환매채 300,000
- 자기앞수표 350,000
- 현금시재액 35,000
- 당좌차월 45,000
- 배당금지급통지표 45,000
- 당좌개설보증금 150,000
- 선일자수표 50,000
- 수입인지 14,000

chapter 9
금융상품과 단기매매금융자산

chapter 9

금융상품과 단기매매금융자산

제 1 절 금융상품과 유가증권

1.1 금융상품의 의의와 분류

금융상품(financial instruments)[1)]은 거래 당사자 일방에게 금융상품을 발생시키고 동시에 다른 거래 상대방에게 금융부채나 지분상품을 발생시키는 계약으로 정의된다. 이때 취득자 입장에서는 금융상품을 금융자산으로 분류하고, 발행자 입장에서는 금융상품을 금융부채 또는 지분상품으로 분류한다. 여기에서 지분상품은 기업의 자산에서 모든 부채를 차감한 후의 잔여지분을 나타내는 모든 계약이므로, 기업의 자본에 대한 청구권을 말한다.

금융자산(financial assets)은 당기손익인식금융자산, 만기보유금융자산, 대여금 및 수취채권, 매도가능금융자산의 네 가지로 분류되는데, 각각의 분류에 대한 정의 및 분류기준은 다음과 같다.

당기손익인식금융자산(FVTPL: financial assets at fair value through profit or loss)은 단기매매항목으로 분류되거나, 최초 인식시점에 당기손익인식항목으로 지정한 금융자산을 말한다.

이때 인식이나 측정상의 회계불일치를 제거 또는 감소하기 위해서이거나 또는 금융상품집합을 공정가치기준으로 관리하고 그 성과를 이사회나 대표이사 등 경영진에게 제공하는 경우 당기손익인식항목으로 지정할 수 있다. 그리고 다음

1) 금융상품에는 파생상품이 포함되는데, 파생상품은 고급회계에서 다루는 내용이므로 본서에서는 설명하지 않기로 한다.

중 하나에 해당되면 단기매매항목으로 분류되어 단기매매금융자산(HFT: financial assets held for trading)으로 기록한다.

① 주로 단기간 내에 매각하거나 재매입할 목적으로 취득한다.
② 최근의 실제 운용형태가 단기적 이익획득 목적이라는 증거가 있으며, 공동으로 관리되는 특정 금융상품 포트폴리오의 일부이다.

대여금 및 수취채권(L&R: loans and receivables)은 지급금액이 확정되었거나 확정될 수 있으며 활성거래시장에서 가격이 공시되지 않는 금융자산이다. 따라서 즉시 또는 단기간 내에 매각할 의도가 있거나 최초 인식시점에 당기손익인식항목 또는 매도가능금융자산으로 지정한 금융자산은 대여금 및 수취채권으로 분류될 수 없다.

만기보유금융자산(HTM: held-to-maturity investments)은 만기가 고정되었고, 지급금액이 확정되었거나 확정될 수 있는 금융자산으로서 만기까지 보유할 적극적인 의도와 능력이 있는 금융자산이다. 만기 고정 및 지급금액 확정이라는 조건 때문에 지분상품은 만기보유금융자산으로 분류될 수 없고, 채무상품만 만기보유금융자산으로 분류된다.

매도가능금융자산(AFS: available-for-sale financial assets)은 매도가능항목으로

자료 9-1 **금융자산의 분류**

분 류	정 의	상 황
당기손익인식 금융자산	단기매매항목으로 분류되거나 당기손익인식항목으로 지정한 금융자산	단기투자목적의 지분상품과 채무상품
대여금 및 수취채권	지급금액이 확정되었거나 확정될 수 있으며 활성거래시장에서 가격이 공시되지 않는 금융자산	정기예금, 매출채권, 장·단기 대여금, 미수금, 미수수익, 임차보증금
만기보유 금융자산	만기가 고정되었고, 지급금액이 확정되었거나 확정될 수 있는 금융자산으로서 만기까지 보유할 의도와 능력이 있는 금융자산	장기투자목적의 채무상품
매도가능 금융자산	매도가능항목으로 지정하거나 다른 범주로 분류되지 않는 금융자산	장기투자목적의 지분상품과 채무상품

지정한 금융자산 또는 다른 금융자산(당기손익인식금융자산, 대여금 및 수취채권, 만기보유금융자산)으로 분류되지 않는 금융자산이다.

이러한 금융자산의 네 가지 분류에 대한 정의와 각각에 해당되는 상황을 정리하면 〈자료 9-1〉과 같다.

금융자산 중 대여금 및 수취채권은 제10장에서 설명하고, 일반적으로 장기투자목적으로 취득하는 금융자산인 만기보유금융자산과 매도가능금융자산은 제12장에서 설명하기로 한다. 한편, 피투자회사에 유의적인 영향력을 행사하기 위하여 지분상품을 취득하는 경우 관계기업투자주식(investments in associates)으로 기록하는데, 이에 대해서도 제12장에서 다룰 것이다.

위와 같은 분류 중에서 대여금 및 수취채권을 제외한 금융자산은 일반적으로 유가증권을 취득함으로써 보유하는 목적을 달성한다. 따라서 금융자산을 전반적으로 이해하기 위하여 유가증권에 대한 이해가 필수적이므로 이하에서는 유가증권에 대해서 설명한다.

1.2 유가증권

유가증권은 재산권을 나타내는 증권을 말하며 실물이 발행된 경우도 있고 유가증권 명부에 등록만 되어 있을 수도 있다. 유가증권은 적절한 액면금액 단위로 분할되고 시장에서 거래되거나 투자의 대상이 된다. 유가증권에는 지분상품과 채무상품이 포함된다.

지분상품(equity instruments)은 보통주식, 우선주식, 수익증권 또는 자산유동화출자증권 등과 같이 회사, 조합 또는 기금 등의 순자산에 대한 소유지분을 나타내는 유가증권과, 신주인수권이나 콜옵션 등과 같이 일정한 금액으로 소유지분을 취득할 수 있는 권리, 또는 풋옵션과 같이 소유지분을 처분할 수 있는 권리를 나타내는 유가증권 및 이와 유사한 유가증권을 말한다. 대표적인 지분상품인 주식은 다음의 〈자료 9-2〉에 보는 바와 같은 형태를 가지고 있다.

채무상품(debt instruments)은 발행자에 대하여 금전을 청구할 수 있는 권리를 표시하는 유가증권 및 이와 유사한 유가증권을 말한다. 채무상품은 국채, 공채, 회사채 및 자산유동화채권 등을 포함한다. 채무상품 중에서 국채와 공채의 형태는 〈자료 9-3〉에서 보는 바와 같다.

회사채(이하에서는 '사채'로 표시함)는 주식회사가 당 회사의 확정채무임을 표시한 증권을 발행하고 발행조건에 따라 일정 기간마다 정해진 이자를 지급함과

자료 9-2 | 주식의 형태

자료: http://www.naver.com.

동시에 사채의 만기일에 원금을 상환할 것을 약정하고 자금을 차입한 채무이다. 사채는 발행한 회사의 입장에서는 부채이지만, 사채를 구입한 회사의 입장에서는 원금과 이자를 받을 수 있으므로 자산이 된다.

만약 어떤 회사가 다른 회사의 주식에 투자한다면 그 이유는 배당수익 및 주가상승에 따른 자본이득을 얻거나 그 회사에 대한 지배 · 통제를 하기 위해서이다.

자료 9-3 | 국공채의 형태

1. 국채와 공채

① 국 채

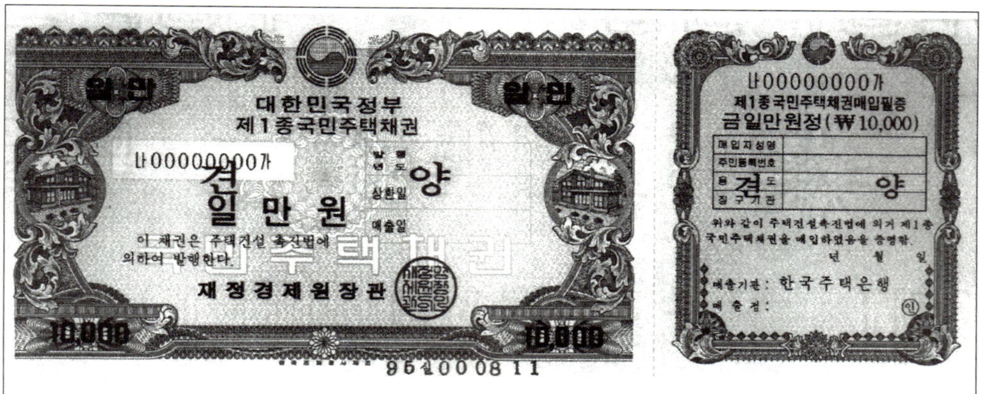

② 공 채

2. 이자표가 있는 채권

이를 이자표(coupon)라 하는데, 이자지급 기일이 되면 이자표를 가지고 가서 이자를 받는다. 만약 지급기일이 지난 이자표를 가지고 있으면 통화대용증권이라 하며 현금과 동일하게 취급된다.

지분상품의 소유자들은 채무상품에 대한 이자가 지급되고 난 후 당기순이익이 발생해야 배당수익을 얻을 수 있으며 회사가 청산할 때 청산재산에 대한 분배순위도 채무상품의 소유자들보다 뒤쳐지므로, 지분상품 소유자들의 위험이 채무상품 소유자들의 위험보다 더 크다고 볼 수 있다. 따라서 지분상품과 채무상품에 대해서는 다른 회계처리방법을 적용해야 한다.

1.3 단기매매금융자산

회사가 보유하고 있는 현금이 많으면 많을수록 좋다는 의견이 있다. 현금은 유동성의 척도로서 채무지급의 원천이 되므로 이러한 의견도 어느 정도 일리는 있다고 할 수 있다. 하지만 현금은 자체적으로 수익을 창출하는 능력을 가지지 못하기 때문에 현금보유가 너무 많으면 수익성의 저하를 가져오게 된다. 그래서 기업은 현금으로 전환이 용이한 예금에 가입하거나 유가증권을 구입함으로써 채무지급능력을 크게 손상시키지 않으면서도 보유에 따른 이익을 얻을 수 있는 자산을 보유하고 있다. 즉 현금수요에 대처하기 위해 유동성을 유지하면서도 이자수익이나 배당수익, 매매차익 등의 획득을 목적으로 유휴자금을 예금이나 유가증권 등에 투자하고 있는 것이다.

제 8 장에서는 이러한 목적을 달성하기 위해 예금 등에 투자하는 단기금융상품에 대해 알아보았고, 여기에서는 유휴자금을 유가증권에 투자하는 단기매매금융자산에 대해서 논의할 것이다.

단기매매금융자산(financial assets held for trading)은 주로 단기간 내에 매각 또는 재매입할 목적으로 취득한 유가증권이거나, 최근의 실제 운용형태가 단기적 이익획득 목적이고 공동으로 관리되는 금융상품 포트폴리오의 일부인 경우에 사용하는 계정이다. 예를 들어, 단기적인 이익을 획득할 목적으로 운용되는 것이 분명한 증권포트폴리오를 구성하는 유가증권은 단기매매금융자산으로 분류한다. 즉, 단기매매금융자산은 일시적 유휴자금을 효율적으로 이용하기 위해 ① 단기성이면서, ② 활성거래시장에서 거래되는 유가증권에 투자하는 경우에 나타나는 것이다.

여기에서 단기성의 의미는 보고기간종료일로부터 1년 이내에 현금으로 전환되리라고 예상되는 유가증권이라는 것인데, 일반적으로 매입과 매도가 적극적이고 빈번하게 이루어져야 한다. 그러나 유가증권의 보유기간은 경영자의 의도에 따라 결정되는 것이므로 장단기의 구분이 모호할 가능성이 있고, 또한 경영자가 손익을 조작할 목적으로 유가증권의 보유기간을 자의적으로 정할 가능성도 있다. 따라서 K-IFRS에서는 단기매매금융자산은 다른 유가증권과목으로 분류 변경할 수 없으며, 다른 유가증권과목의 경우에도 단기매매금융자산으로 분류 변경할 수 없도록 규정하고 있다(예외적으로 시장성을 상실하거나 단기간 내에 매각목적이 아닌 것으로 보유목적이 변한 경우 매도가능금융자산이나 만기보유금융자산으로 재분류할 수 있다).

활성거래시장에서 거래되는 유가증권의 대표적인 예는 상장회사의 주식이다. 한국거래소의 유가증권시장이나 코스닥시장에 상장된 주식회사의 주식은 거래소에서 거래되는 가격으로 팔거나 살 수 있기 때문에 시장성이 있다고 한다.

또한 공신력 있는 해외증권시장에서 거래되는 주식도 시장성 있는 주식으로 분류된다(다만, 시장성이 있는 지분상품이라 할지라도 유의적인 영향력을 행사하기 위해 주식을 취득하였다면 단기매매금융자산으로 분류하지 않고, 관계기업투자주식으로 분류해야 한다). 채무상품의 경우에도 회사가 발행한 회사채는 일정한 신용등급에 따라 채권중개시장에서 할인율(이자율)이 정해지므로 그 할인율에 따라 할인된 가격으로 매매가 가능하므로 시장성이 있다고 할 수 있다.

단기매매금융자산은 1년 이내에 처분되어 현금으로 전환될 것으로 간주되므로 유동자산에 속한다. 이에 반해 만기보유금융자산이나 매도가능금융자산 및 관계기업투자주식은 장기적 투자의 목적이므로 비유동자산으로 분류된다. 다만 보고기간종료일로부터 1년 내에 만기가 도래하거나 또는 매도 등에 의해 처분할 것이 거의 확실한 매도가능금융자산과, 보고기간종료일로부터 1년 내에 만기가 도래하는 만기보유금융자산은 유동자산으로 계정을 재분류해야 한다. 그러나 이 경우에도 이들 자산을 단기매매금융자산으로 분류하지는 않는다.

예제 9-1 유가증권의 분류

다음 유가증권들을 적절한 계정과목으로 분류하고 그렇게 분류한 이유에 대해 간략하게 서술하시오.

1. 2개월 내에 처분할 목적으로 취득한 상장회사 A의 주식
2. B회사로부터 취득한 만기가 3개월 남은 G회사의 회사채
3. 유의적인 영향력 행사를 위해 취득한 상장회사 C의 주식
4. D회사가 발행한 만기 3년의 회사채, 만기까지 보유할 의도와 능력 있음
5. 단기간 내에 처분할 의도가 없는 상장회사 E의 주식
6. 1년 내에 매매차익의 획득을 목적으로 취득한 F회사 발행 회사채

해 답

1. 단기매매금융자산: 단기간(2개월) 내에 처분할 목적인 상장회사의 주식이므로
2. 단기매매금융자산: 만기가 3개월이므로 단기간 내에 처분할 수 있고, 회사채이므로 시장이자율이 존재하여 시장성이 있으므로
3. 관계기업투자주식: 유의적인 영향력의 행사를 목적으로 취득하였으므로
4. 만기보유금융자산: 채무상품을 만기까지 보유할 목적이므로
5. 매도가능금융자산: 상장회사의 주식이므로 시장성은 있지만, 단기간 내에 처분할 목적이 없으므로
6. 단기매매금융자산: 단기간(1년) 내의 매매차익이 목적이고, 회사채의 시장이자율로 처분할 수 있으므로

제 2 절 단기매매금융자산의 회계처리 Ⅰ-지분상품

2.1 단기매매금융자산의 회계처리

단기매매금융자산의 회계처리는 취득시점의 회계처리, 보고기간말의 평가, 처분시점의 회계처리로 구분하여 논의할 필요가 있다. 이외에 지분상품의 경우에는 배당수익의 인식에 대한 회계처리, 그리고 채무상품의 경우에는 이자수익의 획득에 대한 회계처리가 추가된다.

단기매매금융자산은 종목별로 취득원가를 산정하고 처분단가를 산정하여 처분손익을 계산해야 한다. 여기에서 종목이라 함은 특정회사가 발행한 회사채는 발행차수, 주식은 보통주와 우선주를 의미하는데, 이러한 종목에 따라 취득원가와 처분손익을 각각 산정해야 한다는 의미이다.

지분상품과 채무상품의 회계처리가 다르다는 것은 앞서 말한 바 있는데, 단기매매금융자산의 취득에 있어서도 둘의 회계처리가 구분된다. 따라서 여기에서는 지분상품의 회계처리에 대해 먼저 살펴보고, 채무상품에 대해서는 제 3 절에서 알아보기로 한다.

2.2 지분상품의 취득

지분상품은 최초 취득시 공정가치로 기록해야 한다. 공정가치(fair value)란 합리적인 판단력과 거래의사가 있는 독립된 당사자간에 거래될 수 있는 교환가격을 의미하는데, 시장가격이 있는 상황에서는 시장가격을 공정가치로 본다. 그런데 단기매매금융자산은 시장성 있는 유가증권이기 때문에 취득할 때 지불한 시장가격이 바로 취득시점의 공정가치가 될 것이다. 즉, 취득시점에 지분상품을 공정가치로 기록한다는 말은 구입원가로 기록한다는 뜻이 된다.

한편, 단기매매금융자산의 취득과 직접 관련되는 각종 수수료나 세금(증권거래세, 등록세) 등의 거래원가는 발생시 비용으로 처리한다. 이것이 거래원가를 취득원가에 포함하는 만기보유금융자산이나 매도가능금융자산과는 다른 점이다.

보통주나 우선주와 같은 지분상품의 취득에 대한 회계처리는 단순하다. 시장에서 거래되는 가격(시장가격 또는 공정가치)을 단기매매금융자산의 취득원가로 기록하고, 위탁수수료, 등록세, 거래세와 같은 거래원가는 비용으로 인식한다. 이에 관련된 분개는 다음과 같다.

차>	단기매매금융자산	×××	대>	현 금	×××××
	수수료비용	××			

2.3 지분상품의 기말평가

지분상품은 취득할 때뿐만 아니라 보고기간말 시점에서도 공정가치로 평가해야 한다. 지분상품의 가치변동을 회계장부상에 인식하는 이유는 단기매매금융자산으로 분류되는 지분상품은 단기차익 목적으로 취득한 유가증권이므로 시장가격의 변동에 민감하고, 시장가격(공정가치)으로 항상 처분이 가능하므로 이 가격으로 평가하는 것이 기업의 유동성에 대한 정보를 더욱 잘 전달해 주기 때문이다.

단기매매금융자산으로 분류된 주식은 시장성이 있으므로 언제든지 현금으로 전환할 수 있는 자산인데, 시장성이 있다는 말은 가치의 변동이 수시로 발생함을 의미한다. 따라서 가치의 변동을 어떻게 인식하느냐가 문제인데, 원칙적으로는 가치가 변동할 때마다 재무제표에 기록하여야 할 것이다. 하지만 시장가격은 하루 동안에도 여러 번 변화하기 때문에 가치의 변동이 일어날 때마다 기록한다는 것은 불가능하다. 따라서 회계에서는 단기매매금융자산인 지분상품을 보고기간말 시점인 재무상태표 작성일에 공정가치로 평가하여 기록하는데 이를 공정가치법(fair value method)이라 한다.

공정가치법에 의한 회계처리에 의하면 보고기간말에 단기매매금융자산인 지분상품의 공정가치가 회사 장부상의 금액보다 상승하거나 하락하면 그 공정가치를 새로운 장부금액으로 기록하게 된다. 즉, 단기매매금융자산인 지분상품의 가치가 보고기간말 시점의 공정가치로 회계장부에 표시되는 것이다.

시장성 있는 유가증권은 시장가격을 공정가치로 보며 시장가격은 보고기간말 현재의 종가를 사용하는데, 만약 이날의 종가가 없다면 그 직전 거래일의 종가를 적용한다. 또한 보고기간말에 공정가치법을 적용하여 회계장부에 표시하면 해당 종목의 평균단가를 새로이 계산하여 다음 회계연도에 처분할 때 사용하게 된다.

단기매매금융자산인 지분상품의 장부금액과 공정가치의 차액은 단기매매금융자산에 직접 가감하여 표시하고, 공정가치가 장부금액보다 크면 단기매매금융자산평가이익으로 인식하고, 공정가치가 장부금액보다 작으면 단기매매금융자산평가손실로 인식한다. 이들은 모두 금융수익 또는 금융비용 항목으로 별도로 표시된다.

회사가 유가증권에 투자할 때에는 가격변동의 위험을 줄이기 위해 보통 몇 가지 종류의 유가증권에 투자하는데, 이러한 집합을 포트폴리오(portfolio)라고 한다. 이러한 특성 때문에 유가증권의 기말평가시에는 포트폴리오 전체에 대해 공정가치로 평가해야 한다. 즉, 보고기간종료일 현재 단기매매금융자산에 속하는 모든 주식의 시장가격 총액과 장부금액 총액을 비교하여 평가손익을 인식해야 하는 것이다. 이렇게 하면 각 종목별로는 평가이익이 나기도 하고 평가손실이 나기도 하지만, 이들을 모두 상계하여 순액으로 나타내는 것과 같은 결과를 얻을 수 있다.

단기매매금융자산인 지분상품을 보고기간종료일에 공정가치로 평가할 때의 분개는 다음과 같다.

(1) 공정가치 > 장부금액인 경우 ➧ 평가이익을 인식함

차> 단기매매금융자산 ××× 대> 단기매매금융자산평가이익 ×××

(2) 공정가치 < 장부금액인 경우 ➧ 평가손실을 인식함

차> 단기매매금융자산평가손실 ××× 대> 단기매매금융자산 ×××

예제 9-2 단기매매금융자산(지분상품)의 취득과 기말평가

다음은 목동회사의 거래이다.

8월 5일: 회사는 단기투자목적으로 A회사 주식 50주를 주당 100원에 구입하였다. 이때 발생한 위탁수수료는 200원이다.

9월 11일: 회사는 단기투자목적으로 B회사 주식 150주를 주당 200원에 구입하였다. 이때 증권거래세로 100원, 위탁수수료로 400원을 지불하였다.

12월 31일: 보고기간종료일 현재 A회사 주식은 주당 110원이고, B회사 주식은 주당 180원이다.

〈물음〉

1. 목동회사의 취득거래에 대해 분개하시오.
2. 목동회사의 주식에 대해 공정가치법을 적용하여 평가하고, 그 결과를 분개하시오.

해 답

1. 취득거래 분개

08/05:	차> 단기매매금융자산	5,000	대> 현 금	5,200
	수수료비용	200		
09/11:	차> 단기매매금융자산	30,000	대> 현 금	30,500
	수수료비용	500		

2. 기말평가

종 목	장부금액	주식수	주당공정가치	공정가치	평가손익
A사 주식	5,000원	50	110원	5,500원	500원
B사 주식	30,000	150	180	27,000	(3,000)
합 계	35,000원			32,500원	(2,500)원

→ 차> 단기매매금융자산평가손실 2,500 대> 단기매매금융자산 2,500

2.4 지분상품의 처분

단기매매금융자산을 처분할 때에는 처분하는 주식의 장부금액을 대변에 기록하여 주식의 장부금액을 없애 주고, 주식의 처분금액과 장부금액간의 차이를 금융수익 또는 금융비용으로 분류되는 단기매매금융자산처분손익으로 인식한다. 즉 처분금액이 장부금액보다 높으면 단기매매금융자산처분이익, 처분금액이 장부금액보다 낮으면 단기매매금융자산처분손실을 계상하는 것이다. 여기에서 처분금액은 주식의 처분대가에서 처분관련 수수료 등을 차감한 순액이다. 주식을 처분할 때의 회계처리는 다음과 같다.

(1) 처분금액 > 장부금액인 경우 ➡ 처분이익을 인식함

차> 현 금 ×××	대> 단기매매금융자산	×××
	단기매매금융자산처분이익	×××

(2) 처분금액 < 장부금액인 경우 ➡ 처분손실을 인식함

차> 현 금	×××	대> 단기매매금융자산 ×××
단기매매금융자산처분손실	×××	

그런데 같은 종류의 주식을 여러 번에 걸쳐 취득하면 가격변동 때문에 취득할 때마다 취득원가가 다르게 되므로 처분하는 주식의 장부금액을 어떻게 산정해야 하느냐의 문제가 발생하게 된다.

종목별로 장부금액을 산정하는 방법으로는 총평균법과 이동평균법을 많이 사용한다. 이외에 개별법을 적용할 수도 있으나 개별법은 취득시점마다 각각의 취득단가와 취득주식수를 합리적으로 추적할 수 있는 경우에만 사용할 수 있는 방법이므로 주식을 빈번하게 거래하는 기업에서는 사용이 거의 불가능하다는 단점이 있다.

총평균법(weighted average method)에서는 종목별로 기말에 한 번 평균단가를 계산한다. 그리고 이 평균단가에 해당 종목의 처분수량을 곱하여 처분한 주식의 장부금액을 계산하는 방법이다. 반면에 이동평균법(moving average method)은 각 지분증권의 종목별로 취득시점마다 평균단가를 새롭게 계산하고, 이 평균단가를 그 다음 취득이 있기 전까지의 매 처분거래에 적용하여 장부금액을 계산하는 방법이다. 이 경우 매 계산시점마다 보유주식 장부금액의 총액을 보유주식수로 나누기 때문에 처분할 때마다 평균단가가 달라질 수 있다.

총평균법과 이동평균법에 의한 평균단가의 계산식은 다음과 같다.

$$\text{총평균법에 의한 평균단가} = \frac{\text{기초 장부금액} + \text{기중 취득원가}}{\text{기초 보유수량} + \text{기중 취득수량}}$$

$$\text{이동평균법에 의한 평균단가} = \frac{\text{취득전 보유증권의 장부금액} + \text{취득원가}}{\text{취득전 보유수량} + \text{취득수량}}$$

예제 9-3 단기매매금융자산(지분상품)의 처분

서울회사의 B회사 주식에 대한 20×1년의 거래는 다음과 같았다. 이 주식투자는 단기매매금융자산으로 분류되었다고 한다.

일 자	거 래	단 가	수 량	총금액
1월 1일	보 유	1,200원	10주	12,000원
4월 12일	취 득	1,100	30	33,000
6월 28일	처 분	1,400	10	14,000
9월 11일	취 득	1,500	20	30,000
11월 4일	처 분	1,200	20	24,000

〈물음〉

1. 총평균법을 사용한다고 가정할 때 다음 물음에 답하시오.
   (1) 기중 처분할 때의 처분하는 주식에 대한 장부금액을 구하시오.
   (2) 기중 처분할 때의 처분분개를 하시오(처분수수료는 없다고 가정).
   (3) 11월 4일 처분시 500원의 수수료를 지출하였다면 처분분개가 어떻게 되는가?
2. 이동평균법을 사용한다고 가정할 때 다음 물음에 답하시오.
   (1) 기중 처분할 때의 처분하는 주식에 대한 장부금액을 구하시오.
   (2) 기중 처분할 때의 처분분개를 하시오(처분수수료는 없다고 가정).
   (3) 11월 4일 처분시 500원의 수수료를 지출하였다면 처분분개가 어떻게 되는가?
3. 개별법을 사용한다고 가정할 때 다음 물음에 답하시오(처분수수료는 없다고 가정).
   (1) 6월 28일에 처분한 주식이 4월 12일에 취득한 주식이라고 가정할 때 처분분개를 제시하시오.
   (2) 11월 4일에 처분한 주식이 4월 12일에 취득한 주식 10주와 9월 11일에 취득한 주식 10주로 구성되었다면 처분분개를 하시오.

해 답

1. 총평균법 사용

(1) 처분주식의 장부금액

총평균법에서는 기말에 한 번 평균단가를 계산한다.

평균단가 = (기초 장부금액+기중 취득원가) / (기초 보유수량+기중 취득수량)
= (12,000 + 33,000 + 30,000) / (10 + 30 + 20)
= 75,000 / 60 = 1,250원

따라서 기중에 처분한 30주 중에서,

6월 28일에 처분한 10주의 장부금액 = 1,250 × 10 = 12,500원
11월 4일에 처분한 20주의 장부금액 = 1,250 × 20 = 25,000
기중 처분한 30주의 총 장부금액 = 37,500원

(2) 처분거래의 분개

06/28:	차> 현 금	14,000	대> 단기매매금융자산	12,500
			단기매매금융자산처분이익	1,500[1]
11/04:	차> 현 금	24,000	대> 단기매매금융자산	25,000
	단기매매금융자산처분손실	1,000[1]		

1) 6월 28일과 11월 4일에는 총평균법의 처분 장부금액을 알 수 없으므로 단기매매금융자산처분이익을 계상할 수 없지만, 여기에서는 처분 장부금액을 알 수 있다고 가정하였다.

(3) 처분수수료가 있는 경우

11/04:	차> 현 금	23,500[2]	대> 단기매매금융자산	25,000
	단기매매금융자산처분손실	1,500[1]		

2) 처분금액은 처분대가에서 매매 관련 수수료 등을 차감한 순액으로 기록해야 하므로 수수료 500원을 차감한 23,500원으로 계상하였다.

2. 이동평균법 사용

(1) 처분주식의 장부금액

a) 6월 28일 처분주식의 평균단가

= (취득전 보유증권의 장부금액+취득원가) / (취득전 보유수량+취득수량)

= (12,000 + 33,000) / (10 + 30) = 45,000 / 40 = 1,125원

따라서 처분주식 10주의 장부금액은 11,250(= 1,125 × 10)원이고, 처분에 따라 남게 되는 주식 30주의 장부금액은 33,750(= 45,000 − 11,250 = 1,125 × 30)원이다.

b) 11월 4일 처분주식의 평균단가

= (33,750 + 30,000) / (30 + 20) = 63,750 / 50 = 1,275원

따라서 처분주식 20주의 장부금액은 25,500(= 1,275 × 20)원이다.

→ 6월 28일에 처분한 10주의 장부금액 = 11,250원
11월 4일에 처분한 20주의 장부금액 = 25,500
기중에 처분한 30주의 총 장부금액 = 36,750원

(2) 처분거래의 분개

06/28:	차> 현 금	14,000	대>	단기매매금융자산	11,250
				단기매매금융자산처분이익	2,750
11/04:	차> 현 금	24,000	대>	단기매매금융자산	25,500
	단기매매금융자산처분손실	1,500			

(3) 처분수수료가 있는 경우

11/04:	차> 현 금	23,500	대>	단기매매금융자산	25,500
	단기매매금융자산처분손실	2,000			

3. 개별법 사용

(1) 6월 28일 처분시

06/28:	차> 현 금	14,000	대>	단기매매금융자산	11,000[3)]
				단기매매금융자산처분이익	3,000

3) 4월 12일 취득한 주식을 처분하였으므로 처분주식의 장부금액은 11,000(= 1,100 × 10주)원이 된다.

(2) 11월 4일 처분시

11/04:	차> 현 금	24,000	대>	단기매매금융자산	26,000[4)]
	단기매매금융자산처분손실	2,000			

4) 4월 12일 취득한 주식 10주와 9월 11일 취득한 주식 10주를 처분하였으므로 처분주식의 장부금액은 26,000(= 1,100 × 10주 + 1,500 × 10주)원이 된다.

2.5 배당수익의 인식

주식을 보유하면 주식을 발행한 회사로부터 현금으로 배당금을 받기도 하고 주식배당이나 무상증자에 따라 주식을 추가적으로 받기도 한다. 주식을 발행한 회사(피투자회사라 한다)는 배당을 하기 전에 일정한 자격을 갖춘 주주들에게 배당을 실시하겠다는 의사를 밝히는데, 이를 배당선언이라 한다. 무상증자의 경우에는 발표라고 하여 어떠한 주주들에게 무상주를 교부하겠다는 의사를 밝히는데, 이 회사의 주식에 투자한 회사에서는 이러한 선언이나 발표를 접하면 그 내용을 적절하게 회계처리해야 한다.

피투자회사가 현금배당을 지급하겠다고 선언하면 해당액만큼 미수배당금(유동자산의 미수금 중의 하나)으로 자산의 증가를 기록하고, 또 동액만큼 금융수익 항목인 배당수익을 인식해야 하는데 이를 배당수익의 인식이라 한다. 그리고 배당금을 현금으로 수령하였을 때에는 미수배당금을 현금계정으로 대체시키는 분개를 해야 한다. 다음은 이와 관련된 분개이다.

(1) 배당선언시

차>	미수배당금	×××	대> 배당수익	×××

(2) 현금수령시

차>	현　금	×××	대> 미수배당금	×××

현금배당에는 두 종류가 있는데 첫째, 결산배당은 결산 후에 개최하는 정기주주총회에서 선언하는 것으로서 일반적으로 12월 결산법인인 경우 다음 해 2월과 3월 중에 정기주주총회를 개최하여 배당을 선언하게 된다. 둘째, 중간배당(또는 분기배당)은 회계기간 중에 경영진(이사회)에서 선언하는 방식이므로 결산배당과는 다르다. 하지만 주식투자자의 입장에서는 어느 경우에나 동일한 방식으로 배당수익을 인식한다.

한편 주식을 보유하고 있는 중에 피투자회사가 주식투자자에게 소유하고 있는 주식수에 비례하여 주식을 무상으로 지급하는 경우가 있는데, 이를 무상증자라고 한다.

예를 들어, A회사가 B회사 총 발행주식수 200주의 10%인 20주를 소유하고 있다고 가정하자. 만약 B회사가 100% 무상증자를 실시한다면, A회사는 20주

(= 20주 × 100%)를 무상으로 수취하게 된다. 무상증자를 실시한 후 주식 발행회사인 B회사의 총 발행주식수는 기존의 주식(구주) 200주와 새로운 주식(신주) 200주를 합한 400주이므로, A회사의 보유주식이 40주로 증가하였지만 10%의 지분을 가진 주주라는 점에는 변화가 없다.

무상증자로 인해 B회사의 실질가치가 변하지 않는다면 그 10%의 가치도 변하지 않기 때문에, 무상증자로 인해 주식을 취득하더라도 이를 투자수익으로 인식하지 않는다. 다만 1주당 평균단가가 증가한 주식비율 만큼 줄어들게 되어, 추후 처분시 처분손익을 결정할 때 적용된다. 즉 무상증자 전에 단가가 100원이었다면 100% 무상증자 후의 단가는 50원이 되는 것이다.

최근 많은 기업들이 실시하는 것으로 주식배당(stock dividends)이 있는데, 이는 배당을 지급하되 현금이 아닌 주식으로 지급하는 것이다. 주식배당은 투자자의 입장에서 볼 때 무상증자와 유사한데, 피투자회사가 100%의 주식배당을 한다는 것은 자기가 소유하고 있는 주식 1주에 대해 추가로 주식 1주를 받는 것이므로 100%의 무상증자를 하는 것과 동일한 것이다. 그러므로 주식배당을 받더라도 배당수익을 인식하지 않는데, 배당이라고 하여 모두 배당수익을 인식하는 것은 아니므로 주의해야 한다.

제 3 절 단기매매금융자산의 회계처리 Ⅱ - 채무상품

3.1 채무상품의 취득

지분상품과 마찬가지로 단기매매금융자산으로 분류되는 채무상품도 공정가치(시장가격)를 취득원가로 기록하고 취득과정에서 직접적으로 발생한 수수료와 거래세와 같은 취득부대비용을 비용으로 인식한다. 따라서 채무상품을 취득한 시점에서 이루어지는 분개는 지분상품의 경우와 같다.

채무상품의 취득에 있어서 주의해야 할 것은 이자지급일 사이에 채무상품을 취득하는 경우이다. 채권매매시 채권의 직전 소유자는 해당 이자지급기간 초로부터 교환거래 시점까지 채권을 보유함으로써 이자수익이 발생하였는데도 그 이자를 채권발행자인 기업이나 국가기관에 청구할 수 없다. 왜냐하면 이자청구권은 이자지급일 시점의 채권소지자에게만 주어지기 때문이다.

자료 9-4 이자지급일 사이의 채무상품의 취득

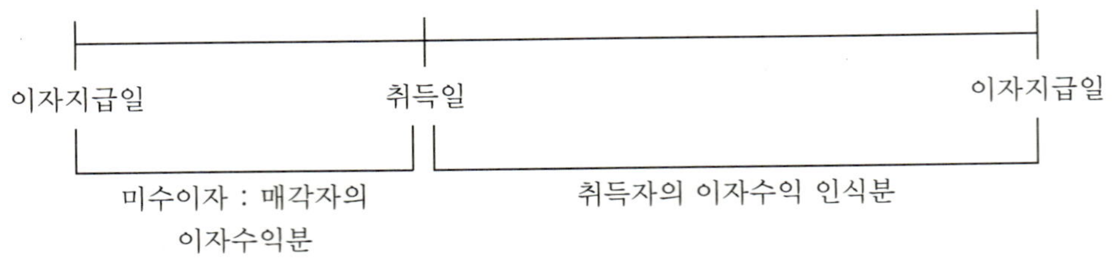

차>	단기매매금융자산	×××	대> 현 금	×××
	미수이자	×××[1]		

1) 채권 액면금액 × 액면이자율 × (직전 이자지급일 ~ 취득일까지의 기간)

따라서 이 경우 채권의 직전 소유자는 보유기간 동안의 이자수익을 후속 취득자에게 청구한다. 결국 이자지급일 사이의 채권취득거래는 채권과 그에 대한 이자수익(미수이자)을 함께 취득하는 거래가 되므로 취득하기 위해 지급한 대가를 채권의 취득원가와 직전의 이자지급일로부터 취득일까지의 기간 동안에 발생한 미수이자로 각각 구분하여 기록해야 한다. 이러한 상황을 나타낸 것이 〈자료 9-4〉이다.

한편 단기매매금융자산은 단기간의 매매차익을 얻기 위해 투자한 것이므로 일반적인 채무상품의 회계처리, 즉 사채의 미래 현금흐름을 현재가치로 계산하고 이를 근거로 이자수익을 계산하는 회계절차를 적용하지 않는데 이에 대하여는 제15장에서 언급하기로 한다.

3.2 이자수익의 인식

사채이자를 현금으로 받는 시점에서는 당연히 이자수익을 인식해야 한다. 또한 기말의 결산시점에 직전 이자지급일로부터 결산일까지의 발생이자를 이자수익으로 인식해야 한다는 것은 앞서 발생주의에 대해 공부할 때 이미 살펴본 바 있다.

사채에 대한 이자수익을 인식할 때 주의해야 할 점은 앞의 〈자료 9-4〉에 나와 있는 이자지급일 사이에 사채를 취득한 경우이다. 이 자료에서 보다시피 취득일 이전의 이자는 미수이자로 계상된 것으로서 직전의 보유자에게 귀속되는 이자수익이고, 취득일 이후의 기간에 발생한 이자수익만 취득자의 이자수익으로 인식해야 한다.

사채 발행회사는 이자지급일 현재의 사채 소지자에게 모든 현금을 지급하는데, 직전 보유자에게 귀속되는 이자수익은 취득시에 이미 미수이자로 계상시켜 놓았기 때문에 현금이자를 수취할 때 미수이자를 상계시킴으로써 그 금액만큼을 이자수익으로 인식하지 않게 되는 것이다. 즉 현금이자 수취시 다음과 같은 회계처리를 수행함으로써 매각자의 보유기간에 대한 부분을 이자수익으로 인식하지 않고, 취득일 이후의 기간 경과분에 대해서만 이자수익을 인식하게 된다. 이에 대한 분개는 다음과 같다.

차> 현 금	×××××	대>	미수이자	××[1]
			이자수익	×××

1) 미수이자 금액은 취득시에 계상해 놓은 것과 같음.

다음의 〈예제 9-4〉를 이용하여 이자지급일 사이의 채무상품 취득과 이자수익의 인식에 대해 살펴보자.

예제 9-4 채무상품의 취득과 이자수익

20×1년 8월 1일에 봉천회사는 단기매매목적으로 신림회사가 발행한 액면 10,000원의 회사채를 9,000원에 매입하였다. 이 회사채는 만기가 3년이고 표시이자율이 연 10%이며, 이자는 매년 3월 31일과 9월 30일에 현금으로 수취하는 조건이다.

〈물음〉

다음의 각 상황에 대한 분개를 하시오.

1. 20×1년 8월 1일의 회사채 취득
2. 20×1년 9월 30일의 현금이자 수취
3. 20×1년 12월 31일의 결산시의 회계처리 - 공정가치 평가는 제외

해 답

1. 이자지급일 사이에 사채를 취득하였으므로, 취득시 지급한 9,000원에는 기존 보유자의 보유기간 동안의 이자에 대한 대가가 포함되어 있으므로 이를 구분하여 미수이자로 계상하고 나머지를 단기매매금융자산의 취득원가로 계상해야 한다.

   미수이자 = 10,000 × 10% × 4개월(4월~7월) / 12개월 = 333원

   따라서 취득시의 분개는 다음과 같다.

08/01: 차> 단기매매금융자산	8,667	대>	현 금	9,000
미수이자	333			

2. 9월 30일에 현금이자는 500원(=10,000 × 10% × 6개월 / 12개월)을 받지만 이 중에서 4개월분(4월~7월)은 위에서 구한 기존 보유자에 대한 이자(미수이자로 계상)이므로 봉천회사의 이자수익으로 인식할 수 없다. 따라서 취득시에 구한 미수이자를 대변에 기록하여 이자수익으로 인식해야 할 금액에서 차감해야 한다.
따라서 현금이자 수취시의 분개는 다음과 같다.

09/30:	차> 현 금	500	대> 미수이자	333
			이자수익	167[1]

1) 봉천회사의 이자수익 = 10,000 × 10% × 2개월(8월, 9월) / 12개월 = 167원

3. 12월 31일 결산시점에서는 이자지급일 이후의 3개월 동안 발생한 이자를 수익으로 인식하는 분개를 해야 한다.

12/31:	차> 미수이자	250	대> 이자수익	250[2]

2) 이자수익 발생 = 10,000 × 10% × 3개월(10월 ~ 12월) / 12 = 250원

3.3 채무상품의 기말평가

단기매매금융자산으로 분류된 채무상품 역시 보고기간말에 공정가치법을 적용하여 장부금액을 수정하고 취득원가와의 차이를 단기매매금융자산평가이익 또는 단기매매금융자산평가손실로 기록하므로 지분상품의 경우와 같다. 하지만 지분상품과 다른 점은 직전 이자지급일로부터 기말까지의 발생이자를 이자수익으로 인식해야 한다는 것이다.

예제 9-5 채무증권의 기말평가

앞의 〈예제 9-4〉에서 봉천회사가 구입한 사채의 12월 31일 공정가치가 8,500원이라 할 때 봉천회사가 수행해야 할 분개를 하시오.

해 답

12/31:	차> 미수이자	250	대> 이자수익	250[1]
	단기매매금융자산평가손실	167[2]	단기매매금융자산	167

⇒ 채권의 이자수익은 기간의 경과에 따라 인식하는 것이므로 회계기간 중의 거래라 할 수 있다. 따라서 이자수익을 인식하는 분개를 먼저 하고 기말평가를 수행하는 분개를 차후에 하는 것이 좋다. 하지만 어떤 분개를 먼저 하더라도 별 문제는 없을 것이다.

1) 이자수익 = 10,000 × 10% × 3개월 / 12개월 = 250원
2) 단기매매금융자산평가손실 = 8,667(취득원가) − 8,500(공정가치) = 167원

여기에서 설명할 때에는 각 유가증권의 특성을 감안하여 채무상품과 지분상품으로 구분하였지만, 재무제표에는 종목별(주식, 채권 또는 주식의 각 종류나 채권의 각 종류)로 공정가치법을 적용한 결과를 따로 보고하지 않고 그 결과를 종합하여 보고한다. 그 이유는 기업에서는 가격변동이라는 투자위험을 최소화하기 위해 몇 가지 종류의 유가증권에 투자하는 포트폴리오를 구성하고 있기 때문이다.

결국 유가증권 포트폴리오에 공정가치법을 적용한 결과를 제무제표에 보고하는 것이므로 주식과 사채의 평가손익을 합하거나 상계한 순액을 포괄손익계산서의 금융손익 항목인 단기매매금융자산평가손익으로 인식한다.

예제 9-6 유가증권 포트폴리오

신림회사가 20×1년 말 현재 보유하고 있는 단기매매금융자산의 내역이 다음과 같을 때, 20×0년과 20×1년의 기말평가에 대한 분개를 수행하시오. 기말 현재 보유하고 있는 단기매매금융자산은 모두 20×0년에 취득하였고, 20×1년 중에 취득하고 처분한 내역이 없다고 한다. 단, 사채의 이자수익 인식에 대한 분개는 생략한다.

단기매매금융자산의 종류	20×0 취득원가	20×0 말 공정가치	20×1 말 공정가치
한국회사 주식 10주	150,000원	160,000원	145,000원
미국회사 사채 10매	220,000	207,000	232,000
합 계	370,000원	367,000원	377,000원

해 답

1. 20×0년 기말평가

차> 단기매매금융자산평가손실 3,000[1] 대> 단기매매금융자산 3,000

1) 포트폴리오 전체를 평가해야 하므로 367,000 − 370,000 = 3,000원 손실

2. 20×1년 기말평가

차> 단기매매금융자산 10,000 대> 단기매매금융자산평가이익 10,000[2]

2) 20×0년 기말평가로 단기매매금융자산 포트폴리오의 장부금액이 367,000원으로 수정되었으므로 20×1년 기말평가시에는 20×1년 말의 포트폴리오 공정가치(377,000원)와 20×0년 말의 포트폴리오 장부금액(367,000원)을 비교해야 한다(이는 20×1년 중에 단기매매금융자산을 취득하고 처분한 내역이 없기 때문에 적용할 수 있는 것으로, 만약 20×1년 중에 단기매매금융자산의 취득이나 처분내역이 있다면 이동평균법 등을 사용하여 장부금액을 조정해야 할 것이다).

단기매매금융자산평가이익 = 377,000원 − 367,000원 = 10,000원

3.4 채무상품의 처분

채무상품을 처분할 때의 회계처리는 지분상품을 처분하는 경우와 유사하다. 사채의 장부금액을 대변에 기록하여 사채의 장부금액을 없애 주고, 사채의 처분금액과 장부금액간의 차이를 금융손익 항목인 단기매매금융자산처분손익으로 인식하는 것이다. 즉 처분금액이 장부금액보다 높으면 단기매매금융자산처분이익, 처분금액이 장부금액보다 낮으면 단기매매금융자산처분손실을 계상하는 것이다. 여기에서 처분금액은 사채의 처분대가에서 처분 관련 수수료 등을 차감한 순액으로 한다.

그런데 같은 종류의 사채를 여러 번에 걸쳐 취득하면 가격의 변동 때문에 취득할 때마다 취득원가가 다르게 되므로 처분하는 사채의 장부금액을 어떻게 산정해야 하느냐의 문제가 발생하게 된다. 종목별로 장부금액을 산정하는 방법으로는 총평균법과 이동평균법을 많이 사용하는데, 이에 대해서는 지분상품에서 이미 살펴본 바 있다.

다만 사채를 처분할 때에는 보유기간 동안의 미수이자가 처분대가에 포함된다는 점이 주식의 경우와 다르다. 이자지급일 사이에 사채를 처분하면 직전 이자지급일로부터 처분일까지의 경과이자도 매입자로부터 받게 되므로, 총처분금액에서 미수이자를 분리한 순처분금액과 장부금액을 비교하여 처분손익을 계산해야 한다.

즉, 이자지급일 사이에 사채를 취득할 때 경과이자에 대한 미수이자를 분리하는 회계처리와 동일한 형식이다. 결국 이자지급일 사이에 사채를 처분할 때에는 일단 경과이자를 인식한 후에 사채의 처분에 대한 분개를 해야 하는 것이다.

사채의 처분에 대한 분개는 다음과 같다.

1. 경과이자의 인식

차> 미수이자	×××	대> 이자수익	×××[1]

1) 이자수익 = 사채액면금액×액면이자율×(직전 이자지급일 ~ 사채처분일까지의 기간)

2. 사채처분거래의 분개

차> 현　　금	×××	대> 단기매매금융자산	×××[2]
단기매매금융자산처분손실	×××[3]	미수이자	×××[4]

2) 단기매매금융자산의 장부금액을 제거
3) 미수이자를 분리한 순처분금액과 장부금액만을 비교하여 처분손익을 산정
4) 미수이자 전액을 상계

예제 9-7 **채무상품의 처분**

〈예제 9-5〉에서 8,500원으로 기말평가를 수행한 사채를 20×2년 2월 28일에 9,100원에 처분하였다고 할 때 다음 물음에 답하시오

〈질문〉

1. 처분 장부금액은 얼마인가?
2. 처분시 인식해야 하는 경과이자 인식액을 구하시오.
3. 처분수수료 50원이 발생하였을 때 처분분개를 하시오.

해 답

1. **처분 장부금액은 기말평가액인 8,500원**

2. **경과이자 인식액** = 10,000 × 10% × 2개월 / 12개월 = 167원

   전기말에 인식한 경과이자 = 250

   경과이자 인식액 총액 417원

   최종 이자지급일인 9월 30일부터 처분일인 2월 28일까지는 5개월이므로,
   5개월의 경과이자 = 10,000 × 10% × 5개월 / 12개월 = 417원이 된다.

3. **처분거래의 분개**

차>	미수이자	167	대>	이자수익	167
차>	현 금	9,050[1)]	대>	단기매매금융자산	8,500
				미수이자	417[2)]
				단기매매금융자산처분이익	133[3)]

1) 처분대가에서 처분수수료를 차감한 순액으로 계상
2) 2번에서 구한 경과이자 인식액
3) 처분이익 = 9,050원(수수료 차감후) − 417원(미수이자) − 8,500원(장부금액)
   = 133원

연습문제

문제 9-1 유가증권의 평가

다음을 읽고 올바른 문장에는 T를, 틀린 문장에는 F를 표시하고 잘못된 부분을 지적하시오.

1. 시장성 있는 유가증권은 시장가격을 공정가치로 보며 시장가격은 보고기간종료일 현재의 종가로 한다.
2. 단기매매금융자산에 대한 미실현보유손익은 당기손익으로 인식하지 않는다.
3. 단기매매금융자산은 다른 유가증권과목으로 분류 변경할 수 없으며, 다른 유가증권과목의 경우에도 단기매매금융자산으로 분류 변경을 할 수 없다. 따라서 단기매매금융자산이 시장성을 상실했다 하더라도 매도가능금융자산으로 분류 변경할 수 없다.
4. 유가증권의 양도에 따른 처분손익을 인식하기 위해 양도한 유가증권의 원가를 결정할 때에는 개별법, 총평균법, 이동평균법 또는 다른 합리적인 방법을 사용하되, 동일한 방법을 매기 계속 적용한다.
5. 시장성이 있는 단기매매금융자산과 매도가능금융자산은 유동자산으로 분류하나, 만기보유금융자산은 시장성 여부와 무관하게 비유동자산으로 분류한다.

문제 9-2 유가증권의 분류 I

서로 관련이 있는 항목의 기호를 올바르게 짝지으시오.

가. 단기매매금융자산	A. 유의적인 영향력을 행사할 수 있는 투자주식
나. 관계기업투자주식	B. 단기매매금융자산이나 만기보유금융자산으로 분류되지 않는 유가증권
다. 만기보유금융자산	C. 단기간 내의 매매차익을 목적으로 취득한 유가증권
라. 매도가능금융자산	D. 만기와 지급금액이 확정된 채무상품으로 만기까지 보유할 의도와 능력이 있는 유가증권

문제 9-3 유가증권의 분류 II

다음 유가증권들을 적절한 계정과목으로 분류하고 그렇게 분류한 이유에 대해 간략하게 서술하시오.

1. 단기적 매매차익을 획득할 의도로 취득한 상장법인 서울회사 발행 주식
2. 상장법인인 부산회사의 주식을 6개월 내에 처분할 목적으로 취득한 경우
3. 만기까지 보유할 목적으로 취득한 만기 5년의 회사채
4. 상장법인인 대구회사에 유의적인 영향력을 행사하기 위해 취득한 주식
5. 2년 후에 처분할 의도로 취득하여 보유 중인 상장법인 인천회사의 주식

문제 9-4 단기매매금융자산의 취득원가

다음 자료를 바탕으로 청원회사 주식 1,000주의 취득원가를 구하시오.

- 청원회사 주식 취득시 한 주의 액면금액 1,000원
- 청원회사 주식 취득시 한 주의 시장가치 3,000원
- 취득부대비용으로 지급한 금액 20,000원

문제 9-5 단기매매금융자산의 취득 및 평가

(주)마산은 20×1년 3월 1일에 A사 보통주 100주를, 동년도 4월 6일에 B사 우선주 50주를 각각 취득하여 기말 현재 보유하고 있다.

〈물음 1〉

취득거래에 대한 구체적인 내역이 다음과 같을 때 (주)마산이 각 일자에 해야 할 회계처리를 제시하시오.

03/01: 회사는 단기적 매매차익을 얻을 목적으로 A회사의 보통주 100주를 주당 50,000원에 구입하였는데 이 때 증권거래세로 90,000원을 지출하였다.

04/06: 회사는 6개월 이내에 처분할 의도로 상장법인인 B회사의 우선주 50주를 주당 30,000에 취득하였다. 주식을 취득하는 데 소요된 총 부대비용은 35,000원이다.

〈물음 2〉

20×1년 12월 31일 현재 A사 보통주의 시가는 주당 54,000원이고 B사 우선주의 시가는 주당 30,000원이라고 할 때 K-IFRS에 따른 (주)마산의 회계처리를 제시하시오.

문제 9-6 단기매매금융자산의 처분

(주)창원은 단기매매차익을 목적으로 A사 주식을 20×1년 중 취득하였는데, 상세한 거래내역은 다음과 같다.

일 자	거 래	단 가	수 량	비 고
1월 3일	취 득	15,000원	50주	
3월 27일	취 득	14,000	50	

5월 12일	처 분	?	20	1월 3일 취득분
8월 29일	취 득	15,800	100	
11월 23일	처 분	?	50	8월 29일 취득분

〈추가자료〉

5월 12일 처분시에는 주당 15,500원을 받았고 처분수수료로 총 5,000원이 지출되었다. 또한, 11월 23일 처분시에는 주당 14,600원을 받았고 처분수수료는 없었다. 모든 계산시 소수 첫째 자리에서 반올림하시오.

〈물음 1〉 총평균법을 적용하여 기중에 처분한 주식의 장부금액을 산출하고 처분시의 분개를 하시오.

〈물음 2〉 이동평균법을 적용하여 기중에 처분한 주식의 장부금액을 산출하고 처분시의 분개를 하시오.

〈물음 3〉 개별법을 적용하여 기중에 처분한 주식의 장부금액을 산출하고 처분시의 분개를 하시오.

문제 9-7 단기매매금융자산의 단가산정

(주)판교상사는 단기매매차익 획득을 위해 취득한 (주)분당건설의 주식에 대해 20×1년에 다음과 같이 거래하였다. 이를 바탕으로 (주)판교상사의 20×1년 포괄손익계산서에 인식해야 하는 금액을 계산하시오(단, (주)판교상사는 이동평균법을 사용하여 주식의 단가를 산정하고, 20×1년 12월 31일 (주)분당건설 주식의 시가는 주당 44,000원임).

일 자	거 래	단 가	수 량
2월 14일	취 득	40,000원	300주
7월 22일	처 분	45,000	100
9월 3일	취 득	36,000	200
11월 19일	취 득	48,000	100

문제 9-8 단기매매금융자산의 기말평가

다음은 신천회사가 20×2년 말 현재 보유하고 있는 단기매매금융자산의 내역이다. 기말 현재 보유하고 있는 단기매매금융자산은 모두 20×1년에 취득한 것으로, 20×2년 중에는 아무런 유가증권 거래도 일어나지 않았다고 가정한다.

단기매매금융자산의 종류	20×1 취득원가	20×1 말 공정가치	20×2 말 공정가치
잠실회사 주식 100주	2,300,000원	2,450,000원	2,500,000원
논현회사 사채 60좌	3,000,000	2,780,000	2,650,000

〈물음〉
20×1년과 20×2년 기말 평가에 관한 분개를 수행하시오(단, 사채의 이자수익 인식에 대한 분개는 생략하시오).

문제 9-9 채무상품의 회계처리 I

20×1년 5월 1일에 선릉회사는 단기매매금융자산으로 분류되는 역삼회사가 발행한 액면금액 200,000원의 회사채를 218,000원에 매입하였다. 동 매입금액에는 취득일 현재까지 발생한 경과이자가 포함되어 있다. 이 사채는 만기가 2년이고 표시이자율이 연 12%이며, 이자는 매년 6월 30일과 12월 31일에 현금으로 수취하는 조건이다. 한편, 선릉회사가 구입한 사채의 20×1년 12월 31일 현재의 공정가치는 220,000원이다.

〈물음〉 다음 각 일자의 회계처리를 제시하시오.

1. 20×1년 5월 1일의 회사채 취득
2. 20×1년 6월 30일의 현금이자 수취
3. 20×1년 12월 31일의 결산시(단, 필요한 모든 분개를 제시하시오)

문제 9-10 채무상품의 회계처리 II

선릉회사는 [문제 9-9]에서 220,000원으로 기말평가를 수행한 사채를 20×2년 3월 31일에 195,000원에 처분하였는데, 이 때 처분수수료로 5,000원을 현금으로 지급하였다. 회사가 3월 31일에 해야 할 회계처리를 제시하시오.

문제 9-11 채무상품의 처분

상도상회는 20×1년 3월 1일에 매년말 120,000원의 이자를 지급하는 액면금액 1,000,000원의 회사채를 단기간의 매매차익을 얻을 목적으로 구입하였다. 구입시 사채의 이전소유자에게 경과이자를 포함하여 1,100,000원을 지급하였으며 20×1년 11월 30일에 경과이자를 포함하여 1,050,000원을 현금으로 받고 사채를 매각하였다. 상도상회가 단기매매금융자산의 처분과 관련하여 포괄손익계산서에 계상해야 할 금액은 얼마인가?(세무사 1998 1차 수정)

문제 9-12 단기매매금융자산의 처분

12월 결산법인인 충북회사의 20×1년의 단기매매금융자산 거래가 아래와 같을 때 다음 물음에 답하시오(세무사 2002 1차 수정).

- 9월 1일, 청원회사 주식 10주를 주당 10,000원에 취득하고 거래수수료로 매입대금의 0.4%를 지급하였다.
- 9월 1일, 청주회사 사채(액면 100,000원, 표시이자율 연 12%, 이자지급일 매년 12월 31일)를 90,000원에 취득하고 거래수수료로 400원을 추가로 지급하였다.
- 11월 1일, 청원회사 주식 5주를 주당 12,000원에 매각하고 거래수수료로 매각대금의 0.6%를 지급하였다.
- 11월 1일, 청주회사 사채를 98,000원에 매각하고 거래수수료로 420원을 지급하였다.

〈물음〉

1. 9월 1일의 단기매매금융자산 취득거래에 대해 분개하시오.
2. 20×1년에 인식할 단기매매금융자산처분손익은 얼마인가?

chapter **10**

수취채권과 지급채무

chapter

10 수취채권과 지급채무

제 1 절 수취채권과 지급채무의 분류

1.1 수취채권의 의의와 분류

수취채권(receivables)은 상품이나 제품 등을 판매하거나 대여금 등과 같은 신용을 제공하는 경우에 발생하며 현금, 재화 혹은 서비스를 제공하고 추후에 현금, 재화 혹은 서비스를 청구할 수 있는 권리를 획득하였음을 나타내는 자산을 말한다.

수취채권은 현금을 청구할 수 있는 권리인 금전채권과 재화 혹은 서비스를 청구할 수 있는 권리인 비금전채권으로 나눌 수 있다. 수취채권은 또 그 기간의 장단에 따라, 또는 주된 영업활동으로부터 발생한 것인가에 따라 다음과 같이 분류할 수 있다.

(1) 기간의 장단에 따른 분류

수취채권은 그 청구예정시점이 보고기간종료일로부터 1년 이내인가의 여부에 따라 유동자산과 비유동자산으로 분류할 수 있다. 1년 이내에 회수될 수 있어 유동자산으로 분류되는 수취채권을 단기수취채권(short-term receivables)이라 하는데, 이는 다시 발생한 거래의 성격에 따라 외상매출금과 받을어음을 모두 포함하는 매출채권과 단기대여금, 미수금, 미수수익, 선급금, 선급비용 등으로 분류된다.

장기수취채권(long-term receivables)은 장기채권이라고도 하는데, 회수기간이

1년 이상이 될 것으로 기대되는 채권으로서 비유동자산으로 분류된다. 이에는 장기대여금과 장기성매출채권, 장기미수금 등을 들 수 있다.

(2) 주된 영업활동의 유무에 따른 분류

상품의 판매 혹은 제품의 제조 · 판매와 관련된 거래, 즉 기업의 주된 영업활동에서 발생하는 수취채권으로서 금전채권인 매출채권을 들 수 있다. 보통 매출채권(trade receivables)은 기업의 주된 영업활동인 재화나 용역의 판매의 결과로 기업이 고객에 대해 청구할 수 있는 채권을 말한다.

매출채권에는 외상매출금과 받을어음이 포함되는데, 외상매출금은 판매대금의 결제를 신용으로 연기해 준 경우에 발생하는 수취채권이고, 받을어음은 판매대금의 결제를 위해 고객이 어음을 발행하고 판매자가 이를 수령한 경우에 발생하는 수취채권이다. 외상매출금과 받을어음은 회계기간 중의 회계기록을 위해서는 각각 별도로 구분하여 회계처리하지만, 보고기간말에 재무상태표에 보고할 때에는 매출채권의 과목으로 통합하여 보고해야 한다.

한편 주된 영업활동 이외의 거래로 인해 발생하는 수취채권은 비매출채권(non-trade receivables)이라 하는데, 보통 비매출채권은 상품이나 제품 등 재고자산의 판매와 관련 없이 발생한 채권으로서 금전채권인 대여금, 미수금 및 미수수익과 비금전채권인 선급금 및 선급비용 등이 이에 해당된다.

(3) 수취채권 회계

K-IFRS에 의하면 수취채권은 유동자산과 비유동자산으로 나눌 수 있는데, 이를 정리한 것이 아래의 〈자료 10-1〉이다.

자료 10-1 수취채권의 분류

1. 유동자산으로 분류되는 수취채권
   ① 매출채권 ② 단기대여금 ③ 미수금 ④ 미수수익
   ⑤ 선급금 ⑥ 선급비용
2. 비유동자산으로 분류되는 수취채권
   ① 장기대여금 ② 장기성매출채권 ③ 장기미수금 ④ 이연법인세자산

수취채권에 대한 회계처리는 (1) 권리가 발생하는 시점, 즉 채권 취득시의

회계처리, (2) 권리를 보유하고 있는 기간 동안의 회계처리, 그리고 (3) 권리의 소멸, 즉 채권의 처분에 대한 회계처리 등으로 나누어 볼 수 있다. 이에 대하여는 후술하기로 한다.

1.2 지급채무의 의의와 분류

지급채무(payables)는 상품이나 제품 등을 외상으로 구입하거나 차입금 등과 같은 신용을 제공받는 거래에서 발생하며, 재화 · 용역의 매입이나 취득, 현금차입 등의 이유로 지급해야 할 채무를 말한다. 지급채무는 앞서 언급한 수취채권과 반대되는 개념으로서 아래와 같이 두 가지 방법으로 분류할 수 있다.

(1) 기간의 장단에 따른 분류

지급채무는 그 지급예정시점이 보고기간종료일로부터 1년 이내인가의 여부에 따라 유동부채와 비유동부채로 분류할 수 있다. 1년 이내에 지급해야 하므로 유동부채로 분류되는 지급채무를 단기지급채무(short-term payables)라 하는데, 이는 다시 발생한 거래의 성격에 따라 외상매입금과 지급어음을 모두 포함하는 매입채무와 단기차입금, 미지급금, 미지급비용, 선수금, 선수수익 등으로 분류된다.

장기지급채무(long-term payables)는 지급기간이 1년 이상이 될 것으로 기대되는 것으로서 비유동부채로 분류된다. 이는 사채나 장기차입금 등의 장기차입부채, 제품보증충당부채 등의 장기충당부채 및 장기성매입채무나 임대보증금 등의 기타비유동부채로 나눌 수 있다.

(2) 주된 영업활동의 유무에 따른 분류

상품의 판매 혹은 제품의 제조 · 판매와 관련된 거래, 즉 기업의 주된 영업활동에서 발생한 지급채무로서 매입채무를 들 수 있다. 매입채무(trade payables)는 기업의 주된 영업활동인 재화와 용역의 구입, 즉 매입활동으로 인하여 기업이 고객에게 지불해야 하는 채무를 말한다.

매입채무에는 외상매입금과 지급어음이 포함되는데 외상매입금은 순수하게 신용으로 매입대금의 결제를 연기 받은 경우에 발생하는 지급채무이고, 지급어음은 대금결제를 위해 회사가 어음을 발행한 경우에 발생하는 지급채무이다. 외상매입금과 지급어음은 회계기간 중에는 각각 별도의 회계장부를 마련하여 회계처리하지만, 보고기간말의 재무상태표에는 매입채무의 과목으로 통합하여 보고해야 한다.

주된 영업활동 이외의 거래로 인해 발생하는 채무는 비매입채무(non-trade payables)라 한다. 보통 비매입채무는 상품이나 제품 등 재고자산의 구매와 관련 없이 발생하는 채무를 말하는데, 이의 예로는 금전채무인 차입금, 미지급금, 미지급비용과 비금전채무인 선수금, 선수수익 등을 들 수 있다. 이 중에서 선수금은 일반적 상거래에서 발생한 채무이지만 재고자산과 관련되지 않은 채무이므로 매입채무로 분류하지 않는다.

(3) 지급채무 회계

K-IFRS에 의하면 부채는 1년 이내에 지급될 채무인가의 여부에 따라 유동부채와 비유동부채로 구분되는데, 이를 정리하면 아래의 〈자료 10-2〉와 같다.

자료 10-2 지급채무의 분류

1. 유동부채로 분류되는 지급채무

① 매입채무	② 단기차입금	③ 미지급금	④ 선 수 금	⑤ 예 수 금
⑥ 미지급비용	⑦ 당기법인세부채	⑧ 선수수익	⑨ 유동성장기부채	⑩ 단기부채성충당금

2. 비유동부채로 분류되는 지급채무

1) 장기차입부채
   ① 사 채 ② 장기차입금
2) 장기충당부채
   ① 확정급여채무 ② 제품보증충당부채
3) 기타비유동부채
   ① 장기성매입채무 ② 임대보증금 ③ 이연법인세부채

지급채무에 대한 회계처리는 (1) 채무가 발생하는 시점의 회계처리, (2) 채무가 존재하는 기간 동안의 회계처리, 그리고 (3) 채무의 소멸, 즉 채무의 상환에 대한 회계처리 등으로 나누어 볼 수 있다. 이에 대하여는 후술하기로 한다.

제 2 절 어음거래와 채권 · 채무

2.1 어음의 종류

어음은 발행하는 사람이 일정한 금전의 지급을 약속하거나 또는 제 3 자에게 그 지급을 위탁하는 유가증권을 말한다. 어음은 발행원인에 따라 상품매매 등과 같은 기업의 일반적 상거래를 목적으로 발행하는 상업어음(commercial bills)과 자금조달 수단으로 발행하는 융통어음(accommodation bills)으로 구분할 수 있는데, 상업어음은 어음 본래의 취지에 따라 발행되기 때문에 진성어음이라고도 한다.

어음에는 약속어음과 환어음이 있는데, 일반적 상거래에서는 대부분 약속어음이 사용되고 환어음은 국제거래의 결제 이외에는 거의 사용되지 않으므로, 본장의 일부에서만 환어음에 대해서 언급하기로 한다.

약속어음의 형태는 〈자료 10-3〉과 같다.

자료 10-3 약속어음의 형태

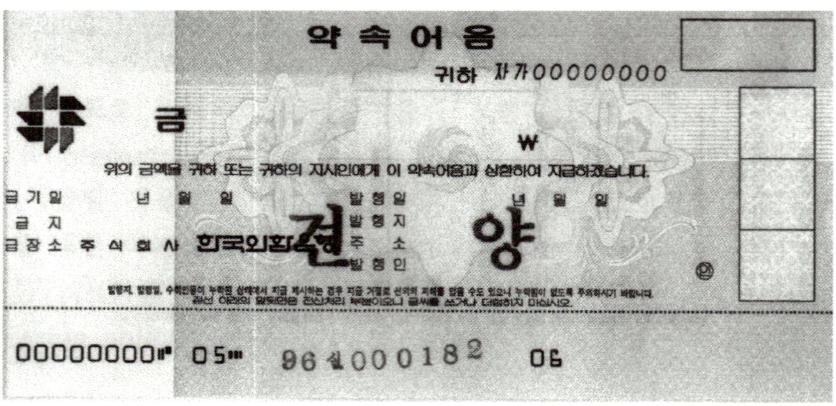
약속어음

귀하 자가00000000

금

₩

위의 금액을 귀하 또는 귀하의 지시인에게 이 약속어음과 상환하여 지급하겠습니다.

지급기일 년 월 일 / 지급지 / 지급장소 주식회사 한국외환은행

발행일 년 월 일 / 발행지 / 주소 / 발행인

견양

00000000 05 96 000182 06

약속어음(promissory notes)은 어음의 발행인이 일정한 금액을 일정기일에 어음의 수취인(소지인)에게 지급할 것을 약속하는 증서이다. 따라서 어음의 발행인이 어음상의 채무자가 되고, 어음의 수취인(최종 소지인)이 어음상의 채권자가 된다. 어음은 배서 양도할 수 있으므로 최종 소지인이 채권자가 된다. 약속어음의

최종 소지인은 어음 지급기일에 거래은행에 가서 추심을 의뢰하는데, 이 때 만약 대금이 지급되지 않으면 부도로 처리된다.

환어음(bill of exchange)은 어음의 발행인이 제 3 자인 지명인(지급인)에게 일정한 금액을 일정 기일에 수취인에게 지급할 것을 위탁하는 증서이다. 환어음의 발행인은 단지 어음의 작성자일 뿐이지 어음상의 채무자가 아니므로, 어음금액의 지급의무가 있는 지명인의 동의가 필요하다. 따라서 환어음의 수취인이 어음을 받으면 지명인에게 제시하여 지급의 승낙을 받아야 한다.

이 때 지명인이 어음 상의 금액에 대한 지급의 약속을 표명하는 서명을 함으로써 동의가 이루어지는데, 이를 어음의 인수(acceptance)라 한다. 결국 환어음의 수취인은 어음인수를 받음으로써 어음상의 채권을 갖게 되고 지명인은 인수행위를 함으로써 어음상의 채무를 지게 되는 것이다.

약속어음과 환어음의 관계자와 어음상의 채권 · 채무를 나타낸 것이 〈자료 10-4〉이다. 이 자료에서 보다시피 약속어음은 어음 발행인이 채무자인데 비해 환어음은 어음 발행인이 아닌 지명인이 채무자가 된다는 점이 다르다.

자료 10-4 약속어음과 환어음의 비교

	어음금액의 지급의무자(채무자)	어음금액의 수취자(채권자)
약속어음	어음 발행인	어음 수취인
환어음	어음 지명인	어음 수취인

참고) 환어음의 발행인은 단순히 어음의 작성자일 뿐임.

어음은 이자가 별도로 표시되는 이자부어음과 그렇지 않은 무이자부어음으로 구분되기도 한다. 이자부어음(interest-bearing notes)은 어음의 발행인이 어음만기에 액면금액과 이자를 합하여 대금을 지급할 것을 약속하는 어음이다. 이자율은 연 이자율로 표시되는 것이 일반적이므로 어음에 대한 이자는 어음의 액면금액에 이자율을 곱하여 1년 간의 이자를 산출하고 이를 다시 어음기간(어음 발행일~어음 만기일)에 안분하여 계산한다. 무이자부어음(nointerest-bearing notes)은 어음 만기일에 어음의 액면금액만을 지급하는 어음이다.

예제 10-1 어음의 이자계산

어음 액면금액 10,000원, 이자율이 10%, 발행일이 3월 1일이고 만기가 8월 31일인 어음의 소지자는 어음만기일에 얼마를 수령하게 되는가?

해 답

1. 어음이자 = 10,000 × 10% × 6개월 / 12개월 = 500원
2. 회수금액 = 10,000(액면금액) + 500(이자) = 10,500원

2.2 받을어음과 지급어음

어음상의 채권이 발생하는 경우, 즉 약속어음이나 환어음을 수취한 경우에는 받을어음(notes receivable)계정의 차변에 기록하고 어음을 양도하거나 어음대금을 회수하였을 때에는 받을어음계정의 대변에 기록하여 어음상의 채권이 소멸하였음을 나타낸다. 또한 어음에 부도가 발생하였을 때에는 이를 받을어음계정에서 차감하고 이를 부도어음계정으로 대체시켜야 한다. 이에 대해서는 특수한 어음거래에서 다룰 것이다.

어음상의 채무가 발생한 경우, 즉 약속어음을 발행하거나 환어음을 인수한 때에는 지급어음(notes payable)계정의 대변에 기록하고 어음대금을 지급하였다면 지급어음계정의 차변에 기록하여 어음상의 채무를 상환하였음을 나타낸다.

다음에 제시된 〈자료 10-5〉는 어음상의 채권 · 채무가 발생하고 소멸할 때 받을어음계정과 지급어음계정에 기록하는 방법을 T-계정을 중심으로 각각 나타

자료 10-5 어음상 채권과 채무의 기록

받을어음 (차변)	받을어음 (대변)	지급어음 (차변)	지급어음 (대변)
약속어음 수취 환어음 수취	어음대금 회수 어음의 양도, 할인 어음의 부도	어음대금의 지급	약속어음의 발행 환어음의 인수

참고) 원래 받을어음계정과 지급어음계정은 일반적 상거래 목적으로 어음을 받거나 발행한 경우에 사용되는 것인데, 여기에서는 어음상의 채권에 대해서는 모두 받을어음계정에 기록하고 어음상의 채무에 대해서는 모두 지급어음계정에 기록하는 것으로 가정하였다. 이는 기업회계에서 실무적으로 사용되는 방법인데, 앞에서도 설명하였다시피 기말에 재무상태표를 공시할 때 활동구분에 따라 본 계정(매출채권이나 매입채무, 대여금이나 차입금, 미수금이나 미지급금)으로 대체시키는 절차를 수행해야 한다.

낸 것이다.

어음은 대부분 1년 이내의 기간에 만기일이 도래하기 때문에 현재가치평가를 수행하지 않는다(장기어음인 경우에는 시장이자율에 따라 현재가치 평가를 수행해야 한다). 따라서 이자부어음이든 무이자부어음이든 상관 없이 어음의 수취인은 어음의 액면금액을 받을어음으로 기록하고, 어음의 발행인은 어음의 액면금액을 지급어음으로 기록한다. 또 이자부어음의 경우에는 만기일에 이자수익에 대한 기록을 추가적으로 수행하게 된다.

예제 10-2 어음거래의 회계처리

다음 일련의 거래에 대해 신림회사와 봉천회사의 입장에서 각각 분개하고 어음과 관련된 회계처리의 내용을 T-계정으로 나타내시오.

4월 5일: 신림회사는 봉천회사에 상품을 10,000원에 판매하고, 60일 만기의 약속어음을 받았다.

5월 16일: 신림회사는 봉천회사에 판매한 상품에 대한 부대서비스를 제공하고 약속어음을 받았는데, 어음의 액면금액은 1,000원이고 이자율 10%, 만기 90일의 조건이다.

6월 4일, 8월 14일: 위 약속어음이 각각 결제되었다.

해 답

1. 신림회사의 입장

일자	차변	금액	대변	금액
04/05:	차> 받을어음	10,000	대> 매 출	10,000
05/16:	차> 받을어음	1,000[1)]	대> 매 출	1,000
06/04:	차> 현 금	10,000	대> 받을어음	10,000
08/14:	차> 현 금	1,025	대> 받을어음	1,000
			이자수익	25[2)]

1) 이자부어음도 액면금액만을 받을어음으로 기록한다.
2) 1,000 × 10% × 3개월 / 12개월 = 25원

2. 봉천회사의 입장

일자	차변	금액	대변	금액
04/05:	차> 매 입	10,000	대〉 지급어음	10,000
05/16:	차> 매 입	1,000	대〉 지급어음	1,000
06/04:	차> 지급어음	10,000	대〉 현 금	10,000
08/14:	차> 지급어음	1,000	대〉 현 금	1,025
	이자비용	25		

3. T-계정의 기입

받을어음 — 신림회사			
04/05	10,000	06/04	10,000
05/16	1,000	08/14	1,000
	11,000		11,000

지급어음 — 봉천회사			
06/04	10,000	04/05	10,000
08/14	1,000	05/16	1,000
	11,000		11,000

2.3 회계상 어음의 분류

앞에서 설명한 약속어음과 환어음은 어음 자체의 성격에 따라 구분한 것이다. 회계처리의 목적으로는 이와는 다른 분류체계를 가지게 되는데 이를 정리한 것이 〈자료 10-6〉이다.

자료 10-6 회계상 어음의 분류

활 동	어음수령자의 기록	어음발행자의 기록
일반적 상거래	매출채권	매입채무
자금의 융통	단기대여금	단기차입금
일반적 상거래 외	미수금	미지급금

참고) 어음은 1년 이내에 만기가 되는 것으로 가정하였다.

어음상의 채권이나 채무를 회계상으로 나타낼 때에는 관련된 활동에 따라 분류하게 된다. 즉, 어음의 수취 또는 지급이 일반적인 상거래를 목적으로 한 것이냐, 자금의 융통을 목적으로 한 것이냐, 아니면 기타의 목적으로 한 것이냐에 따라 계정과목을 각각 달리 한다는 것이다.

첫째, 일반적 상거래를 목적으로 발행한 어음이라면 매입채무에 해당하는 지급어음계정을 사용해야 하고, 일반적 상거래를 목적으로 수취한 어음은 매출채권인 받을어음계정을 사용해야 한다.

K-IFRS에 의하면 매입채무에는 외상매입금과 지급어음이 포함되고 매출채권에는 외상매출금과 받을어음이 포함된다. 일반적 상거래(주요 영업활동)란 기업이 주된 영업(상품이나 제품의 판매, 서비스의 제공 등)으로 하는 거래를 말한다.

회계기간 중에는 내부관리의 편의상 모든 어음거래에 대해 어음의 발행시에는 지급어음계정을 사용하고 어음의 수취시에는 받을어음계정을 사용하여 기록하는 경우가 많지만, 보고기간말에 재무상태표에 표시할 때에는 매입채무계정과 매출채권계정에 포함하여 보고하여야 한다.

둘째, 자금의 융통을 목적으로 발행되는 어음의 발행인은 이를 부채계정인 단기차입금계정에 기입하고, 어음의 수취인은 이를 자산계정인 단기대여금계정으로 각각 기입한다(어음의 만기일은 대개 3개월에서 6개월 정도이므로 여기에서는 단기로 가정하였다).

셋째, 일반적 상거래와 자금의 융통 이외의 목적으로 발행한 어음의 발행인은 이를 부채계정인 미지급금계정에 기록하고, 어음의 수취인은 이를 자산계정인 미수금계정에 기입한다. 이의 예로는 건물구입을 위해 어음을 발행한 경우를 들 수 있는데, 건물을 구입하고 어음을 발행한 회사는 미지급금으로 계상하고 건물을 팔고 어음을 수취한 회사는 미수금으로 기록하는 것이다.

회계상 어음의 분류에서는 주의할 점이 두 가지 있다. 첫째, 어음상의 채권과 채무의 발생원인이 일반적 상거래인가의 여부는 상대적이라는 것이다. 어음의 발행자에게는 일반적 상거래가 아니어서 미지급금으로 기록되더라도 어음의 수취인의 입장에서는 일반적 상거래에 해당되어 매출채권으로 기록되는 경우가 있고 그 반대의 경우도 가능하다는 것이다.

예를 들어, 서비스업을 영위하는 A회사가 영업점 관리를 위해 컴퓨터 판매회사 B로부터 컴퓨터를 구입하고 3개월 만기의 어음을 발행했다고 가정하자. A회사의 입장에서는 컴퓨터 구입이 투자목적으로 주된 영업활동이 아니므로 어음의 발행에 대해 미지급금으로 기록해야 하지만, B회사의 입장에서는 컴퓨터의 판매가 주된 영업활동이므로 어음의 수취에 대해 매출채권으로 기록하게 되는 것이다.

둘째, 대부분의 어음이 1년 이내의 만기를 가지므로 위의 분류가 단기어음의 분류라는 것이다. 만약 1년 이상의 만기를 가진 어음이라면 위의 분류에서 '장기' 또는 '장기성' 이라는 말을 붙이면 된다. 즉 일반적 상거래 목적의 어음이라면 장기성매출채권, 장기성매입채무가 되고, 자금융통 목적의 어음이라면 장기차입금이나 장기대여금으로 표시하면 되는 것이다.

2.4 특수한 어음거래

특수한 어음거래는 어음의 발행과 수취, 어음금액의 지급이라는 일반적인 어음거래와는 달리 어음의 배서, 어음의 할인, 어음의 부도 등과 같은 상황에서의 어음거래를 말한다.

(1) 어음의 배서

어음의 소지인은 만기일 이전에 어음을 타인에게 양도하여 현금화할 수 있는데, 이 때 어음의 뒷면에 양도의 의사표시와 함께 서명을 하는 것을 어음의 배서(endorsement)라고 한다. 이때 어음의 양도인을 배서인이라 하고 양수인을 피배서인이라 한다.

배서한 어음에 대해 어음만기일에 어음의 발행인이 대금을 지급하면 배서인에게는 아무런 문제가 발생하지 않지만, 부도가 발생하면 어음의 양수인(피배서인)은 양도인(배서인)에게 어음금액의 상환을 청구할 권리(상환청구권)가 있고, 양도인은 어음금액을 상환할 의무(상환의무)가 있다. 따라서 어음양도인은 양도한 어음이 만기일에 지급될 때까지는 지급의무를 부담할 수도 있는 불확실한 채무가 존재하게 되는 것이다.

이처럼 현재는 확정되지 않았지만 미래에는 확정될 수 있는 상황을 우발상황(contingencies)이라 하며, 이와 같은 우발상황에서 장래의 채무가 될 수도 있는 것을 우발채무(contingent liabilities)라고 한다. 이러한 우발채무는 현재의 채무가 아니므로 재무상태표에 나타내지는 않지만 회사 재무제표의 이용자에게 매우 중요한 사항이므로 주석으로 공시하도록 되어 있다.

(2) 받을어음의 할인

일반적으로 어음은 만기일이 되어야 액면금액과 이자(이자부어음인 경우)를 현금으로 수령할 수 있다. 하지만 회사의 자금사정이 급박한 경우에는 만기일 이전에 은행 등의 금융기관에 어음을 이전하고 소정의 수수료를 차감한 후의 잔액을 현금으로 수령함으로써 조기에 현금화할 수 있는데 이를 받을어음의 할인(discount)이라고 한다.

이 경우 금융기관에 지급하는 수수료는 할인일로부터 어음 만기일까지의 기간에 해당하는 이자비용과 성격이 비슷하다고 볼 수 있다. 여기에서 '할인'이라는 용어를 사용하는 이유는 어음할인시 수취하는 현금액이 어음의 미래가치인 만기금액을 약정이자율로 할인한 현재가치와 같기 때문이다. 따라서 할인수수료를 금융비용이라고 표현하기도 한다.

만약 약속어음이 이자부어음인 경우에는 발생주의에 따라 어음 수령일로부터 어음 할인일까지의 액면이자에 대한 이자수익을 인식해야 한다. 이자수익은 대변에 기록하므로 어음할인시에 인식해야 하는 수수료에 가감되는 효과가 있게 된다.

받을어음의 할인으로 인하여 수령하게 되는 현금액과 회계장부상에 인식해야 하는 금융비용의 계산은 다음의 〈자료 10-7〉과 같이 이루어진다.

자료 10-7 **받을어음의 할인**

어음의 만기금액(①) — 할인수수료(②) = 할인시 현금수취액

어음의 장부금액(③) — 할인시 현금수취액 = 금융비용

① 어음의 만기금액 = 어음의 액면금액 + 만기이자(이자부어음인 경우)
② 할인수수료 = 어음의 만기금액 × 할인율 × 할인일수 / 365
③ 어음의 장부금액 = 어음의 액면금액 + 어음수령일부터 할인일까지의 이자수익

참고 1) 만기이자 = 어음의 액면금액 × 액면이자율 × 어음기간 / 365
참고 2) 할인일수 = 어음의 할인일~어음의 만기일
참고 3) 이자수익 = 어음의 액면금액 × 액면이자율 × (어음 수령일 ~ 할인일) / 365
참고 4) 어음의 만기기간이나 할인일수를 구할 때, 월할로 계산하는 경우에는 분모에 12를 사용하여 나누어 준다.

어음을 배서양도하거나 할인하는 경우 어음상의 위험과 보상이 양도인과 분리되어 실질적으로 양수인에게 이전되느냐의 여부에 따라 이를 매각거래와 차입거래로 나눌 수 있다. 즉, 어음을 할인할 때 어음상의 위험과 보상이 양수인에게 완전히 이전되었다면, 부도가 났을 때에도 양도인의 상환의무가 없으므로 이를 매각거래로 볼 수 있으며 이 경우 받을어음(매출채권)에서 직접 차감하고 발생하는 금융비용을 매출채권처분손실로 기록한다.

그러나 어음을 할인할 때 어음상의 위험과 보상이 양수인에게 이전되지 않은 경우, 이 때의 어음할인거래는 어음을 담보로 제공하고 자금을 차입한 차입거래로 보아 매출채권에서 차감하지 않고 별도의 차입금으로 기록하며, 금융비용은 이자비용으로 기록한다.

이를 정리하면 다음의 〈자료 10-8〉과 같다.

자료 10-8 어음의 양도, 할인시 회계처리

1. 매각거래: 어음상의 위험과 보상이 양수인에게 이전되었을 때의 분개

차>	현 금	×××	대> 매출채권	×××××
	매출채권처분손실	××		

2. 차입거래: 어음상의 위험과 보상이 양도인에게 남아있을 때의 분개

차>	현 금	×××	대> 단기차입금	×××××
	이자비용	××		

3. 이자부어음인 경우(차입거래로 가정)의 분개

차>	현 금	×××	대> 단기차입금	×××××
	이자비용	×××[1]	이자수익	×[2]

1) 이자부어음이므로, 이자수익 인식액을 가감한 차액이 이자비용에 계상된다.
2) 이자수익 = 어음 액면금액 × 액면이자율 × (어음수령일~할인일) / 365

다음의 〈예제 10-3〉에서는 지금까지 언급한 받을어음의 할인에 따른 회계처리에 대해 알아보기로 한다.

예제 10-3 받을어음의 할인

다음은 목동회사의 거래이다.

3월 1일: 양천회사에 상품 100,000원을 판매하고 6개월 만기의 무이자부 약속어음을 수령하였다.

4월 1일: 신정회사에 상품 150,000원을 판매하고 3개월 만기의 12% 이자부 약속어음을 수령하였다.

5월 1일: 부천은행에 두 어음을 15%의 할인율로 할인하였다.

어음기간과 할인기간은 월할 계산하기로 한다.

〈질문〉

1. 3월 1일과 4월 1일의 회계처리를 제시하시오.
2. 5월 1일 어음할인시 수령하게 되는 현금액을 구하시오.
3. 위의 어음할인이 차입거래로 간주될 때 회계처리를 제시하시오.
4. 위의 어음할인이 매각거래로 간주될 때 회계처리를 제시하시오.

해 답

1. 03/01:	차> 매출채권	100,000	대>	매 출	100,000
04/01:	차> 매출채권	150,000[1]	대>	매 출	150,000

1) 이자부어음인 경우에도 액면금액만을 매출채권으로 기록한다.

2. (1) 3월 1일에 수령한 어음할인시 수령하게 되는 현금액

어음 만기금액	= 100,000원
할인수수료 = 100,000 × 15% × (4개월 / 12개월)	= (5,000원)
현금수취액	= 95,000원

참고) 어음의 만기일이 9월 1일이므로, 5월 1일에 할인하였을 때 할인기간은 4개월이다.

(2) 4월 1일에 수령한 어음할인시 수령하게 되는 현금액

어음 만기금액 = 150,000 + 150,000 × 12% × (3개월 / 12개월)	= 154,500원
할인수수료 = 154,500 × 15% × (2개월 / 12개월)	= (3,863원)
현금수취액	= 150,637원

참고) 어음의 만기일이 7월 1일이므로, 5월 1일에 할인하였을 때 할인기간은 2개월이다.

3. 차입거래 간주시의 회계처리

차>	현　　금	95,000	대>	단기차입금	100,000
	이자비용	5,000			
차>	현　　금	150,637	대>	단기차입금	150,000
	이자비용	863		이자수익	1,500[2)]

2) 150,000 × 12% × 1개월(4월 1일~5월 1일) / 12개월 = 1,500원

4. 매각거래 간주시의 회계처리

차>	현　　금	95,000	대>	매출채권	100,000
	매출채권처분손실	5,000			
차>	현　　금	150,637	대>	매출채권	150,000
	매출채권처분손실	863		이자수익	1,500[2)]

참고자료 외상매출금의 팩토링

받을어음의 할인과 비슷한 형태의 거래가 외상매출금의 팩토링이다. 팩토링(factoring)은 현금수요에 대비하고 대금회수에 따르는 위험을 피하기 위해 기업이 보유하고 있는 외상매출금을 금융기관 등에 양도 또는 매각하는 것을 말한다.

팩토링계약을 체결함에 따라 기업은 금융기관에게 외상매출금을 양도하고 대금회수시점까지의 이자 및 수수료 등을 공제한 잔액을 현금으로 받으므로 현금으로 매출이 이루어지는 효과를 얻게 된다. 한편 금융기관은 채권매수인(팩토: factor)으로서 기업의 외상매출금을 매입하여 이자와 수수료수익을 얻고 기업의 외상거래처로부터 직접 외상매출금을 회수하는 역할을 수행한다.

자료 10-9 **팩토링계약의 형태**

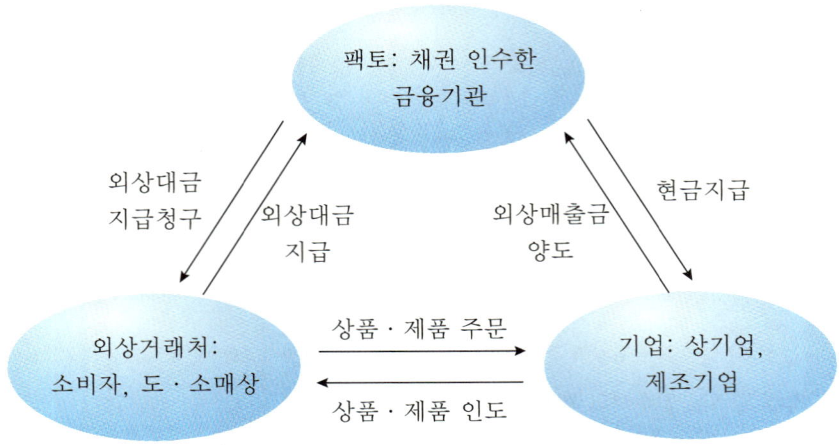

이러한 팩토링계약의 형태를 그림으로 나타내면 〈자료 10-9〉와 같다.

팩토링은 상환청구권의 유무에 따라 두 가지로 나눌 수 있다. 상환청구불능 팩토링(factoring without recourse)은 외상거래처가 정해진 기일에 외상대금을 지급하지 않아도 팩토인 금융기관이 기업에게 대금의 상환을 청구할 수 없는 팩토링을 말한다.

반면에, 상환청구가능 팩토링(factoring with recourse)은 외상거래처가 외상대금을 지급하지 않으면 금융기관이 외상매출금을 판매한 기업에게 대금의 상환청구를 요구할 수 있는 팩토링을 말한다. 일반적으로 활용되는 팩토링은 상환청구불능 팩토링이다.

이러한 팩토링을 외상매출금의 매각거래로 볼 수도 있고 외상매출금을 담보로 자금을 융통한 차입거래로 볼 수도 있다. 팩토링을 매각거래로 보기 위해서는 기업이 외상매출금에 대한 위험과 보상을 금융기관에 모두 인도해야 한다는 조건이 필요하다. 일반적으로, 상환청구권이 부여된 거래는 외상매출금에 대한 위험과 보상이 이전되지 않은 것으로 본다.

외상매출금의 팩토링에 대한 회계처리는 어음할인의 경우와 동일하다. 따라서 매각거래로 간주되는 경우에는 수수료비용 등을 매출채권처분손실로 인식하고, 차입거래로 간주되는 경우에는 수수료비용 등을 이자비용으로 인식해야 한다. 단지 외상매출금에는 이자가 포함되어 있지 않으므로 이자부어음에 대한 회계처리는 적용되지 않는다는 점만 다를 뿐이다.

(3) 어음의 부도

어음소지인은 어음 만기일에 어음발행인이나 거래은행에 어음금액의 지급을 청구하게 되는데, 이때 어음에 대한 지급이 거절되면 부도가 발생하게 된다. 이러한 경우의 어음을 부도어음(dishonored notes receivable)이라고 한다.

어음이 부도 처리되면 어음소지인은 배서인 또는 발행인에게 어음대금과 함께 만기일로부터 청구일까지의 법정이자 및 각종 수수료 등을 합하여 청구하게 된다. 어음이 부도 처리되면 어음의 가치를 감소시키는 회계처리, 즉 대손처리를 해야 하지만, 만약 어음금액의 회수가능성이 있다면 이 받을어음을 부도어음으로 대체시킨다. 이때 발생하는 이자수익이나 비용 등도 부도어음에 포함시킨다.

K-IFRS에 의하면 부도어음계정은 사용하지 않고, 어음 부도시 전액 손실로 회계처리하거나, 매출채권(또는 장기성매출채권)에 포함시키고 어음의 가치를 감소시키는 대손충당금을 설정하도록 규정되어 있기 때문에 부도된 어음이 별도로 표시되지 않게 된다. 그러나 기업회계 실무상으로는 기업내부의 관리 목적상 부도어음계정을 사용하고 있으므로 여기에서도 부도어음계정을 별도로 사용하는 것으로 한다.

부도어음에 대한 회계처리를 이해하기 위하여 다음의 〈예제 10-4〉를 보기로 하자.

예제 10-4 부도어음의 회계처리

신촌회사의 다음 거래에 대해 분개하시오.

2월 1일: 아현회사에게 상품 100,000원을 판매하고 3개월 만기 약속어음을 수령하였다.

5월 2일: 아현회사에게 지급제시를 하였으나 지급이 거절당했는데, 지불거절증서 작성비용 등으로 3,000원을 지출하였다.

7월 11일: 위 어음과 관련하여 아현회사로부터 만기일 후의 이자를 포함하여 105,000원을 회수하였다.

해 답

02/01:	차>	매출채권	100,000	대>	매 출	100,000
05/02:	차>	부도어음	103,000	대>	매출채권	100,000
					현 금	3,000
07/11:	차>	현 금	105,000	대>	부도어음	103,000
					이자수익	2,000

위의 예제에서 신촌회사가 부도된 어음에 대해 아현회사로부터 어음대금을 회수할 수 없다고 판단하였을 경우에는 다음과 같은 회계처리를 해야 한다.

차> 대손상각비(대손충당금) 103,000 대> 부도어음 103,000

이와 같은 회계처리는 수취채권의 대손회계에 해당되는 내용으로서 이에 대하여는 다음의 제 3 절에서 자세히 다루기로 한다.

제 3 절 수취채권의 대손회계

3.1 대손과 대손회계

기업이 경영활동을 수행하는 과정에서 신용을 제공하고 금전채권을 취득하는 경우가 있는데, 그 결과 경우에 따라서는 불량채권을 보유할 가능성이 나타난다. 즉, 외상매출금, 받을어음, 미수금, 대여금 등과 같은 수취채권을 기업이 모두 다 현금으로 회수할 수 있다면 가장 바람직하지만 채무자의 재정곤란이나 파산, 기업주의 행방불명 등의 이유로 채권을 회수하지 못하는 되는 경우가 있다.

기업은 경영활동을 위축시키지 않는 범위 내에서 이러한 불량채권이 나타날 위험을 최소화시키려고 노력하겠지만 그 위험을 완전히 제거할 수는 없다. 불량채권에 따른 회수불능위험은 결국 신용제공에 따른 위험(credit risk)으로서 이를 '대손위험'이라고도 한다.

'대손처리'란 수취채권의 회수가 불가능하게 되어 그 회수가 불가능한 만큼의 채권금액을 회계장부상에 손실로 인식하는 회계처리를 말하는데, 이때 수취채권 중에서 회수가 불가능하다고 판단되는 금액은 궁극적으로는 수익을 창출하기 위해 회사가 부담한 비용으로서 대손상각비(bad debt expense)라고 한다.

대손회계는 이러한 대손처리를 중심으로, 실제로 발생한 대손금액에 대한 회계처리와 보고기간말 시점에서 회수가 불가능할 것으로 판단되는 금액의 추정방법에 대한 논의를 목적으로 한다.

모든 종류의 수취채권에 대해 대손이 발생할 수 있지만 그 중에서도 가장 규모가 큰 외상매출금과 받을어음에 대한 대손회계에 대해 아는 것이 중요하다. 외상매출금과 받을어음에서 발생한 대손은 기업의 수익창출과정에서 발생한 것이므로 '대손상각비' 라는 계정과목으로 하여 판매비와관리비의 일부로 회계처리하게 되지만, 기타의 수취채권에서 발생한 대손은 '기타의대손상각비' 의 계정과목으로 하여 기타비용에 포함된다.

한편 지급채무에 대하여는 대손회계를 적용하지 않고 모든 채무를 재무상태표에 부채로 보고해야 하는데, 이는 기업이 존속하는 한 기업은 그 채권자에게 채무를 지급해야 할 의무가 있기 때문이다.

이하에서는 매출채권에 대한 대손회계에 대하여 논의하기로 한다.

3.2 대손의 회계처리방법

대손에 대한 회계처리방법에는 직접상각법과 충당금설정법의 두 가지가 있다.

(1) 직접상각법

직접상각법(direct write-off method)은 채권의 대손금액이 확정되기 전까지는 회계처리하지 않고 채권의 회수가 실제 불가능하다고 확정되었을 때 다음과 같은 분개를 통하여 회수불가능한 금액을 대손상각비로서 당기비용으로 인식하고 동시에 매출채권에서 직접 차감하는 방법이다. 예를 들어, 회사가 보유하고 있는 매출채권 5,000원 중 200원이 회수불가능하다고 확정되었다면 이와 같은 사실이 확정된 시점에서 다음과 같이 회계처리를 한다.

차> 대손상각비	200	대> 매출채권	200

직접상각법하에서는 비용으로 인식되는 대손금액이 회사의 추정치가 아니라 실제 회수불가능한 것으로 판명된 채권금액이 된다. 따라서 비용 처리된 대손금액의 객관성이 높아지고 실무상으로 적용하기 편하다는 장점이 있다.

그러나 이 방법에서는 매출이 실현된 시기와 그에 따른 비용을 인식하는 시기가 일치하지 않아 수익 · 비용대응의 원칙(matching principle)에 위배되고, 재무상태표상에 매출채권이 실제로 회수가능한 금액인 순실현가능가치(net realizable value)보다 과다하게 표시된다는 단점이 있다. 이러한 단점으로 인해 K-IFRS에서는 직접상각법을 인정하지 않고 있다.

(2) 충당금설정법

충당금설정법(allowance method)은 보고기간말에 회수하지 못하리라고 판단되는 매출채권을 추정하여 그 대손추정액을 대손상각비로 차변에 기입하여 비용을 인식하고 동시에 대변에는 대손충당금(allowance for bad debt)을 인식하는 방법이다. 예를 들어, 결산일인 20×1년 12월 31일에 기업이 보유하고 있는 매출채권은 총 5,000원인데, 이 중 300원의 채권금액이 향후 회수가 불가능하다고 추정(estimated)된다고 가정하자. 그러면 20×1년 12월 31일에 다음과 같이 분개한다.

차> 대손상각비	300	대> 대손충당금	300

위의 분개에서 사용한 대손충당금계정은 매출채권의 차감계정으로서 20×1년 12월 31일 현재시점의 재무상태표상에는 다음과 같이 매출채권에서 차감하는 형식으로 표시한다.

재무상태표상의 표시:	매출채권	5,000	
	차감: 대손충당금	300	4,700

이렇듯 대손충당금계정은 매출채권계정의 잔액을 감소시키는 역할을 하므로 자산에 대한 차감적 평가계정이라고 부른다. 한편, 매출채권을 순액으로 표시하고, 대손충당금은 주기로 표시하는 방법도 있으나 본서에서는 위와 같은 방법을 사용한다.

한편 위의 예에서 20×2년 1월 20일에 회사의 매출채권 중 250원이 실제 회수불가능한 것으로 확정되었다면 이와 같은 사실이 확정된 시점인 20×2년 1월 20일에 회사는 다음과 같이 회계처리하게 된다.

차> 대손충당금	250	대> 매출채권	250

충당금설정법은 수익 · 비용대응의 원칙에 따른 회계처리방법이며 재무상태표에 표시되는 매출채권 잔액이 회수 불가능한 것으로 추정되는 채권금액을 제외한 순실현가능가치로 표시된다는 장점이 있다.

그러나 보고기간말 시점에 인식하는 대손금액이 실제 확정된 금액이 아니라 추정에 의해 산출된 금액이므로 부정확할 수 있고 실무적으로도 조금 복잡한 회계처리가 된다는 단점이 있다. 하지만 위와 같은 장점으로 인해 K-IFRS에서는 대손회계에 대해 충당금설정법을 원칙으로 하고 있다.

충당금설정법에 의한 회계처리는 대손의 인식, 대손의 확정, 대손채권의 회수 등과 같이 중요한 사항을 다루게 되므로 별도로 설명하기로 한다.

예제 10-5 직접상각법과 충당금설정법

봉천회사의 20×1년도 매출채권 총액은 100,000원이다. 20×1년 말 회사는 채권총액 중에서 10,000원이 회수되지 않을 것이라 추정하였다. 봉천회사는 20×2년에 93,000원의 매출채권을 회수하였는데, 나머지 7,000원은 거래처가 파산하여 회수 불가능한 것으로 판명되었다.

〈질문〉

위의 상황을 외상매출시와 대손추정시, 현금회수시 및 대손확정시로 나누어서 직접상각법과 충당금설정법을 사용하여 각각 분개하시오.

해 답

1. 직접상각법

(1) 20×1년 외상매출시

차〉 매출채권	100,000	대〉 매 출	100,000

(2) 20×2년 현금회수시

차〉 현 금	93,000	대〉 매출채권	93,000

(3) 20×2년 대손확정시

차〉 대손상각비	7,000	대〉 매출채권	7,000

참고) 직접상각법에서는 대손이 확정되었을 때 대손상각비를 인식하므로, 20×1년 말의 대손추정에 대한 회계처리는 수행하지 않는다.

2. 충당금설정법

(1) 20×1년 외상매출시

차〉 매출채권	100,000	대〉 매 출	100,000

(2) 20×1년 대손추정시

차〉 대손상각비	10,000	대〉 대손충당금	10,000

(3) 20×2년 현금회수시

차〉 현 금	93,000	대〉 매출채권	93,000

(4) 20×2년 대손확정시[1)]

차〉 대손충당금	7,000	대〉 매출채권	7,000

1) 충당금설정법에서 대손이 확정되었을 때, 대손충당금 잔액이 있으면 대손충당금에서 먼저 차감하고, 대손충당금 잔액이 부족하면 대손상각비를 추가적으로 인식한다. 이에 대해서는 후에 자세히 언급하기로 한다.

3.3 충당금설정법의 회계처리

충당금설정법을 사용하여 대손위험을 회계장부에 반영하는 대손회계는 대손금액의 추산(대손의 인식)과 대손의 확정, 대손처리된 채권의 회수절차로 나누어 볼 수 있다. 이러한 절차를 설명하기 위해 〈자료 10-10〉의 매출채권 거래를 사용하기로 하자.

자료 10-10 서울회사의 매출채권 거래

1. 서울회사는 20×1년에 설립된 회사로서 여러 업체에 상품을 판매하는 회사이다. 서울회사의 20×1년 말 현재 매출채권 잔액은 500,000원인데, 서울회사의 회계담당자는 매출채권 금액의 2%가 회수불확실하다고 추정하고 있다.
2. 20×2년 실제 대손확정액 — ① 8,000원인 경우와 ② 15,000원인 경우
3. 대손처리된 채권의 회수액 — 6,000원

(1) 대손의 인식 - 기말거래

매년 보고기간말이 되면 매출채권 중에서 회수하지 못하리라고 예상되는 금액을 추정하여 이를 대손상각비(bad debt expense)라는 계정과목을 사용하여 비용으로 인식한다. 그리고 동 금액을 대손충당금(allowance for bad debt) 계정과목을 사용하여 대변에 기록하는데, 대손충당금은 매출채권의 차감항목으로 표시된다.

K-IFRS에 의하면 기말에 평가한 회수불능채권의 추정액과 기말 현재의 대손충당금 잔액을 비교하여 양자의 차액만큼을 대손충당금계정에 추가로 설정하거나 환입한다. 즉, 회수불능채권 추정액이 대손추산액 반영 전의 대손충당금 잔액보다 큰 경우에는 대손상각비와 대손충당금을 추가적으로 설정하지만, 대손추산액이 대손충당금 잔액보다 작은 경우에는 차액을 대손충당금 계정으로 차변에 기록하고, 대변에는 대손충당금환입계정을 사용하여 기타수익으로 처리한다. 결국 보고기간말에 대손을 인식하는 목표는 회사가 기말에 보유하고 있는 매출채권 중에서 회수가 어렵다고 판단되는 금액을 추정하여 그 금액만큼을 대손충당금으로 설정하는 것이다.

매출채권의 장부금액은 "매출채권 총액-대손충당금"으로 평가되는데, 대손충당금을 매출채권에서 직접 차감하지 않고 대손충당금계정이라는 매출채권의 차감계정을 사용하여 평가하는 이유는 결산시점에서 기록한 대손액은 실제 발생

액이 아니고 추정액이기 때문이다. 즉, 매출채권이 실제로 회수불가능하다고 확정된 것이 아니라 회수불확실하다고 추정된 것이므로, 그 대손추산액을 매출채권에서 직접 차감할 수는 없는 것이다. 이렇게 회계처리를 해야 하는 이유는 대손이 확정될 때까지는 매출채권 총액과 그 대손 예상액에 대한 정보가 모두 필요하기 때문이다.

위의 〈자료 10-10〉에서 보면 서울회사의 20×1년 말 대손추정액은 10,000원(= 500,000 × 2%)이 되는데, 이 금액을 대손상각비와 대손충당금으로 인식해야 하므로 20×1년 말에 서울회사는 다음과 같은 회계처리를 하게 된다.

차> 대손상각비	10,000	대> 대손충당금	10,000

이와 같은 회계처리 이후 매출채권은 재무상태표에 다음과 같이 표시된다.

재무상태표상의 표시 —	매출채권(총액)	500,000
	대손충당금	(10,000)
	매출채권(순액)	490,000

이때 매출채권(순액) 490,000원은 20×1년 말 시점에 평가한 매출채권의 회수가능예상액, 즉 매출채권의 순실현가능가치를 의미한다.

만약 기말의 대손추산 이전에 대손충당금계정의 대변잔액이 8,000원이라면, 이 경우 대손추산액 10,000원은 현재의 대손충당금 잔액보다 크다. 이때는 부족분 2,000원을 다음과 같이 차변의 대손상각비와 대변의 대손충당금으로 각각 기록한다.

차> 대손상각비	2,000	대> 대손충당금	2,000

하지만 기말의 대손추산 이전에 대손충당금계정의 대변잔액이 15,000원이었다면, 이 경우 대손추산액 10,000원은 현재 회계장부에 인식된 대손충당금 잔액보다 작다. 이 때에는 그 차액인 5,000원 만큼을 대손충당금계정의 차변에 기록하여 대손충당금계정의 잔액을 감소시키고 대변에는 기타수익 항목인 대손충당금환입계정을 사용하여 다음과 같이 분개한다.

차> 대손충당금	5,000	대> 대손충당금환입	5,000

(2) 대손의 확정 – 기중거래

충당금설정법에서는 대손이 실제로 확정되었을 때에는 비용을 인식하지 않고 이미 설정되어 있는 대손충당금계정을 사용하여 회계처리 한다. 즉, 대손이 확정된 금액만큼 대손충당금계정을 차변에 기록하고, 회수가 불가능하다고 확정된 채권금액을 회계장부에서 제거하기 위해 동 금액을 매출채권계정의 대변에 기록한다.

K-IFRS에 의하면 발생한 대손이 대손확정 직전에 남아있는 대손충당금 잔액보다 많은 경우 대손충당금 잔액 초과분에 대해서는 차변에 대손상각비로 기록하여 당 회계연도의 비용으로 인식하도록 되어 있다.

이러한 내용을 이해하기 위해 위의 〈자료 10-10〉에서 대손이 확정된 금액을 두 가지로 나누어 살펴보자.

첫째, 대손확정 금액이 이미 설정되어 있는 대손충당금 잔액보다 작은 경우, 즉 ①과 같이 20×2년 중에 매출채권 8,000원의 회수가 불가능하다고 확정된 경우의 분개와 분개 이후의 재무상태표상의 표시는 다음과 같다.

차> 대손충당금 8,000 대> 매출채권 8,000

(재무상태표상의 표시) —	매출채권(총액)	492,000
	대손충당금	(2,000)
	매출채권(순액)	490,000

둘째, 대손확정 금액이 이미 설정되어 있는 대손충당금 잔액보다 큰 경우, 즉 ②와 같이 20×2년 중에 매출채권 15,000원의 회수가 불가능하다고 확정되었을 때의 분개와 분개 이후의 재무상태표는 다음과 같다.

차> 대손충당금 10,000 대> 매출채권 15,000
대손상각비 5,000

(재무상태표상의 표시) —	매출채권(총액)	485,000
	대손충당금	(0)
	매출채권(순액)	485,000

참고) 이 경우 매출채권잔액은 485,000원으로서 전기 말에 추정한 순실현가능가치 490,000원보다 작은 금액인데, 이는 전기 말에 대손위험을 평가한 것보다 더 큰 금액의 대손이 실제로 발생했기 때문이다.

(3) 대손으로 처리된 채권의 회수 – 기중거래

경우에 따라서는 대손으로 처리한 매출채권이 거래처의 재정상황의 변화 등에 따라 나중에 회수될 수도 있다. 이때는 두 단계의 분개를 사용하여 회계처리해야 한다. 우선 회수불능으로 상각시킨 분개를 취소시키는 역분개를 하는데, 이는 매출채권과 대손충당금의 차변과 대변을 바꾸어주면 된다. 그리고 매출채권의 회수에 대한 분개를 하는데 이는 매출채권의 정상적인 회수에 대한 분개와 같다.

기말거래인 대손의 인식과는 달리 대손의 확정과 대손처리된 채권의 회수는 기중에 발생하는 거래이다. 따라서 전기 말 대손충당금에서 당기 중에 발생한 대손확정액과 대손처리된 채권의 회수에 따른 대손충당금 변화액을 가감한 것이 대손금액 추정 전의 대손충당금 잔액이 된다.

〈자료 10-10〉의 상황처럼 이미 회수불가능으로 대손처리한 매출채권 중에서 6,000원이 나중에 회수되었다고 한다면 다음과 같은 회계처리를 수행해야 한다.

(단계 1) 매출채권을 대손으로 처리했던 분개를 취소하는 역분개를 다음과 같이 한다.

차> 매출채권	6,000	대> 대손충당금	6,000

(단계 2) 현금의 회수에 대한 분개를 한다.

차> 현 금	6,000	대> 매출채권	6,000

위의 두 단계에서 매출채권계정이 차변에 한 번 기입되고 또 대변에도 한 번 기입되므로 이를 종합하여 하나의 분개로 표시하면 다음과 같게 된다.

차> 현 금	6,000	대> 대손충당금	6,000

위의 분개의 내용을 보면 매출채권의 현금회수액을 현금계정의 차변에 기입하고, 과거에 차변에 기입하여 감소시켰던 대손충당금계정을 대변에 기입함으로써 원래대로 복귀시키는 분개인 것을 알 수 있다. 그러므로 대손처리된 매출채권

의 회수에 대한 회계처리는 대손이 확정된 시점에 어떻게 분개하였는지에 관계없이 대손처리 하였던 채권이 회수된 시점에 위와 같이 분개하면 된다.

이상에서 설명한 충당금설정법을 사용하여 대손위험을 회계장부에 반영하는 회계처리방법을 요약하면 다음의 〈자료 10-11〉과 같다.

자료 10-11 충당금설정법에 의한 대손의 회계처리

1. 대손의 인식: 회계기간 말에 대손금액을 추정할 경우

① '대손추산액 > 대손추산 전의 대손충당금 잔액인 경우' 의 분개

차>	대손상각비	×××	대> 대손충당금	×××

② '대손추산액 < 대손추산 전의 대손충당금 잔액인 경우' 의 분개

차>	대손충당금	×××	대> 대손충당금환입	×××

→ 이 경우 매출채권에 대한 대손추산액은 기말의 대손충당금 설정액과 같게 된다.

2. 대손의 확정: 회계기간 중에 매출채권의 대손이 확정된 경우

① '대손확정 직전의 대손충당금 잔액 > 대손확정액인 경우' 의 분개

차>	대손충당금	×××	대> 매출채권	×××

② '대손확정 직전의 대손충당금 잔액 < 대손확정액인 경우' 의 분개

차>	대손충당금	×××	대> 매출채권	××××
	대손상각비	×		

3. 대손채권의 회수: 회계기간 중에 대손확정 되었던 채권이 회수된 경우

차>	현 금	×××	대> 대손충당금	×××

4. 대손충당금 설정 후 매출채권의 재무상태표 공시(금액은 임의적인 것임)

매출채권(총액)	100,000	
대손충당금	(10,000)	
매출채권(순액)	90,000	← 회사가 평가한 매출채권에 대한 순실현가능가치

다음의 〈예제 10-6〉을 이용하여 앞에서 설명한 충당금설정법에 의한 대손회계를 종합적으로 정리하도록 하자.

예제 10-6 **충당금설정법에 의한 대손 회계처리**

다음은 20×1년에 사업을 시작한 한국회사의 매출채권에 관한 일련의 거래들이다. 각 거래들에 맞는 회계처리를 제시하시오.

1. 20×1년 말 보유하고 있던 1,000,000원의 매출채권 중에서 4%가 회수불가능할 것이라 판단하였다.
2. 20×2년 중 목동상사의 파산으로 20,000원을 회수할 수 없게 되었다.
3. 20×2년 말 보유중인 1,200,000원의 매출채권 중에서 1%의 대손을 추정하였다.
4. 20×3년 중 서천상사의 사장이 행방불명되어 35,000원을 회수할 수 없게 되었다.
5. 20×3년 8월, 20×2년에 대손 처리한 목동상사에 대한 매출채권 20,000원을 회수하였다.
6. 20×3년 말 매출채권을 평가한 결과 25,000원의 대손이 추정되었다.

해 답

1.	차>	대손상각비	40,000[1)]	대>	대손충당금	40,000
2.	차>	대손충당금	20,000	대>	매출채권	20,000
3.	차>	대손충당금	8,000	대>	대손충당금환입	8,000[2)]
4.	차>	대손충당금	12,000[3)]	대>	매출채권	35,000
		대손상각비	23,000[3)]			
5.	차>	현　　금	20,000	대>	대손충당금	20,000
6.	차>	대손상각비	5,000[4)]	대>	대손충당금	5,000

1) 20×1년 말 대손추산액 = 1,000,000원 × 4% = 40,000원
2) 20×2년 말 대손추산 전 대손충당금 잔액 = 40,000원 − 20,000원 = 20,000원
   20×2년 말 대손추산액 = 1,200,000원 × 1% = 12,000원
   이 경우 대손추산액보다 대손추산 전 대손충당금 잔액이 크므로 차액 8,000원을 대손충당금환입으로 처리해야 한다. 이러한 회계처리의 결과 20×2년 말 대손충당금은 12,000원으로서 대손추산액과 일치하게 된다.
3) 대손 확정된 금액 35,000원이 대손충당금 잔액 12,000원보다 크므로, 대손충당금 잔액 초과분 23,000원(= 35,000원 − 12,000원)에 대해서는 대손상각비로 처리하여 당기의 비용으로 인식해야 한다. 이러한 회계처리의 결과 대손충당금 잔액은 0원이 된다.
4) 20×3년 말 대손추산 전 대손충당금 잔액 = 0원 + 20,000원(5번 답) = 20,000원
   20×3년 말 대손추산액 = 25,000원
   이 경우 대손추산액이 대손추산 전 대손충당금 잔액보다 크므로 차액 5,000원은 당기의 대손상각비로 처리해야 한다. 이러한 회계처리의 결과 20×3년 말 대손충당금은 25,000원으로서 대손추산액과 일치하게 된다.

3.4 대손추산액의 계산방법

지금까지는 대손으로 추정되는 금액이 얼마라고 주어진 상황하에서의 회계처리를 언급하였다. 여기에서는 보고기간말에 매출채권에 대한 대손금액을 추정하는 방법에 대해 살펴보기로 한다.

충당금설정법에 의하여 대손액을 추정할 경우에 사용되는 방법은 보고기간말의 매출채권 잔액을 기초로 하여 추정액을 구하는 재무상태표접근법과, 회계기간 중에 실현된 매출액을 기초로 하여 대손추정액을 구하는 포괄손익계산서접근법이 있다. K-IFRS에서는 포괄손익계산서접근법은 인정하지 않고 있다.

(1) 재무상태표접근법: 매출채권의 잔액 기준

재무상태표접근법은 보고기간말에 재무상태표계정인 매출채권 잔액을 바탕으로 대손액을 추정하는 방법이다. 이는 매출채권 잔액의 일정비율(이를 대손율이라고 한다)을 대손예상액으로 추정하는 방법이다. 따라서 이 방법을 채권잔액비율법(percentage of trade receivables method)이라고도 한다. 이 때 적용하는 대손율은 회사의 과거 경험이나 통계적 자료를 바탕으로 결정한다.

재무상태표접근법에서 대손율을 산정하는 방법은 세 가지가 있다. 첫째는 기말의 매출채권 잔액에 단일의 대손율을 곱하여 대손예상액을 구하는 방법이다. 예를 들어 기말 매출채권 잔액의 1%를 대손율로 하는 것을 들 수 있는데, 이는 우리나라 세법에서 적용하고 있는 방법으로서 상당수의 기업들이 세법의 영향을 받아 이 방법을 사용하고 있으나 K-IFRS에서는 인정될 수 없는 방법이다.

두 번째 방법은 매출채권 잔액의 구성내용을 거래처별로 구분하여 각각 그 회수가능성을 검토하고 또한 과거의 경험을 고려하여 개별적으로 대손율을 추정하는 것이다.

세 번째 방법은 매출채권 잔액을 구성하고 있는 각각의 개별 채권에 대하여 경과일수를 구하고 경과일수별로 회수가능성을 검토하여 각각 대손율을 추정하는 방법이다. 이러한 방법을 연령분석법이라고 한다. 연령분석법(aging of trade receivables method)은 연령조사표(aging schedule)를 사용하는 방법으로서, 각각의 매출채권을 그 경과일수에 따라 몇 개의 집단으로 분류하고, 각 집단에 대해 상이한 대손추정률을 사용함으로써 대손금액을 추산하는 방법이다.

연령분석법은 회수기간이 경과한지 오래된 매출채권일수록 회수가능성이 낮다는 가정에 근거하므로 다른 두 방법보다는 합리적이라고 할 수 있다. 연령분석

자료 10-12 연령조사표

1. 매출채권의 거래처별 분석(20×1년 말)

거래회사	12/31 잔액	30일 이하	31일~60일	61일~90일	90일 초과
봉천회사	35,000원	35,000원			
신림회사	100,000	60,000	30,000원	10,000원	
서울회사	150,000	50,000	75,000	25,000	
서천회사	80,000		40,000		40,000원
합 계	365,000원	145,000원	145,000원	35,000원	40,000원

2. 연령분석 요약

연 령	금 액	대손추정률	대손추산액
30일 이하	145,000원	1%	1,450원
31일~60일	145,000	3%	4,350
61일~90일	35,000	10%	3,500
90일 초과	40,000	30%	12,000
합 계	365,000원		21,300원

3. 재무상태표상의 표시

20×1년 재무상태표에 표시될 대손충당금은 21,300원이다. 따라서 재무상태표에 매출채권과 대손충당금은 다음과 같이 표시된다.

매출채권(총액)	365,000원	
대손충당금	(21,300)	(연령조사표의 대손추산액)
매출채권(순액)	343,700원	

법에서 사용하는 연령조사표의 형태는 〈자료 10-12〉와 같다.

재무상태표접근법에서는 추정된 대손액이 재무상태표에 보고될 대손충당금 잔액이 되므로 대손충당금계정에 기존 잔액이 있으면 이를 대손추정액에서 차감한 차액만을 당기의 대손상각비로 인식해야 한다는 것을 주의하여야 한다.

〈자료 10-12〉의 상황에서 만약 대손충당금 잔액이 이미 15,000원이 있다고 가정한다면 기말 시점에 대손으로 추정된 금액인 21,300원과 이미 설정되어 있는 대손충당금 잔액 15,000원의 차액인 6,300원(= 21,300원 − 15,000원)만을 당 회계연도의 대손상각비로 인식하여야 한다. 이때의 분개는 다음과 같다.

차> 대손상각비	6,300	대> 대손충당금	6,300

그러나 만약 이미 설정되어 있는 대손충당금 잔액이 25,000원이었다면 오히려 3,700원(= 25,000원 − 21,300원)만큼 대손충당금을 줄여주고 이를 기타수익 항목의 대손충당금환입으로 인식한다. 이러한 분개를 함으로써 기말 대손충당금 금액이 대손추산액과 같아지게 되는 것이다. 이때의 분개는 다음과 같다.

차> 대손충당금	3,700	대> 대손충당금환입	3,700

(2) 포괄손익계산서접근법: 매출액 기준

포괄손익계산서접근법은 어느 한 회계기간 동안의 총매출액 또는 외상매출액의 일정비율(대손율)을 대손액으로 추정하는 방법으로서 매출액비율법(percentage of sales method)이라고도 한다. 이때 적용하는 대손율은 과거의 경험이나 통계적 자료를 바탕으로 정한다.

포괄손익계산서접근법으로 추정한 대손액은 수익인 매출액에 대하여 향후 발생할 비용을 추정한 것이므로 수익 · 비용대응의 원칙에 충실한 방법이라고 볼 수 있다. 또한 회사의 외상매출액과 대손상각 금액과의 사이에 높은 상관관계가 있을 경우 타당한 방법이다.

포괄손익계산서접근법에 의하여 구한 대손상각비는 당 회계연도의 매출액의 일정비율이 향후 회수가 불가능할 것이라는 가정하에 산출된 금액이므로 그 추정액 전액을 당기의 비용으로 인식하여야 한다. 그러므로 결산시에는 재무상태표상에 남아있는 대손충당금 잔액의 크기와는 상관없이 당기에 대손으로 추정된 전액을 대손상각비로 인식하고 동시에 동 금액만큼의 대손충당금을 추가로 설정해야 한다. 따라서 이 방법에 의할 경우 재무상태표에 보고되는 대손충당금 기말잔액은 전기에 설정하고 남은 잔액과 당기에 설정하는 대손충당금의 합계액이 된다.

포괄손익계산서접근법은 매출액과 대손상각비라는 수익과 비용을 대응시킨다는 원칙을 만족시키므로 이론상 타당한 방법이지만 K-IFRS에서는 인정하지 않고 있다. 그 이유는 K-IFRS는 재무상태표를 중시하여 재무상태표상에 자산인 매출채권의 순실현가능가치, 즉 매출채권의 명목가치에서 회수불가능액을 차감한 금액을 표시하는 것을 중시하기 때문이다.

예제 10-7 대손추산액의 산정

다음은 목동회사의 매출액과 매출채권에 대한 자료이다. 이를 바탕으로 질문에 답하시오.

1. 매출채권의 거래처별 분석(20×1년 말)

거래회사	12/31 잔액	30일 이하	31일~60일	61일~90일	90일 초과
봉천회사	40,000원	30,000원		10,000원	
신림회사	120,000	60,000	30,000원	30,000	
서울회사	150,000	50,000	75,000		25,000원
서천회사	90,000	30,000	40,000		20,000
합 계	400,000원	170,000원	145,000원	40,000원	45,000원

2. 목동회사는 당기 매출액의 20%를 매출채권으로 보유하고 있다.
3. 대손충당금 설정 전 대손충당금 잔액은 9,000원이다.

〈질문〉

1. 매출채권 총액의 2%를 대손율로 설정하는 경우 회계처리를 제시하시오.
2. 개별 거래처에 대한 신용분석결과 서울회사에 대한 매출채권은 10%가 회수불가능하고, 서천회사는 15%가 회수불가능하다고 판단하였을 때의 회계처리를 제시하시오.
3. 연령분석법을 적용하여 대손액을 추산할 때의 회계처리를 제시하고, 재무상태표에 표시하시오.

   (대손율)
   경과일수가 30일 이하 1%, 31일~60일 2%, 61일~90일 10%, 90일 초과 20%
4. 과거 경험으로 보아 매출액의 0.5%가 회수불가능할 것으로 예상될 때의 회계처리를 제시하고 재무상태표에 표시하시오.

해 답

1. 대손추산액 = 400,000원×2% = 8,000원 = 기말 대손충당금잔액

   차> 대손충당금 1,000 대> 대손충당금환입 1,000[1)]

   1) 대손추산액보다 대손충당금 잔액이 더 크므로, 기존의 대손충당금을 환입시켜서 대손충당금 기말잔액을 대손추산액과 일치시켜야 한다.

2. 대손추산액 = 150,000원×10% (서울회사) + 90,000원×15% (서천회사) = 28,500원 = 기말 대손충당금

   차> 대손상각비 19,500 대> 대손충당금 19,500[2)]

   2) 당기 대손충당금 추가설정액 = 28,500원 − 9,000원
   = 19,500원

3. 대손추산액 = 17,600원 = 기말 대손충당금

연 령	금 액	대손추정률	대손추산액
30일 이하	170,000원	1%	1,700원

31일~60일	145,000	2%	2,900
61일~90일	40,000	10%	4,000
90일 초과	45,000	20%	9,000
합 계	400,000원		17,600원

차> 대손상각비 8,600 대> 대손충당금 8,600

재무상태표상의 표시 — 매출채권(총액)	400,000원
대손충당금	(17,600)
매출채권(순액)	382,400원

4. 대손추산액 = 매출액 × 0.5% = (400,000원 / 0.2) × 0.5% = 10,000원

차> 대손상각비 10,000 대> 대손충당금 10,000[3)]

3) 포괄손익계산서접근법에서는 대손추산액 전부를 대손충당금으로 설정한다. 따라서 당기말 대손충당금 잔액은 19,000원(= 9,000원 + 10,000원)이 된다.

재무상태표상의 표시 — 매출채권(총액)	400,000원
대손충당금	(19,000)
매출채권(순액)	381,000원

제 4 절 기타의 수취채권과 지급채무

4.1 미수금과 미지급금

미수금(other receivables)은 주된 영업활동을 의미하는 일반적 상거래 이외의 거래에서 발생한 수취채권이다. 이 중에서 자금의 융통을 위한 거래는 제외하는데, 자금융통거래로 인한 채권은 대여금으로 분류되기 때문이다. 미지급금(other payables)은 일반적 상거래 이외의 거래에서 발생한 단기채무를 말하며, 자금융통거래로 인하여 발생한 채무는 단기차입금으로 회계처리한다.

상품매매기업을 가정할 때, 미수금은 유가증권이나 유형자산 등을 처분하였을 때 아직 받지 못한 대금을 의미하는 수취채권이고, 미지급금은 유가증권이나 유형자산 등을 구입할 때 아직 지급하지 않은 지급채무이다. 즉, 이들 항목들은 상품이나 제품 등 재고자산의 외상판매에 의해 발생하는 매출채권 및 매입채무와는 다른 성격을 가진다.

예제 10-8 미수금과 미지급금

인형을 판매하는 회사의 다음 거래에 대해 분개하시오.

1. 장부금액이 100,000원인 컴퓨터를 150,000원에 처분하였는데, 대금은 60일 만기의 어음으로 받았다.
2. 토지를 500,000원에 구입하고 대금을 90일 만기 어음으로 지급하였다.
3. 컴퓨터의 처분으로 받은 어음대금을 수취하고, 토지구입대금을 지급하였다.

해 답

1. 차>	미 수 금	150,000	대>	비 품	100,000[1)]
				유형자산처분이익	50,000
2. 차>	토 지	500,000	대>	미지급금	500,000
3. 차>	현 금	150,000	대>	미 수 금	150,000
	미지급금	500,000		현 금	500,000

1) 유형자산의 처분시에는 더 복잡한 회계처리가 요구되지만 여기에서는 간략하게 표현하였다. 유형자산 처분시의 회계처리에 대해서는 제13장에서 다루기로 한다.

4.2 선급금과 선수금

상품이나 원재료 등을 구입할 때 매매계약을 확실히 하기 위해 미리 대금의 일부를 지급하거나, 공사를 완성하기 전에 계약금 등을 미리 지급할 때, 또는 상품이나 제품을 주문할 때 미리 대금을 지급하는 경우 선급금이 발생한다. 즉, 선급금(advance payments)은 상품이나 원재료 등의 구입을 위하여 미리 지급한 금액으로서 자산의 요건을 충족시킨다. 이와는 반대로 건설회사의 경우 공사를 완성하기 전에 계약금이나 착수금 형식으로 미리 공사대금을 받는 경우가 있는데 이를 선수금(advance receipts)으로 하여 부채로 계상한다.

이러한 선급금이나 선수금은 일반적 상거래에서 대금을 미리 지급하거나 미리 받은 것이므로 일반적 상거래 이외에서 발생한 미수금이나 미지급금과는 성격이 다르다.

K-IFRS에 의하면 선급금과 선수금은 유동자산과 유동부채로 각각 분류된다.

예제 10-9 선급금과 선수금

다음 거래에 대해 분개하시오.

1. 인기상품 300,000원을 주문하였는데, 상품의 품귀현상으로 구하기가 힘들어서 계약금으로 100,000원을 지급하였다.
2. 제품 100개를 판매하기로 하고 계약금과 중도금으로 50,000원을 받았다.
3. 주문상품이 도착하여서, 나머지 대금 200,000원과 인수운임 5,000원을 지급하였다.
4. 제품을 배달하고 나머지 대금 100,000원을 받았는데, 판매운임 3,000원이 발생하였다.

해 답

	차변	금액		대변	금액
1. 차>	선 급 금	100,000	대>	현 금	100,000
2. 차>	현 금	50,000	대>	선 수 금	50,000
3. 차>	매 입	305,000[1]	대>	선 급 금	100,000
				현 금	205,000
4. 차>	현 금	97,000	대>	매 출	150,000
	선 수 금	50,000			
	판매수수료	3,000[2]			

1) 상품 매입시에 지급한 매입운임은 상품의 취득원가에 포함된다.
2) 판매시에 발생한 판매운임은 판매수수료로 판매비와관리비에 포함된다.

4.3 미수수익과 선급비용, 미지급비용과 선수수익

일반적으로 기업에서는 서비스의 제공 또는 수수에 따른 현금의 수입 또는 지급이 동시에 이루어지지 않는 경우가 많다. 이러한 상황에서는 미수수익 또는 선급비용과 같은 단기수취채권과, 미지급비용 또는 선수수익과 같은 단기지급채무가 발생한다.

서비스를 제공하였으나 현금이 수취되지 않았을 경우에 미수수익(accrued revenue)이 발생하는데, 이의 대표적인 예로서 미수이자(accrued interests)를 들 수 있다. 한편 이러한 거래에 있어서 계약에 정한 수취기일이 경과하였는데도 현금으로 받지 못한 경우에는 미수수익을 미수금으로 대체하여야 한다.

예를 들어, 20×2년 1월 31일에 받을 정기예금의 이자에 대해 20×1년 말에 미수이자를 인식하였지만, 수취기일인 20×2년 1월 31일에 현금으로 받지 못한 경우에 미수이자로 기록된 전액을 미수금으로 대체해야 한다는 것이다. 그러나 미수수익과 미수금의 구분에 따른 효익이 크지 않기 때문에 기업실무에서는 이러한 대체분개를 수행하지 않는 경우가 많다.

현금을 지급하였으나 서비스를 제공받지 못한 경우에 선급비용(prepaid expense)이 발생하는데, 선급비용의 대표적인 예로는 선급보험료나 선급임차료를 들 수 있다.

서비스를 제공받았으나 현금을 지급하지 않은 경우에 미지급비용(accrued expense)이 발생하는데, 미지급급여나 미지급이자가 대표적인 예이다.

실무상으로는 미지급비용과 미지급금을 혼용하는 경우가 많은데, 미지급비용은 서비스의 제공을 받아 비용이 발생하였으나 아직 지급기일이 도래하지 않은 비용을 의미하고 미지급금은 이미 계약상 확정된 부채라는 관점이 일반적이다.

서비스를 제공하기 전에 현금을 받은 경우에 선수수익(revenue received in advance)이 발생하는데 선수임대료가 이의 대표적인 예이다.

이러한 미수수익이나 선급비용 및 미지급비용과 선수수익은 앞의 기말 결산 과정에서 보았던 것처럼 보고기간말에 조정분개를 수행할 때 등장하는 계정과목들이다. 따라서 관련된 수익이나 비용항목도 조정해 주어야 한다.

예제 10-10 미수수익과 선급비용, 미지급비용과 선수수익

다음의 거래에 대해 20×1년 결산일 분개 및 20×2년 1월과 2월의 분개를 제시하시오.

1. 20×1년 11월 1일에 만기가 20×2년 2월말인 정기예금 100,000원을 가입하였는데, 기간경과이자를 계산한 결과 5,000원이었다.
2. 20×1년 7월 1일에 가입한 1년 만기의 화재보험료 50,000원에 대해서 회사는 전액을 보험료로 기록하고 있다.
3. 20×1년 9월 1일에 다음 1년 분에 대한 임대료 90,000원을 미리 수령하여 임대료수익으로 기록하고 있다.
4. 20×1년 12월의 급여 30,000원이 발생하였는데 회사는 다음 달 10일에 급여를 지급하고 있다.
5. 20×2년 2월말에 정기예금이 만기가 되어 원금과 이자를 현금으로 회수하였다.

해 답

1. 차>	미수수익	5,000	대>	이자수익	5,000
2. 차>	선급보험료	25,000[1)]	대>	보 험 료	25,000
3. 차>	임대료수익	60,000[2)]	대>	선수수익	60,000
4. 차>	급 여	30,000	대>	미지급비용	30,000
	미지급비용	30,000		현 금	30,000

5. 차>	현 금	110,000	대>	단기금융상품	100,000
				미수수익	5,000
				이자수익	5,000[3)]

1) 20×1년에 보험기간의 절반이 지났으므로 25,000원에 대해서만 보험료를 인식해야 하나, 회계기간 중의 분개에서 50,000원 모두를 보험료로 인식하였으므로, 25,000원의 보험료를 줄여주고 이것을 선급보험료로서 자산으로 인식해야 한다.
2) 20×2년의 8개월에 대한 선수임대료를 조정해주어야 하는데, 기중에 선수금액을 모두 임대료수익으로 분개하였으므로 임대료수익에서 차감하여 주어야 한다.
3) 20×1년의 두 달 동안의 경과이자가 5,000원이므로 20×2년 두 달 동안의 이자수익도 역시 5,000원이 되어야 한다.

4.4 대여금과 차입금

타인에게 자금을 빌려주면 대여금(loans)이라는 수취채권이 발생한다. 자금대여는 차용증서에 의할 수도 있고 어음에 의할 수도 있다. 기간이 1년 이내인 대여금은 유동자산의 단기대여금으로 기록하고 1년 이상인 대여금은 비유동자산의 장기대여금으로 기록해야 한다. 그리고 자금을 대여했을 때에는 대여계약에 따라 이자를 받을 수 있으므로 이를 이자수익으로 인식하고 결산 시에는 발생한 이자에 대해 미수수익을 인식해야 한다.

이와는 반대로, 타인으로부터 자금을 빌리면 차입금(borrowings)이라는 지급채무가 발생한다. 채무 상환의 만기가 1년 이내이면 유동부채의 단기차입금으로 기록하고, 만기가 1년 이상이면 장기차입부채의 장기차입금으로 분류한다. 이때 차입계약에 따라 이자를 지급해야 하므로 이자비용을 인식하고 결산 시에는 결산일 현재 이미 발생하였지만 아직 지급하지 않은 이자를 미지급비용으로 기록해야 한다.

당좌차월(bank overdraft)은 금융기관과의 사전약정에 의해 당좌예금 잔액을 초과하여 지급한 금액으로 단기차입금과 성격이 같다. 당좌예금과 당좌차월이 동시에 있을 때에는 이들을 상계하지 않고 당좌차월 부분은 단기차입금으로 기록한다. 또한 어음을 발행하여 자금을 빌린 경우에도 단기차입금으로 기록한다.

예제 10-11 **대여금과 차입금**

다음의 거래에 대해 분개하시오.

1. 5개월 만기의 어음을 받고 한국회사에 200,000원을 빌려주었다.
2. 고려회사로부터 3년 기한, 이자는 매년 2월 지급조건으로 5000,000원을 빌렸는데, 결산일이 되어 이자가 20,000원 발생하였다.
3. 어음만기가 되어 대금을 회수하였다.

해 답

	차변	금액		대변	금액
1. 차>	단기대여금	200,000[1]	대>	현 금	200,000
2. 차>	현 금	500,000	대>	장기차입금	500,000
	이자비용	20,000		미지급비용	20,000
3. 차>	현 금	200,000	대>	단기대여금	200,000

1) 자금융통을 목적으로 수취한 어음은 대여금으로 분개하는데, 이 경우 기간이 5개월이므로 단기대여금으로 기록한다.

4.5 예 수 금

예수금(withholding)은 일반적 상거래 이외에서 발생한 일시적인 수령금액으로서, 최종적으로 수령하는 제 3 자를 대신하여 기업에서 거래처 또는 종업원으로부터 미리 받아 보관하였다가 추후에 제 3 자에게 지급하는 유동부채를 말한다.

종업원으로부터 받는 예수금의 예로는 소득세의 원천징수, 국민연금이나 건강보험료의 예수금 등이 있는데, 이는 급여를 지급할 때 급여지급액에서 차감 하여 회사가 보관하고 있다가 납부할 시기가 도래할 때 회사가 관련 기관에 일괄적으로 납부하게 된다.

거래처로부터 받는 예수금의 예로는 판매시에 받는 부가가치세예수금을 들 수 있다. 부가가치세예수금은 별도의 계정과목으로 표시하기도 하고 예수금계정에 통합시켜서 표시하기도 한다.

예제 10-12 **예 수 금**

다음 거래에 대해 분개하시오.

1. 종업원의 급여총액 100,000원에서 종업원이 납부해야 할 소득세 7,000원과 국민연금 2,000원 및 건강보험료 4,000원을 차감한 87,000원만을 현금으로 지급하였다.
2. 상품판매시 부가가치세 10%를 포함하여 220,000원을 현금으로 수령하였다.
3. 세무서에 소득세를 납부하고 국민연금관리공단에 국민연금 예수분을 납부하였다.

해 답

	차변	금액	대변	금액
1.	차> 급 여	100,000	대> 현 금	87,000
			예 수 금	13,000
2.	차> 현 금	220,000	대> 매 출	200,000[1)]
			예 수 금	20,000
3.	차> 예 수 금	9,000	대> 현 금	9,000

1) 현금수취액 중에서 부가가치세 부분은 차감하여 나머지 금액만을 매출로 계상한다.

4.6 가지급금과 가수금

가지급금(suspense payments)은 현금이 지출되었지만 아직 거래가 완결되지 않았거나 용도가 불분명하여 계정과목이나 금액 등을 확정할 수 없을 때 이를 일시적으로 처리하는 자산계정이다. 예를 들어, 직원의 출장비를 선지급한 경우 직원이 돌아와서 내역을 보고할 때까지는 자금을 사용한 계정과목이나 금액을 구체적으로 확정할 수 없으므로 일단 가지급금으로 기록한다.

가수금(suspense receipts)은 이미 현금을 받았으나 아직 계정과목이나 금액 등을 확정할 수 없어 일시적으로 처리하는 부채계정이다. 예를 들어, 출장중인 직원이 내용이 불명확한 자금을 회사로 송금하면 회사의 입장에서는 그 내용을 확인할 때까지 가수금으로 처리하게 된다.

가지급금 및 가수금계정은 회계기간 중의 회계처리에서만 나타날 수 있는 계정과목으로서 기말에 제무제표를 작성할 때에는 그 내용을 나타내는 적절한 계정과목으로 대체하여 표시해야 한다.

예제 10-13 가지급금과 가수금

서울회사의 다음 20×1년 거래에 대해 분개하시오.

1. 직원을 출장 보낼 때, 출장비를 대략 계산하여 200,000원을 선지급하였다.
2. 출장지에서 직원이 원인불명의 금액 150,000원을 보내왔다.
3. 출장에서 돌아온 직원이 여비를 정산한 결과 50,000원을 추가적으로 지급하였다.
4. 원인불명의 송금액은 매출채권을 회수한 것이었다.

해 답

1.	차>	가지급금	200,000	대>	현 금	200,000
2.	차>	현 금	150,000	대>	가 수 금	150,000
3.	차>	출 장 비	250,000	대>	가지급금	200,000
					현 금	50,000
4.	차>	가 수 금	150,000	대>	매출채권	150,000

연습문제

문제 10-1 다음 중 재무상태표상 유동부채로 분류되지 않는 항목을 고르고, 올바른 분류를 제시하시오.

매입채무 사채 선수수익 당기법인세부채 매출채권 선급비용 장기대여금
이연법인세부채 예수금 유동성장기부채 장기성매입채무 미수금 미지급금

문제 10-2 직접상각법과 충당금설정법

대손에 대한 회계처리 방법에는 직접상각법과 충당금설정법이 있다. 두 방법의 장점과 단점에 대해 빈칸에 알맞은 내용을 쓰시오.

	직접상각법	충당금설정법
장점		
단점		

문제 10-3 충당금설정법의 종류

충당금설정법에서 대손추정액을 계산하는 방식에는 재무상태표접근법과 포괄손익계산서접근법의 두 가지가 있다. 다음 중 재무상태표접근법과 관련 있는 사항의 기호를 고르시오.

㉮ 매출채권의 순실현가능가치를 적정하게 나타내는 데 초점을 둔 계산방식이다.
㉯ 수익과 비용의 대응이 적정한 포괄손익계산서를 작성하는 것을 강조하는 방식이다.
㉰ 총매출액 또는 외상매출액의 일정비율을 대손액으로 추정한다.
㉱ 회사의 외상매출액과 대손액 사이에 높은 상관관계가 있을 경우 타당한 방법이다.
㉲ 회계기간 말의 매출채권 잔액을 기초로 하여 대손추정액을 구하는 방법으로 채권잔액비율법이라고도 한다.
㉳ K-IFRS에서 인정하는 방법이다.

문제 10-4 어음의 할인 I

다음 광릉회사의 거래내역을 읽고 아래 물음에 답하시오.

4월 1일: 포천회사에 100,000원 상당의 상품을 판매하고 6개월 만기의 무이자부 어음을 받았다.

5월 1일: 산정회사에 상품 150,000원을 판매하고 3개월 만기의 10% 이자부 어음을 수령하였다.

6월 1일: 가평은행에 두 어음을 16%의 할인율로 할인하였다.

어음기간과 할인기간은 월할 계산하기로 하며, 소수점 이하는 반올림 계산한다.

〈물음〉 6월 1일 어음할인시 광릉회사가 수령하게 되는 현금액을 구하고, 이 때의 회계처리를 차입거래와 매각거래로 나누어 수행하시오.

문제 10-5 어음의 할인 Ⅱ

용산회사는 20×1년 말 보유 중인 받을어음 1매를 삼일은행에서 할인받았다. 이 어음은 상도회사에 20×1년 9월말 신용판매를 함에 따라 수취한 액면 ₩1,500,000의 이자부 어음이다. 한편, 어음의 이자율은 연 9%이고 만기는 6개월이다. 삼일은행은 15%의 할인율을 적용하여 계산한 할인액을 제외한 금액을 현금으로 지급하였다. 어음할인거래를 차입거래와 매각거래로 구분하여 분개하시오. 단, 이자는 월할 계산한다.

문제 10-6 직접상각법과 충당금설정법

과천회사는 20×1년 초에 사업을 개시하였다. 회사는 20×1년도 말 대손추정 직전에 2,300,000원의 매출채권을 보유하고 있었다. 20×1년 말 회사가 합리적인 추정방법을 동원해 추정한 결과 상기 매출채권 중 150,000원이 회수되지 않을 것으로 예측하였다. 과천회사는 20×2년에 2,200,000원의 매출채권을 회수하였는데, 잔액인 100,000원은 거래처의 도산으로 회수불가능한 것으로 밝혀졌다. 과천회사가 수행해야 할 분개를 외상매출시와 대손추정시, 현금회수시 및 대손확정시로 나누어서 직접상각법과 충당금설정법을 사용하여 각각 제시하시오.

문제 10-7 대손충당금의 이해

대광개발의 대손충당금과 관련된 다음의 자료를 바탕으로 물음에 답하시오.

- 20×1년 1월 1일 대손충당금 잔액 10,000원
- 20×1년 12월 31일 매출채권 잔액 500,000원
- 회사는 기말 매출채권 금액의 5%를 회수불확실한 것으로 추정

〈물음〉

1. 대광개발의 20×1년 12월 31일 대손충당금 설정 분개를 제시하시오.
2. 대광개발의 20×1년 12월 31일 매출채권과 관련된 부분 재무상태표를 작성하시오.

문제 10-8 대손의 회계처리

(주)구로전자는 20×1년 11월 23일에 영업을 시작하여 전자제품제조업을 영위하고 있는 회사이다. 다음은 회사의 매출 및 매출채권에 관한 거래내역이다. 이를 읽고 (주)구로전자가 각 일자에 수행할 분개를 제시하시오(단, 모든 거래는 기업회계기준에 따라 기록할 것).

1. 20×1년 12월 15일에 문래호텔에 제품을 1/EOM, *n*/30의 신용조건으로 3,500,000원에 외상판매하였다.
2. 20×1년 12월 27일, 매출채권 중 45%를 현금으로 회수하였다.
3. 20×1년 말 보유하고 있던 매출채권 중에서 3%가 회수불가능할 것이라 추정하였다.
4. 20×2년 중 문래호텔의 파산으로 925,000원을 회수할 수 없게 되었다. 한편, 회사는 제품을 신정호텔에 5,000,000원에 신용판매하였다. 20×2년 중에 회수된 매출채권은 총 3,300,000이며, 추가로 500,000원이 대손확정되었다.
5. 회사는 20×2년 말 현재 매출채권의 2%를 대손충당금으로 설정하기로 하였다.
6. 20×3년 중 신정호텔의 경리부장이 거액을 횡령한 후 해외로 도피하여 600,000원을 회수할 수 없게 되었다.
7. 20×3년 8월에 전기에 대손처리한 문래호텔에 대한 매출채권 420,000원을 회수하였다.
8. 20×3년 말 매출채권을 평가한 결과 300,000원의 대손이 추정되었다.

문제 10-9 대손예상액의 추정

다음 광주회사의 매출액과 매출채권에 대한 자료를 토대로 물음에 답하시오.

1. 매출채권의 거래처별 분석(20×1년 말)

거래회사	기말잔액	지급기한미도래	3월이내경과	6월이내경과	6월이상경과
담양회사	1,500,000원	800,000원	300,000원	400,000원	
창평회사	1,200,000	600,000	150,000	250,000	200,000원
합　　계	2,700,000원	1,400,000원	450,000원	650,000원	200,000원

2. 광주회사는 당기 매출액의 30%를 매출채권으로 보유하고 있다.
3. 대손추정 직전의 대손충당금 잔액은 45,000원이다.

〈물음〉

1. 매출채권 총액의 1%를 대손율로 설정하는 경우의 분개를 수행하시오.
2. 개별 거래처에 대한 신용분석결과 담양회사는 심각한 경영난을 겪고 있어 매출채

권의 20%가 회수불가능하고, 창평회사는 5%가 회수불가능할 때의 회계처리를 제시하시오.

3. 연령분석법을 적용하여 대손액을 추산할 때의 회계처리를 제시하시오(단, 대손율은 각각 지급기한미도래 1%, 3월 이내 경과 3%, 6월 이내 경과 5%, 6월 이상 경과 10%이다).
4. 과거 경험으로 보아 대손상각비는 매출액의 0.3%가 될 것으로 추정될 때의 회계처리를 제시하고 재무상태표에 표시하시오.

문제 10-10 대손회계 종합

(주)강원물류의 다음 거래를 바탕으로 기업회계기준에 따른 회계처리를 제시하시오.

1. 20×0년 말, 대손충당금 잔액은 50,000원이다.
2. 20×1년 3월, 춘천상사의 파산으로 30,000원의 매출채권을 회수할 수 없게 되었다.
3. 20×1년 6월, 원주물산 CEO의 횡령으로 매출대금 35,000원이 회수불가능하다고 판명되었다.
4. 20×1년 11월, 춘천상사의 구조조정 작업이 순조롭게 진행되어 20,000원의 매출채권을 회수할 수 있었다.
5. 20×1년 12월 31일 현재 (주)강원물류 매출채권의 구성내역은 다음과 같다.

거래회사	30일 이하	90일 이하	180일 이하	180일 초과
횡성상사	50,000원	100,000원		
횡계무역		130,000	90,000원	
인제개발		30,000		110,000원
고성산림			80,000	40,000
추정 대손율	1%	5%	10%	30%

문제 10-11 조정분개

다음은 (주)전주정밀의 거래내역이다. 회사가 20×1년 결산일에 행할 조정분개와 20×2년 중에 해야 할 회계처리를 하시오.

1. 20×1년 4월 1일 고가의 기계장치를 보험에 가입하였다. 보험의 만기는 2년으로 회사는 가입일에 2년치 보험료 1,200,000원을 전액 현금으로 지급하고 당기의 비용으로 계상하였다.
2. 20×1년 12월에 종업원에 대한 월정액 급여 2,000,000원이 발생하였는데 회사는 급여지급규정에 따라 20×2년 1월 5일에 급여를 지급하였다.
3. 20×1년 6월 30일에 회사는 다음 3년 분에 대한 임대료 1,500,000원을 미리 수령하여 포괄손익계산서상 수익으로 인식하였다.
4. 회사는 20×1년 10월 1일에 4개월 후 만기가 도래하는 연간수익률 12%의 정기예

금에 3,000,0000원을 예치하였다.

5. 20×2년 1월말에 정기예금이 만기가 도래하여 원리금을 수령하였다.

문제 10-12 가지급금과 가수금

다음은 제주여행사의 20×1년 거래이다. 각 항목별로 필요한 분개를 제시하시오.

1. 영업사원 이혜진 씨를 서울로 출장 보내면서 항공요금과 숙박비를 포함하여 출장비 명목으로 500,000원을 현금으로 지불하였다.
2. 서울에서 이혜진 씨는 회사에 원인불명의 금액 2,000,000원을 지로로 송금하였다.
3. 이혜진 씨가 출장에서 돌아온 뒤 관련 증빙을 검토하여 여비를 정산한 결과 총 540,000원이 사용된 것으로 밝혀져 사원 부담분을 현금으로 지급하였다. 한편, 원인불명의 송금액은 외상매출금을 회수한 것이었다.

chapter 11 재고자산

chapter 11 재고자산

제 1 절 재고자산의 회계처리

1.1 재고자산의 의의

재고자산(inventories)은 기업의 정상적인 영업활동과정에서 판매를 위하여 보유중이거나 생산중인 자산 및 생산이나 용역제공에 사용될 자산을 말한다. 판매를 목적으로 보유하는 상품(goods)과 제품(product) 이외에도, 제품의 생산을 위해 보유하는 원재료(raw material), 저장품, 반제품 및 재공품(work-in process) 등도 재고자산에 포함된다. 재고자산은 1년 이내에 판매되거나 제품으로 생산되어 판매될 것으로 기대되므로 유동자산으로 분류된다.

재고자산은 기업경영이나 회계상으로도 매우 중요한 자산이다. 첫째, 재고자산은 기업이 보유하는 기본적인 자산으로서 거액인 경우가 많고, 둘째 재고자산은 기업 이익창출의 주요 원천이며, 셋째 적정재고규모(EOQ: economic order quantity)에 따라 기업의 생산계획과 자금계획이 수립되고, 넷째 재고자산의 평가방법에 따라 기말 재고자산 및 당기순이익의 크기가 달라질 수 있기 때문이다.

기업의 특성에 따라 재고자산의 종류는 달라진다. 상품매매기업의 경우 재고자산은 상품이 되나, 제조기업의 경우에는 원재료와 재공품, 제품 등이 재고자산이 된다. 또한 부동산매매업에서는 토지나 건물 등도 재고자산에 포함된다. 토지와 건물은 일반적으로 영업활동에 사용할 목적으로 보유하는 자산이므로 유형자산에 속하지만, 부동산매매업을 영위하는 기업에서는 이들을 판매 목적으로 보유하고 있으므로 재고자산에 포함되는 것이다.

자료 11-1 재고자산의 분류

1. 상　품: 판매를 목적으로 구입한 상품 · 미착상품 · 적송품 등으로 하며, 부동산매매업에 있어서 판매 목적으로 소유하는 토지 · 건물 등도 상품에 포함된다.
2. 제　품: 판매를 목적으로 제조한 생산품 · 부산물 등으로 한다.
3. 반제품: 자가 제조한 중간제품과 부분품 등으로서 판매가능한 것이다.
4. 재공품: 제품의 제조를 위해 재공과정에 있는 것으로 판매가 불가능한 것이다.
5. 원재료: 제품의 제조를 위해 투입하는 원료 · 재료 · 미착원재료 등으로 한다.
6. 저장품: 소모품 · 소모공구기구비품 · 수선용부분품 등으로 한다.

K-IFRS에 규정되어 있는 재고자산은 〈자료 11-1〉과 같다.

이들 중에서 제조업의 재고자산에 대해서는 원가회계에서 다루게 되므로 여기에서는 상품매매기업의 재고자산인 상품에 대해서만 다루기로 한다.

1.2 특수한 재고자산 – 재고자산에 포함될 항목

일반적으로 재고자산으로 보고할 수 있으려면 해당 재화의 보유에 따른 위험과 보상이 귀속되고, 또한 재화를 통제할 수 있어야 하는데 이는 대부분 자산에 대한 실물보유를 전제로 하고 있다. 그러나 재고자산의 경우에는 실물의 보유 여부가 위험과 보상의 귀속 및 통제권의 존재 여부와 일치하지 않는 경우가 있는데, 현재 운송중인 상품이나 적송품 등이 그 예이다.

운송중인 상품(goods in transit)은 상품을 주문하였으나 현재 운송중에 있어 아직 주문한 회사에 도착하지 않은 상품을 말한다. 회사가 매입한 재고자산이 운송중에 있을 때는 판매자와 매입자 중 누가 그 실물에 대한 통제권을 행사하느냐에 따라 재고자산의 귀속이 결정된다. 운송중이라도 매입자가 자기 책임하에 권리와 의무를 가지고 있으면 실물을 보유하고 있지 않아도 매입자의 재고자산으로 기록한다.

운송중인 재고자산에 대한 통제권의 유무는 선적조건에 따라 달라진다. 선적조건에는 여러 가지가 있지만 FOB 선적지조건(FOB shipping point)과 FOB 도착지조건(FOB destination point)이 대표적이다. FOB 선적지조건은 배가 판매자쪽 항구를 떠났을 때 자산의 소유권이 이전되는 조건이고, FOB 도착지조건은 배가 매입자쪽 항구에 도착했을 때 자산의 소유권이 이전되는 조건이다.

그러므로 FOB 선적지조건이라면 운송중인 상품에 대해서는 매입자가 소유권을 가지고 있으므로 매입자의 재고자산으로 인식해야 하고, FOB 도착지조건이라면 운송중인 상품에 대한 소유권이 아직 판매자에게 있으므로 매입자의 재고자산으로 인식하지 않는다.

운송중인 상품에 대해서는 별도의 계정과목으로 설정하지 않고 기존의 상품에 통합하여 보고하는 것이 일반적이지만, 금액적인 중요성에 따라 미착상품(goods in transit)이라는 별도의 계정과목으로 나타내기도 한다. 즉, 정유회사가 석유를 수입하는 경우와 같이 유조선이 바다 위에 몇 개월 정도 떠 있을 경우에는 운송중인 석유의 금액이 상당히 중요하므로 미착상품으로 처리하게 되는 것이다.

위탁판매(consignment sales)란 다른 사람에게 상품을 보내고 그 상품의 판매를 위탁하는 형태의 판매행위이고, 적송품(consigned goods)은 위탁판매를 위해 수탁자에게 발송한 상품을 말한다. 적송품은 상품이 비록 수탁자의 창고에 보관되어 있지만 이 상품이 판매될 때까지는 법적 소유권이 위탁자에게 있으므로 위탁자의 재고자산에 포함되어야 하고 적송품이 판매되었을 때 위탁자의 매출로 인식한다

위탁판매를 하는 경우 위탁자가 수탁자에게 상품을 보내면 위탁자는 이를 적송품으로 기록하고 상품발송으로 인한 운임도 적송품에 가산한다. 하지만 수탁자는 수탁상품에 대해 아무런 회계처리를 하지 않는다. 나중에 수탁자가 상품을 판매하여 위탁자에게 판매거래에 대한 내역서를 보내면 이때 위탁자는 매출을 인식하고 수탁자에게 수수료 등을 지급하게 된다.

예제 11-1 **운송중인 상품과 적송품**

다음은 서울회사의 20×1년과 20×2년의 재고자산 거래이다.

1. 20×1년 12월 28일, 뉴욕회사로부터 상품 500,000원어치를 외상으로 구입하고 선적문서를 수령하였는데, 선적조건은 FOB 도착지조건이었다.
2. 20×1년 12월 29일, 런던회사로부터 상품 300,000원어치를 구입하고 선적문서를 받아서 현금으로 지급하였는데, FOB 선적지조건이었다.
3. 20×1년 12월 30일, 수탁자인 인천회사에 400,000원어치의 상품을 발송하였고, 운임으로 20,000원을 지급하였다. 판매수수료는 판매액의 10%를 제공하기로 계약하였다.
4. 20×1년 12월 31일, 재고실사 결과 2,000,000원의 재고자산이 서울회사의 창고에 보관되어 있다.
5. 20×2년 1월 5일, 뉴욕회사로부터 매입한 상품이 도착하여 인수운임 등으로 50,000원을 지급하였다.
6. 20×2년 1월 8일, 런던회사로부터 매입한 상품이 도착하여 인수운임 등으로 20,000

원을 지급하였다.

7. 20×2년 1월 10일, 인천회사가 상품을 600,000원에 판매한 계산서와 판매수수료를 제외한 판매대금을 보내왔다.

〈물음〉

1. 위의 일련의 거래에 대해 분개하시오.
2. 20×1년 12월 31일 현재 회사의 재고자산 금액은 얼마인가?

해 답

1. 회계처리

12/29:	차>	매 입	300,000	대>	현 금	300,000
12/30:	차>	적 송 품	420,000	대>	상 품	400,000
					현 금	20,000
01/05:	차>	매 입	550,000	대>	매입채무	500,000
					현 금	50,000
01/08:	차>	매 입	20,000	대>	현 금	20,000
01/10:	차>	현 금	540,000[1)]	대>	매 출	600,000
		판매수수료	60,000			

1) 600,000원 − 600,000원 × 10% = 540,000원

참고) 위탁매출의 매출원가에 대해서도 분개할 수 있으나 여기에서는 생략하였다.

2. 재고자산 금액

회사창고 보관	2,000,000원
운송중인 상품(런던회사)	300,000
적송품(인천회사)	420,000
기말 재고자산 금액	2,720,000원

1.3 재고자산의 취득과 처분

재고자산은 기업 외부로부터 매입하거나 내부에서 제조하여 취득하므로, 재고자산의 취득원가는 매입원가, 전환원가 및 기타원가로 구성된다. 전환원가는 제조기업의 생산과정에서 발생하는 노무비와 제조간접비 등을 말하고, 기타원가는 취득자가 부담한 매입운임, 하역비 및 보험료 등과 같은 취득과정에서 정상적으로 발생한 부대비용을 포함한 금액이다. 그리고 매입과 관련된 매입에누리와 환출 및 기타 유사한 항목은 매입원가에서 차감한다.

기타원가에는 해당 재고자산의 매입 또는 제조를 위해 차입한 자금에 대한 차입원가(borrowing costs)도 포함된다. 이렇게 차입원가가 자산의 취득원가에 포

함되는 회계처리를 차입원가의 자본화라고 한다. 판매할 수 있는 상태가 되기까지 상당한 기간이 소요되는 경우에만 차입원가를 자본화할 수 있으므로, 재고자산에 대한 차입원가의 자본화는 자주 발생하지 않는다고 할 수 있다.

매입한 상품은 고객에게 판매하는데, 상품을 판매하면 해당 자산의 물량이 감소하고 판매한 자산의 원가는 포괄손익계산서의 비용항목인 매출원가로 보고된다. 즉, 보고기간종료일 현재 판매하지 않은 상품금액은 재무상태표에 자산으로 보고하고, 판매한 상품의 금액은 포괄손익계산서의 비용으로 보고하는 것이다.

상품을 판매하면 두 가지의 회계기록을 수행해야 한다. 우선 판매로 인해 매출수익을 창출한 것을 기록하고, 다음으로는 판매된 상품의 원가를 매출원가라는 비용항목으로 기록하는 것이다(실지재고조사법을 사용하는 경우에는 매출원가를 산정하는 회계기록은 기말 시점이 될 때까지 수행하지 않는다).

예를 들어, 50,000원에 구입하였던 상품을 70,000원에 현금으로 판매하는 경우 다음과 같은 회계처리가 이루어진다.

1. 매출수익의 창출

차>	현　　금	70,000	대>	매　　출	70,000

2. 매출원가의 인식

차>	매출원가	50,000	대>	상　　품	50,000

첫 번째 분개는 영업활동으로 인해 주된 수익인 매출이 70,000원 창출되고 이 과정에서 자산인 현금이 유입되었음을 나타내는 분개이다. 두 번째 기록은 수익을 창출하기 위해 보유하고 있던 자산인 상품을 유출시켰으므로 비용인 매출원가가 50,000원 발생하였으며 또한 재고자산이 동 금액만큼 감소하였음을 나타내는 분개이다.

이 두 가지 회계기록을 종합하면, 50,000원에 구입한 상품을 판매하여 70,000원의 수익을 창출하였으므로 20,000원의 이익을 얻었음을 알 수 있다. 이를 포괄손익계산서로 표현하면 다음과 같은 형태가 된다.

매　　출	70,000원
매 출 원 가	50,000
매출총이익	20,000원

1.4 재고자산등식

재고자산등식(inventory equation)은 재고자산의 흐름을 등식관계로 나타낸 것으로서 다음과 표현된다.

〈재고자산등식〉

기초상품재고액 + 당기상품매입액 = 기말상품재고액 + 매출원가

(①: 기초상품재고액 + 당기상품매입액, ②: 기말상품재고액, ③: 매출원가)

여기에서 ①은 판매가능상품액, ②는 기말 재고실사 등에 의해 확정된 기말상품재고액, 그리고 ③은 매출원가를 말하는데, 기말상품재고액과 매출원가는 서로 반대방향으로 움직인다는 것을 알 수 있다. 즉 기말상품재고액이 크게 평가되면 매출원가가 작고, 반대로 기말상품재고액이 작게 평가되면 매출원가가 크게 되는 것이다.

재고자산등식에서 각 금액은 재고자산의 취득원가로 표시된다. 기초상품재고액은 전년도 보고기간종료일 현재 재무상태표상의 재고자산 금액이고, 당기상품매입액은 당 회계기간의 총매입액으로부터 매입에누리와환출 및 매입할인을 차감한 순매입액(net purchase)이다.

판매가능상품액(goods available for sale)은 기초상품재고액과 당기상품매입액의 합으로, 회계기간 중에 판매할 수 있는 상품을 취득원가로 평가한 것이다.

기말상품재고액은 판매가능상품액 중에서 기말까지 판매되지 않은 상품으로서 보고기간종료일에 수행하는 기말재고실사 절차로부터 파악하거나, 뒤에서 설명할 선입선출법 또는 후입선출법 등의 재고자산 평가방법에 따라 다르게 산출될 수 있다. 매출원가(cost of goods sold)는 판매한 상품의 취득원가이다.

위의 등식은 포괄손익계산서상 매출원가를 계산하는 식이 된다. 포괄손익계산서에서 이 공식에 의해 산출한 매출원가는 매출액에서 차감되어 매출총이익을 산출하게 된다. 또한 이 식은 보고기간말에 매출원가를 산정하는 분개에서도 활용될 수 있다.

재고자산등식에서 보면 기말상품재고액을 구하는 것이 매우 중요하다. 등식 왼편의 판매가능상품액은 전기말 재무상태표에서 이월된 상품과 당기중의 상품매입액을 합한 것이므로 이미 확정된 금액이다. 그러나 등식 오른편의 기말상품재고액을 산정하는 절차는 다양하고 또한 여러 평가방법에 따라 달라질 수 있다.

기말재고자산의 평가에 오류가 발생하면 자동적으로 매출원가에 오류가 발

생하게 되어 결국 매출총이익과 당기순이익에도 오류가 발생하게 된다. 예를 들어, 기말상품이 과소평가되면 위의 재고자산등식에 의할 때 매출원가가 과대평가되므로 매출총이익 및 당기순이익이 과소평가된다.

이와는 반대로, 만약 기말상품이 과대평가되면 매출원가가 과소평가되므로 매출총이익 및 당기순이익이 과대평가되는 것이다. 결국 기말재고자산과 매출총이익 및 당기순이익은 같은 방향으로 움직이고, 매출원가는 반대방향으로 움직인다. 이렇게 기말재고자산의 평가를 조작하여 당기순이익을 부풀리는 방법은 분식회계 등의 수법에서 자주 활용되는 방법이다.

그러나 어느 한 보고기간종료일 시점에 이루어진 재고자산평가의 오류에 의한 순이익 조작효과는 다음 회계기간에 상쇄된다. 즉, 만약 당기의 기말상품재고액이 과대평가되어 당기의 당기순이익을 증가시켰다면, 이 기말상품재고액이 이월되어 다음 회계기간의 기초상품재고액이 과대평가되므로 결국 다음 회계기간의 매출원가가 커져서 당기순이익을 감소시키게 되는 것이다.

이처럼 기말상품재고에 대한 평가에 오류가 발생하면 두 기간에 걸쳐서 오류가 상쇄되기는 하지만 각 회계기간의 당기순이익에는 영향을 주게 된다. 다음에 제시된 〈자료 11-2〉는 기말상품재고 평가의 오류가 당기와 차기 각각의 포괄손익계산서에 미치는 영향과 두 회계기간에 걸쳐 오류가 자동적으로 상쇄되는 효과를 보이는 예이다.

자료 11-2 기말상품재고 평가의 오류와 영향

1. 기본가정

① 20×1년과 20×2년의 매출액은 500,000원으로 같다.
② 20×1년과 20×2년의 매입액은 400,000원으로 같다.
③ 20×1년의 기초상품재고액은 50,000원, 정확한 기말상품재고액은 100,000원, 20×2년의 정확한 기말상품재고는 150,000원이다.
④ 각종 비용은 매년 50,000원으로 같다.

2. **상황:** 20×1년 기말상품재고액이 30,000원 과대계상된 경우, 즉 130,000원인 경우

3. 20×1년과 20×2년의 포괄손익계산서

① 20×1년의 포괄손익계산서

	기말재고가 정확한 경우	30,000원 과대계상된 경우
매　　출	500,000원	500,000원
매출원가	350,000	320,000

기초상품	50,000		50,000	
당기매입	400,000		400,000	
기말상품	(100,000)		(130,000)	
매출총이익		150,000원		180,000원
각종비용		50,000원		50,000원
당기순이익		100,000원		130,000원

② 20×2년의 포괄손익계산서

	기말재고가 정확한 경우		30,000원 과대계상된 경우	
매　　출		500,000원		500,000원
매출원가		350,000		380,000
기초상품	100,000		130,000	
당기매입	400,000		400,000	
기말상품	(150,000)		(150,000)	
매출총이익		150,000		120,000
각종비용		50,000		50,000
당기순이익		100,000원		70,000원

③ 20×1년 기말상품 과대평가시 양 회계연도의 기말상품, 매출원가, 당기순이익의 비교

연　도	기초상품	기말상품	매출원가	당기순이익
20×1	–	30,000 과대	30,000 과소	30,000 과대
20×2	30,000 과대	–	30,000 과대	30,000 과소
2년 효과	20×2년 기말재고에 영향 없음		상쇄됨 (0)	상쇄됨 (0)

1.5 재고자산금액의 결정

재무상태표에 공시되고 포괄손익계산서에 영향을 끼치는 기말재고자산 금액은 보고기간말에 보유하고 있는 재고자산의 수량에 재고자산의 가격을 곱한 것이다. 따라서 재고자산금액을 구하기 위해서는 재고자산의 수량과 가격(단가)을 결정해야 한다.

다음의 제 2 절에서는 재고자산의 수량결정방법에 대해서 다루고, 제 3 절에서는 재고자산의 가격결정방법에 대해서 논의하기로 한다.

제 2 절 재고자산의 수량결정방법

2.1 계속기록법

재고자산의 수량결정방법으로는 계속기록법과 실지재고조사법이 있다. 기업에 따라 두 방법 중에서 어느 한 방법만을 선택하여 사용하기도 하지만 이들 각 방법이 가지는 결점 때문에 두 방법을 모두 사용하는 경우도 많다.

계속기록법(perpetual inventory system)은 재고자산에 대한 거래의 내역을 회계장부상 계속하여 기록하는 방법으로서, 이와 같은 회계장부상의 계속적인 기록을 바탕으로 기말의 재고자산수량을 결정하는 방법이다. 이 방법하에서 기업은 상품수불부를 비치하여 상품을 매입할 때마다 매입수량과 매입금액을 기입하고, 판매할 때마다 판매수량과 매출원가를 각각 기록한다.

계속기록법을 사용할 때에는 상품을 구입할 때 '매입' 계정을 사용하지 않고 재고자산계정 또는 상품계정을 사용한다. 그리고 상품을 판매하면 두 쌍의 분개를 해야 하는데, 첫째는 판매에 대한 매출액의 기록이고, 두 번째는 판매한 상품에 대한 매출원가의 기록이다. 그리고 기중의 상품 입·출입을 기록한 후에 상품수불부에 남은 상품잔액이 기말재고자산이 된다.

따라서 이 방법을 사용하여 '계속하여 기록' 하면 어느 시점에서나 쉽게 매출원가를 파악할 수 있고, 재고자산금액을 구할 수 있다. 즉, 보고기간종료일까지의 매출원가계정의 누적액이 당기의 총매출원가가 되고, 보고기간종료일의 재고자산계정의 잔액이 기말의 재고자산이 되는 것이다. 그러므로 계속기록법에서는 기말에 별도로 기말재고와 매출원가를 결정하는 분개가 필요 없다. 계속기록법은 또 회계기간 중의 재고자산에 대한 통제에도 매우 유용한 시스템이라고 할 수 있다.

그러나 계속기록법을 적용하려면 판매시점마다 판매되는 상품의 원가를 일일이 파악해야 하는 번거로움이 있다. 따라서 취급하는 상품이 단순한 경우를 제외하고는 관리비용이 많이 들기 때문에 판매빈도가 낮은 소량의 고가상품을 취급하는 기업만이 계속기록법을 사용할 수 있다.

그리고 회계기간중에 재고자산의 부패나 도난사고 등으로 인한 재고자산감모손실, 즉 재고자산의 수량부족이 발생하여도 상품수불부에 기록되지 않아 재고자산에 계속 남는 것으로 취급되므로 실제로 보유하고 있는 재고자산과 회계장부상의 재고자산에 차이가 발생한다. 따라서 계속기록법을 사용하는 기업이라도 기말에 재고실사를 하여 장부상의 재고자산 수량과 실제 보유하는 재고자산 수량을 일치시키도록 조정해야 할 필요가 있다.

계속기록법에서의 재고자산등식은 다음과 같이 표현된다.

기초상품재고 + 당기매입액 − 매출원가 = 기말상품재고
(계속기록에 의해 산출)

계속기록법을 이해하기 위하여 다음과 같은 기본적인 가정하에 회계처리를 설명하기로 한다.

〈기본가정〉
외상매출 50,000원(취득원가 35,000원), 외상매입 40,000원,
기초상품재고 8,000원, 기말상품재고 13,000원

〈회계처리〉
① 상품구입시의 분개

차>	상 품	40,000	대>	매입채무	40,000

② 상품판매시의 분개

차>	매출채권	50,000	대>	매 출	50,000
	매출원가	35,000		상 품	35,000

③ 결산시의 분개
결산시 매출원가를 산정하는 조정분개는 필요 없음.

2.2 실지재고조사법

실지재고조사법(periodic inventory system)은 회계기간중에는 매출원가와 재고자산을 파악하기 위한 기록을 하지 않고 보고기간종료일에 재고실사를 실시하여 보유하고 있는 재고자산수량을 결정하는 방법이다.

계속기록법에서는 재고자산의 증감을 즉시 회계장부에 반영하기 위해 재고자산(또는 상품)계정을 사용하여 구입할 때와 판매할 때 각각 기록하지만, 실지재고조사법을 사용할 때에는 회계기간중에 재고자산의 증감을 기록하지 않기 때문에 상품을 구입하였을 때 '매입' 계정을 사용하여 회계처리하고, 상품을 판매하였을 때에는 매출에 대한 분개만 한다. 즉, 상품을 판매할 때마다 매출원가를 계산하여 분개하지 않고, 기말에 일괄적으로 매출원가를 산정하는 작업을 하는 것이다.

실지재고조사법은 매출할 때마다 매출원가를 계산하지 않기 때문에 비교적 간단한 회계시스템이다. 그리고 실지재고조사법은 기말의 재고자산을 파악하여 매출원가를 간접적으로 계산하기 때문에 회계정보의 처리에 드는 비용이 적다. 따라서 공산품, 잡화류, 의류, 식료품 등 다양한 저가의 상품을 대량으로 취급하고 상품의 매입과 판매가 빈번히 발생하는 상기업에서는 실지재고조사법을 사용하는 것이 일반적이다.

그러나 이 방법만 사용하게 되면 도난, 분실 등으로 인한 재고자산감모손실을 파악하지 못하고 이는 모두 매출원가에 포함된다는 단점이 있다. 따라서 실지재고조사법을 사용하고 있는 기업들도 상품수불부를 비치하여 상품의 입출고 수량을 기록하여 재고자산을 관리하기도 한다. 이러한 경우 상품수불부상의 재고수량과 재고자산 실사수량을 주기적으로 비교 · 검토하여 재고자산관리를 철저히 할 수 있고 감모수량을 파악할 수도 있게 된다.

실지재고조사법에서의 재고자산등식은 다음과 같이 표현된다.

기초상품재고 + 당기매입액 − 기말상품재고 = 매출원가
(기말재고실사로 확정)

실지재고조사법을 이해하기 위하여 앞의 경우와 같이 다음과 같은 기본적인 가정하에 회계처리를 설명하기로 한다.

〈기본가정〉
외상매출 50,000원(취득원가 35,000원), 외상매입 40,000원,
기초상품재고 8,000원, 기말상품재고 13,000원

〈회계처리〉

① 상품구입시의 분개

차> 매 입	40,000	대> 매입채무	40,000

② 상품판매시의 분개

차> 매출채권	50,000	대> 매 출	50,000

참고) 판매시점에서 매출원가에 대한 분개는 필요 없음.

③ 결산시의 분개

차> 매출원가	8,000	대> 상품(기초)	8,000
차> 매출원가	40,000	대> 매 입	40,000
차> 상품(기말)	13,000	대> 매출원가	13,000

참고) 이와 같은 분개를 통해 35,000(8,000+40,000−13,000)의 매출원가가 계산됨.

예제 11-2 계속기록법과 실지재고조사법

한국회사의 20×1년 거래는 다음과 같다.

01/01: 기초상품은 2,000원이다
02/12: 일본회사로부터 상품을 현금으로 구입하였는데, 매입대금 8,000원에는 매입운임 1,000원이 포함되어 있지 않다.
04/22: 기초상품을 미국회사에 3,000원에 현금으로 판매하였다.
06/03: 당기 구입분 중의 절반을 영국회사에 5,000원에 외상으로 판매하였다.
08/09: 중국회사로부터 상품 4,000원어치를 외상으로 구입하였다.
11/12: 일본회사로부터 구입한 상품 중 미판매분과 중국회사로부터 구입한 상품의 절반을 독일회사에 9,000원에 현금으로 판매하였다.
12/31: 기말재고실사 결과 회사가 보유하고 있는 상품은 1,900원이었다.

〈물음〉

1. 계속기록법에 의하여 기중의 분개를 하고, 매출원가와 기말상품재고액을 구하시오.
2. 실지재고조사법에 의하여 기중의 분개를 하고, 매출원가를 산정하는 결산분개로 매출원가를 구하시오.

해 답

1. 계속기록법

(1) 기중거래의 분개

02/12:	차>	상 품	9,000	대>	현 금	9,000
04/22:	차>	현 금	3,000	대>	매 출	3,000
		매출원가	2,000		상 품	2,000
06/03:	차>	매출채권	5,000	대>	매 출	5,000
		매출원가	4,500		상 품	4,500
08/09:	차>	상 품	4,000	대>	매입채무	4,000
11/12:	차>	현 금	9,000	대>	매 출	9,000
		매출원가	6,500[1]		상 품	6,500

1) 9,000원 / 2 + 4,000원 / 2 = 6,500원

(2) 매출원가 = 2,000원 + 4,500원 + 6,500원 = 13,000원

(3) 기말상품 = 2,000원(기초재고) + 9,000원 + 4,000원 − 2,000원 − 4,500원 − 6,500원(기중 매출원가 인식분) = 2,000원

2. 실지재고조사법

(1) 기중거래의 분개

02/12:	차>	매 입	9,000	대>	현 금	9,000
04/22:	차>	현 금	3,000	대>	매 출	3,000
06/03:	차>	매출채권	5,000	대>	매 출	5,000
08/09:	차>	매 입	4,000	대>	매입채무	4,000
11/12:	차>	현 금	9,000	대>	매 출	9,000

(2) 매출원가 산정분개

12/31:	차>	매출원가	2,000	대>	상 품	2,000
	차>	매출원가	13,000	대>	매 입	13,000
	차>	상 품	1,900	대>	매출원가	1,900

(3) 매출원가의 계산

기초상품	2,000
당기매입	13,000
판매가능상품액	15,000
기말상품	(1,900)
매출원가	13,100

참고) 계속기록법에 의한 매출원가 13,000원과 다른데, 이러한 차이는 실지재고조사법이 재고자산감모손실을 따로 구분해내지 못하고, 이를 일괄적으로 매출원가에 포함시키기 때문이다.

제 3 절 재고자산의 가격결정방법

3.1 원가흐름의 가정

재고자산은 구입되었을 때의 가격인 역사적 원가로 기록되므로 만약 구입시의 단위당 원가가 변동하지 않았다면 기말재고수량에 단위당 원가를 곱하여 기말재고자산의 금액을 산정할 수 있다. 그러나 구입시점마다 각기 다른 단위당 원가로 재고자산을 구입하였다면 기말재고자산 전체에 적용할 수 있는 단위당 원가를 구하기가 쉽지 않다. 따라서 재고자산의 원가를 결정하는 데 있어서 재고자산의 물리적 흐름(physical flow)에 관계 없이 판매한 재고자산의 원가흐름에 대해 별도의 가정을 하게 된다. 그러므로 재고자산의 가격결정방법을 원가흐름의 가정(cost flow assumption)이라고도 한다.

K-IFRS에 규정되어 있는 재고자산의 원가결정방법은 개별법, 선입선출법, 가중평균법(이동평균법과 총평균법) 및 매출가격환원법이다. 기존의 회계실무에서 일부의 기업들이 사용하던 후입선출법은 K-IFRS에서는 인정되지 않지만, 다른 방법(특히 선입선출법)과 비교할 때 원가흐름의 가정의 중요성을 확인할 수 있는 사례이므로 추가적으로 설명하도록 한다. 재고자산의 원가결정방법으로서 하나의 방법만을 인정하지 않고 여러 가지 방법을 인정하고 있는 이유는 모든 기업의 상황에 대해 이론적으로 가장 타당하다고 생각되는 방법이 없으므로 기업이 처한 상황에 맞게 적절한 방법을 사용하여 계속 적용하는 것이 좋기 때문이다.

재고자산의 가격결정방법을 설명하는 데에는 흔히 상품재고장이 이용된다. 상품재고장은 상품의 입고와 출고 및 잔액을 기입하는 장부인데, 모든 금액은 취득원가로 기록된다. 따라서 입고란의 합계액에서 전기이월금액을 차감하면 당기중 총매입액이 되고, 출고란의 합계액은 당기의 매출원가가 되며, 잔액란의 마지막 금액은 기말재고액이 된다.

다음의 〈자료 11-3〉을 바탕으로 계속기록법과 실지재고조사법에 의한 각 재고자산의 가격결정방법에 대해 알아보기로 한다.

자료 11-3 재고자산 가격결정방법에 대한 토의자료

(단위: 개, 원)

기초상품재고 및 당기매입				당 기 판 매			
일 자	수 량	단 가	금 액	일 자	수 량	가 격	금 액
기 초	10	800	8,000	03/10	10	1,200	12,000
03/02	10	820	8,200	06/14	20	1,200	24,000
06/07	20	840	16,800	09/15	10	1,300	13,000
08/12	10	900	9,000	11/22	20	1,400	28,000
11/10	20	880	17,600				
12/21	10	920	9,200				
합 계	80		68,800		60		77,000

참고 1) 3월 10일 판매 – 기초재고분
6월 14일 판매 – 3월 2일 매입분 10개, 6월 7일 매입분 10개
9월 15일 판매 – 6월 7일 매입분 10개
11월 22일 판매 – 11월 10일 매입분 20개

참고 2) 재고실사로 파악한 기말재고 수량은 20개인데, 8월 12일 매입분 10개와 12월 21일 매입분 10개로 구성되어 있다.

3.2 개 별 법

개별법(specific identification method)은 재고자산을 개별적으로 식별하여 매입가격별로 판매된 것과 기말재고로 남은 것을 구별하여 재고자산가격을 결정하는 방법이다. 즉, 재고자산을 매입하였을 때 상품에 가격표(price tag)를 붙여서 매입상품별로 매입가격을 알 수 있도록 함으로써 판매시에 판매상품의 매입원가가 얼마인지 확인할 수 있으므로 매출원가의 산정이 쉽고, 재고로 남은 것의 원가를 합하면 기말재고액을 쉽게 구할 수 있다.

개별법은 실제 재고자산의 물리적 흐름에 따라 매출원가와 기말상품재고액을 평가하므로 실제물량흐름과 원가흐름의 방향이 일치되는 이상적인 방법이다. 또한 실제수익과 판매된 상품의 실제원가가 대응되고 기말재고액이 실제원가로 보고되므로 수익과 비용의 대응이 적절하게 이루어진다.

하지만 다양한 종류의 상품이 빈번히 거래되는 대부분의 기업에서는 적용하기가 거의 불가능하고, 동일한 상품의 매입가격이 다를 경우에 경영자가 낮은 가격의 상품을 택하여 판매함으로써 이익을 높이거나, 높은 가격의 상품을 택하여

판매함으로써 이익을 낮추는 등의 방법으로 이익을 조작할 수 있다. 따라서 자동차나 보석 등과 같이 상품의 개별성이 강하고 고가이며 상품간에 가격차이가 클 때에만 사용할 수 있는 방법이다.

개별법은 계속기록법과 실지재고조사법에서 모두 사용될 수 있다. 계속기록법에서는 상품재고장을 작성하는 방식으로 장부상에 계속 기록함으로써 매출원가와 기말재고금액을 계산할 수 있고, 실지재고조사법에서는 기말에 재고실사한 기말재고 수량에 대해 각각의 매입금액을 확인하여 기말재고금액을 확정할 수 있다. 따라서 계속기록법과 실지재고조사법에 의한 기말재고금액 및 매출원가는 같게 결정된다.

자료 11-4 개별법에 의한 기말재고액과 매출원가 – 계속기록법

상품재고장

	입고			출고			잔액		
일자	수량	단가	금액	수량	단가	금액	수량	단가	금액
01/01	10	800	8,000				10	800	8,000
03/02	10	820	8,200				10	800	8,000
							10	820	8,200
03/10				10	800	8,000	10	820	8,200
06/07	20	840	16,800				10	820	8,200
							20	840	16,800
06/14				10	820	8,200			
				10	840	8,400	10	840	8,400
08/12	10	900	9,000				10	840	8,400
							10	900	9,000
09/15				10	840	8,400	10	900	9,000
11/10	20	880	17,600				10	900	9,000
							20	880	17,600
11/22				20	880	17,600	10	900	9,000
12/21	10	920	9,200				10	900	9,000
							10	920	9,200
차기이월				20		18,200			
	80		68,800	80		68,800			

1. **기말재고액** = 9,000원 + 9,200원 = 18,200원
2. **매출원가** = 68,800원 − 18,200원
   = 8,000원 + 8,200원 + 8,400원 + 8,400원 + 17,600원
   = 50,600원

자료 11-5 개별법에 의한 기말재고액과 매출원가 – 실지재고조사법

1. 기말재고액

일 자	수 량	단 가	금 액
08/12	10개	900	9,000원
12/21	10	920	9,200
합 계	20개		18,200원

2. 매출원가

매출원가 = 기초상품재고액 + 당기매입액 − 기말상품재고액
= 8,000원 + 60,800원 − 18,200원
= 50,600원

〈자료 11-3〉에 주어진 자료를 바탕으로 개별법에 의한 기말재고금액과 매출원가를 계속기록법과 실지재고조사법에 의해 각각 산정하는 과정은 〈자료 11-4〉 및 〈자료 11-5〉에 나타나 있다.

〈자료 11-4〉와 〈자료 11-5〉를 비교해보면, 개별법의 원가흐름을 사용하여 재고자산을 평가할 때에는 계속기록법과 실지재고조사법의 어느 방법을 사용하더라도 기말상품재고액과 매출원가가 동일하게 결정됨을 알 수 있다.

개별법-실지재고조사법의 결과로 매출원가를 산정하는 조정분개를 제시하면 다음과 같다.

차〉	매출원가	8,000	대〉 상품(기초)	8,000
차〉	매출원가	60,800	대〉 매 입	60,800
차〉	상품(기말)	18,200	대〉 매출원가	18,200

참고) 이상의 분개를 통하여 매출원가는 다음과 같이 50,600원으로 기록된다.
매출원가 = 8,000 + 60,800 − 18,200 = 50,600원

3.3 선입선출법

선입선출법(FIFO: first-in, first-out method)은 재고자산의 물리적 흐름과는 상관 없이 먼저 매입한 상품이 먼저 판매된다고 가정하는 방법이다. 그러므로 선입선출법을 사용하는 경우 매출원가는 먼저 매입한 상품의 취득원가로 평가되고,

기말재고자산은 가장 최근에 매입한 상품의 원가로 평가된다. 이 방법은 먼저 입고된 상품이 먼저 판매된다고 가정하므로 실제의 물리적 흐름과 비교적 일치하고 적용하기도 쉽기 때문에 실무에서 많이 사용한다.

선입선출법은 원가흐름의 가정이 실제 물량흐름의 방향과 대체로 일치하고 실무에서 적용하기 쉬우며, 또 기말재고액은 최근의 매입가격으로 평가되므로 비교적 시가(market price)나 현행원가(current cost)를 잘 반영한다는 장점이 있다.

그러나 포괄손익계산서의 입장에서 보면 현행가격으로 표시되는 수익과 현행가격에 의한 원가가 서로 대응되는 것이 아니라 현행수익과 과거원가가 대응되므로 수익 · 비용의 대응이 적절하지 않고, 물가가 계속 상승하는 경우에는 매출원가가 과거의 낮은 가격으로 계상되어 이익을 과대표시하게 되는 경향이 있으며, 따라서 과도한 세금부담이 발생할 수 있다는 단점도 있다.

선입선출법 역시 계속기록법과 실지재고조사법에 의해 모두 활용될 수 있다. 개별법의 경우와 마찬가지로, 선입선출법을 사용하여도 두 방법에 의해 계산된 기말재고액과 매출원가는 동일한 금액이 된다.

〈자료 11-3〉에 주어진 자료를 바탕으로 선입선출법에 의한 기말재고금액과 매출원가를 계속기록법과 실지재고조사법에 의해 산정해보면 〈자료 11-6〉 및 〈자료 11-7〉과 같다.

자료 11-6 선입선출법에 의한 기말재고액과 매출원가 – 계속기록법

상 품 재 고 장

	입 고			출 고			잔 액		
일 자	수량	단가	금액	수량	단가	금액	수량	단가	금액
01/01	10	800	8,000				10	800	8,000
03/02	10	820	8,200				10	800	8,000
							10	820	8,200
03/10				10	800	8,000	10	820	8,200
06/07	20	840	16,800				10	820	8,200
							20	840	16,800
06/14				10	820	8,200			
				10	840	8,400	10	840	8,400
08/12	10	900	9,000				10	840	8,400
							10	900	9,000
09/15				10	840	8,400	10	900	9,000
11/10	20	880	17,600				10	900	9,000

							20	880	17,600
11/22				10	900	9,000			
				10	880	8,800	10	880	8,800
12/21	10	920	9,200				10	880	8,800
							10	920	9,200
차기이월				20		18,000			
	80		68,800	80		68,800			

1. **기말재고액** = 8,800원 + 9,200원 = 18,000원
2. **매출원가** = 68,800원 − 18,000원
   = 8,000원 + 8,200원 + 8,400원 + 8,400원 + 9,000원 + 8,800원
   = 50,800원

자료 11-7 선입선출법에 의한 기말재고액과 매출원가 – 실지재고조사법

1. 기말재고액

일 자	수 량	단 가	금 액
12/21	10개	920	9,200원
11/10	10	880	8,800
합 계	20개		18,000원

참고) 기말 재고실사의 결과 20개의 재고수량이 남아있으므로, 선입선출법의 가정에 따라 최근 매입분인 12월 21일의 10개와 11월 10일의 10개가 재고자산에 남아있게 된다.

2. 매출원가

매출원가 = 기초상품재고액 + 당기매입액 − 기말상품재고액
= 8,000원 + 60,800원 − 18,000원
= 50,800원

〈자료 11-6〉과 〈자료 11-7〉의 결과를 비교해보면, 선입선출법의 원가흐름을 사용하여 재고자산을 평가할 때에는 개별법의 경우처럼 계속기록법과 실지재고조사법의 어느 방법을 사용하더라도 기말상품재고액과 매출원가가 동일하게 결정됨을 알 수 있다.

선입선출법-실지재고조사법을 사용해서 매출원가를 산정하는 조정분개를 제시하면 다음과 같다.

차> 매출원가	8,000	대> 상품(기초)	8,000
차> 매출원가	60,800	대> 매　입	60,800
차> 상품(기말)	18,000	대> 매출원가	18,000

참고) 매출원가 = 8,000 + 60,800 − 18,000 = 50,800원

3.4 가중평균법 – 이동평균법과 총평균법

가중평균법(weighted average cost method)은 일정기간 동안의 재고자산에 대한 평균 단위당 원가를 구하고 이를 이용하여 기말재고와 매출원가를 계산하는 방법이다. 계속기록법하에서의 가중평균법을 이동평균법(moving average method)이라 하고, 실지재고조사법하에서의 가중평균법을 총평균법(weighted average method)이라 한다.

가중평균법은 실무적으로 계산이 편리하고, 재고자산금액이나 매출원가가 선입선출법이나 후입선출법과는 달리 극단적인 가치가 아니고 두 방법의 중간적인 가치를 가진다. 그리고 평균원가는 객관적으로 정확히 계산되기 때문에 이익조작의 가능성이 없다.

그러나 가중평균법을 사용하면 실제물량의 흐름과 일치하지 않는 경우가 대부분이고, 평균원가는 판매에 대응되는 매출원가가 아니므로 수익·비용 대응이 이상적으로 이루어지지 않는다.

이동평균법은 계속기록법에 적용하는 가중평균법으로서 재고자산을 매입할 때마다 매입수량과 금액을 매입 직전의 재고수량과 잔액에 가산하여 평균단가를 구하고, 이를 그 다음의 판매단가로 하는 방법이다. 따라서 평균단가는 재고자산의 매입이 있을 때마다 다시 계산해야 하므로 실무적으로 번거로운 방법이 될 수 있다. 이동평균법은 매입이 있을 때마다 회계장부를 계속적으로 기록하는 방법이므로 계속기록법에서만 사용할 수 있는 방법이다.

총평균법은 일정 기간동안의 재고자산의 원가를 평균하는 방법으로 단가를 계산하는 방법으로서 실지재고조사법에 적용하는 가중평균법이다. 즉 일정 기간의 판매가능상품액을 판매가능수량으로 나누어서 평균단가를 구하고, 이를 기초로 기말재고액과 매출원가를 계산한다. 당기에 판매한 상품은 기초상품과 당기매입상품이 혼합된 상태에서 무작위로 선택하여 판매하였다고 할 수 있으므로 평균원가로 매출원가를 구할 수 있다는 것이 총평균법의 가정이다. 판매가능상

품액과 판매가능수량은 보고기간종료일이 되어서야 확정되므로 총평균법은 실지재고조사법에서만 사용할 수 있는 방법이다.

이동평균법에 의한 평균단가의 계산식과 매출원가 및 매출 후의 재고자산, 총평균법에 의한 평균단가의 계산식 및 매출원가를 다음에 제시된 〈자료 11-8〉에 정리하였다.

자료 11-8 이동평균법과 총평균법의 비교

1. 이동평균법

① 매입시마다 계산하는 평균단가 = $\dfrac{\text{신규매입액 + 매입직전의 재고액}}{\text{신규매입수량 + 매입직전의 재고수량}}$

참고) 이 평균단가를 다음 매입 전까지 판매시마다 매출원가와 재고자산을 계산하기 위한 단가로 이용한다.

② 매출원가 = 매출수량 × ①의 평균단가

③ 매출 후의 재고자산 = 직전 재고자산 − 매출원가

2. 총평균법

① 평균단가 = $\dfrac{\text{기초재고 + 당기매입액}}{\text{기초재고수량 + 당기매입수량}} = \dfrac{\text{판매가능상품액}}{\text{판매가능수량}}$

참고) 이 평균단가를 사용하여 기말재고와 매출원가를 구한다.

② 기말재고 = 기말재고수량 × ①의 평균단가

③ 매출원가 = 당기판매수량 × ①의 평균단가
　　　　　= 판매가능재고 − 기말재고

〈자료 11-3〉에 주어진 자료를 바탕으로 위의 〈자료 11-8〉의 내용을 사용하여 가중평균법에 의한 기말재고액과 매출원가를 계속기록법(이동평균법)과 실지재고조사법(총평균법)에 의해 계산해보면 각각 〈자료 11-9〉 및 〈자료 11-10〉과 같다.

〈자료 11-9〉와 〈자료 11-10〉의 결과를 비교해보면, 이동평균법을 사용할 때의 결과와 총평균법을 사용할 때의 결과가 다르다. 이는 이동평균법은 매입시마다 평균단가를 계산하고 그 단가를 사용하여 판매시마다 매출원가를 계산하지만, 총평균법은 일정 기간의 평균단가를 한 번만 계산하여 기말재고와 매출원가를 계산하기 때문이다.

자료 11-9 **이동평균법에 의한 기말재고액과 매출원가 – 계속기록법**

상 품 재 고 장

일 자	입고 수량	입고 단가	입고 금액	출고 수량	출고 단가	출고 금액	잔액 수량	잔액 단가	잔액 금액
01/01	10	800	8,000				10	800	8,000
03/02	10	820	8,200				20	810[1)]	16,200
03/10				10	810	8,100	10	810	8,100
06/07	20	840	16,800				30	830[2)]	24,900
06/14				20	830	16,600	10	830	8,300
08/12	10	900	9,000				20	865[3)]	17,300
09/15				10	865	8,650	10	865	8,650
11/10	20	880	17,600				30	875[4)]	26,250
11/22				20	875	17,500	10	875	8,750
12/21	10	920	9,200				20	897.5[5)]	17,950
차기이월				20		17,950			
	80		68,800	80		68,800			

1) 평균단가 = (8,000원 + 8,200원) / 20 = 16,200원 / 20 = 810원
2) 평균단가 = (8,100원 + 16,800원) / 30 = 24,900원 / 30 = 830원
3) 평균단가 = (8,300원 + 9,000원)/ 20 = 17,300원 / 20 = 865원
4) 평균단가 = (8,650원 + 17,600원) / 30 = 26,250원 / 30 = 875원
5) 평균단가 = (8,750원 + 9,200원) / 20 = 17,950원 / 20 = 897.5원

1. **기말재고액** = 20개 × 897.5원 = 17,950원
2. **매출원가** = 68,800원 − 17,950원
   = 8,100원 + 16,600원 + 8,650원 + 17,500원
   = 50,850원

자료 11-10 **총평균법에 의한 기말재고액과 매출원가 – 실지재고조사법**

1. **평균단가** = (8,000원 + 60,800원) / 80 = 68,800원 / 80 = 860원
2. **기말재고액** = 20개 × 860원 = 17,200원
3. **매출원가** = 60개 × 860원
   = 68,800개 − 17,200원
   = 51,600원

총평균법－실지재고조사법에 의한 매출원가 산정분개는 다음과 같다.

차>	매출원가	8,000	대>	상품(기초)	8,000
차>	매출원가	60,800	대>	매　입	60,800
차>	상품(기말)	17,200	대>	매출원가	17,200

참고) 매출원가 = 8,000 + 60,800 － 17,200 = 51,600원

3.5 후입선출법

후입선출법(LIFO: last-in, first-out method)은 재고자산의 물리적 흐름과는 상관 없이 나중에 매입된 상품이 먼저 판매된다고 가정하는 방법이다. 이 방법에 의하면 기말재고액은 오래 전에 매입한 재고자산의 매입원가로 기록되고 매출원가는 최근의 매입원가로 기록된다.

후입선출법의 장점은 시간이 경과할수록 물가가 상승한다는 사실과 관련되어 있다. 즉, 최근의 원가와 현행수익을 대응시킴으로써 수익 · 비용의 대응이 적절하게 이루어지고, 물가상승시 이익을 적게 표시할 수 있으므로 보수주의 관점에서도 바람직한 방법이다. 또한 물가상승으로 인해 매출원가가 높게 계상되면 당기순이익이 작아지게 되므로 세금을 덜 낼 수 있는 절세효과(tax savings)를 기대할 수 있다.

그러나 후입선출법을 적용하면 이익이 작게 표시되므로 경영자의 성과가 낮게 평가되고 또 기말재고액이 오래 전에 매입한 원가로 기록되므로 재무상태표에 표시된 재고자산금액이 시가나 현행원가를 반영하지 못한다는 단점이 있다.

또 만약 당기매입량보다 더 많은 상품을 판매한 경우에는 원가가 낮은 과거의 상품매입분이 판매되므로 당기순이익이 증가될 수도 있고, 보고기간말에 고가의 상품을 다량으로 매입함에 따라 당기순이익을 줄일 수도 있는 등 이익조정의 가능성이 있다. 전자와 같이 후입선출법을 사용하여 과거 오래 전의 원가가 현재의 수익에 대응표시되는 것을 재고청산(inventory liquidation)이라고 한다.

이와 같은 단점 때문에 K-IFRS에서는 후입선출법을 인정하지 않고 있다.

후입선출법 역시 계속기록법과 실지재고조사법에 의해 모두 계산될 수 있다. 그러나 앞서 설명한 개별법이나 선입선출법과는 달리, 계속기록법과 실지재고조사법에 의한 기말재고액이나 매출원가는 서로 같지 않다. 후입선출법에서

이러한 결과가 나타나는 이유는, 실지재고조사법의 경우에는 기말재고수량에 과거의 단가를 사용하여 기말재고금액을 산출하고 이에 따라 매출원가가 계산되지만, 계속기록법의 경우에는 판매시마다 직전의 매입시에 지불한 가격을 단가로 사용하여 매출원가를 산정하기 때문이다.

〈자료 11-3〉에 주어진 자료를 바탕으로 후입선출법에 의한 기말재고액과 매출원가를 계속기록법과 실지재고조사법에 의해 산정해보면 각각 〈자료 11-11〉 및 〈자료 11-12〉와 같다.

자료 11-11 **후입선출법에 의한 기말재고액과 매출원가 – 계속기록법**

상 품 재 고 장

일 자	입고 수량	입고 단가	입고 금액	출고 수량	출고 단가	출고 금액	잔액 수량	잔액 단가	잔액 금액
01/01	10	800	8,000				10	800	8,000
03/02	10	820	8,200				10	800	8,000
							10	820	8,200
03/10				10	820	8,200	10	800	8,000
06/07	20	840	16,800				10	800	8,000
							20	840	16,800
06/14				20	840	16,800	10	800	8,000
08/12	10	900	9,000				10	800	8,000
							10	900	9,000
09/15				10	900	9,000	10	800	8,000
11/10	20	880	17,600				10	800	8,000
							20	880	17,600
11/22				20	880	17,600	10	800	8,000
12/21	10	920	9,200				10	800	8,000
							10	920	9,200
차기이월				20		17,200			
	80		68,800	80		68,800			

1. 기말재고액 = 8,000원 + 9,200원 = 17,200원
2. 매출원가 = 68,800원 − 17,200원
   = 8,200원 + 16,800원 + 9,000원 + 17,600원
   = 51,600원

자료 11-12 후입선출법에 의한 기말재고액과 매출원가 - 실지재고조사법

1. 기말재고액

일 자	수 량	단 가	금 액
기 초	10개	800	8,000원
03/02	10	820	8,200
합 계	20개		16,200원

참고) 기말 재고실사의 결과 20개의 재고수량이 남아있으므로, 후입선출법의 가정에 따라 가장 오래된 매입분인 기초재고 10개와 3월 2일 매입분 10개가 재고자산에 남아있게 된다.

2. 매출원가

매출원가 = 기초상품재고액 + 당기매입액 − 기말상품재고액
= 8,000원 + 60,800원 − 16,200원
= 52,600원

〈자료 11-11〉과 〈자료 11-12〉의 결과를 비교해보면, 후입선출법의 원가흐름을 사용하여 재고자산을 평가할 때에는 개별법이나 선입선출법과는 달리 계속기록법과 실지재고조사법에 따라 기말상품재고액과 매출원가가 다르게 결정됨을 알 수 있다.

또한 물가가 상승하는 시기(기초재고의 단가는 800원이고 12월 21일 매입분의 단가는 920원이므로)에서는 후입선출법에 의한 매출원가의 크기가 52,600원(계속기록법을 사용하면 51,600원)으로서, 개별법에 의한 50,600원과 선입선출법에 의한 50,800원보다 크다. 따라서 물가가 상승하는 시기에 후입선출법을 사용하면 당기순이익이 적게 산출된다는 것을 알 수 있다.

후입선출법-실지재고조사법에 의한 매출원가를 산정하기 위한 조정분개는 다음과 같다.

차>	매출원가	8,000	대>	상품(기초)	8,000
차>	매출원가	60,800	대>	매 입	60,800
차>	상품(기말)	16,200	대>	매출원가	16,200

참고) 매출원가 = 8,000 + 60,800 − 16,200 = 52,600원

다음에 제시된 자료 〈11-13〉은 실지재고조사법을 사용할 때의 선입선출법과 후입선출법을 비교하는 내용이다. 선입선출법은 기말재고수량 20개에 가장

최근의 매입원가를 적용한 것을 기말재고액으로 하고, 판매가능상품액에서 이를 차감하여 매출원가를 산정한다. 후입선출법은 기말재고수량 20개에 가장 오래된 매입원가를 적용한 것을 기말재고액으로 하고, 판매가능상품액에서 이를 차감하여 매출원가를 산정한다.

자료 11-13 선입선출법과 후입선출법의 비교 – 실지재고조사법

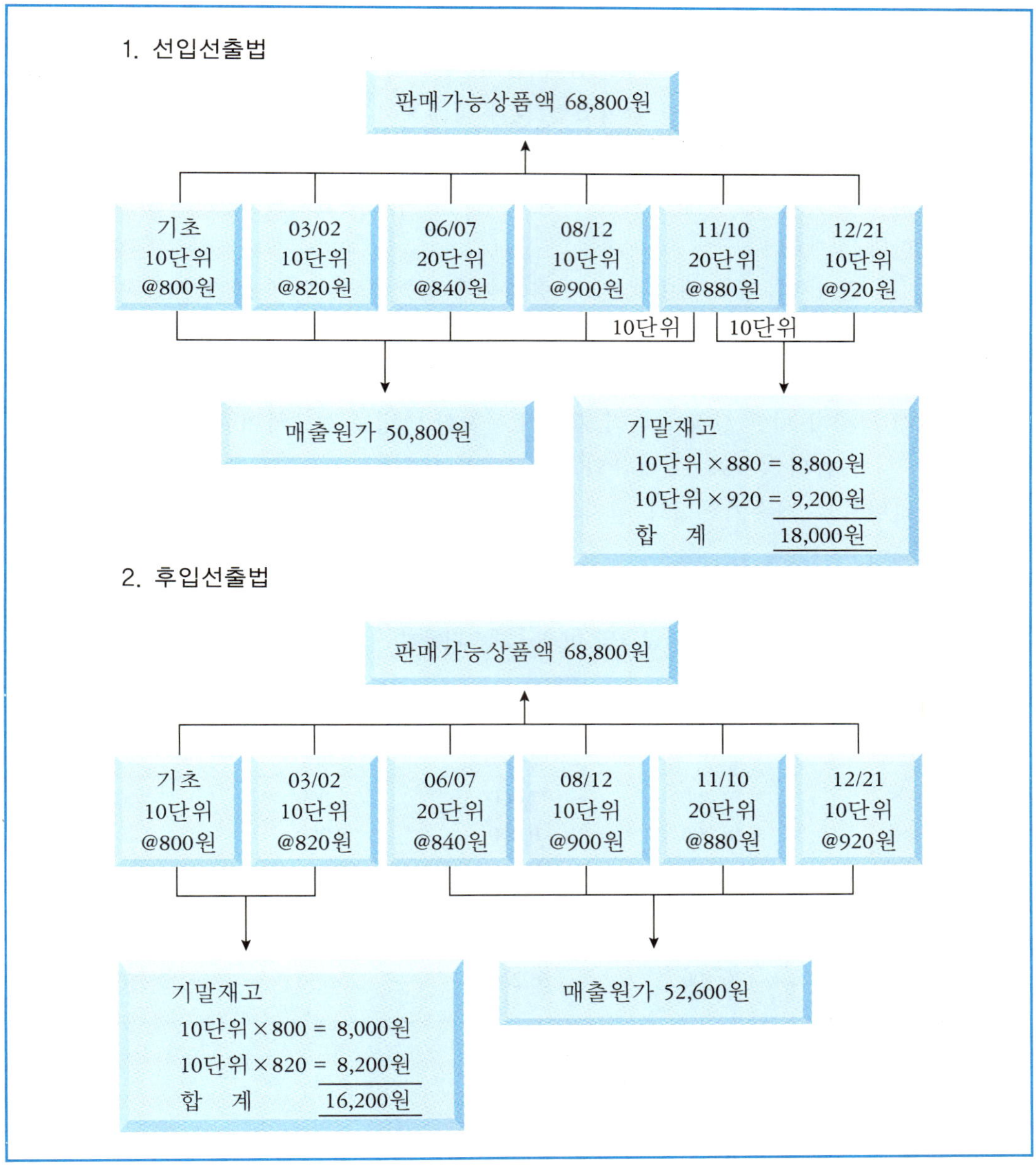

3.6 각 평가방법의 비교

위에서 언급한 네 가지 원가흐름의 가정, 즉 개별법이나 선입선출법, 가중평균법과 후입선출법은 기업의 특성에 따라 실제 물량흐름과 일치하는 경우도 있고 일치하지 않는 경우도 있다.

개별법은 물량의 흐름과 원가흐름의 가정이 정확히 일치하는 방법이고, 육류나 유제품과 같은 경우는 부패를 방지하기 위해 먼저 매입한 것을 판매하므로 선입선출법이 실제의 물량흐름과 일치한다. 그리고 기름이나 가스는 기존의 용기에 새 제품을 담으면 남아있던 것과 합쳐져서 평균적으로 팔리기 때문에 가중평균법이 실제 물량흐름과 일치한다. 또한 목재나 석탄은 나중에 매입된 것들이 적재된 곳의 맨 위에 있어 먼저 판매되므로 후입선출법이 실제 물량흐름과 일치한다.

원가흐름의 가정이 실제 물량흐름과 일치하느냐의 여부가 재고자산을 평가할 때 중요한 기준이 되기도 하지만 반드시 그러한 것만은 아니다. 따라서 모든 상황에 적합한 최적의 방법은 존재하지 않으며 K-IFRS에서 인정하는 방법 중에서 각자가 처한 상황에 따라 기업이 적합한 방법을 선택하여 적용하게 된다.

다음의 〈자료 11-14〉와 〈자료 11-15〉는 〈자료 11-3〉에 제시된 자료를 바탕으로 계속기록법과 실지재고조사법에 의한 각 재고평가방법을 비교한 것이다.

자료 11-14 재고자산 평가결과의 비교 - 계속기록법

(단위: 원)

	개 별 법	선입선출법	이동평균법	후입선출법
매 출	77,000	77,000	77,000	77,000
기초상품	8,000	8,000	8,000	8,000
당기매입	60,800	60,800	60,800	60,800
기말상품	(18,200)	(18,000)	(17,950)	(17,200)
매출원가	50,600	50,800	50,850	51,600
매출총이익	26,400	26,200	26,150	25,400

자료 11-15 재고자산 평가결과의 비교 – 실지재고조사법

(단위: 원)

	개 별 법	선입선출법	총평균법	후입선출법
매 출	77,000	77,000	77,000	77,000
기초상품	8,000	8,000	8,000	8,000
당기매입	60,800	60,800	60,800	60,800
기말상품	(18,200)	(18,000)	(17,200)	(16,200)
매출원가	50,600	50,800	51,600	52,600
매출총이익	26,400	26,200	25,400	24,400

〈자료 11-14〉 및 〈자료 11-15〉를 보면 개별법과 선입선출법에서는 계속기록법과 실지재고조사법의 결과가 동일하지만 가중평균법과 후입선출법에서는 결과가 다르다.

그리고 선입선출법과 가중평균법 및 후입선출법을 비교해 보면, 선입선출법의 기말상품이 가장 커서 매출원가가 가장 작고 매출총이익이 가장 크다. 반대로 후입선출법의 기말상품이 가장 작아서 매출원가가 가장 크고 매출총이익이 가장 작다. 가중평균법(이동평균법과 총평균법)은 선입선출법과 후입선출법의 중간이다. 이는 종합예제가 물가가 상승하는 상황을 다루었기 때문인데, 물가가 하락하는 시기에서는 이와 반대의 결과가 나올 것이다.

이러한 상황을 정리해보면 〈자료 11-16〉과 같다.

자료 11-16 각 평가방법에서의 크기 비교 – 물가상승시

1. 기말재고: 선입선출법 > 이동평균법 > 총평균법 > 후입선출법
2. 매출원가: 선입선출법 < 이동평균법 < 총평균법 < 후입선출법
3. 매출총이익(당기순이익): 선입선출법 > 이동평균법 > 총평균법 > 후입선출법

참고) 기말재고와 매출원가는 서로 반대 방향으로 움직이고, 기말재고와 매출총이익(당기순이익)은 같은 방향으로 움직인다.

각 방법에 따라 차이가 발생하는 이유는 기업이 상품을 구입할 때 각각 다른 가격을 지불하기 때문이다. 만약 상품을 구입할 때마다 구입가격이 같다면 각 방법의 결과가 모두 동일할 것이다. 그러나 상품 구입가격이 동일하지 않기 때문에

기업에서 사용하는 재고자산평가방법(원가흐름의 가정)이 기말상품재고와 매출원가, 매출총이익 및 당기순이익에 상당한 영향을 끼치게 되는 것이다.

또한 재고평가방법을 변경하여 이익을 조작하는 행위도 할 수 있다. 따라서 K-IFRS에서는 기업의 재고자산평가방법 및 평가방법의 변경시에 그 사유 등을 재무제표의 주석으로 공시하도록 요구하고 있다.

3.7 추정에 의한 재고자산 평가방법

실지재고조사법을 사용하지만 재고자산의 수량을 실제로 확인하는 것이 쉽지 않거나 영업을 방해할 정도라면 재고자산 실사를 수행할 수 없을 것이다. 그리고 화재나 도난 등으로 재고자산이 소실되었을 때에는 비록 재고실사를 할 수 없다고 하더라도 보험회사로부터 보상받을 보험금을 산출하기 위해서 기말재고자산금액을 추정하여야 한다. 이러한 경우에 적용할 수 있는 재고자산금액의 추정방법에는 매출가격환원법과 매출총이익법이 있다.

(1) 매출가격환원법

매출가격환원법은 소매재고법(retail inventory method)이라고도 하는데, 기말재고액을 우선 판매가격으로 평가한 후에 기말재고액에 원가율을 곱하여 기말재고자산의 원가를 추정하는 방법이다.

매출가격환원법은 재고실사에 드는 비용이 매우 많거나, 재고자산에 대한 실사작업이 영업에 방해되어 재고실사를 수행하기 어려운 경우에 사용할 수 있는 방법이다. 이 방법은 재고실사를 하지 않거나 실사를 하더라도 재고자산을 용이하게 평가할 수 있으나, 실제로 구입한 원가가 아닌 추정에 의한 원가의 결정방법이므로 많은 종류의 상품을 취급하는 백화점이나 할인점과 같은 유통업종에서만 사용할 수 있다.

매출가격환원법을 적용하는 절차는 〈자료 11-17〉과 같다.

자료 11-17 매출가격환원법의 적용절차

1. 기초상품재고액과 당기매입액을 취득원가 및 판매가격 기준으로 표현한다.
2. 다음과 같은 식에 의해 원가율을 계산한다.

$$\text{원가율} = \frac{\text{기초상품재고액} + \text{당기매입액}}{\text{기초상품재고액} + \text{당기매입액}} \quad \begin{array}{l}(\leftarrow \text{원가기준 판매가능상품액})\\(\leftarrow \text{판매가기준 판매가능상품액})\end{array}$$

참고) 당기매입액은 매입할인이나 매입에누리와환출 등을 차감한 순매입액을 사용한다.

3. 판매가기준 기말상품재고액 = 판매가기준 판매가능상품액 − 당기 매출액
4. 원가기준 기말상품재고액 = 판매가기준 기말상품재고액 × 원가율
5. 매출원가 = 원가기준 판매가능상품액 − 원가기준 기말상품재고액

예제 11-3 **매출가격환원법**

서울회사는 대형할인점을 영위하는 유통업체이다. 서울회사는 상품종류가 많아서 재고자산 실사를 수행할 수 없다고 판단하여 재고실사 없이도 재고자산평가를 할 수 있는 매출가격환원법을 적용하기로 하였다. 회사가 수집한 자료가 다음과 같을 때 매출가격환원법에 의한 기말상품과 매출원가를 각각 계산하시오.

	원 가	판 매 가
기초상품	32,000원	50,000원
당기매입	172,000	290,000
합 계	204,000원	340,000원
매 출 액		290,000원

해 답

1. 매출가격환원법 절차의 첫 번째는 문제에서 주어졌으므로 두 번째 절차부터 수행한다.
2. 원가율 = 204,000원 / 340,000원 = 60%
3. 판매가에 의한 기말상품 = 340,000원 − 290,000원 = 50,000원
4. 원가에 의한 기말상품 = 50,000원 × 60% = 30,000원
5. 매출원가 = 204,000원 − 30,000원
   = 174,000원

(2) 매출총이익법

매출총이익법(gross margin method)은 매출액에 대해 추정되는 매출총이익률(일반적으로 과거의 평균적인 매출총이익률)을 이용하여 당기의 매출액으로부터 매출원가를 계산하고 이를 판매가능상품액에서 차감하여 기말재고를 구하는 방법이다.

매출총이익법은 화재나 수해 및 도난 등으로 재고자산이 소실되었을 때 기말재고자산을 실사할 수 없으므로 매출총이익률이 일정하다는 가정하에 매출원가를 먼저 계산한 후 기말재고자산을 추정하는 것이다. 따라서 매출총이익률이 일정하지 않다면 매출총이익법에 의한 재고자산 추정이 부정확하므로 K-IFRS에

서는 이 방법을 인정하지 않고 있다.

매출총이익법에서는 매출수량이나 기말재고수량에 대한 정보는 필요 없고, 단지 매출액과 과거의 매출총이익률만 알고 있으면 된다. 매출총이익법을 적용하는 절차는 다음의 〈자료 11-18〉과 같다.

자료 11-18 매출총이익법의 적용절차

1. 과거의 평균 매출총이익률을 계산
2. 당기의 매출총이익 = 당기 매출액 × 매출총이익률
3. 매출원가 = 당기 매출액 − 당기 매출총이익
   = 당기 매출액 × (1 − 매출총이익률)
4. 기말상품 = 판매가능상품액 − 매출원가

예제 11-4 매출총이익법

다음 자료로부터 매출총이익을 사용하여 기말상품과 매출원가를 구하시오.

기 초 상 품	50,000원
당기매입액	470,000원
당기매출액	750,000원
최근 3년간 평균 매출총이익률	35%

해 답

1. 평균 매출총이익률은 문제에서 나와 있으므로 두 번째 절차부터 수행한다.
2. 당기의 매출총이익 = 750,000원 × 35% = 262,500원
3. 매출원가 = 750,000원 − 262,500원
   = 750,000원 × (1 − 35%)
   = 487,500원
4. 기말상품 = 50,000원 + 470,000원 − 487,500원
   = 32,500원

제 4 절 재고자산감모손실과 재고자산평가손실

4.1 재고자산감모손실

재고자산은 대개 취득원가로 표시되고 보유에 따른 손익효과는 발생하지 않지만, 장부에 기재된 재고자산의 수량에 비해 실지재고수량이 적거나 진부화 등의 이유로 재고자산의 판매가격이 취득원가보다 낮아지는 경우에는 취득원가 이외의 방법으로 표시되어 재고자산의 보유에 따른 손실이 발생할 수 있다.

재고자산의 도난, 파손, 분실 등의 원인으로 재고자산의 장부상 재고수량에 비해 실지재고수량이 부족한 경우에 발생하는 손실을 재고자산감모손실(loss due to inventory shrinkages)이라 한다.

앞에서 설명한 것처럼 계속기록법과 실지재고조사법 중에 어느 한 가지만을 사용하면 이러한 재고자산감모손실을 파악할 수가 없다. 왜냐하면 계속기록법에서는 수량부족분이 기말재고에 포함되고, 실지재고조사법에서는 수량부족분이 모두 매출원가에 포함되기 때문이다. 따라서 재고자산감모손실이 나타나는 경우는 계속기록법과 실지재고조사법을 병용하는 경우로서 재고자산을 장부상에 계속 기록하면서 보고기간종료일에 실지재고조사를 할 때 차이수량을 알 수 있는 것이다.

재고자산감모손실이 영업활동 과정에서 정상적으로 발생하였다면 매출원가에 가산하고, 비정상적으로 발생한 감모손실은 원가성을 인정할 수 없으므로 기타비용으로 분류한다.

매출원가를 산정하기 위한 조정분개를 수행할 때에는 일단 장부상 재고수량에 따른 기말상품을 기록한 후에 감모수량에 대한 처리를 원가성 유무에 따라 매출원가와 재고자산감모손실로 분개한다.

예제 11-5 재고자산감모손실

다음과 같은 상황에서 매출원가를 산정하기 위한 조정분개를 수행하고 재무제표에 보고될 기말상품액과 매출원가를 구하시오.

기초상품	50,000원
당기매입	350,000원

기말상품 장부상 금액 70,000원
실사금액 60,000원

또 감모액 중의 40%는 영업활동 과정에서 발생하였고 나머지는 비정상적으로 발생하였다고 가정한다.

해 답

1. 매출원가 산정을 위한 분개

차>	매출원가	50,000	대>	상품(기초)	50,000
차>	매출원가	350,000	대>	매 입	350,000
차>	상품(기말)	70,000[1]	대>	매출원가	70,000
차>	매출원가	4,000[2]	대>	상품(기말)	10,000
	재고자산감모손실	6,000			

1) 우선 장부상 재고를 바탕으로 매출원가를 산정한다.
2) 감모액 10,000원 중에서 정상적으로 발생한 40%.

2. 기말상품 = 60,000원 (실사금액)
   매출원가 = 50,000원 + 350,000원 − 70,000 + 4,000원
   = 334,000원 (원가성 있는 감모손실 포함)

4.2 재고자산평가손실

컴퓨터나 반도체와 같은 재고자산들은 기간이 경과하면 제값을 받지 못하고 판매해야 한다. 따라서 이러한 재고자산들에 대해서는 취득원가로 평가하는 방법보다는 실제로 판매하여 얻을 수 있는 수익인 순실현가능가치로 평가하는 것이 기업의 자산을 평가하는 데 더욱 적절할 것이다.

순실현가능가치(net realizable value)는 재고자산의 추정판매가격에서 판매할 때까지 정상적으로 발생할 것이라 추정되는 판매비용을 차감한 금액이다. 단, 상품이나 제품처럼 판매가 목적인 재고자산과는 달리 생산과정에 투입될 원재료나 재공품은 현행대체원가를 순실현가능가치 대신 사용한다.

저가법(LCM: lower of cost or market method)은 취득원가와 시가를 비교해서 이 둘 중 더 낮은 가액으로 자산을 평가하는 방법이다. 이 방법에 의하면 일반적으로 자산을 취득원가로 평가하지만 시가가 원가보다 하락한 경우에는 보수주의(conservatism)에 따라 시가로 평가해야 한다. 그러므로 시가가 원가보다 상승한 경우에는 시가를 인식하지 않는다.

여기에서 취득원가란 개별법이나 선입선출법 및 가중평균법 등의 가정을 사용해서 산출한 재고자산금액을 말하고, 시가는 순실현가능가치(원재료나 재공품은 현행대체원가)를 말한다.

만약 순실현가능가치가 취득원가보다 높다면 취득원가로 재고자산을 기록해야 하지만, 순실현가능가치가 취득원가보다 낮다면 순실현가능가치로 재고자산을 평가하고 그 차이에 해당하는 금액을 재고자산평가손실(loss due to decline in market value of inventory)로 인식해야 한다.

재고자산은 종목별로 저가법을 적용하므로 종목마다 순실현가능가치의 하락액은 반영하지만 순실현가능가치의 상승액은 반영하지 않는다. 따라서 순실현가능가치의 하락과 상승을 상계할 수 없다.

재고자산의 순실현가능가치가 취득원가 이하로 하락하여 발생한 평가손실은 재고자산평가충당금의 계정과목을 사용하여 재고자산의 차감계정으로 표시하고 매출원가에 가산한다. 즉, 시가하락분이 재고자산금액에서 차감되므로 매출원가가 증가되어 매출총이익이 감소하게 되는 것이다.

재고자산평가손실이 발생한 경우의 회계처리 및 재고자산과 관련된 재무상태표의 표시는 다음과 같다.

차> 매출원가	×××	대> 재고자산평가충당금	×××

재무상태표 표시:	재고자산(총액)	×××
	재고자산평가충당금	(×××)
	재고자산(순액)	×××

한편, 시장상황의 변동으로 평가손실을 초래했던 상황이 해소되어 새롭게 형성된 시가가 장부금액보다 상승하는 경우에는 평가손실을 환입하여 매출원가에서 차감하여 표시할 수 있다.

예제 11-6 재고자산평가손실

당기 매출액이 1,700,000원이고 기초상품은 200,000원이며 당기매입액이 1,400,000원이다. 기말상품의 시가평가 결과가 다음과 같을 때,

1. 재무제표에 표시될 기말상품과 평가손실액을 구하시오.
2. 매출원가를 산정하는 분개를 하고 부분재무상태표와 부분포괄손익계산서를 작성하시오.

종 목	취득원가	순실현가능가치
상품 1	50,000원	40,000원
상품 2	85,000	95,000
상품 3	35,000	30,000
합 계	170,000원	165,000원

해 답

1. (1) 기말상품 = 155,000원
   (2) 평가손실 = 170,000원 − 155,000원 = 15,000원

종 목	취득원가	순실현가능가치	저가법의 적용
상품 1	50,000원	40,000원	40,000원
상품 2	85,000	95,000	85,000[1)]
상품 3	35,000	30,000	30,000
합 계	170,000원	165,000원	155,000원

1) 순실현가능가치가 취득원가보다 상승한 경우에는 회계장부에 반영하지 않고, 취득원가를 그대로 사용한다.

2. (1) 매출원가 산정을 위한 분개

차>	매출원가	200,000	대>	상품(기초)	200,000
차>	매출원가	1,400,000	대>	매 입	1,400,000
차>	상품(기말)	170,000[1)]	대>	매출원가	170,000
차>	매출원가	15,000[2)]	대>	재고자산평가충당금	15,000

1) 일단 취득원가에 의한 기말상품으로 매출원가를 산정한다.
2) 평가손실은 매출원가에 가산되도록 분개한다.
참고) 기말 매출원가 = 200,000원 + 1,400,000원 − 170,000원 + 15,000원 = 1,445,000원

(2) 재무상태표와 포괄손익계산서

1) 재무상태표

상 품	170,000원
재고자산평가충당금	(15,000)
	155,000원

2) 포괄손익계산서

매 출		1,700,000원
기초상품	200,000	
당기매입	1,400,000	
기말상품	(170,000)	
재고자산평가손실	15,000	
매출원가		1,445,000
매출총이익		255,000원

연습문제

문제 11-1 선입선출법과 후입선출법

원가흐름의 가정 중 선입선출법과 후입선출법의 장점과 단점을 각각 두 가지 이상 쓰시오.

	선입선출법	후입선출법
장점		
단점		

문제 11-2 원가흐름의 가정

원가흐름의 가정 중 개별법과 (　　　　)에서는 계속기록법과 실지재고조사법의 결과가 동일하지만 후입선출법과 (　　　)에서는 결과가 다르다. 한편, 물가가 상승하는 상황에서 선입선출법과 후입선출법 및 총평균법을 비교해보면, (　　　　)의 기말상품이 가장 커서 매출원가가 가장 (　　) 매출총이익이 가장 (　　　　). 각 방법에 의한 차이는 기업이 상품매입시 (　　　　　　　　) 때문이다.

문제 11-3 다음을 읽고 올바른 문장에는 T를, 틀린 문장에는 F를 표시하고 잘못된 부분을 지적하시오.

1. 매출총이익법은 소매재고법이라고도 하는데, 이 방법은 백화점이나 대형 편의점과 같은 소매업종에 종사하는 회사들의 기말 재고자산을 추정하기 위해 개발된 방법이다.
2. K-IFRS에서 인정하고 있는 재고자산평가방법으로는 개별법, 선입선출법, 후입선출법, 평균법, 매출총이익법 등이 있다.
3. 재고자산을 저가법으로 평가하는 경우 제품, 반제품 및 원재료와 재공품 등의 시가는 순실현가능가치를 말한다.
4. 적송품이 수탁자의 창고에 보관되어 있는 경우에도 상품이 판매되기 전에는 위탁자의 기말 재고자산에 포함시켜야 한다.

문제 11-4 재고자산의 회계처리

다음은 부산무역의 20×1년과 20×2년의 재고자산 거래내역이다.

1. 20×1년 12월 26일, 브뤼셀회사로부터 선적지 인도조건으로 상품 2,700,000원을 구입하고 선적문서를 받아서 즉시 대금을 지급하였다.
2. 20×1년 12월 27일, 시카고회사로부터 2,000,000원 상당의 상품을 FOB 도착지조건으로 구입하였다. 상품은 기말 현재 운송중이다.
3. 20×1년 12월 29일, 대구회사에 4,500,000원 상당의 적송품을 발송하였고, 운임으로 50,000원을 지급하였다. 적송품 판매시 수탁자에게 위탁매출액의 15%를 제공하기로 계약하였다.
4. 20×1년 12월 31일 재고실사 결과, 부산무역의 창고에 7,500,000원 어치의 재고자산이 존재하고 있다.
5. 20×2년 1월 4일, 브뤼셀회사로부터 매입한 상품이 도착하여 매입운임 100,000원을 현금으로 지급하였다.
6. 20×2년 1월 10일, 대구회사가 적송품을 5,625,000원에 판매한 계산서와 판매수수료를 제외한 판매대금을 보내왔다.

〈물음〉 위의 거래에 대해 각 일자에 행할 회계처리를 제시하고, 20×1년 기말 현재 회사의 정확한 재고자산 금액은 얼마인지 답하시오.

문제 11-5 재고자산에 포함될 항목

다음은 경북상사의 20×1년과 20×2년의 재고자산 거래내역이다. 다음의 거래들을 제외한 경북상사의 20×1년 기말재고액, 당기 매출액, 당기 매입액이 각각 70,000원, 715,000원, 545,000원이라면, 20×1년의 정확한 기말재고액과 당기 매출액 및 당기 매입액은 얼마가 되는가?

1. 20×1년 12월 28일, FOB 선적지조건으로 원가 8,000원짜리 상품을 10,000원에 매출하였다.
2. 20×1년 12월 29일, 거래회사로부터 도착까지 일주일이 소요되는 상품 120,000원 어치를 선적했다는 연락을 받았는데, 선적조건은 FOB 도착지조건이었다.
3. 20×1년 12월 30일, FOB 도착지조건으로 상품원가 20,000원짜리 상품을 25,000원에 판매하였는데, 상품도착까지 3일이 걸렸다.
4. 20×2년 1월 3일, 5일 전에 선적한 FOB 선적지조건의 상품 45,000원을 받아서 창고에 입고하였다.

문제 11-6 매출원가와 매출총이익의 계산

다음은 (주)부천스포츠의 20×1년 매출원가 계산을 위한 자료이다. 이를 바탕으로 회사의 당기 매출원가와 매출총이익을 구하시오.

> 현금매입액 8,700,000원　　외상매입액 7,600,000　　매입부대비용 750,000
> 매출할인 600,000　매입환출 450,000　판매한 상품의 하자로 인한 반품액 500,000
> 매출운임 300,000　　현금매출액 5,000,000　　외상매출액 13,400,000
> 추가자료: 기말 재고자산은 기초보다 1,300,000원 만큼 증가하였다.

문제 11-7 실지재고조사법과 계속기록법

다음은 (주)대전의 20×1년도 재고자산 거래내역이다. 회사는 재고자산평가방법으로 가중평균법을 채택하고 있으며 모든 거래는 외상으로 이루어진다(단, 평균단가 계산시 소수 첫째자리에서 반올림하시오).

1월 1일	기초재고	500개	(개당 단가는 1,000원)
3월 21일	매입	900개	(@1,050원)
5월 19일	매출	650개	(@1,200원)
6월 30일	매입	500개	(@1,100원)
9월 12일	매출	850개	(@1,350원)
12월 31일	기말재고	300개	

〈물음〉

1. 실지재고조사법을 사용할 경우, 각 일자에 해야 할 회계처리를 제시하시오(매출원가 산정하는 분개도 포함할 것).
2. 계속기록법을 사용할 경우, 각 일자에 해야 할 회계처리를 제시하시오.

문제 11-8 기말재고와 매출원가의 계산

다음은 마산상회의 A상품에 대한 6월의 자료이다.

6월 1일	기초상품	2,000개	@500원
6월 8일	매 출	1,500개	@600원
6월 15일	매 입	8,000개	@520원
6월 22일	매 출	6,000개	@640원
6월 30일	매 출	1,500개	@645원

〈물음〉 다음 각 상황에서 6월의 기말상품과 매출원가를 계산하시오(단, 단가계산시 소수점 이하는 첫째자리에서 반올림하여 계산하시오).

1. 계속기록법하의 선입선출법을 사용한 경우
2. 실지재고조사법하의 선입선출법을 사용한 경우
3. 계속기록법하의 후입선출법을 사용한 경우
4. 실지재고조사법하의 후입선출법을 사용한 경우
5. 계속기록법을 사용한 이동평균법의 경우
6. 실지재고조사법을 사용한 총평균법의 경우

문제 11-9 매출원가의 계산

대림회사는 20×1년에 영업을 개시하였다. 회사는 실지재고조사법을 사용하고 있으며 20×1년에 1,000개, 20×2년에 2,500개의 판매고를 올렸다. 다음은 대림회사의 상품매입내역이다. 이를 바탕으로 아래의 물음에 답하시오(단, 단가계산시 소수점 이하는 첫째자리에서 반올림하여 계산하시오).

20×1년	1월 15일	3,000,000원	(500개)
	5월 30일	6,300,000원	(1,000개)
	9월 26일	1,300,000원	(200개)
20×2년	3월 19일	3,200,000원	(500개)
	6월 12일	6,450,000원	(1,000개)
	10월 28일	4,620,000원	(700개)

〈물음〉

1. 20×1년의 매출원가를 선입선출법과 후입선출법을 사용하여 각각 계산하라.
2. 20×2년의 매출원가를 선입선출법과 후입선출법을 사용하여 각각 계산하라.
3. 법인세율이 30%일 때, 2년간의 순이익의 합은 선입선출법과 후입선출법 중 어느 방법에 의해 더 크게 나타나는가?

문제 11-10 매출가격환원법

(주)대천유통은 재고자산 실사에 소요되는 비용이 막대하여 재고자산 실사를 수행할 수 없다고 판단하고, 재고실사를 하지 않고 재고자산평가를 할 수 있는 매출가격환원법을 적용하기로 하였다. 아래의 자료를 참고로 하여 매출가격환원법에 의한 기말상품과 매출원가를 구하시오.

	원 가	판 매 가
기초상품	278,000원	400,000원
당기매입	1,972,000	4,100,000
합 계	2,250,000원	4,500,000원
매 출 액		4,000,000원

문제 11-11 매출총이익법

(주)대구섬유는 3월 20일 공장 창고에 화재가 발생하여 재고자산이 전소되고 회계기록도 일부 소실되었다. 재고자산은 전소되었으므로 처분가치는 없다. 다음 자료를 참고로 하여 화재로 인한 회사의 재고피해액은 얼마인지 추정하시오.

기초제품 1,500,000원
당기제품제조원가 8,700,000원
당기매출액 11,000,000원
최근 3년간 평균 매출총이익률 30%

문제 11-12 재고자산감모손실

다음은 사당회사의 결산일 현재 재고자산에 대한 자료로서 감모수량 중 50%는 정상적으로 발생한 것이다. 회사의 매출원가를 산정하기 위한 조정분개를 수행하고, 재무제표에 표시될 기말상품액과 매출원가를 구하시오.

기말상품: 장부상금액 1,020,000원 실사금액 900,000원 매입단가 @1,200원
추가자료: 기초상품 1,500,000원 당기매입액 10,000,000원

문제 11-13 저가법

다음은 20×1년말 (주)파주식품이 보유하고 있는 재고자산에 관련된 자료이다. 회사의 기초 상품 및 제품은 2,500,000원이고 당기 상품매입 및 제품제조액은 14,000,000원이며 당기에 18,000,000원의 매출을 기록하였다.

종 목	취득원가	순실현가능가치	현행대체원가
상품	1,000,000원	980,000원	985,000원
제품	850,000	950,000	900,000
원재료	500,000	350,000	470,000
재공품	450,000	460,000	455,000

〈물음〉

1. 20×1년에 인식할 재고자산평가손실과 기말재고자산으로 계상할 금액을 구하시오.
2. 매출원가를 산정하는 분개를 하고 매출총이익까지 나타내는 포괄손익계산서를 작성하시오.
3. 저가법을 적용하는 이론적인 근거는 무엇인가?

문제 11-14 재고자산감모손실과 재고자산평가손실

기초상품재고액이 500,000원이고, 당기상품매입액이 7,300,000원인 진천상사의 기말재고자산에 관한 자료가 다음과 같을 때 물음에 답하시오.

장부수량	실지재고수량	매입단가	단위당 시가
700개	600개	1,100원	1,000원

〈물음〉

1. 진천상사의 기말상품재고액과 당기 매출원가를 계산하시오(단, 감모수량 중 40%는 정상적으로 발생한 것임).
2. 진천상사가 매출원가를 산출하기 위해 수행해야 할 조정분개를 제시하시오.

chapter 12 장기투자목적 금융자산

chapter

12 장기투자목적 금융자산

제 1 절 장기투자목적 금융자산의 의의와 분류

1.1 장기투자목적 금융자산의 의의

일상적인 의미에서의 '투자'는 기업이 확대재생산을 목적으로 재화를 투입하는 행위를 총체적으로 지칭하므로 모든 자산취득활동을 포함한다. 경제학에서 말하는 투자는 공장이나 기계장치 등을 구입하여 생산활동에 투입하는 실물투자를 말하지만, 주식이나 채권 및 장기성 예금 등을 취득하는 금융투자도 역시 투자에 포함된다. K-IFRS에서는 실물투자는 유형자산으로 분류하고, 금융투자는 금융자산으로 분류한다.

금융상품(financial instruments)은 거래 당사자 일방에게 금융상품을 발생시키고 동시에 다른 거래 상대방에게 금융부채나 지분상품을 발생시키는 계약이다. 이때 금융상품을 취득한 입장에서는 이를 금융자산으로 분류하는데, 금융자산(financial assets)은 당기손익인식금융자산, 만기보유금융자산, 대여금 및 수취채권, 매도가능금융자산의 네 가지로 분류된다.

금융자산의 네 가지 분류에 대한 정의와 분류기준은 제 8 장에서 설명하였고 단기적 매매차익을 목적으로 취득한 단기매매금융자산에 대해서는 제 9 장에서 설명하였으며, 대여금과 수취채권에 대해서는 제10장에서 설명하였다. 또한 실물투자를 기록하는 유형자산에 대해서는 제13장에서 설명할 것이다.

따라서 본 장에서는 금융자산 중 장기투자목적으로 취득한 금융자산에 대해 설명하기로 한다.

장기투자목적의 금융자산은 다른 기업에 대하여 유의적인 영향력을 행사하거나 장기간의 이자수익 또는 배당수익을 얻을 목적으로 취득한 자산이다. 또한 수취채권 중 장기간에 걸쳐 대금이 회수되는 것도 장기투자목적 금융자산에 포함된다. 여기에서 장기간이란 일반적으로 보고기간종료일로부터 1년 이상의 기간을 말한다.

1.2 장기투자목적 금융자산의 분류

장기투자목적 금융자산의 주요 항목으로는 대여금 및 수취채권으로 분류되는 장기금융상품, 장기대여금, 장기성매출채권, 보증금 등과 만기보유금융자산 및 매도가능금융자산을 들 수 있다. 또한 금융자산으로 정의되어 있지는 않으나 다른 기업에 유의적인 영향력을 행사하기 위해 취득한 주식을 기록하는 관계기업투자주식에 대해서도 본 장에서 설명한다.

장기금융상품은 유동자산에 속하는 단기금융상품과 대조되는 것으로서 장기적인 이자수익 등을 얻기 위해 기업이 투자하는 정기적금이나 정기예금 등이 이에 해당된다.

장기대여금과 장기성매출채권은 회수기간이 보고기간종료일로부터 1년 이상이 되는 대여금과 매출채권이고 보증금은 토지나 건물과 같은 자산의 임대차계약을 체결하는 등의 목적을 위해 임대인에게 지급하는 금액으로서 계약기간이 끝나면 환급받는 것이다. 각 계정의 기본적인 성격은 제10장에서 설명되어 있으며, 제10장의 내용에 추가되는 것은 채권의 명목금액과 현재가치의 차이가 중요하기 때문에 채권을 현재가치로 평가한다는 점이다.

만기보유금융자산과 매도가능금융자산 및 관계기업투자주식은 기업이 취득하는 지분상품이나 채무상품과 같은 유가증권에 대한 것으로서 단기적인 매매차익을 목적으로 취득하는 단기매매금융자산과 대조되는 항목이다.

만기보유금융자산(HTM: held-to-maturity investments)은 만기가 고정되었고, 지급금액이 확정되었거나 확정될 수 있는 금융자산으로서 만기까지 보유할 적극적인 의도와 능력이 있는 금융자산이다. 매도가능금융자산(AFS: available-for-sale financial assets)은 매도가능항목으로 지정한 금융자산 또는 다른 금융자산(당기손익인식금융자산, 대여금 및 수취채권, 만기보유금융자산)으로 분류되지 않는 금융자산이다. 관계기업투자주식(investments in associates)은 피투자회사에 유의적인 영향력 행사를 목적으로 지분상품을 취득한 경우에 기록하는 계정이다.

자료 12-1 장기투자목적 금융자산의 분류

분 류		정 의
대여금 및 수취채권	장기금융상품	금융기관이 취급하는 정형화된 상품 중 보고기간종료일로부터 1년 후에 회수되는 상품
	장기대여금	제 3 자 또는 종업원에게 자금을 대여한 것 중 회수기간이 보고기간종료일로부터 1년 후에 도래하는 것
	장기성매출채권	일반적 상거래에서 발생한 외상매출금과 받을어음 중 회수기일이 보고기간종료일로부터 1년 후에 도래하는 것
	보증금	자산의 임대차계약을 체결하는 등의 목적을 위해 임대인에게 지급하는 금액
만기보유금융자산		만기가 고정되었고, 지급금액이 확정되었거나 확정될 수 있는 금융자산으로서 만기까지 보유할 적극적인 의도와 능력이 있는 금융자산
매도가능금융자산		다른 금융자산으로 분류되지 않는 금융자산
관계기업투자주식		피투자회사에 유의적인 영향력 행사를 목적으로 취득한 지분상품

이와 같은 장기투자목적의 금융자산 항목 및 이에 대한 정의를 요약한 것이 <자료 12-1>이다.

1.3 유가증권 회계

장기투자목적 금융자산 회계에서 가장 중요한 부분은 유가증권 관련 회계처리이다. 지분상품과 채무상품이라는 유가증권의 분류 및 각 항목의 차이점에 대해서는 제 9 장의 설명을 참고하기 바란다.

장기투자목적 금융자산으로 분류되는 유가증권은 만기보유금융자산과 매도가능금융자산 및 관계기업투자주식이다. 각 항목은 앞의 <자료 12-1>에 정의되어 있다.

유가증권 중 채무상품은 만기보유금융자산과 매도가능금융자산으로 분류될 수 있으나, 지분상품은 만기보유금융자산으로는 분류될 수 없다. 지분상품이 만기보유금융자산으로 분류될 수 없는 이유는 '지분(equity)'의 의미가 주식 발행회사의 순자산에 대한 소유권을 뜻하는 것이어서 정해진 만기가 없고, 발행회사가 존재하는 한 그 소유권이 영속하기 때문이다.

단기투자목적으로 보유하는 유가증권을 포함하여 유가증권의 회계상 분류를 정리하면 〈자료 12-2〉와 같다.

자료 12-2 유가증권의 회계상 분류

분 류	정 의	상 황
단기매매 금융자산	단기간 내에 매각·재매입하거나 단기적 이익획득 목적의 포트폴리오를 구성하는 금융자산	단기투자목적의 지분상품과 채무상품
만기보유 금융자산	만기가 고정되었고, 지급금액이 확정되었거나 확정될 수 있는 금융자산으로서 만기까지 보유할 적극적인 의도와 능력이 있는 금융자산	장기투자목적의 채무상품
매도가능 금융자산	다른 금융자산으로 분류되지 않는 금융자산	장기투자목적의 지분상품과 채무상품
관계기업 투자주식	피투자회사에 유의적인 영향력 행사를 목적으로 취득한 주식	피투자회사 주식의 20% 이상을 투자

예제 12-1 유가증권의 회계상 분류

다음 유가증권들을 적절한 계정과목으로 분류하고, 그렇게 분류한 이유에 대해 간략하게 서술하시오.

1. 3개월 내에 처분할 목적으로 취득한 유가증권 상장회사 A의 주식
2. 유의적인 영향력 행사를 위해 취득한 상장회사 B의 주식
3. C회사가 발행한 만기 3년의 회사채, 만기까지 보유할 의도와 능력 있음
4. 만기까지 보유할 의도가 없는 만기 2년의 D회사 발행 회사채
5. 단기간 내에 처분할 의도가 없는 상장회사 E의 주식
6. 2개월 내에 매매차익의 획득을 목적으로 취득한 F회사 발행 회사채

해 답

1. 단기매매금융자산: 단기간(3개월) 내에 처분할 목적인 상장회사 주식이므로
2. 관계기업투자주식: 유의적인 영향력 행사를 목적으로 취득한 주식이므로
3. 만기보유금융자산: 채무상품을 만기까지 보유할 의도와 능력이 있으므로

4. 매도가능금융자산: 만기까지 보유할 의도가 없는 채무상품이므로
5. 매도가능금융자산: 상장주식으로서 시장성은 있으나 단기간 내에 처분할 의도가 없으므로
6. 단기매매금융자산: 단기간(2개월) 내에 매매차익 획득을 목적으로 하고, 회사채의 시장이자율로 처분할 수 있으므로

회사채는 발행한 회사의 입장에서는 부채로서 비유동부채의 장기차입부채로 분류되지만, 구입한 회사의 입장에서는 원금과 이자를 받을 수 있으므로 자산(투자사채)으로 분류된다. 즉 동일한 회사채에 대하여 발행회사와 구입회사의 입장에 따라 다른 계정과목을 적용하게 되므로, 비유동부채에서 회사채에 관한 회계처리를 다룰 때 투자사채를 같이 설명하는 것이 독자들의 이해를 돕는 데 더욱 효율적이라 판단된다.

따라서 본 장에서는 장기투자목적의 지분상품(투자주식)을 매도가능금융자산과 관계기업투자주식으로 나누어 설명하고, 채무상품(투자사채)에 대해서는 제15장에서 설명하기로 한다.

제 2 절 매도가능금융자산

2.1 투자주식의 취득과 배당수익의 인식

단기매매금융자산으로 분류되지 않는 지분상품은 매도가능금융자산과 관계기업투자주식으로 분류된다. 매도가능금융자산과 관계기업투자주식의 구분기준은 피투자회사에 유의적인 영향력을 행사할 수 있느냐의 여부이다. 즉, 피투자회사에 유의적인 영향력을 행사할 수 있다면(대개 20% 지분율 기준을 사용) 관계기업투자주식의 계정과목을 사용하고, 그 이외의 지분상품은 모두 매도가능금융자산으로 분류해야 한다. 지분율이란 유통되고 있는 피투자회사의 주식 중에서 투자회사가 소유하고 있는 주식의 비율이다.

관계기업투자주식에 적용하는 지분법에 대해서는 제 3 절에서 따로 설명하기로 하고, 여기에서는 일반적인 매도가능금융자산의 취득원가 결정과 기말시점의 평가 및 처분시점의 회계처리에 대해 설명한다.

매도가능금융자산으로 분류되는 주식을 취득할 때에는 공정가치로 기록해야 한다. 이때 주식의 취득과 직접 관련되는 거래원가는 최초의 공정가치에 가산하여 취득원가로 인식한다.

주식은 종목별로 취득원가를 결정하고 기말에 평가를 한다. 즉, 주식을 발행한 회사별로 구분하고 동일한 발행회사의 주식이라도 별도로 거래되는 보통주와 우선주를 구분하여 처리해야 한다.

매도가능금융자산으로 분류되는 주식으로부터 받는 현금배당금은 배당수익으로 기록하여 금융수익으로 분류한다. 그러나 지분법이 적용되는 관계기업투자주식에서 받는 현금배당금은 배당수익으로 인식하지 않는다. 이에 대해서는 제 3 절에서 설명하기로 한다.

주식을 보유하고 있으면 피투자회사가 실시하는 무상증자나 주식배당에 따라 대가를 지불하지 않고 주식을 교부받을 수 있다. 단기매매금융자산에서 설명했듯이 무상증자나 주식배당으로 주식을 교부받은 경우에는 주식투자자의 경제적 가치가 증가하지 않기 때문에 이를 별도의 수익으로 인식하지 않는다.

예제 12-2 주식의 취득과 배당수익

다음 서울회사의 주식거래에 대해 분개하시오.

1. 서울회사는 신림회사의 주식 10주(지분율 10%)를 주당 10,000원에 장기보유 목적으로 구입하였는데, 증권거래세와 증권회사 수수료로 10,000원을 지출하였다.
2. 신림회사는 주당 500원의 현금배당을 실시하였다.
3. 신림회사가 주식 1주당 신주 1주를 무상으로 교부하는 무상증자를 실시하였다.

해 답

1. 차>	매도가능금융자산	110,000[1]	대> 현 금	110,000
2. 차>	현 금	5,000[2]	대> 배당수익	5,000
3. 분개 없음[3]				

1) 10주 × 10,000원 + 10,000원 = 110,000원
2) 주당 500원 × 10주 = 5,000원
3) 무상증자 후에 서울회사는 신림회사 총 발행주식 200주 중에서 20주를 보유하므로 지분율은 전과 같이 10%이다. 또한 무상증자로 인해 신림회사의 가치가 변하지 않아서 서울회사가 소유하고 있는 지분의 가치 역시 변화하지 않으므로 장부에 기록하지 않는 것이다. 다만 보유주식 수가 두 배로 증가하였으므로 주식의 단가를 5,500원(= 11,000원 / 2)으로 조정해야 한다.

2.2 투자주식의 기말평가

주식의 기말가치, 즉 재무상태표에 나타낼 가치를 평가하는 방법에는 공정가치법, 원가법 및 지분법이 있다. 이 중 어떠한 평가방법을 사용해야 하느냐는 주식의 지분율과 시장성 및 보유목적에 따라 결정된다. 참고로 단기매매금융자산은 단기간의 매매차익을 얻기 위한 것이므로 보고기간말에 공정가치로 평가해야 한다는 것은 이미 언급한 바 있다.

평가방법 결정에 주식의 지분율이 중요한 이유는 지분율에 따라 유의적인 영향력을 행사할 수 있느냐의 여부가 결정되기 때문이다. K-IFRS에서는 지분율이 20% 이상이면 유의적인 영향력을 행사할 수 있다고 간주하므로 이 경우에는 매도가능금융자산으로 분류하지 않고 관계기업투자주식으로 분류하고 지분법을 적용한다.

시장성 있는 주식이란 한국거래소의 유가증권시장이나 코스닥시장에 상장된 주식, 또는 공신력 있는 외국의 증권거래시장에서 거래되는 주식을 말한다. 만약 유통되는 주식이 시장성이 있으면 기말에 공정가치법을 적용하고, 시장성이 없는 주식은 원가법을 적용하여 재무상태표에 표시한다.

주식의 기말평가방법을 정리하면 〈자료 12-3〉과 같다.

자료 12-3 주식의 기말평가방법

목 적	단기매매	장기보유		유의적인 영향력	
지 분 율	20% 미만	20% 미만		20% 이상[1)]	
시 장 성	있음	있음	없음	있음	없음
평가방법	공정가치법	공정가치법	원가법	지 분 법	
평가손익	당기순이익	기타포괄손익	없음	당기순이익	

1) 지분율이 50%를 넘는 경우에는 지분법을 적용함과 동시에 투자회사와 피투자회사의 재무제표를 합하여 연결재무제표를 작성해야 한다. 이때, K-IFRS에서는 연결재무제표가 주재무제표이므로, 지분율이 50%를 넘는 투자주식은 연결분개시 제거되어 투자회사의 재무상태표에 나타나지 않는다.

단기매매금융자산의 기말평가에 대해서는 제 9 장에서 이미 설명한 바 있고, 유의적인 영향력을 행사하여 지분법을 행사하는 경우는 제 3 절에서 다룰 것이므로, 여기에서는 (1) 장기보유목적이고, (2) 지분율이 20% 미만인 매도가능금융자산의 기말평가에 대해서 시장성 유무에 따라 공정가치법과 원가법으로 나누어 설명하기로 한다.

(1) 공정가치법

피투자회사에 대해 유의적인 영향력을 행사할 수 없고 시장성이 있는 투자주식은 단기매매금융자산처럼 공정가치법(fair value method)을 적용한다.

시장성이 있는 유가증권은 시장가격을 공정가치로 보는데 시장가격은 보고기간종료일 현재의 종가를 사용한다. 만약 보고기간종료일 현재의 종가가 없으면 직전 거래일의 종가를 사용한다. 일반적으로 주식시장은 보고기간종료일(12월 31일) 이전에 마감되므로 직전 거래일의 종가를 사용하는 경우가 대부분이다.

개별 종목별로 기말의 시가를 새로운 장부금액으로서 재무상태표에 보고해야 하므로 시가와 취득금액 또는 구장부금액의 차액만큼 매도가능금융자산의 증감을 기록하고, 그 차액을 매도가능금융자산평가손익으로 기록한다. 즉 주식의 공정가치와 구장부금액의 차이는 매도가능금융자산에 직접 가감하여 공정가치와 장부금액을 일치시키고, 공정가치가 장부금액보다 크면 매도가능금융자산평가이익으로 보고하고 공정가치가 장부금액보다 작으면 매도가능금융자산평가손실로 보고한다. 매도가능금융자산평가손익은 자본의 임시조정항목(기타포괄손익)으로 보고하여 당기손익에 반영하지 않는다.

재무상태표에는 평가이익과 평가손실 중 하나만 표시해야 하므로, 만약 전기에서 평가손실(평가이익)이 이월되었고 당기에는 평가이익(손실)이 발생한다면 다음과 같이 전기로부터 이월된 평가손실(평가이익)을 상계하고 나머지만을 평가이익(평가손실)으로 기록해야 한다.

1. 평가손실 100원 이월, 당기에 평가이익 150원 발생한 경우
   차> 매도가능금융자산 150　대> 매도가능금융자산평가손실 100
   　　　　　　　　　　　　　　　　매도가능금융자산평가이익 50
2. 평가이익 100원 이월, 당기에 평가손실 150원 발생한 경우
   차> 매도가능금융자산평가이익 100　대> 매도가능금융자산 150
   　　매도가능금융자산평가손실 50

기말 매도가능금융자산의 장부금액에서 매도가능금융자산평가이익을 차감

하거나 매도가능금융자산평가손실을 더하면 취득원가와 동일하다. 예를 들어, 100원에 취득한 매도가능금융자산의 시가가 기말에 120원이 되었다면, 매도가능금융자산평가이익이 20원이고 매도가능금융자산의 장부금액은 120원이 될 것이다. 따라서 장부금액(120)에서 평가이익(20)을 차감하면 매도가능금융자산의 취득원가 100원이 된다.

이와는 반대로 100원에 취득한 매도가능금융자산의 시가가 기말에 70원이 되었다면 매도가능금융자산평가손실이 30원이고 매도가능금융자산의 장부금액은 70원이 될 것이다. 따라서 장부금액(70)에 평가손실(30)을 더하면 매도가능금융자산의 취득원가 100원이 된다. 이를 정리하면 다음과 같다.

1. 장부금액 120원, 평가이익 20원인 경우
   취득원가 = 120 − 20 = 100원
2. 장부금액 70원, 평가손실 30원인 경우
   취득원가 = 70 + 30 = 100원

매도가능금융자산은 기말에 공정가치법을 적용하여 평가한다는 점에서 단기매매금융자산과 동일하지만 다음의 두 가지 면에서 단기매매금융자산에 대한 회계처리와 차이가 있다.

첫째, 단기매매금융자산의 평가손익은 당기손익 항목인 금융손익으로 보고하지만, 매도가능금융자산의 평가손익은 당기손익 항목으로 보고되지 않고 재무상태표의 총자본에 더하거나 차감하는 기타포괄손익으로 보고된다. 다음 회계연도 기말에 매도가능금융자산평가손익이 추가적으로 발생하면 이를 이미 인식된 평가손익에 가산하거나 차감하여 재무상태표에는 평가손실과 평가이익 중에 하나의 계정만 표시되어야 한다.

매도가능금융자산의 평가손익을 당기순이익에 영향을 미치게 하지 않고 자본의 임시조정항목인 기타포괄손익으로 처리하는 이유는 매도가능금융자산의 투자목적이 장기보유이므로 단기적인 시가의 변동에 따른 평가손익이 향후의 시가변동에 의해 상쇄될 가능성이 높고, 단기간에 평가손익이 실현될 가능성이 낮기 때문이다. 즉, 매도가능금융자산의 평가손익을 미실현손익으로 보아 당기손익 항목으로 처리하지 않는 것이다.

둘째, 매도가능금융자산에 대하여 손상이 발생하였다는 객관적인 증거가 있다면 매도가능금융자산손상차손으로 처리한다. 매도가능금융자산손상차손은 기타포괄손익으로 보고하지 않고 포괄손익계산서의 금융비용으로 보고하는데, 매도가능금융자산손상차손 금액은 취득원가에서 공정가치를 차감한 금액이다.

매도가능금융자산손상차손을 당기손익 항목으로 처리하는 이유는 주식 발행자의 중요한 재무적 어려움 등과 같이 금융자산에 손상이 발생하였다는 객관적인 증거는 이 금융자산의 영구적인 가치손상을 가져왔다고 볼 수 있기 때문이다. 따라서 영구적인 가치손상을 반영하여 새로운 자산가치로 조정하고, 기존의 매도가능금융자산평가손익 잔액도 모두 제거해야 한다.

그러므로 손상차손 금액은 취득원가에서 공정가치를 차감하여 계산할 수도 있고, 장부금액에서 공정가치를 차감한 후에 기존의 매도가능금융자산평가손익을 가감하여 계산할 수도 있는 것이다. 손상차손을 인식한 후에는 당기손익으로 환입하지 못하고 공정가치 상승시 기타포괄손익(자본)으로 인식한다.

(2) 원 가 법

피투자회사에 대해 유의적인 영향력을 행사할 수 없고 시장성이 없으며 공정가치를 신뢰성 있게 측정할 수 없는 투자주식은 원가법을 적용하여 평가한다. 원가법(cost method)은 취득시에 취득원가로 계상하면 일시적인 순자산가치의 변동이 있더라도 계속 장부금액을 유지하는 방법이다. 따라서 원가법을 사용하면 보고기간말에 아래와 같은 특별한 사정이 없는 한 매도가능금융자산의 장부금액을 수정하는 분개가 필요 없다.

원가법을 적용하는 매도가능금융자산은 공정가치 측정이 불가능하지만 주식을 발행한 기업의 중요한 재무적 어려움 등과 같이 손상이 발생하였다는 객관적인 증거는 입수할 수 있다. 이때는 유사한 금융자산의 시장이자율로 할인한 추정미래현금흐름의 현재가치와 장부금액의 차액을 매도가능금융자산손상차손으로 포괄손익계산서의 금융비용으로 인식한다.

손상차손을 당기의 손익항목으로 처리하는 이유는 이러한 현저한 하락이 투자주식의 영구적인 가치손상을 반영한다고 보기 때문이다. 원가법의 경우 손상차손의 환입은 인식하지 않는다.

공정가치법과 원가법을 적용하여 기말평가하는 매도가능금융자산의 평가방법을 비교하여 요약하면 〈자료 12-4〉와 같다.

자료 12-4 매도가능금융자산의 기말평가 비교

	공정가치법	원가법
1. 공정가치평가	① 차> 매도가능금융자산 ×× 대> 매도가능금융자산평가이익 ×× ② 차> 매도가능금융자산평가손실 ×× 대> 매도가능금융자산 ××	공정가치평가 없음
2. 손상평가	③ 차> 매도가능금융자산평가이익 ×× 매도가능금융자산손상차손 ×× 대> 매도가능금융자산 ×× ④ 차> 매도가능금융자산손상차손 ×× 대> 매도가능금융자산평가손실 ×× 매도가능금융자산 ××	차> 매도가능금융자산손상차손 ×× 대> 매도가능금융자산 ××
3. 손상회복	차> 매도가능금융자산 ×× 대> 매도가능금융자산평가이익 ××	손상차손환입 없음

참고 1) 공정가치법에 의한 기말평가시 공정가치가 상승하면 ①의 분개를 하고, 공정가치가 하락하면 분개 ②를 한다.

참고 2) 공정가치법에 의한 손상평가시 이미 인식한 매도가능금융자산평가이익이 있다면 ③의 분개를 하고, 매도가능금융자산평가손실이 있었다면 분개 ④를 한다. 따라서 손상평가시에는 기존의 평가손익계정의 잔액을 모두 제거하고 이를 손상차손금액에 가감하는 것이다.

다음의 예제로부터 매도가능증권의 기말평가에 대해 확인하기로 하자.

예제 12-3 투자주식의 기말평가 I - 공정가치법

신림회사의 다음 투자주식 거래에 대해 분개하시오.

1. 20×1년 신림회사는 상장회사인 봉천회사의 주식 20주(지분율 2%)를 주당 5,000원에 구입하였다.
2. 20×1년 12월 31일 현재 봉천회사 주식의 시가는 6,000원이다.
3. 20×2년 3월, 봉천회사로부터 주당 500원의 배당금을 받았다.
4. 20×2년 12월 31일 봉천회사 주식의 시가가 4,500원으로 하락하였다.
5. 20×3년 12월 31일 봉천회사 주식의 시가가 2,000원으로 하락하였는데, 회사 재무상황의 압박으로 시가의 회복이 어렵다고 한다.

해 답

1.	차> 매도가능금융자산	100,000	대> 현 금	100,000
2.	차> 매도가능금융자산	20,000[1)]	대> 매도가능금융자산평가이익	20,000
3.	차> 현 금	10,000[2)]	대> 배당수익	10,000

4. 차>	매도가능금융자산평가이익	20,000	대> 매도가능금융자산	30,000[3]
	매도가능금융자산평가손실	10,000		
5. 차>	매도가능금융자산손상차손	60,000[4]	대> 매도가능금융자산평가손실	10,000
			매도가능금융자산	50,000

1) (6,000원 − 5,000원) × 20주 = 20,000원

2) 500원 × 20주 = 10,000원 (매도가능금융자산의 배당금은 배당수익으로 인식한다)

3) (4,500원 − 6,000원) × 20주 = − 30,000원
시가하락액 30,000원 중에서 전기로부터 이월된 평가이익 20,000원을 차감한 10,000원만을 평가손실로 기록한다. 이 분개로 인하여 20×2년 말 재무상태표에 계상될 매도가능금융자산 장부금액은 90,000원이고 매도가능금융자산평가손실은 10,000원이 된다.

4) 20×3년 12월 31일 매도가능금융자산의 장부금액 = 2,000원 × 20주 = 40,000원
전기말 매도가능금융자산의 장부금액 = 90,000
20×3년 12월 31일 매도가능금융자산 감소액 50,000원
(전기까지 계상되어 있던 평가손실 10,000원은 제거한다)
손상차손 금액 = 장부금액 − 공정가치 + 평가손실
= 90,000원 − 40,000원 + 10,000원 = 60,000원
= 취득원가 − 공정가치
= 100,000원 − 40,000원 = 60,000원

예제 12-4 투자주식의 기말평가 Ⅱ - 원가법

봉천회사의 다음 투자주식 거래에 대해 분개하시오.

1. 20×1년 봉천회사는 남현회사의 주식 10주(지분율 10%)를 주당 100원에 취득하였다. 남현회사 주식은 상장되어 있지 않아 공정가치를 신뢰성 있게 추정할 수 없으나 취득시점에서 남현회사의 자본총액은 10,000원으로 측정되었다.
2. 20×1년 말 현재 남현회사의 자본총액이 11,000원으로 증가하였다.
3. 20×2년 환경 관련된 새로운 규제가 시행된 후 남현회사의 영업실적이 크게 저하되었고, 미래 현금흐름의 현재가치가 6,000원으로 평가되었다.
4. 20×3년 남현회사 경영진이 실시한 구조조정이 성공하여, 보고기간말에 평가한 미래 현금흐름의 현재가치는 8,000원으로 상승하였다.

해 답

1. 차> 매도가능금융자산 1,000 대> 현 금 1,000
2. 분개 없음 – 원가법에서는 가치의 변동을 인식하지 않는다.
3. 차> 매도가능금융자산손상차손 400[1] 대> 매도가능금융자산 400
4. 원가법을 적용한 경우 손상차손의 환입은 인식하지 않는다.

1) 남현회사 미래 현금흐름의 현재가치 중 봉천회사 지분 = 6,000원 × 10% = 600원
매도가능금융자산의 장부금액 = 1,000
매도가능금융자산손상차손 = 400원

2.3 투자주식의 처분

재고자산을 제외한 모든 자산의 처분거래가 발생하면 처분대가로 받은 자산(현금 등)을 증가시키고 처분된 자산의 장부금액을 감소시킴과 동시에 두 금액의 차이를 처분손익으로 인식한다. 투자주식에서도 마찬가지로 이와 같은 처분회계처리를 적용한다.

한편 공정가치법 또는 원가법을 적용하는 매도가능금융자산은 처분시에 약간 다른 회계처리를 적용한다. 공정가치법을 적용하면 전기 말에 매도가능금융자산과 관련된 매도가능금융자산평가손익(기타포괄손익)이 존재하는데, 손상차손을 인식했을 때와 마찬가지로 매도가능금융자산을 처분하였을 때에도 이러한 매도가능금융자산평가손익 계상액을 모두 제거해야 한다.

매도가능금융자산의 장부금액에서 매도가능금융자산평가손익을 가감하면 매도가능금융자산의 취득원가가 된다. 따라서 금융손익으로 분류되는 매도가능금융자산처분손익은 처분금액에서 취득원가를 차감하여 구할 수 있다. 만약 손상차손을 인식하였던 매도가능금융자산을 처분한다면 처분금액에서 손상 후의 취득원가를 차감하여 처분손익을 구한다.

그러나 원가법을 적용하는 매도가능금융자산은 기타포괄손익으로 인식된 금액이 없기 때문에 처분금액에서 장부금액(취득원가)을 차감하여 처분손익을 구한다.

공정가액법 또는 원가법을 적용하는 투자주식의 처분에 따른 회계처리와 처분손익은 〈자료 12-5〉와 같이 정리할 수 있다.

자료 12-5 투자주식의 처분

1. 처분손익의 계산

① 공정가치법

(a) 평가이익이 있을 때 처분손익 = 처분금액 − (장부금액 − 매도가능금융자산평가이익)

(b) 평가손실이 있을 때 처분손익 = 처분금액 − (장부금액 + 매도가능금융자산평가손실)

참고) (장부금액 − 매도가능금융자산평가이익), (장부금액 + 매도가능금융자산평가손실)은 매도가능금융자산의 취득원가와 같으므로 처분손익은 "처분금액 − 취득원가"로 계산할 수 있다.

② 원가법

처분손익 = 처분금액 − 장부금액(취득원가)

2. 처분시의 회계처리

① 공정가치법

(a) 평가이익이 있을 때

차>	현 금	×××××	대>	매도가능금융자산	××××
	매도가능금융자산평가이익	××		매도가능금융자산처분이익	×××

(b) 평가손실이 있을 때

차>	현 금	×××××	대>	매도가능금융자산	××××
	매도가능금융자산처분손실	×		매도가능금융자산평가손실	××

② 원가법

차>	현 금	×××××	대>	매도가능금융자산	××××
				매도가능금융자산처분이익	×

같은 종류의 주식을 여러 번에 걸쳐 취득하면 가격변동 때문에 취득할 때마다 취득원가가 다르므로, 처분하는 주식의 장부금액을 어떻게 산정해야 하느냐의 문제가 발생한다. 종목별로 장부금액을 산정하는 방법으로는 개별법, 총평균법과 이동평균법이 있다.

개별법은 취득시점마다 각각의 취득단가와 취득주식수를 합리적으로 추적할 수 있는 경우에만 사용할 수 있는 방법이다. 총평균법은 종목별로 기말에 한 번 평균단가를 계산하고, 이 평균단가에 해당 종목의 처분수량을 곱하여 처분한 주식의 장부금액을 계산하는 방법이다. 반면에 이동평균법은 종목별로 매 취득시점마다 평균단가를 새롭게 계산하고, 이 평균단가를 다음 취득이 있기 전까지의 매 처분거래에 적용하여 장부금액을 계산하는 방법이다. 이 방법에 의하면 매 계산시점마다 보유주식 장부금액의 총액을 보유주식수로 나누기 때문에 처분할 때마다 평균단가가 달라질 수 있다.

예제 12-5 투자주식의 처분

남현회사가 20×1년 말 현재 보유하고 있는 매도가능금융자산은 다음과 같다. 이를 바탕으로 각 투자주식의 기말평가방법과 20×1년 12월 31일의 분개 및 20×2년에 아래의 처분가액으로 처분하였을 때의 분개를 제시하시오.

종 목	시장성	취 득 원 가	20×1년 공정가치[1)]	20×2년 처분금액
목동회사	있음	100,000원	120,000원	80,000원
서천회사	있음	80,000	70,000	80,000
양재회사	있음	90,000	50,000[2)]	60,000

개포회사	없음	110,000	130,000	150,000
방배회사	없음	60,000	30,000[2]	25,000

1) 시장성 없는 회사는 공정가치를 구할 수 없어 미래 현금흐름의 현재가치를 사용하였다.
2) 객관적인 증거에 의해 손상차손을 인식해야 하는 투자주식이다.

해 답

1. 목동회사(공정가치법)

20×1년: 차> 매도가능금융자산 20,000 대> 매도가능금융자산평가이익 20,000
20×2년: 차> 현 금 80,000 대> 매도가능금융자산 120,000
매도가능금융자산평가이익 20,000
매도가능금융자산처분손실 20,000

참고) 처분손익 = 80,000원 − (120,000원 − 20,000원) [⇐ 처분금액 − (장부금액 − 평가이익)]
= 80,000원 − 100,000원 (⇐ 처분금액 − 취득원가)
= 20,000원 처분손실

2. 서천회사(공정가치법)

20×1년: 차> 매도가능금융자산평가손실 10,000 대> 매도가능금융자산 10,000
20×2년: 차> 현 금 80,000 대> 매도가능금융자산 70,000
매도가능금융자산평가손실 10,000

참고) 처분손익 = 80,000원 − (70,000원 + 10,000원) [⇐ 처분금액 − (장부금액 + 평가손실)]
= 80,000원 − 80,000원 (⇐ 처분금액 − 취득원가)
= 0원

3. 양재회사(공정가치법)

20×1년: 차> 매도가능금융자산손상차손 40,000 대> 매도가능금융자산 40,000
20×2년: 차> 현 금 60,000 대> 매도가능금융자산 50,000
매도가능금융자산처분이익 10,000

참고) 처분손익 = 60,000원 − 50,000원(손상 후 취득원가)
= 10,000원 처분이익

4. 개포회사(원가법)

20×1년: 분개 없음 → 원가법에서는 일상적인 가치 변동을 반영하지 않는다.
20×2년: 차> 현 금 150,000 대> 매도가능금융자산 110,000
매도가능금융자산처분이익 40,000

참고) 처분손익 = 150,000원 − 110,000원 (⇐ 처분금액 − 취득원가)
= 40,000원 처분이익

5. 방배회사(원가법)

20×1년: 차> 매도가능금융자산손상차손 30,000 대> 매도가능금융자산 30,000
20×2년: 차> 현 금 25,000 대> 매도가능금융자산 30,000
매도가능금융자산처분손실 5,000

참고) 처분손익 = 25,000원 − 30,000원 (⇐ 처분금액 − 손상 후 취득원가)
= 5,000원 처분손실

제 3 절 관계기업투자주식

3.1 지분법의 의의

'지분율'은 유통되고 있는 피투자회사의 주식 중에서 투자회사가 소유하고 있는 주식의 비율이다. 투자주식회계에서 지분율이 중요한 이유는 지분율의 크기에 따라 투자회사가 피투자회사에 영향력을 행사할 수 있는지의 여부가 결정되기 때문이다.

즉, 투자회사의 지분율이 높은 경우에는 피투자회사의 경영의사결정이 자신들에게 유리하도록 영향력을 행사할 수 있으므로 다른 투자주식과 같은 회계처리 방법을 적용하면 회계정보 이용자들에게 왜곡된 정보를 제공할 수 있다. 따라서 이러한 경우에 피투자회사에 행사할 수 있는 영향력을 회계장부에 반영할 수 있도록 하는 방법이 바로 지분법이다.

지분법(equity method)은 피투자회사에 유의적인 영향력을 행사할 수 있는 투자주식에 적용하는 회계처리 방법이다. K-IFRS에 의하면 '유의적인 영향력(significant influence)'이란 〈자료 12-6〉에 언급된 바와 같이 피투자회사의 재무정책과 영업정책에 관한 의사결정에 참여할 수 있는 능력을 말한다.

자료 12-6 유의적인 영향력

1. 투자회사가 다음 중 하나 이상에 해당하는 경우 일반적으로 유의적인 영향력이 있다고 본다.
   (1) 피투자회사의 이사회나 이에 준하는 의사결정기구에 참여
   (2) 피투자회사의 배당이나 다른 분배에 관한 의사결정에 참여하는 것을 포함한 정책결정과정에 참여
   (3) 투자회사와 피투자회사 사이의 중요한 거래
   (4) 경영진의 상호 교류
   (5) 필수적 기술정보의 제공
2. 투자회사가 직접 또는 간접(종속기업을 통하여)으로 피투자회사에 대한 의결권의 20% 이상을 소유한다면 반증을 명백하게 제시할 수 있는 경우를 제외하고는 유의적인 영향력이 있는 것으로 본다.

일반적으로 다른 기업의 주식에 투자하는 궁극적인 목적은 직 · 간접적인 투자수익을 얻기 위해서이다. 투자수익은 피투자회사로부터 배당수익을 얻고, 주식가격 상승에 따른 자본이득을 얻거나, 피투자회사의 경영의사결정에 영향력을 행사하여 사업을 다각화하거나 자신의 사업을 보호함으로써 얻을 수 있다.

투자회사가 피투자회사의 경영에 유의적인 영향력을 행사할 수 있을 때 법적인 형태는 다르지만 피투자회사를 투자회사의 사업부서처럼 운영한다고 볼 수 있다. 따라서 피투자회사의 경영성과나 기업가치는 투자회사의 영향력 행사 정도에 따라 결정된다고 볼 수 있으므로 이러한 투자주식의 가치 역시 투자회사의 경영정책에 따른 피투자회사의 경영성과에 따라 결정된다고 할 수 있다.

결국 이와 같은 경우에 적용하는 지분법 회계의 요점은 피투자회사의 거래에 따른 재무적 성과를 투자회사의 재무적 성과로 인정한다는 것이다. 피투자회사의 재무적 성과는 순자산가치의 변화로 나타나므로, 지분법에서는 피투자회사의 순자산가치의 변화분을 투자회사의 포괄손익계산서와 재무상태표에 반영하는 것이다.

유의적인 영향력과 혼동하기 쉬운 개념으로 지배력을 들 수 있다. 지배력(control)은 특정 회사가 경제적 효익을 얻기 위해 다른 회사의 재무정책과 영업정책을 결정할 수 있는 능력을 말한다.

투자회사가 피투자회사 의결권 있는 주식의 50%를 초과하여 소유하면 지배력을 갖게 되는데, 여기에서 투자회사를 지배회사라 하고 피투자회사를 종속회사라 한다. 반면 유의적인 영향력은 피투자회사의 재무정책과 영업정책에 관한 의사결정에 참여할 수 있는 능력으로서 의결권 있는 주식의 20% 이상을 소유하면 유의적인 영향력을 행사할 수 있다고 본다.

투자회사의 지분율이 50%를 넘어서 피투자회사에 지배력을 행사할 수 있으면 당연히 유의적인 영향력도 행사할 수 있으므로 지분법을 사용하여 회계처리함과 동시에 투자회사와 피투자회사의 재무제표를 합하여 연결재무제표(consolidated financial statements)를 작성해야 한다. 지배회사와 종속회사는 법률적으로는 다른 회사지만 사실상 하나의 회사라고 볼 수 있기 때문이다.

이때, K-IFRS에서는 연결재무제표가 주재무제표이므로 지배력을 행사하는 투자주식은 연결분개시 제거되어 투자회사의 재무상태표에는 나타나지 않는다. 따라서 관계기업투자주식이라는 계정과목은 지분율이 20%-50%인 경우에만 재무상태표에 표시된다. 연결절차에 대해서는 고급회계에서 다루게 된다.

3.2 지분법 회계

관계기업투자주식을 취득한 경우에도 매도가능금융자산과 마찬가지로 취득원가로 기록해야 한다. 즉, 그 매입금액에 수수료 등과 같이 취득과정에서 발생하는 취득부대비용을 포함한 금액을 취득원가로 기록한다.

관계기업투자주식은 보고기간말에 공정가치로 평가하지 않고 피투자회사의 순자산가치 변화분을 회계장부에 반영한다. 피투자회사의 순자산가치 증감은 ① 영업활동에 의한 당기순이익 또는 당기순손실의 발생과 ② 당기순손익에 의하지 않은 이익잉여금의 증감 및 ③ 자본잉여금이나 자본조정 및 기타포괄손익의 증감과 같은 세 가지 원인에 의해 발생한다.

이 중에서 ①의 경우는 투자회사의 영향력에 의한 피투자회사의 영업성과에 따라 발생한 것이므로 포괄손익계산서에 별도로 표시되는 지분법손익에 반영하여 투자회사의 당기순손익에 영향을 미친다. 그리고 ②는 이익잉여금(지분법이익잉여금변동)의 증감으로 처리한다. 단, 투자회사의 입장에서 중요하지 않은 경우 지분법손익으로 당기손익에 반영할 수 있다. ③은 기타포괄손익 항목인 지분법자본변동으로 처리하는데, ③은 피투자회사의 영업활동의 결과가 아니므로 투자회사의 당기순손익에 반영하지 않는 것이다. 회계처리할 때 반대의 계정과목은 모두 관계기업투자주식으로 하여 직접 투자주식금액을 조정한다.

투자회사가 소유하고 있는 관계기업투자주식이 2종목 이상인 경우 지분법적용에 의한 지분법손익 또는 자본항목은 각각 총액으로 표시한다. 예를 들면, 지분법이익과 지분법손실 또는 지분법자본변동과 부의지분법자본변동은 서로 상계하지 아니하고 각각 표시한다.

-지분법의 회계처리에서 중요한 것은 피투자회사가 당기순손익을 발표했을 때와 배당금을 지급했을 때이다.

피투자회사가 기말에 당기순손익을 보고하면 그 중 투자회사의 지분에 해당되는 부분만큼 투자주식을 증감시키고 지분법손익계정을 사용하여 당기손익에 반영한다. 즉, 피투자회사가 당기순이익을 보고하면 투자회사의 지분 해당액을 구하여 차변에 관계기업투자주식을 증가시키고 대변에 지분법이익을 기입한다. 반대로 피투자회사가 당기순손실을 보고하면 지분 해당액을 차변에 지분법손실로 기록하고 대변에 관계기업투자주식을 감소시킨다.

원가법에서는 피투자회사가 배당금을 지급하였을 때 배당수익을 인식한다. 하지만 지분법에서는 배당금 수취시에 원가법과는 다른 회계처리를 적용한다. 왜냐하면 피투자회사의 영업 및 재무에 유의적인 영향력을 행사할 수 있다는 것은 곧 피투자회사의 배당정책에도 관여할 수 있다는 뜻이기 때문이다. 따라서 배당금 수취시에 배당수익을 인식한다면, 피투자회사의 배당의사결정에 영향력을 행사하여 투자회사의 이익조작에 활용할 가능성이 있는 것이다. 그러므로 피투자회사로부터 현금배당을 수취하는 것은 투자회사가 배당금액에 해당하는 투자를 회수하겠다는 의미로 해석하여 배당수익이라는 투자수익의 발생으로 처리하지 않는다는 의미가 되는 것이다. 따라서 지분법 회계에서는 피투자회사가 배당금지급을 결의한 시점에 관계기업투자주식을 대변에 기록하여 감소시키고 차변에 미수배당금을 기록한다.

관계기업투자주식에 대하여 손상이 발생하였다는 객관적인 증거가 있다면 이를 장부금액에서 차감하고 손상차손을 인식한다. 이때 장부금액과 비교되는 회수가능액은 투자주식을 매각한다면 예상되는 순공정가치와 사용가치 중 큰 금

자료 12-7 **지분법 회계처리 요약**

1. 주식을 취득하였을 때

차> 관계기업투자주식	×××	대> 현 금	×××

2. 피투자회사가 당기순이익을 보고하였을 때 − 투자회사의 당기이익

차> 관계기업투자주식	××	대> 지분법이익	××

3. 피투자회사가 당기순손실을 보고하였을 때 − 투자회사의 당기손실

차> 지분법손실	××	대> 관계기업투자주식	××

4. 피투자회사가 현금배당을 결의하였을 때

차> 미수배당금	××	대> 관계기업투자주식	××

5. 피투자회사가 이익잉여금을 증가시켰을 때 − 투자회사의 이익잉여금

차> 관계기업투자주식	××	대> 지분법이익잉여금변동	××

6. 피투자회사가 자본잉여금이나 자본조정 및 기타포괄손익을 증가시켰을 때 − 기타포괄손익

차> 관계기업투자주식	××	대> 지분법자본변동	××

7. 손상을 인식할 때 − 관련 자본항목이 있는 경우 먼저 제거하고 손상차손 인식

차> 관계기업투자주식손상차손		대> 부의지분법자본변동	×
	×××	관계기업투자주식	××

8. 주식을 처분할 때

차> 현 금	×××	대> 관계기업투자주식	××
		관계기업투자주식처분이익	×

액으로 한다. 손상차손금액은 당기손익(관계기업투자주식손상차손)에 반영한다.

관계기업투자주식을 처분할 때 처분금액과 장부금액과의 차액인 관계기업투자주식처분손익은 별도로 표시되는 지분법손익에 합하여 보고된다.

지분법에 의한 회계처리를 정리하면 〈자료 12-7〉과 같다.

위와 같은 지분법 회계처리에서 주목할 점이 두 가지 있다. 첫째, 관계기업투자주식으로부터 투자수익을 인식하는 시점이다. 원가법에서는 피투자회사가 배당금을 지급할 때 투자수익(배당수익)을 인식하는데 비해서, 지분법에서는 피투자회사가 배당금을 지급할 때가 아니라 피투자회사가 당기순이익을 발표할 때 투자회사의 투자지분율만큼 투자수익(지분법이익)을 인식한다. 지분법에서는 배당금을 수취할 때 투자지분의 회수로 보아 오히려 관계기업투자주식 금액을 감소시킴으로써 투자회사의 순이익을 조작하려는 의도를 방지할 수 있다.

둘째, 지분법의 투자주식계정은 피투자회사의 자본, 즉 순자산가치의 증감을 그대로 반영한다는 것이다. 피투자회사의 당기순이익이나 이익잉여금, 자본잉여금의 변동 및 배당금의 지급은 모두 순자산가치의 변화를 가져오는 것들인데, 지분법에서는 이러한 요소들을 관계기업투자주식계정에 반영한다. 이 중에서 피투자회사의 당기순이익을 투자회사의 이익으로 인식하고 나머지는 투자회사의 이익과는 무관한 항목들이다.

다음의 〈예제 12-6〉과 〈예제 12-7〉은 지분법의 기본적인 회계처리 및 지분법과 원가법의 회계처리를 비교한 것이다.

예제 12-6 **지분법 회계처리**

은평회사의 다음 투자주식거래에 대해 분개하시오.

1. 20×1년 초, 구로회사의 주식 30%를 3,000,000원에 구입하였다.
2. 20×1년 12월 31일에 구로회사는 당기순이익 500,000원을 발표하였다.
3. 20×2년 3월에 구로회사는 주주들에게 300,000원의 배당금지급을 결의하였다.
4. 20×2년 결산 결과 구로회사의 당기순손실은 400,000원이었다.
5. 20×3년에 구로회사의 모든 주식을 3,500,000원에 처분하였다.

해 답

1.	차> 관계기업투자주식	3,000,000	대> 현 금	3,000,000
2.	차> 관계기업투자주식	150,000[1)]	대> 지분법이익	150,000
3.	차> 미수배당금	90,000[2)]	대> 관계기업투자주식	90,000
4.	차> 지분법손실	120,000[3)]	대> 관계기업투자주식	120,000
5.	차> 현 금	3,500,000	대> 관계기업투자주식	2,940,000[4)]
			관계기업투자주식처분이익	560,000

1) 당기순이익 × 지분율 = 500,000원 × 30% = 150,000원 ⇒ 투자주식에 가산
2) 현금배당액 × 지분율 = 300,000원 × 30% = 90,000원 ⇒ 투자주식에서 차감
3) 당기순손실 × 지분율 = 400,000원 × 30% = 120,000원 ⇒ 투자주식에서 차감
4) 처분시 관계기업투자주식의 장부금액
= 3,000,000원 + 150,000원[1] − 90,000원[2] − 120,000원[3]
= 2,940,000원

예제 12-7 지분법과 원가법

다음은 부산회사의 투자주식 거래이다.

1. 20×1년에 대구회사의 주식 30%를 300,000원에 취득하였다.
2. 대구회사는 20×1년에 200,000원의 당기순이익을 보고하였다.
3. 대구회사는 20×2년 초에 150,000원의 현금배당을 결의하였다.
4. 대구회사의 20×2년 당기순손실은 100,000원이다.
5. 20×3년에 대구회사의 주식을 350,000원에 처분하였다.

〈물음〉
1. 지분법을 적용하여 부산회사의 투자주식 거래를 분개하시오.
2. 원가법을 적용한다고 할 때, 부산회사의 투자주식 거래를 분개하시오.
3. 지분법과 원가법의 투자수익과 투자자산처분손익을 구분하여 비교하시오.

해 답

1. 지분법 분개

	차변	금액	대변	금액
(1)	차> 관계기업투자주식	300,000	대> 현 금	300,000
(2)	차> 관계기업투자주식	60,000	대> 지분법이익	60,000
(3)	차> 미수배당금	45,000	대> 관계기업투자주식	45,000
(4)	차> 지분법손실	30,000	대> 관계기업투자주식	30,000
(5)	차> 현 금	350,000	대> 관계기업투자주식	285,000[1]
			관계기업투자주식처분이익	65,000

1) 처분시 투자주식의 장부금액 = 300,000원 + 60,000원 − 45,000원 − 30,000원
= 285,000원

2. 원가법 분개

	차변	금액	대변	금액
(1)	차> 매도가능금융자산	300,000	대> 현 금	300,000
(2)	분개 없음[2]			
(3)	차> 미수배당금	45,000	대> 배당수익	45,000[2]
(4)	분개 없음[2]			
(5)	차> 현 금	350,000	대> 매도가능금융자산	300,000
			매도가능금융자산처분이익	50,000

2) 원가법에서는 피투자회사가 당기순손익을 발표했을 때에는 아무런 분개가 없고, 배당금을 받았을 때 배당수익으로 인식한다.

3. 투자수익과 처분손익 비교

	지 분 법	원 가 법
지분법손익		
20×1년	60,000원	–
20×2년	(30,000)	–
배당수익	–	45,000원
처분손익	65,000	50,000
합　　계	95,000원	95,000원

〈예제 12-7〉에서 보면 지분법과 원가법 모두 취득시점의 회계처리는 같다. 그러나 투자수익의 인식시점과 투자수익 금액 및 회계처리 방식에서는 차이를 보인다.

지분법에서는 피투자회사가 당기순손익을 보고하였을 때 지분법손익계정을 통해 투자수익을 인식하여 투자주식계정을 증가시키고, 배당금을 받았을 때에는 투자수익으로 인식하지 않고 투자주식계정에서 차감하고 있다.

이와는 달리, 원가법에서는 투자주식의 장부금액을 계속 취득원가로 유지하고 배당금을 수취하였을 때 투자수익을 인식한다. 따라서 두 방법에 의한 투자주식의 장부금액이 달라지고, 주식을 처분하였을 때 처분손익도 달라진다.

이와 같이 두 방법은 자산가치의 변화와 그에 따른 투자수익의 인식방법에 있어 차이를 보이지만 투자에 따른 전체적인 수익인 투자수익과 처분손익의 합계액은 95,000원으로 동일하다.

제 4 절 기타의 장기투자목적 금융자산

4.1 장기금융상품

장기금융상품(long-term financial instruments)은 유동자산에 속하지 아니하는 금융상품으로서 보고기간종료일로부터 1년 이내에 만기일이 도래하지 않는 정기예금, 정기적금, 사용이 제한되어 있는 예금 및 기타의 정형화된 금융상품이다.

장기금융상품으로 분류되던 항목이 보고기간종료일로부터 1년 이내에 만기일이 도래하는 것은 유동자산의 단기금융상품으로 재분류해야 한다. 이러한 예로는 불입기간이 3년인 정기적금을 들 수 있는데, 적금에 가입하였을 때에는 만기가 1년 이상이므로 장기금융상품으로 기록하였으나 차후에 보고기간종료일로부터 1년 이내에 만기가 도래하게 되면 단기금융상품으로 계정을 재분류해야 한다.

사용이 제한되어 있는 예금은 예금의 사용목적이 특정하게 제한되어 있는 것인데, 사채와 같은 장기차입부채를 상환하기 위한 감채기금과 차입금의 담보로 제공하는 양건예금이 대표적이다.

사용이 제한된 예금을 재무상태표에 공시할 때에는 주의가 필요한데, 만기가 보고기간종료일로부터 1년 이내에 도래하는 것은 단기금융상품으로 분류하고, 만기가 보고기간종료일로부터 1년 이후에 도래하는 것만 장기금융상품으로 분류해야 한다. 단기금융상품이나 장기금융상품의 어떤 것으로 공시하더라도 사용이 제한되어 있는 예금은 모두 주석으로 기재하여 정보이용자에게 알려야 한다.

예제 12-8 **장기금융상품**

다음 금융상품의 거래에 대해 분개하시오.

1. 차입금의 담보로 제공하기 위해 20×1년에 2년 만기의 정기예금 1,000,000원에 가입하였다.
2. 20×1년 말 현재 정기예금에 대한 이자가 50,000원 발생하였다.
3. 20×2년 말 현재 정기예금에 대한 이자가 70,000원 추가적으로 발생하였고, 정기예금의 만기일이 6개월 앞으로 다가옴을 확인하였다.
4. 20×3년 당기분 이자 30,000원을 포함한 원금과 이자를 회수하였다.

해 답

	차변	금액	대변	금액
1.	차> 장기금융상품	1,000,000	대> 현　　금	1,000,000
2.	차> 미수이자	50,000	대> 이자수익	50,000
3.	차> 미수이자	70,000	대> 이자수익	70,000
	단기금융상품	1,000,000	장기금융상품	1,000,000
4.	차> 미수이자	30,000	대> 이자수익	30,000
	차> 현　　금	1,150,000	대> 단기금융상품	1,000,000
			미수이자	150,000

4.2 장기대여금과 장기성매출채권

장기대여금은 제3자 또는 종업원에게 자금을 대여한 것 중 회수기간이 보고기간종료일로부터 1년 후에 도래하는 것이다. 그리고 장기성매출채권은 일반적 상거래에서 발생한 외상매출금과 받을어음 중 회수기일이 보고기간종료일로부터 1년 후에 도래하는 것이다.

장기대여금과 장기성매출채권은 회수기간이 장기이므로 명목금액과 현재가치의 차이가 중요하다. 따라서 채권의 명목금액을 적절한 이자율로 할인한 현재가치를 재무상태표에 표시한다. 그리고 명목금액과 현재가치의 차액은 기간 경과에 따라 적절한 비용항목으로 분류한다.

다음 예제는 장기투자목적 수취채권에 대하여 현재가치로 할인하여 평가하는 방법에 대한 것이다.

예제 12-9 장기대여금의 현재가치 평가

20×1년 초에 속초회사는 종업원에게 2년간 10,000원을 무이자로 대여하였다. 종업원에게 적용되는 할인율은 10%이며, 종업원은 속초회사를 위해 2년간 근무를 제공하는 조건이다. 이 경우 20×1년과 20×2년의 회계처리는 어떻게 되는가(단, 유동성대체분개는 생략하기로 한다)?

해 답

20×1년 초:	차> 장기대여금	10,000	대> 현　　금	10,000
	선급비용[2)]	1,736	현재가치할인차금	1,736[1)]

1) 장기대여금의 현재가치 = 10,000 / 1.1^2
= 8,264원
장기대여금의 명목금액과의 차이 = 10,000 − 8,264
= 1,736원

2) 현재가치와 명목금액과의 차이는 종업원의 2년간의 근무에 대하여 비용을 선지급한 것으로 볼 수 있으므로 선급비용으로 기록하고, 기간 경과에 따라 급여로 비용화한다.

20×1년 말:	차> 현재가치할인차금	826[3)]	대> 이자수익	826
	급　여	826	선급비용	826

3) 현재가치할인차금의 상각 = 8,264×10% = 826원

20×1년 말:	차> 현재가치할인차금	910[4)]	대> 이자수익	910
	급　여	910	선급비용	910

4) 현재가치할인차금의 상각 = (8,264 + 826)×10%
= 909원(1원은 단수차이)

4.3 보 증 금

보증금은 자산의 임대차계약을 체결하는 등의 목적을 위해 임대인에게 지급하는 금액이다. 구체적으로 토지나 건물 등의 임대차계약을 체결하거나 기타의 임대차계약상 채무를 담보하기 위해 임대인에게 지급하거나, 계약기간 동안 재화나 용역이 공급될 수 있도록 예치하는 금액으로서 계약기간이 끝나면 환급받는다.

대표적인 보증금으로는 임차보증금과 영업보증금을 들 수 있다. 임차보증금은 타인의 부동산이나 동산을 사용하기 위해 임대차계약을 체결하는 경우 임차인이 임대인에게 미리 지급하는 보증금을 말한다. 영업보증금은 영업목적을 위해 타인에게 지급한 거래보증금이나 입찰보증금 등을 말한다.

보증금은 일반적으로 회수기간이 장기이므로 명목금액과 현재가치의 차이가 중요하다. 따라서 채권의 명목금액을 적절한 이자율로 할인한 현재가치를 재무상태표에 표시하고, 명목금액과 현재가치의 차액은 기간경과에 따라 적절한 비용항목으로 분류한다.

연습문제

문제 12-1 주식의 취득

다음에서 주어진 자료를 보고 (주)문래의 회계처리를 제시하시오.

(1) 20×2년 12월, (주)석정의 보통주 2,000주를 장기보유목적으로 주당 15,000원에 취득하였고 500,000원의 취득 수수료를 지급하였다.
(2) 20×3년 2월, (주)유성의 우선주 1,500주를 취득하였다. 취득당시의 액면금액은 10,000원이며, 시가는 12,000원이다(배당수익이 목적이므로 단기간 내에 처분할 계획이 없다).
(3) 20×3년 3월, (주)석정으로부터 주당 500원의 배당금을 수령하였다.
(4) 20×3년 7월, (주)중랑의 발행주식 100,000주 중 25,000주를 100,000,000원에 취득하였다.
(5) 20×3년 12월, (주)송파의 주가상승이 기대되므로 주식 1,000주를 주당 2,000원에 취득하였으며 동 주식은 20×4년 상반기 중 처분할 계획이다.
(6) (주)중랑을 제외한 나머지 주식의 경우 유의적인 영향력 조건을 충족하지 않는다.

문제 12-2 주식의 일괄 취득

(주)동작은 장기보유 목적으로 (주)흑석의 보통주 8,000주와 우선주 2,500주를 동시에 취득하였으며 취득대가로 13,000,000원을 현금으로 지불하였다. 또한 주식 취득과 관련하여 1,000,000원의 수수료가 발생하였다. 보통주와 우선주의 액면금액은 1,000원으로 동일하며, 현재 주식시장에서 거래되는 가격은 보통주 1,500원, 우선주 1,200원이다.

〈물음〉

1. (주)동작의 주식 취득과 관련된 회계처리를 제시하시오.
2. 문제에서 주어진 것과 달리 (주)흑석의 우선주가 시장성이 없다면 회계처리는 어떻게 달라지는가?

문제 12-3 매도가능금융자산의 회계처리

다음에서 주어지는 각각의 상황에 대하여 분개하시오.

1. 서초회사는 20×2년 초, 반포회사의 주식 200주(지분율 5%)를 주당 11,000원에 장기보유목적으로 취득하였는데, 증권거래세와 증권회사 수수료로 100,000원을 지

출하였다. 단, 서초회사는 반포회사에 유의적인 영향력을 행사하지 못한다.

2. 20×2년 말 반포회사의 공정가치는 주당 12,000원이다.
3. 반포회사는 20×3년 3월 주주총회를 개최하고 현금배당 200,000원과 주식배당 400주를 결의하였다.
4. 20×3년 4월 서초회사는 반포회사로부터 현금배당금 및 주식을 수령하였다.
5. 20×3년 12월 서초회사는 반포회사의 주식 100주를 주당 12,300원에 처분하였다.

문제 12-4 공정가치법과 원가법

서대문회사는 20×2년 12월 31일 현재 다음과 같은 투자주식을 보유하고 있다. 투자주식은 장기보유 목적이고 (주)연희의 시가하락은 중요하지 않은 것으로 판단된다.

	원 가	공정가치
(주)구미	6,000,000	6,800,000
(주)연희	5,200,000	4,000,000

20×3년 12월 31일 현재의 주식보유현황은 다음과 같다.

	원 가	공정가치
(주)구미	10,400,000	9,000,000
(주)신천	3,200,000	3,400,000

〈물음〉 다음 각 상황에 대한 분개를 하시오.

1. 20×2년 12월 31일
2. 20×3년의 기중거래((주)연희주식은 처분금액은 4,500,000원이다)
3. 20×3년 12월 31일의 분개에 대하여 i) 공정가치법을 적용할 경우, ii) 원가법을 적용할 경우로 나누어 각각의 분개를 제시하시오.

문제 12-5 공정가치법

(주)강남은 20×2년 기말 현재 다음과 같은 주식을 보유하고 있다.

주 식	보유목적	원 가	시 가
(주)압구정	단기보유	2,400원	3,000원
(주)대치	장기보유	1,600원	1,200원
(주)선릉	장기보유	4,800원	5,600원

20×3년 중 다음과 같은 거래가 발생하였다.

1) (주)압구정의 주식을 2,200원에 추가 취득하였다.
2) (주)선릉의 주식 중 절반을 2,800원에 처분하였다.
3) (주)일원의 주식을 3,600원에 취득하였다.

20×3년말 현재 (주)강남이 보유한 주식에 대한 자료는 다음과 같다.

주 식	보유목적	원 가	시 가
(주)압구정	단기보유	4,600원	5,200원
(주)대치	장기보유	1,600원	2,000원
(주)선릉	장기보유	2,400원	2,000원
(주)일원	장기보유	3,600원	3,800원

〈물음〉

1. 기중거래에 대하여 분개하시오
2. 20×3년 12월 31일의 분개를 제시하시오.
3. 위에서 주어진 자료와 달리 (주)대치 주식의 20×3년 말 시장가치가 1,000원으로 하락하였으며 손상이 객관적으로 발생하였다고 판단되는 경우의 분개를 제시하시오.

문제 12-6 손상차손의 인식

다음의 자료를 통하여 (주)낭림이 소유하는 장기보유목적의 투자주식에 대한 20×2년과 20×3년의 회계처리를 수행하시오.

1. 20×2년

   3. 20 (주)언진의 주식 50주를 주당 22,500원에 취득하였다.

   5. 4 (주)묘향의 주식 100주를 주당 12,000원에 취득하였다.

   6. 27 (주)멸악의 주식 100주를 주당 7,000원에 취득하였다.

   12. 31 현재

   - (주)언진의 주당 시가는 23,000으로 소폭 상승하였다.
   - (주)묘향과 (주)멸악은 심각한 재무적 압박에 시달리면서 주식의 시가는 각각 주당 8,000원과 4,500원으로 크게 하락하였다. 또한 이러한 상황은 단기간에 쉽게 호전되지 않을 것으로 예측되고 있다.

2. 20×3년

   3. 27 (주)언진으로부터 주당 700원의 배당금을 수령하였다.

   12. 31 현재

   - (주)언진의 주당 시가는 23,000원이다.
   - (주)묘향의 주당 시가는 7,000으로 하락하였다.
   - (주)멸악의 주당 시가는 6,200원으로 상승하였는데 이는 전기의 재무적 압박에서 벗어난 결과가 주식시장에 반영된 것이다.

문제 12-7 공정가치법과 손상차손

20×1년 7월 1일 (주)명동이 상장기업인 (주)신촌의 보통주식 100주를 주당 10,000원에 장기투자목적으로 취득하였다. 20×1년 말에는 재무위기의 가능성이 극히 작은 것으로 판단되었으나, 20×2년 동안 (주)신촌의 주요 제품가격의 급격한 하락과 영업환경의 악화로 영업손실이 발생하였으며, 당사의 회사채 신용등급이 투기등급으로

하향조정됨에 따라 파산가능성이 높아져 자금시장에서 추가자금조달이 어려운 상황에 빠지게 되었다. 그러나 20×3년 들어 제품가격의 회복 및 영업환경의 호전으로 파산가능성이 현저히 감소하였으며 주가도 다시 상승하였다. (주)명동은 20×4년 2월 1일에 주당 13,000원에 보유주식 전부를 매각하였다. 각 보고기간종료일의 주가가 다음과 같을 때 물음에 답하시오(공인회계사 2004 1차 수정).

20×1년 12월 31일	20×2년 12월 31일	20×3년 12월 31일
9,500원	6,000원	11,500원

〈물음〉

1. 20×1년 보고기간종료일의 (주)명동의 회계처리를 제시하시오.
2. 20×2년에 (주)명동이 당기손익으로 인식할 계정과목과 금액은 무엇인가?
3. 20×3년 보고기간종료일의 (주)명동의 회계처리를 제시하시오.
4. 20×4년에 (주)명동이 인식해야 할 처분손익은 얼마인가?

문제 12-8 지분법의 회계처리

(주)태안은 20×2년 초 (주)변산의 보통주 60,000주를 12,000,000원에 취득하였다. 20×2년 (주)변산의 총발행주식수는 300,000주이며 이후에 추가적인 증자는 없었다. (주)변산은 20×2년과 20×3년에 각각 480,000원과 560,000원의 당기순이익을 기록하였으며 현금배당의 경우 20×2년에는 100,000원, 20×3년에는 240,000원을 지급하기로 결의하였다. 지분법에 따른 20×2년과 20×3년의 회계처리를 제시하시오.

문제 12-9 원가법과 지분법

(주)전주는 아래와 같이 2회에 걸쳐 (주)덕진의 주식을 취득하였다.

20×2. 5. 4	2,000주, 주당 40,000원
20×3. 7. 5	1,000주, 주당 36,000원

(주)덕진의 총 발행주식수는 10,000주이며 20×2년의 당기순이익은 500,000원, 20×3년에는 100,000원의 당기순손실이 발생하였다. 그리고 20×2년과 20×3년 모두 100,000원의 배당금을 지급하였다.

〈물음〉

1. 원가법을 적용할 경우 20×2, 20×3년의 (주)전주의 투자주식 거래를 분개하시오.
2. 지분법을 적용할 경우 20×2, 20×3년의 (주)전주의 투자주식 거래를 분개하시오.

문제 12-10 지분법과 공정가치법

(주)속초는 20×1년 (주)장천의 주식 중 30%를 3,000,000원에 취득하였다. 이를 통하여 (주)속초는 (주)장천의 영업활동에 유의적인 영향력을 행사할 수 있게 되었다. 다음은 주식 취득일 이후의 (주)장천에 대한 자료이다.

연 도	당기순이익	배 당 금	공정가치(속초 보유분)
20×1	480,000	240,000	3,500,000
20×2	220,000	160,000	3,750,000
20×3	(200,000)	80,000	2,800,000

〈물음〉

1. 공정가치법을 적용할 경우의 회계처리를 제시하시오.
2. 지분법을 적용할 경우의 회계처리를 제시하시오.

문제 12-11 보증금의 현재가치 평가

보성회사는 사업확장으로 인하여 20×1년에 추가적인 사무실이 필요하여 건물소유주인 녹차회사와 보증금 10,000원에 3년 만기 임대차계약을 체결하였다. 현재가치 평가를 위한 할인율이 10%라고 할 때 20×1년 초와 20×1년, 20×2년 및 20×3년 말의 부분재무상태표와 포괄손익계산서를 나타내시오.

chapter 13
유형자산과 투자부동산

chapter 13 유형자산과 투자부동산

제 1 절 유형자산의 의의 및 분류

1.1 유형자산의 의의

유형자산(PP&E : property, plant and equipment)은 재화나 용역의 생산이나 제공, 타인에 대한 임대 또는 관리활동에 사용할 목적으로 보유하는 물리적 형태가 있는 자산으로서 한 회계기간을 초과하여 사용할 것이 예상되는 자산이다. 기업은 성격이나 용도에 따라 유형자산을 토지, 건물, 기계장치, 비품, 차량운반구 및 건설중인 자산 등으로 분류한다.

유형자산의 특징은 다음과 같다. 첫째, 유형자산은 재고자산처럼 현금 또는 매출채권 등과 같은 현금청구권으로 직접 전환되지 않고 생산활동에 투입되기 때문에 현금으로의 전환이 간접적이고 장기적으로 이루어진다. 둘째, 물리적인 형태가 있는 자산으로서 사용기간이 보통 1년 이상인 비유동자산이다.

여기에서 주의할 점은 물리적인 형태를 가진 자산의 현재 용도와 의도된 사용기간이 유형자산의 분류기준이라는 것이다. 예를 들어, 제품의 생산을 위한 기계장치를 개조하여 고객 판매용으로 전환하였다면 이는 유형자산이 아닌 재고자산으로 분류해야 한다. 그러나 생산된 제품을 판매하지 않고 영업활동에 투입하기로 결정하였다면 이는 재고자산이 아니라 유형자산으로 분류해야 한다.

유형자산은 재고자산과 더불어 기업의 자산 중에서 비중이 매우 큰 자산이다. 유형자산은 기업의 생산능력의 유지와 향상을 위한 기본재산으로서 영업활동에 장기간 활용되고, 재고자산은 영업활동, 즉 판매의 대상이 되어 영업을 계속할 수 있는 기반이 되고 있다. 이러한 유형자산과 재고자산은 물적 자산으로서 비화폐성 자산(non-monetary assets)에 속한다.

기업의 입장에서 볼 때 유형자산은 용역잠재력(service potentials)을 지니고 있다고 말하는데, 이는 기업이 유형자산을 미래의 여러 기간 동안 사용하여 수익을 창출할 수 있다는 것을 의미한다. 그러므로 자산을 취득할 때 지출한 금액은 취득 시에 모두 비용으로 처리하지 않고 그 자산을 활용할 수 있는 기간 동안 합리적인 방법으로 배분하여 비용으로 인식한다.

예를 들어, 5년간 사용할 수 있는 자동차를 500,000원에 구입하였다면 이 500,000원은 일단 차량운반구라는 자산계정으로 기록하였다가 5년의 기간 동안에 가치를 감소시켜서 비용으로 전환하는 회계처리를 한다. 이와 같이 유형자산을 사용함에 따라 소진된 용역잠재력에 대해 여러 기간에 걸쳐 비용으로 반영하는 절차를 감가상각(depreciation)이라 한다. 다만, 토지(land)는 대지, 임야 등으로서 내용연수가 무한하고 시간이 지남에 따라 가치가 감소한다고 볼 수 없으므로 감가상각의 대상이 되지 않는다. 그리고 건설중인 자산(construction in progress)은 현재 건설중으로서 아직 완공되지 않은 자산이므로 영업활동에 활용되지 않고 있기 때문에 역시 감가상각의 대상이 되지 않는다.

1.2 유형자산의 분류

영업활동에 장기적으로 사용되는 유형자산은 여러 종류가 있다. K-IFRS에서는 영업상 유사한 성격과 용도에 따라 유형자산을 토지, 기계장치, 선박, 항공기, 차량운반구, 집기, 사무용비품 등으로 분류하고 있다.

K-IFRS상의 유형자산은 위와 같이 분류되어 있으나 업종의 특성을 감안하여 유형자산의 과목을 신설하거나 통합할 수 있다. 즉, 위의 분류에 속하지 않더라도 당해 기업이 속한 업종의 특성상 특정 유형자산의 비중이 중요하면 별도의 과목을 신설하고, 중요하지 않다면 통합하여 적절하게 표시할 수 있는 것이다. 그러므로 건물, 구축물, 기계장치 및 운반구 등 감가상각대상 자산은 설비자산 등 적절한 유형자산 항목으로 표시할 수 있는 것이다. 또한 기계장치의 비중이 중요하지 않은 서비스 업종은 기계장치를 기타의 유형자산으로 통합하여 표시할 수 있다.

1.3 유형자산 회계

유형자산의 회계처리는 다음의 네 가지 과정을 거친다.

① 취득시점의 지출 - 취득원가의 결정
② 취득 이후의 지출 - 자본적 지출과 수익적 지출의 구분
③ 자산의 사용기간 동안 감가상각 - 감가상각비 계산
④ 자산의 처분이나 교환 - 처분손익의 인식

유형자산의 취득과 사용 및 처분에 따른 가치의 변동과 각 단계에 맞는 회계처리 절차를 나타내보면 〈자료 13-1〉과 같다.

자료 13-1 유형자산의 회계과정

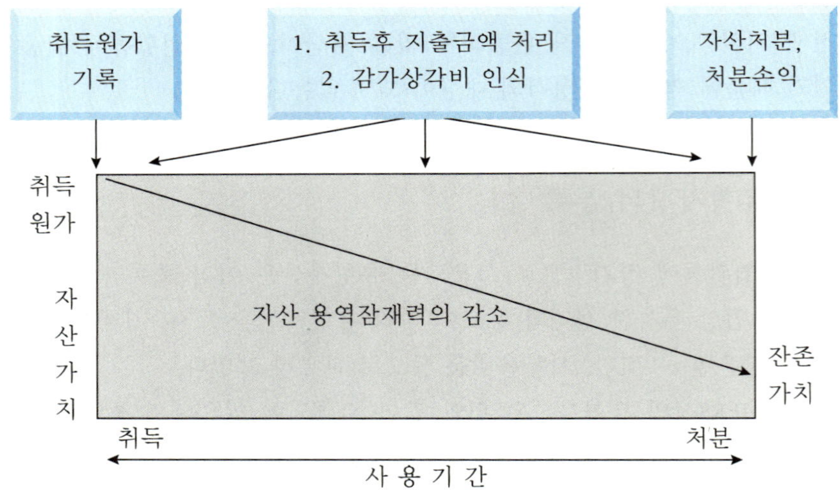

제 2 절 유형자산의 취득과 취득일 이후의 지출

2.1 취득원가의 결정

유형자산은 자산을 구입한 시점에서 취득원가를 기준으로 최초의 장부기록을 한다. 취득원가는 외부 구입가격 또는 자가 제작원가와 자산 취득과 관련된 직접관련원가 및 추정복구원가로 구성된다.

자산 취득과 관련된 직접관련원가는 경영진이 의도한 방식으로 자산을 가동하는 데 필요한 장소와 상태에 이르게 하는 데 직접 관련되는 원가로서 〈자료 13-2〉와 같은 항목들이 포함된다.

〈자료 13-2〉에서 ⑦ 자본화된 차입원가는 유형자산의 취득 또는 제작을 위해 투입된 자금 중에 외부로부터의 차입금이 포함된 경우 해당 차입금 이자는 자산의 취득에 소요되는 직접관련원가로 볼 수 있기 때문에 취득원가에 포함된다.

⑧의 내용은 유형자산의 취득시 국 · 공채를 매입해야 하는 경우가 있는데, 이때 국 · 공채의 매입금액이 공정가치보다 큰 경우에 비싸게 구입한 차액만큼을 유형자산의 취득원가에 포함시키는 것이다.

한편, 추정복구원가는 자산을 해체, 제거하거나 부지를 복구하는 데 소요될 것으로 최초에 추정되는 원가로서 복구소요액의 현재가치를 유형자산의 취득원가에 가산한다.

자료 13-2 **유형자산 취득 직접관련원가**

① 유형자산의 매입 또는 건설과 직접적으로 관련되어 발생한 종업원급여
② 설치장소 준비 원가
③ 최초의 운송 및 취급 관련 원가
④ 설치원가 및 조립원가
⑤ 유형자산이 정상적으로 작동되는지 여부를 시험하는 과정에서 발생하는 원가. 단, 장비의 시험과정에서 생산된 시제품과 같이 시험과정에서 생산된 재화의 순매각금액은 당해 원가에서 차감한다.
⑥ 전문가에게 지급하는 수수료
⑦ 자본화된 차입원가
⑧ 유형자산 취득과 관련하여 국· 공채 등을 매입하는 경우 매입금액과 공정가치의 차이

(1) 자본화된 차입원가

예를 들어, 회사가 기계장치를 자가제작하는 경우 제작기간 동안 제작비용이 1,000원 지출되었고, 관련된 차입금에 대한 이자비용으로 100원을 지출하고 이를 자본화할 경우의 회계처리는 다음과 같다.

차> 건설중인 자산	1,000	대> 현 금	1,000
차> 이자비용	100	대> 현 금	100
차> 기계장치	1,100	대> 건설중인 자산	1,000
		이자비용	100

즉, 유형자산의 제작기간 동안 발생한 제작원가는 건설중인 자산으로 기록하였다가 제작이 완료되면 해당 유형자산계정, 예를 들어 기계장치 등으로 대체된다. 그리고 제작기간 동안 관련된 차입금의 이자비용이 발생하였다면 이를 당기의 비용으로 처리하지 않고 유형자산의 취득원가에 포함시키는 것이다.

(2) 국 · 공채 매입금액과 공정가치의 차이

예를 들어, 기계장치를 구입할 때 지급한 금액이 900원이지만 기계장치 취득을 위해 필수적으로 구입해야 하는 공정가치 100원인 채권을 200원에 구입해야 하는 경우의 회계처리는 다음과 같다.

차> 기계장치	900	대> 현 금	900
차> 만기보유금융자산	100	대> 현 금	200
기계장치	100		

즉, 유형자산 취득을 위해 채권을 공정가치보다 비싸게 구입해야 하는 경우 채권 공정가치와 취득금액과의 차액은 유형자산의 취득을 위해 불가피하게 지출한 것으로 볼 수 있으므로 유형자산의 취득원가에 포함시킨다.

(3) 추정복구원가

예를 들어, 기계장치를 구입할 때 지출한 금액은 900원이지만 기계장치의 사용종료 후 원상복구를 위해 지출해야할 복구비용의 현재가치가 100원인 경우의 회계처리는 다음과 같다.

차> 기계장치	900	대> 현　　금	900
차> 기계장치	100	대> 복구충당부채	100

즉, 유형자산의 사용 종료 시 원상복구를 위한 복구비용을 지출해야 할 경우에는 복구비용을 유형자산의 취득원가에 포함시킨다.

유형자산은 고가인 경우가 많으므로 취득방식이 다양하다. 가장 일반적인 결제방식은 현금을 지급하거나 어음을 발행하여 구입하는 것이다. 그리고 스스로 제작 · 건설하는 방법도 있고, 리스계약을 맺어 장기적으로 분할하여 대금을 지급할 수도 있다. 또한 자산을 취득하는 대가로 주식을 지급하는 현물출자의 방법도 있고, 증여와 같이 무상으로 취득할 수도 있으며, 둘 이상의 유형자산을 일괄적으로 구입하기도 한다.

유형자산의 제작 · 건설이란 자기의 생산시설을 활용하여 필요한 용도의 자산을 만드는 경우인데, 이때 유형자산의 취득원가에는 제작을 완료하여 해당 자산을 의도한 용도에 사용할 수 있을 때까지 발생한 모든 원가를 포함한다. 제작기간 동안 발생한 모든 비용은 일단 건설중인 자산으로 기록하였다가 제작이 완성되어 해당 자산을 영업활동에 사용하기 시작할 때 적절한 유형자산 과목으로 재분류한다. 건설중인 자산에 대해 감가상각 회계를 적용하지 않는다는 것은 앞서 언급한 바 있다.

리스계약이란 리스회사가 소유하고 있는 자산을 빌려서 사용하고 일정한 기간동안 분할하여 리스회사에 리스료를 정기적으로 지급하는 방식의 계약이다. 리스거래는 계약조건에 따라 단순임대차거래로 볼 수 있는 운용리스와 사실상 자산을 취득한 것으로 볼 수 있는 금융리스로 분류할 수 있다.

현물출자 등과 같이 자산취득의 대가로 비현금 항목을 지급하면 기업이 대가로 지급한 항목의 공정가치와 수취한 항목의 공정가치 중에서 좀더 객관적인 가치를 기준으로 취득원가를 산정해야 한다. 시장성 있는 주식을 지급한 경우에는 주식의 시장가격이 객관적이므로 유형자산은 발행한 주식의 공정가치로 평가한다. 만약 시장성 없는 주식을 발행한 경우에는 현물출자로 받은 유형자산의 공정가치로 기록해야 하는데, 자산의 공정가치로는 감정평가금액 등을 사용할 수 있다.

다른 종류의 자산과의 교환으로 유형자산을 취득한 경우, 유형자산의 취득원가는 교환을 위해 제공한 자산의 공정가치로 기록한다. 다만 교환을 위해 제공한 자산의 공정가치가 불확실한 경우에는 취득한 자산의 공정가치를 취득원가로 할 수 있다. 만약 교환거래에 상업적 실질이 결여된 경우에는 취득한 자산의 원가는 제공한 자산의 장부금액으로 한다.

증여나 기타 무상으로 취득한 자산이면 취득한 자산의 공정가치를 취득원가로 기록한다. 그리고 둘 이상의 자산을 일괄하여 구입한 경우에는 취득한 각 종류의 자산에 대한 원가는 분리시켜서 각각의 자산별로 기록해야 한다. 이때 일괄구입 시에 지출한 금액을 합리적인 기준에 따라 자산별로 분리해야 하는데, 일반적으로 취득한 자산의 공정가치 비율로 배분하거나 감정평가금액 등의 비율로 배분한다.

예제 13-1 유형자산의 취득 I

다음의 유형자산 취득거래에 대해 분개하시오.

1. 기계장치를 구입하고 대금 500,000원은 3개월 만기 어음을 발행하여 지급하였다. 기계장치의 설치비와 취득세로 각각 30,000원과 10,000원을 현금으로 지출하였다.
2. 건물을 건설하기 위해 설계비 100,000원을 지급하였고, 공사비로 300,000원을 지출하였다.
3. 추가 공사비로 200,000원을 지출하여 건물이 완공되었고, 취득세와 등록세로 20,000원을 지출하였다.
4. 1,000,000원의 토지를 취득하기 위해 공정가치가 100,000원인 국채를 200,000원에 매입하였다. 토지대가는 현금으로 지급하였고 국채는 만기일까지 보유할 예정이다.
5. 쓰레기소각장 건설을 위해 700,000원을 지출하였는데, 사용기간 종료 후 지출할 복구비용의 현재가치가 100,000원으로 예상된다.
6. 기계장치의 자가제작을 위해 200,000원을 지출하였는데, 관련된 차입금의 이자비용으로 30,000원이 발생하여 자본화하였다.

해 답

	차변	금액	대변	금액
1.	차> 기계장치	540,000	대> 미지급금	500,000
			현 금	40,000
2.	차> 건설중인 자산	400,000	대> 현 금	400,000
3.	차> 건 물	620,000	대> 건설중인 자산	400,000
			현 금	220,000
4.	차> 토 지	1,100,000[1)]	대> 현 금	1,200,000
	만기보유금융자산	100,000[2)]		
5.	차> 건 물	800,000[3)]	대> 현 금	700,000
			복구충당부채	100,000
6.	차> 기계장치	230,000[4)]	대> 현 금	200,000
			이자비용	30,000

1) 자산취득시 구입해야 하는 채권의 공정가치와 구입가격과의 차이는 자산의 취득원가에 포함시킨다.
2) 만기보유금융자산은 공정가치로 기록한다.
3) 미래의 복구를 위해 지출할 비용의 현재가치는 복구충당부채로 기록하고 자산의 취득원가에 포함시킨다.
4) 이자비용을 자본화 하는 경우 이자비용을 차감하고, 자산 취득원가에 포함시킨다.

예제 13-2 유형자산의 취득 II

다음 유형자산 취득거래에서 각 자산의 취득원가를 구하시오.

1. 기계장치를 취득하고 현금 100,000원과 주식 30주(시장가치 주당 5,000원)를 발행하였다. 그리고 소유권이전비용과 설치비로 30,000원을 지출하였다.
2. 토지와 건물을 1,500,000원에 일괄구입하였는데, 구입시 토지와 건물의 공정가치는 각각 1,500,000원과 1,000,000원이었다.
3. A회사에 기계장치를 주고 컴퓨터를 받는 교환거래를 하였다. 취득한 컴퓨터의 공정가치는 불명확하나, 제공한 기계장치의 공정가치는 200,000원이었다.

해 답

1.

현 금 지 급	100,000 원
주식의 시가	150,000 (30주 × 5,000원)
직접관련원가	30,000
취 득 원 가	280,000 원

2.

	공정가치 비율		취득원가 배분	
토 지	1,500,000원	(60%)	1,500,000 × 60% =	900,000원
건 물	1,000,000	(40%)	1,500,000 × 40% =	600,000원
합 계	2,500,000원			1,500,000원

3. 자산 교환시는 제공한 자산의 공정가치로 취득원가를 기록하므로 컴퓨터의 취득원가는 200,000원이다.

2.2 자본적 지출과 수익적 지출

유형자산을 취득하고 처분하기까지의 기간 동안 일상적인 수선과 유지, 개량, 대체, 증설 등의 여러 지출이 이루어진다. 이 때 유형자산을 취득한 이후에 발생하는 지출을 회계장부에 자산이 증가한 것으로 기록할 것인가 또는 비용으로 기록할 것인가의 문제가 발생하는데, 이러한 지출을 어떻게 회계처리 하는가에 따라 회사의 경영성과 및 자산의 평가에 큰 영향을 미치기 때문에 신중한 고려가 필요하다.

자본적 지출(capital expenditure)은 기존 유형자산의 가치를 증대시켜서 미래 기간 동안에 효익이 지속될 것으로 기대되는 지출로서 해당 유형자산을 증가시키는 회계처리를 한다.

수익적 지출(revenue expenditure)은 당해 회계연도에만 효익이 있을 것으로 기대되는 지출로서 당기의 비용으로 처리한다.

위의 자본적 지출과 수익적 지출의 구분은 본질적으로 수익·비용대응의 원칙에 따라야 하므로 그 지출과 관련된 기간의 수익과 대응되도록 비용을 인식해야 하는 것이다. 따라서 기대되는 수익(효익)이 미래에 예상되면 자본적 지출로 처리하고, 그 효익이 당기에만 영향을 끼칠 것으로 예상되면 수익적 지출로 처리해야 한다.

예를 들어, 공장증설을 위해 1,000,000원을 지출한 경우와 기계장치의 일상적인 수선을 위해 200,000원을 지출한 경우의 회계처리를 비교하면 다음과 같다.

1. 공장증설의 경우: 자본적 지출

차> 건 물	1,000,000	대> 현 금	1,000,000

공장증설의 효익은 미래에 지속되므로 자본적 지출로 분류되어 건물을 증가시키는 기록을 한다.

2. 기계장치 수선의 경우: 수익적 지출

차> 수 선 비	200,000	대> 현 금	200,000

기계장치의 일상적 수선은 효익이 당기간에만 미친다고 할 수 있으므로 당기의 비용으로 인식한다.

여기에서 보는 바와 같이 동일한 지출을 자본적 지출로 처리하느냐 수익적 지출로 처리하느냐에 따라 자산의 크기와 기간손익 결정에 큰 영향을 미친다. 즉 자본적 지출로 처리하면 해당 자산을 증가시키므로 자산이 증가하고, 수익적 지출로 처리하면 비용을 증가시키므로 순이익이 감소한다.

자본적 지출과 수익적 지출은 다음의 〈자료 13-3〉과 같이 분류될 수 있다.

자료 13-3 자본적 지출과 수익적 지출

1. 자본적 지출

가장 최근에 평가된 성능수준을 초과하여 미래 경제적 효익을 증가시키는 지출
(예) 새로운 생산공정의 채택, 증설 · 증축으로 인한 생산능력 증대, 내용연수 연장, 불량개선 및 품질 향상, 생산성 향상, 정기적인 종합검사

2. 수익적 지출

해당 자산의 성능수준을 회복하거나 유지하기 위한 수선 · 유지를 위한 지출
(예) 공장설비에 대한 유지 · 보수, 건물 또는 벽의 도장, 소모된 부속품의 대체, 조업 가능한 상태의 유지를 위한 지출

예제 13-3 자본적 지출과 수익적 지출

다음의 거래에 대해 분개하시오.

1. 건물을 건설하고 1,000,000원을 지출하여 냉난방시설을 설치하였다.
2. 200,000원을 지출하여 기계장치의 부품을 바꾸었는데 이로 인해 작업능률이 크게 상승하였다.
3. 컴퓨터 부품의 정기적인 교체를 위해 100,000원을 지출하였다.

해 답

1.	차> 건 물	1,000,000	대> 현 금	1,000,000
2.	차> 기계장치	200,000	대> 현 금	200,000
3.	차> 수 선 비	100,000	대> 현 금	100,000

제 3 절 감가상각 회계

3.1 감가의 원인

유형자산의 가치를 감소시키는 원인에는 다음의 세 가지 정도를 들 수 있다.

첫째, 물리적 퇴화(physical deterioration)는 자산을 사용하거나 시간의 경과에 따른 마모, 손상, 훼손, 부식 등이 발생하여 가치가 감소하는 것이다. 예를 들어, 자동차를 사용한 후 일정 기간이 지나면 부식 등이 일어나서 정상적으로 사용하

기 힘들기 때문에 새 자동차로 대체해야 할 필요가 있다.

둘째, 미래 요구에 대한 부적응(inadequacy of future needs)이다. 이는 규모의 확장이나 생산방법의 변경, 시장상황의 변화 등으로 자산이 본래의 사용목적에 맞지 않거나 계속 사용하는 것이 부적절한 경우이다.

셋째, 진부화(obsolescence)로서, 이는 새로운 발명이나 기술적인 진보로 인해 종전에 사용하던 자산의 유용성이 저하되는 것이다. 예를 들어, 컴퓨터를 활용한 워드프로세스 기술의 발달로 기존의 타자기를 더 이상 사용하지 않는 경우를 들 수 있다.

이 중에서 첫번째 원인은 자산의 부식이나 마모 등과 같이 자산의 물리적 형태에 직접적인 문제가 발생한 것이므로 물리적 감가(physical depreciation)라 하고, 두 번째와 세 번째 원인은 자산에 물리적 손상은 없으나 자산의 기능에 문제가 있거나 자산 보유가 더 이상 경제적이 아닌 것이므로 기능적 감가(functional depreciation) 또는 경제적 감가(economic depreciation)라 한다.

3.2 감가상각의 의의

유형자산의 취득원가는 자산을 사용함으로써 얻을 수 있는 미래의 효익에 대해 선지급한 원가이다. 따라서 수익·비용대응의 원칙에 따라 유형자산의 사용으로 수익을 창출하는 기간 동안에 걸쳐 자산의 취득원가를 비용으로 전환하여야 한다.

유형자산의 사용으로 인해 감소된 가치를 정확히 측정하기는 불가능하므로 회계에서는 이를 직접 측정하는 대신 유형자산의 취득원가를 사용기간 동안 인위적인 배분기준을 선택 적용하여 그 기간 동안 비용으로 인식한다.

이와 같이 감가상각(depreciation)이란 유형자산의 자산가치의 감소 또는 취득원가의 소멸을 나타내는 것으로서, 어떤 자산으로부터 효익을 얻는 기간 동안 그 취득원가를 체계적이고 합리적인 방법으로 비용으로 배분하는 과정을 말한다.

여기에서 중요한 점은 감가상각을 기록하고 보고하는 것은 수익과 비용을 대응시키기 위한 취득원가의 배분과정이지 보유하고 있는 자산을 시장가치로 평가하기 위한 과정은 아니라는 것이다. 유형자산을 시가(공정가치)로 평가하는 재평가모형에 대해서는 제 4 절에서 설명하기로 하고, 제 3 절에서는 원가모형에 따른 감가상각을 설명한다.

3.3 감가상각의 회계처리

유형자산의 가치 감소는 회계기간 중에 계속적으로 발생하지만 기업은 일반적으로 회계적 편의상 1년간의 감가상각비 총액을 보고기간말에 계산하고 이를 한번만 회계처리 한다. 따라서 감가상각에 관한 분개는 제 4 장에서 배운 바와 같이 결산시에 수행하는 조정분개이므로 생략할 수 없다.

유형자산 취득원가의 기간 배분결과, 각 회계연도에는 유형자산의 가치감소분이 감가상각비(depreciation expense)라는 비용으로서 차변에 기록되고 이와 동시에 대변에는 유형자산의 차감계정인 감가상각누계액(accumulated depreciation)이 기록된다. 이 때 자산의 제조와 관련된 감가상각비는 제조원가로 분류하고 그 이외의 감가상각비는 판매비와관리비로 분류한다. 취득일 이후 누적된 감가상각누계액은 재무상태표에 관련 자산의 차감항목으로 보고된다. 한편, K-IFRS에 의하면 감가상각누계액을 직접 차감하여 유형자산을 순액으로만 표시할 수도 있으나, 본서에서는 차감하여 표시하는 방법을 사용하기로 한다.

예를 들어, 20×1년 말 취득원가가 1,000,000원인 기계장치에 대한 감가상각비 100,000원을 인식하는 분개와 그에 따른 재무상태표의 표시는 다음과 같다.

〈감가상각비 인식 분개 - 20×1년 말〉

차> 감가상각비 100,000 대> 감가상각누계액-기계 100,000

〈재무상태표상의 표시 - 20×1년 말〉

기 계 장 치 1,000,000 (취득원가)
감가상각누계액 (100,000) (가치감소분 누적액)
장 부 금 액 900,000 (미상각잔액)

만약 이 기계장치의 20×2년 감가상각비가 80,000원이라고 한다면, 이 때의 기말 조정분개와 이에 따른 재무상태표의 표시는 다음과 같다.

〈감가상각비 인식 분개 - 20×2년 말〉

차> 감가상각비 80,000 대> 감가상각누계액-기계 80,000

〈재무상태표상의 표시 - 20×2년 말〉

기 계 장 치 1,000,000 (취득원가)
감가상각누계액 (180,000) (가치감소분 누적액)
장 부 금 액 820,000 (미상각잔액)

위의 재무상태표 표시에서 보면 유형자산의 감가상각 결과인 자산가치 감소분에 대해 관련 자산에서 직접 차감하지 않고 감가상각누계액이라는 별도의 계정을 사용하여 간접적으로 차감하고 있다. 그 이유는 정보의 이용자들에게 자산의 본래 취득금액과 자산가치의 감소분에 대한 정보를 모두 알려주기 위해서이다.

즉, 정보이용자가 자산의 취득원가와 자산가치의 감소누계액을 모두 알게 되면 총보유자산 중에서 기업의 경영활동에 활용한 부분의 비율을 알 수 있게 되어 의사결정에 도움을 얻을 수 있기 때문이다. 예를 들어, 감가상각누계액이 취득원가의 90% 정도라면, 그 회사는 자산을 새로 구입해야 할 것이라는 정보를 얻을 수 있는 것이다.

감가상각누계액은 재무상태표계정이며 매년 인식하는 감가상각비를 누적한 금액이다. 따라서 감가상각을 계속하다 보면 내용연수가 끝나는 시기에 감가상각누계액은 감가상각대상금액(취득원가−잔존가치)과 일치하게 된다.

자산의 취득원가에서 감가상각누계액을 차감하고 남은 가치는 회계장부상 남아있는 가치로서 장부금액(book value)이라 하는데, 이는 자산을 사거나 팔려고 할 때 시장에서 거래되는 시장가치(market value)와는 다른 개념이다. 즉 장부가치는 매 회계기간마다 취득원가의 배분을 하고 남은 회계장부상의 금액이므로 시장에서 거래되는 시장가치보다 높을 수도 있고 낮을 수도 있다는 점에 유의하여야 한다.

3.4 감가상각비의 계산요소

감가상각비를 계산하기 위해서는 취득원가와 내용연수, 잔존가치, 감가상각방법의 네 가지 기본요소가 필요하다. 이 중에서 취득원가는 유형자산을 구입하는 시점에 결정되지만 내용연수와 잔존가치는 추정에 의해 결정되고, 감가상각방법 역시 기업이 선택하는 것이므로 이러한 계산요소에 근거하여 계산된 감가상각비는 추정에 의한 금액임을 유의해야 한다.

내용연수(useful life)는 수리유지노력이나 생산기술변화 등을 고려할 때 기업에서 자산이 사용가능할 것으로 기대되는 기간 또는 자산에서 얻을 것으로 예상되는 생산량으로서 물리적 수명보다 짧은 것이 일반적이다. 즉, 회계에서의 내용연수는 자산의 실제 물리적 사용가능연수를 의미하는 것이 아니라 자산의 소유자가 여러 경제적 여건들을 고려하여 그 자산을 영업활동에 사용하려고 의도하는 기간을 의미하는 것이다. 따라서 같은 자산이라 하더라도 사용자에 따라 다른 내용연수를 적용할 수도 있다.

잔존가치(residual value)는 내용연수가 종료되는 시점에서 자산을 처분할 때 회수될 것으로 추정되는 금액에서 그 자산의 철거비나 판매비 등 추정 처분부대원가를 차감한 금액을 말한다. 잔존가치는 자산을 실제로 처분하기 전에 추정한 값이므로 상당히 주관적인 금액이라고 볼 수 있다. 그러므로 기업회계 실무에서는 세법에서 규정하는 잔존가치를 사용하기도 한다.

특정 유형자산을 취득하는 시점에서 그 자산을 얼마나 오래 영업활동에 사용할 것인가하는 문제와 내용연수 종료 후의 잔존가치가 얼마가 될 것인지를 미리 정확히 알 수는 없다. 따라서 경영자들은 이 두 가지 사항을 합리적으로 추정하여 회계처리에 적용하여야 하는 것이다.

자산의 취득시점에서 내용연수와 잔존가치를 추정한 후 유형자산의 취득원가를 내용연수에 걸쳐 감가상각함으로써 최종적으로 잔존가치만 회계장부에 남도록 하는 것이 감가상각 회계이다. 즉, 내용연수 기간에 걸쳐 매 회계기간마다 감가상각비로 인식해야 할 총 금액은 취득원가에서 잔존가치를 차감한 금액인데 이를 감가상각대상금액(depreciable amount)이라 한다.

감가상각대상금액 = 취득원가 − 잔존가치
= 내용연수 동안 인식할 감가상각비의 총액

3.5 감가상각방법

감가상각방법(depreciation methods)은 유형자산의 원가배분방법으로서 감가상각대상금액을 내용연수 동안 합리적인 방법으로 배분하는 방법이다. 감가상각은 합리적이고 체계적인 방법으로 이루어져야 하므로 감가상각방법 역시 논리적인 방법이 되어야 한다.

K-IFRS에서는 감가상각방법으로 정액법, 체감잔액법 및 생산량비례법을 들고 있다. 감가상각방법은 해당 자산으로부터 예상되는 미래 경제적 효익의 예상 소비형태를 가장 잘 반영하는 방법에 따라 선택하고 예상 소비형태가 변하지 않는 한 매 회계기간 계속하여 적용한다.

체감잔액법은 자산 사용의 초기에 인식되는 감가상각비가 후기에 인식되는 감가상각비 보다 커야 한다는 것으로 구체적으로는 정률법, 이중체감법, 연수합계법 등의 방법이 있다. 이와 같이 초기에 감가상각비를 많이 인식하는 감가상각

자료 13-4 감가상각비 계산에 대한 토의자료

내 용	예 시
취득연도 및 취득자산	20×1년 1월, 기계장치
취 득 원 가	54,000원
내 용 연 수	5년
잔 존 가 치	4,000원
총예정 생산량	50,000개

방법을 가속상각법(accelerated depreciation method)이라 한다.

여기에서는 〈자료 13-4〉에 주어진 토의자료를 이용하여 여러 가지 감가상각방법에 대한 논의를 하기로 한다.

(1) 정 액 법

정액법(straight-line method)은 직선법이라고도 하는데 매 회계기간 일정한 금액을 상각하는 방법으로서 감가상각대상금액을 내용연수 동안 균등하게 할당하여 감가상각비로 인식하는 방법이다. 정액법은 유형자산의 가치감소가 시간의 경과에 비례하여 발생한다고 가정하고 있다.

정액법에 의한 연간 감가상각비는 다음과 같이 계산된다.

$$\text{연간 감가상각비} = \frac{\text{취득원가} - \text{잔존가치}}{\text{추정내용연수}} = \frac{\text{감가상각대상금액}}{\text{추정내용연수}}$$

위의 〈자료 13-4〉에 주어진 자료를 바탕으로 정액법에 의한 매년 감가상각비를 계산한 감가상각표와 감가상각에 대한 보고기간말 시점의 분개는 다음 〈자료 13-5〉와 같다.

정액법은 계산이 간단하고 자산의 경제적 유용성이 시간의 경과에 따라 일정하게 감소한다고 가정하므로 매 회계기간의 감가상각비가 일정하여 매 회계기간별로 이익결정에 미치는 영향이 동일하다는 장점이 있다. 그러나 정액법은 자산가치의 감소가 시간이 경과함에 따라 가속적으로 감소한다는 사실을 적절히 반영하지 못하고 있다는 것과, 시간이 경과함에 따라 순이익은 일정하지만 미상각잔액이 감소함에 따라 자산이익률(순이익/미상각잔액)이 상승하기 때문에 기업에 대한 이익을 분석할 때 왜곡된 정보가 제공된다는 단점이 있다.

자료 13-5 **정액법에 의한 감가상각표와 감가상각 분개**

1. 감가상각표

연 도	기초장부금액	감가상각비[1]	감가상각누계액	기말장부금액[2]
20×1	54,000원	10,000원	10,000원	44,000원
20×2	44,000	10,000	20,000	34,000
20×3	34,000	10,000	30,000	24,000
20×4	24,000	10,000	40,000	14,000
20×5	14,000	10,000	50,000	4,000[3]

1) 연간 감가상각비 = (54,000 − 4,000) / 5 = 10,000원
2) 기말장부금액 = 취득원가 − 감가상각누계액
3) 감가상각이 완료된 결과 기말장부금액은 잔존가치와 같다.

2. 감가상각비 인식 분개

차> 감가상각비	10,000	대> 감가상각누계액	10,000

매년 감가상각비가 동일하므로 20×1년부터 20×5년까지 동일한 분개를 사용한다.

(2) 정 률 법

정률법(fixed percentage method)은 매 회계기간의 기초장부금액(미상각잔액)에 일정한 상각률(정률)을 곱하여 각 회계기간의 감가상각비를 계산하는 방법이다. 이 때 장부금액은 취득원가에서 감가상각누계액을 차감한 잔액이므로 정률법에 의한 연간 감가상각비는 다음과 같이 계산된다.

$$\text{연간 감가상각비} = \text{매년 기초장부금액} \times \text{상각률}$$
$$= (\text{취득원가} - \text{전기말 감가상각누계액}) \times \text{상각률}$$

$$\text{상각률} = 1 - \sqrt[n]{\frac{\text{잔존가치}}{\text{취득원가}}} \qquad (n\text{=내용연수})$$

정률법은 상각률을 계산하는 불편이 있으므로 외국에서는 거의 사용하지 않고 있으나 우리나라에서는 세법상으로 내용연수에 따른 상각률표가 정해져 있으므로 편리하게 사용할 수 있다. 세법상의 상각률표는 내용연수별로 상각률이 있으므로 미상각잔액에 정률만 곱함으로써 감가상각비를 쉽게 계산할 수 있다.

〈자료 13-4〉에 주어진 자료를 바탕으로 정률법에 의한 매년 감가상각비를

자료 13-6 정률법에 의한 감가상각표와 감가상각 분개

1. 감가상각표

연 도	기초장부금액	상각률[1]	감가상각비[2]	감가상각누계액	기말장부금액
20×1	54,000원	0.406	21,924원	21,924원	32,076원
20×2	32,076	0.406	13,023	34,947	19,053
20×3	19,053	0.406	7,736	42,683	11,317
20×4	11,317	0.406	4,595	47,278	6,722
20×5	6,722	0.406	2,722[3]	50,000	4,000

1) 상각률 $= 1 - \sqrt[5]{\frac{4,000}{54,000}} = 0.406$

2) 매년 감가상각비

20×1년: 54,000원 × 0.406 = 21,924원
20×2년: 32,076원 × 0.406 = 13,023원
20×3년: 19,053원 × 0.406 = 7,736원
20×4년: 11,317원 × 0.406 = 4,595원
20×5년: 6,722원 × 0.406 = 2,729원[3]

3) 정률법에서 마지막 연도의 감가상각비는 잔존가치 4,000원을 맞추기 위해 조정해야 한다.

2. 감가상각비 인식 분개(20×1년)

차> 감가상각비 21,924 대> 감가상각누계액 21,924

감가상각비가 매년 변경되므로 매 보고기간말에 당해 연도의 감가상각비와 감가상각누계액을 인식하는 분개를 해야 한다.

계산한 감가상각표와 감가상각비를 인식하는 분개는 〈자료 13-6〉과 같다.

〈자료 13-6〉에서 보는 바와 같이 정률법에 의한 감가상각비는 내용연수 초기에 많이 인식되고 시간의 경과에 따라 점차 감소한다. 그 이유는 감가상각이 이루어짐에 따라 매년 기초장부금액이 감소하기 때문이다. 이처럼 감가상각비를 초기에 많이 배분하는 방법을 가속상각법(accelerated depreciation method)이라 하는데, 정률법 이외에도 이중체감법과 연수합계법이 이에 속한다.

가속상각법은 시간이 경과함에 따라 수선유지비가 점차 증가하는 경향이 있다고 할 때 적절한 방법이다. 즉 수선유지비가 적게 드는 초기에 감가상각비를 많이 인식하고, 수선유지비가 많이 드는 후기에 감가상각비를 적게 인식함으로써 내용연수 동안 일정수준의 총비용을 인식할 수 있는 것이다.

(3) 이중체감법

이중체감법(DDB: double declining balance method)은 정률법을 실무에서 적용하기 쉽게 변형한 방법이다. 정률법에서는 상각률을 계산하기 위해 복잡한 식을 사용해야 하지만 이중체감법에서는 정액법에 의한 상각률의 두 배를 상각률로 정하고 정률법과 동일한 방법을 사용하여 감가상각한다. 정액법 상각률의 두 배로 계산된 상각률은 공식을 사용해서 구한 정률법 상각률의 근사치가 된다.

이 방법은 상각률의 계산이 쉽다는 장점이 있지만 내용연수가 끝났을 때의 장부금액과 잔존가치가 일치하지 않으므로 내용연수 말의 감가상각비를 조정해서 최종 장부금액과 잔존가치를 일치시켜야 한다.

이중체감법에 의한 연간 감가상각비는 다음과 같이 계산한다.

$$\text{연간 감가상각비} = \text{매년 기초장부금액} \times \text{상각률}$$
$$= (\text{취득원가} - \text{전기말 감가상각누계액}) \times \text{상각률}$$

$$\text{상각률} = 2 \times \text{정액법의 상각률}$$
$$= 2 \times \frac{1}{n} \quad (n\text{: 내용연수})$$

이와 같이 상각률을 계산하는 이론적인 근거는 없지만 정률법과 같은 번거로운 상각률 계산을 피할 수 있다는 장점이 있다.

위의 〈자료 13-4〉에 주어진 자료를 바탕으로 이중체감법에 의한 매년 감가상각비를 계산한 감가상각표와 감가상각비를 인식하는 분개는 〈자료 13-7〉과 같다.

〈자료 13-7〉에서 보다시피 이중체감법을 사용하면 시간이 경과할수록 감가상각비가 감소하므로 가속상각법에 속한다. 이중체감법의 장점과 단점은 정률법의 경우와 동일하고 상각률의 계산이 편하다는 추가적인 장점이 있다.

자료 13-7 이중체감법에 의한 감가상각표와 감가상각 분개

1. 감가상각표

연 도	기초장부금액	상각률[1)]	감가상각비[2)]	감가상각누계액	기말장부금액
20×1	54,000원	0.4	21,600원	21,600원	32,400원
20×2	32,400	0.4	12,960	34,560	19,440
20×3	19,440	0.4	7,776	42,336	11,664
20×4	11,664	0.4	4,666	47,002	6,998
20×5	6,998	0.4	2,998[3)]	50,000	4,000

1) 상각률 = 2 × 1 / 5 = 0.4

2) 매년 감가상각비

20×1년: 54,000원 × 0.4 = 21,600원

20×2년: 32,400원 × 0.4 = 12,960원

20×3년: 19,440원 × 0.4 = 7,776원

20×4년: 11,664원 × 0.4 = 4,666원

20×5년: 6,998원 × 0.4 = 2,799원[3)]

3) 내용연수 말에 잔존가치 4,000원이 남도록 감가상각비를 조정(= 6,998 − 4,000)해야 한다.

2. 감가상각비 인식 분개(20×1년)

차> 감가상각비 21,600 대> 감가상각누계액 21,600

감가상각비가 매년 변경되므로 매 보고기간말에 당해 연도의 감가상각비와 감가상각누계액을 인식하는 분개를 해야 한다.

(4) 연수합계법

연수합계법(SYD: sum of the years' digits method)은 단순하면서도 감가상각의 체감효과를 가져다주는 감가상각방법으로서 내용연수 n년인 자산의 내용연수를 나타내는 숫자인 1, 2, 3, …, n의 합계를 분모로 하고 각 회계연도에 그 회계연도를 포함한 잔여 내용연수를 분자로 하여 상각률을 구한 다음 이 상각률에 감가상각대상금액을 곱하여 감가상각비를 계산하는 방법이다.

즉, 분모에는 1부터 n까지의 합계인 "$n(n+1)/2$"이 들어가고 분자에는 내용연수 첫 해에는 "n"이, 그 다음 해에는 $n-1$, $n-2$, …, 1이 차례로 들어가서 매 회계연도의 상각률이 결정된다. 예를 들어, 내용연수 3년인 기계장치의 상각률을 구해보면, 분모에는 1부터 3까지의 합계인 6이 들어가게 되고 첫 해의 분자에는 3, 그 다음 해에는 2, 마지막 해에는 1이 들어가는 것이다. 따라서 3/6, 2/6, 1/6

의 상각률을 각각 구할 수 있다.

연수합계법에 의한 연간 감가상각비는 다음과 같이 계산된다.

$$\text{연간 감가상각비} = (\text{취득원가} - \text{잔존가치}) \times \frac{\text{잔여내용연수}}{\text{내용연수의 합계}}$$

〈자료 13-4〉에 주어진 자료를 바탕으로 연수합계법에 의한 매년 감가상각비를 계산한 감가상각표와 감가상각비를 인식하는 분개는 〈자료 13-8〉과 같다.

〈자료 13-8〉에서 보는 바와 같이 연수합계법을 사용하면 시간이 경과할수록 감가상각비가 체감하는 효과가 있다는 것을 알 수 있다.

자료 13-8 연수합계법에 의한 감가상각표와 감가상각 분개

1. 감가상각표

연 도	상각대상금액[1]	상각률[2]	감가상각비[3]	감가상각누계액	기말장부금액
20×1	50,000원	5/15	16,667원	16,667원	37,333원
20×2	50,000	4/15	13,333	30,000	24,000
20×3	50,000	3/15	10,000	40,000	14,000
20×4	50,000	2/15	6,667	46,667	7,333
20×5	50,000	1/15	3,333	50,000	4,000[4]

1) 감가상각대상금액 = 54,000 − 4,000 = 50,000원
2) 상각률 20×1년 5 / (1+2+3+4+5) = 5/15
   20×2년 4/15, 20×3년 3/15, 20×4년 2/15, 20×5년 1/15
3) 매년 감가상각비
   20×1년: (54,000원 − 4,000원) × 5/15 = 16,667원
   20×2년: 50,000원 × 4/15 = 13,333원
   20×3년: 50,000원 × 3/15 = 10,000원
   20×4년: 50,000원 × 2/15 = 6,667원
   20×5년: 50,000원 × 1/15 = 3,333원
4) 감가상각이 완료된 결과 기말장부금액은 잔존가치와 같다.

2. 감가상각비 인식 분개(20×1년)

차> 감가상각비	16,667	대> 감가상각누계액	16,667

감가상각비가 매년 변경되므로 매 보고기간말에 당해 연도의 감가상각비와 감가상각누계액을 계상하는 분개를 해야 한다.

(5) 생산량비례법

생산량비례법(units of production method)은 유형자산으로부터 각 기간에 발생하는 효익이 유형자산의 생산량 또는 사용량에 비례하여 발생하므로 그에 맞게 가치가 감소한다는 가정에 기초를 두고 있다.

이 방법은 자산의 가치감소의 원인이 진부화나 부적응과 같은 경제적 요인에 의해 발생하지 않고 자산의 사용량 또는 생산량에 따라 결정되는 경우에 적합하다. 예를 들어, 차량운반구의 경우에는 단순히 시간의 경과에 따라 자산의 가치가 감소하는 것이 아니라, 주행거리(사용량 또는 생산량)에 비례하여 감소하는 것으로 볼 수 있다. 왜냐하면 단지 시간이 경과했다는 사실만으로 유형자산이 생산적으로 사용되어 수익창출에 공헌했다고 말할 수 없고 생산에 공헌한 비율만큼 수익창출에 기여했다고 볼 수 있기 때문이다.

생산량비례법에서는 감가상각대상금액에 당기의 생산량을 곱하고 총예정 생산량으로 나누어 당기의 감가상각비를 계산한다. 또 감가상각대상금액을 총예정 생산량으로 나누어 생산량 한 단위당 감가상각비를 계산하고 이에 매 회계연도의 실제생산량을 곱하여 감가상각비를 계산하는 방법도 있다. 따라서 생산량비례법에

자료 13-9 생산량비례법에 의한 감가상각비와 감가상각 분개

1. 감가상각비

① 생산량에 대한 가정 : 20×1년 18,000개, 20×2년 12,000개, 20×3년 9,000개
20×4년 7,000개, 20×5년 4,000개

② 매년 감가상각비

20×1년: (54,000원 − 4,000원) × 18,000개 / 50,000개 = 18,000원
20×2년: 50,000원 × 12,000 / 50,000 = 12,000원
20×3년: 50,000원 × 9,000 / 50,000 = 9,000원
20×4년: 50,000원 × 7,000 / 50,000 = 7,000원
20×5년: 50,000원 × 4,000 / 50,000 = 4,000원

생산량 한 단위당 감가상각비 1원(= 50,000원 / 50,000개)을 구하고 이에 매년의 실제 생산량을 곱하여 감가상각비를 구할 수도 있다.

2. 감가상각비 인식 분개(20×1년)

차> 감가상각비 18,000 대> 감가상각누계액 18,000

감가상각비가 매년 변경되므로 매 보고기간말에 당해 연도의 감가상각비와 감가상각누계액을 계상하는 분개를 해야 한다.

의한 감가상각비는 다음과 같이 계산된다.

$$\text{연간 감가상각비} = (\text{취득원가} - \text{잔존가치}) \times \frac{\text{당기의 생산량}}{\text{총예정 생산량}}$$

〈자료 13-4〉에 주어진 자료를 바탕으로 생산량비례법에 의한 매년 감가상각비를 계산한 감가상각비와 감가상각비를 인식하는 분개는 〈자료 13-9〉와 같다.

〈자료 13-9〉에서 보는 것처럼 생산량비례법을 적용할 경우 기간별 감가상각비는 실제 생산량에 따라 변화한다. 이 방법은 자산의 사용으로 인한 생산량이나 자산의 사용량이 현실적으로 추정될 수 있고 자산의 경제적 가치가 시간의 흐름에 따라 감소하기보다는 영업활동에 사용함에 따라 감소할 때 적합한 방법이다. 따라서 생산량비례법은 생산량에 비례하여 가치가 감소하는 천연자원을 다루는 기업에서 주로 이용된다. 또한 기간별 자산사용에 대한 변화가 심할 경우에 수익과 대응되는 비용을 현실적으로 측정하고자 할 때 사용할 수 있다.

3.6 감가상각방법의 비교

앞에서 설명한 다섯 가지 감가상각방법은 각 연도의 감가상각비의 계산결과에서는 차이를 보이지만, 내용연수 동안 인식한 감가상각비 총액은 감가상각대상금액인 "취득원가 − 잔존가치"로 모두 같다.

내용연수 동안 일정한 감가상각비를 인식하는 정액법과 사용 초기에 많은 감가상각비를 인식하는 가속상각법의 감가상각비와 장부가치를 기간의 경과에 따라 비교하여 나타낸 것이 〈자료 13-10〉이다.

〈자료 13-10〉에서 보는 것처럼 취득원가와 내용연수 및 잔존가치가 동일하더라도 가속상각법을 사용하면 내용연수 초기에 감가상각비를 많이 인식하여 장부금액이 크게 감소하지만, 정액법을 사용하면 감가상각비가 일정하므로 장부금액도 일정하게 감소한다. 그리고 수선비는 내용연수 초기에 적게 발생하지만 기간이 경과함에 따라 증가하는 모습을 보이고 있다. 따라서 가속상각법을 사용하는 경우 감가상각비와 수선비를 합한 총비용이 내용연수에 걸쳐 일정한 수준으로 유지된다.

결국 내용연수 초기에는 정액법이 가속상각법보다 순이익과 자산가치를 크

자료 13-10 기간 경과에 따른 감가상각비와 장부금액 비교

1. 감가상각비의 변화

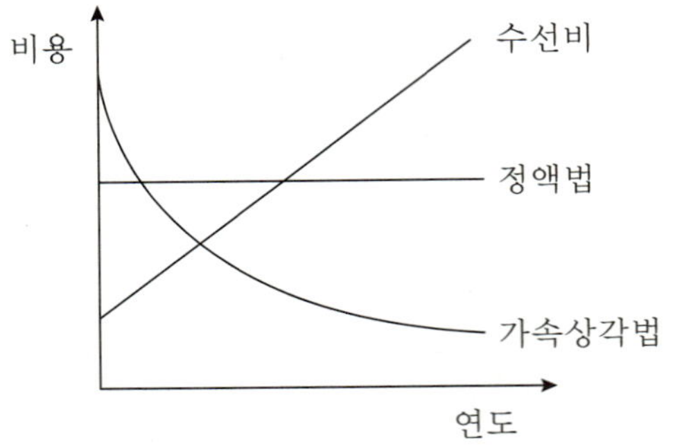

2. 장부금액의 변화

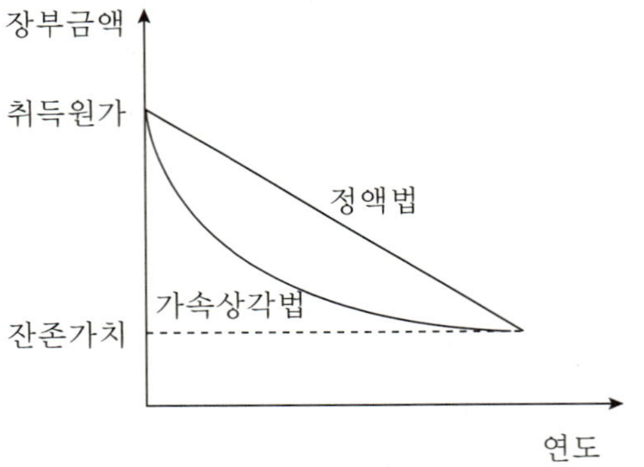

게 나타내지만 내용연수 후기에는 정률법을 사용하는 경우의 순이익이 더 크다. 즉, 어떠한 감가상각방법을 사용하느냐에 따라 인식하는 기간비용이 다르기 때문에 기간이익에 큰 영향을 미친다.

기업이 사용하는 유형자산에 따라 특정한 감가상각방법을 적용해야 한다고 정해진 규정은 없다. 따라서 경영자들은 기업의 이익이나 자본구조에 미치는 영향을 고려하여 감가상각방법을 선택하게 된다. 감가상각방법 등의 변경에 대해서는 뒤에서 설명하기로 한다.

3.7 회계기간 중의 감가상각

지금까지는 1년 동안의 감가상각비를 계산하는 절차에 대해서 다루었다. 그러나 회계기간 중에 감가상각 대상이 되는 자산을 구입하거나 처분하는 경우에는 1년 간의 감가상각비를 인식하지 않고 감가상각 대상 자산을 사용하는 기간동안에 대해서만 감가상각비가 계산되어야 한다.

이 때에는 먼저 1년간의 전체 감가상각비를 계산한 후에 당해 연도의 사용기간 동안에 걸쳐 감가상각비를 안분한다. 감가상각비를 사용기간 동안 안분할 때에는 정확한 날짜까지 따지기보다는 대개 사용한 개월 수를 기준으로 배분한다. 예를 들어, 20×1년 7월에 취득한 기계장치의 20×1년의 감가상각비를 계산하기 위해서는 우선 1년 간의 감가상각비를 계산한 후에 이 중 6개월(7월–12월)에 대해서만 20×1년에 비용으로 인식할 감가상각비가 되는 것이다.

예제 13-4 **회계기간 중의 감가상각**

1. 20×1년 10월 1일, 500,000원의 비품을 구입하였는데 내용연수가 5년이고 잔존가치는 0이다. 감가상각방법은 정액법이라고 한다.
2. 20×1년 7월 1일, 200,000원의 기계장치를 구입하였는데 상각률 0.4를 적용하는 정률법을 사용하여 감가상각비를 계산한다.

〈물음〉

1. 20×1년의 비품과 기계장치의 감가상각비를 계산하시오.
2. 20×2년의 비품과 기계장치의 감가상각비를 계산하시오.

해 답

1. 20×1년의 감가상각비

비품 = 500,000원 / 5 × 3개월 / 12개월 = 25,000원
기계장치 = 200,000원 × 0.4 × 6개월 / 12개월 = 40,000원

2. 20×2년의 감가상각비

비품 = 500,000원 / 5 = 100,000원
→ 정액법은 감가상각대상금액(취득원가 – 잔존가치)을 기준으로 감가상각비를 계산한다.
기계장치 = (200,000원 – 40,000원) × 0.4 = 64,000원
→ 정률법에서는 20×2년의 기초장부금액을 기준으로 상각률을 적용하여 감가상각비를 계산한다.

3.8 감가상각방법의 변경

유형자산을 취득하였을 때 취득원가와 잔존가치, 내용연수 및 감가상각방법의 네 가지 요소를 정하여 감가상각비를 계산하게 된다. 이러한 요소들은 일단 선택하고 적용하였으면 정당한 이유 없이 변경해서는 안 되는데, 그 이유는 감가상각 요소들을 변경함에 따라 자산금액과 순이익에 미치는 영향이 매우 크기 때문이다.

그러나 자산을 사용하는 시간이 흐름에 따라 자산에 대한 새로운 정보가 입수될 수 있다. 예를 들어, 동종 산업에서는 기계장치에 대해 정률법을 적용하는데 우리 회사에서는 정액법을 사용한다든가, 또는 기타의 이유로 인하여 기존에 설정한 잔존가치나 내용연수를 수정하는 경우가 있다. 이때에는 회사의 재무상태와 경영성과를 보다 적절하게 나타낼 수 있도록 감가상각방법을 변경하거나 새로운 추정치를 사용하기도 한다.

K-IFRS에 의하면 감가상각방법은 적어도 매 회계연도말에 재검토하고, 재검토 결과 자산에 내재된 미래 경제적 효익의 소비형태에 중요한 변동이 있다면 이를 반영하기 위해 감가상각방법을 변경한다. 그리고 잔존가치와 내용연수는 적어도 매 회계연도말에 재검토하고, 재검토 결과 추정치가 다르다면 새로운 추정치를 적용한다.

이처럼 기존에 사용하던 회계처리를 변경하는 것을 회계변경(accounting changes)이라고 하는데, 회계변경에는 회계정책의 변경과 회계추정의 변경의 두 가지가 있다. 회계정책의 변경(changes in accounting policy)은 재무제표의 작성과 보고에 적용하던 회계정책을 다른 회계정책으로 바꾸는 것을 말하고, 회계추정의 변경(changes in accounting estimate)은 지금까지 사용해오던 회계적 추정치의 근거와 방법 등을 바꾸는 것을 말한다.

위에서 언급한 감가상각방법의 변경, 잔존가치와 내용연수의 변경은 회계추정의 변경으로 회계처리한다. 이때, 변경 당시의 장부금액에서 새로운 감가상각방법 · 잔존가치 · 내용연수를 적용하여 감가상각비를 계산하는데, 이를 전진법(prospective method)이라 한다.

예제 13-5 **감가상각 종합예제**

송파회사는 다음과 같은 유형자산 거래를 하고 있다.

1. 20×1년 초에 토지 300,000원을 구입하였다.

2. 20×1년 1월, 건물을 200,000원에 구입하였는데 내용연수는 10년이다.
3. 20×1년 7월, 내용연수 5년인 기계장치를 150,000원에 구입하였다.
4. 20×1년 9월에 내용연수 5년인 비품을 100,000원에 취득하였다.
5. 20×3년 초에 건물의 내용연수를 18년으로 수정하였다.
6. 송파회사는 유형자산의 잔존가치를 0으로 추정하고 있으며, 건물에 대해서는 정액법을 적용하고 나머지 자산에 대해서는 이중체감법을 사용하여 감가상각하고 있다.

〈물음〉

1. 20×1년의 감가상각비를 인식하는 분개를 하시오.
2. 20×1년 12월 31일 현재 회사의 부분재무상태표를 작성하시오.
3. 기계장치와 차량운반구의 20×2년 감가상각비를 구하시오.
4. 20×3년의 건물 감가상각비를 구하시오.

해 답

1. 토지: 비상각자산임
   건물: 200,000원 / 10 = 20,000원
   기계장치: 150,000원 × 2/5 ÷ 2 = 30,000원
   비품: 100,000원 × 2/5 × 4개월 / 12개월 = 13,333원

차> 감가상각비	63,333	대>	감가상각누계액-건물	20,000
			감가상각누계액-기계장치	30,000
			감가상각누계액-비품	13,333

2. 재무상태표 공시

토 지		300,000
건 물	200,000	
감가상각누계액	(20,000)	180,000
기계장치	150,000	
감가상각누계액	(30,000)	120,000
비 품	100,000	
감가상각누계액	(13,333)	86,667

3. 기계장치: (150,000원 − 30,000원) × 2/5 = 48,000원
   비품: (100,000원 − 13,333원) × 2/5 = 34,667원

4. 20×1년과 20×2년의 건물 감가상각비 = 20,000원 × 2 = 40,000원
   20×3년 초 건물의 장부금액 = 200,000원 − 40,000원 = 160,000원
   내용연수 18년 수정시 잔존 내용연수 = 18 − 2 = 16년
   20×3년 감가상각비 = 160,000원 / 16 = 10,000원
   내용연수 끝나는 해의 감가상각누계액 = 10,000원 × 16년 + 40,000원
   = 200,000원 (감가상각대상금액과 동일하다)

제 4 절 원가모형과 재평가모형

4.1 평가모형의 의의

기업은 유형자산을 취득한 이후 보고기간말에 재무상태표에 보고할 때, 원가모형과 재평가모형 중 하나를 회계정책으로 선택하여 유형자산 분류별로 동일하게 적용해야 한다. 여기에서 유형자산 분류란 토지, 건물, 기계장치, 차량운반구 등과 같이 기업이 영업상 유사한 성격과 용도로 유형자산을 나눈 것을 말한다.

원가모형(cost model)을 선택한 경우 유형자산은 보고기간말에 취득원가에서 감가상각누계액과 손상차손누계액(세부 내용은 제 5 절 참조)을 차감한 금액을 장부금액으로 하여 재무상태표에 보고한다.

유형자산을 최초로 인식한 후에 공정가치를 신뢰성 있게 측정할 수 있는 경우에 재평가모형을 적용할 수 있다. 재평가모형(revaluation model)을 선택한 경우 유형자산은 재평가일의 공정가치에서 이후의 감가상각누계액과 손상차손누계액을 차감한 재평가금액을 장부금액으로 하여 재무상태표에 보고한다.

이하에서는 재평가모형을 회계정책으로 선택한 경우 공정가치를 결정하는 방법과 이에 따른 회계처리에 대하여 설명하기로 한다.

4.2 공정가치 결정과 재평가 빈도

공정가치(fair value)는 합리적인 판단력과 거래의사가 있는 독립된 당사자 사이의 거래에서 자산이 교환될 수 있는 금액을 말한다.

일반적으로 토지와 건물의 공정가치는 공인된 감정평가인의 감정에 의하고 시장에 근거한 증거로 결정된다. 또한 설비장치와 기계장치의 공정가치는 감정에 의한 시장가치이다.

하지만 해당 유형자산의 특수성 때문에 공정가치에 대해 시장에 근거한 증거가 없거나, 해당 자산이 거의 거래되지 않는다면 이익접근법이나 상각후대체원가법 등을 사용해서 공정가치를 측정할 필요가 있다. 여기에서 상각후대체원가란 해당 자산을 현재 건설하거나 구입하는 데 드는 원가에서 물리적인 감가와 진부화 등으로 인한 가치 감소액을 차감한 금액을 말한다.

유형자산의 재평가는 보고기간말에 자산의 장부금액이 공정가치와 중요하게 차이가 나지 않도록 주기적으로 수행한다. 즉 재평가의 빈도는 재평가되는 유형자산의 공정가치 변동에 따라 달라지는 것이다.

예를 들어, 토지와 건물 등과 같이 공정가치의 변동이 큰 유형자산은 매년 재평가가 필요할 수 있다. 하지만 기계장치나 차량운반구 등과 같이 공정가치의 변동이 중요하지 않은 경우에는 빈번한 재평가가 필요하지 않고 매 3년이나 5년마다 재평가하는 것으로 충분할 수 있다. 그리고 유형자산별로 선택적 재평가를 하거나 서로 다른 기준일의 평가금액이 혼용되는 것을 방지하기 위하여 동일한 분류 내의 유형자산은 동시에 재평가한다.

4.3 재평가모형의 회계처리

보고기간말에 유형자산을 공정가치로 재평가하는 경우, 기존에 존재하던 감가상각누계액은 재평가 시점에 다음 중 하나의 방법으로 회계처리한다.

① 재평가 후 자산의 장부금액이 재평가금액과 일치하도록 감가상각누계액과 총장부금액을 비례적으로 수정하는 방법
② 총장부금액에서 기존의 감가상각누계액을 제거하여 자산의 순장부금액이 재평가금액이 되도록 수정하는 방법

예를 들어, 취득원가가 10,000원이고 감가상각누계액이 4,000원이어서 장부금액이 6,000원인 유형자산을 재평가한 결과 15,000원의 재평가금액이 산정되었다고 하자. 이를 상기의 두 가지 방법을 사용하여 처리하면 다음과 같다.

① 총장부금액 = 10,000 × (15,000 / 6,000) = 25,000
감가상각누계액 = 4,000 × (15,000 / 6,000) = 10,000
→ 새로운 장부금액 = 25,000 − 10,000 = 15,000
② 총장부금액 = 15,000
감가상각누계액 = 0
→ 새로운 장부금액 = 15,000 − 0 = 15,000

위와 같이 감가상각누계액을 수정하거나 제거함에 따라 조정하는 금액은 재

평가로 인하여 장부금액이 증가하거나 감소하는 경우에 따라 다음과 같이 회계처리한다.

유형자산의 장부금액이 재평가로 인하여 증가된 경우 그 증가액은 기타포괄손익으로 인식하고 재평가잉여금(revaluation surplus)의 과목으로 자본에 가산한다. 그러나 동일한 자산에 대하여 이전에 당기손실로 인식한 재평가 감소액이 있다면 그 금액을 한도로 당기이익으로 인식하고 차액을 재평가잉여금으로 기록한다.

유형자산의 장부금액이 재평가로 인하여 감소된 경우 그 감소액은 당기손실로 인식한다. 그러나 그 자산에 대하여 이전에 재평가잉여금으로 계상한 잔액이 있다면 그 금액을 한도로 기타포괄손익(재평가잉여금의 감소)으로 인식하고 차액을 당기손실로 기록한다.

유형자산 항목과 관련하여 자본에 계상되어 있는 재평가잉여금은 그 자산이 폐기되거나 처분될 때 이익잉여금으로 대체할 수 있다. 또한 기업이 그 자산을 사용함에 따라 감가상각을 통하여 재평가잉여금의 일부를 대체할 수도 있다. 이와 같이 재평가잉여금을 이익잉여금으로 대체하는 경우 그 금액은 당기손익으로 인식하지 않는다.

예제 13-6 재평가모형의 회계처리

유형자산에 대하여 재평가모형을 적용하고 있는 보성회사는 20×1년 초에 토지를 3,200원에 취득하였다. 해당 토지에 대한 공정가치 평가 결과, 20×1년 말에는 3,600원으로 평가되었고, 20×2년 말에는 3,000원으로 평가되었을 때 토지 재평가에 관한 20×1년 말과 20×2년 말의 회계처리를 제시하시오.

해 답

1. 20×1년

차변	금액	대변	금액
차) 토 지	400	대) 재평가잉여금	400

2. 20×2년

차변	금액	대변	금액
차) 재평가잉여금[1)]	400	대) 토 지	600
유형자산재평가손실	200		

1) 기존의 재평가잉여금을 차감하여 기타포괄손익으로 인식한 후 차액을 당기손실에 반영한다.

제 5 절 유형자산의 처분과 기말평가

5.1 유형자산의 처분

유형자산은 내용연수가 경과하여 더 이상 사용할 수 없게 되어 폐기하거나, 현재 내용연수 기간 중이어서 사용이 가능하다 해도 영업활동에 적합하지 않으면 매각하거나 다른 회사의 자산과 교환되는데 이를 자발적 처분이라 한다. 때로는 유형자산이 홍수나 화재 등의 자연재난이 발생하여 자산의 사용가능성이 없어져서 폐기해야 하는 경우가 있는데 이는 비자발적인 처분이라 할 수 있다.

폐기나 매각 등에 관계 없이 어떤 종류의 처분이건 간에 자산이 처분되면 그 자산은 기업이 보유하는 것이 아니므로 처분된 자산과 관련된 모든 계정, 즉 취득원가와 감가상각누계액을 회계장부에서 제거해야 한다. 이 경우 처분하였을 때의 처분금액과 장부금액과의 차액은 유형자산처분이익 또는 유형자산처분손실로 기록하여 포괄손익계산서의 기타수익 또는 기타비용으로 분류된다.

주의할 것은 회계기간 중에 유형자산이 처분되는 경우인데, 이때는 처분일 현재의 자산의 장부금액을 구하기 위해 처분일까지의 감가상각비를 인식한 후에 처분을 인식하기 위한 분개를 해야 한다.

보험에 가입된 자산이 자연재난으로 소멸되어 보험회사로부터 보험금을 받을 경우에 자산의 소멸과 보험금의 수령은 각각 구분되는 경제적 사건이다. 따라서 소멸되는 자산에 대해 처분손익을 인식하고, 보험금은 수취할 권리가 발생하는 시점에 당기손익에 반영한다.

한편 기업에서 사용하던 자산의 효용이 없다고 판단하여 다른 회사의 자산과 교환하는 경우가 있는데, 경우에 따라서는 교환하는 자산간에 가치가 동일하다고 할 수 없기 때문에 현금을 지급함으로써 가치를 조정한다. 자산의 교환에 있어서도 기존의 자산은 더 이상 회사의 자산이 아니므로 취득원가와 감가상각누계액을 회계장부에서 제거하고 새로 취득하는 자산의 취득원가를 인식해야 한다.

교환에 의해 취득한 자산은 공정가치를 취득원가로 인식해야 하는데, 현금의 수수가 있는 경우에는 현금수수액을 반영하여 취득원가를 결정한다. 자산의 교환에서는 교환을 위해 제공한 자산의 공정가치와 장부금액을 비교하여 유형자산처분손익을 인식해야 한다. 다만, 취득한 자산의 공정가치가 더 명백한 경우에는 취득한 자산의 공정가치와 제공한 자산의 장부금액을 비교하여 처분손익을 인식한다.

예제 13-7 유형자산의 처분

노원제조는 기계장치와 비품을 소유하고 있다. 20×1년 12월 31일 현재 기계장치는 취득원가가 100,000원, 감가상각누계액이 70,000원이고, 비품은 취득원가가 50,000원, 감가상각누계액이 30,000원이다. 기계장치의 1년 감가상각비는 10,000원이고 비품의 1년 감가상각비는 8,000원이다.

〈물음〉

1. 20×2년 초에 기계장치를 20,000원에 처분했을 때의 분개를 하시오.
2. 20×2년 6월 30일에 비품을 18,000원에 처분했을 때의 분개를 하시오.
3. 20×2년 초에 기계장치를 공정가치 10,000원인 차량운반구과 교환하고 현금 25,000원을 받았을 때의 분개를 하시오(1번과는 독립적인 문제이다).

해 답

		금액			금액
1. 차>	현　　금	20,000	대>	기계장치	100,000
	감가상각누계액	70,000			
	유형자산처분손실	10,000			
2. 차>	감가상각비	4,000 [1)]	대>	감가상각누계액	4,000
차>	현　　금	18,000	대>	비　　품	50,000
	감가상각누계액	34,000 [2)]		유형자산처분이익	2,000

1) 회계기간 중의 처분이므로 처분시까지 6개월간의 감가상각비를 인식해야 한다.
2) 20×2년 기초 감가상각누계액에서 처분시까지 인식한 감가상각누계액을 더한 금액이다.

		금액			금액
3. 차>	감가상각누계액	70,000	대>	기계장치	100,000
	현　　금	25,000		유형자산처분이익	5,000
	차량운반구	10,000			

5.2 유형자산의 손상

유형자산을 원가법으로 평가하는 경우 취득원가에서 감가상각누계액을 차감한 장부금액으로 재무상태표에 보고된다. 다만, 자산의 장부금액이 회수가능액보다 큰 경우에 자산이 손상된 것으로 보아 다음과 같은 방법으로 회계처리한다.

우선, 다음의 〈자료 13-11〉에 제시한 것과 같은 기업 내부와 외부정보를 고려하여 매 보고기간말마다 자산손상을 시사하는 징후가 있는지 검토한다. 그리고 손상징후가 있으면 당해 자산의 회수가능액을 추정함으로써 손상검사(impairment

자료 13-11 자산손상의 징후 검토시 고려사항

1. 외부정보

(1) 자산의 시장가치가 시간의 경과나 정상적인 사용에 따라 하락할 것으로 기대되는 수준보다 유의적으로 더 하락하였다.
(2) 기업 경영상의 기술 · 시장 · 경제 · 법률 환경이나 해당 자산을 사용하여 재화나 용역을 공급하는 시장에서 기업에 불리한 영향을 미치는 유의적 변화가 발생하였거나 가까운 미래에 발생할 것으로 예상된다.
(3) 시장이자율이 상승하여 자산의 회수가능액을 중요하게 감소시킬 가능성이 있다.
(4) 기업의 순자산 장부금액이 당해 시가총액보다 크다.

2. 내부정보

(1) 자산이 진부화되거나 물리적으로 손상된 증거가 있다.
(2) 기업에 불리한 영향을 미치는 유의적 변화가 발생하였거나 가까운 미래에 발생할 것으로 예상된다. 이러한 변화에는 자산의 유휴화, 영업부문에 대한 구조조정계획, 예상 시점보다 앞서 자산을 처분하는 계획 등을 포함한다.
(3) 자산의 경제적 성과가 기대수준에 미치지 못하거나 못할 것으로 예상되는 증거를 내부보고를 통해 얻을 수 있다.

test)를 실시한다. 만약 개별 자산의 회수가능액을 추정할 수 없다면, 그 자산이 속하는 현금창출단위(CGU: cash generating unit)의 회수가능액을 결정한다.

손상검사의 결과 해당 유형자산의 사용 및 처분으로부터 기대되는 회수가능액이 장부금액에 미달하는 경우에는 장부금액을 회수가능액으로 조정하고 그 차액을 차변의 유형자산손상차손의 과목으로 기타비용으로 기록하고 대변에는 손상차손누계액이라는 계정과목을 사용해서 기록한다.

여기에서 회수가능액(recoverable amount)이란 자산의 순공정가치와 사용가치 중에서 큰 금액을 말하는데, 순공정가치(fair value less costs to sell)는 자산의 판매금액에서 판매비용을 차감한 가치이고, 사용가치(value in use)는 자산의 사용으로 인해 얻을 수 있는 현금흐름의 현재가치이다.

따라서 손상차손은 다음의 〈자료 13-12〉와 같이 계산할 수 있다.

자료 13-12 손상차손의 계산

손상차손 = Min(회수가능액, 장부금액)
　　　　 = Min(Max[순공정가치, 사용가치], 장부금액)

만약 손상차손을 인식한 자산의 회수가능액이 손상 후의 장부금액을 초과하는 경우에는 대변에 유형자산손상차손환입의 과목으로 하여 기타수익으로 기록하고 차변에는 손상차손누계액계정을 차감하여 기록한다.

예제 13-8 유형자산의 손상

상암회사가 보유하고 있는 기계장치의 20×1년 초 취득원가는 200,000원이고 잔존가치 0원으로 하여 5년 정액법으로 상각하고 있다. 20×2년 말에 자산에 대한 평가를 해본 결과 회수가능액이 70,000원으로 현저하게 하락한 경우 20×1년과 20×2년에 상암회사에 필요한 분개를 하시오.

해 답

20×1년 취득시점

차> 기계장치	200,000	대> 현　　금	200,000

20×1년 결산시점

차> 감가상각비	40,000	대> 감가상각누계액	40,000

20×2년 결산시점

차> 감가상각비	40,000[1]	대> 감가상각누계액	40,000
유형자산손상차손	50,000[2]	손상차손누계액	50,000

1) 기말에 손상평가시에도 감가상각비를 인식하는 분개를 먼저 한다.

2) 감액 전 장부금액 = 200,000원 − 40,000원 × 2 = 120,000원

회수가능액	70,000
유형자산손상차손	50,000원

제 6 절 투자부동산

6.1 투자부동산의 의의

투자부동산(investment property)은 임대수익이나 시세차익 또는 두 가지 모두를 얻기 위하여 보유하고 있는 부동산이다. 투자부동산은 기업이 보유하는 다른 자산과 거의 독립적으로 현금흐름을 창출하므로 자가사용부동산이나 재고자산과 구별된다. 따라서 다음의 목적으로 보유하는 부동산은 투자부동산으로 분류되지 않는다.

> ① 재화의 생산이나 용역의 제공 또는 관리 목적에 사용하는 부동산은 자가사용부동산(owner-occupied property)으로서 유형자산으로 분류
> ② 정상적인 영업과정에서의 판매를 목적으로 보유하는 부동산은 재고자산으로 분류

이와 같은 투자부동산의 정의에 따라 투자부동산으로 분류되거나 또는 분류되지 않는 부동산의 예를 다음의 〈자료 13-13〉에 정리하였다.

자료 13-13 부동산의 분류 사례

1. 투자부동산으로 분류되는 부동산

(1) 장기 시세차익을 얻기 위하여 보유하고 있는 토지
(2) 장래 사용목적을 결정하지 못한 채로 보유하고 있는 토지
(3) 운용리스[1]로 제공하고 있는 건물
(4) 운용리스[1]로 제공하기 위하여 보유하고 있는 미사용 건물
(5) 미래에 투자부동산으로 사용하기 위하여 건설 또는 개발중인 부동산

2. 투자부동산으로 분류되지 않는 부동산

(1) 정상적인 영업과정에서 판매하기 위한 부동산이나 이를 위하여 건설 또는 개발중인 부동산
(2) 제 3 자를 위하여 건설 또는 개발중인 부동산
(3) 자가사용부동산: 미래에 자가사용하기 위한 부동산, 미래에 개발 후 자가사용할 부동산, 종업원이 사용하고 있는 부동산 등
(4) 금융리스[1]로 제공한 부동산

1) 금융리스는 부동산의 법적인 소유권은 리스제공자(임대인)에게 있으나 부동산의 보유에 따른 위험과 보상이 리스이용자(임차인)에게 실질적으로 이전되는 거래이다. 따라서 회계상으로 리스제공자의 자산은 재무상태표에서 제거되기 때문에 투자부동산으로 분류될 수 없다. 운용리스는 금융리스가 아닌 리스로서 일반적인 임대차거래와 실질이 같다.

부동산 소유주가 모든 부동산을 자가사용하거나 또는 임대나 시세차익을 얻기 위해 보유하는 경우는 많지 않다. 즉 부동산 중 일부분은 임대수익이나 시세차익을 얻기 위해 보유하고, 나머지를 재화의 생산이나 용역의 제공 또는 관리목적에 사용하는 것이다. 예를 들어, 삼일회사가 서울역 앞에 있는 건물을 본사 사옥으로 사용하고 있는 경우에도, 그 건물의 일부분은 다른 회사에게 임대를 줄 수 있는 것이다. 이를 복합목적 부동산(multi-purpose property)이라 하며 다음과

같은 기준을 사용하여 분류한다.

> ① 부분별로 분리하여 매각할 수 있으면 각 부분을 분리한다. 즉 임대 부분은 투자부동산으로 분류하고 자가사용 부분은 유형자산으로 분류한다.
> ② 부분별로 분리하여 매각할 수 없으면 자가사용 부분이 경미한 경우에만 전체 부동산을 투자부동산으로 분류하고, 경미하지 않은 경우에는 전체 부동산을 유형자산으로 분류한다.

또한, 부동산 소유자가 부동산 사용자에게 부수적인 용역을 제공하는 경우에는 전체 계약 중에서 용역이 차지하는 비중에 따라 분류한다. 예를 들어, 오피스텔의 소유자가 보안이나 유지보수 서비스 등과 같이 중요하지 않은 용역을 제공하는 경우에는 해당 부동산을 투자부동산으로 분류한다. 그러나 호텔의 소유자가 투숙객에게 용역을 제공하는 경우에는 이 용역이 중요하다고 할 수 있으므로 해당 부동산은 유형자산으로 분류한다.

예제 13-9 **투자부동산의 분류**

다음과 같은 부동산은 어떤 계정과목으로 기록해야 하는가?

1. 전자부품을 제조하는 천안회사는 정부가 산업단지로 개발하려는 부지 중 일부를 취득하였다. 천안회사의 경영진은 해당 토지를 어떤 용도로 사용할지 아직 결정하지 않았다.
2. 가리봉회사는 부분 매각이 가능한 10층 규모의 아파트형 공장을 소유하고 있으며, 이 중 7개 층은 자사의 공장 및 사무실로 사용하고, 나머지 3개 층은 구로제조에게 임대하고 있다.

해 답

1. 사용목적을 결정하지 못한 토지이므로 투자부동산으로 분류
2. 부분 매각이 가능하므로 7개 층은 유형자산으로 분류하고, 임대중인 3개 층은 투자부동산으로 분류

6.2 투자부동산의 회계처리

투자부동산의 취득 및 처분시점에서의 회계처리는 앞 절에서 설명한 유형자

산의 취득과 처분의 회계처리와 동일하다. 따라서 본 절에서는 투자부동산에만 적용되는 회계처리인 보고기간말의 평가(원가모형과 공정가치모형)와 계정대체에 대해서만 서술하기로 한다.

(1) 원가모형과 공정가치모형

기업은 투자부동산을 취득한 이후 보고기간말에 재무상태표에 보고할 때, 원가모형과 공정가치모형 중 하나를 회계정책으로 선택하여 모든 투자부동산에 적용해야 한다. 다만, 원가모형을 선택한 경우에도 주석 공시를 위하여 공정가치가 필요하므로, 모든 기업은 투자부동산의 공정가치를 산정하는 기법을 보유해야 한다. 투자부동산의 공정가치 산정에 대해서는 아래에서 추가적으로 설명하기로 한다.

투자부동산의 평가방법을 원가모형(cost model)으로 선택한 경우에는 모든 투자부동산에 대하여 취득원가에서 감가상각누계액과 손상차손누계액을 차감한 금액을 재무상태표에 보고한다. 단, 주석 공시를 위해 투자부동산의 공정가치 산정은 필요하다.

투자부동산에 대하여 공정가치모형(fair value model)을 선택한 경우에는 취득시점 이후 매 보고기간말에 모든 투자부동산을 공정가치로 측정한다. 이때, 투자부동산의 공정가치 변동으로 발생하는 손익은 투자부동산평가손익의 과목으로 하여 당기손익으로 인식한다.

투자부동산의 공정가치는 합리적인 판단력과 거래의사가 있는 독립된 당사자 사이의 거래에서 자산이 교환될 수 있는 금액을 말한다. 이때, 공정가치는 매각 등을 통해 발생할 수 있는 거래원가를 차감하지 않고 산정하므로 손상검사 수행시 순공정가치를 산정하는 방법과는 다르다.

공정가치 평가시, 감정평가사 등과 같은 외부의 독립된 평가인의 가치평가에 기초하는 것이 최상의 방법일 것이다. 하지만 외부 평가가 의무적인 사항은 아니고, 또한 비용 부담이 있으므로 기업 내부에서 공정가치를 산정할 수도 있다. 다음의 〈자료 13-14〉는 투자부동산의 공정가치를 산정하는 방법을 정리한 것이다.

자료 13-14 **공정가치 산정 방법**

1. 전문 자격을 갖추고 있고 평가 대상 투자부동산의 소재 지역에서 최근에 유사한 부동산을 평가한 경험이 있는 독립된 평가인의 가치평가 결과
2. 기업 내부적인 공정가치 산정
   (1) 같은 위치나 상태에 있으면서 리스 및 기타 계약조건이 유사한 부동산이 활발히 거래되는 경우의 현재 거래가격(특성, 상태, 위치 등이 다른 부동산이 활발히 거래되는 시장가격 또는 유사한 부동산이지만 거래가 덜 활발한 시장의 최근 가격을 적용하는 경우 평가대상 부동산과의 차이를 반영해야 함)
   (2) 신뢰성 있는 추정치에 근거한 미래 현금흐름의 현재가치, 예를 들어 임대계약에 근거하여 수취하는 현금흐름(임대수익)의 현재가치
   (3) 토지와 건물에 대하여 정부에서 공시한 가격이 있는 경우 그 공시가격의 일정비율[1)]

1) 현재 정부가 공시하는 가격은 시가의 80%를 반영한다고 할 수 있으므로, 공시가격을 0.8로 나눈 금액을 시가로 추정할 수 있다.

(2) 계정대체

부동산은 사용 목적에 따라 재고자산, 유형자산 및 투자부동산으로 분류된다. 따라서 사용 목적이 바뀌는 경우에는 기존의 자산 분류를 다른 것으로 바꿀 수 있는데, 이를 계정대체(transfers)라 한다. K-IFRS에서 규정한 계정대체 사유 및 이로 인한 계정 분류 변경을 정리하면 아래와 같다.

사용 목적의 변경	계정 변경	
	~에서	~으로
자가사용의 개시	투자부동산	유형자산
정상적인 영업과정에서 판매하기 위한 개발의 시작	투자부동산	재고자산
자가사용의 종료	유형자산	투자부동산
제 3 자에게 운용리스로 제공	재고자산/유형자산	투자부동산

투자부동산을 원가모형으로 평가하는 경우에는 투자부동산, 유형자산, 재고자산 사이에 계정대체가 발생할 때 대체 전 자산의 장부금액을 승계하므로 자산의 원가가 변경되지 않는다.

투자부동산을 공정가치모형으로 평가하는 경우에는 투자부동산을 다른 계정으로 대체하거나, 다른 계정에서 투자부동산으로 대체할 때 다음과 같이 회계처

리한다.

공정가치로 평가한 투자부동산을 유형자산이나 재고자산으로 대체하는 경우, 사용 목적 변경시점의 공정가치를 유형자산이나 재고자산의 취득원가로 한다.

유형자산을 공정가치로 평가하는 투자부동산으로 대체하는 경우, 사용 목적 변경시점의 공정가치를 산정하고 공정가치와 장부금액의 차이는 앞의 제 4 절에서 설명한 재평가모형의 회계처리와 동일한 방법으로 회계처리한다. 그리고 재고자산을 공정가치로 평가하는 투자부동산으로 대체하는 경우에는 재고자산의 장부금액과 대체시점의 공정가치의 차액은 당기손익으로 인식한다.

예제 13-10 계정대체

창원회사는 20×1년 초에 본사 사옥으로 활용하기 위해 토지와 건물을 각각 1,000원과 2,000원에 취득하였다. 회사는 내용연수 10년, 잔존가치 0원으로 하여 정액법으로 건물을 감가상각하고 있다. 회사가 20×3년까지 모든 토지와 건물을 본사 사옥으로 활용하다가 20×4년 초에 20%를 외부에 임대해 주기로 결정하였다. 부분별로 분리 가능한 부동산이고, 유형자산과 투자부동산에 대해 원가모형을 적용하기로 하였다면, 20×4년 초의 회계처리는 어떻게 되는가?

해 답

차〉	투자부동산－토지	200	대〉 유형자산－토지[1]	200
	투자부동산－건물	400	대〉 유형자산－건물[2]	400
	감가상각누계액(유형자산)[3]	120	대〉 감가상각누계액(투자부동산)	120

1) 1,000 × 20% = 200
2) 2,000 × 20% = 400
3) 2,000 / 10 × 3년 × 20% = 120

연습문제

문제 13-1 자산의 분류

다음의 자산의 취득과 관련하여 회사가 재무상태표의 어느 계정과목으로 분류하여 공시해야 하는 지를 설명하시오.

1) 일반 상기업이 시세차익을 목적으로 취득한 토지
2) 미래에 생산설비를 건설할 목적으로 취득한 토지
3) 부동산매매를 주목적으로 하는 기업이 취득한 토지
4) 제조기업이 자가건설한 본사건물
5) 건설업을 영위하는 기업이 판매목적으로 건설한 미분양아파트
6) 현재 일시적 수요감소로 운휴중이지만 곧 재가동할 계획인 기계장치
7) 현재 사용중이며 감가상각 완료된 자산

문제 13-2 토지의 취득

20×3년 (주)안산은 신규공장건설을 목적으로 토지를 960,000원에 구입하였다. 기존에 있던 건물은 철거되었으며 이를 통하여 발생한 폐자재는 외부에 판매되었다. 토지구입비용 이외의 자료가 다음과 같을 때, 회사의 재무상태표에 토지로 계상할 금액은 얼마인가?

기존 건물의 철거비용	120,000원
토지구입계약 수수료 및 등기비용	16,000원
폐자재 판매수익	28,000원

문제 13-3 자산의 취득원가 I

다음은 20×3년 초 청학(주)의 재무상태표에 계상된 유형자산 장부금액이다.

토 지	200,000
건 물	150,000
(감가상각누계액)	(30,000)
기 계	70,000
(감가상각누계액)	(14,000)

또한 다음의 자료는 청학(주)에서 20×3년 중 발생한 지출의 내역이다.

1) 토지취득을 위한 현금지출	20,000원
2) 토지구입과 관련하여 발생한 중개인 수수료	5,000원
3) 기계구입원가	2,500원
4) 구입한 기계의 안전한 수송을 위해 지출한 현금	300원
5) 기계의 조립, 설치 및 시험 가동비용	150원
6) 구입한 토지에 있던 구건물의 철거비용	2,000원
7) 신규건물의 건설을 위한 토지 굴착비용	7,000원
8) 건축가에게 지불한 설계비용	3,000원
9) 건물공사 현장감독자에게 지급한 임금	2,500원
10) 건물공사 관련 차입금에 대한 지급이자	1,000원

11) 감가상각비는 건물과 기계에서 각각 5,000원 및 3,000원이 발생함

〈물음〉

위에서 제시한 자료를 통하여 청학(주)의 20×3년 기말 재무상태표에 계상될 금액을 계정과목별로 제시하시오.

문제 13-4 일괄취득

20×3년 말, 청계회사는 토지를 구입하였다. 토지내부에는 창고건물이 위치하고 있으며 창고 내부에는 재고자산이 보관중인데 이들을 모두 포함하여 560,000원을 지불하였다. 각각의 자산에 대한 자료가 다음과 같을 때, 각각의 자산에 대한 취득원가를 구하시오.

	시 가	판매자의 장부금액
토 지	260,000원	140,000원
재고자산	52,000	80,000
창고건물	208,000	180,000
	520,000원	400,000원

문제 13-5 자산의 취득원가 Ⅱ

다음 자산의 취득거래에 대해 회계처리하고, 각 자산의 취득원가를 구하시오.

1. 공장을 짓기 위해 토지를 1,000,000원에 구입하고 대금은 어음을 발행하여 지급하였다. 부동산중개수수료 10,000원과 취득세 · 등록세 20,000원은 현금으로 지급하였다.
2. 위의 토지를 취득하기 위해 공정가치가 150,000원인 채권을 200,000원에 매입하였는데, 회사는 이 채권을 만기까지 보유할 의도가 없다고 한다.
3. 공장 설계비로 50,000원, 공사비로 600,000원을 현금으로 지출하여 공장을 완공하였는데, 이 때 공장건설과 관련된 차입금의 이자 20,000원이 발생하였다.

4. 공장의 내용연수 종료 후에 원상복구를 위한 복구비용의 현재가치가 30,000원으로 추정된다.
5. 제품생산 및 운반을 위한 기계장치와 자동차를 600,000원에 일괄적으로 구입하였는데, 각각의 공정가치는 500,000원과 300,000원이다.
6. 사무용 책상 100,000원어치를 2개월 후에 지급하는 조건으로 구입하였는데, 운반비 3,000원은 현금으로 지급하였다.

문제 13-6 자본적 지출과 수익적 지출

(주)구리는 20×3년 유형자산과 관련하여 다음과 같이 지출하였다.

1월 5일: 토지와 건물을 600,000원에 취득하였다. 시장가치는 각각 220,000원, 440,000원이다.

2월 19일: 기계장치를 40,000원에 취득하였으며 운송비, 설치비 등으로 2,600원을 추가적으로 지출하였다.

4월 13일: 1월 5일에 구입한 건물에 대한 용도변경을 완료하였으며, 그에 대한 비용으로 120,000원을 지출하였다.

7월 20일: 기계에 대한 정기적인 수선비용 5,600원이 발생하였다.

8월 15일: 2월 19일에 취득한 자산의 설치와 관련하여 일부 부속품이 잘못된 것으로 판명되어 이를 제거하고 새로운 설치비용으로 6,000원을 지출하였다. 또한 제거된 부속품은 800원에 판매되었다.

11월 15일: 제품생산라인의 효율성 증진을 위하여 14,600원의 비용을 들여 생산설비를 재배치하였다.

〈물음〉
상기의 거래에 대한 회계처리를 수행하시오.

문제 13-7 자본적 지출과 감가상각

(주)서울은 20×2년 초 내용연수 10년, 잔존가치가 없는 기계장치를 2,500,000원에 구입하여 정액법으로 감가상각을 해오던 중 20×4년 1월 초에 기계장치의 성능을 증진시킬 목적으로 500,000원의 비용을 들여 개조하였다. 이러한 지출로 인해 내용연수는 2년이 더 증가하였고, 잔존가치는 200,000원으로 추정되었다. 20×2년과 20×4년의 감가상각비를 구하시오.

문제 13-8 감가상각비의 계산

관악(주)는 20×3년 7월 1일에 기계설비를 10,000,000원에 구입하고 영업에 사용하기 시작하였다. 이 기계설비의 유효내용연수는 10년이고 잔존가치는 1,000,000원이다. 이 기계설비를 사용하게 되면 기계설비의 내용연수 동안 1,000,000단위를 생산할 수 있을 것으로 예상되며, 20×3년과 20×4년에 각각 90,000단위와 125,000단위를 생산하였다.

〈물음〉
다음의 각 방법을 사용하여 20×3년과 20×4년에 인식하여야 할 감가상각비를 각각 구하시오.

1. 정액법
2. 정률법(정률 : 0.206)
3. 생산량비례법
4. 연수합계법
5. 이중체감법

문제 13-9 내용연수의 추정

(주)성남의 20×3년 초 기계장치와 관련된 자료는 다음과 같다.

기계장치	3,000,000원
감가상각누계액	(500,000)
순장부금액	2,500,000원
잔존가치	500,000원

20×3년 중 (주)성남은 내용연수 3년, 잔존가치 100,000원인 기계장치를 1,000,000원에 취득하였다. 20×3년 말 재무상태표에 기계장치와 관련한 계정이 아래와 같은 경우 다음 물음에 답하시오.

기계장치	4,000,000원
감가상각누계액	(1,050,000)
순장부금액	2,950,000원

〈물음〉
(주)성남이 기초에 보유하고 있던 구기계의 취득 당시의 내용연수를 구하시오. 단, 기계는 모두 기초에 취득한 것이며, 정액법으로 감가상각한다.

문제 13-10 취득원가의 추정과 처분손익의 계산

연신내상사는 20×1년 초에 내용연수 5년, 잔존가치 100,000원인 기계장치를 구입하여, 이중체감법을 적용하여 감가상각하고 있다. 20×2년의 감가상각비가 240,000원일 때 다음 물음에 답하시오.

〈물음〉
1. 연신내상사가 취득한 기계장치의 취득원가는 얼마인가?
2. 회사가 20×3년 7월 1일에 이 기계장치를 300,000원에 처분하였을 때 처분분개를 제시하시오.

문제 13-11 회계추정의 변경

제주회사는 20×1년 초에 취득원가 44,000원, 잔존가치 4,000원, 내용연수 5년인 기계장치를 구입하고 정액법을 사용하여 감가상각하고 있었다. 그런데 20×3년 초 다음과 같은 추정의 변경이 있었다고 할 때 20×3년의 감가상각비를 구하시오.

1. 내용연수를 8년으로 수정
2. 잔존가치를 0원으로 수정
3. 감가상각방법을 연수합계법으로 수정

문제 13-12 교환을 통한 자산의 취득

(주)시흥은 20×3년 본사건물 건설을 위하여 토지를 취득하고 취득대가로 10,000주의 주식을 발행하였다. (주)시흥의 주식의 액면금액은 10,000원이며 시가는 70,000원이다. 토지에 있던 건물의 철거 및 작업폐물의 처리과정에서 60,000,000원의 이익이 발생하였을 때, (주)시흥이 재무상태표에 계상해야 할 토지의 원가를 구하시오.

문제 13-13 재평가모형의 회계처리

유형자산에 대하여 재평가모형을 적용하고 있는 해남회사는 20×1년 초에 50,000원에 토지를 취득하였다. 토지의 공정가치가 20×1년 말과 20×2년 말에 각각 45,000원과 53,000원으로 평가된 경우 다음 물음에 답하시오.

〈물음〉

1. 20×1년 말과 20×2년 말의 회계처리를 제시하시오.
2. 20×1년 말과 20×2년 말의 재무상태표에 표시될 토지, 이익잉여금 및 재평가잉여금을 구하시오.
3. 20×3년 초 57,000원에 토지를 매각하였을 때의 회계처리를 제시하시오. 단, 토지 매각시 재평가잉여금을 대체하기로 한다.

문제 13-14 유형자산의 처분

20×1년 1월 2일 신림(주)는 72,000,000원의 현금을 지급하고 기계를 구입하였다. 이 기계의 유효내용연수는 6년이고 잔존가치는 3,600,000원이며 회사는 정액법을 사용하여 감가상각비를 계산하고 있다.

〈물음〉

1. 20×3년 7월 1일 현재 이 기계의 장부금액은 얼마가 되는가?(월할계산을 할 것)
2. 20×3년 7월 1일에 이 기계를 처분하였다고 하자. 처분금액이 각각 다음과 같은 경우 회사의 분개를 설명하라.
   ① 처분금액으로 현금 24,000,000원을 수령한 경우

② 처분금액으로 현금 52,000,000원을 수령한 경우

3. 20×3년 7월 1일에 위의 기계가 화재로 인하여 완전히 소실되었다고 가정하자. 만약 이러한 화재로 인하여 보험회사로부터 받을 보상금액이 21,600,000원이라고 한다면 회사의 분개는 어떻게 되는가?

문제 13-15 유형자산의 손상

정선회사는 20×2년 초 기계장치를 550,000원에 취득하였다. 이 기계장치의 잔존가치는 50,000원이며 내용연수는 5년, 정액법으로 감가상각하고 있다. 20×3년 말 새로운 기계장치가 발명되면서 정선회사의 기계의 순공정가치는 175,000원, 사용가치는 200,000원으로 하락하였다고 할 때 다음 물음에 답하시오(단, 잔존가치는 변화가 없다고 가정할 것).

〈물음〉

1. 20×2년과 20×3년에 정선회사에 필요한 회계처리를 수행하시오.
2. 20×4년에 회사가 인식해야 할 감가상각비는 얼마인가?
3. 20×4년 말, 이 기계장치의 회수가능액이 220,000원으로 상승하였을 때 필요한 회계처리를 제시하시오.

문제 13-16 투자부동산의 회계처리

투자부동산에 대하여 공정가치모형을 적용하는 보성회사는 20×1년 초에 10,000원에 취득한 토지를 순천제조에 임대하고 있다. 토지의 공정가치가 20×1년 말과 20×2년 말에 각각 12,000원과 9,000원으로 평가된 경우 다음 물음에 답하시오.

〈물음〉

1. 20×1년 말과 20×2년 말의 회계처리를 제시하시오.
2. 임대기간이 종료된 20×3년 초, 해당 토지에 녹차가공을 위한 공장을 짓기로 결정한 경우의 회계처리를 제시하시오.

chapter 14
무형자산과 이연법인세

chapter 14

무형자산과 이연법인세

제 1 절 무형자산의 회계처리

1.1 무형자산의 의의와 분류

무형자산(intangible assets)이란 물리적인 실체는 없지만 식별가능하고, 기업이 통제하고 있으며 미래 경제적 효익이 있는 비화폐성자산을 말한다. 이러한 무형자산에는 산업재산권, 라이선스와 프랜차이즈, 저작권, 컴퓨터소프트웨어, 개발비, 임차권리금, 어업권, 브랜드명 등이 포함된다.

한편 식별이 불가능한 무형자산으로서 영업권을 들 수 있는데, K-IFRS에서는 사업결합시 발생하는 매수영업권만을 인정하고 있다. 다음에 제시된 〈자료 14-1〉에서 무형자산의 종류를 요약하였다.

무형자산의 특징으로는 다음의 다섯 가지를 들 수 있다.

첫째, 무형자산은 물리적 실체(physical substance)가 없는 자산이다.

둘째, 무형자산은 법률상의 권리 또는 경제적인 권리를 나타내는 자산이다. 법률상의 권리의 예로는 산업재산권이나 저작권 등이 있고, 경제적인 권리의 예로는 영업권, 라이선스와 프랜차이즈 등이 있다.

셋째, 무형자산은 불완전경쟁하에서 나타나는 자산으로서, 기업은 무형자산을 소유함으로써 독점적 권리를 갖거나 초과이익을 얻을 수 있다.

넷째, 무형자산은 특정한 기업에만 가치가 있는 자산으로서 그 기업과 분리하여 존재할 수 없는 자산이다.

자료 14-1 무형자산의 종류

항 목	내 용
산업재산권	일정기간 독점적 · 배타적으로 이용할 수 있는 권리로서 특허권, 실용신안권, 의장권, 상표권, 상호권 및 상품명 등
라이선스와 프랜차이즈	기술이나 특허 등을 사용하거나 체인가맹점에 가입하여 영업하기 위해 지출한 금액
저 작 권	학술, 문학, 예술 등의 생산과 관련된 권리
컴퓨터소프트웨어	외부에서 구입하여 사용하는 소프트웨어의 외부구입비
개 발 비	신제품, 신기술 등의 개발과 관련하여 발생한 비용으로서 개별적으로 식별가능하고 미래의 효익을 확실하게 기대할 수 있는 것
임차권리금	건물임차시 보증금 이외에 추가적으로 지급하는 권리금
어 업 권	수면에서 어업을 독점적 · 배타적으로 경영할 수 있는 권리
브랜드명	상표권과 그와 관련된 상품명, 제조기법 및 전문기술과 같은 보충적 자산의 집합
영 업 권	사업결합[1]시 취득자가 지불한 대가가 취득한 순자산 공정가치보다 큰 경우 그 초과액

1) 사업결합(business combinations): 취득자가 하나 이상의 사업에 대한 지배력을 획득하는 거래나 사건.

마지막으로 무형자산은 미래에 발생할 경제적 효익의 크기와 효익의 지속기간이 불확실한 자산이다. 따라서 무형자산은 외부에서 구입한 경우에만 인식하는 것이 대부분이며, 내부적으로 창출한 무형자산을 인식하기 위해서는 매우 엄격한 기준을 충족시켜야 한다.

무형자산은 외부로부터 구입한 것과 내부적으로 창출한 것으로 나누어볼 수 있다. 내부적으로 창출한 무형자산에는 개발비와 영업권을 들 수 있는데, 내부에서 창출한 영업권은 원가를 신뢰성 있게 측정할 수 없고 식별가능하지 않기 때문에 K-IFRS에서는 무형자산으로 인정하지 않고 개발비만을 무형자산으로 인정하고 있다. 외부로부터 구입한 무형자산은 개발비 이외의 무형자산으로서 외부로부터 구입한 취득원가로 기록한다.

1.2 무형자산의 회계처리

(1) 무형자산의 취득

다른 형태의 자산을 취득한 경우와 마찬가지로 무형자산을 외부로부터 취득하였을 때의 취득원가는 구입가격에 그 자산을 의도한 목적에 사용할 수 있도록 준비하는 데 직접 관련되는 원가를 가산한 금액이다. 그리고 사업결합으로 인해 취득한 매수영업권은 취득하는 회사(피취득자)의 순자산의 공정가치보다 더 많은 금액을 취득자가 이전대가로 지급한 경우에 발생한다. 즉, 공정가치보다 비싸게 대금을 지급한 것은 피취득자의 회계장부에 기록되지 않은 무형의 자산이 있다는 의미이므로 이에 대한 대가로서 추가적인 대금을 지불한 것으로 보아 영업권이라는 자산으로 인식하는 것이다.

한편 내부에서 창출한 무형자산의 취득원가는 그 자산의 창출, 제조 및 사용준비에 직접 관련된 지출과 합리적으로 배분된 간접지출을 모두 포함한다. 이에는 무형자산의 창출에 종사한 인원에 대한 급여 등의 인건비와 직접 사용한 유형자산의 감가상각비, 그리고 무형자산을 창출하는 데 직접 관련된 지출 및 합리적으로 배분된 간접비가 포함된다.

(2) 무형자산 취득 이후의 지출

앞의 제13장에서 유형자산의 취득 이후의 지출에 대해 자본적 지출과 수익적 지출로 구분하여 자본화하거나 비용처리 하는 회계처리에 대해 언급하였다. 이와 비슷하게 무형자산에서도 취득 또는 완성 이후의 지출로서 일정한 기준을 충족하는 경우에는 자본적 지출로 처리하여 무형자산으로 인식하고, 기준을 충족시키지 못하는 경우에는 수익적 지출로 처리하여 비용으로 인식한다.

무형자산 취득 이후의 지출이 무형자산의 미래 경제적 효익을 실질적으로 증가시킬 가능성이 높고 관련된 지출이 신뢰성 있게 측정되며 무형자산과 직접 관련되는 경우에는 자본적 지출로 처리한다.

그러나 대부분의 취득 후의 지출은 무형자산의 정의와 인식기준을 충족하기보다는 기존 무형자산에 내재된 기대 미래 경제적 효익을 유지하는 경향이 있고, 이러한 지출을 사업 전체가 아닌 특정한 무형자산에 직접 귀속시키기 어려운 경우가 많다. 따라서 취득 후의 지출이 무형자산의 장부금액으로 자본화되는 경우는 매우 드물다.

(3) 무형자산의 내용연수

무형자산의 내용연수는 유한한 경우와 비한정(indefinite)인 경우의 두 가지로 나누어진다. 내용연수가 유한하다면 자산의 예상 사용기간 또는 자산으로부터 획득할 수 있는 생산량이나 이와 유사한 단위를 평가해야 한다. 만약 자산이 순현금유입을 창출할 것으로 예상되는 기간에 대하여 예측가능한 제한이 없을 경우, 무형자산의 내용연수가 비한정인 것으로 본다.

유한 내용연수를 가지는 무형자산은 상각하지만 비한정 내용연수를 가진 무형자산은 상각하지 않는다. 비한정이라는 말은 '무한한(infinite)'을 의미하지는 않고 단지 내용연수를 결정할 수 없다는 의미만 가진 것이다.

계약상 또는 기타 법적 권리로부터 발생하는 무형자산의 내용연수는 경제적 요인과 법적 요인의 영향을 받는다. 경제적 요인은 자산의 미래 경제적 효익이 획득되는 기간을 결정하고, 법적 요인은 기업이 그 효익에 대한 제 3 자의 접근을 통제할 수 있는 기간을 제한하는데, 내용연수는 이러한 요인에 의해 결정된 기간 중 짧은 기간으로 한다. 자산의 사용으로 인해 실제로 기대되는 효익의 지속기간이 법령이나 계약에 의한 것보다 짧으면 그 짧은 기간에 걸쳐 상각해야 하는 것이다. 다만, 유의적인 원가 없이 계약상 또는 기타 법적 권리가 갱신가능하다면 그 갱신기간을 내용연수에 포함한다.

예제 14-1 무형자산의 내용연수

20×1년 초에 취득한 다음 각 무형자산의 내용연수를 구하시오.

(1) 잔여 법적 내용연수 50년을 가진 저작권을 취득하였는데, 고객습관과 시장추이를 분석한 결과 30년 동안만 순현금유입액을 창출할 것으로 기대된다.

(2) 5년 후에 만기가 되는 방송면허를 취득하였는데, 회사가 고객에게 통상적인 수준의 서비스를 제공하고 관련 법적 요구사항을 준수한다면 방송면허는 매 10년마다 갱신이 가능하고 면허 갱신에는 비용이 거의 들지 않는다.

해 답

1. 30년
→ 자산의 사용으로 인해 실제로 기대되는 효익의 지속기간(30년)이 법령에 의한 것(50년)보다 짧으면 그 짧은 기간에 걸쳐 상각해야 한다.

2. 비한정 내용연수
→ 이 방송면허는 제한 없이 순현금유입액을 창출할 것으로 기대되므로 비한정 내용연수를 가진 것으로 보아 상각하지 않는다.

(4) 무형자산의 상각

내용연수가 유한한 무형자산의 가치는 시간에 따라 감소하므로 취득원가를 합리적인 방법을 사용하여 사용기간에 걸쳐 비용으로 배분해야 한다. 수익 · 비용대응의 원칙에 따라 무형자산이 사용가능한 때부터 추정내용연수 동안 합리적이고 체계적인 방법으로 비용으로 배분하는 것을 상각(amortization)이라 한다.

무형자산의 상각방법은 자산의 경제적 효익이 소비되는 형태를 반영한 합리적인 방법이어야 한다. 이러한 상각방법에는 정액법, 체감잔액법(정률법 등), 생산량비례법 등이 있다. 다만, 소비되는 형태를 신뢰성 있게 결정할 수 없을 경우에는 정액법을 사용하도록 하고 있으므로 회계실무에서는 대부분의 무형자산을 정액법으로 상각하고 있다.

무형자산의 잔존가치는 없는 것을 원칙으로 한다. 다만, 내용연수 종료 시점에 제 3 자가 자산을 구입하기로 한 약정이 있거나, 무형자산의 활성거래시장에서 잔존가치가 결정될 수 있는 경우에는 잔존가치를 인식할 수도 있다.

무형자산의 상각기간과 상각방법 및 잔존가치는 적어도 매 회계연도말에 검토한다. 이러한 항목들이 변경되는 경우 회계추정의 변경으로 회계처리한다.

무형자산을 상각한 경우에는 다음과 같이 분개한다(산업재산권을 상각한다고 가정한다).

차> 무형자산상각비	×××	대> 산업재산권	×××

무형자산을 상각할 경우에는 상각누계액계정을 사용하지 않고 관련 자산에서 직접 차감한다. 직접법을 사용할 때 무형자산의 취득원가와 당기 증감액 등을 요구하는 정보이용자를 만족시키기 위해 당기 증감사항을 주석으로 기재하기도 하지만, 경우에 따라서는 간접적으로 차감하는 방법을 사용할 수도 있다.

한편, 내용연수가 비한정인 무형자산은 상각하지 않는다. 이렇게 상각되지 않고 있는 무형자산의 내용연수는 당해 자산의 내용연수가 비한정이라는 평가가 계속하여 적절한지 매 회계기간에 검토하고, 검토 결과 적절하지 않다면 비한정 내용연수를 유한 내용연수로 변경해야 한다.

예제 14-2 **무형자산의 취득 및 상각**

20×1년 초에 대덕회사가 취득한 무형자산의 구성내역은 다음과 같다.

(1) 산업재산권 100,000원, 특허권 등록비용 10,000원 미포함
(2) 신제품 개발을 위해 지출한 인건비 100,000원, 개발에 사용된 유형자산의 감가상각비 20,000원, 제품의 판매비 30,000원
(3) 대전회사(유형자산 200,000원, 비유동부채 150,000원)의 사업결합원가 80,000원

〈물음〉

1. 20×1년 초의 무형자산 취득분개를 제시하시오.
2. 모든 무형자산에 대해 5년의 상각기간을 적용할 때 20×1년의 상각분개를 하시오.

해 답

1.

차> 산업재산권	110,000	대> 현 금	110,000
차> 개 발 비	120,000[1]	대> 현 금	100,000
		감가상각비	20,000
차> 유형자산	200,000[2]	대> 비유동부채	150,000
영 업 권	30,000[3]	현 금	80,000

1) 제품의 판매비는 내부적으로 창출된 개발비의 취득원가에 포함되지 않는다.
2) 사업결합에서는 피취득자의 자산과 부채를 모두 취득자의 자산과 부채로 인식해야 한다.
3) 영업권은 피취득자의 순자산 공정가치 50,000원(= 200,000원 − 150,000원)보다 이전대가를 비싸게 지불한 경우에 인식하는 무형자산이다.

2. 무형자산은 특별한 언급이 없으면 잔존가치 없이 정액법으로 상각한다. 상각기간이 5년이므로,

차> 무형자산상각비	46,000	대> 산업재산권	22,000
		개 발 비	24,000

산업재산권: 110,000원 ÷ 5 = 22,000원
개발비: 120,000원 ÷ 5 = 24,000원
영업권: 비한정 내용연수이므로 상각하지 않는다.

(5) 무형자산의 손상

유형자산과 마찬가지로 무형자산에서도 손상차손과 그 회복을 기록하는 회계절차를 적용한다. 우선, 매 보고기간말마다 무형자산의 손상을 시사하는 징후가 있는지 검토한 후, 손상징후가 있으면 당해 자산의 회수가능액을 추정함으로써 손상검사(impairment test)를 실시한다. 손상검사의 결과 무형자산의 회수가능액이 장부금액에 미달하는 경우에는 장부금액을 회수가능액으로 조정하고 그 차액을 무형자산손상차손으로 기록하여 기타비용으로 인식한다. 그리고 손상차손을 인식한 자산의 회수가능액이 장부금액을 초과하는 경우에는 무형자산손상차손환입의 과목으로 하여 기타수익으로 기록한다. 다만, 영업권에 대해 인식된 손

상차손은 환입될 수 없다.

무형자산은 미래 효익의 지속가능 여부가 불확실한 자산이므로 손상차손의 평가가 매우 중요하다. 특히 내용연수가 비한정인 무형자산, 아직 사용불가능한 무형자산 및 영업권에 대해서는 매 회계연도마다 회수가능액과 장부금액을 비교함으로써 손상검사를 수행해야 한다.

손상차손에 대한 구체적인 내용은 제13장 제 5 절을 참조하기 바란다.

(6) 무형자산의 공시

K-IFRS에 의하면 무형자산은 산업재산권, 라이선스와 프랜차이즈, 저작권, 컴퓨터소프트웨어, 개발비, 임차권리금, 어업권, 브랜드명 등으로 분류된다. 하지만 이는 기업회계기준에 예시되어 있는 것일 뿐이며, 사업상 비슷한 성격과 효용을 가진 종류로 분류하여 표시한다.

따라서 재무제표 이용자에게 보다 유용한 정보를 제공할 수 있다면 무형자산의 공시는 더 큰 단위로 통합하거나 더 작은 단위로 구분할 수 있는 것이다. 예를 들어 산업재산권에는 특허권이나 실용신안권, 의장권, 상표권 등이 포함되는데 이를 산업재산권으로 통합하여 보고할 수도 있고 각각의 소분류별로 구분하여 공시할 수도 있다.

1.3 원가모형과 재평가모형

기업은 무형자산을 취득한 이후 보고기간말에 재무상태표에 보고할 때, 원가모형과 재평가모형 중 하나를 회계정책으로 선택하여 무형자산 분류별로 동일하게 적용해야 한다. 여기에서 무형자산 분류란 산업재산권, 라이선스와 프랜차이즈, 저작권, 컴퓨터소프트웨어 등과 같이 기업이 영업상 유사한 성격과 용도로 무형자산을 나눈 것을 말한다.

원가모형(cost model)을 선택한 경우 무형자산은 보고기간말에 취득원가에서 상각누계액과 손상차손누계액을 차감한 금액을 장부금액으로 하여 재무상태표에 보고한다.

무형자산을 최초로 인식한 후 활성거래시장(active market)이 있는 경우에 재평가모형을 적용할 수 있다. 재평가모형(revaluation model)을 선택한 경우 무형자산은 재평가일의 공정가치에서 이후의 상각누계액과 손상차손누계액을 차감한 재평가금액을 장부금액으로 하여 재무상태표에 보고한다. 이때 공정가치는 활성거래시장을 기초로 하여 결정한다.

무형자산의 재평가는 보고기간말에 자산의 장부금액이 공정가치와 중요하게 차이가 나지 않도록 주기적으로 수행한다. 즉 재평가의 빈도는 재평가되는 무형자산의 공정가치의 변동성에 따라 달라지는 것이다. 따라서 중요하고 급격한 공정가치의 변동이 있는 경우에는 매년 재평가가 필요하지만, 공정가치의 변동이 중요하지 않은 경우 빈번한 재평가는 필요하지 않다. 그리고 자산을 선택적으로 재평가하거나 서로 다른 기준일의 평가금액이 혼용되는 것을 방지하기 위하여 같은 분류 내의 무형자산은 동시에 재평가한다.

보고기간말에 무형자산을 공정가치로 재평가하는 경우, 기존에 존재하던 상각누계액은 재평가 시점에 다음 중 하나의 방법으로 회계처리한다.

① 재평가 후의 자산의 장부금액이 재평가금액과 일치하도록 자산의 총장부금액의 변동에 비례하여 상각누계액을 수정
② 상각누계액을 자산의 총장부금액에서 제거한 순액을 자산의 재평가금액으로 수정

보고기간말의 무형자산 재평가에 따라 무형자산의 장부금액이 증가하거나 감소할 수 있는데, 각각의 상황에 따른 회계처리는 다음과 같이 수행한다.

무형자산의 장부금액이 재평가로 인하여 증가된 경우 그 증가액은 기타포괄손익으로 인식하고 재평가잉여금(revaluation surplus)의 과목으로 자본에 가산한다. 그러나 그 증가액 중 동일한 자산에 대하여 이전에 당기손실로 인식한 재평가 감소액이 있다면 그 금액을 한도로 당기이익으로 인식한다.

반대로 무형자산의 장부금액이 재평가로 인하여 감소된 경우 그 감소액은 당기손실로 인식한다. 그러나 감소액 중 그 자산에 대한 재평가잉여금 잔액이 있다면 그 금액을 한도로 기타포괄손익으로 인식한다. 이 경우 재평가잉여금의 과목으로 자본에 계상된 금액을 감소시킨다.

무형자산 항목과 관련하여 자본에 계상되어 있는 재평가잉여금은 그 자산이 폐기되거나 처분될 때 이익잉여금으로 대체할 수 있다. 또한 기업이 그 자산을 사용함에 따라 상각을 통하여 재평가잉여금의 일부를 대체할 수도 있다. 이와 같이 재평가잉여금을 이익잉여금으로 대체하는 경우 그 금액은 당기손익으로 인식하지 않는다.

제 2 절 무형자산의 종류

2.1 영 업 권

영업권(goodwill)은 식별할 수 없는 무형자산으로서 사업결합시 취득자(매수회사)가 지불한 이전대가가 피취득자(피매수회사)의 순자산 공정가치보다 큰 경우 그 초과액과 기업이 동종산업의 다른 기업보다 더 많은 이익을 창출할 수 있을 때 초과이익을 자본화한 것이다. 즉, 영업권은 경쟁기업에 비해 초과이익을 얻을 수 있는 능력이라고 할 수 있다. 이러한 영업권의 발생원인으로는 우수한 경영진이나 널리 알려진 기업의 상표, 지리적인 위치, 고객의 충성도, 특수한 생산기법, 영업상의 비밀 등을 들 수 있다.

앞의 영업권에 대한 정의에서 전자를 매수영업권(purchased goodwill)이라 하고 후자를 자기개발영업권(self-developed goodwill)이라 하는데, K-IFRS에서는 매수영업권에 대해서만 무형자산으로 인정하고 있다. 왜냐하면 매수영업권은 객관적인 거래의 대가로서 인식된 것이므로 취득의 인식시점과 취득대가가 명확하지만, 자기개발영업권은 거래가 존재하지 않아 원가를 신뢰성 있게 측정할 수 없고 식별가능하지 않기 때문이다.

따라서 사업결합시에 인식한 영업권은 무형자산으로 기록하지만 기업 내부의 영업권 개발을 위해 발생한 모든 원가는 발생시점에서 기간비용으로 처리해야 한다.

무형자산으로 인식한 영업권은 상각하지 않고, 매 결산기에 회수가능액으로 평가하여 회수가능액이 장부금액에 미달한 경우에는 영업권손상차손을 인식한다. 하지만 영업권에 대해 인식된 손상차손은 후속기간에 환입될 수 없다.

영업권의 가치를 평가하는 방법으로는 총괄평가법과 초과이익할인법의 두 가지가 있다. 총괄평가법은 사업결합시의 합병회계처리에 사용되어 매수영업권을 계산할 때 활용되고 초과이익할인법은 합병의 경제적 분석이나 자기개발영업권의 평가 시에 활용된다.

(1) 총괄평가법

총괄평가법(master valuation approach)은 사업결합시에 지불한 이전대가가 취득한 순자산의 공정가치를 초과할 때 이 초과액을 영업권으로 계상하는 방법이다.

총괄평가법의 논리는 피취득자가 회계장부에 기재되지 않은 경영진의 능력이나 생산기술상의 우위 등의 무형적인 자산을 가지고 있으므로 피취득자가 가진 순자산의 시장가치보다 더 큰 금액을 지불해야 그 회사를 매수할 수 있다는 것이다. 이러한 영업권은 피취득자가 가진 무형적인 힘이며, 이를 바탕으로 취득자가 성공적인 경영성과를 낼 수 있는 것이다.

예를 들어, 자산과 부채의 공정가치가 각각 100원과 50원인 회사를 60원의 대가를 지불하고 취득하였을 경우의 회계처리는 다음과 같다.

차>	자 산	100	대>	부 채	50
	영 업 권	10		현 금	60

위의 회계처리에서 보면 회사의 자산과 부채를 취득하였으므로 피취득자의 자산과 부채의 공정가치를 취득자의 회계장부에 모두 기록하고, 지불한 대가와의 차이를 영업권으로 기록하여 무형자산으로 인식한다. 만약 순자산 공정가치보다 적은 대가를 지불하였다면 그 차액을 부의영업권(negative goodwill)이라 하는데, 이는 무형자산의 차감계정으로 기록해야 한다.

(2) 초과이익할인법

초과이익할인법(capitalization of excess earnings method)은 이론적인 영업권가치의 측정방법이다. 즉, 영업권의 본질을 경쟁업체보다 많은 이익을 얻을 수 있는 초과이익에 있는 것으로 보고, 이러한 초과이익을 적절한 할인율로 자본화하여 영업권을 계산하는 방법이다(미래의 이익을 할인하는 방법은 다음 제15장에서 언급한다). 초과이익할인법에 의해 영업권을 계산하는 과정은 다음과 같다.

① 피취득자의 순자산 공정가치에 동종산업의 정상이익률을 곱해 정상이익을 구한다.

② 피취득자의 과거자료를 분석하여 피취득자가 미래에 달성할 수 있는 예상이익을 구한다.

③ 예상이익에서 정상이익을 차감하여 초과이익을 구한다.

④ 초과이익을 적절한 할인율로 자본화하여 다음과 같이 영업권의 가치를 계산한다.

영업권의 가치 = 초과이익 × 자본화계수

영업권의 가치를 평가하는 두 방법을 요약하면 다음의 〈자료 14-2〉와 같다.

자료 14-2 영업권 가치의 평가방법

1. **총괄평가법**: 사업결합시 영업권의 평가방법
   (1) 의의: K-IFRS에 의한 영업권
   (2) 방법: 피취득자의 순자산 공정가치(자산 공정가치 − 부채 공정가치)와 이전대가와의 차이를 영업권으로 인식
   (3) 회계처리: 피취득자의 자산과 부채의 공정가치를 취득자의 회계장부로 이전시키고, 이전대가를 대변에 기록하여 차변과 대변의 차이를 영업권으로 기록

차>	자 산	×××	대>	부 채	××
	영 업 권	××		현 금	×××

2. **초과이익할인법**: 이론적인 영업권 평가방법
   (1) 의의: 영업권의 본질에 근거한 방법
   (2) 방법: 피취득자의 초과이익을 할인하여 영업권 가치를 산정
   (3) 과정:
      ① 정상이익 = 피취득자의 순자산 공정가치 × 정상이익률
      ② 예상이익 = 피취득자의 과거 당기순이익의 평균
      ③ 초과이익 = 예상이익 − 정상이익
      ④ 영업권 = 초과이익 × 자본화계수

예제 14-3 영 업 권

은평회사는 강동회사를 600,000원에 취득하였다. 강동회사의 재무상태표에는 유동자산 100,000원, 비유동자산 700,000원, 유동부채와 비유동부채가 각각 150,000원과 200,000원이 기록되어 있었다. 강동회사의 지난 5년 간의 평균 당기순이익은 70,000원인데, 강동회사가 속한 산업의 정상이익률은 10%라고 한다. 강동회사의 자산과 부채의 장부금액과 공정가치가 일치하고, 은평회사의 자본화계수가 4라고 할 때 다음 물음에 답하시오.

〈물음〉

1. 총괄평가법에 의한 분개를 제시하시오.
2. 초과이익할인율법에 의한 영업권의 가치를 구하시오.

해 답

1. 차> 유동자산 100,000 대> 유동부채 150,000
비유동자산 700,000 비유동부채 200,000
영 업 권 150,000 현 금 600,000

차>		대>	
유동자산	100,000	유동부채	150,000
비유동자산	700,000	비유동부채	200,000
영 업 권	150,000	현 금	600,000

2. ① 정상이익 = 순자산공정가치 × 정상이익률
= (100,000원 + 700,000원 − 150,000원 − 200,000원) × 10%
= 450,000원 × 10% = 45,000원
② 예상이익 = 과거의 평균 당기순이익 = 70,000원
③ 초과이익 = 70,000원 − 45,000원 = 25,000원
④ 영 업 권 = 25,000원 × 4 = 100,000원

2.2 개 발 비

급변하는 경쟁에 대처하기 위해 많은 기업들은 신제품이나 신기술을 개발하기 위한 연구개발활동(R&D: research & development)에 매진하고 있다. 기업이 연구개발활동을 하는 것은 미래에 효익을 얻기 위한 것인데, 모든 연구개발활동이 미래의 효익을 보장하는 것이 아니므로 연구개발활동에 지출한 비용을 어떻게 회계처리할 것인지에 대해서는 논란이 많다.

K-IFRS에서는 내부적으로 창출한 연구개발활동이 자산의 요건을 충족시키는 경우에는 무형자산으로 인식하고, 자산의 요건을 충족시키지 못하면 당기비용으로 처리하고 있다. 즉, 연구개발활동에 지출된 비용을 연구비와 개발비로 나누어서 연구비는 당기비용으로 처리하고 개발비만을 무형자산으로 인식하고 있는 것이다.

개발비(development costs)는 기업 내부적으로 창출한 무형자산으로서 신제품, 신기술 등의 개발과 관련하여 발생한 비용이며 개별적으로 식별가능하고 미래의 경제적 효익을 확실하게 기대할 수 있는 것을 의미한다. 즉, 내부적으로 개발하는 제조비법이나 공식, 모델, 디자인 및 시작품 등의 개발원가를 기업의 무형자산으로 인식하는 것이다.

하지만 내부적으로 창출된 무형자산의 경우에는 미래 경제적 효익을 창출할 식별가능한 자산이 있는지와 그 시점을 파악하기 어렵고, 자산의 취득원가를 신뢰성 있게 결정하는 것이 어렵다. 따라서 내부적으로 창출된 개발비를 무형자산으로 인식하기 위해서는 추가적인 요건을 충족해야 한다.

내부적으로 창출된 무형자산이 자산의 인식기준에 부합하는지를 평가하기 위해 무형자산의 창출과정을 연구단계와 개발단계로 구분한다. 프로젝트의 연구단계에서는 미래 경제적 효익을 창출할 무형자산이 존재한다는 것을 제시할 수 없기 때문에, 연구단계에서 발생한 지출은 무형자산으로 인식하지 않고 발생한 기간의 비용으로 인식한다. 연구단계에 속하는 활동의 예로는 새로운 지식을 얻고자 하는 활동, 연구결과 또는 지식을 탐색하고 응용하는 활동, 새로운 재료와 장치 및 공정 등에 대한 대체안을 탐색하고 선택하는 활동 등을 들 수 있다.

한편, 개발단계에서 발생한 지출이 무형자산을 사용 또는 판매하기 위해 그 자산을 완성시킬 수 있는 기술이 있고, 자산을 사용하거나 판매하려는 기업의 의도와 능력이 있으며, 무형자산의 미래 유용성을 제시할 수 있고 무형자산의 판매 또는 사용에 필요한 자원을 확보하고 있으며, 개발단계에서 발생한 무형자산 관련 지출을 신뢰성 있게 구분할 수 있을 때 개발비의 과목으로 무형자산으로 인식한다. 개발단계의 지출 중 위와 같은 항목들을 모두 제시할 수 없는 경우에는 경상개발비의 과목으로 비용으로 인식한다. 개발단계는 연구단계보다 훨씬 더 진전되어 있는 상태이기 때문에 프로젝트의 개발단계에서는 무형자산을 식별할 수 있으며 그 무형자산이 미래의 경제적 효익을 창출할 것인지 입증할 수 있는 것으로 보는 것이다.

무형자산으로 기록된 개발비가 유한 내용연수를 가진다고 평가되면 관련수익이 실현되는 시점부터 합리적인 기간동안 상각한다. 그러나 개발비로 기록되어 있더라도 관련 수익의 실현가능성이 희박해진 경우에는 장부금액 전액을 손상차손으로 인식해야 한다.

이와 같은 연구개발활동과 관련된 지출에 대한 K-IFRS상의 회계처리방법을 요약하면 〈자료 14-3〉과 같다.

자료 14-3 연구개발비 회계

1. 연구단계와 개발단계의 구분

(1) 연구단계 ⟶ 연구비: 당기비용으로 인식
(2) 개발단계 ⟶ 경상개발비: 당기비용으로 인식
요건충족 ⟶ 개발비: 무형자산으로 인식

2. 연구단계에 속하는 활동의 예

(1) 새로운 지식을 얻고자 하는 활동

(2) 연구결과 또는 지식을 탐색, 평가, 최종선택 및 응용하는 활동
(3) 재료, 장치, 제품, 공정, 시스템, 용역 등에 대한 여러 가지 대체안을 탐색하는 활동
(4) 새롭거나 개선된 재료, 장치, 제품, 공정, 시스템이나 용역에 대한 여러 가지 대체안을 제안, 설계, 평가, 최종 선택하는 활동

3. 개발단계에 속하는 활동의 예

(1) 생산 전 또는 사용 전의 시제품과 모형을 설계, 제작 및 시험하는 활동
(2) 새로운 기술과 관련된 공구, 금형, 주형 등을 설계하는 활동
(3) 상업적 생산목적으로 실현가능한 경제적 규모가 아닌 시험공장을 설계, 건설 및 가동하는 활동
(4) 신규 또는 개선된 재료, 장치, 제품, 공정, 시스템, 용역 등에 대하여 최종적으로 선정된 안을 설계, 제작 및 시험하는 활동

4. 개발단계에서 발생한 지출 중에서 무형자산의 개발비로 인식할 수 있는 조건 – 모두 제시해야 함

(1) 무형자산을 사용 또는 판매하기 위해 그 자산을 완성할 수 있는 기술적 실현가능성 존재
(2) 무형자산을 완성해 사용하거나 판매하려는 기업의 의도 보유
(3) 무형자산을 사용하거나 판매할 수 있는 기업의 능력 보유
(4) 무형자산이 미래 경제적 효익을 창출하는 방법 제시. 특히 무형자산의 산출물이나 무형자산 자체를 거래하는 시장이 존재함을 제시할 수 있거나, 또는 무형자산을 내부적으로 사용하는 경우 그 유용성을 제시
(5) 무형자산의 개발을 완료하고 그것을 판매하거나 사용하는 데 필요한 기술적, 재정적 자원의 입수가능성 제시
(6) 개발과정에서 발생한 무형자산 관련 지출을 신뢰성 있게 측정 가능

예제 14-4 개 발 비

옥천개발은 반도체부품 제조회사로 매년 많은 비용을 연구개발활동에 사용하고 있다. 옥천개발이 20×1년에 연구개발활동에 지출한 금액은 연구활동에 100,000원, 개발활동에 500,000원인데, 이 중에서 200,000원은 평가결과 신제품 개발이 불가능하다고 한다. 개발활동으로 개발된 신제품은 20×2년 초부터 5년에 걸쳐 판매될 것으로 예측하였다. 그러나 20×3년 말에 개발활동으로 개발된 신제품의 판매가 더 이상 불가능하다고 확인하였을 때, 20×1년부터 20×3년까지의 분개를 제시하시오.

해 답

(1) 20×1년 회계기간 중

차변	금액	대변	금액
차> 연 구 비	100,000	대> 현 금	600,000
경상개발비	200,000		
개 발 비	300,000		

(2) 20×1년 결산시: 개발비의 관련 수익이 실현되지 않았으므로 상각하지 않음.

(3) 20×2년 결산시

차> 무형자산상각비	60,000	대> 개 발 비	60,000

(4) 20×3년 결산시

차> 무형자산상각비	60,000[1]	대> 개 발 비	60,000
무형자산손상차손	180,000[2]	개 발 비	180,000

1) 손상사유가 있어도 무형자산상각에 대해 먼저 분개한다.
2) 무형자산의 미래 효용이 사라졌으므로 장부금액 전액(= 300,000원 − 60,000원 × 2)을 손상차손으로 인식한다.

2.3 기타의 무형자산

(1) 산업재산권

산업재산권(industrial property)은 법률에 의해 일정기간 독점적 · 배타적으로 이용할 수 있는 권리로서 특허권, 실용신안권, 의장권, 상표권, 상호권 및 상품명 등을 포함한다.

특허권은 신기술이나 신제품 등의 발명이 특허법에 의해 등록되어 일정기간 독점적 · 배타적으로 사용할 수 있는 권리이므로 특허권은 특허법에 의한 법률상의 권리를 나타낸다. 실용신안권이나 의장권, 상표권, 상호권은 특정한 고안이나 디자인, 상표 및 상호를 관련법에 등록하여 일정기간 독점적으로 사용할 수 있는 법적인 권리이다.

외부로부터 구입한 산업재산권은 구입원가에 등록비용, 법률비용 등의 직접 관련원가를 가산한 것을 취득원가로 기록하고, 자체개발한 산업재산권은 법적인 권리를 확보하기 위해 직접적으로 지출한 등록비용이나 법률비용만을 취득원가로 기록한다. 개발활동의 결과로서 자체개발한 산업재산권의 제작비용은 이미 개발비로 인식되어 현재 상각되고 있을 것이므로 개발비를 그대로 유지하여 개발비대로 상각하고, 산업재산권은 별도로 상각하는 것이다.

이러한 산업재산권은 법률에 의한 유효기간이 정해져 있는데, 법률에 정해진 기간과 실질적으로 효익을 창출할 수 있는 경제적 기간을 비교하여 보다 짧은 기간에 걸쳐 상각한다.

예제 14-5 산업재산권

(주)상계전자의 산업재산권 거래가 다음과 같을 때 20×1년과 20×2년의 분개를 제시하시오. 회사는 무형자산에 대해 5년간 정액법으로 상각하고 있다.

1. 20×1년 초, 중계전자로부터 특허권을 1,000,000원에 취득하고 이전비용으로 100,000원을 추가적으로 지출하였다.
2. 20×1년 초, 신기술 개발과 관련하여 재료비와 급여 등으로 500,000원을 지출하였다. 20×2년 초에 신기술 개발이 성공하여 30,000원의 등록비용과 40,000원의 법률비용을 들여 특허등록을 하였다.

해 답

(1) 20×1년 초

차변	금액	대변	금액
차> 산업재산권	1,100,000	대> 현　금	1,100,000
개 발 비	500,000[1)]	현　금	500,000

(2) 20×1년 결산시

차변	금액	대변	금액
차> 무형자산상각비	220,000	대> 산업재산권	220,000

(3) 20×2년 초

차변	금액	대변	금액
차> 산업재산권	70,000[2)]	대> 현　금	70,000

(4) 20×2년 결산시

차변	금액	대변	금액
차> 무형자산상각비	334,000[3)]	대> 산업재산권	234,000
		개 발 비	100,000

1) 신기술 개발 관련 지출이므로 개발비로 기록한다.
2) 내부 창출한 산업재산권은 법적인 권리를 확보하기 위해 직접적으로 지출한 등록비용이나 법률비용만을 취득원가로 기록한다.
3) 산업재산권 상각 = 1,100,000원 ÷ 5 + 70,000원 ÷ 5 = 234,000원
   개발비 상각 = 500,000원 ÷ 5 = 100,000
   무형자산상각비 = 334,000원

(2) 라이선스와 프랜차이즈

라이선스(licenses)와 프랜차이즈(franchises)는 일정한 제품이나 서비스를 팔 수 있는 권한을 주는 계약이다. 이들을 구분하자면 라이선스는 상표나 특허, 제조기술 등의 사용을 허가해 주는 계약이고, 프랜차이즈는 체인본부가 가맹점에 일정한 지역에서 자기의 상품을 독점적으로 판매할 수 있는 권리를 주면서 경영지도를 통해 판매망을 확보하는 계약이다.

예를 들어 A기업이 B기업과 프랜차이즈 계약을 맺었다면, A기업은 B기업의 알려진 이름을 사용하면서 B기업이 사용하는 물품 등을 같이 사용할 수 있고 광고나 판매촉진의 결과도 공유할 수 있으므로 계약에 따른 경제적 효익이 있다고

할 수 있다.

라이선스와 프랜차이즈 계약을 위해서는 계약대금을 지불해야 하고 매년 프랜차이즈 유지를 위한 지출을 요구하는 경우도 있다. 이때 기간에 따라 지불하는 금액은 당기비용으로 인식하고, 계약을 얻기 위해 일괄적으로 지불(lump-sum)하는 금액은 무형자산으로 기록하는 것이다. 라이선스와 프랜차이즈는 각자가 체결하는 계약에 따라 유효기간이 정해지지만, 상각기간은 계약에 정해진 법적인 기간이 아니라 효익을 얻을 수 있는 경제적인 기간에 따라야 한다.

(3) 컴퓨터소프트웨어

소프트웨어와 관련된 비용은 내부적으로 개발되었느냐 외부에서 구입하였느냐에 따라 세 가지로 구분된다. 내부적으로 개발된 소프트웨어 관련 비용이 자산의 인식조건을 만족시키면 개발비의 계정과목으로 하여 무형자산으로 기록하지만, 그렇지 않은 경우에는 경상개발비의 과목으로 당기비용으로 인식한다.

외부에서 구입한 소프트웨어가 자산의 인식조건을 충족시키는 경우의 구입비용은 (컴퓨터)소프트웨어의 과목으로 무형자산으로 기록한다.

(4) 저작권과 임차권리금

저작권(copyright)은 문학작품, 예술작품 등을 창조한 작가나 화가 등이 자신의 창작물에 대해 소유하는 권리로서 작품의 불법적인 복제를 막기 위해 창조자들이 배타적으로 가지는 권리이다. 저작권법에 의하면 저작권은 저작자의 생존기간과 사망 후 50년간 유효한데, 다른 무형자산과 마찬가지로 법률에 의한 유효기간과 경제적인 유효기간 중에서 짧은 기간에 걸쳐 상각해야 한다.

임차권리금은 건물 등을 임차할 때 보증금 이외에 권리금을 지급한 것을 말한다. 임차권리금은 임대한 자산이 다른 자산에 비해 입지조건 등이 좋기 때문에 지불하는 금액으로서 임차계약기간 동안 상각한다.

(5) 브랜드명

브랜드 또는 브랜드명은 상표(또는 서비스 마크)와 그와 관련된 상품명, 방식, 조리법 및 전문기술과 같은 보충적 자산의 집합을 나타내는 용어이다. 이는 일반적으로 상표권과 기타 상표에 대한 권리와 동의어로 사용된다.

브랜드명의 내용연수는 해당 자산이 처한 상황에 따라 유한 내용연수 또는 비한정 내용연수를 가질 수 있다. 예를 들어 과거 8년 동안 시장점유율 1위였던 주요 소비제품을 식별하는 데 사용되는 상표권을 취득하였는데, 이 상표권은 비용을 거의 부담하지 않고 매 10년마다 갱신될 수 있으며, 앞으로 제한 없이 순현금흐름을 창출할 수 있다고 판단된다면 비한정 내용연수를 가진다고 평가할 수 있으므로 상각하지 않는다. 하지만 경영자의 판단에 의해 해당 품종의 생산을 향후 4년에 걸쳐 중단할 것이라고 한다면 내용연수를 4년으로 평가하여 4년에 걸쳐 상각해야 한다.

제 3 절 이연법인세

3.1 이연법인세의 의의

이연법인세(deferred taxes)는 기업회계기준과 법인세법의 손익인식기준이 서로 상이하기 때문에 발생하는 항목이다. 기업회계기준은 자산과 부채를 평가하고 수익 · 비용대응의 원칙에 따라 회계이익을 적정하게 측정하는 것이 목적이다. 그러나 법인세법에서는 세법상의 규정에 의해 당기의 과세소득(또는 과세표준)을 계산하고 이에 법인세율을 곱하여 당기에 납부해야 할 세액(이를 당기법인세라 함)을 계산하는 것을 목적으로 하고 있다. 따라서 기업회계에서 계산되는 법인세는 기업이 실제로 세무당국에 납부하는 당기법인세와는 다른데, 이러한 차이를 반영하기 위한 것이 이연법인세이다.

즉, 회계에서는 실현주의에 의해 수익을 인식하고, 수익 · 비용대응의 원칙에 따라 비용을 인식하지만, 세법에서는 권리의무확정주의에 의해 수익(익금)과 비용(손금)을 인식하므로 양자간에 손익인식기준에 차이가 있고, 이에 따라 인식하는 법인세액에 차이가 발생하는 것이다.

회계이익의 계산과정	과세소득의 계산과정
수 익	익 금
− 비 용	− 손 금
회계이익	과세소득

이와 같은 차이로 인하여 기업이 실제로 부담해야 하는 당기법인세보다 과소지급되거나 과대지급된 법인세는 재무상태표에 이연법인세자산 또는 이연법인세

부채로 구분하여 비유동자산이나 비유동부채로 보고한다. 그리고 기업회계기준에서는 법인세를 비용으로 간주함에 따라 세무서에 납부할 당기법인세에 이연법인세 금액이 가감되어 포괄손익계산서의 법인세비용으로 기록된다. 여기에서 당기법인세와 법인세비용간의 차이를 이연법인세로 인식하여 차기 이후의 회계기간에 배부하므로 이를 법인세 기간배분이라고도 한다.

포괄손익계산서상의 법인세비용＝납부할 법인세액±이연법인세의 증가 / 감소

이러한 이연법인세제도의 목적은 회계와 세법의 손익인식기준의 차이에 따라 발생하는 법인세비용과 당기법인세의 차이를 반영하여 기간별 수익과 비용의 대응을 정확히 하고 관련된 자산과 부채를 재무상태표에 적절히 표시하기 위한 것이다.

3.2 회계이익과 과세소득의 차이

기업회계상의 회계이익(법인세전이익)과 세법상의 과세소득의 차이를 발생시키는 원인은 회계와 세법의 손익인식기준에 차이가 있고 또한 세법에서 조세정책적인 목적으로 특정한 기업에게 특혜나 불이익을 부여하기 때문이다.

회계이익과 과세소득의 차이를 조정하는 절차를 세무조정이라 한다. 기업회계에서 수익으로 인식한 항목을 세법에서 수익으로 보지 않으면 이를 익금불산입이라는 세무조정을 통해 과세소득에서 차감하고, 회계상으로 비용처리한 것을 세법에서 비용으로 인정하지 않으면 손금불산입의 세무조정을 통해 과세소득을 증가시킨다. 또 회계상 수익이 아닌 것을 세법상 수익으로 인정하면 익금산입으로 과세소득을 증가시키고, 회계상 비용이 아닌 것을 세법상 비용으로 인정하면 손금산입으로 과세소득을 감소시킨다.

과세소득/법인세액의 계산	세무조정
익　　금	(+ 익금산입, − 익금불산입)
손　　금	(+ 손금산입, − 손금불산입)
과세소득	
× 법인세율	
납부할 법인세액	

세무조정 사항들은 일시적 차이 아닌 것과 일시적 차이로 구분된다. 일시적 차이 아닌 것은 회계이익과 과세소득의 차이가 이후 회계연도에도 소멸하지 않는 차이를 말하고, 일시적 차이(temporary differences)는 이러한 차이가 발생 회계연도 이후 기간에 소멸하는 차이를 말한다.

일시적 차이 아닌 세무조정 사항은 발생한 회계연도의 과세소득에만 영향을 미치고 미래의 과세소득에 영향을 미치지 않으므로 이연법인세의 대상이 아니다. 그러나 일시적 차이는 미래에 차이가 소멸됨으로써 미래의 과세소득에 영향을 미치므로 이연법인세의 대상이 된다.

일시적 차이 아닌 세무조정의 예로는 접대비 한도초과액, 벌금납부액 등이 있고, 일시적 차이의 예로는 감가상각비 한도초과액, 대손충당금 한도초과액, 미수이자, 단기매매금융자산평가손익 등이 있다. 예를 들어 K-IFRS에서는 보고기간말에 미실현손익인 단기매매금융자산평가손익을 당기의 포괄손익계산서에 반영하여 회계이익 계산시 고려하도록 요구하고 있지만, 세법에서는 이러한 미실현손익을 인정하지 않는다. 하지만 이러한 차이는 차후 회계연도에 단기매매금융자산을 처분하는 시기에 소멸한다.

즉, 일시적 차이 아닌 것은 조세정책적인 목적에서 기업회계상 수익이나 비용 자체를 법인세법상 익금이나 손금으로 인정하지 않겠다는 것이고, 일시적 차이는 회계와 세법의 손익인식시기의 차이 때문에 발생한 것으로서 시기의 차이만 있을 뿐이지 여러 기간에 걸쳐서 결국 익금과 손금으로 인정한다. 이러한 일시적 차이는 기업회계상 자산·부채의 장부금액과 세법상 자산·부채 세무기준액(tax base)의 차이로 나타난다.

회계이익(법인세비용차감전순이익, 이하 세전순이익)에 세무조정사항을 반영하여 과세소득을 구하고, 과세소득에 법인세율을 곱하면 당기법인세가 산출된다.

당기법인세란 세법의 규정에 의해 각 사업연도에 부담할 법인세액으로서 기업이 세무서에 납부해야 할 금액을 말한다. 법인세는 보고기간이 끝난 다음 해의 3월까지가 납부기한이므로 재무상태표를 작성할 때는 미납상태이어서 유동부채의 당기법인세부채로 기록한다.

예제 14-6　당기법인세의 계산

창원회사의 20×1년 세전순이익은 100,000원이다. 기업회계상 손익과 세법상 손익의 차이가 다음과 같을 때, 법인세율이 27%인 창원회사의 당기법인세는 얼마인가?

〈세무조정〉

항 목	기 업 회 계	세 법
이 자 수 익	50,000원	40,000원
감가상각비	40,000	25,000
접 대 비	20,000	10,000
대손상각비	10,000	5,000
기 타 비 용	15,000	20,000

해 답

(1) 세전순이익		100,000원
(2) 일시적 차이 아닌 항목 조정		
접대비한도초과액	10,000	10,000
(3) 일시적 차이 조정		
이자수익	(10,000)	
감가상각비	15,000	
대손상각비	5,000	
기타비용	(5,000)	5,000
(4) 과세소득		115,000원
(5) 세 율		27%
(6) 당기법인세		31,050원

3.3 이연법인세자산과 이연법인세부채

세무조정의 결과 차감할 일시적 차이, 즉 미래의 회계이익에서 차감되어 과세소득을 줄임으로써 미래의 법인세 납부액을 줄이는 차이는 결국 미래의 현금유출액을 감소시키므로 비유동자산인 이연법인세자산(deferred tax asset)으로 기록한다.

반대로 가산할 일시적 차이, 즉 미래의 회계이익에 가산되어 과세소득을 증가시켜서 미래의 법인세 납부액을 늘이는 차이는 결국 미래의 현금유출액을 증가시키므로 비유동부채인 이연법인세부채(deferred tax liability)로 기록한다.

앞에서 언급한 바와 같이 당기에 발생한 차이가 미래의 과세소득에 영향을 미치면서 해소되는 일시적 차이에 대해서만 이연법인세자산과 이연법인세부채를 인식한다. 이러한 일시적 차이로부터 발생하는 법인세효과를 측정하여 이연법인세자산과 이연법인세부채로 기록하는 방법은 자산 · 부채법으로 불리는데, 이는 일시적 차이가 소멸하는 회계연도의 미래 예상세율을 적용하여 이연법인세 금액을 계산하는 방법이다. 이 방법은 법인세와 관련된 자산과 부채의 적절한 평가에 초점을 두므로 재무상태표접근법이라고도 한다.

다음의 예를 바탕으로 이연법인세를 계산하기 위한 과정을 살펴보기로 한다.

(주)마산의 20×1년과 20×2년의 세전순이익이 100,000원으로 동일하고, 기업회계와 세법상의 차이는 다음과 같다. 법인세율은 20×1년과 20×2년에 30%로 동일하다.

항 목	기 업 회 계	세 법
감가상각비(20×1)	50,000원	60,000원
감가상각비(20×2)	40,000	30,000

우선, 20×1년 당기법인세를 계산해 보면,

(1) 과세소득: 100,000원 − 10,000원(감가상각비, 손금산입) = 90,000원
(2) 당기법인세: 90,000원 × 30% = 27,000원

한편, 20×2년의 당기법인세를 계산해 보면,

(1) 과세소득: 100,000원 + 10,000원(감가상각비, 손금불산입) = 110,000원
(2) 당기법인세: 110,000원 × 30% = 33,000원

20×1년과 20×2년의 세전순이익은 동일하지만 당기법인세는 다르다. 그 이유는 감가상각비의 일시적인 차이가 양 회계연도의 과세소득에 영향을 주었기 때문이다. 20×1년에는 세법상 감가상각비가 기업회계상 감가상각비보다 커서 과세소득과 당기법인세를 감소시켰지만, 20×2년에는 세법상 감가상각비가 작아서 이러한 차이가 해소되고 20×2년의 과세소득 및 당기법인세를 증가시켰다.

즉, (주)마산의 20×1년 법인세비용은 30,000(= 100,000 × 30%)이지만 당기법인세는 27,000원으로서, 포괄손익계산서에는 법인세비용 30,000원을 비용으로 보고하지만 실제로 납부하는 세금은 27,000원이다. 여기에서 발생하는 차이 3,000원은 세무당국에 대한 일종의 부채라고 할 수 있으므로 이연법인세부채로 보고한다. 그리고 (주)마산의 20×2년 법인세비용은 30,000원이지만 당기법인세는 33,000원이다. 따라서 20×1년에 이연법인세부채로 보고한 금액 3,000원을 20×2년에 납부하게 되는 것이다.

결국 20×1년의 일시적 차이가 미래(20×2년)의 법인세 납부액을 증가시키므

로 이러한 차이가 부채의 정의를 충족시켜서 20×1년 결산시에 이연법인세부채로 표시하는 것이다.

20×1년 결산 시점에 재무상태표의 이연법인세부채로 계상할 금액은 다음과 같이 계산한다.

일시적 차이금액 × 미래 예상세율 = 10,000원 × 30% = 3,000원

20×1년과 20×2년의 법인세비용은 다음과 같이 계산된다.

20×1년: 27,000원(당기법인세) + 3,000원(이연법인세부채 인식)
= 30,000원
20×2년: 33,000원(당기법인세) − 3,000원(이연법인세부채 감소)
= 30,000원

20×1년과 20×2년의 세전순이익은 동일하지만 세무조정에 따라 당기법인세가 달라졌다. 그러나 이연법인세부채의 인식으로 양 회계연도의 법인세비용이 30,000원으로 동일하게 되었으므로 (세전)수익에 (법인세)비용이 적절하게 대응되었다고 할 수 있다.

이 상황과 관련된 20×1년과 20×2년의 분개는 다음과 같다,

1. 20×1년 결산 시

차>	법인세비용	30,000	대> 당기법인세부채	27,000
			이연법인세부채	3,000

2. 20×2년 결산 시

차>	이연법인세부채	3,000[1)]	대> 당기법인세부채	33,000
	법인세비용	30,000		

1) 일시적 차이가 해소되었으므로 이연법인세부채를 회계장부에서 제거한다.

이러한 상황과는 반대로 일시적인 차이로 인해 당기법인세가 법인세비용보다 커지는 경우에는 차이금액만큼 법인세를 더 많이 낸 것이므로 세무당국에 대해 일종의 채권을 지닌 것으로 볼 수 있다. 이 경우에는 이연법인세자산으로 보고한다. 이연법인세자산은 자산의 정의, 즉 미래 경제적 효익을 창출할 수 있어야 하므로 향후 과세소득의 발생 가능성이 높아서 이연법인세자산의 법인세 절감효과가 실현될 수 있을 것으로 기대되는 경우에만 인식할 수 있다.

예제 14-7 이연법인세자산

진주회사의 20×1년과 20×2년의 세전순이익이 100,000원으로 동일하고, 기업회계와 세법상의 차이는 다음과 같다. 법인세율은 20%로 일정하다고 할 때 20×1년과 20×2년의 법인세 관련 분개를 제시하시오.

항 목	기업회계	세 법
감가상각비(20×1)	50,000원	40,000원
감가상각비(20×2)	50,000	60,000

해 답

1. 당기법인세

(1) 20×1년

1) 과세소득: 100,000원+10,000원(감가상각비, 손금불산입)=110,000원

2) 당기법인세: 110,000원×20%=22,000원

(2) 20×2년

1) 과세소득: 100,000원−10,000원(감가상각비, 손금산입)=90,000원

2) 당기법인세: 90,000원×20%=18,000원

2. 이연법인세자산

20×1년과 20×2년의 세전순이익은 동일하지만 감가상각비의 일시적인 차이가 양 회계연도의 과세소득에 영향을 주어 당기법인세는 다르다. 즉, 진주회사의 20×1년 법인세비용은 20,000(=100,000×20%)원이지만 실제로 세무당국에 납부하는 당기법인세는 22,000원이다. 여기에서 발생하는 차이 2,000원은 세무당국에 대한 일종의 채권이라고 할 수 있으므로 이연법인세자산으로 보고한다. 그리고 20×2년 법인세비용은 20,000원이지만 당기법인세는 18,000원으로서 20×1년에 이연법인세자산으로서 더 납부한 금액 2,000원을 20×2년에 돌려받게 되는 것이다.

결국 20×1년의 일시적 차이가 미래(20×2년)의 법인세 납부액을 감소시키므로, 이러한 차이가 자산의 정의를 충족시켜 20×1년 결산 시 이연법인세자산으로 표시하는 것이다. 20×1년 보고기간말 재무상태표에 이연법인세자산으로 계상할 금액은 다음과 같다.

일시적 차이금액×미래 예상세율=10,000원×20%=2,000원

3. 법인세 분개

	차변	금액	대변	금액
(1) 20×1년:	차> 이연법인세자산	2,000	대> 당기법인세부채	22,000
	법인세비용	20,000		
(2) 20×2년:	차> 법인세비용	20,000	대> 당기법인세부채	18,000
			이연법인세자산	2,000[1)]

1) 일시적 차이가 해소되었으므로 이연법인세자산을 회계장부에서 제거한다.

〈예제 14-7〉을 보면, 20×1년과 20×2년의 세전순이익은 동일하지만 세무조정에 따라 법인세 납부액이 달라졌다. 그러나 이연법인세자산의 인식으로 양 회계연도의 법인세비용이 20,000원으로 동일하게 되었으므로 (세전)수익에 (법인세)비용이 적절하게 대응되었다고 할 수 있다.

결국 이연법인세자산과 이연법인세부채는 일시적 차이로 인해 미래에 상환받거나 미래에 지급해야 하는 법인세를 당기 말에 자산과 부채로 인식한 것이다. 이와 같이 이연법인세회계는 회사의 상황에 맞는 자산과 부채를 적절히 평가하고, 세전순이익과 법인세비용을 대응시키는 데 그 의의가 있다.

이연법인세자산과 이연법인세부채가 발생하는 상황을 정리한 것이 〈자료 14-4〉이다.

자료 14-4 이연법인세의 발생 및 해소상황

1. 이연법인세의 발생

회계이익과 과세소득	세무조정	이연법인세	법인세비용
회계이익 < 과세소득	익금산입, 손금불산입	이연법인세자산	법인세부담액-이연법인세자산
회계이익 > 과세소득	손금산입, 익금불산입	이연법인세부채	법인세부담액+이연법인세부채

2. 이연법인세의 해소

(1) 이연법인세자산의 해소
법인세비용=당기법인세+이연법인세자산 감소액

(2) 이연법인세부채의 해소
법인세비용=당기법인세-이연법인세부채 감소액

이러한 일시적 차이로 인한 이연법인세 금액은 기업회계상 자산·부채의 장부금액과 세법상 자산·부채의 세무기준액의 차이이므로, 일시적 차이의 해소가 3개년 이상에 걸쳐 이루어진다면 결국 누적된 일시적 차이에 법인세율을 곱한 금액이 이연법인세자산 또는 이연법인세부채로 인식되는 것이다.

즉, 20×1년에 일시적 차이가 5,000원 발생하고 20×2년에 일시적 차이가 10,000원 발생했다면 20×2년에 이연법인세로 인식해야 할 금액은 누적된 일시적 차이인 15,000원에 대한 법인세 효과분이다.

그리고 이연법인세자산 또는 이연법인세부채는 재무상태표에 어느 하나만 표시해야 하므로 누적된 일시적 차이금액이 미래의 법인세 납부액을 감소시키면 이연법인세자산만 재무상태표에 표시하고, 누적된 일시적 차이금액이 미래의 법인세 납부액을 증가시키면 이연법인세부채만 재무상태표에 나타내야 한다.

〈예제 14-8〉과 〈예제 14-9〉에서 이연법인세 회계에 대해 알아보기로 하자.

예제 14-8 이연법인세 회계 Ⅰ

만리포회사의 20×1년과 20×2년의 포괄손익계산서상의 세전순이익은 각각 200,000원과 100,000원이고, 세무보고 목적상 과세소득은 20×1년과 20×2년에 150,000원으로 동일하다. 이러한 차이는 정기예금에 대해 회사가 20×1년에 미수이자를 계상한 것을 세법에서 인정하지 않았고, 이를 모두 20×2년에 포함시켰기 때문에 발생한 것이다. 법인세율이 30%로 일정하게 유지된다고 할 때 20×1년과 20×2년의 법인세 관련 분개를 제시하시오.

해 답

1. 당기법인세 계산

20×1년, 20×2년: 150,000원 × 30% = 45,000원

2. 이연법인세 계산

20×1년: 일시적 차이금액 × 세율 = 50,000원 × 30% = 15,000원

⇒ 20×1년의 회계이익이 과세소득보다 크므로 이연법인세부채를 인식한다. 20×2년에 과세소득이 회계이익보다 더 커지게 되어 법인세비용보다 법인세 납부액이 크므로 부채의 정의를 충족시킨다.

20×2년: 0원 × 30% = 0원

⇒ 이 때 일시적 차이가 해소되어 누적차이 금액이 0원이 된다.

3. 법인세 분개

20×1년:	차> 법인세비용	60,000	대> 당기법인세부채	45,000
			이연법인세부채	15,000
20×2년:	차> 이연법인세부채	15,000[1]	대> 당기법인세부채	45,000
	법인세비용	30,000		

1) 20×2년에 일시적 차이가 해소됨에 따라 이연법인세부채계정의 잔액이 0원이 되었다. 재무상태표에는 이연법인세자산 혹은 이연법인세부채 중 하나의 계정과목만 표시해야 하므로 이연법인세자산으로 분개하지 않고 기존에 있던 이연법인세부채를 상계시킨 것이다.

예제 14-9 이연법인세 회계 Ⅱ

대구제조는 20×1년 초에 기계장치에 대해 120,000원을 지출하고 이를 기업회계 목적으로 수선비로 처리하였다. 하지만 세법상으로는 자본적 지출로 처리되어 3년에 걸쳐 균등하게 상각한다고 한다. 대구제조의 세전순이익은 3년간 500,000원이고 법

인세율은 30%로 일정하다고 할 때, 20×1년과 20×2년 및 20×3년의 법인세 관련 분개를 하시오.

해 답

1. 수선비 비용처리의 기간별 차이

	기업회계	세 법	차이금액	누적차이
20×1	120,000원	40,000원	80,000원	80,000원
20×2	0	40,000	(40,000)	40,000
20×3	0	40,000	(40,000)	0
합 계	120,000원	120,000원	0원	

2. 과세소득의 계산
   20×1년: 500,000원 + 80,000원 = 580,000원
   20×2년, 20×3년: 500,000원 − 40,000원 = 460,000원

3. 당기법인세 계산
   20×1년: 580,000원 × 30% = 174,000원
   20×2년, 20×3년: 460,000원 × 30% = 138,000원

4. 이연법인세 계산 − 20×1년에 과세소득이 세전순이익보다 크므로 이연법인세자산을 인식하고, 20×2년과 20×3년에 일시적 차이가 소멸되므로 이연법인세자산을 감소시킴.
   20×1년: 80,000원 × 30% = 24,000원 ← 이연법인세자산 인식
   20×2년: (40,000원) × 30% = (12,000)원 ← 이연법인세자산 감소
   20×3년: (40,000원) × 30% = (12,000)원 ← 이연법인세자산 감소

5. 회계처리

20×1:	차> 이연법인세자산	24,000	대>	당기법인세부채	174,000
	법인세비용	150,000[3]			
20×2:	차> 법인세비용	150,000[3]	대>	이연법인세자산	12,000[1]
				당기법인세부채	138,000
20×3:	차> 법인세비용	150,000[3]	대>	이연법인세자산	12,000[2]
				당기법인세부채	138,000

1) 20×2년의 이연법인세자산이 12,000원 감소하였지만 이연법인세부채로 기록하지 않고 이연법인세자산의 대변에 기록한다.
2) 20×3년의 이연법인세자산이 12,000원 감소하여 이연법인세자산계정의 잔액이 0원이 되었다. 이는 기업회계와 세법의 누적차이가 0원이 되었기 때문이다.
3) 각 회계연도에 세전순이익은 500,000원으로 동일하지만 각 연도에 부담해야 할 법인세는 세무조정의 결과에 따라 변한다. 하지만 법인세 기간배분에 따라 각 회계연도에 비용으로 인식하는 법인세비용은 150,000원으로 동일하므로 이연법인세 회계의 도입으로 수익과 비용을 적절히 대응시킬 수 있게 되었다.

연습문제

문제 14-1 무형자산의 개념 I

무형자산(intangble assets)은 물리적인 실체를 갖지 않은 자산이다. 그러나 K-IFRS에서는 무형자산을 재무상태표에 인식하는 것을 허용하고 있다. 그 이유는 무엇인지 자산의 정의와 관련하여 설명하시오.

문제 14-2 무형자산의 개념 Ⅱ

(주)천안은 전자제품을 생산하는 회사로 세계적인 명성을 얻고 있다. 최근 공신력 있는 신용평가기관이 조사한 바에 의하면 (주)천안이 생산하는 제품의 브랜드 가치는 10억 달러로 평가되었다. (주)천안이 이러한 사실을 재무제표에 반영할 수 있는지의 여부와 그 이유를 설명하시오.

문제 14-3 영업권 I

(주)서산은 20×2년 7월 (주)온양을 20억원에 현금으로 취득하였다. (주)온양의 재무상태표상 순장부금액은 13.6억원이며 공정가치와 장부금액이 다른 자산과 부채는 다음과 같다. (주)서산이 계상할 영업권의 가치를 계산하시오.

	장부금액	공정가치
기계장치 등 유형자산	200,000천원	220,000천원
기타 자산	20,000	16,000
사 채	120,000	116,000

문제 14-4 영업권 Ⅱ

(주)인천은 20×1년 강화제약을 합병하였다. 강화제약의 자산과 부채는 다음과 같다.

현 금	80,000원
매출채권	360,000원
재고자산	640,000원
설비자산	1,000,000원
부 채	450,000원

매출채권의 공정가치는 320,000원이며 재고자산의 공정가치는 700,000원일 때 다음 물음에 답하시오.

〈물음〉

1. 강화제약의 주주가 합병대가로 요구하는 최소한의 금액은 얼마인가?
2. 합병대가로 (주)인천이 2,000,000원을 지급하였을 경우 영업권은 얼마인가?
3. 강화제약의 과거 3년간의 평균 당기순이익이 250,000원이고, 이러한 당기순이익이 앞으로 무한히 지속된다고 한다면 초과이익할인법에 의한 영업권의 가치는 얼마가 되겠는지 계산하시오(단, 동종산업에 속한 다른 기업의 평균이익률은 12%이다).

문제 14-5 개발비 I

청주자동차(주)는 20×2년 현재 연비를 혁신적으로 개선시키는 엔진을 개발 중에 있으며 이는 20×5년 이후 대량생산이 가능할 것으로 예측된다. 엔진의 개발과 관련하여 발생한 금액이 다음과 같을 때 재무상태표에 개발비로 인식하여야 할 금액을 계산하시오.

엔진개발에 사용된 재료비	1,200,000원
엔진개발과 관련하여 구입한 설비자산	10,000,000
위의 자산에서 발생한 감가상각비	800,000
연구원에게 지급한 급여	2,600,000
개발활동에 합리적으로 배분된 간접비	900,000
합 계	15,500,000원

문제 14-6 개발비 II

광명전자는 20×3년 휴대폰 생산과 관련된 새로운 기술 개발을 완료하였으며 시험생산을 거쳐 대량생산에도 성공하였다. 회사가 지출한 개발비는 모두 이 기술과 관련된 것이었으며 20×2년 말 계상되어 있는 개발비 잔액은 120,000원이다. 신제품은 3년에 걸쳐 회사의 매출신장에 기여할 것으로 예측되었다. 광명전자가 20×3년 중 아래에서 설명하는 활동과 관련된 비용을 지출하였을 때 연구개발활동과 관련된 회계처리를 제시하시오.

(1) 연구결과의 제품화 가능성을 평가하는 활동	240,000원
(2) 개발활동과 관련되어 발생한 컨설팅 수수료	60,000원
(3) 대량생산되는 제품의 품질관리비용	32,000원
(4) 기존 제품의 디자인 변경비용	160,000원
(5) 새로운 지식을 발견하기 위한 실험	140,000원
(6) 신기술과 관련하여 시험 생산된 제품의 설계 변경을 위하여 지출된 비용	70,000원
(7) 새로운 기술과 관련된 공구의 설계와 관련된 비용	50,000원

문제 14-7 산업재산권

군포화학은 시장에서의 선도적 입지를 확고히 하기 위하여 기술 혁신을 시도하고 있다. 다음의 두 가지 방법을 통하여 신기술을 취득할 경우 각각의 회계처리를 제시하시오. 단, 신기술은 2년 동안 유효할 것으로 예측된다.

〈물음 1〉

20×2. 5. 4 신기술 탐색을 위한 연구비, 경상개발비를 1,000,000원을 지출하였다.

20×3. 1. 5 실현가능한 기술을 채택하고 개발비 1,500,000원을 지출하였다.

20×4. 7. 1 개발비 1,000,000원을 추가 지출하여 기술개발을 완료하였으며 특허권을 취득하였다. 특허등록비용으로 200,000원이 발생하였다.

〈물음 2〉

20×3. 7. 1 (주)의왕으로부터 특허권을 3,700,000원에 취득하였다.

문제 14-8 기타의 무형자산

다음의 물음을 읽고 20×3년 각 회사의 회계처리를 수행하시오.

1. 20×1년 12월 29일에 제주출판사는 영화배우로부터 자서전과 관련된 판권을 2억원에 사들였다. 자서전은 20×3년 10월에 출판되었으며 향후 5년간 동일한 수량이 판매될 것으로 예상되었다.
2. (주)평창은 20×2년 초 냉방기기와 관련한 신기술을 개발하여 특허권을 취득하였다. 특허권 취득에 1,500,000원의 비용이 발생하였으며 신기술은 앞으로 10년간 법적으로 보호받는다. 그러나 20×3년 초 (주)평창의 경쟁사인 (주)무주에서 새로운 기술을 개발하였고, 이로 인하여 특허권의 가치는 20×7년까지 유효할 것으로 예상되었다.
3. (주)테헤란은 20×3년 7월 초 대덕Soft(주)로부터 회계업무용 소프트웨어를 20,000,000원에 구입하였다. 이 소프트웨어의 구입으로 업무의 대부분을 전산화하게 되어 (주)테헤란의 업무 효율은 크게 향상되었다. 새로운 버전이 출시되는 5년 후까지 효익을 얻을 수 있을 것으로 예측되며 기존 프로그램의 잔존가치는 2,000,000원으로 추정된다.
4. (주)청원은 20×3년 10월, 지난 8년 동안 시장점유율 1위였던 주요 소비제품을 식별하는 데 사용되는 상표권을 150,000원에 취득하였다. 이 상표권은 잔여 법적 내용연수 5년을 가지고 있지만 비용을 거의 부담하지 않고 매 10년마다 갱신될 수 있다. 제품수명주기 연구 및 시장의 경쟁상황의 추이를 분석한 결과 이 상표권을 가진 제품은 제한 없이 순현금흐름을 창출할 수 있다고 한다.

문제 14-9 법인세율의 계산

순천회사의 20×3년 세전순이익은 250,000원이다. 기업회계상의 당기순이익과 세법상의 과세소득의 차이는 다음과 같다. 순천회사의 당기법인세가 78,300원일 경우 회사에게 적용되는 법인세율을 구하시오.

항 목	기업회계	세 법
이 자 비 용	125,000원	100,000원
감가상각비	70,000	90,000
하자보수비	30,000	0
접 대 비	50,000	40,000
기 타 비 용	20,000	25,000

문제 14-10 이연법인세 회계 I

밀양(주)는 재무보고를 위한 목적으로는 정액법을, 세무보고를 위한 목적으로는 연수합계법을 사용하여 기계설비에 대한 감가상각을 하고 있다. 회사는 20×1년도 초에 취득원가가 900,000원인 기계설비를 구입하였다. 이 기계설비의 유효내용연수는 5년이며 잔존가치는 없다고 가정한다. 또한 이 회사의 세전순이익과 과세소득과의 차이는 이와 같은 감가상각방법으로 인한 일시적 차이에 기인한다. 회사는 당해연도의 법인세를 다음 해 1/4분기에 전액 납부한다고 할 때 다음 물음에 답하시오.

구 분	20×1년	20×2년	20×3년	20×4년	20×5년
세전순이익	160,000	280,000	240,000	380,000	460,000
세 율	35%	30%	25%	25%	20%

〈물음〉

1. 각 연도별 과세소득
2. 각 연도말 시점에서 회사가 행할 법인세 관련 분개

문제 14-11 이연법인세 회계 II

속초(주)는 기계설비를 300,000원에 구입하였다. 이 기계설비의 유효내용연수는 3년이며 잔존가치는 없다. 감가상각방법은 재무보고 목적으로는 정액법을 사용하지만, 세무보고 목적으로는 가속상각법을 사용하여 1차연도에는 200,000원을, 2차연도에는 100,000원을 감가상각하기로 하였다. 세전순이익과 과세표준은 이 감가상각비 외에는 차이가 없다고 가정한다. 다음은 회사의 관계자료이다(단위: 천원).

재무보고	1차연도	2차연도	3차연도
매 출	1,200	1,100	800
감가상각비	(100)	(100)	(100)
기타비용	(400)	(300)	(200)
세전순이익	700	700	500

세무보고			
익금	1,200	1,100	800
감가상각비	(200)	(100)	–
기타손금	(400)	(300)	(200)
과세표준	600	700	600
적용할 세율	20%	25%	30%

〈물음〉 각 연도별로 법인세와 관련된 분개를 하시오.

문제 14-12 이연법인세 회계 Ⅲ

다음 팔공산업의 20×1년 법인세 관련 자료를 바탕으로 회사가 20×1년에 포괄손익계산서에 기록해야 할 법인세비용을 계산하고 20×1년의 법인세 관련 분개를 하시오(공인회계사 2003 1차 수정).

1. 세무회계상 법인세 손금한도를 초과한 접대비는 55,000원이다.
2. 취득원가 240,000원, 내용연수 4년, 잔존가치 0원인 기계장치를 20×1년 초에 취득하여 연수합계법으로 감가상각하고 있으나, 세법상으로는 정액법을 사용하여 감가상각해야 한다.
3. 회사의 20×1년 세전순이익은 600,000원이고, 앞으로도 이러한 수준의 이익은 꾸준히 얻을 수 있을 것으로 예상된다.
4. 각 연도별 법인세율은 20×1년 25%, 20×2년 28%, 20×3년 이후로는 30%이다.

chapter 15
비유동부채

chapter 15

비유동부채

제 1 절 사 채

1.1 사채의 의의와 종류

사채는 기업이 장기자금조달의 목적으로 시장에서 판매한 채권을 말한다. 즉, 사채는 기업이 거액의 자금을 장기간 사용하기 위하여 시장을 통하여 불특정 다수의 투자자로부터 자금을 차입하고 그 증거로서 발행하는 유가증권이다.

사채는 투자자의 입장에서는 기업의 영업실적과 관계없이 일정한 이자수익을 얻을 수 있고, 원금의 상환이 주식에 비하여 우선적으로 보장되기 때문에 안전한 투자대상이 되며, 기업의 입장에서는 사채이자의 감세효과 때문에 저렴한 자본비용으로 장기적이고 안정적인 자금을 조달할 수 있는 이점이 있다.

그러나 만기의 상환부담으로 인하여 기업의 도산 확률이 높아지게 되므로 상법에서는 채권자보호의 측면에서 일정한 범위 이내로 사채발행을 제한하고 있다.

사채는 주로 장기금융수단으로서 사용되는데, 이는 거액의 자금을 차입하는 경우에 주로 시설투자 등의 목적으로 자금을 사용하게 되므로 투자자금의 회수에 장기간이 소요되기 마련이고, 만약 이 때 단기간으로 자금을 차입하면 상환부담이 크게 되므로 거액의 자금을 안정적으로 사용하기 위하여 사채를 발행하는 것이다.

한편 또 하나의 장기금융수단으로서 장기차입금이 있는데 사채와 장기차입금은 실질적으로 이자를 부담하는 차입채무이고, 보고기간종료일로부터 1년이 경과한 후에 상환되는 부채이므로 비유동부채 중 장기차입부채에 포함된다. 장기차입금과 사채의 차이점은 다음과 같다.

① **자금의 제공자**
장기차입금의 경우는 주로 금융기관 등 특정·소수인이며, 사채의 경우는 일반 투자대중으로서 불특정 다수인이다.

② **채권자의 변동성**
장기차입금의 경우는 채권자의 변동이 쉽지 않으며 기채회사(채무자)가 채권자 변동을 알 수 있는 데 반하여, 사채는 유가증권의 형태로 발행되기 때문에 채권자의 변동이 용이하며 기채회사가 채권자 변동을 알기가 어렵다.

사채는 그 내재된 권리 및 의무의 속성에 따라 일반사채와 특수사채로 나눌 수 있다. 일반사채는 순수한 사채로서의 본질만을 지니고 있는 사채를 말한다. 세부적으로는 담보의 유무에 따라 담보부사채와 무담보사채, 보증의 유무에 따라 보증사채와 무보증사채, 발행한 사채의 만기일에 따라 단일만기사채와 복수만기사채로 나눌 수 있다.

특수사채는 순수한 사채로서의 본질 외에도 다른 권리가 내재되어 있는 사채를 말하며 전환사채와 신주인수권부사채와 같은 희석증권들이 이에 속한다. 전환사채(convertible bond)는 사채권자의 청구에 의하여 일정기간 후에 발행회사의 주식으로 전환할 수 있는 사채이다. 신주인수권부사채(bond with stock warrant)는 발행회사의 주식을 일정 금액으로 매입할 수 있는 권리가 부여된 사채이다.

다음의 〈자료 15-1〉은 일반사채의 분류기준별 종류에 대한 내용을 요약·정리한 것이다.

자료 15-1 사채의 종류

담보의 유무	담보부사채	회사의 특정자산을 담보로 하여 모집한 사채	담보부사채에 비하여 무담보부사채가 원금회수불능의 위험이 높으므로 다른 모든 조건이 동일하다면 무담보부사채는 담보부사채에 비하여 낮은 가격에 거래가 형성된다.
	무담보부사채	담보권이 설정되어 있지 않은 사채	
만기일의 동일여부	단일만기사채	사채의 만기일이 모두 동일한 사채	단일만기사채는 만기일에 원금전액을 상환하여야 하므로 기채회사는 일시에 거액의 자금을 준비하여야 하는

	복수만기 사채	사채의 만기일이 둘 이상인 사채	부담이 있다. 이러한 부담을 덜기 위해 원금을 정기적으로 분할 상환하도록 한 것이 복수만기사채이다.
상환시기 및 상환방법	수시상환 사채	만기 이전이라도 발행기업이 원하는 시기에 상환할 수 있는 사채	
	연속상환 사채	일정기간이 경과할 때마다 일정액씩 계속하여 상환하도록 되어 있는 사채	
이자지급 방 법	확정이자부 사채	사채발행시점에서 확정된 이자율로 지급하는 사채	
	금리연동 사채	금리가 변동함에 따라 지급하는 이자율도 변동하는 사채	

자료: 이창우 외 공저, 「재무제표의 이해」.

1.2 사채의 평가

(1) 현재가치의 의미

만약 오늘 지급받는 1,000원과 내년에 지급받는 1,000원이 있다면 무엇을 택하겠는가? 당연히 오늘 지급받는 1,000원을 택할 것이다. 그 이유는 1,000원을 재투자함으로써 수익을 얻을 수 있기 때문이다. 결국 오늘 1원의 가치는 미래 1원의 가치보다 크다고 할 수 있다. 이렇듯 시간에 따른 화폐가치의 변화를 화폐의 시간가치(time value of money)라고 한다(화폐의 시간가치 개념에 대한 구체적인 내용은 본 장의 부록을 참고하기 바란다).

예를 들어, 액면 1,000원인 3년 만기 무이자부사채가 있다고 하자. 즉, 3년 후에 1,000원을 지급하는 조건인 것이다. 그러면 이 사채의 가격은 어떠할 것인가? 만약 가격이 1,000원이라면 미래에도 같은 1,000원을 지급받으므로 이 사채는 투자자에게 아무런 보상이 없다. 따라서 현재의 사채가격은 1,000원보다 작아야 한다. 이 경우 적절한 시장가격이 750원이라고 하면, 현재에 750원을 투자하고 3년 후에 1,000원을 받으므로 250원은 3년에 걸친 이자가 된다.

이처럼 미래에 일정액을 받기 위하여 현재 기꺼이 지불하려고 하는 금액을 미래수취액에 대한 현재가치(present value)라고 한다. 위의 예에서 3년 후의 1,000원에 대한 현재가치는 750원이 되는 것이다. 그런데 현재가치는 미래에 수취하는 금액의 크기, 투자시점으로부터 미래가치의 수취시점까지의 기간, 그리고 투자기간의 이자율에 의하여 영향을 받는다. 그러므로 시장에서 투자자들이 기꺼이 지불하려고 하는 사채의 가격은 사채의 현재가치로서 이는 사채의 원금과 이자의 현재가치가 되는 것이다.

(2) 사채의 할인율, 장부금액 및 시장가격

사채를 비롯한 장기부채는 해당 의무를 이행하기 위하여 미래에 희생될 재화 또는 용역을 적절한 할인율로 할인한 현재가치로 기록된다. 이 때 사용되는 할인율은 ① 순수한 이자율, ② 미래의 물가변동에 대한 기대정도 및 ③ 사채발행자의 신용위험의 정도에 따라 결정되며, 평가의 목적에 따라 역사적 이자율이나 현행 시장이자율을 할인율로 사용하여 현재가치를 계산한다.

역사적 이자율이란 사채를 최초 발행한 시점의 시장이자율을 말하며, 현행 시장이자율은 사채발행일 이후 어느 특정 시점에서의 시장이자율을 말한다. 따라서 역사적 이자율과 현행 시장이자율은 사채의 발행시점에서는 동일하며, 사채발행 이후 시간의 경과에 따라 현행 이자율은 시장의 상황 등을 반영하여 변동하는 반면 역사적 이자율은 사채의 발행시점의 시장이자율로 고정되어 있게 된다.

기업이 재무상태표에 보고하는 장기부채의 금액, 즉 장부금액은 보고기간종료일 이후에 도래하는 사채와 관련된 미래의 현금흐름을 역사적 이자율로 할인한 현재가치가 된다. 한편, 어느 특정 시점에서의 사채의 시장가격은 그 시점 이후에 도래하는 미래의 현금흐름을 그 시점의 시장이자율, 즉 현행 시장이자율로 할인한 금액이 된다.

따라서 사채의 발행시점에서는 사채의 장부금액과 시장가격이 같으나 시간의 경과에 따라 시장이자율이 변하므로 이 두 금액은 서로 달라지게 된다.

(3) 재무상태표에 보고되는 회계정보

앞에서 설명한 바와 같이 재무상태표에 보고되는 사채의 장부금액은 보고기간종료일 이후 사채와 관련되어 발생하는 미래의 현금흐름을 사채발행 시점의 시장이자율인 역사적 이자율로 할인한 값이 되며, 이 값은 현재가치로서 사채의 액면금액과는 다르다. 재무상태표에 사채를 보고할 때는 사채의 액면금액과 현재가치의 차액을 사채할인(할증)발행차금의 과목으로 하여 당해 사채의 액면금액에서 가감하는 형식으로 기재하고, 적용한 이자율, 기간 및 회계처리방법 등을 주석으로 기재한다. 한편, 사채의 현재가치를 순액으로 나타내고, 사채할인(할증)발행차금은 주기로 표시하는 방법을 사용할 수도 있으나, 본서에서는 위와 같은 방법으로 재무상태표에 보고하는 방법을 사용하기로 한다.

1) 할인발행의 경우

사채는 사채권에 표시된 표시이자율(명목이자율)이 사채발행시점의 시장이자율(유효이자율)보다 낮은 경우에 할인발행되며, 이 때의 액면금액과 발행금액의 차이를 사채할인발행차금이라고 한다.

사채할인발행차금은 사채의 표시이자율이 실질적인 시장이자율보다 낮기 때문에 채권자가 상실하는 이자를 보상해 주기 위한 추가적인 이자비용으로서 사채의 발행시점에서 이 같은 보상이자를 미리 지급한 것과 같다. 그러므로 이는 부채가 아니며 단지 사채의 진정한 평가액을 나타내기 위하여 액면금액에서 차감하는 형식으로 보고하게 된다. 예를 들어, 사채의 액면금액이 10,000원이고 사채할인발행차금이 1,000원이라면 재무상태표에는 다음과 같이 보고된다.

(재무상태표의 표시 – 할인발행의 경우)

사　채	10,000	
차감: 사채할인발행차금	(1,000)	9,000

이같이 사채의 액면금액에서 차감 표시되는 사채할인발행차금은 시간이 지남에 따라 추가적인 이자비용으로 매 회계기간마다 비용으로 처리되어 점차 감소하는데, 사채의 만기시점에는 그 잔액이 0이 되어 사채의 장부금액과 액면금액이 일치하게 된다.

2) 할증발행의 경우

사채의 발행 시 사채권에 표시된 표시이자율(명목이자율)이 사채발행시점의 시장이자율(유효이자율)보다 높은 경우에 사채는 할증발행되며 이 때의 액면금액과 발행금액의 차이를 사채할증발행차금이라고 한다.

사채할증발행차금의 성격은 사채의 표시이자율이 실질적인 시장이자율보다 높기 때문에 채권자가 추가적으로 지급받는 이자로서 사채발행시점에서 사채발행회사가 사채의 액면금액보다 큰 발행금액에 이를 포함하여 미리 수령한 것으로 볼 수 있다. 따라서 이는 사채발행회사가 장래에 지급하여야 할 부채로서 사채의 진정한 평가액을 나타내기 위하여 액면금액에 가산하는 형식으로 보고하게 된다. 예를 들어, 사채의 액면금액이 10,000원이고 사채할증발행차금이 2,000원이라면 재무상태표에는 다음과 같이 보고된다.

(재무상태표의 표시 – 할증발행의 경우)

사 채	10,000	
가산: 사채할증발행차금	2,000	12,000

이같이 사채의 액면금액에 가산 표시되는 사채할증발행차금은 시간이 지남에 따라 발생하는 이자비용의 감소액으로서 포괄손익계산서상의 이자비용에서 차감되어 점차 감소하는데, 사채의 만기시점에는 그 잔액이 0이 되어 사채의 장부금액과 액면금액이 일치하게 된다.

1.3 사채의 발행과 발행금액의 결정

사채가 발행될 때 그 발행가격은 사채권에 표시된 이자율과 발행시점 당시의 시장이자율의 상대적인 크기에 따라 사채의 액면금액과 같거나 할인발행 또는 할증발행된다. 즉, 표시이자율이 시장이자율보다 낮은 경우에는 사채는 액면금액보다 낮게 할인발행되며 표시이자율이 시장이자율보다 높은 경우에는 액면금액보다 높게 할증발행된다. 이 곳에서는 각각의 경우에 사채의 발행이 기업의 재무상태에 미치는 영향을 살펴보도록 한다.

(1) 액면발행의 경우

사채의 액면발행(bond issued at a par)이란 사채액면금액과 사채발행금액이 동일한 경우로서 현금지급이자액을 나타내는 표시이자율과 자금의 사용대가를 나타내는 시장이자율이 같은 경우에 이루어진다. 표시이자율과 시장이자율이 같으면 사채로부터 발생되는 현금흐름의 현재가치, 즉 사채의 만기 시점에서의 지급액인 액면금액과 매 기간의 현금지급이자를 사채발행시점의 시장이자율로 할인한 값이 사채의 액면금액과 동일하게 된다.

다음의 〈자료 15-2〉를 통하여 사채의 액면발행의 의미를 구체적으로 살펴보기로 한다.

자료 15-2 사채의 액면발행

20×1년 1월 1일 서울(주)는 다음의 내용을 갖는 사채를 5,000,000원에 발행하고 대금은 모두 현금으로 수령하였다. 사채발행시점의 시장이자율은 12%이었다.

- 사채의 액면금액: 5,000,000원
- 사채의 표시이자율: 연 12% (이자지급은 매년 12월 31일)
- 사채의 만기일: 20×3년 12월 31일

먼저 위의 사채에 의해 발생하는 미래 현금흐름의 내용을 요약하여 그림으로 표시하면 다음과 같다.

기간	20×1. 1. 1	20×1. 12. 31	20×2. 12. 31	20×3. 12. 31
원금				5,000,000원
이자		600,000원	600,000원	600,000원

다음으로 사채의 발행금액을 구하기 위해 위 그림에 나타난 사채와 관련된 현금흐름, 즉 매기 말의 이자지급액과 만기시점의 사채원금지급액을 사채발행시점의 시장이자율인 12%로 할인한다. 이와 같이 구한 금액이 발행시점에서의 사채의 현재가치가 되며 이것이 곧 발행가격이 되는 것이다.

(사채 발행금액의 계산)

- 사채의 액면금액: 5,000,000원
- 사채의 현재가치(발행금액)의 계산
  - ① 사채액면금액의 현재가치
    5,000,000원 × 0.7118(3년, 12% 현가계수) 3,559,000원
  - ② 현금지급이자의 현재가치
    5,000,000원 × 0.12 × 2.4018(3년, 12% 연금현가계수) 1,441,000원[1)]
  - 합 계 (발행금액) 5,000,000원
- 사채할인(할증)발행차금 0원

1) rounding error 80원.

이 경우 사채의 발행금액이 5,000,000원이므로 사채의 발행과 관련된 할인발행차금이나 할증발행차금은 없으며, 이 때 사채가 액면발행되었다고 한다.

한편 위 사채가 발행되는 시점에서 (주)서울의 장부에는 다음의 분개가 이루어진다.

차> 현　금	5,000,000	대> 사　채	5,000,000

(2) 할인발행의 경우

사채의 할인발행(bond issued at a discount)은 사채의 표시이자율이 발행시점의 시장이자율보다 낮을 때 이루어지며, 이 때 사채의 발행으로 수령하는 금액은 사채의 액면금액보다 작게 된다. 표시이자율이 시장이자율보다 낮다는 것은 투자자의 입장에서 보면 사채에 투자함으로써 위험수준이 비슷한 다른 투자기회에 비해 적은 이자(표시이자율에 의해 결정되는)를 받는다는 것을 뜻한다. 따라서 이러한 사채를 사려는 투자자가 줄게 되어 수요가 감소하고 수요가 감소하면 가격이 하락하게 되어 액면금액보다 낮은 수준에서 시가가 형성되는 것이다.

즉, 시가가 액면금액보다 하락하여 투자자의 실질수익률이 시장이자율과 같아지는 시점에서 거래가 형성되는 것이다.

다음의 〈자료 15-3〉은 사채의 할인발행의 경우를 이해하기 위한 토의자료이다.

자료 15-3 사채의 할인발행

20×1년 1월 1일 서울(주)는 다음의 조건을 갖는 사채를 4,759,900원에 발행하고 대금은 모두 현금으로 수령하였다. 사채발행시점의 시장이자율은 12%이었다.

- 사채의 액면금액: 5,000,000원
- 사채의 표시이자율: 연 10% (이자지급은 매년 12월 31일)
- 사채의 만기일: 20×3년 12월 31일

〈자료 15-3〉에 나타난 사채와 관련된 미래 현금흐름을 그림으로 나타내면 다음과 같다.

기간	20×1. 1. 1	20×1. 12. 31	20×2. 12. 31	20×3. 12. 31
원금				5,000,000원
이자		500,000원	500,000원	500,000원

다음으로 위 그림에 나타난 사채와 관련된 현금흐름, 즉 매기 말의 이자지급액과 만기시점의 사채원금지급액을 사채발행시점의 시장이자율인 12%로 할인한 금액이 발행시점에서의 사채의 현재가치가 되며 이것이 곧 발행가격이다.

(사채 발행금액의 계산)

• 사채의 액면금액:	5,000,000원
• 사채의 현재가치(발행금액)의 계산	
① 사채액면금액의 현재가치	
5,000,000원 × 0.7118(3년, 12% 현가계수)	3,559,000원
② 현금지급이자의 현재가치	
5,000,000원 × 0.10 × 2.4018(3년, 12% 연금현가계수)	1,200,900원
합 계 (발행금액)	4,759,900원
• 사채할인발행차금	240,100원

위 사채의 발행으로 인하여 회사는 4,759,900원을 수령하게 되는데 이는 액면금액인 5,000,000원보다 240,100원만큼 작은 금액이다. 이 때 240,100원은 사채할인발행차금이 된다. 이 경우 사채의 발행시점에서 회사가 하여야 할 분개는 다음과 같다.

차>	현 금	4,759,900	대> 사 채	5,000,000
	사채할인발행차금	240,100		

위와 같은 분개의 결과 사채의 장부금액은 다음과 같이 계산된다.

(사채의 장부금액 – 사채의 발행시점)

사채(액면금액)	5,000,000원
차감: 사채할인발행차금	(240,100)
장부금액	4,759,900원

(3) 할증발행의 경우

사채의 할증발행(bond issued at a premium)은 사채의 표시이자율이 발행시점의 시장이자율보다 큰 경우에 이루어지며, 이 때 사채의 발행으로 수령하게 되는 금액은 사채의 액면금액보다 크다. 할증발행의 경우는 할인발행의 경우와 반대로 투자자의 입장에서 보면 다른 투자기회에 비해 사채에 대한 투자가 상대적으로 많은 현금이자로 인해 더 매력적이 된다. 그러므로 사채에 대한 수요가 증가하여 투자자의 실질수익률이 시장이자율과 같아지는 시점에서 거래가 형성되고 따라서 사채의 발행금액은 액면금액보다 크게 결정되는 것이다.

다음의 〈자료 15-4〉는 사채의 할증발행의 이해를 위한 토의자료이다.

자료 15-4 사채의 할증발행

> 20×1년 1월 1일 서울(주)는 다음의 조건을 갖는 사채를 10,497,280원에 발행하고 대금은 모두 현금으로 수령하였다. 사채발행시점의 시장이자율은 10%이었다.
>
> - 사채의 액면금액: 10,000,000원
> - 사채의 표시이자율: 연 12% (이자지급은 매년 12월 31일)
> - 사채의 만기일: 20×3년 12월 31일

위의 자료에 나타난 사채와 관련된 현금흐름을 그림으로 표시하면 다음과 같다.

기간	20×1. 1	20×1. 12. 31	20×2. 12. 31	20×3. 12. 31
원금				10,000,000원
이자		1,200,000원	1,200,000원	1,200,000원

다음으로 위 그림에 나타난 사채와 관련된 현금흐름, 즉 매기 말의 이자지급액과 만기시점의 사채원금지급액을 사채발행시점의 시장이자율인 10%로 할인한 금액을 구하여 합계하면 이 합계액이 발행시점에서의 사채의 현재가치가 되며 이것이 곧 발행가격이다.

(사채의 발행금액의 계산)

- 사채의 액면금액: 10,000,000원
- 사채의 현재가치(발행금액)의 계산
  - ① 사채액면금액의 현재가치
    10,000,000원 × 0.7513(3년, 10% 현가계수) 7,513,000원
  - ② 현금지급이자의 현재가치
    10,000,000원 × 0.12 × 2.4869(3년, 10% 연금현가계수) 2,984,280원

합 계 (발행금액)	10,497,280원
• 사채할증발행차금	497,280원

위 사채의 발행으로 인하여 회사는 10,497,280원을 수령하는데 이는 액면금액인 10,000,000원보다 497,280원만큼 큰 금액이다. 이 때 497,280원은 사채할증발행차금이 된다. 이 경우 사채의 발행시점에서 회사가 하여야 할 분개는 다음과 같다.

차> 현 금	10,497,280	대> 사 채	10,000,000
		사채할증발행차금	497,280

위와 같은 분개의 결과 사채의 장부금액은 다음과 같이 계산된다.

(사채의 장부금액 – 사채의 발행시점)

사채(액면금액)	10,000,000원
가산: 사채할증발행차금	497,280
장부금액	10,497,280원

예제 15-1 사채 발행금액의 계산

결산을 매년 12월 31일에 행하는 서울(주)는 20×1년 1월 1일에 다음과 같은 조건의 사채를 발행하고 사채대금을 모두 현금으로 수령하였다.

- 사채의 액면금액: 2,000,000원
- 사채의 표시이자율: 연 7%(이자지급일은 매년 12월 31일)
- 사채의 만기일: 20×3년 12월 31일

〈물음〉
발행 시점의 시장이자율이 각각 다음과 같을 때 이 사채의 발행금액은 각각 얼마가 되는가? 또 각 경우에 사채할인(할증)발행차금을 구하시오.
(1) 시장이자율이 7%일 때
(2) 시장이자율이 10%일 때
(3) 시장이자율이 5%일 때

해 답

(1) 원금의 현재가치: 2,000,000원 × 0.8163 (i=7%, n=3)	= 1,632,600원
현금이자의 현재가치: 140,000원 × 2.6243 (i=7%, n=3, 연금)	= 367,400[1)]
합계	2,000,000원

1) rounding error 2원

(2) 원금의 현재가치: 2,000,000원 × 0.7513 (i=10%, n=3) = 1,502,600원
현금이자의 현재가치: 140,000원 × 2.4869 (i=10%, n=3, 연금) = 348,166
합계 1,850,766원
그러므로 사채할인발행차금은 2,000,000원 − 1,850,766원 = 149,234원이 된다.

(3) 원금의 현재가치: 2,000,000원 × 0.8638 (i=5%, n=3) = 1,727,600원
현금이자의 현재가치: 140,000원 × 2.7232 (i=5%, n=3, 연금) = 381,248
합계 2,108,848원
그러므로 사채할증발행차금은 108,848원이 된다.

1.4 사채이자비용의 계산

사채가 액면발행되는 경우에는 사채의 표시이자율과 발행시점의 시장이자율이 같으므로 매기에 지급하는 현금지급이자금액과 사채의 발행으로 차입한 자금의 사용비용, 즉 사채이자비용은 서로 같게 되므로 이자지급 시에 지급하는 현금이자금액과 동일한 금액이 포괄손익계산서에 사채이자비용으로 보고된다.

그러나 사채를 할인발행하게 되면 사채발행에 의한 현금수령액이 사채의 만기시 상환해야 하는 액면금액보다 낮다. 즉, 기업은 사채를 상환하는 시점에서 사채발행 시에 수령한 현금액보다 더 많은 금액을 지불하여야 한다. 따라서 사채발행금액과 사채액면금액의 차이인 사채할인발행차금은 기업이 현금으로 지급하는 이자 외에 추가적으로 부담하여야 하는 금융비용이 되는 것이다.

또한 기업이 사채를 할증발행한다면 기업이 사채의 만기상환 시에 지급하여야 할 현금액이 사채발행 시에 수령한 현금액보다 작게 되는데, 이 경우 사채의 발행금액과 사채의 상환금액의 차액인 사채할증발행차금은 사채기간 동안에 발생한 기업의 금융혜택이라고 볼 수 있다. 따라서 사채할증발행차금은 사채의 이자비용을 감소시키게 되는 것이다.

이와 같이 현금으로 지급되는 이자에 추가적인 금융부담인 사채할인발행차금과, 기간별 사채이자를 계산할 때 현금지급이자에서 차감하는 금융혜택인 사채할증발행차금은 사채기간, 즉 사채의 발행일로부터 사채의 상환일까지의 기간에 적절하게 배분하여 기간별 사채이자비용을 계산하여야 한다.

이 때 기간별 사채이자비용을 계산하는 방법에는 유효이자율법과 정액법의 두 가지가 있는데, K-IFRS에서는 유효이자율법을 사용하도록 규정되어 있다.

(1) 유효이자율법

유효이자율법(effective interest rate method)에서는 사채발행시점의 유효이자율, 즉 시장이자율에 의하여 기간별 사채이자비용을 계산하고 이렇게 계산된 이자비용과 표시이자율에 의하여 현금으로 지급된 이자금액과의 차이를 사채할인발행차금의 상각액, 즉 추가적인 이자비용 또는 사채할증발행차금의 상각액, 즉 이자비용의 감소액으로 결정하게 된다.

이 방법에 의하면 이자비용은 사채의 기초 장부금액에 매 기간 동일한 유효이자율을 곱하여 계산한다. 따라서 할인발행의 경우 사채기간 초기의 이자비용이 사채기간 후기의 이자비용보다 작고, 할증발행의 경우에는 사채기간 초기의 이자비용이 사채기간 후기의 이자비용보다 많다.

다음의 〈자료 15-5〉는 유효이자율법을 설명하기 위한 토의자료이다.

자료 15-5 유효이자율법에 의한 이자비용의 계산

결산을 매년 12월 31일에 행하는 서울(주)는 시장이자율이 연 10%인 20×1년 1월 1일에 다음과 같은 조건의 사채를 1,850,766원에 발행하고 사채대금을 모두 현금으로 수령하였다.

- 사채의 액면금액: 2,000,000원
- 사채의 표시이자율: 연 7% (이자지급은 매년 12월 31일)
- 사채의 만기일: 20×3년 12월 31일

1) 유효이자율법에 의한 사채할인발행차금상각표의 작성

여기에서는 서울(주)가 유효이자율법을 사용한다면 사채기간 동안에 포괄손익계산서상에 보고 될 사채이자비용이 얼마가 될 것인가 알아보기로 한다.

먼저 다음의 〈자료 15-6〉과 같이 사채할인발행차금의 상각표(amortization table)를 작성한다.

자료 15-6 사채할인발행차금상각표 – 유효이자율법

연 월 일	a) 기초장부금 액	b) 유효이자율에 의한 이자비용	c) 표시이자율에 의한 이자지급액	d) 사채할인발행차금상각액	e) 장 부 금 액
20×1. 1. 1	0	0	0	0	1,850,766원
20×1. 12. 31	1,850,766원	185,077원	140,000원	45,077원	1,895,843
20×2. 12. 31	1,895,843	189,584	140,000	49,584	1,945,427
20×3. 12. 31	1,945,427	194,573[1)]	140,000	54,573	2,000,000
합 계		569,234원	420,000원	149,234원	

a) = 전년도 e)
b) = a) × 10 %
c) = 2,000,000원 × 7 % = 140,000원
d) = b) − c)
e) = a) + d)
1) rounding error 30원 포함

위의 사채할인발행차금상각표는 유효이자율법을 사용하여 사채할인발행차금을 매 기간별로 이자비용으로 배분하기 위한 것인데 그 작성방법은 다음과 같다.

먼저 서울(주)가 매 기간 포괄손익계산서상에 사채이자비용으로 보고해야 하는 사채이자비용은 b)의 유효이자율에 의한 이자비용이 되며, 이는 c)의 표시이자율에 의한 현금지급이자액에 d)의 사채할인발행차금의 상각액을 더한 것이 된다. 즉, 사채할인발행차금의 상각액(기간별 비용으로 배분되는 금액)은 유효이자율에 의한 이자비용에서 현금지급이자를 차감한 금액이 되는 것이다.

2) 분개 – 유효이자율법의 경우

위의 상각표를 토대로 하여 사채와 관련된 분개를 하면 다음과 같다.

① 20×1년 1월 1일의 분개 – 사채의 발행

차> 현 금	1,850,766	대> 사 채	2,000,000
사채할인발행차금	149,234		

② 20×1년 12월 31일의 분개 – 사채이자의 지급

차> 사채이자	185,077	대> 현 금	140,000
		사채할인발행차금	45,077

③ 20×2년 12월 31일의 분개 – 사채이자의 지급

차> 사채이자	189,584	대> 현 금	140,000
		사채할인발행차금	49,584

④ 20×3년 12월 31일의 분개 – 사채이자의 지급

차> 사채이자	194,573	대> 현 금	140,000
		사채할인발행차금	54,573

⑤ 20×3년 12월 31일의 분개 – 사채의 만기 상환

차> 사 채	2,000,000	대> 현 금	2,000,000

3) 재무제표상의 표시 – 유효이자율법의 경우

위의 분개를 반영한 후 각 연도별 재무제표에 보고되는 사채 관련 회계정보를 요약하면 다음과 같다.

재무제표	20×1년	20×2년	20×3년
• 포괄손익계산서			
현금지급이자	140,000 원	140,000 원	140,000 원
사채할인발행차금상각	45,077	49,584	54,573
사채이자비용	185,077 원	189,584 원	194,573 원
• 재무상태표			
사채액면금액	2,000,000 원	2,000,000 원	2,000,000 원
(사채할인발행차금)	(104,157)	(54,573)	(0)
장부금액	1,895,843 원	1,945,427 원	2,000,000 원

자료 15-7 사채 장부금액의 변화 – 유효이자율법의 경우

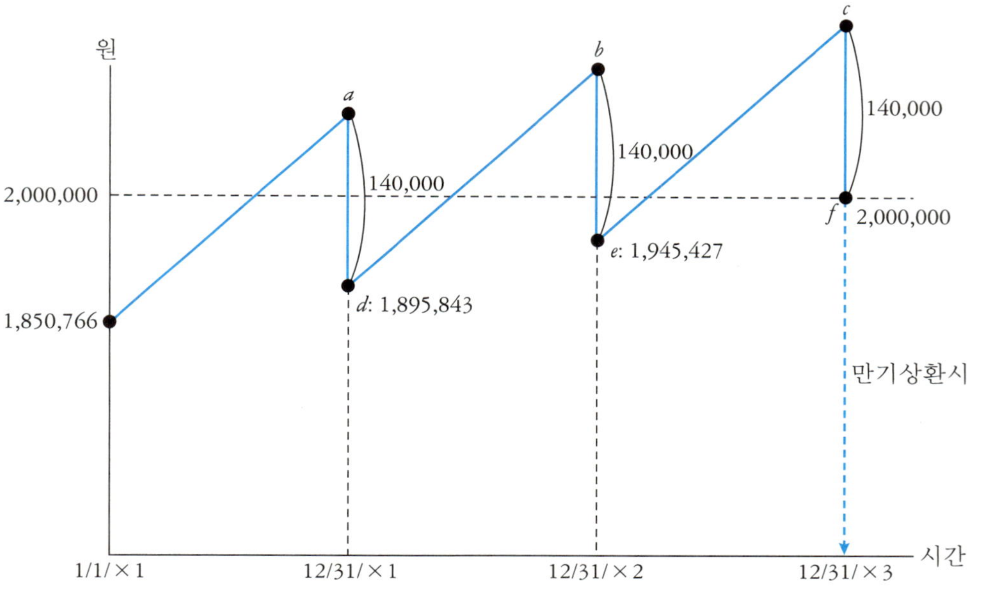

a: 1,850,766 + 185,077 = 2,035,843
b: 1,895,843 + 189,584 = 2,085,427
c: 1,945,427 + 194,573 = 2,140,000

4) 사채 장부금액의 변화

사채의 장부금액은 사채의 액면금액에서 사채할인발행차금을 차감한 금액이다. 사채할인발행차금은 상각과정을 통하여 시간이 지남에 따라 점차 감소하기 때문에 만기시점에 가까울수록 사채의 장부금액이 증가하여 만기일에는 액면금액과 일치하게 된다. 이와 같은 장부금액의 변화를 이해하기 위하여 〈자료 15-7〉에 나타난 그림을 보기로 하자.

위의 그림에서 먼저 사채의 발행시점에서의 장부금액은 액면금액보다 작은 1,850,766원이 된다. 그런데 장부금액은 시간이 지남에 따라 185,077원의 이자가 추가되어 2,035,843원이 되고, 이 때 20×1년 12월 31일에 현금이자 140,000원이 지급되면 장부금액이 감소하여 1,895,843원이 된다.

그 다음 20×2년에는 사채의 기초 장부금액 1,895,843원이 시간이 지남에 따라 이자 189,584원이 추가되어 1년 후에는 2,085,427원(= 1,895,843원 + 189,584원)이 되는데, 12월 31일에 현금이자 140,000원이 지급되는 시점에서 장부금액이 하락하여 20×2년 12월 31일의 기말 장부금액은 1,945,427원이 된다. 이러한 논리

는 20×3년에도 적용된다.

한편 20×3년 말 재무상태표에 보고되는 사채의 장부금액 2,000,000원은 12월 31일에 만기 상환되기 직전의 금액을 나타내므로 사채의 만기상환이 이루어진 후에는 사채의 장부금액은 0원이 될 것이다.

〈자료 15-7〉의 그림에서 한 가지 유의할 점은 어느 시점에서의 사채의 장부금액(book value)은 그 시점 이후에 도래하는 현금흐름을 사채발행시점의 시장이자율(이를 역사적 이자율이라고도 한다)로 할인한 값이 된다는 것이다.

이를 이해하기 위해 먼저 그림에 나타난 *a*점을 고려하여 보자. 이 시점 이후에 도래하는 현금흐름은 20×1년 말에 지급할 현금이자 140,000원과 20×2년 말과 20×3년 말에 지급할 현금이자 각각 140,000원씩, 그리고 만기시점에 상환될 2,000,000원이 된다. 따라서 사채의 장부금액은 다음과 같은 계산과정을 거쳐 구할 수 있는 것이다.

① 20×1년 말 시점에서의 사채의 장부금액(a) 계산 – 현금이자 지급 직전

원금의 현재가치: 2,000,000원 × 0.8264 (i=10%, n=2)	= 1,652,800원
이자의 현재가치: 140,000원 + 140,000원 × 1.7355 (i=10%, n=2, 연금)	= 382,970
합 계	2,035,770원[1]
	≒ 2,035,843원

1) 여기에서 발생하는 73원은 rounding error이므로 무시한다.

② 20×1년 말 시점에서의 사채의 장부금액(d) 계산 – 현금이자 지급 직후

위와 같은 계산과정을 통하여 20×1년 말 시점의 사채의 장부금액을 구하여 보면 다음과 같다.

원금의 현재가치: 2,000,000원 × 0.8264 (i=10%, n=2)	= 1,652,800원
이자의 현재가치: 140,000원 × 1.7355 (i=10%, n=2, 연금)	= 242,970
합 계	1,895,770원[2]
	≒ 1,895,843원

2) 여기에서 발생하는 73원은 rounding error이므로 무시한다.

③ 20×2년 말 시점에서의 사채의 장부금액(b) 계산 – 현금이자 지급 직전

원금의 현재가치: 2,000,000원 × 0.9091 (i=10%, n=1) = 1,818,200원
이자의 현재가치: 140,000원 + 140,000원 × 0.9091 (i=10%, n=1, 연금) = 267,274
합 계 2,085,474원[3]
≒ 2,085,427원

3) 여기에서 발생하는 47원은 rounding error이므로 무시한다.

④ 20×2년 말 시점에서의 사채의 장부금액(e) 계산 – 현금이자 지급 직후

원금의 현재가치: 2,000,000원 × 0.9091 (i=10%, n=1) = 1,818,200원
이자의 현재가치: 140,000원 × 0.9091 (i=10%, n=1, 연금) = 127,274
합 계 1,945,474원[4]
≒1,945,427원

4) 여기에서 발생하는 47원은 rounding error이므로 무시한다.

한편 위에서 언급한 사채의 장부금액의 계산과는 달리 어느 특정 시점에서의 사채의 시장가격(market value)은 그 시점 이후에 도래하는 미래 현금흐름을 그 시점의 시장이자율로 할인한 값이 되는데, 이는 사채의 발행금액을 구하는 과정을 설명할 때 이미 언급한 바 있다.

예제 15-2 **액면발행과 할증발행의 경우 – 유효이자율법**

앞의 〈예제 15-1〉에서 액면발행과 할증발행의 경우에 대해 다음 물음에 답하시오. 단, 유효이자율법을 가정할 것.

〈물음〉
1. 액면발행의 경우 사채와 관련된 분개를 하시오.
2. 할증발행의 경우 사채할증발행차금상각표를 작성하고 사채 관련 분개를 하시오.
3. 액면발행과 할증발행에 대해 사채 장부금액의 변동을 그림으로 표시하시오.

해 답

1. 액면발행 분개
① 20×1년 1월 1일의 분개 – 사채의 발행

차> 현 금	2,000,000	대> 사 채	2,000,000

② 20×1년, 20×2년, 20×3년 12월 31일의 분개 – 사채이자의 지급
차> 사채이자 140,000 대> 현 금 140,000

③ 20×3년 12월 31일의 분개 – 사채의 만기 상환
차> 사 채 2,000,000 대> 현 금 2,000,000

2. 할증발행의 경우

(1) 사채할증발행차금상각표의 작성 – 유효이자율법

연 월 일	a) 기초장부금 액	b) 유효이자율에 의한 이자비용	c) 표시이자율에 의한 이자지급액	d) 사채할증발행차금상각액	e) 장 부 가 액
20×1. 1. 1	0	0	0	0	2,108,848원
20×1.12.31	2,108,848원	105,442원	140,000원	34,558원	2,074,290
20×2.12.31	2,074,290	103,715	140,000	36,285	2,038,005
20×3.12.31	2,038,005	101,995[1]	140,000	38,005	2,000,000
		311,152원	420,000원	108,848원	

a) = 전년도 e)
b) = a) × 5 %
c) = 2,000,000원 × 7 % = 140,000원
d) = c) – b)
e) = a) – d)
1) rounding error 포함.

(2) 할증발행 분개

① 20×1년 1월 1일의 분개 – 사채의 발행
차> 현 금 2,108,848 대> 사 채 2,000,000
사채할증발행차금 108,848

② 20×1년 12월 31일의 분개 – 사채이자의 지급
차> 사채이자 105,442 대> 현 금 140,000
사채할증발행차금 34,558

③ 20×2년 12월 31일의 분개 – 사채이자의 지급
차> 사채이자 103,715 대> 현 금 140,000
사채할증발행차금 36,285

④ 20×3년 12월 31일의 분개 – 사채이자의 지급
차> 사채이자 101,995 대> 현 금 140,000
사채할증발행차금 38,005

⑤ 20×3년 12월 31일의 분개 – 사채의 만기 상환
차> 사 채 2,000,000 대> 현 금 2,000,000

3. 장부금액의 변동

(1) 액면발행의 경우

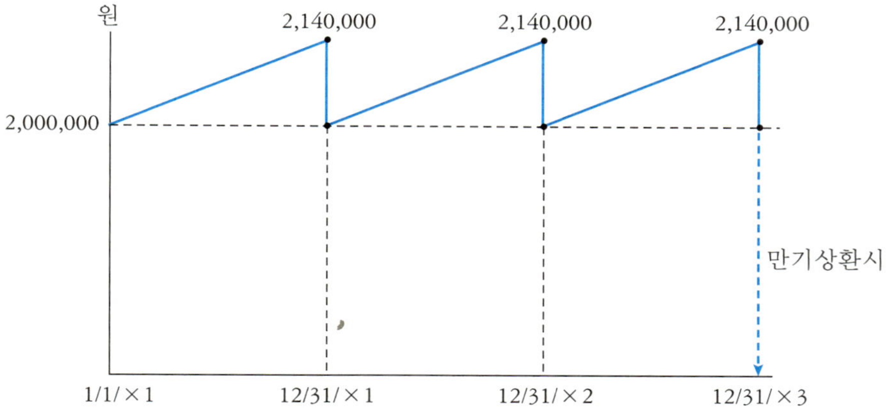

(2) 할증발행의 경우

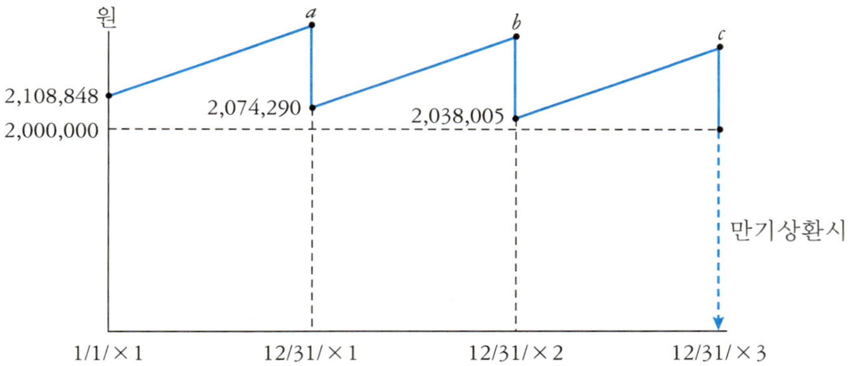

a: 2,108,848 + 105,442 = 2,214,290
b: 2,074,290 + 103,715 = 2,178,005
c: 2,038,005 + 101,995 = 2,140,000

(2) 정 액 법

정액법(straight-line method)은 사채기간에 걸쳐 매년 균등한 금액으로 사채할인발행차금이나 사채할증발행차금을 상각(비용화)하고, 현금으로 지급된 이자에 기간별 상각금액을 가감하여 이자비용을 계산하는 방법이다.

이 방법을 사용하면 매 회계연도의 이자비용이 같게 된다. 따라서 이자비용이 실제 조달된 현금과 이론적으로 연계되지 않는다는 단점이 있으나 계산이 쉽다는 장점도 있다.

정액법을 설명하기 위하여 앞의 〈자료 15-5〉의 자료를 이용하기로 하자.

1) 정액법에 의한 사채할인발행차금상각표의 작성

먼저 다음에 제시된 〈자료 15-8〉과 같은 상각표를 작성한다.

자료 15-8 사채할인발행차금상각표 – 정액법

연 월 일	a) 기초장부 금 액	b) 표시이자율에 의한 이자지급액	c) 사채할인발행 차금상각액	d) 사채이자 비 용	e) 장 부 금 액
20×1. 1. 1	0	0	0	0	1,850,766원
20×1.12.31	1,850,766원	140,000원	49,745원	189,745원	1,900,511
20×2.12.31	1,900,511	140,000	49,745	189,745	1,950,256
20×3.12.31	1,950,256	140,000	49,744	189,744[1)]	2,000,000
		420,000원	149,234원	569,234원	

a) = 전년도 e)

b) = 2,000,000원 × 7 % = 140,000원

c) = 149,234원 ÷ 3 = 49,745원

d) = b) + c)

e) = a) + c)

1) rounding error 포함.

위의 사채할인발행차금상각표는 정액법을 사용하여 사채할인발행차금을 매 기간별로 이자비용으로 배분하기 위한 것인데 그 작성방법은 다음과 같다.

상각표에 의하면 서울(주)가 매 기간 보고하게 되는 사채이자비용은 d)의 이자비용이 되며, 이는 b)의 표시이자율에 의한 이자지급액에 c)의 사채할인발행차금상각액을 더한 것이 된다.

c)의 사채할인발행차금상각액(기간별 비용으로 배분되는 금액)은 사채할인발행차금액 149,234원을 사채 기간인 3년으로 나눈 49,745원으로서 이 금액은 매 기간 동일하다.

2) 분개 – 정액법의 경우

〈자료 15-8〉의 상각표를 토대로 하여 사채와 관련된 분개를 하면 다음과 같다.

① 20×1년 1월 1일의 분개 – 사채의 발행

차> 현　금	1,850,766	대> 사　채	2,000,000
사채할인발행차금	149,234		

② 20×1년 12월 31일의 분개 – 사채이자의 지급

차> 사채이자	189,745	대> 현　금	140,000
		사채할인발행차금	49,745

③ 20×2년 12월 31일의 분개 – 사채이자의 지급

차> 사채이자	189,745	대> 현　금	140,000
		사채할인발행차금	49,745

④ 20×3년 12월 31일의 분개 – 사채이자의 지급

차> 사채이자	189,744	대> 현　금	140,000
		사채할인발행차금	49,744

⑤ 20×3년 12월 31일의 분개 – 사채의 만기 상환

차> 사　채	2,000,000	대> 현　금	2,000,000

3) 재무제표상의 표시 – 정액법의 경우

위의 분개를 반영한 후 각 연도별 재무제표에 보고되는 사채 관련 회계정보를 요약하면 다음의 표와 같다.

정액법을 사용하여 사채할인발행차금을 상각하게 되면 사채의 장부금액이 시간이 지남에 따라 증가하여도 사채이자비용은 매 기간 일정하다. 따라서 앞에서 언급한 유효이자율법에 의한 사채할인발행차금상각의 경우와는 그 패턴이 다르다는 것을 알 수 있다.

재무제표	20×1년	20×2년	20×3년
• 포괄손익계산서			
현금지급이자	140,000 원	140,000 원	140,000 원
사채할인발행차금상각	49,745	49,745	49,744
사채이자비용	189,745 원	189,745 원	189,744 원
• 재무상태표			
사채액면금액	2,000,000 원	2,000,000 원	2,000,000 원
(사채할인발행차금)	(99,489)	(49,744)	(0)
장부금액	1,900,511 원	1,950,256 원	2,000,000 원

예제 15-3 사채의 회계처리

20×1년 5월 31일, 낙성(주)는 원금이 10,000원이고 표시이자율이 연 8%인 10년짜리 사채를 발행하고 발행대금 8,754원을 수령하였다. 이 사채에 대한 현금이자 지급일은 매년 5월 31일과 11월 30일이다. 낙성(주)의 결산일은 매년 12월 31일이며 사채할인발행차금은 유효이자율법을 사용하여 상각한다.

〈물음〉

1. 20×1년 5월 31일 현재 낙성(주)에 대한 시장이자율(1년 기준)이 얼마인지 증명하시오.
2. 위의 사채에 대하여 낙성(주)가 다음의 날짜에 행하여야 할 분개를 하시오.
   (1) 20×1/5/31 (2) 20×1/11/30 (3) 20×1/12/31 (4) 20×2/5/31

해 답

1. 정답: 10%
   (근거) 10,000원 × 0.3769 + 400원 × 12.4622 = 8,754원

2. 낙성(주)의 분개

(1) 20×1/5/31

차>	현금	8,754	대> 사채	10,000
	사채할인발행차금	1,246		

(2) 20×1/11/30

차>	사채이자	438[1)]	대> 현금	400
			사채할인발행차금	38

1) 이자비용: 8,754원 × 0.05 = 438원

(3) 20×1/12/31

차>	사채이자	73[2)]	대> 미지급이자	67[3)]
			사채할인발행차금	6

2) 6개월 이자비용: (8,754원 + 38원) × 0.05 = 440원
1개월 이자비용: 440원 × 1/6 = 73원
3) 미지급이자: 10,000원 × 0.04 × 1/6 = 67원
(4) 20×2/5/31

차>	미지급이자	67	대> 현금	400
	사채이자	367[4)]	사채할인발행차금	34[5)]

4) 5개월 이자비용: 440원 − 73원 = 367원
5) (440원 − 400원) − 6원 = 34원

1.5 사채투자자의 회계처리

사채를 구입한 회사는 사채를 구입한 시점에서 투자사채라는 자산을 인식하고 사채로부터 지급되는 현금이자를 수령하는 시점에서 이자수익을 인식하고 투자사채의 장부금액을 조정하여야 한다. 즉, 투자사채를 보유하고 있는 회사의 분개는 사채를 발행한 회사의 경우의 정반대라고 생각하면 된다.

투자사채를 만기까지 보유할 의도와 능력이 있는 경우에는 만기보유금융자산(HTM: held-to-maturity investments)으로 분류되고, 그 이외의 경우에는 매도가능금융자산(AFS: available-for-sale financial assets)으로 분류된다. 만기보유금융자산은 취득원가와 만기 액면금액과의 차이를 유효이자율법으로 상각하여 장부금액과 이자수익에 가감한다. 매도가능금융자산은 기말에 공정가치로 평가하여 장부금액과의 차이를 기타포괄손익 항목인 매도가능금융자산평가손익으로 기록한다.

이에 대한 구체적인 예로서, 〈자료 15-5〉에 언급된 서울(주)가 발행한 사채를 관악(주)가 구입하고 만기까지 보유한다면 관악(주)의 분개는 다음과 같다.

① 20×1년 1월 1일의 분개 − 사채의 구입

차>	만기보유금융자산	1,850,766	대> 현 금	1,850,766

② 20×1년 12월 31일의 분개 − 사채이자의 수령

차>	현 금	140,000	대> 이자수익	185,077
	만기보유금융자산	45,077		

③ 20×2년 12월 31일의 분개 − 사채이자의 수령

차> 현 금	140,000	대> 이자수익	189,584
만기보유금융자산	49,584		

④ 20×3년 12월 31일의 분개 – 사채이자의 수령

차> 현 금	140,000	대> 이자수익	194,573
만기보유금융자산	54,573		

⑤ 20×3년 12월 31일의 분개 – 사채의 만기 상환

차> 현 금	2,000,000	대> 만기보유금융자산	2,000,000

예제 15-4 사채투자자의 회계처리

20×1년 5월 31일, 낙성(주)는 원금이 10,000원이고 표시이자율이 연 8%인 10년짜리 사채를 발행하고 발행대금 8,754원을 수령하였다. 이 사채에 대한 현금이자 지급일은 매년 5월 31일과 11월 30일이다. 낙성(주)의 결산일은 매년 12월 31일이며 사채할인발행차금은 유효이자율법을 사용하여 상각한다. 사채발행일의 시장이자율은 연 10%이었다.

〈물음〉

위 사채의 발행시점에서 봉천투자(주)가 사채를 전량 인수하였으나 만기까지 보유할 의도는 없을 것이라고 하자. 12월 31일이 봉천투자(주)의 결산일이라고 가정하고, 20×1년 12월 31일의 사채 공정가치가 8,810원일 때 봉천투자(주)가 다음의 각 날짜에 행하여야 할 분개를 하시오.

(1) 20×1/5/31 (2) 20×1/11/30 (3) 20×1/12/31 (4) 20×2/5/31

해 답

(1) 20×1/5/31

차> 매도가능금융자산	8,754	대> 현 금	8,754

(2) 20×1/11/30

차> 현 금	400	대> 이자수익	438
매도가능금융자산	38		

(3) 20×1/12/31

차> 미수이자	67	대> 이자수익	73
매도가능금융자산	6		
차> 매도가능금융자산	12[1)]	대> 매도가능금융자산평가이익	12

1) 8,810 − (8,754 + 38 + 6) = 12

(4) 20×2/5/31

차>	현 금	400	대> 미수이자	67
	매도가능금융자산	34	이자수익	367

예제 15-5 사채 발행자 및 투자자의 회계처리

서울(주)는 20×1년 4월 30일 다음과 같은 조건을 갖는 20년짜리 사채를 발행하였다. 이 사채의 발행당시 시장이자율은 연 16%라고 한다.

액면금액: 100,000원
표시이자율: 연 15%
발행일: 20×1년 4월 30일
이자지급일: 매년 4월 30일과 10월 31일

〈물음〉

1. 사채의 발행가격은 얼마인가?
2. 유효이자율법을 사용하여 다음의 날짜에 대한 분개를 하시오.
   (1) 20×1년 4월 30일
   (2) 20×1년 10월 31일
   (3) 20×1년 12월 31일
   (4) 20×2년 4월 30일
3. 관악(주)가 위 사채를 발행시점에서 만기보유목적으로 전량 인수하였다고 가정하자. 이 경우 다음의 각 날짜에 관악(주)가 해야 할 분개는 어떻게 되는가?
   (1) 20×1년 4월 30일
   (2) 20×1년 10월 31일
   (3) 20×1년 12월 31일
   (4) 20×2년 4월 30일

해 답

1. **원금의 현재가치:** 100,000원 × 0.0460(n=40, i=8%) = 4,600원
   이자의 현재가치: 100,000원 × 0.15 × 6/12 × 11.9246(n=40, i=8%, 연금) = 89,435
   합계: 94,035원

2. 발행자의 분개

   (1) 20×1/04/30 분개

차>	현 금	94,035	대> 사 채	100,000
	사채할인발행차금	5,965		

   (2) 20×1/10/31 분개

차>	사채이자	7,523	대> 사채할인발행차금	23
			현 금	7,500

   (3) 20×1/12/31 분개

차> 사채이자(7,525 × 1/3)	2,508	대> 사채할인발행차금	8
		미지급이자	2,500

(4) 20×2/04/30 분개

차> 미지급이자	2,500	대> 사채할인발행차금	17
사채이자(7,525 ×2/3)	5,017	현 금	7,500

3. 투자자의 분개

(1) 20×1/04/30 분개

차> 만기보유금융자산	94,035	대> 현 금	94,035

(2) 20×1/10/31 분개

차> 현 금	7,500	대> 이자수익	7,523
만기보유금융자산	23		

(3) 20×1/12/31 분개

차> 미수이자	2,500	대> 이자수익	2,508
만기보유금융자산	8		

(4) 20×2/04/30 분개

차> 현 금	7,500	대> 미수이자	2,500
만기보유금융자산	17	이자수익	5,017

1.6 사채의 조기상환

사채의 상환에는 만기상환과 조기상환의 두 가지가 있다. 만기상환이란 사채의 만기일에 사채의 액면금액을 전액 상환하는 것을 말하며 조기상환은 만기일 전에 사채를 분할상환하거나 매입상환하는 것을 말한다.

사채를 매입상환할 때는 먼저 상환직전 이자지급일로부터 매입상환일까지의 이자비용과 사채발행차금상각액을 정확히 계산해야 한다. 그리고 매입상환액과 장부금액의 차이를 사채상환손익으로 인식한다.

매입상환의 경우 사채상환손익의 계산은 다음과 같이 이루어지는데 이 값이 (+)이면 사채상환손실이, (−)이면 사채상환이익이 발생하게 된다.

> 사채상환손익 = 사채매입금액 − (사채장부금액 + 사채이자미지급액[1])

1) 이 금액이 고려되는 이유는 사채매입금액에 미지급현금이자분이 포함되는 것이 일반적이기 때문이다.

사채의 만기상환은 이해에 어려움이 없으므로 다음 〈자료 15-9〉를 통하여 사채의 조기상환 시 발생하는 사채의 상환손익의 계산과정에 대하여 살펴보기로 한다.

자료 15-9 사채의 조기상환

> 서울(주)는 20×1년 1월 1일 시장이자율이 연 10%일 때 다음과 같은 조건의 사채를 92,416원에 할인발행하였다.
>
> - 사채의 액면금액: 100,000원
> - 사채의 표시이자율: 8 %
> - 사채의 만기일: 20×5년 12월 31일

서울(주)는 위의 할인발행한 사채를 20×4년 3월 31일에 발생이자를 포함하여 101,000원에 상환하였다고 가정하고, 정액법으로 사채할인발행차금을 상각한다고 할 때 사채상환손익을 계산하는 과정은 다음과 같다.

(1) 20×4년 3월 31일 현재 사채의 장부금액의 계산

① 3월 31일 사채상환일 현재 미상각된 사채할인발행차금의 계산:

사채발행 시의 사채할인발행차금: (100,000원 − 92,416원)	7,584원
20×1년 초 ~ 20×3년 말까지의 할인발행차금 상각액	
(7,584원 ÷ 5년 = 1,517원), (1,517원 × 3년)	(4,551)
20×4년 1월 1일 ~ 20×4년 3월 31일까지의 할인발행차금 상각액	
1,517원 × 3/12	(379)
미상각사채할인발행차금	2,654원

② 사채상환일 현재 사채의 장부금액: 100,000원 − 2,654원 = 97,346원

(2) 사채상환일 현재 미지급현금이자의 계산

20×4년 1월 1일 ~ 20×4년 3월 31일까지 발생한 현금이자 미지급분:

100,000원 × 8% × 3/12 = 2,000원

(3) 사채상환손익의 계산

- 사채의 매입가격: 101,000원
- 사채의 장부금액 및 미지급현금이자:

97,346원 + 2,000원 = 99,346원

사채상환손실: 101,000원 − 99,346원 = 1,654원

(4) 사채의 조기상환에 대한 분개

사채의 조기상환에 따라 현금 101,000원을 지급하고, 이와 동시에 미상각된 사채할인발행차금 2,654원이 장부에서 제거되어야 한다. 또한 사채의 액면금액 100,000원과 미지급이자 2,000원이 장부에서 제거되고 1,654원의 사채상환손실이 인식된다. 이에 대한 분개는 다음과 같다.

차>		대>	
사　　채	100,000	현　　금	101,000
미지급이자	2,000	사채할인발행차금	2,654
사채상환손실	1,654		

예제 15-6　사채의 조기상환

20×1년 5월 31일, 낙성(주)는 원금이 10,000원이고 표시이자율이 연 8%인 10년짜리 사채를 발행하고 발행대금 8,754원을 수령하였다. 이 사채에 대한 현금이자 지급일은 매년 5월 31일과 11월 30일이다. 낙성(주)의 결산일은 매년 12월 31일이며 사채할인발행차금은 유효이자율법을 사용하여 상각한다. 사채발행일의 시장이자율은 연 10%이었다.

〈물음〉

20×6년 6월 1일 낙성(주)는 봉천투자(주)로부터 위 사채를 전량 구입하였으며 이 때 지급한 현금은 9,000원이라고 한다. 20×6년 6월 1일 낙성(주)는 어떠한 분개를 하여야 하는가?

해 답

(1) 20×6년 6월 1일 현재 장부금액의 계산:

$$10{,}000\text{원} \times \underset{(i=5\%,\ n=10)}{\underline{0.6139}} + 400\text{원} \times \underset{(i=5\%,\ n=10,\ \text{연금})}{\underline{7.7217}} = 9{,}227\text{원}$$

즉, 이 시점에서의 사채할인발행차금 미상각잔액은 다음과 같이 773원이 된다.

10,000원 − 9,227원 = 773원

참고) 어느 시점에서의 사채의 장부금액은 그 시점 이후에 도래하는 현금흐름을 사채가 발행된 시점의 시장이자율(역사적 이자율)로 할인한 값이다.

(2) 분개

차>		대>	
사　　채	10,000	사채할인발행차금	773
		현　　금	9,000
		사채상환이익	227

제 2 절 충당부채

2.1 충당부채의 의의

충당부채(provisions)는 지출의 시기 또는 금액이 불확실한 부채이다. 충당부채는 ① 과거사건의 결과로 현재의무가 존재하고 ② 당해 의무를 이행하기 위하여 경제적 효익을 갖는 자원이 유출될 가능성이 높으며 ③ 당해 의무의 이행에 소요되는 금액을 신뢰성 있게 추정할 수 있을 때 인식한다.

여기에서 현재의무는 법적의무와 의제의무를 포함하는데, 법적의무(legal obligation)는 명시적 또는 묵시적 조항에 따른 계약, 법률, 기타 법적 효력 중 하나로부터 발생하는 의무를 말한다. 그리고 의제의무(constructive obligation)는 과거의 실무관행, 발표된 경영방침 또는 구체적이고 유효한 약속 등을 통해 기업이 특정 책임을 부담하겠다는 것을 상대방에게 표명하고 그 결과 기업이 당해 책임을 이행할 것이라는 정당한 기대를 상대방이 가지게 됨에 따라 발생하는 의무이다.

충당부채의 예로는 판매보증충당부채, 하자보수충당부채, 구조조정충당부채, 복구충당부채 등을 들 수 있다. 기존의 퇴직급여충당부채는 국제회계기준 도입에 따른 퇴직연금제도에 따라 확정급여채무라는 계정과목을 사용하기로 한다. 퇴직급여제도에 대해서는 제 3 절에서 별도로 설명하기로 한다.

(1) 판매보증충당부채

제품보증은 판매자가 구매자에게 제품의 품질, 성능, 수량 등에 결함이 있을 경우 이에 대한 수리 또는 보상을 해 주겠다는 약정으로서 판매촉진수단으로 많이 활용되고 있다. 이때 미래에 발생할 금액을 추정하여 판매한 회계연도의 비용으로 인식한 금액이 판매보증충당부채가 된다.

예를 들어, 20×1년 매출에 대하여 20×2년 이후에 보증으로 인해 지출될 금액이 20,000원으로 추정된다면 다음과 같이 분개한다.

차> 판매보증비	20,000	대> 판매보증충당부채	20,000

그리고 20×2년 중 판매보증으로 인해 7,000원을 실제 현금으로 지출하였다면 다음과 같이 회계처리한다.

차> 판매보증충당부채	7,000	대> 현 금	7,000

(2) 하자보수충부채

건설공사가 완성된 후 하자보수가 예상되는 경우에는 도급금액의 일정률을 하자보수충당부채로 계상하여야 하는데, 이는 비록 하자보수비가 공사완료 후에 발생하는 비용이지만 공사수익을 인식하는 때에 적절하게 추정하여 비용으로 처리하기 위함이다.

하자보수충당부채는 설정 이후 발생되는 하자보수비 지급액과 상계하고 그 잔액은 하자보수의 사유가 종료한 회계연도에 환입하여야 하며, 하자보수충당부채를 초과하여 발생한 하자보수비는 발생한 당해 연도에 비용으로 인식한다.

예를 들어, 광주건설(주)이 20×1년 광주시와 도급금액 600,000원인 건설도급계약을 체결하였는데 이 건설공사가 완료되는 데에는 2년의 기간이 소요될 예정이며 공사완료 후 하자보수기간은 5년간이라고 가정하자. 또 광주건설(주)이 20×2년 말에 공사를 완료하였으며 도급금액의 3%에 해당하는 금액을 하자보수충당부채로 설정하였고 또한 20×3년에는 이 건설공사와 관련되어 하자보수비 3,000원이 지출되었다고 하자.

이 경우 먼저 20×2년 말 시점에 하자보수충당부채 18,000원(= 600,000원 × 3%)을 설정하는 분개는 다음과 같다.

차> 하자보수비	18,000	대> 하자보수충당부채	18,000

또 20×3년 중 하자보수비 3,000원이 실제 현금으로 지출되었을 때에는 다음의 분개를 한다.

차> 하자보수충당부채	3,000	대> 현 금	3,000

(3) 구조조정충당부채

구조조정(restructuring)은 경영진의 계획과 통제에 따라 사업의 범위 또는 사업수행방식을 중요하게 변화시키는 일련의 절차를 말한다. 구조조정의 정의에 해당하는 사건의 예로는 다음을 들 수 있다.

① 일부 사업의 매각 또는 폐쇄

② 특정 국가 또는 특정 지역에 소재하는 사업체를 폐쇄하거나 다른 나라 또는 다른 지역으로 이전
③ 특정 경영진 계층을 조직에서 없애는 등과 같은 조직구조의 변경
④ 영업의 성격과 목적에 중대한 변화를 초래하는 근본적인 사업구조조정

구조조정에 대한 의제의무가 발생하여 충당부채를 인식하기 위해서는 구조조정에 대한 공식적이며 구체적인 계획이 있어야 하고, 기업이 구조조정계획의 이행에 착수하였거나 구조조정의 주요 내용을 공표함으로써 소비자나 공급자 및 종업원 등과 같은 구조조정의 영향을 받을 당사자가 기업이 구조조정을 이행할 것이라는 정당한 기대를 가져야 한다.

이때, 구조조정충당부채로 인식할 수 있는 지출은 구조조정과 관련하여 필수적으로 발생하는 지출로서 기업의 계속적인 활동과 관련이 없는 지출이다. 따라서 계속 근무하는 직원에 대한 교육훈련비나 마케팅 비용 및 새로운 제도 구축에 대한 투자비용 등은 구조조정충당부채로 인식하지 않는다.

(4) 복구충당부채

어떤 자산을 설치하면서 발생한 환경적인 또는 그 이외의 손상을 회복시킬 의무는 손상이 자산의 설치라는 과거사건으로부터 발생하기 때문에 충당부채를 설정해야 한다. 이때 유형자산을 취득 또는 설치하는 결과로써 부담하게 되는 복구의무와 유형자산을 특정 기간에 걸쳐 사용한 결과로써 발생하는 복구의무에 대하여 미래에 지출해야 할 복구원가를 복구충당부채로 설정한다.

복구충당부채 설정의 기준이 되는 복구원가는 대부분 유형자산의 경제적 사용이 종료된 후에 지출되므로 현재가치 할인효과가 중요하다. 따라서 복구충당부채는 현재가치로 측정된다.

이와 같은 복구충당부채는 제13장의 내용에 따라 유형자산의 취득원가에 포함된다. 따라서 기계장치를 1,000원에 구입하고, 이에 대하여 향후 발생할 복구원가의 현재가치가 100원인 경우의 회계처리는 다음과 같다.

차> 기계장치	1,000	대> 현　　금	1,000
차> 기계장치	100	대> 복구충당부채	100

제 3 절 퇴직급여제도

3.1 퇴직급여제도의 의의

퇴직급여(post-employment benefits)는 퇴직 이후에 지급하는 종업원급여로서 퇴직연금, 그 밖의 퇴직후급여, 퇴직후 생명보험, 퇴직후 의료급여 등을 말하며 이 중 퇴직연금이 대표적이다.

퇴직연금제도는 제도의 주요 규약에서 도출되는 경제적 실질에 따라 확정기여제도와 확정급여제도로 분류된다.

확정기여제도(DC: defined contribution plan)는 기업이 별개의 실체(기금)에 고정 기여금을 납부하고, 그 기금이 종업원의 근무용역과 관련된 종업원급여를 지급할 수 있을 정도로 충분한 자산을 보유하지 못하여도 기업에게는 추가로 기여금을 납부해야 하는 의무가 없는 제도이다.

따라서 확정기여제도에서 종업원이 받을 퇴직급여액은 기업과 종업원이 퇴직급여제도나 보험회사에 출연하는 기여금과 그 기여금에서 발생하는 투자수익에 따라 결정된다. 확정기여제도에서 보험수리적위험(실제 급여액이 기대 급여액에 미치지 못할 위험)과 투자위험(기여금을 재원으로 투자한 자산이 기대 급여액을 지급하는 데 충분하지 못하게 될 위험)은 종업원이 부담한다.

확정급여제도(DB: defined benefit plan)는 확정기여제도 이외의 모든 퇴직급여제도를 말한다. 확정급여제도에서 기업의 의무는 약정한 급여를 전현직 종업원에게 지급하는 것으로서 기업이 보험수리적위험(실제 급여액이 기대 급여액을 초과할 위험)과 투자위험을 실질적으로 부담한다. 따라서 보험수리적 실적이나 투자실적이 예상보다 저조하다면 기업의 의무는 증가할 수 있다.

3.2 퇴직기여제도의 회계처리

확정기여제도의 회계처리는 각 기간에 대한 보고기업이 부담하는 채무가 당해 기간의 기여금으로 결정되므로 보험수리적 가정을 세울 필요가 없어 비교적 단순하다.

확정기여제도인 경우, 당해 회계기간에 대하여 회사가 납부해야 할 기여금을 퇴직급여의 과목으로 비용으로 인식하고, 퇴직연금운용자산이나 확정급여채무 등은 인식하지 않는다. 다만, 당해 연도에 납부해야 할 기여금과 기존에 현금으로 지급한 납부한 기여금과의 차이를 미지급비용 또는 선급비용으로 인식한다.

예제 15-7 **확정기여제도**

확정기여형 퇴직연금제도를 운영하고 있는 정선회사는 보험회사에 해당 근로자 연봉의 1/12을 매년 말에 일시불로 납부하기로 하였다. 해당 근로자의 20×1년 총 연봉은 4,800원이고, 퇴직자에 대하여 20×2년 7월 초에 600원의 퇴직금이 지급되었다. 이와 관련한 정선회사의 회계처리는 어떻게 되는가?

해 답

(1) 20×1년 말: 차> 퇴직급여 400 대> 현 금 400

(2) 20×2년 7월: 이후 연도의 퇴직금 지급시에는 아무런 분개를 하지 않는다.

3.3 확정급여제도의 회계처리

확정급여제도에서는 종업원이 퇴직한 이후 일정 기간 동안 일정한 퇴직급여를 연금의 형태로 지급하여야 한다. 따라서 미래 지급해야 할 연금의 현재가치를 확정급여채무로 인식하고, 퇴직급여는 종업원이 당기에 지급한 근로에 대하여 지급하는 것이므로 미래에 지급할 연금이라고 하더라도 당기에 이를 비용으로 인식한다.

(1) 보험수리적 가정과 보험수리적손익

확정급여제도에서는 미래 지급액이 확정되어 있는데, 이를 지급할 기금은 불확실성이 내재되어 있다. 따라서 퇴직급여의 궁극적인 원가를 결정하는 여러 변수들에 대하여 추정을 해야 하는데, 이를 보험수리적 가정이라 한다. 보험수리적 가정(actuarial assumptions)은 다음으로 구성된다.

① 급여를 수령할 권리를 갖는 종업원의 미래 특성에 관한 인구통계적 가정
- 사망률
- 이직률, 신체장애율

② 재무적 가정
- 할인율
- 미래의 임금과 급여 수준
- 사외적립자산의 기대수익률

보험수리적 가정의 변경으로 발생하는 손익 및 보험수리적 가정과 실제로 발생한 결과와의 차이에서 발생하는 손익을 보험수리적손익(actuarial gains and losses)이라 한다. 보험수리적 가정은 미래에 대한 예측에 기초하기 때문에 변동 가능성이 높다.

따라서 각각의 변동에 대하여 모두 보험수리적손익을 인식하지 않고 범위접근법(corridor method)을 사용한다. 이때, 직전 보고기간말 현재 인식되지 않은 보험수리적손익의 순누계액이 다음 중 큰 금액을 초과하는 경우에 그 초과분에 대하여 종업원의 예상평균잔여근무기간으로 나눈 금액을 잔여근무기간에 걸쳐 수익 또는 비용으로 인식한다.

① 직전 보고기간말 현재 사외적립자산 차감 전 확정급여채무 현재가치의 10%
② 직전 보고기간말 현재 사외적립자산 공정가치의 10%

단, 보험수리적이익과 보험수리적손실 양쪽에 동일한 방법을 적용하고, 그 방법을 일관성 있게 적용한다면 보험수리적손익을 발생한 기간에 즉시 인식할 수 있는데, 이때는 기타포괄손익으로 보고하고 전액 이익잉여금에 인식한다.

(2) 회계처리 구성요소

사외적립자산(plan assets)은 장기종업원급여기금이 보유하고 있는 자산이나 적격보험계약으로 구성된다. 사외적립자산의 공정가치는 재무상태표에 인식되는 금액을 결정할 때 확정급여채무에서 차감하여 표시한다.

사외적립자산의 기대수익은 관련 확정급여채무가 존속하는 전체 기간의 수익에 대하여 회계기간 초에 시장에서 형성된 기대치에 기초하여 결정한다. 사외적립자산의 기대수익에는 회계기간 중 기금에 실제로 기여금이 납부되고 기금에서 실제로 급여가 지급된 결과로 발생하는 사외적립자산의 공정가치 변동을 반영한다.

과거근무원가(past service cost)는 기업이 확정급여제도를 새로 도입하거나 기존의 확정급여제도에서 지급해야 하는 급여를 변경하는 경우에 발생하며, 제도 개정으로 인해 발생하는 부채의 변동금액으로 측정한다.

이러한 변경은 관련 급여가 가득되기까지의 기간에 걸친 종업원 근무용역에 대한 대가이므로, 종업원의 과거근무용역에 대한 것이어도 가득되기까지의 기간에 걸쳐 인식한다. 다만, 확정급여제도를 새로 도입하거나 개정하는 즉시 관련 급여가 가득된다면, 이러한 과거근무원가는 즉시 인식한다.

(3) 회계처리 예제

〈자료 15-10〉은 확정급여제도의 회계처리 절차와 재무상태표의 확정급여채무 및 포괄손익계산서의 퇴직급여로 인식해야 하는 항목을 정리한 것이다.

자료 15-10 확정급여제도의 회계처리 요약

1. 확정급여제도의 회계처리 절차

① 종업원이 당기와 과거기간에 제공한 근무용역의 대가로 획득한 급여액을 보험수리적 기법을 사용하여 신뢰성 있게 추정한다. 이 경우 당기와 과거기간에 귀속되는 급여액을 결정한다.
② 확정급여채무의 현재가치와 당기근무원가를 결정하기 위해 추정 급여를 할인한다.
③ 사외적립자산의 공정가치를 결정한다.
④ 보험수리적손익의 총액과 그 중에서 당기에 손익으로 인식해야 할 금액을 결정한다.
⑤ 제도가 새롭게 도입되거나 개정되는 경우 그 결과로 발생하는 과거근무원가를 결정한다.
⑥ 제도를 축소하거나 청산하는 경우 그 결과로 발생하는 손익을 결정한다.

2. 재무상태표의 확정급여채무

	보고기간종료일 현재 확정급여채무의 현재가치
(−)	미인식 과거근무원가
(−)	보고기간종료일 현재 사외적립자산의 공정가치
	확정급여채무

3. 포괄손익계산서의 퇴직급여

	당기근무원가
(+)	이자원가
(−)	사외적립자산의 기대수익
(−)	보험수리적이익(상각)[1)]
(+)	보험수리적손실(상각)[1)]
(+)	과거근무원가
(+)	축소나 청산의 효과
	퇴직급여 인식액

1) 보험수리적손익을 발생한 기간에 기타포괄손익으로 즉시 인식하는 경우에는 해당되지 않음.

확정급여제도에서 재무상태표에 계상될 확정급여채무와 포괄손익계산서에 인식될 퇴직급여는 복잡한 인구통계적 가정 및 재무적 가정을 통하여 산출된다. 따라서 회사 자체적으로 산출하기는 쉽지 않아, 전문적인 능력을 갖춘 외부 업체에 컨설팅을 맡기는 경우가 일반적이다.

다음에서는 외부 업체로부터 다음의 〈자료 15－11〉과 같은 보고서를 수령한 경우를 가정하여 확정급여제도에 따른 20×1년과 20×2년의 회계처리를 설명하기로 한다.

자료 15-11

1. 당기 재무상태표 반영 요소

재무상태표 구성 요소	20×0년 말	20×1년 말
A. 확정급여채무		
(1) 기초 확정급여채무	15,000	19,400
(2) 당기근무원가	3,000	3,400
(3) 이자원가	700	950
(4) 퇴직급여 지급액	600	800
(5) 보험수리적손익	1,300	(750)
(6) 기말 확정급여채무[1]	19,400	22,200
B. 사외적립자산		
(1) 기초 사외적립자산 공정가치	8,000	10,100
(2) 사외적립자산의 기대수익	600	650
(3) 보험수리적손익	350	150
(4) 퇴직급여 중 사업자 지급액	250	500
(5) 부담금 납입액	1,400	1,600
(6) 기말 사외적립자산 공정가치[2]	10,100	12,000
C. 미인식 과거근무원가	－	－
D. 확정급여채무(재무상태표)[3]	9,300	10,200

1) 기말 확정급여채무＝(1) ＋ (2) ＋ (3) － (4) ＋ (5)
2) 기말 사외적립자산 공정가치＝(1) ＋ (2) ＋ (3) － (4) ＋ (5)
3) 재무상태표상 확정급여채무＝A － B ＋ C

2. **차기 당기손익 추정 요소**(보험수리적손익은 전액 기타포괄손익으로 인식한다고 가정)

포괄손익계산서 구성 요소		20×2년 추정
A. 당기근무원가	(1) 연초액	3,700
	(2) 이자액	185
	(3) 당기근무원가[1)]	3,885
B. 이자원가	(1) 확정급여채무 연초액	22,200
	(2) 확정급여채무 감소 예상액	900
	(3) 할인율	5%
	(4) 이자원가[2)]	1,065
C. 사외적립자산의 기대수익	(1) 기초 공정가치	12,000
	(2) 자산 감소 예상액	700
	(3) 자산 증가 예상액	2,000
	(4) 사외적립자산 공정가치 평균	13,300
	(5) 기대수익률	6%
	(6) 예상 기대수익[3)]	798
D. 과거근무원가 상각		–
E. 연금의 순기간원가[4)]		4,152

1) 당기근무원가 = (1) + (2)
2) 이자원가 = [(1) − (2)] × (3)
3) 예상 기대수익 = (4) × (5)
4) 연금의 순기간원가 = A + B − C + D

20×1년 결산시 위의 보고서에서 산출된 보험수리적손익을 반영하여 확정급여채무와 사외적립자산의 기말금액을 산정한다. 이때, 회사의 회계정책에 따라 보험수리적손익을 기타포괄손익에 반영하기로 하였으므로 기타포괄손익을 전액 이익잉여금으로 대체하는 분개를 추가한다. 이에 따른 20×1년 말의 회계처리는 다음과 같다.

차> 확정급여채무	750	대> 보험수리적이익	900
사외적립자산	150		
차> 보험수리적이익	900	대> 이익잉여금	900

20×2년 기중의 회계처리는 20×1년 말에 산출한 20×2년 추정손익에 따라 수행한다. 이때, 보험수리적손익과 과거근무원가 및 축소와 청산의 효과가 없으므로 포괄손익계산서에 반영할 퇴직급여는 당기근무원가, 이자원가 및 사외적립자산의 기대수익을 고려한 금액이 된다.

① 당기근무원가:

차> 퇴직급여	3,885	대> 확정급여채무	3,885

② 이자원가:

차> 퇴직급여	1,065	대> 확정급여채무	1,065

③ 기대수익:

차> 사외적립자산	798	대> 퇴직급여	798

한편, 20×1년 기중에 실제 퇴직자 발생시 및 부담금 납부시의 회계처리는 다음과 같이 수행한다.

① 퇴직자 발생시:

차> 확정급여채무	800	대> 사외적립자산	500
		현금및현금성자산	300

② 부담금 납부시:

차> 사외적립자산	1,600	대> 현금및현금성자산	1,600

부 록

화폐의 시간가치

제 1 절 화폐의 시간가치와 이자

1.1 화폐의 시간가치

화폐의 시간가치(time value of money)는 지금 현재 시점의 1,000원이 1년 후의 1,000원보다 가치가 더 크다는 논리로부터 파생된 개념이다. 동일한 금액에 대하여 사람들은 미래에 수령하게 될 현금보다는 현재 현금을 더 선호하는데 그 이유는 첫째, 미래의 현금이 수령될 수 없을지도 모른다는 불확실성이 존재하고 둘째, 현재 소유하는 현금을 투자하는 경우 미래에는 더 높은 가치로 환원될 수 있기 때문이다.

기업의 많은 경영의사결정은 기업이 선택하는 투자안에 대하여 현금흐름을 비교하고 분석하는 데에 집중되어 있다. 이와 같은 경영의사결정 과정이 유용하기 위해서는 투자안들로부터 발생하는 미래의 현금흐름을 동일한 시점으로 환산함으로써 각 투자안을 비교할 수 있어야 한다.

즉, 앞으로 발생할 현금흐름을 미래의 어느 특정 시점으로 환산하거나, 아니면 미래의 현금흐름을 현재시점으로 환산하여 각 투자안의 수익성과 경제성을 비교하게 된다. 이때 전자의 경우를 미래가치(future value)라고 하고, 후자의 경우를 현재가치(present value)라고 한다.

미래가치와 현재가치의 개념을 이해하는 데에는 복수이자(compound interest)의 개념이 필수적이다. 즉, 앞으로 논의할 화폐의 시간가치에 대한 내용은 모두 복수이자의 개념을 그 근간으로 하고 있는 것이다. 따라서 먼저 단순이자와 복수이자의 개념에 대해 논의하기로 한다.

1.2 단순이자와 복수이자

이자(interest)란 일정기간 동안 돈을 사용한 것에 대한 대가를 말한다. 이와 같이 이자는 시간과 관련되어 발생하는 원가이므로 기업의 경영자들은 경영의사결정에 있어서 이자에 대한 고려를 하게 된다.

단순이자(simple interest)란 이자가 계산되는 원금(principal amount)이 기간마다 일정하다는 가정하에 하나 또는 그 이상의 기간에 발생하는 이자비용을 의미하며, 복수이자(compound interest)란 원금과 이전기간 동안 발생한 이자의 합계액에 대한 이자를 말한다. 즉, 어느 한 기간 동안의 이자 발생액이 원금에 포함되고, 그 다음 기간에는 전기의 이자 발생액만큼 증가한 새로운 원금에 대하여 이자를 계산하는 경우, 이 때의 이자가 복수이자가 되는 것이다. 여기에서 복리계산(compounding)이란 '이자란 이자에 이자를 계산하는 것(interest on interests)'을 의미한다.

먼저 단순이자의 예를 들어보기로 하자. 만약 연 8% 이자율, 90일 만기인 60,000원의 어음을 받았다면 어음의 만기일에 수령하게 될 이자는 1,200원이 되는데 이는 다음과 같이 계산된다.

$$
\begin{aligned}
\text{이자} &= \text{원금} \times \text{이자율} \times \text{기간} \\
&= 60{,}000\text{원} \times 8\% \times 90 \div 360 \\
&= 1{,}200\text{원}
\end{aligned}
$$

따라서 어음의 만기일에는 어음의 액면금액과 이자를 포함하여 61,200원을 현금으로 수령하게 된다. 즉,

$$
\begin{aligned}
\text{어음 만기일의 수령액} &= \text{원금} + \text{이자} \\
&= 60{,}000\text{원} + 1{,}200\text{원} \\
&= 61{,}200\text{원}
\end{aligned}
$$

다음으로 복수이자의 예를 들어보기로 하자. 만약 500,000원을 연 6%의 저축예금에 예치하고 3년 후에 찾기로 하였다면 이 때 3년째가 되는 시점에서 수령하게 될 금액은 다음과 같이 구할 수 있다. 우선 1차 연도 말 시점에 저축예금에 누적될 금액은 다음과 같다.

500,000원 × (1 + 0.06) = 530,000원

그 다음 2차 연도 말 시점에 저축예금에는 다음과 같이 561,800원이 누적될 것이다.

530,000원 × (1 + 0.06) = 561,800원

마지막으로 3차 연도 말 시점, 즉 저축예금을 찾는 시점에서는 다음과 같이 595,508원을 수령하게 되는 것이다.

561,800원 × (1 + 0.06) = 595,508원

다음의 〈자료 1〉은 이와 같은 계산과정을 정리한 것이다.

자료 1 **복수이자, 500,000원, 연 6%, 3년 만기**

(1) 연도 말	(2) 연도 초의 원금액	(3) 연간 이자액 (2) × 6%	(4) 연도 말의 누적액 (2) + (3)
1차 연도	500,000원	30,000원	530,000원
2차 연도	530,000	31,800	561,800
3차 연도	561,800	33,708	595,508

〈자료 1〉에서 보면 1차 연도의 이자는 30,000원이지만 2차 연도의 경우에는 31,800원의 이자가, 그리고 3차 연도의 경우에는 33,708원의 이자가 각각 발생하여, 각 기간의 이자가 시간이 지남에 따라 계속적으로 증가하고 있음을 알 수 있다. 이는 2차 연도와 3차 연도의 경우 그 전 기간에 발생한 이자액이 원본 금액에 포함되어 이를 바탕으로 다시 이자가 계산되었기 때문이다. 즉, 이자에 이자가 계산되어 원금에 누적되고 있다는 것을 알 수 있다.

예를 들어, 1차 연도와 2차 연도의 이자액간에는 1,800원의 차이가 발생하는데 이는 1차 연도의 이자액 30,000원에 연 이자율을 곱한 금액과 정확하게 일치한다. 즉,

이자액 차이 = 31,800원 − 30,000원
= 1,800원

$$= 30{,}000\text{원} \times 0.06$$

또 3차 연도 말 시점에 수령하게 될 595,508원은 다음과 같이 구할 수도 있다.

$$595{,}508\text{원} = 500{,}000\text{원} \times (1 + 0.06)^3$$

한편 이와 같이 구하는 경우를 위하여 미리 작성된 미래가치표를 사용할 수도 있는데 미래가치표는 〈부표-1〉에 나타나 있다. 이 경우 기간(n)이 3이고 이자율(i)이 6%이므로 〈부표-1〉에서 보면 미래가치계수는 1.1910이 된다. 따라서 이를 이용하여 다음과 같이 계산한다.

$$500{,}000\text{원} \times \underset{(n=3,\ i=6\%,\ \text{미래가치계수})}{\underline{1.1910}} = 595{,}500 \fallingdotseq 595{,}508$$

여기에서 8원의 차이가 발생하는 것은 단수처리에 의한 오차(rounding error)이므로 무시하기로 한다.

예제 1 **단순이자와 복수이자**

곽영환씨는 현재 보유하고 있는 현금을 은행에 예치할 계획을 가지고 있다. 은행의 연 이자율은 8%라고 한다.

〈물음〉

1. 만약 곽영환 씨가 1,000,000원을 단순이자(simple interest)로 3년 동안 은행에 예치한다면 3년 후 얼마를 수령하게 되겠는가?
2. 만약 곽영환 씨가 1,000,000원을 복수이자(compound interest)로 3년 동안 은행에 예치한다면 3년 후 얼마를 수령하게 되겠는가?

해 답

1. 단순이자의 경우

연도	연도 초의 원본금액	연간 이자액	연도 말의 누적액
1차 연도	1,000,000원	80,000원	1,080,000원
2차 연도	1,000,000	80,000	1,160,000
3차 연도	1,000,000	80,000	1,240,000

2. 복수이자의 경우

연도	연도 초의 원본금액	연간 이자액	연도 말의 누적액
1차 연도	1,000,000원	80,000원	1,080,000원

2차 연도	1,080,000	86,400	1,166,400
3차 연도	1,166,400	93,312	1,259,712

또는 1,000,000원 × 1.2597 = 1,259,700원(12원 차이는 rounding error임)
($n = 3$, $i = 8\%$, 미래가치계수)

1.3 복수이자와 실질이자율

복리계산의 회수가 많으면 많을수록 이자에 이자가 더해지므로 나중에 수령하게 될 금액은 증가하게 된다. 여기에서는 복리계산(compounding)의 회수와 실질이자율(effective interest rate)간의 관계에 대해 논의하기로 한다.

먼저 10,000원을 연 12%의 이자율로 투자한다고 가정하자. 이 경우 만약 이자계산을 1년에 1회 하는 경우(compounded annually) 실질이자율은 다음과 같이 연 12%가 될 것이다.

10,000원×(1 + 0.12) = 10,000원 × 1.1200 = 11,200원 (→ 실질이자율은 연 12%)
($n = 1$, $i = 12\%$, 미래가치계수)

만약 이자를 매 6개월마다 계산하는 복리계산을 하는 경우(compounded semi-annually)의 실질이자율은 다음과 같이 연 12.36%가 된다는 것을 알 수 있다. 즉, 1년은 6개월이 두 번 있으므로 기간(n)이 2이고 한 기간에 해당되는 이자율은 6%가 된다.

10,000원×$(1 + 0.06)^2$ = 10,000원 × 1.1236 = 11,236원 (→ 실질이자율은 연 12.36%)
($n = 2$, $i = 6\%$, 미래가치계수)

매 분기마다 복리계산을 하는 경우(compounded quarterly)의 실질이자율은 다음과 같이 연 12.55%가 된다.

10,000원×$(1 + 0.03)^4$ = 10,000원 × 1.1255 = 11,255원 (→ 실질이자율은 연 12.55%)
($n = 4$, $i = 3\%$, 미래가치계수)

만약 매월마다 복리계산을 한다면(compounded monthly) 실질이자율은 연 12.68%가 된다.

10,000원×$(1 + 0.01)^{12}$ = 10,000원 × 1.1268 = 11,268원 (→ 실질이자율은 연 12.68%)
($n = 12$, $i = 1\%$, 미래가치계수)

예제 2 복수이자와 실질이자율

다음의 경우 실질이자율을 구하시오.

1. 연 6%, 매 6개월마다 복리계산을 하는 경우
2. 연 8%, 매 3개월마다 복리계산을 하는 경우

해 답

1. 〈부표-1〉에서 $n = 2$, $i = 3\%$의 미래가치계수는 1.0609이므로 실질이자율은 연 6.09%.
2. 〈부표-1〉에서 $n = 4$, $i = 2\%$의 미래가치계수는 1.0824이므로 실질이자율은 연 8.24%.

제 2 절 미래가치

2.1 단일금액의 미래가치

어떠한 투자(investment)의 미래가치(future value)라 함은 현재 투자한 금액이 일정한 기간 동안 일정한 이자율로 증가한 결과 그 기간의 말 시점에서 최종적으로 수령하게 되는 금액을 말한다. 지금 현재 소유하고 있는 1원의 미래가치는 다음과 같은 공식에 의하여 계산된다.

$$1\text{원의 미래가치} = 1\text{원} \times (1 + i)^n$$

여기에서 n은 기간을 나타내고 i는 한 기간에 해당하는 이자율을 나타낸다. 이와 같은 미래가치를 구하기 위하여 그 계산과정을 간략하게 표로 나타낸 것이 〈부표-1〉이다.

한편 미래가치에는 현재 투자하고자 하는 원금과 기간별 이자가 포함되는데 각 기간별 이자는 직전 기간의 이자를 원금에 포함하여 다시 새로운 원금을 구한 것에 대한 복수이자를 말한다.

다음에 제시된 〈자료 2〉는 〈자료 1〉에서 언급한 미래가치의 내용을 그림으로 나타낸 것이다.

자료 2 단일금액의 미래가치

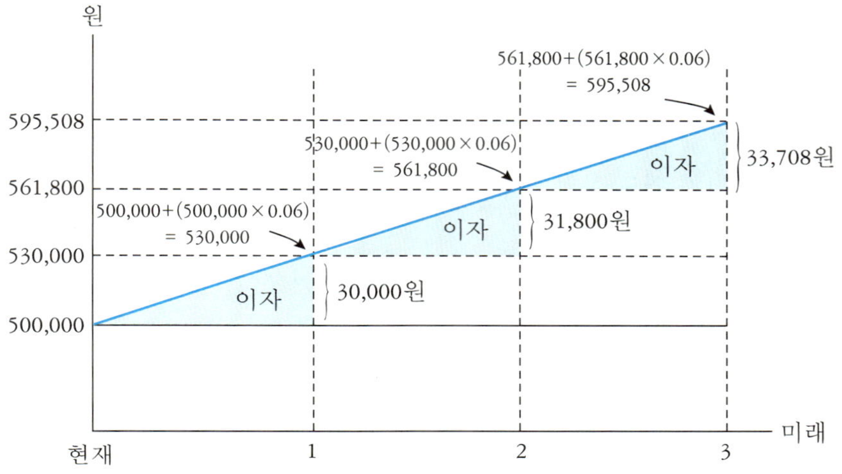

예제 3 단일금액의 미래가치

만약 30,000원을 2년간 연 12%의 복리로 투자하였다면 2년 후 수령하게 될 금액은 얼마가 되는가?

해 답

원 금	30,000원
1차 연도의 이자	
(30,000원 × 12%)	3,600
1차 연도 말 누적액	33,600원
2차 연도의 이자	
(33,600원 × 12%)	4,032
2차 연도 말 누적액	37,632원

2.2 연금의 미래가치

연금(annuity)이란 매 기간마다 동일한 현금흐름이 나타날 때의 현금흐름을 말한다. 예를 들어, 현재로부터 1년 후부터 매 연도 말에 1,000원의 현금흐름이 3번 발생하는데 이 때 연 이자율은 6%라고 하자. 이 경우의 현금흐름은 다음과 같이 나타낼 수 있다.

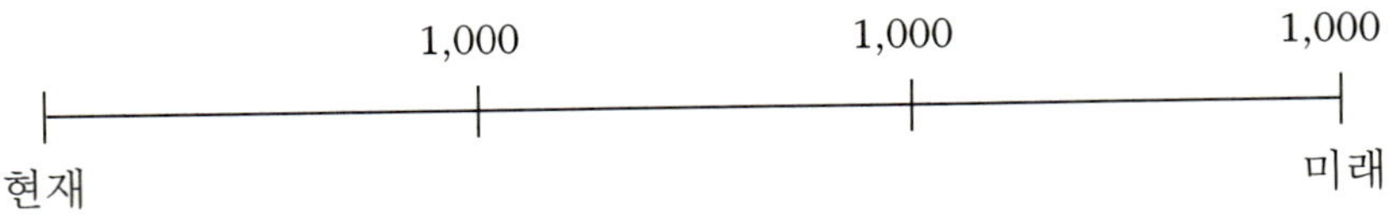

위의 현금흐름의 미래가치는 〈부표-1〉을 이용하여 다음과 같이 구할 수 있다.

1차 연도 말의 1,000원의 미래가치: 1,000원 × 1.1236 = 1,123.6원
($n = 2,\ i = 6\%$)

2차 연도 말의 1,000원의 미래가치: 1,000원 × 1.0600 = 1,060원
($n = 1,\ i = 6\%$)

3차 연도 말의 1,000원의 미래가치: 1,000원 × 1.0000 = 1,000원

미래가치 합계 3,183.6원

위와 같은 연금의 미래가치를 쉽게 구할 수 있도록 마련된 표가 〈부표-2〉의 연금의 미래가치표이다. 즉, 앞의 예에서 $n = 3$이고 $i = 6\%$이므로 〈부표-2〉에서 연금의 미래가치계수는 3.1836이 된다. 따라서 위 연금의 미래가치는 다음과 같이 계산된다.

1,000원 × 3.1836 = 3,183.6원

이와 같은 연금의 미래가치 개념은 우리의 일상생활에서도 많이 활용되고 있는데, 적금, 퇴직연금 및 보험 상품 등이 이에 해당된다.

예제 4 **연금의 미래가치**

김한주씨는 다음 달 말부터 매월 30,000원의 금액을 20개월짜리 적금에 투자하고자 한다. 이 적금의 이자율이 월 2%라고 한다면 김한주씨가 이 적금의 만기일에 수령하게 될 금액은 얼마가 되는가?

해 답

〈부표-2〉에서 $n = 20,\ i = 2\%$이므로 위 연금의 미래가치계수는 24.297이다.

미래에 수령하게 될 금액 = 30,000원 × 24.297 = 728,910원

제 3 절 현재가치

3.1 단일금액의 현재가치

현재가치(present value)란 미래에 수령하게 될 현금의 현재시점의 가치를 말한다. 현재가치는 제 2 절에서 논의한 미래가치의 역수가 되는데, 미래가치의 계산은 현재 소유하고 있는 현금의 미래가치를 구하는 과정인데 비하여 현재가치의 계산은 미래에 수령하게 될 현금의 현재시점의 가치를 구하는 과정이 된다.

예를 들어, 3년 후에 500,000원을 수령하게 될 투자안이 있다고 하자.

만약 이자율이 연 6%라면 이 투자안의 현재 시점에서의 가치는 다음과 같이 구할 수 있다.

먼저 3년 후에 수령할 500,000원의 2년 후 시점의 가치는 다음과 같다.

$$500{,}000\text{원} \div (1 + 0.06) = 471{,}700\text{원}$$

또 2년 후 시점에서의 471,700원이 1년 후 시점에 갖는 가치는 다음과 같이 구한다.

$$471{,}700\text{원} \div (1 + 0.06) = 445{,}000\text{원}$$

마지막으로, 1년 후 시점의 445,000원의 현재 시점의 가치는 다음과 같이 구한다.

$$445{,}000\text{원} \div (1 + 0.06) = 419{,}800\text{원}$$

여기에서 3년 후에 수령하게 될 500,000원은 지금 현재의 419,800원과 경제적으로 동일한 가치를 갖는다고 해석할 수 있다. 이와 같은 현재가치 계산과정은 간략하게 다음과 같이 표현할 수 있다.

$$500{,}000\text{원} \div (1 + 0.06)^3 = 419{,}800\text{원}$$

위와 같은 계산과정을 편리하게 하기 위하여 미리 작성된 표를 현재가치표라고 하는데 이는 〈부표-3〉에 나타나 있다. 현재가치표에 의하면 $n = 3$, $i = 6\%$이므로 현가계수는 0.8396이 된다. 따라서 현재가치는 다음과 같이 구한다.

$$500{,}000\text{원} \times \underline{0.8396} = 419{,}800\text{원}$$

($n = 3$, $i = 6\%$, 현가계수)

한편 위의 현재가치의 내용을 그림으로 표시하면 다음의 〈자료 3〉과 같다.

자료 3 단일금액의 현재가치

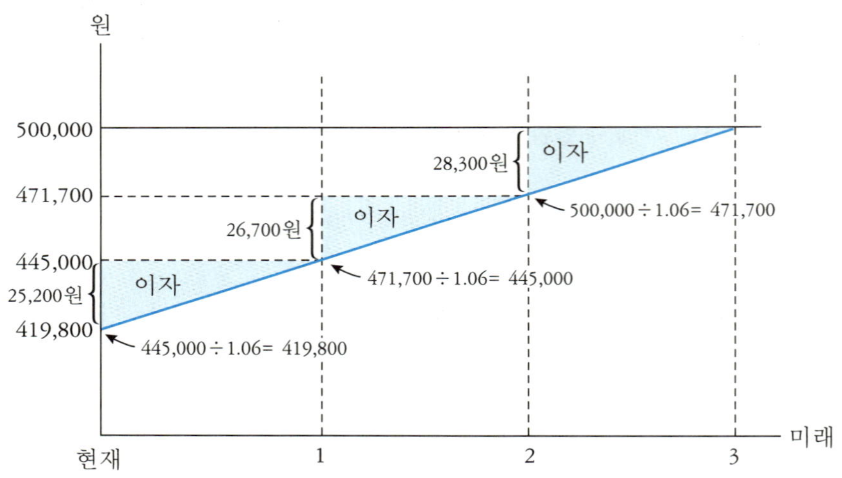

예제 5 단일 금액의 현재가치

이자율이 연 10%인 경우 5년 후에 수령하게 될 100,000원의 현재가치를 구하시오.

해 답

〈부표-3〉을 이용하면 $n = 5$, $i = 10\%$이므로 현가계수는 0.6209가 된다.

현재가치 = 100,000원 × 0.6209 = 62,090원

3.2 연금의 현재가치

먼저 다음과 같은 연금이 있다고 하자. 즉, 매 연도 말에 10,000원의 현금흐름이 3년간 발생하며 이자율은 연 10%이다.

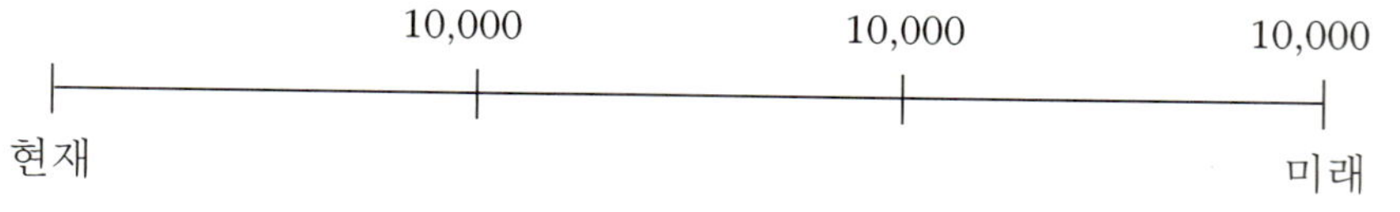

위의 현금흐름의 현재가치는 〈부표-3〉을 이용하여 다음과 같이 구할 수 있다.

1차 연도 말의 10,000원의 현재가치: 10,000원 × $\underline{0.9091}$ = 9,091원
($n = 1,\ i = 10\%$)
2차 연도 말의 10,000원의 현재가치: 10,000원 × $\underline{0.8264}$ = 8,264원
($n = 2,\ i = 10\%$)
3차 연도 말의 10,000원의 현재가치: 10,000원 × $\underline{0.7513}$ = $\underline{7{,}513}$원
($n = 3,\ i = 10\%$)
현재가치 합계 24,868원

즉, 이자율 연 10%인 상태에서 1년 후부터 3년간 매 연도 말에 10,000원씩을 수령하는 현금흐름의 값은 현재의 24,868원과 동일하다는 것이다.

위와 같은 연금의 현재가치를 쉽게 구할 수 있도록 마련된 표가 〈부표-4〉의 연금의 현재가치표이다. 앞의 예에서 $n = 3$이고 $i = 10\%$이므로 〈부표-4〉에서 연금의 현재가치계수는 2.4869가 된다. 따라서 위 연금의 현재가치는 다음과 같이 계산된다.

10,000원 × $\underline{2.4869}$ = 24,869원
($n = 3,\ i = 10\%$, 연금의 현가계수)

여기에서 차이가 나는 금액 1원은 단수처리에 의한 오차이므로 무시하기로 한다.

예제 6 연금의 현재가치

김명주 씨는 오늘 은퇴하였는데 앞으로 한 달 후부터 매 월 300,000원의 금액을 20개월 동안 받게 된다고 한다. 한 달간의 이자율이 2%라고 가정 한다면 김명주 씨가 받게 될 이 연금의 현재가치는 얼마가 되는가?

해 답

〈부표-4〉에서 $n = 20$, $i = 2\%$이므로 위 연금의 현재가치계수는 16.3514이다.

연금의 현재가치 = 300,000원 × 16.3514 = 4,905,420원

연습문제

문제 15-1 충당부채의 개념

충당부채를 재무제표에 인식할 수 있는 요건은 무엇이며 확정부채와는 어떤 점에서 구별되는가?

문제 15-2 사채의 조기상환

만기 이전에 언제든지 사채를 상환할 수 있는 권리가 부여되어 있다면 이는 사채발행자와 사채취득자 중에서 누구에게 유리한 조건인가? 또한 위의 조건이 없는 사채와 비교할 경우 사채의 가격은 어떻게 변하겠는가?

문제 15-3 사채발행가격의 계산

(주)수원이 발행한 사채는 다음의 네 종류이다. 사채의 번호별로 발행가격을 구하시오.

사채번호	만기가치	표면이자율	이자지급조건	만기	시장이자율
1	400,000원	7%	연 1회	7년	7%
2	400,000	8	연 4회	5	2.5(3개월당)
3	300,000	12	연 2회	3	5(6개월당)
4	300,000	0	연 1회	3	11

문제 15-4 사채이자율의 계산

다음은 사채할증발행차금의 상각표이다.

연 월 일	기초장부금 액	유효이자율에 의한 이자비용	표시이자율에 의한 이자지급액	사채할증발행차금 상각액	장부금액
20×1. 1. 1	0	0	0	0	3,236,190원
20×1.12.31	3,236,190원	226,533원	300,000원	73,467원	3,162,723
20×2.12.31	3,162,723	221,390	300,000	78,610	3,084,113
20×3.12.31	3,084,113	215,887	300,000	84,113	3,000,000
합 계		663,810원	900,000원	236,190원	

〈물음〉

1. 발행당시의 시장이자율과 표시이자율을 구하시오.
2. 만기시점의 회계처리를 수행하시오.

문제 15-5 사채의 발행과 상환

횡성개발은 새로운 투자자금 조달을 위하여 20×2년 초 사채를 발행하였다. 사채의 액면금액은 600,000원이며 20×3년 말에 만기가 도래한다. 한편 발행당시의 시장이자율은 5%이고 회사는 유효이자율법을 사용하여 상각한다.

〈물음〉

1. 사채의 액면이자가 없는 경우 20×2년과 20×3년 회사의 분개를 제시하시오.
2. 사채의 액면이자가 8%이고 매년 말 지급하는 경우 20×2년과 20×3년 회사의 분개를 제시하시오.

문제 15-6 사채발행을 통한 비현금 자산의 취득

정선관광은 20×3년 초 휴양지 건설을 위하여 토지를 매입하고 그 대가로 다음과 같은 사채를 발행하였다. 발행당시의 시장이자율은 10%이며 정액법으로 상각한다.

사채의 액면금액: 250,000,000원
사채의 액면이자율: 연 8%(이자지급은 매년 말)
사채의 만기일: 20×4년 12월 31일

〈물음〉

1. 토지의 취득금액은 얼마인가?
2. 사채의 발행시점부터 상환시점까지의 회계처리를 수행하시오.

문제 15-7 사채발행에 관한 회계처리

20×2년 9월 30일 오산(주)는 다음의 조건을 갖는 사채를 발행하고 대금은 모두 현금으로 수령하였다. 사채발행시점의 시장이자율은 연 12%이며 유효이자율법을 사용한다.

사채의 액면금액: 12,000,000원
사채의 액면이자율: 연 10%(이자지급은 매년 9월 30일)
사채의 만기일: 20×5년 9월 30일

〈물음〉

1. 위 사채의 발행시 분개는 어떻게 되는가? 단, 발행금액의 계산과정을 보이시오.
2. 위 사채와 관련하여 기초장부금액, 유효이자율에 의한 이자비용, 표시이자율에 의한 현금이자지급액, 사채할인(증)발행차금의 상각액 및 기말장부금액이 나타나는 상각표를 작성하시오.

3. 귀하가 작성한 상각표를 토대로 20×2년, 20×3년 및 20×4년 12월 31일, 20×5년 9월 30일에 오산(주)가 행하여야 할 분개를 설명하시오.

문제 15-8 사채투자자의 회계처리 I

(주)단양은 20×2년 초 다음과 같은 조건의 사채를 발행하였다.

사채의 액면금액 2,000,000원
사채의 표시이자율: 12%(이자지급일: 6월 30일, 12월 31일)
사채의 만기일: 20×5년 12월 31일
발행당시의 시장이자율: 7%(6개월당)

(주)문경은 (주)단양이 발행한 사채의 50%를 인수하였으며 장기보유목적이나 중도에 처분할 계획을 가지고 있다. 20×2년 말~20×4년 말까지 사채의 공정가치와 장부금액은 일치하였으며 (주)문경은 20×5년 7월 1일에 사채를 1,000,000원에 처분하였다. 사채 취득일로부터 처분일까지 발생하는 (주)문경의 회계처리를 제시하시오.

문제 15-9 사채투자자의 회계처리 II

20×1년 1월 1일에 (주)평창은 매도가능금융자산으로 분류되는 액면금액 10,000원(액면이자율 10%, 이자 매년 말 지급)의 채무증권을 9,400원에 취득하였다. 20×1년 12월 31일에 현금이자 1,000원을 수령하였으며, 동시에 이자수익으로 1,200원을 인식하였다. 20×1년 말 이 채무증권의 공정가치는 8,700원이었으며, 회사는 이 채무증권을 20×2년 1월 1일에 9,000원에 매각하였다고 할 때 다음 물음에 답하시오(공인회계사 2004 1차 수정).

〈물음〉
1. (주)평창의 20×1년 12월 31일의 회계처리를 제시하시오.
2. (주)평창이 20×2년 1월 1일에 인식할 매도가능금융자산처분손익 금액은 얼마인가?

문제 15-10 사채의 조기상환

결산을 매년 12월 31일에 행하는 (주)양양은 시장이자율이 연 10%인 20×3년 1월 1일에 다음과 같은 조건의 사채를 4,626,915원에 발행하고 사채대금을 모두 현금으로 수령하였다.

사채의 액면금액: 5,000,000원
사채의 표시이자율: 연 7%(이자지급은 매년 12월 31일)
사채의 만기일: 20×5년 12월 31일

유효이자율법을 사용하여 사채할인발행차금을 상각한다고 가정하고 다음 물음에 답하시오.

〈물음〉

1. 20×3년 12월 31일 현재 위 사채의 장부금액은 얼마가 되는가?
2. (주)양양이 20×4년 1월 1일에 위 사채를 시장에서 4,750,000원에 구입하였다면 이 때의 분개는 어떻게 이루어지는가?

문제 15-11 판매보증충당부채

성남스포츠는 각종 운동용품을 제작 · 판매하는 회사이다. 회사의 과거 경험에 의하면 당해 매출액의 5%가 판매보증비용으로 지출되어 왔다. 성남스포츠의 20×3년 매출액이 200,000,000원이며 당기 말 현재 3,270,000원의 판매보증비용이 지출되었다. 판매보증충당부채와 관련한 20×3년의 회계처리를 수행하시오.

문제 15-12 하자보수충당부채

광주건설(주)은 20×1년 광주시와 도급금액 60,000,000원의 시청별관건물 도급계약을 체결하였다. 이 건설공사가 완료되는 데에는 2년의 기간이 소요될 예정이며 공사완료 후 하자보수기간은 3년으로 추정된다.

도급공사는 20×2년 말 완료되었으며 회사는 하자보수충당부채로 1,200,000원을 설정하였다. 20×3년 이후 하자보수비 발생액은 다음과 같다.

20×3년	20×4년	20×5년
350,000	450,000	500,000

〈물음〉 20×2년부터 20×5년까지의 하자보수충당부채의 설정과 지출에 관한 회계처리를 수행하시오.

문제 15-13 경품충당부채

여수제과는 20×1년 1월 1일 판매촉진을 위해 상품 1상자마다 경품교환에 사용할 수 있는 쿠폰 2개씩을 동봉하였다. 경품의 매입원가는 1,500원이며, 소비자가 경품을 받기 위해서는 4개의 쿠폰과 1,000원의 현금을 제시해야 한다. 20×1년에 상품 10,000상자를 상자당 2,000원에 판매하였다. 회사는 과거 경험에 근거할 때 발행된 쿠폰의 40%가 회수될 것으로 추정하였으며, 이에 상당하는 양의 경품을 구매하였다. 20×1년 중 총 500개의 경품이 쿠폰과 교환되었다고 할 때 여수제과가 20×1년 12월 31일에 인식해야 할 경품충당부채는 얼마인가(공인회계사 2006 1차 수정)?

문제 15-14 구조조정충당부채

전자부품을 생산하고 있는 천안회사는 LCD 사업부를 폐쇄하기로 하고, 이를 주주총회 및 IR 자료를 통해서 발표하였다. 따라서 회사의 종업원과 소비자들은 해당 사업부의 폐쇄가 이루어질 것으로 인식하고 있다. 천안회사의 구조조정계획에 따라 구조조정과 관련하여 예상되는 지출이 다음과 같다고 할 때, 천안회사가 구조조정과 관련하여 충당부채로 설정해야 하는 금액은 얼마이며, 회계처리는 어떻게 수행해야 하는가?

(1) 구조조정을 완료하는 날까지 발생할 것으로 예상되는 영업손실: 5,000원

(2) 구조조정과 관련된 자산의 예상 처분손실: 2,000원

(3) 구조조정 대상 직원들의 퇴직위로금: 3,000원

(4) 계속 근무하는 직원들에 대한 재배치비용: 1,000원

chapter 16
자 본

chapter 16 자 본

제 1 절 주식회사와 자본

1.1 주식회사의 의의

오늘날 자본주의 경제사회에서 대표적인 기업의 형태는 상법에 의해 설립한 주식회사(corporation)이다. 주식회사에 대해서는 제 1 장에서 자세하게 설명되어 있으므로 여기에서는 간략하게 언급하기로 한다.

주식회사는 소유주(owners)와 별도로 구분되는 실체로서 사람이 가지는 많은 권리와 의무를 부여받고 있다. 즉, 주식회사의 이름으로 계약을 할 수 있고 물건을 사거나 팔 수도 있으며 재산을 보유하기도 한다. 또한 돈을 빌릴 수도 있고 사람을 고용하고 해고하기도 하며 소송을 걸거나 소송을 제기당하기도 한다.

주식회사는 대규모의 자본조달이 필요한 기업에 적합한 형태이다. 왜냐하면 주식회사는 회사에 대한 소유권을 분할한 주식을 발행함으로써 많은 자금을 모을 수 있기 때문이다. 투자가들이 주식회사의 주식을 구입하는 이유는 다음의 두 가지이다. 첫 번째 이유는 주식의 보유기간 동안에 기업가치가 상승하여 나중에 높은 가격에 판매함으로써 자본이득을 얻을 수 있기 때문이다. 두 번째 이유는 주식 보유기간 동안에 자금을 사용한 대가로 주식회사에서 주주들에게 배당금을 지급하기 때문이다. 결국 투자가들은 자본이득과 배당이득을 얻을 수 있기 때문에 주식회사의 주식을 소유하고, 주식회사는 투자가들에게 이러한 효용을 제공하면서 대규모의 자금을 조달하는 것이다.

주식회사를 통해 조직하여 사업을 하면 다음과 같은 장점이 있다. 우선 소유권(주식)의 이동이 자유롭고 주주는 유한책임만을 부담하므로 자금조달이 용이하다. 그리고 주식회사는 소유주와는 별도의 실체를 형성하므로 반영구적으로 사업을 지속할 수 있다. 또한 소유와 경영이 분리됨에 따라 전문경영자를 채용하여 효율적인 경영을 할 수 있다.

본 장에서는 대표적인 기업형태인 주식회사의 자본에 대해서만 다루기로 한다. 개인기업이나 조합기업에 대해서는 제 1 장에 간략하게 설명되어 있으므로 참고하기 바란다.

1.2 자본의 의의와 분류

자본(capital)은 기업이 보유하고 있는 경제적 재산, 즉 자산에서 부채를 차감하고 남은 잔여부분으로 회계주체의 소유주에게 귀속되는 부분이므로 소유주지분(owners' equity)이라고 한다. 오늘날 자본주의 경제사회에서 경영활동을 하는 대표적인 기업형태인 주식회사의 소유주를 주주라고 하므로 자본을 주주지분(stockholders' equity)이라고 하기도 한다.

재무상태표 등식인 "자산 = 부채 + 자본"을 변형시키면 "자본 = 자산 − 부채"로 나타낼 수 있으므로 자본은 자산에서 부채를 차감한 잔액으로 구할 수 있으며, 기업의 재산에 대해 채권자가 우선적인 청구권을 가지므로 자본은 기업재산에 대한 잔여지분(residual interest)인 것이다.

결국 자본은 자산에서 부채를 차감하여 구하므로 순자산(net assets)의 의미를 갖게 된다. 여기에서 자산과 부채는 여러 평가방법에 의해 금액이 결정된다. 그러나 자본은 평가에 의해 구해진 자산에서 부채를 차감한 나머지 금액이므로 평가의 대상이 아니고 발생된 원천에 따라 분류만 하고 있다.

K-IFRS에서는 오늘날 대표적인 기업형태인 주식회사를 기본으로 하여 자본을 다음의 〈자료 16-1〉과 같이 자본금과 자본잉여금, 자본조정, 기타포괄손익누계액 및 이익잉여금으로 분류하고 있다.

자료 16-1 **자본의 분류**

1. 자 본 금

(1) 보통주자본금: 보통주의 주식발행금액 중에서 액면금액 부분

(2) 우선주자본금: 우선주의 주식발행금액 중에서 액면금액 부분

2. 자본잉여금

(1) 주식발행초과금: 주식발행금액 중에서 액면금액을 초과하는 부분
(2) 기타의 자본잉여금: 감자차익, 자기주식처분이익, 전환권대가, 신주인수권대가

3. 자본조정

(1) 자기주식: 회사가 이미 발행한 주식을 주주로부터 취득한 경우의 취득금액
(2) 기타의 자본조정: 주식할인발행차금, 배당건설이자, 주식선택권, 감자차손, 자기주식처분손실, 미교부주식배당금

4. 기타포괄손익누계액

(1) 매도가능금융자산평가손익: 매도가능금융자산을 공정가치로 평가함에 따라 발생하는 평가손익
(2) 해외사업환산손익: 해외지점 등의 외화환산시 발생하는 환산손익
(3) 파생상품평가손익: 현금흐름 위험회피에 효과적인 파생상품의 평가손익
(4) 재평가잉여금: 유형자산과 무형자산에 재평가모형을 적용함에 따라 평가증된 금액

5. 이익잉여금(결손금)

(1) 법정적립금: 이익준비금 등과 같이 상법 등 법령의 규정에 의해 적립된 금액
(2) 임의적립금: 사업확장적립금, 감채적립금, 배당평균적립금, 결손보전적립금, 세법상 적립금 등과 같이 정관의 규정이나 주주총회 결의로 적립된 금액
(3) 미처분이익잉여금 또는 미처리결손금

제 2 절 자 본 금

2.1 주식의 종류

주식회사는 주식을 발행하여 자금을 조달하는데, 보통주 이외에도 우선주를 발행할 수 있다. 여러 종류의 주식을 발행하는 것은 투자자의 욕구를 충족시켜 줌으로써 자금조달을 원활히 하기 위함이다. 그리고 주식의 권면에 액면금액이 기록되어 있는 액면주식과 액면금액이 기재되지 않은 무액면주식으로 나눌 수도 있는데, 우리나라에서는 액면주식의 발행만을 인정하고 있다.

(1) 보통주와 우선주

보통주(common stock)라는 용어는 우선주 · 후배주 등과 같은 특별한 권리가

부여된 주식과 구별하기 위한 명칭이다. 따라서 일반적으로 '주식'이라고 할 때에는 보통주를 말하며 기업이 한 종류의 주식만을 발행할 때에는 특별히 보통주라는 이름을 붙일 필요가 없다.

보통주를 소유한 주주는 기업이 파산하였을 때 기업의 재산에 대해 채권자와 우선주 주주가 분배받은 이후에야 청구권을 행사할 수 있다. 또한 배당 시에도 우선주 주주에게 배당이 지급된 후에야 보통주 주주에게 배당을 지급한다. 즉, 자산과 이익의 배분 시에 채권자와 우선주 주주에 비해 후순위의 청구권을 가지는 것이다.

그러나 우선주 주주에게 배당을 지급하고 난 후의 모든 잔여재산은 보통주 주주에게 귀속되므로 기업의 경영성과가 좋을 때에는 보통주 주주의 수익률이 높아진다. 따라서 보통주 주주들이 기업의 경영활동에 많은 관심을 가진다. 보통주주는 주주총회에서 자신의 주식소유비율에 따라 의결권을 행사하여 기업경영을 통제할 수 있고 잔여재산을 분배받을 권리가 있으며 신주발행시 신주인수권을 가져서 신주를 우선적으로 구입할 수 있다.

보통주는 주식의 기본이 되는 것이므로 어떤 주식회사든 보통주는 발행해야 하지만 우선주는 반드시 발행할 필요는 없고 회사의 필요가 있을 때에만 발행한다.

우선주(preferred stock)는 잔여재산 분배나 이익배당에 대해 보통주보다 우선적 청구권을 가지고 있으나 채권자보다는 열위에 있는 주식이다. 우선주는 배당이나 청산 시에 우선권이 있지만 일반적으로 주주총회에서 의결권을 행사할 수 없으므로 회사의 경영활동을 통제할 수 있는 수단이 없다는 단점이 있다.

또한 우선주주는 보통주주에 비해 배당을 먼저 지급받을 수 있는 우선권이 있지만 주주총회에서 배당을 결의했을 때만 받을 수 있으므로 항상 이자를 지급받는 사채와는 다르다. 따라서 우선주는 순수한 소유주지분인 보통주와 기업이 부담하는 부채의 중간적인 성격을 띤다고 할 수 있다.

우선주는 배당금액의 제한이 있느냐에 따라 참가적 우선주와 비참가적 우선주로 나뉘고 배당의 누적 여부에 따라 누적적 우선주와 비누적적 우선주로 분류된다. 그리고 보통주로의 전환가능한 전환우선주와 주식발행기업이 상환가능한 상환우선주도 있다.

참가적 우선주(participating preferred stock)는 우선주에 약정된 배당을 받고, 보통주에 대한 동률의 배당이 이루어진 후에 여분의 배당가능금액이 있으면 보통주와 동일한 조건으로 참여하여 배당금을 수령할 권리가 있는 우선주이다.

이에 반해 비참가적 우선주(non-participating preferred stock)는 배당금액에 한

정이 있어 우선주에 약정된 배당률만큼만 배당을 지급받을 수 있는 우선주이다. 따라서 비참가적 우선주인 경우에는 우선주에 약정배당률만큼의 배당금을 지불한 나머지는 모두 보통주주의 배당금이 된다.

누적적 우선주(cumulative preferred stock)는 배당금의 전부 또는 일부를 지급받지 못하면 미지급된 부분인 연체배당금(dividends in arrears)이 다음 회계연도로 누적되어 보통주에 우선하여 지급받을 수 있는 우선주이다. 그러나 비누적적 우선주(non-cumulative preferred stock)는 연체배당금을 받을 권리가 없고 당해 연도의 배당만을 받을 수 있는 우선주이다.

전환우선주(convertible preferred stock)는 우선주주의 의사에 따라 일정한 비율로 보통주로 전환할 수 있는 권리가 있는 우선주이고, 상환우선주(redeemable preferred stock)는 우선주를 발행한 기업이 미리 정해진 금액으로 상환할 수 있는 우선주이다. 이때, 발행자가 의무적으로 상환해야 하는 계약상 의무가 있거나, 보유자가 상환을 청구할 수 있는 권리를 보유한다면 자본으로 분류하지 않고 부채로 분류한다. 반면, 상환할 수 있는 권리가 발행자에게 있는 상환가능우선주(callable preferred stock)는 자본으로 분류한다.

주식회사에서 이처럼 다양한 우선주를 발행하는 이유는 투자자의 투자목적을 충족시킴으로써 거액의 자금조달을 쉽게 하기 위함이다.

예제 16-1 참가적 우선주와 누적적 우선주의 배당

양천회사는 보통주와 우선주를 액면금액으로 각각 10,000원과 5,000원 발행하였다. 20×1년의 당기순이익이 1,000원이어서 500원의 배당금을 지급하기로 하였고, 20×2년의 당기순이익이 4,000원이어서 2,700원의 배당금을 지급하기로 결정하였다. 우선주의 배당률이 12%라고 할 때 다음과 같은 상황에서 보통주주와 우선주주에게 지급해야 할 20×1년과 20×2년의 배당금액을 결정하시오.

〈물음〉

1. 비참가적, 비누적적 우선주
2. 참가적, 비누적적 우선주
3. 비참가적, 누적적 우선주
4. 참가적, 누적적 우선주

해 답

1. 20×1년의 배당금은 모두 동일하다.

회계연도	총배당금액	우선주주	보통주주
20×1	500원	500원	0원

20×1년에 우선주주가 받아야 할 배당금 = 5,000원 × 12% = 600원
따라서 연체배당금 100원이 발생하였다.
2. 20×2년의 배당금은 우선주의 성격에 따라 다르다.

회계연도	총배당금액		우선주주	보통주주	합 계
20×2	2,700원				
(1) 비참가적, 비누적적 우선주					
		당기배당금	600원	2,100원	2,700원
			600원	2,100원	2,700원
(2) 참가적, 비누적적 우선주					
		당기배당금	600원	1,200원	1,800원
		참가배당금	300[1)]	600	900
			900원	1,800원	2,700원
(3) 비참가적, 누적적 우선주					
		연체배당금	100원		100원
		당기배당금	600	2,000원	2,600
			700원	2,000원	2,700원
(4) 참가적, 누적적 우선주					
		연체배당금	100원		100원
		당기배당금	600	1,200원	1,800
		참가배당금	267[2)]	533	800
			967원	1,733원	2,700원

1) (2,700원 − 600원 − 1,200원) × 5,000원 / 15,000원 = 300원
2) (2,700원 − 100원 − 600원 − 1,200원) × 5,000원 / 15,000원 = 267원

(2) 액면주식과 무액면주식

액면주식(par value stock)은 주식의 권면액이 주권에 기재되어 있는 주식이다. 액면금액이란 주권에 임의적으로 기재되어 있는 금액으로서 주식을 발행할 때의 주당 발행금액을 나타내는 것이 아니라 발행되는 주식의 자본금을 결정하기 위한 것일 뿐이다. 즉, 액면금액이 5,000원인 주식을 발행할 때 항상 5,000원에 발행해야 하는 것은 아니고 회사의 실질가치를 반영하여 주식 발행금액이 결정된다.

발행된 주식 액면금액의 합계액은 자본금계정에 기록되어 법정자본금(legal capital)을 구성하는데, 법정자본금은 주식의 발생시 주식회사에 입금되어야 하는 것으로서 회사의 채권자를 보호하는 역할을 한다. 자본금이 회사의 빚을 갚을 수 있는 능력을 보장하는 것은 아니지만 채권자의 손해를 완충시켜주는 역할을 하게 된다.

우리나라의 상법은 액면주식의 발행만을 인정하고 있으며, 액면금액은 100

원 이상이어야 한다.

무액면주식(no-par stock)은 액면금액이 없는 주식이다. 주식의 액면금액으로 결정한 자본금은 주식의 발행금액도 아니고, 기업의 실제적인 재산도 아니어서 채권자를 실질적으로 보호하는 데에도 큰 영향을 끼치지 못하므로 액면금액은 경제적인 관점에서는 별다른 가치를 가지고 있지 않다고 할 수 있다. 따라서 미국에서는 무액면주식의 발행을 허용하고 있다.

2.2 수권자본제도

주식회사는 발행할 보통주 주식의 총수를 정관에 기재하고 이 범위 내에서 주식을 발행할 수 있다. 주식회사가 발행할 수 있는 주식의 총수를 수권주식(authorized stocks)이라 하는데, 이처럼 주식발행총수를 정관에 기재하고 회사의 필요에 따라 주식을 발행하여 자금을 조달하는 제도를 수권자본제도라 한다.

수권주식은 발행된 주식과 아직 발행되지 않은 주식으로 나눌 수 있는데, 전환우선주나 전환사채 등의 전환에 대비하여 수권주식의 일부를 발행하지 않고 남겨둔다. 발행주식(issued stock) 중의 일부는 여러 가지 이유로 회사에서 구입하기도 하는데 이를 자기주식(treasury stock)이라 한다. 발행주식 중에서 자기주식을 제외한 나머지가 외부에서 유통되는 유통주식(outstanding stock)이다. 제18장에서 다룰 재무제표 분석에서 나오는 주당순이익 등의 비율은 유통주식을 사용하여 계산된다는 점에 유의해야 한다.

수권주식과 발행주식 및 유통주식의 관계는 다음과 같다.

> 수권주식 = 미발행주식 + 발행주식(= 유통주식 + 자기주식)

2.3 주식발행의 회계처리

주식회사는 회사를 설립하거나 설립 후 자금을 조달하기 위해 주식을 발행한다. 주식을 발행하여 자본금을 증가시키는 것을 증자(capital increase)라 하는데, 주식을 발행하기 위해서는 수권주식 중 미발행주식의 범위 내에서 이사회의 결의를 거쳐야 한다. 증자는 기업의 경제적 실질에 영향을 미치는 실질적 증자와 경제적 실질의 변화 없이 자본금만 증가시켜서 발행주식수 및 주당 금액만을 변화시키는 형식적 증자로 나누어진다.

우리나라에서는 액면주식만을 허용하므로 여기에서는 액면주식의 발행에 대해서만 다루기로 한다.

실질적 증자는 주식을 발행함으로써 현금이나 기타의 자산이 기업 내로 유입되는 증자를 말한다. 신주를 발행할 때에는 발행금액과 액면금액의 크기에 따라 액면발행과 할증발행 및 할인발행으로 나눌 수 있다. 여기에서 사용하는 발행금액은 주식발행시 지급하는 대행수수료와 주권인쇄비 등의 신주발행비를 차감한 순액으로 해야 한다. 그리고 신주발행의 대가로서 현금이 유입되지 않고 유형자산 등이 유입되는 경우는 현물출자라 하는데 현물출자에서는 유입되는 자산의 공정가치 평가가 중요하다.

(1) 액면발행

주식의 발행금액이 액면금액과 동일한 경우를 액면발행이라 하는데, 액면발행시의 회계처리는 회사에 유입된 현금을 차변에 기록하고 같은 금액을 대변의 자본금계정에 기록하면 된다.

예를 들어, 도곡회사가 액면 5,000원인 보통주 100주를 주당 5,000원에 발행하였다면 회계처리는 다음과 같다.

차> 현 금	500,000	대> 자 본 금	500,000

(2) 할증발행

주식의 발행금액이 액면금액을 초과하는 경우를 할증발행이라 한다. 할증발행의 경우에는 차변에 회사에 유입된 현금을 기록하고, 대변에는 발행주식의 액면금액을 자본금으로 기록하고 발행금액이 액면금액을 초과하는 부분은 자본잉여금 항목인 주식발행초과금(paid-in capital in excess of par value)으로 기록한다.

예를 들어, 매봉회사가 액면 5,000원인 보통주 100주를 주당 6,000원에 발행하였다면 대변의 자본금은 500,000원이고, 액면금액을 초과하는 100,000원(= 100주 × 1,000원)은 주식발행초과금으로 기록한다.

차> 현 금	600,000	대> 자 본 금	500,000
		주식발행초과금	100,000

(3) 할인발행

주식의 발행금액이 액면금액보다 작은 경우를 할인발행이라 한다. 상법에서는 채권자 보호를 위해 주식의 할인발행을 원칙적으로 금지하지만 회사가 설립된 후 2년이 지나면 할인발행할 수 있다.

할인발행시에도 차변에는 역시 회사에 유입된 현금을 기록하고, 대변에는 발행주식의 액면금액을 자본금으로 기록하며, 발행금액이 액면금액에 미달하는 부분은 주식할인발행차금(discounts on stock issued)의 과목으로 하여 차변에 기록한다. 주식할인발행차금은 자본조정으로 분류된다.

주식할인발행차금은 주식발행초과금이 있으면 먼저 상계하고 그 후 남은 잔액은 당기 및 차기 이후의 회계연도에 상각하는데, 이 때 이익잉여금을 사용하여 차감시킨다. 이러한 상각은 당기의 비용항목이 아니고 이익잉여금을 직접 감소시키는 것이므로 이익잉여금 처분사항에 포함된다.

예를 들어, 개포회사가 액면 5,000원인 주식 100주를 주당 4,000원에 발행하였다면, 대변에 계상될 자본금은 액면금액인 500,000원이고, 차변에 계상될 주식할인발행차금은 100,000원(= 100주 × 1,000원)이 된다. 만약 이익잉여금이 120,000원이 있다면 전액을 상각하지만, 이익잉여금이 70,000원 있다면 잔액 30,000원은 다음 회계연도에 상각한다.

차>	현 금	400,000	대> 자 본 금	500,000
	주식할인발행차금	100,000		
차>	이익잉여금	×××××	대> 주식할인발행차금	×××××

예제 16-2 주식의 발행

압구정회사는 액면 5,000원인 주식을 1,000주 발행하려고 한다. 다음과 같은 상황에서 주식발행에 대한 분개를 하고, 필요하다면 기말 이익잉여금 처분(현재 이익잉여금 100,000원)도 하시오.

1. 발행금액 주당 5,000원, 신주발행비 300,000원
2. 발행금액 주당 8,000원, 신주발생비 1,000,000원

해 답

1. 실제 발행금액은 신주발행비를 차감한 후이므로,
   실제 발행금액 = 5,000 × 1,000 − 300,000 = 4,700,000원
   따라서 액면금액에 미달하므로 할인발행이다.

(1) 발행시 분개

차> 현 금	4,700,000	대> 자 본 금	5,000,000
주식할인발행차금	300,000		

(2) 이익잉여금의 처분분개

차> 이익잉여금	100,000	대> 주식할인발행차금	100,000[1]

1) 나머지 200,000원은 차기 이후의 이익잉여금으로 상각한다.

2\. 실제 발행금액 = 8,000 × 1,000 − 1,000,000 = 7,000,000원

차> 현 금	7,000,000	대> 자 본 금	5,000,000
		주식발행초과금	2,000,000

(4) 현물출자

주식을 발행할 때 현금 대신 유형자산 등을 대가로 받는 경우가 있는데 이를 현물출자(investment in-kind)라 한다. 현물출자 시에는 대가로 받은 비현금자산의 평가에 관한 문제가 대두된다. 이를 결정하는 일반적인 규칙은 발행한 주식의 공정가치와 대가로 수취한 비현금자산의 공정가치 중에서 보다 객관적인 금액으로 거래를 기록하는 것이다.

만약 취득한 자산의 공정가치를 명확하게 결정할 수 있으면 이를 바탕으로 거래를 기록하지만, 취득한 자산의 공정가치 측정이 어렵다면 발행한 주식의 공정가치로 현물출자를 기록한다.

예제 16-3 현물출자

수서회사는 액면가 5,000원인 주식 100주를 발행한 대가로 건물을 수취하였다. 다음과 같은 상황에서 수서회사의 회계처리를 제시하시오.

1. 수서회사 주식의 시가 7,000원, 건물의 시가표준액 500,000원
2. 시장성 없는 주식의 세법상 평가액은 주당 5,000원, 비슷한 건물의 매매가액은 450,000원

해 답

1. 차> 건 물	700,000[1]	대> 자 본 금	500,000
		주식발행초과금	200,000
2. 차> 건 물	450,000[2]	대> 자 본 금	500,000
주식할인발행차금	50,000		

1) 건물의 시가표준액은 공정가치로 보기 어려우므로 주식의 시가로 평가한다.
2) 비슷한 건물의 매매가액은 공정가치로 볼 수 있다.

(5) 형식적 증자

앞의 네 가지 방법에 의한 주식발행은 회사에 현금이나 비현금자산이 유입됨으로써 경제적 가치가 변화하는 실질적 증자이다. 반면에 신주를 발행하여 자본금은 증가시키지만 자산이 유입되지 않음에 따라 회사의 경제적 가치는 증가하지 않고 발행주식수의 변화나 자본구성 항목의 변화만을 가져오는 증자를 형식적 증자라 한다. 형식적 증자에는 무상증자와 주식배당, 전환우선주의 전환 등을 들 수 있다.

자본의 하부 항목인 자본잉여금과 이익준비금을 자본에 전입하는 것을 무상증자라 하는데, 주식발행에 의해 자본금은 증가하지만 기업에 아무런 경제적 가치의 증가가 없으므로 붙여진 이름인 것이다.

무상증자에 의해 발행되는 주식은 기존 주주의 지분비율에 비례하여 무상으로 배분되므로 무상증자는 기존주주의 지분율에 영향을 끼치지 않는다. 따라서 무상증자는 기업의 경제적 가치를 변화시키지 않고 주주의 지분율에도 영향을 끼치지 않으므로 주식을 받은 주주들은 아무런 회계처리를 할 필요가 없다. 다만 무상증자를 실시한 기업은 자본구성항목의 변화에 대해 회계처리 해야 한다.

예를 들어, 주식발행초과금 100,000원과 이익준비금 50,000원을 자본에 전입하기로 하였다면 분개는 다음과 같다.

차> 주식발행초과금	100,000	대> 자 본 금	150,000
이익준비금	50,000		

위의 분개에서 차변의 주식발행초과금과 이익준비금, 대변의 자본금은 모두 자본의 하부구성항목이다. 따라서 무상증자에 의해 주식발행초과금과 이익준비금은 감소되지만 자본금이 동액만큼 증가하므로 회사의 총자본에는 변동이 없는 것이다.

주식배당(stock dividends)은 이익배당시 현금에 의하지 않고 주식을 지급하는 것이다. 배당은 현금으로 지급하는 것이 일반적이나 상법에 의하면 현금배당의 1/2까지 주식으로 배당할 수 있도록 되어 있다.

주식배당도 역시 배당의 일종이므로 이익잉여금을 차감하고 주식을 발행하였으므로 동액만큼 자본금을 증가시킨다. 기존 주주는 자신의 지분율에 비례하여 신주를 배정받으므로 주주들의 지분율에는 역시 영향을 끼치지 않는다. 따라서 주식배당으로 주식을 받은 주주들은 아무런 회계처리를 할 필요가 없고, 주식배당을 실시한 기업은 이익잉여금을 자본금으로 대체하는 분개를 해야 한다.

예를 들어, 액면금액 500원인 주식 100주를 배당으로 지급할 때의 분개는 다음과 같다.

차> 이익잉여금	50,000	대> 자 본 금	50,000

전환우선주(convertible preferred stock)는 주주의 청구에 따라 보통주로 전환할 수 있는 권리를 가진 우선주이다. 전환우선주를 보통주로 전환하더라도 우선주와 보통주간의 교환만 이루어질 뿐 현금 등이 개입되지 않으므로 전환우선주가 전환되더라도 총자본액에는 변화가 없다.

전환우선주가 보통주로 전환되는 경우에는 전환우선주 자본금과 우선주주식발행초과금의 합계액을 보통주 자본금과 보통주주식발행초과금의 합계액과 일치시키는 분개를 하면 된다. 따라서 전환으로 발행되는 보통주의 액면금액을 보통주 자본금으로 기록하고, 이를 제외한 나머지 금액을 보통주주식발행초과금으로 대체한다.

예를 들어, 액면가 100원이고 주당 150원에 발행한 전환우선주 200주를 액면가 200원인 보통주 75주로 전환한다면 회계처리는 다음과 같다.

차> 우선주자본금	20,000	대> 보통주자본금	15,000
주식발행초과금(우)	10,000	주식발행초과금(보)	15,000

2.4 자기주식

자기주식(treasury stock)이란 이미 발행한 주식 중에서 추후에 재발행하거나 소각할 목적으로 발행한 회사가 재취득한 주식을 말한다. 상법에 의하면 회사가 자기주식을 취득하는 행위는 원칙적으로 금지되어 있으나, 예외적인 사유가 있으면 취득할 수 있다. 상법에서 규정하고 있는 자기주식을 취득할 수 있는 예외적인 사유란 주식의 소각, 합병이나 영업양수 목적, 회사의 권리를 실행하기 위한 목적, 주주가 주식매수청구권을 행사한 때 및 주식매수선택권 부여의 목적 등이다. 회사가 보유하고 있는 자기주식에 대해서는 의결권이나 배당에 대한 권리가 제한된다.

회사가 자기주식을 취득하면 차변에 자기주식계정을 사용하여 매입원가로 기록한다. 자기주식은 발행한 주식을 재취득함으로써 미발행상태가 되는 것이므로 자본의 차감항목으로서 자본조정으로 보고된다.

자기주식을 재발행하면 자기주식계정을 대변에 감소시키고, 차변에는 회사에 유입된 현금 등을 기록한다. 재발행금액이 자기주식의 취득원가보다 크면 자본잉여금항목인 자기주식처분이익계정의 대변에 기록하고 취득원가보다 작으면 자본조정의 차감항목인 자기주식처분손실계정의 차변에 기록한다. 이때 기존의 자기주식처분이익이 있었다면 자기주식처분이익과 상계한 후에 나머지 금액만을 자기주식처분손실로 처리하고 이익잉여금으로 처분한다.

자기주식은 주주들끼리의 자본거래이므로, 자기주식의 처분은 당기순손익에 영향을 끼치지 않고 자본항목의 구성에만 영향을 준다. 자기주식을 소각하면 발행주식이 없어지는 것이므로 자본금을 감소시키는 감자에 해당하는데, 이에 대해서는 후술하기로 한다.

자기주식의 회계처리와 재무상태표 공시방법을 요약하면 다음의 〈자료 16-2〉와 같다.

자료 16-2 자기주식의 회계처리

1. 자기주식 취득시

차변		대변	
차> 자기주식	×××	대> 현 금	×××

2. 자기주식 재발행시

① 재발행금액 > 취득원가인 경우

차변		대변	
차> 현 금	××××××	대> 자기주식	×××
		자기주식처분이익	××

② 재발행금액 < 취득원가인 경우

차변		대변	
차> 현 금	×××	대> 자기주식	××××××
자기주식처분손실[1]	××		

1) 자기주식처분이익이 있는 경우 이를 먼저 상계함.

3. 재무상태표 공시 – 자본항목

① 자기주식 취득시		② 자기주식 재발행시 – 처분손실 발생시	
자 본 금	1,000	자 본 금	1,000
주식발행초과금	500	주식발행초과금	500
이익잉여금	2,000	이익잉여금	2,000

자기주식	(200)	자기주식처분손실	(100)
자본총계	3,300	자본총계	3,400

참고) 위의 수치는 임의로 작성한 것임.

예제 16-4 자기주식

다음은 20×1년 옥수회사의 자기주식 거래이다. 각 거래에 맞는 분개와 자본에 대한 부분재무상태표를 작성하시오. 20×0년 기말 현재 옥수회사의 자본금과 자본잉여금, 이익잉여금은 각각 500,000원, 150,000원, 300,000원이다.

1. 1월 4일, 자기주식 100주를 주당 700원에 취득하였다.
2. 2월 5일, 자기주식 50주를 주당 800원에 재발행하였다.
3. 3월 11일, 자기주식 40주를 주당 550원에 재발행하였다.

해 답

	차변	금액	대변	금액
1.	차> 자기주식	70,000	대> 현 금	70,000
2.	차> 현 금	40,000	대> 자기주식	35,000
			자기주식처분이익	5,000
3.	차> 현 금	22,000	대> 자기주식	28,000
	자기주식처분이익	5,000[1]		
	자기주식처분손실	1,000		

1) 자기주식처분손실이 발생하여도, 자기주식처분이익 잔액이 있으면 먼저 상계시킨다.

4. 재무상태표 공시

	01/04	02/05	03/11
자 본 금	500,000원	500,000원	500,000원
자본잉여금	150,000	150,000	150,000
자기주식처분이익	–	5,000	–
이익잉여금	300,000	300,000	300,000
자기주식	(70,000)	(35,000)	(7,000)
자기주식처분손실	–	–	(1,000)
자본총계	880,000원	920,000원	942,000원

참고) 2월 5일과 3월 11일의 자기주식 재발행에 따른 현금유입액 각각 40,000원과 22,000원만큼 자본총계가 증가하였다

〈예제 16-4〉에서 보듯이 자기주식을 취득하고 재발행하는 거래에서는 자본금계정이 영향을 받지 않는다. 자본금계정은 신주를 발행하거나 이미 발행한 주식을 소각할 경우에만 영향을 받는데, 신주발행에 대해서는 앞에서 언급하였고 주식을 소각하는 거래에 대해서는 다음의 2.5에서 다룬다.

또 취득한 자기주식을 재발행할 때 취득원가와 재발행금액의 차액은 당기손익에 영향을 끼치지 못하고 재무상태표 항목의 자본잉여금이나 자본조정으로 기록된다. 이는 자기주식 거래가 주주들 간의 거래이므로 외부와의 거래에 의한 손익항목이 아니고, 또한 주주들끼리 자기주식의 취득금액과 발행금액을 결정하여 손익을 조작하는 것을 막기 위해서이다.

자기주식의 취득이나 재발행은 수권주식수나 발행주식수에는 영향을 미치지 않지만 유통주식수에는 영향을 미친다. 따라서 자기주식 거래에 따라 유통주식수의 증감이 이루어져서 주당순이익 등의 재무비율은 달라진다.

2.5 감자의 회계처리

자본금을 감소시키는 것을 감자(capital reduction)라 한다. 감자는 회사의 규모를 축소시켜서 경쟁력을 약화시킬 우려가 있기 때문에 특별한 경우를 제외하고는 감자를 하지 않는다. 감자의 실시는 여러 이해관계자들에게 영향을 주기 때문에 주주총회의 특별결의를 거쳐야 한다.

감자에는 실질적 감자와 형식적 감자가 있다. 실질적 감자는 자본금의 감소시 자산의 유출이 수반됨에 따라 회사의 재산이 감소하는 것으로서 기업규모를 축소하거나 합병시 자산상태의 조정이 필요할 경우에 실시한다. 실질적 감자에는 주금액의 일부를 주주에게 반환하는 주금액의 환급과 주식의 일부를 소각하는 주식의 소각이 있는데 전자의 방법은 거의 사용하지 않는다.

주식을 소각할 때에는 자기주식으로 보유하고 있다가 소각할 수도 있고, 소각을 결정하고 주주들에게 대가를 지급하여 바로 소각하는 경우도 있다. 어느 경우이든지, 주식소각을 위해 지불한 대가와 소각한 주식의 액면금액과의 차액은 감자차익이나 감자차손으로 처리한다.

즉, 소각의 대가가 주식의 액면금액보다 작다면 대변에 감자차익(gain on retirement of capital stock)으로 기록하는데 이는 자본거래에서 발생한 것이므로 자본잉여금으로 분류된다. 만약 소각의 대가가 주식 액면금액보다 크다면 차변에 감자차손으로 기록하는데, 이 때 기존의 감자차익이 있다면 우선 상계하고 나머지 금액에 대해서만 감자차손으로 기록한다. 감자차손은 기말 결산 시에 이익잉여금과 상계 처리해야 한다. 이때 주의할 점은 감자차익과 감자차손을 계산할 때 회계장부에 차감해야 하는 자본금은 액면금액이라는 것이다.

형식적 감자는 회계장부상 자본금은 감소하지만 자산의 유출이 수반되지 않음에 따라 회사의 재산은 감소하지 않는 감자로서 거액의 결손으로 인해 이익배당을 할 수 없는 경우에 자본을 감소시킨 후 이익배당을 가능하게 할 목적으로 실시한다. 결손금을 없애고 이익배당이 가능해지면 대외적인 신용도가 향상되므로 추가적인 투자자를 모집할 수 있게 된다.

형식적 감자의 방법으로는 주금절삭과 주식병합이 있는데 두 가지를 동시에 실시하는 방법도 있다. 주금절삭은 발행주식수는 그대로 두지만 주식의 액면금액을 감소시키는 방법이고, 주식병합은 주식의 액면금액은 변경시키지 않고 수개의 주식을 합하여 보다 적은 발행주식수로 바꾸는 방법이다.

예를 들어, 액면금액 5,000원인 주식 10,000주를 발행한 회사가 있다면 액면금액을 3,000원으로 줄이는 방법이 주금절삭이고, 발행주식 2주당 1주의 비율로 병합하여 발행주식수를 5,000주로 변경하는 방법이 주식병합이다. 형식적 감자를 실시하면 감소하는 자본금을 차변에 기록하고, 대변에는 결손금을 계상해야 한다. 이때 결손금 총액이 자본금 감소액보다 작다면 자본잉여금 항목의 감자차익이 발생하지만 결손금이 자본금 감소액보다 크면 감자차손은 발생하지 않고 결손금의 잔액이 남는다.

〈예제 16-5〉와 〈예제 16-6〉에서 감자의 방법에 따른 회계처리에 대해 살펴본다.

예제 16-5 **실질적 감자**

과천주식회사는 액면금액 5,000원인 보통주 1,000주를 발행하고 있는 회사이다. 20×0년 현재 자기주식 50주(취득원가 주당 4,000원)를 보유하고 있을 때 20×1년의 다음 감자거래에 대해 분개하시오.

2월 4일, 자기주식 50주를 모두 소각하였다.
2월 11일, 주식시장에서 자사주식 100주를 주당 6,500원에 취득하여 모두 소각하였다.

해 답

02/04:	차>	자 본 금	250,000[1)]	대>	자기주식	200,000
					감자차익	50,000
02/11:	차>	자 본 금	500,000[2)]	대>	현 금	650,000
		감자차익	50,000[3)]			
		감자차손	100,000			

1) 자본금 감소액 = 50주 × 5,000원 = 250,000원
2) 자본금 감소액 = 100주 × 5,000원 = 500,000원
3) 기존의 감자차익을 먼저 상계한 후에 감자차손을 기록한다.

예제 16-6 **형식적 감자**

신천주식회사가 결손금 400,000원을 보전하기 위해 다음과 같은 감자계획을 세우고 있을 때 이에 대한 회계처리를 제시하시오. 신천주식회사는 20×1년 말 현재 액면금액 5,000원인 보통주 200주를 발행하고 있다.

1. 액면금액을 4,000원으로 감소시키는 계획
2. 보통주 2주를 1주로 병합시키는 계획

해 답

1.	차> 자 본 금	200,000[1)]	대>	결 손 금	200,000
2.	차> 자 본 금	500,000[2)]	대>	결 손 금	400,000
				감자차익	100,000[3)]

1) 자본금 감소액 = (5,000원 − 4,000원) × 200주 = 200,000원
2) 자본금 감소액 = 5,000원 × (200주 − 100주) = 500,000원
3) 결손금이 자본금 감소액보다 작으므로 감자차익을 인식한다.

제 3 절 자본잉여금과 자본조정 및 기타포괄손익누계액

3.1 자본잉여금의 의의와 분류

자본잉여금(capital surplus)은 주식에 의한 자본거래로부터 발생한 잉여금이다. 자본거래란 주식의 발행이나 자기주식의 취득과 재발행, 주식의 소각 등을 말하는데, 이는 기업의 고유한 영업활동이 아닌 주주들 간의 거래이므로 기업의 손익에는 영향을 미치지 않는다. 자본거래를 하면 자본금과 자본잉여금이 증감하는데 자본거래의 결과 중에서 자본금을 제외한 부분이 자본잉여금이 된다.

K-IFRS에 의하면 자본잉여금은 주식발행초과금과 기타의 자본잉여금으로 나눌 수 있으며, 기타의 자본잉여금에는 감자차익, 자기주식처분이익, 전환권대가 및 신주인수권대가가 포함된다.

자본잉여금은 주주들 간의 자본거래로 발생한 것이므로 기업의 자본에 가산될 성질의 것일 뿐, 이익으로 취급할 수는 없다. 따라서 자본잉여금은 배당의 재원으로 사용하지 못하고 무상증자를 통해 자본금으로 전입(무상증자)하거나 결손보전을 위해서만 사용할 수 있다.

주식을 발행하여 회사에 유입되는 금액을 납입자본(contributed capital)이라 한다. 납입자본 중에서 주식의 액면금액을 자본금이라 하고 액면금액을 초과하는 부분이 주식발행초과금이 된다. 주식의 액면금액은 기업의 실질을 반영하지 못하고 임의적으로 설정된 것이므로 주식의 발행금액과는 큰 관계가 없다고 할 수 있다. 따라서 기업의 미래 경영성과가 높다고 예상되면 주식의 발행금액이 액면금액보다 크게 되어 주식발행초과금이 발생한다.

감자차익은 자본감소의 경우에 그 자본금의 감소액이 주식의 소각, 주금의 반환에 필요한 금액과 결손의 보전에 충당한 금액을 초과한 때에 그 초과액을 말하다. 이때 감자차손이 발생하였다면 감자차손 금액을 차감한 후의 금액만을 감자차익으로 하는데, 만약 감자차손 금액이 더 크다면 감자차익은 0이고 나머지는 자본조정 항목의 감자차손으로 인식해야 한다.

자기주식처분이익은 자기주식을 처분할 때 처분금액이 취득원가보다 클 때 사용하는 계정과목으로서 자기주식처분손실을 차감한 후의 금액으로 기록해야 한다. 다만 자기주식처분손실 금액이 더 크다면 자기주식처분손실의 과목으로 하여 자본조정으로 분류한다.

전환사채와 신주인수권부사채는 일반사채의 성격과 전환권 또는 신주인수권이라는 자본의 성격을 모두 갖춘 복합금융상품이다. 총 발행금액에서 일반사채에 해당하는 부채부분을 차감하여 자본잉여금 항목인 전환권대가 또는 신주인수권대가를 인식한다. 구체적인 회계처리방법은 중급회계에서 다루게 된다.

전환권대가와 신주인수권대가를 제외한 자본잉여금 항목에 대해서는 앞서 자본금을 설명할 때 언급한 바 있으므로, 자세한 내용은 제 2 절을 참고하기 바란다.

3.2 자본조정의 의의와 분류

자본조정(capital adjustments)은 자본을 증감시키는 요인은 있지만 자본금이나 자본잉여금 및 이익잉여금으로 분류하기 어려운 항목들로서 재무상태표에는 자본 전체에 가감하는 형식으로 보고된다. K-IFRS에서는 자기주식, 주식할인발행차금, 배당건설이자, 주식선택권, 감자차손, 자기주식처분손실 및 미교부주식배당금 등을 들고 있다. 이 중에서 주식선택권과 미교부주식배당금을 제외하면 모두 자본에서 차감해야 할 항목들이다.

이 중에서 자기주식, 주식할인발행차금, 감자차손 및 자기주식처분손실에 대해서는 앞에서 이미 언급한 바 있으므로 여기에서는 간략하게 다루고, 배당건설이자는 다음의 3.4에서 설명하기로 한다.

자기주식은 회사가 이미 발행한 주식을 주주로부터 취득한 경우의 취득원가이다. 자기주식은 소각하거나 재발행할 수 있는데, 자기주식의 취득경위와 향후의 처리계획에 대해서는 주석으로 기재해야 한다.

주식할인발행차금은 주식 발행금액이 액면금액에 미달하는 금액이다. 주식할인발행차금은 주식발행초과금이 있으면 먼저 상계하고 그 후 남은 잔액은 이이잉여금으로 상각해야 한다.

감자차손은 자본감소시 그 자본금의 감소액이 주주에게 환급되는 금액보다 작은 경우에 발생한다. 기존의 감자차익이 있으면 이를 상계한 후의 금액이 감자차손으로 인식된다.

자기주식처분손실은 자기주식 처분시 처분금액이 취득원가보다 작은 경우에 발생한다. 기존의 자기주식처분이익이 있으면 이를 상계한 후의 금액이 자기주식처분손실로 인식된다.

3.3 기타포괄손익누계액의 의의와 분류

총포괄이익(total comprehensive income)은 주주의 투자 및 주주의 대한 분배가 아닌 거래나 회계사건으로 인하여 일정 회계기간 동안 발생한 순자산의 변동액을 말한다. 총포괄손익을 보고하는 목적은 주주와의 자본거래를 제외한 인식된 거래와 기타 경제적 사건으로 인하여 발생한 모든 순자산의 변동을 측정하기 위한 것인데, 이러한 순자산의 변동 중 일부는 포괄손익계산서에 표시되고 일부는 재무상태표 중 자본의 별도 구성항목으로 표시된다.

총포괄손익은 당기순손익과 기타포괄손익으로 구성된다. 기타포괄손익은 일반적으로 인정된 회계원칙에서 포괄손익계산서상의 당기순손익 계산시에는 제외되지만 총포괄손익에는 포함되는 수익, 비용을 말한다. 기타포괄손익의 예는 다음과 같다.

(가) 매도가능금융자산평가손익

(나) 해외사업환산손익

(다) 현금흐름위험회피 파생상품평가손익

(라) 재평가이익

매도가능금융자산평가손익은 매도가능금융자산을 공정가치로 평가할 때 공정가치와 장부금액과의 차이를 말한다. 매도가능금융자산은 장기간의 투자를 목적으로 하며 가까운 장래에 처분할 가능성이 없으므로 공정가치에 의한 평가로 인해 발생하는 차액을 당기순손익으로 처리하기보다는 미실현손익으로 보아 기타포괄손익으로 처리하는 것이 보다 목적적합하다고 할 수 있다.

재평가이익은 유형자산 또는 무형자산에 재평가모형을 적용하는 경우, 재평가로 인해 장부금액이 증가한 것을 말한다. 다만, 재평가로 장부금액이 감소한 경우에는 당기손실로 인식한다.

해외사업환산손익과 파생상품평가손익은 고급회계에서 다루게 되므로 여기에서는 설명을 생략하기로 한다.

자본조정과 기타포괄손익누계액 항목을 재무상태표에 표시하는 방법은 〈자료 16-3〉과 같다.

자료 16-3 자본조정과 기타포괄손익누계액의 표시 - 재무상태표의 자본

1. 자 본 금		10,000
2. 자본잉여금		5,000
3. 자본조정		
(1) 주식할인발행차금	(3,000)	
(2) 배당건설이자	(2,000)	
(3) 자기주식	(5,000)	
(4) 주식선택권	4,000	(6,000)
4. 기타포괄손익누계액		
(1) 매도가능금융자산평가이익	2,000	2,000
5. 이익잉여금		20,000
6. 자본총계		31,000

참고) 위의 수치는 임의적으로 작성된 것임.

3.4 배당건설이자

배당은 이익잉여금을 재원으로 하므로 이익이 발생하지 않으면 주주들에게 배당금을 지급할 수 없다. 따라서 사업의 특성상 회사가 설립된 후 상당기간이 흐른 후에야 정상적인 영업활동을 할 수 있는 철도나 항만업 등을 영위하는 회사들은 투자자들을 모으기가 어려우므로 자본조달이 쉽지 않을 것이다. 그래서 상법에서는 이러한 회사들이 자본조달을 용이하게 할 수 있도록 이익이 없어도 배당할 수 있는 배당건설이자(pre-operating dividends)규정을 만들었다.

즉, 우리나라 상법의 규정에 의하면 2년 이내에 사업의 전부를 개시하기가 불가능한 회사는 개업 전 일정한 기간 동안 일정한 금액 이내에서 법원의 인가를 얻어 배당할 수 있다. 이를 배당건설이자라고 하는데, 이러한 배당건설이자는 이익이 없어도 배당할 수 있는 것이므로 이익배당의 성격이 아니라 주주가 투자한 투자액의 환급이라는 성격이므로 자본조정 항목으로 분류하여 자본에서 차감하는 형식으로 기재하는 것이다.

배당건설이자는 개업 후 연 6% 이상의 이익배당을 할 때 6%를 초과하여 배당한 금액과 동액 이상을 이익잉여금과 상각해야 한다. 예를 들어, 개업 후에 10%의 이익배당을 실시하였다면 6%를 초과하는 4% 이상을 이익잉여금의 처분항목으로 상각하는 것이다. 배당건설이자를 상각하는 분개는 다음과 같다.

차> 이익잉여금	×××	대> 배당건설이자	×××

예제 16-7 자본조정과 기타포괄손익누계액

잠실주식회사는 20×1년 말 현재 자본금과 이익잉여금, 배당건설이자가 각각 100,000원(액면금액 500원), 150,000원, 30,000원인 회사이다. 20×2년의 거래가 다음과 같을 때 분개하고 20×2년 기말의 자본에 대한 부분재무상태표를 작성하시오.

1. 주식 40주를 주당 400원에 발행하였다.
2. 주가부양을 위해 자기주식 50주를 600원에 취득하였다.
3. 장기투자 목적으로 보유하는 투자주식의 공정가치가 취득원가보다 5,000원 상승하였다.
4. 당기순이익 10,000원이 발생해서 8%를 현금으로 배당하였는데, 배당건설이자의 상각은 최소한만 하기로 하였다.

해 답

	차변	금액	대변	금액
1.	차> 현 금	16,000	대> 자 본 금	20,000
	주식할인발행차금	4,000		
2.	차> 자기주식	30,000	대> 현 금	30,000
3.	차> 매도가능금융자산	5,000	대> 매도가능금융자산평가이익	5,000
4.	차> 집합손익	10,000	대> 이익잉여금	10,000
	차> 이익잉여금	13,500	대> 현 금	7,600[1]
			배당건설이자	1,900[2]
			주식할인발행차금	4,000[3]

1) 500원 ×(240주 − 50주)×8% = 7,600원 ← 자기주식에 대해서는 배당금을 지급하지 않는다.
2) 95,000원 × (8% − 6%) = 1,900원 ← 배당건설이자의 상각을 최소한만 하기로 하였으므로 6%를 초과하는 2%에 대해서만 상각한다.
3) 이익잉여금이 충분하므로 전액을 상각한다.

5. 부분재무상태표

(1) 자 본 금		120,000
(2) 자본조정		
주식할인발행차금	−	
배당건설이자	(28,100)[4]	
자기주식	(30,000)	(58,100)
(3) 기타포괄손익누계액		
매도가능금융자산평가이익	5,000	5,000
(4) 이익잉여금		146,500[5]
(5) 자본총계		213,400

4) 배당건설이자 기말잔액 = 30,000원 − 1,900원(당기상각액) = 28,100원
5) 당기순이익이 10,000원이고 이익잉여금이 13,500원 처분되었으므로 이익잉여금은 전기 말에 비해 감소하였다.

제 4 절 이익잉여금

4.1 이익잉여금의 의의와 분류

이익잉여금(retained earnings)은 기업의 영업활동에 의해 창출된 이익 중에서 배당 등으로 사외에 유출되지 않고 사내에 유보한 이익을 말한다. 기업이 영업활동에 의해 창출한 이익을 모두 배당으로 유출하지 않고 사내에 유보하는 이유는 향후 사업을 확장할 때 내부자금으로 활용하거나 채무변제에 사용하기 위함이다.

이익잉여금은 법정적립금, 임의적립금 및 미처분이익잉여금으로 분류된다. 이 중에서 미처분이익잉여금은 사업으로부터 벌어들인 이익 중에서 배당으로 사외유출되거나 여러 준비금과 적립금을 적립한 나머지 금액이다.

법정적립금은 법률의 규정에 의한 적립금이므로 이익배당의 대상이 되지 못하고 결손보전이나 자본전입의 목적으로만 사용할 수 있다. 임의적립금과 미처분이익잉여금은 배당목적으로 사용할 수 있는 이익잉여금 항목이다.

이익잉여금을 처분하여 여러 적립금을 적립하였다 하더라도 실제 현금이 사

내에 남아있는 것은 아니다. 즉, 적립금은 배당을 제한하여 배당으로 인한 자금의 유출을 막겠다는 의도를 표현한 것이지 실제 현금이 있다는 뜻은 아닌 것이다. 따라서 의도된 목적에 자금을 사용하기 위해서는 예금이나 유가증권 등에 투자해서 별도의 자산항목으로 처리해야 한다.

(1) 법정적립금

법정적립금(statutory reserves)은 법률에 의해 의무적으로 적립해야 하는 것으로서 이는 다시 이익준비금과 기타법정적립금으로 나누어진다.

이익준비금(legal reserves)은 상법의 규정에 의한 적립금으로서 자본금의 50%에 달할 때까지 현금으로 배당하는 이익배당금액의 10% 이상의 금액을 적립해야 한다. 이익준비금은 미래의 결손에 대비하기 위해 자금을 유보하여 자본의 충실을 기하기 위한 것이다. 따라서 결손보전이나 자본에 전입하는 경우를 제외하고는 이익준비금을 사용할 수 없으므로 이익배당의 재원으로 사용하지 못한다.

기타법정적립금은 상법 이외의 법령에 의해 적립된 금액으로서 기업합리화적립금과 재무구조개선적립금이 속한다. 기업합리화적립금(reserve for business rationalization)은 조세특례제한법에 따라 법인세를 감면받은 금액의 일부를 적립하여 이익을 내부로 유보시킨 것이다. 또 재무구조개선적립금(reserve for financial structure improvement)은 상장법인재무관리규정에 의해 재무구조가 부실한 상장법인이 자본의 충실화를 위해 적립하는 것이다. 이와 같은 기타법정적립금도 역시 자본구조의 건실화를 목적으로 하므로 결손보전이나 자본전입 이외의 용도로는 사용할 수 없다.

(2) 임의적립금

임의적립금(voluntary reserves)은 법률에 의해 강제적으로 적립하는 것이 아니라 정관의 규정 또는 주주총회의 결의로 적립하는 금액이다. 임의적립금은 적립한 금액만큼 배당을 제한하여 재무구조를 건실하게 하고, 회사의 특정한 목적을 달성하기 위해 적립하는 것이다. 따라서 임의적립금은 결손보전과 자본전입 이외에도 배당의 재원으로 사용할 수 있고, 또한 기업이 적립목적으로 한 자유로운 용도로 활용할 수 있다. 임의적립금은 적극적 적립금과 소극적 적립금으로 나눌 수 있다.

적극적 적립금은 기업이 자금 또는 순자산을 증가시킬 목적으로 적립하는 것으로서 원래의 적립목적을 달성해도 적립금 자체는 소멸되지 않는다. 건물을 신축하기 위한 신축적립금, 미래에 사업을 확장하기 위한 사업확장적립금, 사채나 장기차입금 등의 부채를 상환하기 위한 감채적립금 등이 적극적 적립금에 속한다.

소극적 적립금은 기업이 자본감소를 방지할 목적 또는 순자산의 감소를 억제할 목적으로 적립한 것으로서 설정목적이 달성되면 이월이익잉여금으로 대체하여 소멸시킨다. 결손금을 보전하여 재무구조의 건실화를 목적으로 하는 결손보전적립금과 일정한 수준의 배당금을 유지하기 위한 배당평균적립금 등이 소극적 적립금에 속한다.

(3) 미처분이익잉여금

미처분이익잉여금(unappropriated retained earnings)은 유보이익 중에서 배당하거나 적립금으로 적립하지 않은 부분이다. 미처분이익잉여금은 전기말미처분이익잉여금에서 당기순손익을 가감하고 배당금이나 적립금 적립 등의 이익잉여금 처분액을 차감하여 구한다. 미처분이익잉여금에 대해서는 다음의 4.3에서 자세히 설명하기로 한다.

이상에서 설명한 이익잉여금 항목을 정리한 것이 〈자료 16-4〉이다.

자료 16-4 이익잉여금의 구분

이익잉여금의 종류	정 의	예 시
법정적립금	상법 등의 법률에 의해 의무적으로 적립하는 적립금	이익준비금 기업합리화적립금, 재무구조개선적립금
임의적립금	기업의 특정한 목적달성을 위해 정관이나 주주총회 결의에 의해 적립한 적립금	적극적 적립금: 신축적립금, 사업확장적립금, 감채적립금 소극적 적립금: 결손보전적립금, 배당평균적립금
미처분이익잉여금	이익 중 적립하지 않거나 배당으로 지급하지 않는 것	미처분이익잉여금

예제 16-8 이익잉여금

(주)방배의 20×1년 당기순이익은 150,000원이었다. 회사는 현금배당 50,000원을 지급하고 이에 따른 이익준비금을 설정하였다. 그리고 재무구조개선적립금과 사업확장적립금으로 각각 10,000원과 20,000원을 적립하였다. (주)방배의 20×1년 기말 이익잉여금에 대한 분개를 하시오.

해 답

차>	집합손익	150,000	대>	이익잉여금	150,000
차>	이익잉여금	85,000	대>	현 금	50,000
				이익준비금	5,000
				재무구조개선적립금	10,000
				사업확장적립금	20,000

4.2 배 당

배당(dividends)이란 영업활동을 통하여 획득한 이익을 주주들에게 분배해 주는 것을 말한다. 즉, 배당은 자기자본을 사용한 대가로 지급하는 것이므로 차입금을 사용한 대가로 지급하는 이자와 비교되는 자기자본에 대한 이자라고 보면 이해하기 쉬울 것이다.

배당은 이익잉여금을 재원으로 하여 지급되는데 이익잉여금의 모두를 배당하는 회사는 거의 없고 주주에게 배당할 수 있는 현금 등이 충분하지 않다면 배당을 하기보다는 이익을 기업 내부에 유보하여 미래의 채무지급 등에 대비하는 경우도 많다. 배당은 현금으로 지급하는 것이 보통이지만 경우에 따라서는 다른 형태, 즉 주식배당 등과 같은 형태로 지급하기도 한다.

배당에 대한 회계처리를 논의하기 위해서는 배당기준일, 배당선언일, 배당지급일과 같은 용어들에 대한 이해가 있어야 한다.

배당기준일이란 배당을 받을 권리가 있는 주주들이 확정되는 날로서, 일반적으로 기업의 결산일이 된다.

배당선언일은 배당금을 이익잉여금으로 처분하도록 주주총회에서 결의한 날인데, 이날부터 기업은 배당금 지급에 대한 채무를 부담하게 된다. 따라서 주식을 발행한 회사는 배당선언일에 배당의 재원인 이익잉여금을 감소시키고 부채계정인 미지급배당금(현금배당의 경우) 또는 자본조정 항목인 미교부주식배당금(주식배당의 경우)을 설정하는 배당에 대한 회계처리를 해야 한다.

배당지급일은 주주총회에서 확정된 배당금을 실제 현금이나 주식으로 지급하는 날이다.

배당은 기업의 경영성과를 나타내는 당기순이익에 영향을 미치지 않는다. 배당은 기업의 이익잉여금을 재원으로 하여 지급되므로 배당을 지급하거나 배당지급을 결의한 시점에서 이익잉여금에서 직접 차감하는 방법으로 회계처리해야 한다.

(1) 현금배당

현금배당(cash dividends)은 현금으로 배당을 지급하는 것으로서 일반적인 배당의 방법이다. 기업이 현금배당을 결정할 때에는 이익잉여금뿐만 아니라 현재의 자금사정도 고려해야 한다. 즉, 당기순이익이 많이 발생하고 기존의 유보이익이 충분해서 이익잉여금 잔액이 많다고 할지라도 현재 보유하고 있는 현금이 넉넉하지 않다면 현금배당을 지급하는 것보다 내부에 자금을 유보하여 채무지급에 대비하거나 미래 투자에 활용하는 것이 좋다.

현금배당을 실시할 때 배당기준일에는 아무런 회계처리를 하지 않는다. 주주총회의 결의에 의해 배당을 선언하면 차변에 이익잉여금을 감소시킴과 동시에 대변에 부채계정인 미지급배당금을 설정하고 현금배당과 관련된 이익준비금을 설정할 수도 있다. 배당지급일에는 현금을 지급하여 채무가 지급됨에 따라 차변에 미지급배당금을 기록하고 대변에 현금을 기록한다.

최근에는 상법 규정에 의하여 중간배당제도와 분기배당제도를 도입하였다. 중간배당이란 결산 시에 배당금을 지급하지 않고 회계연도 중에 1회를 한도로 하여 배당을 지급할 수 있는 제도이고 분기배당은 분기별 결산을 바탕으로 1년에 최고 4차례의 배당을 지급할 수 있는 제도이다. 중간배당과 분기배당은 주주총회의 결의가 아닌 이사회의 결의에 의해 배당이 확정된다는 점 이외에는 일반적인 배당과 동일하므로 회계처리도 같다.

(2) 주식배당

주식배당(stock dividends)은 현금 대신에 주식을 배당으로 지급하는 것이다. 이는 회사 내의 현금이 많지 않을 때 주주들의 배당욕구를 충족시키기 위해 실시하지만, 기업의 이익잉여금을 영구적으로 자본화시키기 위한 방법이라고 할 수 있다. 왜냐하면 주식배당으로서 이익잉여금이 외부로 유출되지 않고 결국에는 자본금으로 대체되기 때문이다.

주식배당을 하면 회사의 자산과 부채에는 아무런 변동이 없고 자본총액에도 영향이 없지만 자본의 구성항목이 달라진다. 그 이유는 주식배당액만큼 이익잉여금이 감소하고 자본금이 증가하기 때문이다. 또한 주식배당은 주주들의 지분비율에 비례하여 신주를 발행하므로 주주들 간의 지분비율 변동은 발생하지 않는다.

주식배당을 실시할 때에도 배당기준일에는 아무런 회계처리를 하지 않는다. 주주총회의 결의에 의해 배당을 선언하면 차변에 이익잉여금을 감소시키고 대변에는 미교부주식배당금계정을 설정하는데, 이는 자본조정의 가산 항목이다. 발행주식수에 주당 액면금액을 곱한 금액으로 기록하는 미교부주식배당금은 회사의 자산을 주주들에게 이전할 필요가 없기 때문에 부채계정이 아니고 추후에 자본금으로 대체되므로 자본조정 항목으로 보고되는 것이다. 그리고 주식발행일(주식배당은 배당지급일이 주식발행일이 된다)에는 미교부주식배당금을 차감하고 대변에 자본금을 증가시킨다.

각 거래일자에 따른 현금배당과 주식배당의 회계처리를 비교해보면 〈자료 16-5〉와 같다.

자료 16-5 현금배당과 주식배당의 비교

일 자	현 금 배 당		주 식 배 당	
배당기준일	회계처리 없음		회계처리 없음	
배당선언일	차> 이익잉여금	×××	차> 이익잉여금	×××
	대> 미지급배당금	×××	대> 미교부주식배당금	×××
배당지급일	차> 미지급배당금	×××	차> 미교부주식배당금	×××
(주식발행일)	대> 현 금	×××	대> 자 본 금	×××

한편 주식분할(stock split)은 추가적인 자금의 납입 없이 하나의 주식을 여러 개로 분할하는 것이다. 따라서 주식의 액면금액이 분할비율만큼 감소되고 기존 주주의 주식 수에 비례하여 주식이 분할된다. 주식분할을 실시하면 자본금의 변동이 없으므로 아무런 분개를 할 필요가 없고 단지 액면금액의 감소와 주식수의 증가에 대해서만 기록하면 된다.

주식분할은 주식의 시장가치가 너무 높아서 유통이 잘 되지 않을 때 시장가치를 감소시켜서 유동성을 높이기 위해 실시한다. 예를 들어, 액면금액 5,000원인 보통주 10,000주가 발행되어 있는데, 만약 주당 시장가치가 100,000원이라면 높은 시장가치 때문에 시장에서 유통이 잘 되지 않는다. 이때 주식을 5대 1의 비율로 분할하면 액면금액은 1,000원으로 감소하고 유통되는 보통주는 50,000주로 증가한다.

또 주식분할로 기업가치가 변하지 않았다면 시장가치가 분할비율대로 20,000원으로 낮아지게 되어 많은 투자자들이 이 주식을 구입할 수 있게 될 것이다. 주식분할의 실시로 투자자들이 반응하여 기업가치가 변동한다는 연구결과도 있으나 여기에서는 이러한 효과에 대해서는 무시하기로 한다.

이와 반대로 주식의 시가가 너무 낮아서 회사의 이미지가 좋지 않은 경우에는 주식병합을 실시하기도 한다. 주식병합은 여러 개의 주식을 합쳐서 유통주식 수를 감소시키고 액면금액을 증가시키는 방법이다.

예제 16-9　배　당

(주)낙성은 보통주 자본금 1,000,000원(500원, 2,000주)인 회사이다. 20×1년의 경영성과가 좋아 주주들에게 다음과 같은 배당을 지급하기로 결정하였을 때 배당기준일과 배당선언일 및 배당지급일의 분개를 하시오. 이익준비금은 설정하지 않는다고 한다.

현금배당: 액면금액의 10%
주식배당: 보통주 100주

해 답

1. **배당기준일**: 회계처리 없음
2. **배당선언일**

차>	이익잉여금	150,000	대>	미지급배당금	100,000[1]
				미교부주식배당금	50,000[2]

3. **배당지급일**

차>	미지급배당금	100,000	대>	현　금	100,000
	미교부주식배당금	50,000		자 본 금	50,000

1) 1,000,000원 × 10% = 100,000원
2) 500원 × 100주 = 50,000원

주식배당과 주식분할은 총자본을 변화시키지 않고 신주를 발행한다는 공통점이 있지만 실시하는 목적이 다르다. 주식배당은 현금 등을 사외로 유출시키지 않고 주식을 지급함으로써 주주들의 배당욕구를 충족시킴과 동시에 이익잉여금의 영구적인 자본화를 목적으로 한다. 이와는 달리, 주식분할은 주식의 시장가치가 높아 유동성이 낮을 때 시장가치를 하락시켜서 시장성을 높이는 것을 목적으로 한다.

이러한 차이가 있지만 주식배당과 주식분할은 총자본의 변화를 수반하지 않고 기존 주주의 지분비율대로 주식을 지급하므로 주주들의 경제적 가치에는 변함이 없다. 따라서 주식배당과 주식분할은 주주의 이익이 아니므로 주주들은 아무런 분개를 할 필요가 없다.

〈예제 16-10〉에서 보다시피 주식배당과 주식분할은 자본총계를 변화시키지는 않고, 자본항목의 구성만을 변화시킨다. 주식배당은 액면금액은 변하지 않고 주식수가 증가함에 따라 자본금이 증가하고 그만큼 이익잉여금이 감소하였다.

예제 16-10 주식배당과 주식분할

대림주식회사의 20×0년 말 자본은 다음과 같이 구성되어 있다.

자본금(500원, 2,000주)	1,000,000 원
이익잉여금	600,000
자본총계	1,600,000 원

대림주식회사는 20×1년에 주식배당과 주식분할 중에 하나를 선택하려고 한다. 주식배당은 주주들에게 400주를 배당하는 것이고, 주식분할은 하나의 주식을 두 개로 분할하는 것이다. 주식배당과 주식분할에 의한 분개를 제시하고, 실시 후의 자본에 대한 재무상태표를 각각 작성하시오.

해 답

1. 회계처리

(1) 주식배당 분개

차>	이익잉여금	200,000	대>	미교부주식배당금	200,000
차>	미교부주식배당금	200,000	대>	자 본 금	200,000

(2) 주식분할 분개 – 없음

2. 부분재무상태표의 작성

주 식 배 당		주 식 분 할	
자본금(500원, 2,400주)	1,200,000원	자본금(250원, 4,000주)	1,000,000원
이익잉여금	400,000	이익잉여금	600,000
자본총계	1,600,000원	자본총계	1,600,000원

주식분할은 액면금액이 감소하고 그 비율만큼 주식수가 증가하여 자본금은 변하지 않았고 이익잉여금 역시 불변이다. 이와 같이 주식배당과 주식분할은 자본의 항목만 변화시킬 뿐 자본총계에는 영향을 미치지 못한다.

4.3 이익잉여금처분계산서

이익잉여금처분계산서(statement of appropriation of retained earnings)는 이익잉여금의 처분사항을 명확히 보고하기 위해 이월이익잉여금의 총변동사항을 나타내는 재무제표이다.

K-IFRS에 의하면 이익잉여금처분계산서는 기본적으로 작성해야 하는 재무제표에 포함되지 않는다. 하지만 상법 등에서 이익잉여금처분계산서의 작성을 요구하는 경우에는 재무상태표의 이익잉여금에 대한 보충정보로서 주석으로 공

시해야 한다. 따라서 본서에서는 이익잉여금처분계산서의 작성방법에 대해 설명하기로 한다.

이익잉여금처분계산서의 형태를 간단하게 요약해 보면 〈자료 16-6〉과 같다.

자료 16-6 이익잉여금처분계산서

이익잉여금처분계산서

20×1년 1월 1일 ~ 20×1년 12월 31일

처분예정일: 20×2년 2월×일 (단위: 원)

Ⅰ. 미처분이익잉여금		
1. 전기말미처분이익잉여금	×××	
2. 중간배당액	×××	
3. 당기순손익	×××	×××
Ⅱ. 임의적립금 이입액		×××
Ⅲ. 이익잉여금 처분액		
1. 이익준비금	×××	
2. 배당금	×××	×××
Ⅳ. 차기이월미처분이익잉여금		×××

참고) 미처분이익잉여금에 회계변경의 누적효과와 전기오류수정손익이 포함되지만 이러한 내용은 회계원리의 수준을 넘으므로 이곳에서는 생략하였다.

이익잉여금처분계산서는 전기로부터 이월된 전기말미처분이익잉여금에 포괄손익계산서상의 당기순손익을 가감하고 당기이익잉여금의 처분사항을 차감하여 재무상태표에 표시되는 차기이월미처분이익잉여금을 표시하는 재무제표이다. 따라서 이익잉여금처분계산서는 포괄손익계산서의 당기순손익과 재무상태표의 미처분이익잉여금을 연결시켜준다.

우리나라의 상법에 의하면 이익잉여금의 처분은 주주들의 고유권한이므로 이사회에서 마음대로 정하지 못한다. 따라서 주주총회에서 주주들의 결의에 의해 이익잉여금의 처분을 확정한다.

미처분이익잉여금에 표시하는 것은 전기말미처분이익잉여금과 중간배당액 및 당기순손익 항목이다. 전기말미처분이익잉여금은 전기말의 이익잉여금이고 중간배당액은 이사회의 결의에 의해 지급한 배당액, 당기순손익은 기말의 마감분개에 의해 손익항목이 이익잉여금으로 대체된 것이다. 당기손익 항목이 마감분개에 의해 집합손익에 모아졌다가 이익잉여금으로 대체되는 다음과 같은 분개는 앞의 제 5 장에서 이미 설명한 바 있다.

1. 당기순이익 발생시
   차> 집합손익 ××× 대> 이익잉여금 ×××
2. 당기순손실 발생시
   차> 이익잉여금 ××× 대> 집합손익 ×××

배당가능이익이 부족할 때 임의적립금을 당기의 이익잉여금처분에 충당하는 경우가 있는데 이를 임의적립금의 이입이라 하며, 이 경우 해당 임의적립금을 처분전이익잉여금에 가산하는 형식으로 기재한다. 임의적립금 이입시의 회계처리는 다음과 같다.

차> 임의적립금 ××× 대> 이익잉여금 ×××

미처분이익잉여금에 임의적립금 이입액을 합한 금액이 처분가능한 이익잉여금이다. 처분가능한 이익잉여금을 법정적립금, 임의적립금 및 배당금 등으로 처분하고 남은 잔액이 차기이월미처분이익잉여금이 된다.

이익잉여금의 처분은 사외처분과 사내처분으로 나눌 수 있는데 사외처분은 배당의 형식으로 주주들에게 배분하는 것이고, 사내처분은 법령의 규정 또는 회사의 미래 사용목적에 따라 이익잉여금을 각종 적립금으로 적립하는 것이다. 이에 대해서는 앞에서 이미 언급한 바 있다.

예제 16-11 이익잉여금처분계산서

구로주식회사의 기초이익잉여금은 100,000원이다. 회사는 당기순이익 20,000원을 실현하였고 현금배당 90,000원을 결의하였으며 이에 따른 이익준비금 9,000원을 설정하였다. 그리고 사업확장적립금으로 30,000원을 적립함에 따라 이익잉여금 잔액이 부족하여 배당평균적립금 25,000원을 이익잉여금으로 이입하였다. 이와 관련 분개를 제시하고 이익잉여금처분계산서를 간략하게 작성하시오.

해 답

1. 이익잉여금 분개

차>	집합손익	20,000	대>	이익잉여금	20,000
	배당평균적립금	25,000		이익잉여금	25,000
차>	이익잉여금	129,000	대>	미지급배당금	90,000

		이익준비금	9,000
		사업확장적립금	30,000

2. 이익잉여금처분계산서

전기말미처분이익잉여금		100,000원
당기순이익	20,000	
배당평균적립금 이입	25,000	
배당금	(90,000)	
이익준비금	(9,000)	
사업확장적립금 적립	(30,000)	(84,000)
차기이월미처분이익잉여금		16,000원

이익잉여금처분계산서가 이익잉여금에 대한 처분내역을 나타내는 재무제표인 데 반해 결손금처리계산서(statement of disposition of deficit)는 당기의 결손금에 대한 처리내역을 밝힌 재무제표이다.

결손금이 있는 경우에는 결손금처리순서에 따라 결손금을 보전해야 하는데, 결손금을 보전하고도 미처리결손금이 남아있는 경우에는 결손금처리계산서를 작성해야 한다. 따라서 당기에 당기순손실이 발생하였다고 해서 결손금처리계산서를 작성하는 것이 아니라 당기 말에 미처리결손금이 남아있는 경우에만 작성하는 것이다.

미처리결손금이 나타나는 상황이란 기업이 당기순손실을 실현함에 따라 순자산이 감소한 경우로서 기업이 결손금만큼 실질적인 자산을 확보하지 못한 상태이다. 결손금이 모두 보전되기 전에는 주주들에게 배당을 할 수 없으므로 기업은 결손금을 처리해야 한다. 결손금의 처리는 임의적립금, 법정적립금, 자본잉여금의 순서로 하도록 되어 있는데, 결손금 처리시의 분개는 다음과 같다.

차>	임의적립금	×××	대> 이월결손금	×××
	법정적립금	×××		
	자본잉여금	×××		

4.4 주당순이익

주당순이익(EPS: earnings per share)은 보통주 주식 1주당 순이익이 얼마인가를 나타내는 수치로서 기업의 수익력을 나타낸다. 기업의 순이익은 먼저 우선주

주주에게 지급되므로 보통주 주주에게 귀속되는 순이익을 구하기 위해서는 우선주 배당금을 차감해야 한다. 그리고 자기주식의 취득과 유상증자 등으로 유통되는 주식수가 연간 동일하다고 할 수 없으므로 사외에 유통되는 가중평균 유통주식수를 구해야 한다. 따라서 주당순이익은 다음과 같이 계산할 수 있다.

$$\text{주당순이익} = \frac{\text{당기순이익} - \text{우선주 배당금}}{\text{가중평균 유통보통주식수}}$$

일반적으로 당기순이익이 기업의 경영성과를 나타내는 지표이다. 하지만 기업의 규모나 투하된 자본에 따른 투자효율을 알아보기 위해서는 당기순이익만으로는 부족하다.

주당순이익이 높다는 것은 유통되는 주식수에 비해 당기순이익이 크다는 것을 의미하므로 투하된 자본에 비해 높은 수익을 얻는다고 할 수 있다. 따라서 주당순이익은 포괄손익계산서상 당기순이익의 정보력을 보완하는 효과를 가지므로 포괄손익계산서 본문에 표시한다.

제 5 절 자본변동표

5.1 자본변동표의 의의

우리나라의 기존 기업회계기준에서는 이익잉여금처분계산서를 기본 재무제표의 하나로 규정하고 있었는데, 이익잉여금처분계산서는 자본의 구성항목 중 이익잉여금의 변동내역만을 나타낼 뿐 자본을 구성하는 모든 항목의 변동내용을 포괄적이고 체계적으로 제시하지 못하고 있다.

따라서 자본의 변동내용에 대한 포괄적인 정보를 제공하기 위해 자본변동표의 도입이 필요하게 되어, K-IFRS는 자본변동표를 기본 재무제표로 작성하도록 규정하고 있다. 기존의 이익잉여금처분계산서는 기본 재무제표에서 제외되고, 상법 등의 규정에 의해 작성해야 하는 경우 주석으로 공시하도록 하였다.

자본변동표(statement of changes in owners' equity)는 한 회계기간 동안 발생한 소유주지분의 변동을 표시하는 재무제표로서 자본을 구성하고 있는 자본금, 자본잉여금, 자본조정, 기타포괄손익누계액, 이익잉여금(결손금)의 변동에 대한 포괄적인 정보를 제공한다. 자본변동표에는 자본금, 자본잉여금, 자본조정, 기타포괄손익누계액, 이익잉여금(결손금)의 각 항목별로 기초잔액과 당기 변동사항 및 기말잔액을 표시한다.

이와 같이 작성되는 자본변동표는 재무제표간의 연계성을 제고시키며 재무제표의 이해가능성을 높인다. 즉, 재무상태표에 보고되는 자본의 기초잔액과 기말잔액을 모두 제시함으로써 재무상태표와 연결할 수 있고, 자본의 변동내용은 포괄손익계산서와 현금흐름표에 나타난 정보와 연결할 수 있으므로 정보이용자들이 보다 명확히 재무제표간의 관계를 파악할 수 있게 되는 것이다.

5.2 자본변동표의 기본구조

자본변동표는 자본금, 자본잉여금, 자본조정, 기타포괄손익누계액, 이익잉여금(결손금)의 각 항목별로 기초잔액과 당기 변동사항 및 기말잔액을 표시한다.

자본금의 변동은 유·무상증(감)자와 주식배당에 의해 발생하며 자본잉여금의 변동은 유·무상증(감)자와 결손금의 처리 등에서 발행한다. 자본금과 자본잉여금의 변동은 납입자본의 변동으로 통합하여 표시할 수 있다.

자본조정은 자기주식, 주식할인발행차금, 배당건설이자, 주식선택권, 감자차손, 자기주식처분손실 등으로 구분하여 표시한다.

기타포괄손익누계액의 변동은 매도가능금융자산평가손익, 해외사업환산손익, 현금흐름위험회피 파생상품평가손익 및 재평가잉여금으로 구분하여 표시한다.

이익잉여금의 변동은 주주총회에서 승인된 배당금액을 의미하는 연차배당, 당기 중에 이사회에서 승인된 배당금액인 중간배당, 그리고 당기순손익 및 중대한 전기오류수정손익과 회계정책의 변경으로 인한 누적효과로 구분하여 표시한다.

이중에서 해외사업환산손익과 현금흐름위험회피 파생상품평가손익, 전기오류수정손익 및 회계정책의 변경으로 인한 누적효과는 회계원리 수준을 넘으므로 중급회계나 고급회계에서 다루게 된다.

자본변동표의 기본양식은 〈자료 16-7〉과 같다.

자료 16-7 자본변동표의 양식

자 본 변 동 표

××주식회사 20×1년 1월 1일부터 20×1년 12월 31일까지 (단위: 원)

구 분	자본금	자본잉여금	자본조정	기타포괄손익누계액	이익잉여금	총 계
20×1. 1. 1	×××	×××	×××	×××	×××	×××
연차배당					(×××)	(×××)
기타 이익잉여금 처분액					(×××)	(×××)
처분후 이월이익잉여금					×××	×××
회계정책변경 누적효과					×××	×××
전기오류수정손익					×××	×××
수정후 이월이익잉여금					×××	×××
중간배당					(×××)	(×××)
유상증자(감자)	×××	×××				×××
당기순이익(손실)					×××	×××
자기주식 취득			(×××)			(×××)
매도가능금융자산평가손익				(×××)		(×××)
20×1. 12. 31	×××	×××	×××	×××	×××	×××

5.3 자본변동표의 작성사례

여기에서는 자본변동표의 작성에 대한 이해를 위해 다음의 사례를 예로 들어 설명하기로 한다. 20×1년 초의 서초회사의 자본은 다음과 같다고 가정하자.

자본금: 100,000원 (500원, 200주)
자본잉여금: 150,000원 (이는 주식발행초과금이다)
자본조정: (−) 30,000원 (자기주식의 취득원가: 600원, 50주)
기타포괄손익누계액: 20,000원 (이는 매도가능금융자산평가이익이다)
이익잉여금: 120,000원

또 서초회사의 20×1년 중의 자본거래는 다음과 같다고 가정하자.

유상증자: 65,000원 (650원, 100주)
자기주식 처분: 18,000원 (600원, 30주)
매도가능금융자산평가이익: 10,000원

당기순이익: 40,000원

연차배당: 10,000원 (이는 현금배당이다)

이익준비금 적립: 1,000원

이 경우 서초회사의 자본거래에 대한 회계처리를 하고 자본변동표를 작성하면 〈자료 16-8〉과 같다.

자료 16-8 자동변동표 작성사례

1. 기중 회계처리

차>	현 금	65,000	대>	자 본 금	50,000
				주식발행초과금	15,000
차>	현 금	18,000	대>	자기주식	18,000
차>	매도가능증권	10,000	대>	매도가능증권평가이익	10,000
차>	집합손익	40,000	대>	이익잉여금	40,000
차>	이익잉여금	11,000	대>	미지급배당금	10,000
				이익준비금	1,000

2. 자본변동표

자 본 변 동 표

서초주식회사 (단위: 천원)

구 분	자본금	자본잉여금	자본조정	기타포괄손익 누계액	이익잉여금	총 계
20×1. 1. 1	100	150	(30)	20	120	360
연차배당					(10)	(10)
처분후 이월이익잉여금					110	350
유상증자	50	15				65
당기순이익					40	40
자기주식 처분			18			18
매도가능증권평가이익				10		10
20×1. 12. 31	150	165	(12)	30	150	483

연습문제

문제 16-1 주식의 발행

다음의 상황에 대한 회계처리를 제시하시오. 단, 각각의 상황은 상호 독립적이다.

1. 현금발행

   (주)평택의 주식은 액면금액 10,000원이며 20주를 발행하기로 하였다. 주당 발행금액이 각각 10,000원, 12,000원, 8,000원인 경우로 나누어 회계처리를 제시하시오.

2. 일괄발행

   (주)평택은 20×3년 10월 1일 액면금액 10,000인 보통주 200주와 액면금액 10,000원인 우선주 200주를 3,600,000원에 발행하였다. 다음의 경우에 대하여 회계처리하시오.

   (1) 보통주의 주당 시가가 14,000원이고 우선주의 시가가 16,000원인 경우

   (2) 보통주의 시가는 17,000원이고 우선주의 시가를 알 수 없는 경우

3. 현물출자에 의한 주식발행

   (주)평택은 주주인 김씨로부터 건물을 출자받고 액면금액 10,000원인 주식을 700주 발행하였다. 다음 각각의 경우에 대하여 회계처리를 하라.

   (1) 주식의 공정가치가 주당 14,000원이고 건물의 공정가치는 모르는 경우

   (2) 건물의 공정가치가 8,000,000원이고 주식의 공정가치는 모르는 경우

문제 16-2 전환우선주

부여(주)는 20×2년 초 5,000주의 전환우선주를 발행하였다. 전환우선주의 액면금액은 10,000원이며 발행금액은 20,000원이었다. 20×3년 부여(주)의 미래성과에 대한 기대치가 상승하면서 보통주의 주가가 크게 상승하였다. 그 결과 전환권의 70%가 행사되었는데, 전환당시 우선주와 보통주의 시가는 각각 30,000원, 50,000원이라 할 때 전환당시의 회계처리를 수행하시오. 보통주 액면금액은 5,000원, 전환비율은 1:1이다.

문제 16-3 자기주식

20×3년 5월 1일 (주)온양은 회사를 설립하면서 주당 7,000원에 액면금액 5,000원인 주식을 2,000주 발행하였다. 20×4년 1월 1일 현재 이익잉여금은 1,250,000원이며 설립 후 추가증자는 없었다. 20×4년 회사의 자본거래와 관련된 사항이 다음과 같을 경우 회사의 분개를 제시하시오(단, 자기주식의 원가흐름은 선입선출법에 의한다).

3월 6일: 자기주식 100주를 주당 6,500원에 취득하였다.

5월 8일: 자기주식 50주를 주당 8,000원에 취득하였다.
6월 10일: 자기주식 60주를 주당 7,000원에 재발행하였다.
7월 16일: 자기주식 30주를 소각하였다.
8월 22일: 자기주식 20주를 주당 8,000원에 취득하였다.
9월 24일: 자기주식 50주를 주당 5,500에 재발행하였다.
10월 10일: 자기주식 20주를 소각하였다.

문제 16-4 실질적 감자

(주)예산의 보통주는 액면금액 5,000원이며 20×3년 현재 총 유통보통주식수는 2,300주이다. (주)예산은 20×4년의 합병에 대비하여 자산상태 조정의 일환으로 감자를 실시하려고 한다. 20×3년의 감자거래는 아래에 제시되어 있으며 20×3년 (주)예산의 기말이익잉여금 잔액은 10,000,000원이다.

10월 15일: 보유 중인 자기주식(취득원가: 주당 4,500원) 200주를 모두 소각
10월 28일: 주식시장에서 자사주식 100주를 7,000원에 매입 후 바로 소각

〈물음〉 (주)예산의 20×3년 분개를 모두 제시하시오.

문제 16-5 자본조정과 기타포괄손익누계액

(주)강화의 20×1년 말 자본조정과 기타포괄손익누계액의 계정잔액은 다음과 같다.

배당건설이자	250,000원
매도가능금융자산평가이익	130,000원
자기주식(100주)	700,000원

다음은 20×2년 중에 발생한 (주)강화의 자본거래이다.

(1) 주식 200주(액면금액 500원)를 주당 600원에 유상증자하였다.
(2) 보유중인 매도가능금융자산(장부금액 900,000원)의 50%를 1,000,000원에 처분하였다.
(3) 자기주식 100주를 모두 600,000원에 처분하였다.
(4) 매도가능금융자산의 기말 공정가치는 500,000원이다.
(5) 기말이익잉여금 잔액은 3,000,000원이며 400,000의 현금배당을 실시하였다.
(단, 배당건설이자의 상각은 70,000원으로 가정한다).

〈물음〉
1. 위에서 제시한 자료를 토대로 (주)강화의 20×2년 분개를 수행하시오.
2. 20×2년 말 자본에 관한 부분재무상태표를 작성하시오.

문제 16-6 배당

(주)부여의 주주지분은 다음과 같다.

자본금(주당 2,000원)	6,000,000원
자본잉여금	280,000
이익잉여금	2,000,000

(주)부여는 배당기준일을 20×2년 12월 31일로 정하였으며 그 다음해인 20×3년 3월 12일에 5%의 현금배당 및 주식배당을 주주총회가 승인하였다. 배당지급일은 20×3년 3월 20일이며 이익준비금은 최소한만 설정하기로 한다. (주)부여의 배당기준일부터 배당지급일까지의 분개를 설명하시오.

문제 16-7 주식배당과 주식분할

(주)논산의 20×1년 말 자본은 다음과 같이 구성되어 있다.

자본금(1,000원, 10,000주)	10,000,000원
자본잉여금	2,000,000
이익잉여금	3,000,000

〈물음〉

1. ① 10%의 현금배당, ② 10%의 주식배당, ③ 1 : 1.1의 주식분할의 세 가지 경우로 나누어 회계처리 및 자본의 부분재무상태표를 작성하시오.
2. (주)강경은 (주)논산의 주식 10%를 보유하고 있다(단, 지분법적용 요건을 충족시키지 못한다). 이러한 상황에서 (주)논산이 ① 10%의 현금배당, ② 10%의 주식배당, ③ 1 : 1.1의 주식분할을 실시할 경우 (주)강경의 회계처리는 각각 어떻게 되는가?

문제 16-8 이익잉여금처분계산서

(주)청양의 20×2년 초 자본과 관련된 계정은 다음과 같다. 이익준비금 500,000원이 적립되어 있으며 그 밖의 적립금은 설정되지 않았다.

자본금	5,000,000원
자본잉여금	2,000,000
이익잉여금	700,000

20×2년 경기불황으로 인하여 (주)청양은 300,000원의 결손이 발생하였으며 이 중 100,000원을 이익준비금으로 보전하였다.

20×3년 당기순이익은 500,000원이며 회사는 현금배당 100,000원을 지급하고 이에 따른 이익준비금을 설정하였다. 그리고 사업확장적립금과 결손보전적립금을 각각 30,000원과 60,000원 적립하였다. (주)청양의 20×3년 말 이익잉여금처분과 관련한 회계처리를 제시하고 이익잉여금처분계산서를 작성하시오.

문제 16-9 주당순이익

(주)아산의 20×3년 계속영업이익은 2,000,000원이고 우선주 배당금은 450,000원이며, 중단사업이익이 850,000원이다. 법인세비용은 없고 가중평균유통보통주식수가 50,000주라 할 때 (주)아산의 주당순이익을 계산하시오.

문제 16-10 자본변동표

다음에 제시된 자료는 김제회사의 20×1년 초 자본계정이다.

자본금(1,000원, 1,000주)		1,000,000원
자본잉여금		
주식발행초과금	1,200,000	
감자차익	300,000	1,500,000
기타포괄손익누계액		
매도가능금융자산평가이익		400,000
이익잉여금		2,000,000

20×1년 중 김제회사에 발생한 자본거래는 다음과 같다.

(1) 유상감자: 200,000원(2,000원, 100주)
(2) 자기주식 취득: 70,000원(1,400원, 50주)
(3) 매도가능금융자산 30% 처분
(4) 당기순이익: 300,000원
(5) 현금배당: 150,000원(이익준비금: 15,000원)

〈물음〉 상기의 자료를 이용하여 20×1년 김제회사의 자본변동표를 작성하시오.

Part 4 회계정보의 활용

chapter 17
현금흐름표

chapter

17 현금흐름표

제 1 절 현금흐름표의 의의

1.1 현금흐름표의 목적

현금흐름표(statement of cash flows)는 한 회계기간 동안 발생한 현금의 유입과 현금의 유출에 관한 정보를 제공하는 재무제표이다. 재무제표 이용자가 현금흐름표를 다른 재무제표와 같이 사용하면 순자산의 변화, 재무구조 및 현금흐름의 금액과 시기를 조절할 수 있는 기업의 능력을 평가하는 데 유용한 정보를 얻을 수 있다. 현금흐름정보는 기업의 현금창출능력을 평가하는데 유용할 뿐만 아니라, 여러 기업의 미래 현금흐름의 현재가치를 비교 평가하는데 필요한 기초자료를 제공한다.

현금흐름표상의 현금은 재무상태표상의 현금및현금성자산(cash and cash equivalents)이다. '현금'은 일반적으로 통화, 타인발행수표 등의 통화대용증권 및 당좌예금, 보통예금 등의 요구불예금으로 구성된다. '현금성자산'은 유동성이 매우 높은 단기 투자자산으로서 확정된 금액의 현금으로 전환이 용이하고 가치변동의 위험이 경미한 자산이다. 따라서 투자자산 중 지분상품은 현금성자산에서 제외되고, 채무증권은 취득일로부터 만기일이 3개월 이내인 경우와 같이 만기일이 단기에 도래하는 경우에만 현금성자산으로 분류된다.

'현금흐름'은 현금및현금성자산의 유입 또는 유출을 말하는데, 현금및현금성자산을 구성하는 항목간 이동은 현금흐름으로 보지 아니한다.

1.2 현금흐름표의 기본구조

현금흐름표는 회계기간 동안 발생한 현금흐름을 영업활동, 투자활동 및 재무활동 현금흐름으로 구분하여 표시하고, 이 세 가지 활동의 순현금흐름에 기초의 현금을 가산하여 기말의 현금을 산출하는 형식으로 표시한다. 현금흐름을 영업활동, 투자활동 및 재무활동 현금흐름으로 구분하여 표시하면 이러한 활동이 각각 재무상태와 전체 현금흐름에 미친 영향 및 각 활동의 상호관련성을 평가하는 데 유용하다.

자료 17-1 현금흐름표의 예

(주)수원
현금흐름표 – 직접법
20×2년 1월 1일부터 12월 31일까지 (단위: 원)

Ⅰ. 영업활동으로부터의 현금		
매출대금의 회수	2,906,080	
매입대금의 지급	(1,763,800)	
임직원급여 지급	(434,680)	
소모품비 지급	(14,640)	
광고비 지급	(176,800)	
제세공과금 지급	(52,000)	
기타관리비 지급	(247,560)	
이자수취[1)]	3,900	
이자지급[1)]	(7,600)	
법인세의 납부[1)]	(94,700)	
영업활동으로부터 조달된 순현금		118,200
Ⅱ. 투자활동으로부터의 현금		
투자자산의 처분	19,400	
토지와 건물의 취득(현금지급분)	(60,000)	
기계장치의 처분	5,200	
기계장치의 취득	(86,000)	
투자활동에 사용된 순현금		(121,400)
Ⅲ. 재무활동으로부터의 현금		
주식의 발행	50,000	
배당금 지급[1)]	(36,000)	
재무활동으로부터 조달된 순현금		14,000
Ⅳ. 현금의 순증가		10,800
Ⅴ. 기초현금		81,800
Ⅵ. 기말현금		92,600

1) 이자와 배당 및 법인세는 다른 활동으로 분류할 수도 있으며, 이에 대해서는 후술하기로 한다.

현금흐름표상의 '영업활동(operating activities)'은 주요 수익창출활동뿐만 아니라, 투자활동이나 재무활동에 속하지 아니하는 거래와 사건을 모두 포함한 활동을 말한다.

현금흐름표상의 '투자활동(investing activities)'은 장기성 자산 및 현금성자산에 속하지 않는 기타 투자자산의 취득 및 처분활동을 말한다.

현금흐름표상의 '재무활동(financing activities)'은 기업의 납입자본과 차입금의 크기 및 구성내용에 변동을 가져오는 활동을 말한다.

〈자료 17-1〉에는 현금흐름표의 양식이 제시되고 있다.

동일한 거래의 현금흐름이 두 가지 이상의 활동과 관련된 경우에는 각 활동별 현금흐름으로 구분하여 표시한다. 예를 들면, 차입금의 원금과 이자를 동시에 지급하는 거래의 경우, 이자지급 부분은 영업활동으로 분류하고 원금상환 부분은 재무활동으로 분류한다.

두 가지 이상의 활동과 관련된 현금흐름을 활동별로 구분하기 어려운 경우에는 주된 활동에 따라 분류한다. 예를 들면, 판매목적으로 취득한 자산을 일시적으로 사용하거나 임대한 후 판매하는 경우는 주된 활동인 영업활동으로 분류한다.

동일한 성격의 거래와 관련된 현금흐름이라 하더라도 업종에 따라 다른 활동의 현금흐름으로 분류되는 경우가 있다. 예를 들면, 토지의 취득에 따른 현금흐름은 일반적으로 투자활동으로 분류하지만, 토지개발과 공급을 주된 영업으로 하는 기업이 토지를 구입한 것은 일반기업이 재고자산을 매입하는 경우와 같이 영업활동으로 분류한다.

(1) 영업활동 현금흐름

영업활동 현금흐름(cash flow from operating activities)은 사업활동의 지속, 차입금 상환, 배당금 지급 및 신규 투자 등에 필요한 현금을 외부로부터 조달하지 않고 자체적인 영업활동으로부터 얼마나 창출하였는지에 대한 정보를 제공한다.

영업활동은 투자활동 또는 재무활동에 속하지 아니하는 모든 거래와 사건을 포함하며, 주로 제품의 생산과 판매활동, 상품과 용역의 구매와 판매활동 및 관리활동을 포함한다. 영업활동 현금흐름은 일반적으로 당기순손익에 영향을 주는 거래와 사건의 결과로 발생한다.

영업활동 현금흐름의 예는 다음의 〈자료 17-2〉와 같다.

자료 17-2 영업활동 현금흐름의 예

1. 재화의 판매와 용역 제공에 따른 현금유입
   (예) 현금매출, 매출채권의 회수, 장기매출채권의 회수 등
2. 로열티, 수수료, 중개료 및 기타수익에 따른 현금유입
3. 재화와 용역의 구입에 따른 현금유출
   (예) 현금매입, 매입채무의 상환, 장기매입채무의 상환 등
4. 종업원과 관련하여 직·간접으로 발생하는 급여 등 현금유출
5. 법인세의 납부 또는 환급. 다만, 재무활동과 투자활동에 명백히 관련되는 것은 제외
6. 단기매매목적으로 보유하는 계약에서 발생하는 현금유입과 현금유출
   (예) 단기매매금융자산의 매입과 매도
7. 이자의 지급과 수취 및 배당금의 수취. 단, 다른 활동으로 분류하고자 하는 경우 이자지급은 재무활동, 이자수취 및 배당금수취는 투자활동으로 분류할 수 있음

(2) 투자활동 현금흐름

투자활동 현금흐름(cash flow from investing activities)은 미래수익과 미래 현금흐름을 창출할 자원의 확보와 처분에 관련된 현금흐름에 대한 정보를 제공한다. 투자활동은 현금의 대여와 회수활동, 유가증권, 대출채권, 투자자산, 유형자산 및 무형자산의 취득과 처분활동을 포함한다. 다만, 현금성자산과 단기매매목적으로 취득하는 자산은 제외한다.

투자활동 현금유입과 유출의 예는 다음의 〈자료 17-3〉과 같다.

자료 17-3 투자활동 현금흐름의 예

1. 투자활동 현금유입의 예

(1) 유형자산, 무형자산 및 기타 장기성 자산의 처분에 따른 현금유입
(2) 다른 기업의 지분상품이나 채무상품(단, 현금성자산으로 간주되는 상품이나 단기매매목적으로 보유하는 상품은 제외)의 처분에 따른 현금유입
(3) 제 3 자에 대한 선급금 및 대여금의 회수에 따른 현금유입. 단, 금융회사의 현금 선지급과 대출채권은 영업활동에 속하므로 제외

2. 투자활동 현금유출의 예

(1) 유형자산, 무형자산 및 기타 장기성 자산의 취득에 따른 현금유출
(2) 다른 기업의 지분상품이나 채무상품(단, 현금성자산으로 간주되는 상품이나 단기매매목적으로 보유하는 상품은 제외)의 취득에 따른 현금유출
(3) 제 3 자에 대한 선급금 및 대여금. 단, 금융회사의 현금 선지급과 대출채권은 영업활동에 속하므로 제외

(3) 재무활동 현금흐름

재무활동 현금흐름(cash flow from financing activities)의 정보는 주주 및 채권자 등이 미래 현금흐름에 대한 청구권을 예측하는 데 유용하다. 재무활동은 현금의 차입과 상환, 신주발행과 배당금의 지급을 포함한다.

재무활동에 의한 현금유입과 유출의 예는 다음 〈자료 17-4〉와 같다.

자료 17-4 재무활동 현금흐름의 예

1. 재무활동 현금유입의 예
   (1) 주식이나 기타 지분상품의 발행에 따른 현금유입
   (2) 사채의 발행 및 장·단기차입에 따른 현금유입
2. 재무활동 현금유출의 예
   (1) 주식의 취득이나 상환에 따른 소유주에 대한 현금유출
   (2) 사채와 차입금의 상환에 따른 현금유출
   (3) 배당금의 지급에 따른 현금유출. 단, 다른 활동으로 분류하고자 하는 경우 영업활동으로 분류할 수 있음

(4) 이자와 배당금 및 법인세의 분류

이자와 배당금의 수취 및 지급에 따른 현금흐름은 각각 별도로 표시하며, 각 현금흐름은 매 기간 일관성 있게 영업활동, 투자활동 또는 재무활동으로 분류한다.

이자지급, 이자수입 및 배당금수입은 당기순손익의 결정에 영향을 미치므로 영업활동 현금흐름으로 분류하는 것이 일반적이다. 하지만 이자지급은 재무자원을 획득하는 원가로 보아 재무활동으로 분류할 수 있고, 이자수입과 배당금수입은 투자자산에 대한 수익으로 보아 투자활동으로 분류할 수도 있다. 다만, 금융회사는 이자지급, 이자수입 및 배당금수입에 대하여 영업활동으로 분류한다.

배당금의 지급은 재무자원을 획득하는 비용이므로 재무활동 현금흐름으로 분류하는 것이 일반적이다. 하지만 영업활동 현금흐름에서 배당금을 지급하는 기업의 능력을 판단하는 데 도움을 주기 위해 영업활동 현금흐름으로 분류할 수도 있다.

법인세로 인한 현금흐름은 별도로 표시하며, 재무활동과 투자활동에 명백히 관련되지 않는 한 영업활동 현금흐름으로 분류한다.

이자와 배당금 및 법인세와 관련된 현금흐름은 실제로 수취하거나 지급한 총액을 별도로 보고해야 하므로, 영업활동 현금흐름을 간접법으로 작성하더라도 관련된 자산과 부채를 조정하지 않는다. 즉 미지급이자, 미수이자, 미수배당금, 당기법인세부채, 이연법인세자산·부채 등은 영업활동 자산부채 조정시 포함시키지 않는 것이다.

이하에서는 이자의 지급과 수취 및 배당금의 수취는 영업활동 현금흐름으로 분류하고, 배당금의 지급은 재무활동 현금흐름으로 분류하여 설명하기로 한다.

제 2 절 영업활동 현금흐름

2.1 영업활동 현금흐름의 보고 – 직접법과 간접법

영업활동 현금흐름은 다음 중 하나의 방법으로 보고한다.

(1) 현금유입은 주요 원천별로 분류하고 현금유출은 주요 용도별로 분류하여 표시하는 방법으로서, 이를 직접법(direct method)이라고 한다.

(2) 당기순손익에 현금유출이 없는 비용과 현금유입이 없는 수익, 투자활동과 재무활동 현금흐름에 포함된 차익과 차손, 영업활동과 관련된 자산·부채의 순증감액을 가감 조정하여 표시하는 방법으로서, 이를 간접법(indirect method)이라고 한다.

직접법을 적용하여 표시한 영업활동 현금흐름은 재무상태표나 포괄손익계산서에서 얻을 수 없는 정보를 제공하며, 미래 현금흐름을 추정하는 데 간접법에 비하여 보다 유용한 기초자료를 제공한다. 이런 장점 때문에 K-IFRS에서는 영업활동 현금흐름을 보고하는 경우 직접법을 사용할 것을 권장하고 있다.

직접법을 적용하여 영업활동 현금흐름을 표시하는 경우, 다음의 항목은 구분하여 총액으로 표시하는 것을 원칙으로 한다. 직접법을 적용하여 작성한 현금흐름표의 예는 앞의 〈자료 17-1〉에 제시되어 있다.

(1) 매출처로부터의 현금유입

(2) 종업원, 매입처 및 기타의 재화나 용역제공자에 대한 현금유출

(3) 이자와 배당에 따른 현금유입
(4) 이자 등 금융비용 현금유출
(5) 법인세 등의 납부
(6) 기타의 영업활동 현금유출입

한편, 간접법을 적용하여 영업활동 현금흐름을 표시하는 경우, 당기순손익에 가감할 항목의 예는 감가상각비, 유형자산처분손익, 투자자산처분손익, 사채상환손익 등과 매출채권, 재고자산, 선급비용, 매입채무, 미지급비용, 확정급여채무 등의 증감액이 있다.

간접법을 적용하여 작성된 현금흐름표의 예는 다음의 〈자료 17-5〉에 제시되어 있다. 이를 〈자료 17-1〉에 제시된 직접법에 의해 작성된 현금흐름표와 비교할 때 특히 영업활동 현금흐름 부분을 주의 깊게 살펴보기 바란다.

자료 17-5 간접법에 의한 현금흐름표의 양식

(주)수원
현금흐름표 - 간접법
20×2년 1월 1일부터 12월 31일까지 (단위: 원)

Ⅰ. 영업활동으로부터의 현금		
당기순이익	100,700	
조정사항		
감가상각비-건물	6,500	
감가상각비-기계장치	62,100	
기계처분손실	1,800	
이자비용	7,600	
법인세비용	90,500	
투자자산처분이익	(3,400)	
이자수익	(3,900)	
매출채권의 증가	(22,320)	
재고자산의 증가	(30,600)	
선급광고비의 감소	3,200	
매입채무의 증가	9,100	
미지급급여의 감소	(4,680)	
이자수취	3,900	
이자지급	(7,600)	
법인세의 납부	(94,700)	
영업활동으로부터 조달된 순현금		118,200

Ⅱ. 투자활동으로부터의 현금		
투자자산의 처분	19,400	
토지와 건물의 구입(현금지급분)	(60,000)	
기계장치의 처분	5,200	
기계장치의 구입	(86,000)	
투자활동에 사용된 순현금		(121,400)
Ⅲ. 재무활동으로부터의 현금		
주식의 발행	50,000	
배당금 지급	(36,000)	
재무활동으로부터 조달된 순현금		14,000
Ⅳ. 현금의 순증가		10,800
Ⅴ. 기초현금		81,800
Ⅵ. 기말현금		92,600

2.2 영업활동 현금흐름의 계산 - 직접법과 간접법

앞의 제 1 절에서 이미 언급한 바와 같이 영업활동은 주로 제품의 생산과 판매활동, 상품과 용역의 구매와 판매활동 및 관리활동을 포함한다. 그러므로 영업활동 현금흐름은 일반적으로 손익계산상의 당기순손익에 영향을 주는 거래와 사건의 결과로 발생한다고 볼 수 있는 것이다. 이와 같은 배경으로 인하여 영업활동 현금흐름을 구하는 방법은 두 가지가 있는데 앞서 언급한 바와 같이 하나는 직접법이라고 하고 또 다른 하나는 간접법이라고 한다.

직접법은 현금매출액으로부터 현금을 지출한 비용만을 차감하여 영업활동 현금흐름을 구하는 방법을 말한다. 이 방법에 의하면 포괄손익계산서상의 모든 항목은 현금주의를 적용하여 현금의 유입이나 유출의 내용을 표시하게 된다.

이와는 달리, 간접법은 당기순손익으로부터 기업의 당기순손익에 영향을 미쳤으나 현금의 유입이나 유출이 수반되지 않는 항목들을 찾아내어 가산하거나 차감하는 조정과정을 거쳐 영업활동 현금흐름을 구하는 방법이다. 즉, 간접법은 기업의 모든 영업활동이 현금으로 이루어진다면 당기순이익이 바로 영업활동 현금흐름이라는 가정하에 적용되는 방법이다.

영업활동 현금흐름을 계산하는 방법을 이해하기 위해 다음 두 기업의 포괄손익계산서를 비교하여 보자.

	기업 A	기업 B
매출액(전액 현금매출)	1,000원	1,000원
비용(전액 현금지출)	600	600
감가상각비	–	200
당기순이익	400원	200원

각 기업의 경우 영업활동 현금흐름을 구하면 다음과 같이 기업 A와 B 모두 400원으로 동일하다는 것을 알 수 있다.

	영업활동 현금흐름	
	기업 A	기업 B
매출대금 현금 수령	1,000원	1,000원
각종 비용 현금지출	(600)	(600)
영업활동 순현금흐름	400원	400원

위와 같이 현금흐름의 유입과 유출의 직접적인 원인을 찾아 나열하여 영업활동 현금흐름을 구하는 방법이 직접법이다.

한편 각 기업의 영업활동 현금흐름을 포괄손익계산상의 당기순이익으로부터 역으로 구해 보도록 하자. 그러면 다음의 계산과정을 거치게 된다.

	영업활동 현금흐름	
	기업 A	기업 B
당기순이익	400원	200원
가산: 감가상각비	–	200
영업활동 순현금흐름	400원	400원

즉, 당기순이익에 현금지출이 없는 비용인 감가상각비 200원을 가산하는 조정과정을 거쳐 구해도 앞의 직접법에 의해 구한 400원과 동일한 결과를 얻게 된다. 이와 같이 영업활동 현금흐름을 구하는 방법을 간접법이라고 하는데, 간접법은 기업의 모든 영업활동이 현금으로 이루어진다면 기업의 당기순이익이 바로 영업활동 현금흐름이라는 가정을 하고 있다는 것을 알 수 있다.

또 다른 예로서, 다음 두 기업의 포괄손익계산서를 비교하여 보자.

	기업 C	기업 D
매출액(현금매출은 1,000원)	1,500원	1,500원
비용(현금미지급분은 300원)	900	900
감가상각비	–	200
당기순이익	600원	400원

각 기업의 경우 영업활동 현금흐름을 직접법으로 구하면 다음과 같이 기업 C와 D 모두 400원으로 동일하다는 것을 알 수 있다.

영업활동 현금흐름

	기업 C	기업 D
매출대금 현금 수령	1000원	1000원
각종 비용 현금지출	(600)	(600)
영업활동 순현금흐름	400원	400원

한편, 각 기업의 영업활동 현금흐름을 간접법을 사용하여 포괄손익계산서상의 당기순이익으로부터 역으로 구해 보도록 하자.

영업활동 현금흐름

	기업 C	기업 D
당기순이익	600원	400원
차감: 매출채권 증가	(500)	(500)
가산: 미지급비용 증가	300	300
가산: 감가상각비	–	200
영업활동 순현금흐름	400원	400원

즉, 당기순이익으로부터 매출채권의 증가액 500원을 차감하고, 미지급비용 증가액 300원을 가산한 후, 현금지출이 없는 비용인 감가상각비 200원을 가산하는 조정과정을 거치게 되면 앞에서 직접법에 의해 구한 400원과 동일한 결과를 얻을 수 있는 것이다.

간접법은 이와 같이 기업의 모든 영업활동이 현금으로 이루어진다면 기업의 당기순이익이 바로 영업활동 현금흐름이라는 가정을 하고, 당기순이익에 현금이 수반되지 않는 수익과 비용, 그리고 영업활동 관련 자산과 부채의 증감을 가감 조정하여 영업활동 현금흐름을 구하는 방법이다.

2.3 현금주의 포괄손익계산서로의 전환

직접법을 적용하는 경우 발생주의에 의해 작성된 포괄손익계산서를 현금주의에 의한 포괄손익계산서로 전환하는 과정을 거치게 된다. 이 때 포괄손익계산서 항목과 관련된 재무상태표 항목들을 조정하는데, 조정의 대상이 되는 항목들은 다음과 같이 주로 유동자산과 유동부채 등 영업활동과 관련된 자산과 부채이다.

발생주의 포괄손익계산서	조정대상 재무상태표 항목	현금주의 포괄손익계산서
매출액	매출채권	매출대금의 회수
매출원가	매입채무, 재고자산	매입대금의 지급
판매관리비	미지급비용, 선급비용	판매관리비 지급
법인세비용	당기법인세부채, 이연법인세	법인세의 납부

일반적으로 현금을 제외한 유동자산의 증가는 현금의 유입을 감소시키거나 현금유출을 증가시킨다. 예를 들어, 매출채권이 증가한 경우 매출로부터의 현금흐름은 포괄손익계산서상에 나타난 매출액보다 작게 된다(현금유입의 감소). 또한 재고자산이 증가한 경우에는 매입대금의 지급을 위한 현금유출이 증가하게 된다(현금유출의 증가). 선급비용이 증가한 경우에는 현금지출 비용이 증가하게 된다(현금유출의 증가). 유동자산이 감소한 경우에는 이상에서 언급한 반대의 영향이 나타난다.

한편 유동부채가 증가하면 현금유출이 감소하게 된다. 예를 들어, 매입채무가 증가한 경우 매입대금의 현금 지급액은 감소한다. 미지급급여와 같은 미지급비용이 증가한 경우에는 관련 판매관리비의 현금 지출액은 감소한다. 유동부채의 감소가 이와 반대의 영향을 미치는 것은 유동자산의 경우와 같다.

다음에 제시된 〈자료 17-6〉은 발생주의 포괄손익계산서를 현금주의 포괄손익계산서로 전환하는 과정에서 영업활동과 관련된 재무상태표 항목들을 어떻게 조정하여야 하는지에 대한 내용을 요약 · 정리한 것이다.

자료 17-6 현금주의 포괄손익계산서로의 전환

발생주의 포괄손익계산서	조정 사항	현금주의 포괄손익계산서
(1) 매출액	− 매출채권의 증가	매출대금의 회수
	+ 매출채권의 감소	
(2) 매출원가	+ 재고자산의 증가	매입대금의 지급
	− 재고자산의 감소	
	+ 매입채무의 감소	
	− 매입채무의 증가	
(3) 판매관리비	− 미지급비용의 증가	판매관리비 현금지출
	+ 미지급비용의 감소	
	+ 선급비용의 증가	
	− 선급비용의 감소	

예를 들어, 현금주의 포괄손익계산서를 작성할 때 발생주의에 의한 포괄손익계산서상의 매출액에서 매출채권의 증가액을 차감하고, 매출채권이 감소한 경우에는 이를 포괄손익계산서상의 매출액에 가산해야 현금주의에 의한 매출대금의 회수액을 정확하게 산정할 수 있다.

예를 들어, 어느 기업의 연간 총 매출액이 2,000원이고 이 중 현금 매출액은 1,500원이라고 하자. 그러면 다음의 두 가지 분개를 가정할 수 있다.

차> 매출채권	2,000	대> 매 출	2,000

차> 현 금	1,500	대> 매출채권	1,500

위의 분개에 의하면 당기의 매출액은 2,000원이고 이와 관련된 매출대금의 현금 회수액은 1,500원이다. 이 경우 매출채권은 500원이 증가하는 결과가 되는데, 발생주의 포괄손익계산서상의 매출액 2,000원을 현금주의 포괄손익계산서상의 매출대금 회수액으로 전환하는 과정에서 500원의 매출채권 증가액을 차감하여야 1,500원의 정확한 현금매출액이 계산되는 것이다.

매출원가와 관련하여서는 재고자산의 증감과 매입채무의 증감이 영향을 미치는데, 재고자산이 증가한 경우와 매입채무가 감소한 경우에는 포괄손익계산서상의 매출원가에 가산하고, 재고자산이 감소한 경우와 매입채무가 증가한 경우에는 이를 매출원가로부터 차감해야 정확한 매입대금의 현금지급액, 즉 현금주의에 의한 매입대금 지급액을 산정할 수 있다. 예를 들어, 어느 기업의 연간 매출원가가 1,000원이고 재고자산을 구입하는 데 현금 1,100원을 지출하고 나머지 100원은 매입채무로 인식하였다고 한다면 다음의 두 가지 분개를 가정할 수 있다.

차> 매출원가	1,000	대> 재고자산	1,000

차> 재고자산	1,200	대> 매입채무	100
		현　　금	1,100

위의 분개에 의하면 재고자산은 총 200원이 증가하였는데, 이 중에서 100원은 매입채무로 기록되었다. 따라서 발생주의 포괄손익계산서상의 매출원가로부터 현금주의 포괄손익계산서상의 매입대금 지급액 1,100원을 구하려면 매출원가 1,000원에 재고자산 증가액 200원을 가산하고 매입채무 증가액 100원은 차감해야 정확한 현금지출액을 구할 수 있는 것이다.

한편 판매관리비의 경우, 미지급비용의 감소와 선급비용의 증가는 판매관리비 현금지출액을 계산할 때 포괄손익계산서상의 판매관리비에 가산해야 하며, 이와 반대의 경우에는 차감하는 조정을 하여야 한다. 예를 들어, 다음의 분개를 보자.

차> 보험료	8,000	대> 현　　금	10,000
선급보험료	2,000		

위의 분개에 의하면 기업은 보험료로서 10,000원을 현금으로 지급하였는데 이 중 선급보험료가 2,000원, 그리고 당기의 비용인 보험료는 8,000원으로 인식되었다는 의미이다. 이 경우 발생주의 포괄손익계산서상의 비용인 8,000원으로부터 현금주의 포괄손익계산서상의 비용인 보험료 지출액 10,000원을 구하려면 보험료 8,000원에 선급보험료 2,000원을 가산해야 한다. 즉, 선급비용의 증가를 발생주의 포괄손익계산서상의 판매관리비에 가산해야 현금주의에 의한 보험료 지출액을 정확하게 구할 수 있는 것이다.

다음의 〈예제 17-1〉을 통하여 이상에서 언급한 내용을 좀더 구체적으로 이해하기로 하자.

예제 17-1 발생주의와 현금주의 포괄손익계산서의 작성

다음은 곤지암(주)의 20×1년과 20×2년의 회계정보이다. 다음을 바탕으로 물음에 답하시오.

곤지암(주)
비교재무상태표
20×1년, 20×2년 12월 31일 현재

자산	20×2년	20×1년
현금예금	60,000	160,000
매출채권(순액)	320,000	200,000
재고자산	200,000	140,000
선급임차료	40,000	20,000
기계설비	800,000	400,000
감가상각누계액	(120,000)	(100,000)
자산 총계	1,300,000	820,000
부채와 자본		
매입채무	100,000	80,000
단기차입금	0	100,000
미지급급여	20,000	40,000
당기법인세부채	60,000	40,000
자본금 (1주당 액면금액 20원)	600,000	200,000
자본잉여금	100,000	0
이익잉여금	420,000	360,000
부채와 자본 총계	1,300,000	820,000

곤지암(주)
포괄손익계산서와 이익잉여금처분계산서
20×2년 1월 1일부터 12월 31일까지

매출액		2,000,000
매출원가	1,200,000	
급여	400,000	
임차료	80,000	
감가상각비	40,000	
이자비용	6,000	
기계처분손실	14,000	1,740,000
법인세차감전순이익		260,000
법인세비용		120,000
당기순이익		140,000
기초이익잉여금, 12/31/×1		360,000

소계	500,000
차감: 배당금	(80,000)
기말이익잉여금, 12/31/×2	420,000

〈추가정보〉

1. 취득원가가 40,000원인 기계설비를 현금을 받고 처분하였다. 처분 당시 감가상각누계액은 20,000원이었다. 회사는 당기 중 기계설비를 추가적으로 구입한 바 있다.
2. 당기 중 회사는 현금을 받고 주식을 발행하였다.

〈물음〉

곤지암(주)의 20×2년 포괄손익계산서를 발생주의와 현금주의에 의해 각각 작성하시오.

해 답

발생주의 포괄손익계산서와 현금주의 포괄손익계산서

	발생주의		가산	차감	현금주의	
매출액		2,000,000		120,000[1]		1,880,000
매출원가	1,200,000		60,000[2]	20,000[3]	1,240,000	
급여	400,000		20,000[4]		420,000	
임차료	80,000		20,000[5]		100,000	
감가상각비	40,000			40,000	0	
이자비용	6,000				6,000	
기계처분손실	14,000			14,000	0	
법인세비용	120,000			20,000[6]	100,000	
		1,860,000				1,866,000
당기순이익		140,000		영업활동현금		14,000

1) 매출채권의 증가
2) 재고자산의 증가
3) 매입채무의 증가
4) 미지급급여의 감소
5) 선급임차료의 증가
6) 당기법인세부채의 증가

예제 17-2 현금주의와 발생주의에 의한 포괄손익계산서

다음은 (주)경기의 비교재무상태표와 포괄손익계산서이다. 이를 바탕으로 물음에 답하시오.

(주)경기
비교재무상태표
20×2년과 20×1년 12월 31일 현재

	20×2년	20×1년
자 산		
현금	42,000	20,000

매출채권(순액)	60,000	40,000
재고자산	52,000	60,000
설비자산	140,000	100,000
감가상각누계액	(20,000)	(10,000)
자산 총계	274,000	210,000
부채와 자본		
매입채무	18,000	30,000
미지급비용	4,000	0
자본금(주당 액면금액 20원)	180,000	120,000
이익잉여금	72,000	60,000
부채와 자본 총계	274,000	210,000

(주)경기

포괄손익계산서

20×2년 1월 1일부터 12월 31일까지

매출액		280,000
매출원가		200,000
매출총이익		80,000
판매관리비(감가상각비 제외)	50,000	
감가상각비	10,000	60,000
당기순이익		20,000

〈추가정보〉

1. 당 회계연도 중 구입한 설비자산의 취득원가는 40,000원이며 전액 현금으로 지급하였다.
2. 주식을 액면금액에 발행하고 발행대금 전액을 현금으로 수령하였다.
3. 당 회계연도에 지급된 배당금은 8,000원이다.

〈물음〉

발생주의에 의한 포괄손익계산서를 현금주의에 의한 포괄손익계산서로 전환하시오.

해 답

발생주의와 현금주의 포괄손익계산서

	발생주의	가산	차감	현금주의
매출액	280,000		20,000	260,000
매출원가	(200,000)	12,000	8,000	(204,000)
판매관리비	(50,000)		4,000	(46,000)
감가상각비	(10,000)		10,000	0
당기순이익	20,000		영업활동현금	10,000

예제 17-3 **간접법을 사용한 영업활동 현금의 계산**

앞의 〈예제 17-2〉에 주어진 (주)경기의 재무제표와 추가정보를 이용하여 영업활동으로부터 조달된 현금을 간접법으로 계산하시오.

해 답

간접법에 의한 영업활동현금

당기순이익	20,000
조정사항	
감가상각비	10,000
매출채권의 증가	(20,000)
재고자산의 감소	8,000
매입채무의 감소	(12,000)
미지급비용의 증가	4,000
영업활동으로부터 조달된 순현금	10,000

제 3 절 T-계정을 사용한 현금흐름표의 작성

3.1 직접법에 의한 현금흐름표의 작성

여기에서는 다음의 (주)곤지암의 회계정보를 사용하여 현금흐름표를 작성하는 과정에 대해 논의하기로 한다. 현금흐름표를 작성하는 방법은 여러 가지가 있는데 가장 편리한 방법이 T-계정을 사용하는 방법이다.

T-계정을 사용하여 현금흐름표를 작성하는 방법은 재무상태표와 포괄손익계산서, 이익잉여금처분계산서 및 추가정보를 바탕으로 회계기간 동안 발생한 거래를 역으로 추적하여 현금흐름에 영향을 미친 항목들을 찾아내는 방법을 말한다.

지금부터는 다음 〈자료 17-7〉에 제시된 토의자료를 바탕으로 현금흐름표를 작성하는 방법에 대하여 알아보기로 한다. 〈자료 17-7〉의 자료는 〈예제 17-1〉에서 이미 제시된 것이지만 독자들의 편의를 위하여 다시 제시하기로 한다.

자료 17-7 현금흐름표의 작성을 위한 토의자료

다음은 곤지암(주)의 20×1년과 20×2년의 회계정보이다. 다음을 바탕으로 물음에 답하시오.

곤지암(주)
비교재무상태표
20×1년, 20×2년 12월 31일 현재

자산	20×2년	20×1년
현금예금	60,000	160,000
매출채권(순액)	320,000	200,000
재고자산	200,000	140,000
선급임차료	40,000	20,000
기계설비	800,000	400,000
감가상각누계액	(120,000)	(100,000)
자산 총계	1,300,000	820,000
부채와 자본		
매입채무	100,000	80,000
단기차입금	0	100,000
미지급급여	20,000	40,000
당기법인세부채	60,000	40,000
자본금 (1주당 액면금액 20원)	600,000	200,000
자본잉여금	100,000	0
이익잉여금	420,000	360,000
부채와 자본 총계	1,300,000	820,000

곤지암(주)
포괄손익계산서와 이익잉여금처분계산서
20×2년 1월 1일부터 12월 31일까지

매출액		2,000,000
매출원가	1,200,000	
급여	400,000	
임차료	80,000	
감가상각비	40,000	
이자비용	6,000	
기계처분손실	14,000	1,740,000
법인세차감전순이익		260,000
법인세비용		120,000
당기순이익		140,000
기초이익잉여금, 12/31/×1		360,000
소계		500,000

차감: 배당금	(80,000)
기말이익잉여금, 12/31/×2	420,000

〈추가정보〉

1. 취득원가가 40,000원인 기계설비를 현금을 받고 처분하였다. 처분 당시 감가상각누계액은 20,000원이었다. 회사는 당기 중 기계설비를 추가적으로 구입한 바 있다.
2. 당기 중 회사는 현금을 받고 주식을 발행하였다.

(1) 매출액 중 현금으로 수령한 금액의 계산

(주)곤지암의 포괄손익계산서에 나타난 매출액과 재무상태표에 표시된 매출채권계정은 서로 연관이 있다. 따라서 이들 계정들을 함께 분석하게 되면 매출액 중 현금으로 수령한 금액을 파악할 수 있다. 먼저 매출채권계정에 기초잔액(BB: beginning balance)과 기말잔액(EB: ending balance)을 각각 표시하고 포괄손익계산서상의 매출액을 이용하여 다음의 ①과 같은 분개를 한다.

① 차> 매출채권	2,000,000	대> 매　출	2,000,000

위의 분개가 이루어진 후 매출채권계정에서 기말잔액이 320,000원이 되기 위해서는 대변에 1,880,000의 금액이 기록되어야 한다. 여기에서 다음 ②의 분개를 가정할 수 있으며, 이 분개를 통하여 당 회계연도 중 현금으로 수령한 매출액이 1,880,000원이라는 것을 알 수 있다. 이는 영업활동으로 분류되는 현금이며 현금계정에 대한 전기의 내용은 나중에 종합적으로 언급하기로 한다.

② 차> 현　금	1,880,000	대> 매출채권	1,880,000

매출채권 a/c

BB	200,000	②	1,880,000
①	2,000,000		
EB	320,000		

매　출 a/c

		①	2,000,000

(2) 재고자산 구입을 위한 현금지출액의 계산

재고자산과 관련된 계정은 포괄손익계산서상의 매출원가계정과 재무상태표상의 매입채무계정과 재고자산계정 및 현금계정이다. 먼저 포괄손익계산서에 나타난 매출원가를 이용하여 다음 ③의 분개를 추정할 수 있다.

③ 차> 매출원가	1,200,000	대> 재고자산	1,200,000

③의 분개가 이루어진 후 재고자산계정에 기초잔액(BB)과 기말잔액(EB)을 각각 기입한 후 ③의 분개의 내용을 전기한다. 그러면 재고자산계정의 차변에 1,260,000원이 기입되어야 한다는 것을 알 수 있는데, 바로 이 금액이 당기 중 재고자산이 증가한 부분, 즉 재고자산의 매입액이 된다. 재고자산의 매입은 현금 또는 외상으로 이루어질 수 있으므로 매입채무계정에 대한 분석도 병행하게 되면 다음 ④의 분개를 추정할 수 있다.

그러므로 재고자산의 구입을 위해 지출한 현금은 1,240,000원이라는 것을 알 수 있다. 이는 영업활동으로 분류되는 현금이며 현금계정에 대한 전기의 내용은 후에 종합적으로 언급할 것이다.

④ 차> 재고자산	1,260,000	대> 매입채무	20,000
		현　금	1,240,000

재고자산 a/c

BB	140,000		
④	1,260,000	③	1,200,000
EB	200,000		

매출원가 a/c

③	1,200,000		

매입채무 a/c

		BB	80,000
		④	20,000
		EB	100,000

(3) 임차료 지급액의 계산

현금으로 지급된 임차료를 계산하기 위해서는 임차료계정, 선급임차료계정, 그리고 현금계정을 동시에 분석하여야 한다. 포괄손익계산서에는 80,000원의 임차료가 기록되어 있다. 이를 선급임차료계정의 기초 및 기말잔액과 함께 분석하면 다음 ⑤의 분개를 추정할 수 있으며, 이로부터 임차료의 목적으로 당기 중에 현금으로 지출한 금액은 100,000원이라는 것을 알 수 있다. 이는 영업활동으로 분류되는 현금이며 현금계정의 전기는 후에 종합적으로 언급한다.

⑤ 차> 임차료	80,000	대> 현 금	100,000
선급임차료	20,000		

선급임차료 a/c

차변		대변
BB	20,000	
⑤	20,000	
EB	40,000	

임차료 a/c

차변		대변
⑤	80,000	

(4) 단기차입금 상환액의 계산

단기차입금계정을 분석하게 되면 다음 ⑥과 같은 분개를 추정할 수 있다. 여기에서 단기차입금계정의 차변에 기입하여야 할 금액 즉, 당기 중 현금으로 상환된 단기차입금이 100,000원이라는 것을 알 수 있다. 이는 재무활동에 속하는 현금이며 현금계정에 대한 전기의 내용은 후에 종합적으로 언급하기로 한다.

⑥ 차> 단기차입금	100,000	대> 현 금	100,000

단기차입금 a/c

차변		대변	
		BB	100,000
⑥	100,000		
		EB	0

(5) 급여 지급액의 계산

당기에 급여의 목적으로 지출된 현금액을 계산하기 위하여서는 급여계정과 미지급급여계정을 동시에 분석하여야 한다. 포괄손익계산서에는 급여가 400,000원 기록되어 있고, 재무상태표에는 미지급급여가 감소한 것으로 나타나 있으므로 다음 ⑦과 같은 분개를 추정할 수 있다.

따라서 당기 중 급여로 지급한 현금은 총 420,000원임을 알 수 있으며, 이는 영업활동현금으로 분류된다. 현금계정에 대한 전기의 내용은 후에 종합적으로 언급할 것이다.

⑦ 차> 급 여	400,000	대> 현 금	420,000
미지급급여	20,000		

미지급급여 a/c

		BB	40,000
⑦	20,000		
		EB	20,000

급여 a/c

⑦	400,000	

(6) 법인세 납부액의 계산

포괄손익계산서에는 법인세비용이 120,000원 기록되어 있으나 재무상태표상 당기법인세부채계정의 잔액은 20,000원이 증가한 것으로 나타나고 있다. 그러므로 다음 ⑧과 같은 분개를 추정하여 당기 중 법인세로 납부한 금액은 100,000원임을 알 수 있다. 이는 영업활동현금으로 분류되며 현금계정에 대한 전기의 내용은 후에 종합적으로 언급할 것이다.

⑧ 차> 법인세비용	120,000	대> 당기법인세부채	20,000
		현 금	100,000

당기법인세부채 a/c

		BB	40,000
		⑧	20,000
		EB	60,000

법인세비용 a/c

⑧	120,000	

(7) 이자 지급액의 계산

이자 지급액에 대하여는 포괄손익계산서상에 나타난 이자비용을 이용한다. 만약 당기 중 미지급 된 부분이 있었다면 미지급이자계정이 나타날 것이지만 (주)곤지암의 경우에는 미지급이자가 없으므로 모든 이자비용 발생액 6,000원을 현금으로 지급한 것으로 분석할 수 있다.

이는 기본적으로 재무활동의 결과라고 볼 수 있으나 포괄손익계산서의 당기순이익에 영향을 미치는 항목이기 때문에 영업활동현금으로 분류한다. 현금계정에의 전기는 다음에 언급하기로 한다.

⑨ 차> 이자비용	6,000	대> 현 금	6,000

이자비용 a/c

⑨ 6,000	

(8) 기계설비 처분대금과 구입대금의 계산

(주)곤지암의 포괄손익계산서를 보면 당기 중에 감가상각비로 인식된 금액이 40,000원임을 알 수 있다. 따라서 다음 ⑩의 분개를 추정할 수 있다. 또 포괄손익계산서에 기계처분손실 14,000원이 발생한 것으로 되어 있고 당기 중에 기계설비를 처분한 사실이 있음을 추가정보를 통해서 알 수 있다. 따라서 당기 중 기계설비를 처분한 거래에 대하여는 다음 ⑪의 분개를 추정할 수 있다. 즉, 취득원가 40,000원인 자산과 그에 따른 감가상각누계액 20,000원, 그리고 처분손실 14,000원을 종합하여 보면 기계설비를 처분함으로써 그 처분대금으로 6,000원의 현금을 수령한 것을 추정할 수 있는 것이다.

한편 ⑩의 분개와 ⑪의 분개를 각 관련계정에 전기하여 보면 기계설비계정으로부터 다음 ⑫의 분개를 추정할 수 있는데, 여기에서 당기 중 기계설비 구입을 위하여 440,000원의 현금이 지출되었다는 것을 알 수 있다. 기계설비 처분대금과 구입대금은 투자활동 현금흐름이며 현금계정에 대한 전기의 내용은 후에 종합적으로 언급할 것이다.

⑩ 차> 감가상각비	40,000	대> 감가상각누계액	40,000

⑪ 차> 현 금	6,000	대> 기계설비	40,000
감가상각누계액	20,000		
기계처분손실	14,000		

⑫ 차> 기계설비	440,000	대> 현　　금	440,000

기계설비 a/c

BB	400,000		
⑫	440,000	⑪	40,000
EB	800,000		

감가상각누계액 a/c

		BB	100,000
⑪	20,000	⑩	40,000
		EB	120,000

감가상각비 a/c

⑩	40,000		

기계처분손실 a/c

⑪	14,000		

(9) 주식발행대금의 계산

추가정보에 언급된 바와 같이 (주)곤지암은 당기 중 주식을 발행하였다. 주식을 발행하는 경우 현금계정, 자본금계정 및 자본잉여금계정이 각각 영향을 받게 되므로 자본금계정과 자본잉여금계정의 증감을 분석하면 다음 ⑬의 분개를 추정할 수 있다. 즉, (주)곤지암은 당기 중 주식발행대금으로 현금 500,000원을 수령한 것을 알 수 있다. 주식발행대금은 재무활동 현금유입이며 현금계정에 대한 전기의 내용은 후에 종합적으로 언급할 것이다.

⑬ 차> 현　　금	500,000	대> 자 본 금	400,000
		자본잉여금	100,000

자본금 a/c

		BB	200,000
		⑬	400,000
		EB	600,000

자본잉여금 a/c

		BB	0
		⑬	100,000
		EB	100,000

(10) 배당금 지급액의 계산

(주)곤지암의 포괄손익계산서 하단에는 이익잉여금처분으로 배당금 80,000원이 보고되고 있다. 여기에서 이 배당금 중 현금으로 지급된 금액이 얼마인가를

구하기 위해서는 이익잉여금계정을 분석하여야 한다. 모든 배당금이 현금으로 지급된 경우를 가정하면 다음 ⑭의 분개를 추정할 수 있다.

또 ⑭의 분개를 이익잉여금계정에 전기하면 이익잉여금계정의 대변에 140,000원의 차이가 나는데 이는 당기순이익을 나타낸다. 따라서 다음 ⑮의 분개를 추정할 수 있으며 이때 차변에 기입되는 집합손익계정은 손익항목들을 마감하는 과정에서 임시적으로 설정한 계정이라는 것은 이미 설명한 바 있다. 그러므로 당기 중 배당금으로 지급된 현금이 80,000이라는 것은 ⑭와 ⑮의 분개를 통하여 확인할 수 있으며 이는 재무활동 현금유출이다. 현금계정에의 전기는 후에 종합적으로 언급할 것이다.

⑭ 차> 이익잉여금(배당금)	80,000	대> 현 금	80,000

⑮ 차> 집합손익	140,000	대> 이익잉여금	140,000

이익잉여금 a/c

		BB	360,000
⑭	80,000	⑮	140,000
		EB	420,000

집합손익 a/c

⑮	140,000		

(11) 현금계정의 분석

지금까지는 (주)곤지암의 당기 중 거래를 역으로 추적하여 보았다. 다음으로 당기 중의 거래로 추정되는 내용 중 현금계정에 영향을 주는 분개의 내용을 현금계정에 전기한 결과는 다음과 같이 나타나게 된다. 현금계정에는 기초잔액(BB)과 기말잔액(EB)이 각각 기록되어 있고 위에서 설명한 분개의 내용을 현금계정에 전기한 결과 다음의 관계가 성립함을 알 수 있다.

현금 a/c

BB	160,000			
② 매출대금 회수	1,880,000	④ 재고자산 구입	1,240,000	영업활동 =+14,000
		⑤ 임차료 지급	100,000	
		⑦ 급여 지급	420,000	
		⑧ 법인세 납부	100,000	
		⑨ 이자 지급	6,000	

⑪ 기계설비 처분	6,000	⑫ 기계설비 구입	440,000	투자활동 =−434,000
⑬ 주식발행	500,000	⑥ 단기차입금 상환	100,000	재무활동 =+320,000
		⑭ 배당금 지급	80,000	
EB	60,000			

기초현금잔액 + 당기 중 현금증가 − 당기 중 현금감소 = 기말현금잔액

(12) 현금흐름표의 작성 – 직접법의 경우

직접법에 의한 현금흐름표는 위의 현금계정에 나타난 차변항목과 대변항목을 영업활동현금, 투자활동현금 및 재무활동현금으로 구분하여 다음의 〈자료 17-8〉에서 보는 바와 같이 배열하고 이에 기초 현금잔액과 기말 현금잔액에 대한 정보를 추가하여 정리하면 완성된다.

자료 17-8 직접법에 의한 현금흐름표

곤지암(주)
현금흐름표 – 직접법
20×2년 1월 1일부터 12월 31일까지 (단위: 원)

Ⅰ. 영업활동으로부터의 현금		
매출대금 회수	1,880,000	
매입대금 지급	(1,240,000)	
급여 지급	(420,000)	
임차료 지급	(100,000)	
이자비용 지급	(6,000)	
법인세 납부	(100,000)	
영업활동으로부터 조달된 순현금		14,000
Ⅱ. 투자활동으로부터의 현금		
기계설비의 처분	6,000	
기계설비의 구입	(440,000)	
투자활동에 사용된 순현금		(434,000)
Ⅲ. 재무활동으로부터의 현금		
주식의 발행	500,000	
단기차입금의 상환	(100,000)	
배당금의 지급	(80,000)	
재무활동으로부터 조달된 순현금		320,000
Ⅳ. 현금의 순증가(감소)		(100,000)

Ⅴ. 기초현금	160,000
Ⅵ. 기말현금	60,000

3.2 간접법에 의한 현금흐름표의 작성

(1) 현금계정 – 당기순이익의 기입

간접법에 의하여 현금흐름표를 작성하는 경우 가장 중요한 점은 영업활동으로부터의 현금을 구하는 과정에서 당기순이익을 중심으로 여러 가지 조정항목들을 가감하여 영업활동현금을 구한다는 것이다. 따라서 다음과 같이 현금계정의 기초잔액(BB)과 기말잔액(EB)을 각각 기입한 후 앞에서 설명한 ⑮의 분개를 차변에 먼저 기입한다.

⑮ 차> 집합손익(당기순이익) 140,000 대> 이익잉여금 140,000

그 다음 앞에서 언급한 여러 분개의 내용을 분석하여 하나씩 전기하는 과정을 거친다는 것은 직접법의 경우와 같으나, 다만 간접법에서는 당기순이익에 가감할 조정항목들을 구별하여 현금계정에서 별도로 구분하여 표시하는 것이 필요하다.

현 금 a/c

차변		대변		
BB	160,000			
⑮ 당기순이익	140,000			영업활동 =+14,000
①,② 매출채권의 증가	(120,000)			
③,④ 매입채무의 증가	20,000			
재고자산의 증가	(60,000)			
⑤ 선급임차료의 증가	(20,000)			
⑦ 미지급급여의 감소	(20,000)			
⑧ 법인세비용	120,000			
⑧ 법인세의 납부	(100,000)			
⑨ 이자비용	6,000			
⑨ 이자지급	(6,000)			
⑩ 감가상각비	40,000			
⑪ 기계처분손실	14,000			
⑪ 기계설비 처분	6,000	⑫ 기계설비 구입	440,000	투자활동 =−434,000

⑬ 주식발행	500,000	⑥ 단기차입금 상환	100,000	재무활동
		⑭ 배당금 지급	80,000	=+320,000
EB	60,000			

(2) 매출채권의 증가 – 당기순이익의 조정

먼저 앞에서 언급한 다음 ①과 ②의 분개를 보자. 이들 분개에 의하면 ①의 분개의 결과 매출액의 증가로 인한 당기순이익 증가는 2,000,000원이고 ②의 분개의 결과 매출채권의 회수로 인한 현금의 증가는 1,880,000원인 것으로 나타나고 있다.

① 차> 매출채권 2,000,000 대> 매 출 2,000,000

② 차> 현 금 1,880,000 대> 매출채권 1,880,000

그러나 현금계정에는 현재 당기순이익이 현금의 주된 원천으로 기입되어 있으므로 당기순이익의 증가액 2,000,000원과 현금의 증가액 1,880,000원의 차이인 120,000원이 당기순이익으로부터 차감되어야 ㈜곤지암의 당기순이익이 매출로 인한 현금의 증가액을 정확하게 나타낸다. 따라서 현금계정의 차변에 당기순이익으로부터 차감되는 조정사항으로서 매출채권의 증가 120,000원을 기입한다.

분개번호	당기순이익에의 영향	현금에의 영향	당기순이익에 대한 조정
분개 ①	2,000,000원 증가	없음	–
분개 ②	없음	1,880,000원 증가	120,000원 차감
			(매출채권의 증가 −120,000)

(3) 매입채무의 증가와 재고자산의 증가 – 당기순이익의 조정

③과 ④의 분개를 보면 ③의 매출원가로 인하여 당기순이익은 1,200,000원 감소하였고 재고자산도 동액만큼 감소하였다. 한편 ④의 분개에서는 재고자산의 구입을 위해 매입채무가 20,000원 증가하고 현금은 1,240,000원 감소하였다. 그러므로 당기순이익이 정확한 영업활동현금을 나타내기 위하여서는 당기순이익의 감소 1,200,000원과 현금의 감소 1,240,000원의 차이인 40,000원이 당기순이익으로부터 차감조정되어야 한다.

③ 차> 매출원가	1,200,000	대> 재고자산	1,200,000

④ 차> 재고자산	1,260,000	대> 매입채무	20,000
		현 금	1,240,000

그런데 이 40,000원의 차이는 두 가지 항목으로 구성되어 있다. 즉, 재고자산의 증가액인 60,000원과 매입채무의 증가액인 20,000원이다. 따라서 현금계정의 차변에는 이들 두 항목이 조정사항으로 반영되어야 한다. 그러므로 현금계정에서 매입채무의 증가 20,000원은 당기순이익에 대한 가산항목으로, 재고자산의 증가 60,000원은 당기순이익에 대한 차감항목으로 각각 조정되어야만 당기순이익이 정확한 영업활동현금을 나타내게 되는 것이다.

분개번호	당기순이익에의 영향	현금에의 영향	당기순이익에 대한 조정
분개 ③	1,200,000원 감소	없음	–
분개 ④	없음	1,240,000원 감소	40,000원 차감
			(매입채무의 증가 +20,000)
			(재고자산의 증가 −60,000)

(4) 선급임차료의 증가 – 당기순이익의 조정

다음 ⑤의 분개를 보자. 이 분개에 의하면 (주)곤지암은 당기 중 임차료와 관련하여 100,000원의 현금을 지출한 것으로 나타난다. 그러나 당기순이익은 80,000원만큼만 감소하므로, 현금감소액 100,000원과 비용으로 인식된 임차료 80,000원의 차이인 20,000원은 현금계정의 당기순이익으로부터 차감조정되어야 당기순이익이 영업활동현금을 정확하게 나타내게 되는 것이다.

⑤ 차> 임 차 료	80,000	대> 현 금	100,000
선급임차료	20,000		

분개번호	당기순이익에의 영향	현금에의 영향	당기순이익에 대한 조정
분개 ⑤	80,000원 감소	100,000원 감소	20,000원 차감
			(선급임차료의 증가 −20,000)

(5) 단기차입금의 상환 – 재무활동 현금

⑥의 분개에 의하면 (주)곤지암은 당기 중 단기차입금 100,000원을 현금으로 상환한 것으로 나타난다. 그리고 이 단기차입금 상환액은 재무활동으로 인한 현금유출액으로서 현금계정의 대변에 표시된다.

⑥ 차> 단기차입금	100,000	대> 현　　금	100,000

(6) 미지급급여의 감소 – 당기순이익의 조정

⑦의 분개를 보면 당기순이익은 400,000원 감소한 반면 현금은 420,000원 감소한 것으로 나타나고 있는데, 이들의 차이인 20,000원은 미지급급여의 감소를 나타낸다. 따라서 현금계정의 차변에서 당기순이익으로부터 20,000원을 차감조정하여야 당기순이익이 정확한 영업활동현금을 표시하게 된다.

⑦ 차> 급　　여	400,000	대> 현　　금	420,000
미지급급여	20,000		

분개번호	당기순이익에의 영향	현금에의 영향	당기순이익에 대한 조정
분개 ⑦	400,000원 감소	420,000원 감소	20,000원 차감 (미지급급여의 감소 −20,000)

(7) 법인세비용에 대한 분석

다음 ⑧의 분개를 보면 당기 중 법인세의 납부를 위하여 100,000원의 현금이 지출되었는데 당기순이익은 120,000원 감소한 것으로 나타나고 있다. K-IFRS에 의하면 법인세와 관련된 현금흐름은 실제로 수취하거나 지급한 총액을 별도로 보고해야 한다. 따라서 법인세비용 120,000원을 당기순이익에서 가산조정하고 법인세 납부로 인한 현금유출 100,000원을 별도로 표시함으로써 정확한 영업활동현금을 나타낸다.

⑧ 차> 법인세비용	120,000	대> 당기법인세부채	20,000
		현　　금	100,000

분개번호	당기순이익에의 영향	현금에의 영향	당기순이익에 대한 조정
분개 ⑧	120,000원 감소	100,000원 감소	법인세비용 120,000원 가산 법인세 납부 100,000원 별도 표시

(8) 이자비용에 대한 분석

다음 ⑨의 분개를 보면 당기 중 이자비용을 지급하기 위하여 6,000원의 현금이 지출되었다는 것을 알 수 있다. K-IFRS에 의하면 이자와 관련된 현금흐름은 실제로 수취하거나 지급한 총액을 별도로 보고해야 한다. 따라서 이자비용 6,000원을 당기순이익에서 가산조정하고 이자지급으로 인한 현금유출 6,000원을 별도로 표시함으로써 정확한 영업활동현금을 나타낸다.

⑨ 차> 이자비용	6,000	대> 현　　금	6,000

분개번호	당기순이익에의 영향	현금에의 영향	당기순이익에 대한 조정
분개 ⑨	6,000원 감소	6,000원 감소	이자비용 6,000원 가산 이자지급 6,000원 별도 표시

(9) 감가상각비의 인식 – 당기순이익의 조정

다음 ⑩의 분개에 의하면 감가상각비의 인식으로 인하여 당기순이익은 40,000원 감소하였으나 현금의 지출은 없다. 따라서 현금계정에서 당기순이익에 감가상각비 40,000원을 가산조정하여야 당기순이익이 정확한 영업활동현금을 나타내게 되는 것이다.

⑩ 차> 감가상각비	40,000	대> 감가상각누계액	40,000

분개번호	당기순이익에의 영향	현금에의 영향	당기순이익에 대한 조정
분개 ⑩	40,000원 감소	없음	40,000원 가산 (감가상각비 +40,000)

(10) 기계처분손실 – 당기순이익의 조정

다음 ⑪의 분개는 당기 중 기계설비를 처분한 거래에 대한 분개를 나타낸다. 여기에서 처분대금인 6,000원은 현금계정의 차변에 투자활동으로 기입된다. 그러나 기계처분손실 14,000원은 당기순이익을 그 만큼 감소시키고 있으나 현금의 감소는 없다. 따라서 기계처분손실 14,000원은 현금계정의 차변에서 당기순이익에 대한 가산조정항목으로 표시되어야 한다.

⑪ 차> 현　　금	6,000	대> 기계설비	40,000
감가상각누계액	20,000		
기계처분손실	14,000		

분개번호	당기순이익에의 영향	현금에의 영향	당기순이익에 대한 조정
분개 ⑪	14,000원 감소	없음	14,000원 가산 (기계처분손실 +14,000)

(11) 기계설비의 구입 – 투자활동 현금

다음 ⑫의 분개를 보면 당기 중 기계설비의 구입을 위해 현금 440,000원을 지출한 것으로 나타나고 있다. 이는 현금계정의 대변에 투자활동으로 인한 현금지출로 기입된다.

⑫ 차> 기계설비	440,000	대> 현　　금	440,000

(12) 주식발행 – 재무활동 현금

다음 ⑬의 분개에 의하면 당기 중 주식을 발행하여 현금 500,000원을 수령한 것으로 나타나고 있다. 이는 현금계정의 차변에 재무활동으로 인한 현금유입액으로 기입된다.

⑬ 차> 현　　금	500,000	대> 자 본 금	400,000
		자본잉여금	100,000

(13) 배당금의 지급 – 재무활동 현금

다음 ⑭의 분개를 보면 당기 중 배당금으로 현금 80,000원을 지출한 것으로 나타나고 있다. 이는 현금계정의 대변에 재무활동으로 인한 현금지출로 기입된다.

⑭ 차> 이익잉여금(배당금)	80,000	대> 현　　금	80,000

(14) 현금흐름표의 작성 – 간접법의 경우

간접법에 의한 현금흐름표는 앞에 언급한 현금계정에 나타난 차변항목과 대

자료 17-9 간접법에 의한 현금흐름표

곤지암(주)
현금흐름표 – 간접법
20×2년 1월 1일부터 12월 31일까지 (단위: 원)

Ⅰ. 영업활동으로부터의 현금		
당기순이익	140,000	
조정사항:		
감가상각비	40,000	
기계처분손실	14,000	
이자비용	6,000	
법인세비용	120,000	
매출채권의 증가	(120,000)	
재고자산의 증가	(60,000)	
선급임차료의 증가	(20,000)	
매입채무의 증가	20,000	
미지급급여의 감소	(20,000)	
이자지급	(6,000)	
법인세의 납부	(100,000)	
영업활동으로부터 조달된 순현금		14,000
Ⅱ. 투자활동으로부터의 현금		
기계설비의 처분	6,000	
기계설비의 구입	(440,000)	
투자활동에 사용된 순현금		(434,000)
Ⅲ. 재무활동으로부터의 현금		
주식의 발행	500,000	
단기차입금의 상환	(100,000)	
배당금의 지급	(80,000)	
재무활동으로부터 조달된 순현금		320,000
Ⅳ. 현금의 순증가(감소)		(100,000)
Ⅴ. 기초현금		160,000
Ⅵ. 기말현금		60,000

변항목을 영업활동현금, 투자활동현금 및 재무활동현금으로 구분하여 정리함으로써 완료되는데, 직접법의 경우와는 달리 간접법의 경우에는 영업활동현금 부분에 먼저 당기순이익을 기입한 후 이에 대한 조정사항들을 반영하여야 한다는 것이 특징이다.

당기순이익에 대한 조정사항과 투자활동현금 및 재무활동현금의 내역을 다음의 〈자료 17-9〉에서 보는 바와 같이 배열하고 이에 기초현금잔액과 기말현금잔액에 대한 정보를 추가하여 정리하면 간접법에 의한 현금흐름표가 완성된다.

제 4 절 정산표를 이용한 현금흐름표의 작성

현금흐름표를 작성하는 방법에는 앞에서 언급한 T-계정을 이용한 방법 이외에 정산표를 이용하여 작성하는 방법이 있다. 이 방법은 다음의 〈자료 17-10〉에서 보는 바와 같이 재무상태표상에 나타난 모든 계정과목에 대해 기초잔액과 기말잔액을 기입한 후 각 계정별 잔액의 증가와 감소의 내용을 분석하는 과정을 통하여 현금흐름의 내용을 파악하는 방법이다.

〈자료 17-10〉에 제시된 정산표와 분개를 살펴보면 앞에서 언급한 T-계정에 의한 현금흐름표의 작성과정과 논리가 동일하므로 자세한 설명은 생략하기로 한다.

자료 17-10 현금흐름표 작성을 위한 정산표

	기초잔액	거래의 분석		기말잔액
		차변	대변	
차변항목 현 금	160,000		(0) **100,000**	60,000
매출채권	200,000	(2) 120,000		320,000
재고자산	140,000	(3) 60,000		200,000
선급임차료	20,000	(4) 20,000		40,000
기계설비	400,000	(10) 440,000	(9) 40,000	800,000
계	920,000			1,420,000
대변항목 감가상각누계액	100,000	(9) 20,000	(11) 40,000	120,000

매입채무	80,000		(5) 20,000	100,000
단기차입금	100,000	(6) 100,000		0
미지급급여	40,000	(7) 20,000		20,000
당기법인세부채	40,000		(8) 20,000	60,000
자본금(주당 액면금액 20)	200,000		(12) 400,000	600,000
자본잉여금	0		(12) 100,000	100,000
이익잉여금	360,000	(13) 80,000	(1) 140,000	420,000
계	920,000			1,420,000
영업활동으로부터의 현금[1]:				
당기순이익		(1) 140,000		
감가상각비		(11) 40,000		
기계처분손실		(9) 14,000		
매출채권의 증가			(2) 120,000	
재고자산의 증가			(3) 60,000	
선급임차료의 증가			(4) 20,000	
매입채무의 증가		(5) 20,000		
미지급급여의 감소			(7) 20,000	
당기법인세부채의 증가		(8) 20,000		
투자활동으로부터의 현금[2]:				
기계설비의 처분		(9) 6,000		
기계설비의 구입			(10) 440,000	
재무활동으로부터의 현금[3]:				
단기차입금의 상환			(6) 100,000	
주식의 발행		(12) 500,000		
배당금 지급			(13) 80,000	
현금의 감소		(0) **100,000**		
계		840,000	840,000	

〈분 개〉

(1) 차> 당기순이익(현금)	140,000	대> 이익잉여금	140,000
(2) 차> 매출채권	120,000	대> 현금(매출채권 증가)	120,000
(3) 차> 재고자산	60,000	대> 현금(재고자산 증가)	60,000
(4) 차> 선급임차료	20,000	대> 현금(선급임차료 증가)	20,000
(5) 차> 현금(매입채무 증가)	20,000	대> 매입채무	20,000
(6) 차> 단기차입금	100,000	대> 현금(단기차입금 상환)	100,000

(7) 차> 미지급급여	20,000	대> 현금(미지급급여 감소)	20,000
(8) 차> 현금(당기법인세부채 증가)	20,000	대> 당기법인세부채	20,000
(9) 차> 현금(기계설비 처분)	6,000	대> 기계설비	40,000
감가상각누계액	20,000		
현금(기계처분손실)	14,000		
(10) 차> 기계설비	440,000	대> 현금(기계설비 구입)	440,000
(11) 차> 현금(감가상각비)	40,000	대> 감가상각누계액	40,000
(12) 차> 현금(주식발행)	500,000	대> 자 본 금	400,000
		자본잉여금	100,000
(13) 차> 이익잉여금	80,000	대> 현금(배당금 지급)	80,000

1) 당기순이익에 대한 조정사항: (2), (3), (4), (5), (7), (8), (9)-기계처분손실부분, (11)
K-IFRS에 의한 간접법에 의하면 이자비용과 법인세비용을 당기순이익에 가산하고 이자지급 및 법인세 납부 총액을 영업활동 현금흐름으로 별도 표시해야 하나 여기에서는 재무상태표계정의 변동효과를 보기 위해 이와 같이 표시하지 않았다.
2) 투자활동현금: (9)-기계설비처분대금부분, (10)
3) 재무활동현금: (6), (12), (13)

예제 17-4 현금흐름표의 작성

앞의 〈예제 17-2〉에 제시된 (주)경기의 회계정보를 바탕으로 현금흐름표를 직접법과 간접법에 의해 각각 작성하시오.

해 답

(1) 현금흐름표 - 직접법

Ⅰ. 영업활동으로부터의 현금		
매출대금의 회수	260,000	
매입대금의 지급	(204,000)	
판매관리비 지급	(46,000)	10,000
Ⅱ. 투자활동으로부터의 현금		
설비자산의 구입		(40,000)
Ⅲ. 재무활동으로부터의 현금		
주식의 발행	60,000	
배당금 지급	(8,000)	52,000
Ⅳ. 현금의 순증가(감소)		22,000
Ⅴ. 기초현금		20,000
Ⅵ. 기말현금		42,000

(2) 현금흐름표 - 간접법

Ⅰ. 영업활동으로부터의 현금		
당기순이익	20,000	

조정사항		
감가상각비	10,000	
매출채권의 증가	(20,000)	
재고자산의 감소	8,000	
매입채무의 감소	(12,000)	
미지급비용의 증가	4,000	10,000
Ⅱ. 투자활동으로부터의 현금		
설비자산의 구입		(40,000)
Ⅲ. 재무활동으로부터의 현금		
주식의 발행	60,000	
배당금 지급	(8,000)	52,000
Ⅳ. 현금의 순증가(감소)		22,000
Ⅴ. 기초현금		20,000
Ⅵ. 기말현금		42,000

예제 17-5 현금흐름표의 작성 – 종합

다음은 (주)수원의 재무제표이다. 이를 바탕으로 물음에 답하시오.

(주)수원
비교재무상태표
20×2년과 20×1년 12월 31일 현재

자 산	20×2년	20×1년
현 금	92,600	81,800
매출채권(순액)	224,320	202,000
재고자산	261,200	230,600
선급광고비	6,200	9,400
투자자산	34,000	50,000
토 지	200,000	160,000
건 물	350,000	260,000
감가상각누계액-건물	(59,500)	(53,000)
기계장치	396,000	350,000
감가상각누계액-기계장치	(115,300)	(86,200)
자산 총계	1,389,520	1,204,600
부채와 자본		
매입채무	182,840	173,740
미지급급여	19,780	24,460
당기법인세부채	24,000	28,200
장기차입금	70,000	0
사 채	80,000	80,000

부채 합계	376,620	306,400
자본금과 자본잉여금	780,000	730,000
이익잉여금	232,900	168,200
자본 합계	1,012,900	898,200
부채와 자본 총계	1,389,520	1,204,600

(주)수원

포괄손익계산서

20×2년 1월 1일부터 12월 31일까지

매 출 액		2,928,400
매출원가		1,742,300
매출총이익		1,186,100
판매비와관리비		
급 여	430,000	
감가상각비	68,600	
소모품비	14,640	
광 고 비	180,000	
제세공과금	52,000	
기타 일반관리비	247,560	992,800
기타수익과 기타비용		
투자자산처분이익	3,400	
기계처분손실	(1,800)	1,600
이자수익		3,900
이자비용		7,600
법인세차감전순이익		191,200
법인세비용		90,500
당기순이익		100,700

(주)수원

이익잉여금처분계산서

20×2년 1월 1일부터 12월 31일까지

기초이익잉여금, 1/1/×2	168,200
당기순이익	100,700
배 당 금	(36,000)
기말이익잉여금, 12/31/×2	232,900

〈추가정보〉

1. 당해 연도 중 (주)수원의 투자자산의 증가는 없었으나 취득원가가 16,000원인 투자자산을 19,400원의 현금을 받고 처분하였다.

2. 당해 연도 중 토지와 건물을 구입하였는데, 이 중 70,000원은 은행으로부터 장기차입금을 조달하여 지급하였다. 토지의 취득원가는 40,000원이고 건물의 취득원가는 90,000원으로 간주한다.
3. 회사는 취득원가가 40,000원인 기계를 처분하고 5,200원을 받았다. 처분 당시 이 기계에 대하여 33,000원의 감가상각누계액이 장부에 기록되어 있었다고 한다.
4. 주식발행에 대하여 전액 현금납입이 있었다.
5. 당해 연도 감가상각비 중 건물에 대한 감가상각비는 6,500원, 기계장치에 대한 감가상각비는 62,100원이다.

〈물음〉
1. 발생주의에 의한 포괄손익계산서를 현금주의에 의한 포괄손익계산서로 전환하시오.
2. 간접법에 의한 현금흐름표를 작성하시오.
3. 직접법에 의한 현금흐름표를 작성하시오.

해 답

1. 발생주의와 현금주의에 의한 포괄손익계산서의 작성

	발생주의 포괄손익계산서		가산	차감	현금주의 포괄손익계산서	
매 출 액		2,928,400		22,320[1]		2,906,080
매출원가		1,742,300	30,600[2]	9,100[3]		1,763,800
매출총이익		1,186,100				1,142,280
판매비와관리비						
급 여	430,000		4,680[4]		434,680	
감가상각비	68,600			68,600	0	
소모품비	14,640				14,640	
광 고 비	180,000			3,200[5]	176,800	
제세공과금	52,000				52,000	
기타 일반관리비	247,560	992,800			247,560	925,680
기타수익과 기타비용						
투자자산처분이익	3,400			3,400	0	
기계처분손실	(1,800)	1,600		(1,800)	0	0
이자수익		3,900				3,900
이자비용		7,600				7,600
법인세차감전순이익		191,200				212,900
법인세비용		90,500	4,200[6]			94,700
당기순이익		100,700				118,200

1) 매출채권의 증가
2) 재고자산의 증가
3) 매입채무의 증가
4) 미지급급여의 감소
5) 선급광고비의 감소
6) 당기법인세부채의 감소

2. 간접법 현금흐름표의 작성

(주)수원

현금흐름표 – 간접법

20×2년 1월 1일부터 12월 31일까지 (단위: 원)

Ⅰ. 영업활동으로부터의 현금		
당기순이익	100,700	
조정사항		
감가상각비–건물	6,500	
감가상각비–기계장치	62,100	
기계처분손실	1,800	
이자비용	7,600	
법인세비용	90,500	
투자자산처분이익	(3,400)	
이자수익	(3,900)	
매출채권의 증가	(22,320)	
재고자산의 증가	(30,600)	
선급광고비의 감소	3,200	
매입채무의 증가	9,100	
미지급급여의 감소	(4,680)	
이자수취	3,900	
이자지급	(7,600)	
법인세의 납부	(94,700)	
영업활동으로부터 조달된 순현금		118,200
Ⅱ. 투자활동으로부터의 현금		
투자자산의 처분	19,400	
토지와 건물의 구입(현금지급분)	(60,000)	
기계장치의 처분	5,200	
기계장치의 구입	(86,000)	
투자활동에 사용된 순현금		(121,400)
Ⅲ. 재무활동으로부터의 현금		
주식의 발행	50,000	
배당금 지급	(36,000)	
재무활동으로부터 조달된 순현금		14,000
Ⅳ. 현금의 순증가		10,800
Ⅴ. 기초현금		81,800
Ⅵ. 기말현금		92,600

3. 직접법 현금흐름표의 작성

(주)수원
현금흐름표 – 직접법
20×2년 1월 1일부터 12월 31일까지 (단위: 원)

Ⅰ. 영업활동으로부터의 현금		
매출대금의 회수	2,906,080	
매입대금의 지급	(1,763,800)	
임직원급여 지급	(434,680)	
소모품비 지급	(14,640)	
광고비 지급	(176,800)	
제세공과금 지급	(52,000)	
기타 일반관리비 지급	(247,560)	
이자수취	3,900	
이자지급	(7,600)	
법인세의 납부	(94,700)	
영업활동으로부터 조달된 순현금		118,200
Ⅱ. 투자활동으로부터의 현금		
투자자산의 처분	19,400	
토지와 건물의 구입(현금지급분)	(60,000)	
기계장치의 처분	5,200	
기계장치의 구입	(86,000)	
투자활동에 사용된 순현금		(121,400)
Ⅲ. 재무활동으로부터의 현금		
주식의 발행	50,000	
배당금 지급	(36,000)	
재무활동으로부터 조달된 순현금		14,000
Ⅳ. 현금의 순증가		10,800
Ⅴ. 기초현금		81,800
Ⅵ. 기말현금		92,600

연습문제

문제 17-1 현금흐름의 분석

다음은 20×1년 (주)대전에서 발생한 거래이다. 이러한 거래들이 기말 현금흐름표 상에서 어떤 활동에 포함되며 그 금액은 얼마인지를 서술하시오.

(1) 장부금액이 300,000원인 단기매매증권을 700,000원에 매각하였다. 처분이익으로 인한 법인세는 100,000원이다.

(2) 액면금액 50,000원인 사채를 45,000원에 발행하였다. 사채할인발행차금 5,000원 중 1,000원을 상각하였다.

(3) 60,000원의 배당금 지급을 선언하였다. 동 배당금은 20×2년 2월에 지급될 예정이다.

(4) 재고자산계정은 300,000원 증가하였으며 매입채무계정은 50,000원 감소하였다.

(5) 본사건물 신축으로 인하여 90,000원이 지출되었는데 이 중에 10,000원은 재무상태표상 미지급금계정으로 계상되어 있다.

문제 17-2 발생주의와 현금주의 포괄손익계산서의 작성

다음은 (주)강진의 20×3년과 20×4년의 비교재무상태표 및 20×4년의 포괄손익계산서이다.

(주)강진
비교재무상태표

자 산	20×4	20×3
현 금	120,000	38,000
매출채권(순액)	30,000	48,000
재고자산	108,000	62,000
기계설비	150,000	80,000
감가상각누계액	(58,000)	(24,000)
토 지	20,000	56,000
자산 합계	370,000	260,000
부 채		
매입채무	40,000	30,000
은행차입금	0	15,000
미지급급여	15,000	30,000
당기법인세부채	35,000	50,000

자 본		
자 본 금	180,000	100,000
주식발행초과금	30,000	0
이익잉여금	70,000	35,000
부채와 자본 합계	370,000	260,000

포괄손익계산서와 이익잉여금처분계산서
(20×4. 1. 1 ~ 20×4. 12. 31)

매 출 액		430,000
매출원가	250,000	
급 여	60,000	
감가상각비	34,000	
이자비용	6,000	350,000
세전순이익		80,000
법인세비용		(30,000)
당기순이익		50,000
기초이익잉여금		35,000
소 계		85,000
배 당 금		(15,000)
기말이익잉여금		70,000

〈추가정보〉

(1) 기계설비는 현금으로 취득하였으며 토지는 장부금액으로 판매되었다.

(2) 회사는 주식을 발행하여 현금을 수령하였다.

〈물음〉

20×4년 (주)강진의 현금주의에 의한 포괄손익계산서를 작성하시오.

문제 17-3 현금주의와 발생주의 포괄손익계산서의 작성

다음은 청주회사의 영업현금흐름과 관련된 자료이다.

매출대금 회수	650,000원
배당금수익	50,000
매입대금 지급	(300,000)
급여 지급	(100,000)
기타비용 지급	(40,000)
법인세 납부	(50,000)
영업활동으로 인한 순현금흐름	210,000

〈추가정보〉

(1) 설비자산의 감가상각누계액은 90,000원 증가하였으며 기중에 취득하거나 처분한 자산은 없었다.
(2) 장부금액 20,000원의 토지를 10,000원에 처분하였다.
(3) 매출채권의 기말잔액은 110,000원 증가하였다.
(4) 미지급급여계정의 잔액은 기초와 기말에 각각 12,000원, 18,000원이다.
(5) 재고자산은 48,000원 감소하였다.
(6) 당기법인세부채는 12,000원 감소하였다.
(7) 재고자산 구입시 전액 현금지급을 원칙으로 한다.

〈물음〉

위의 자료를 바탕으로 하여 청주회사의 발생주의에 의한 포괄손익계산서를 작성하시오.

문제 17-4 현금매출액의 계산

다음은 (주)담양의 매출과 관련된 자료이다. 이를 토대로 T-계정을 사용하여 현금주의에 의한 당기의 매출액을 계산하시오.

(1) 기초 매출채권 잔액 중 70,000원을 거래처의 매입채무와 서로 상계처리하였다.
(2) 당기의 매출액은 1,200,000원이며 이중 현금 매출은 200,000원이다.
(3) 매출채권의 회수과정에서 매출에누리 5,000원이 발생하였다.
(4) 매출채권의 기초잔액과 기말잔액은 각각 350,000원, 300,000원이다.

문제 17-5 현금매입액의 계산

(주)영암의 포괄손익계산서상의 매출원가는 140,000원이며 기타의 자료는 다음과 같다.

	기 초	기 말
재고자산	9,200원	12,000원
매입채무	6,000	1,000

또한 기초재고자산 중 진부화로 2,000원의 평가손실이 발생하였다.

〈물음〉

(주)영암이 당기에 재고자산 구입과 관련하여 지출한 현금액을 계산하시오.

문제 17-6 현금이자와 발생주의 이자의 조정

(주)횡성개발은 K-IFRS에 따라 발생주의 회계를 채택하고 있다. 20×1년 포괄손익계산서에 보고된 이자비용은 5,850원이었으나, 20×1년에 현금으로 지급된 이자는 5,740원이었다. 이자와 관련된 회사의 재무상태표 계정잔액이 아래와 같을 때 20×1년 12월 31일의 미지급이자를 계산하시오(공인회계사 2003 1차 수정).

	선급이자	미지급이자
20×1년 1월 1일	175원	1,410원
20×1년 12월 31일	155	?

문제 17-7 영업활동 현금흐름

다음은 20×3년에 사업을 시작한 (주)고창에 대한 회계정보이다.

포괄손익계산서 (20×3년 1월 1일부터 12월 31일까지)

매 출 액		500,000원
매출원가		270,000
매출총이익		230,000
판매관리비(감가상각비 제외)	135,000	
감가상각비	35,000	170,000
당기순이익		60,000원

현금을 제외한 유동자산과 유동부채의 20×3년 말 기말잔액

매출채권 20,000
재고자산 8,000
선급보험료 7,000
매입채무 13,000
미지급비용 5,000

〈물음〉

1. 직접법을 사용하여 영업활동으로부터 조달(사용)된 현금액을 구하시오.
2. 간접법을 사용하여 영업활동으로부터 조달(사용)된 현금액을 구하시오.

문제 17-8 영업활동 현금흐름과 투자활동 현금흐름

강릉출판의 경리부장인 김회계 씨는 다음 자료를 바탕으로 20×1년의 현금흐름표를 간접법으로 작성하고 있다.

(1) 20×1년에 매출채권 순액(매출채권 − 대손충당금)이 8,000원 증가하였고, 올해 인식한 대손상각비는 5,000원이다.

(2) 20×1년에 유형자산 순액(유형자산 − 감가상각누계액)이 100,000원 증가하였다. 또한 올해 기계장치를 35,000원을 받고 매각하였는데, 이 기계장치의 취득원가 및 매각 당시의 장부금액은 각각 65,000원과 40,000원이었다. 회사가 올해 인식한 감가상각비는 58,000원이고, 회사는 모든 유형자산을 현금으로 취득하였다.

〈물음〉

1. 김회계 씨가 영업활동으로 인한 현금흐름을 계산할 때 당기순이익에 가산 또는 차감할 금액은 얼마인가? (공인회계사 2004 1차 수정)

2. 회사의 투자활동으로부터의 현금흐름을 계산하시오.

문제 17-9 투자활동으로부터의 현금흐름

다음은 (주)해남의 유형자산계정의 자료이다.

	기초잔액	기말잔액
토 지	130,000원	154,000원
건물 및 기계	400,000	500,000
감가상각누계액	(100,000)	(80,000)

〈추가정보〉

(1) 장부금액 76,000원인 토지를 처분하였고 14,000의 처분손실을 기록하였다.

(2) 취득금액이 40,000원이며 감가상각누계액이 34,000원인 기계는 진부화로 인하여 폐기처분하였다.

(3) 취득금액 및 감가상각누계액이 각각 120,000원, 60,000원인 건물이 처분되었는데, 처분이익은 40,000원이다.

(4) 당해 연도의 감가상각비는 74,000원이다.

〈물음〉

상기의 자료를 바탕으로 (주)해남의 투자활동으로부터의 현금흐름을 계산하시오.

문제 17-10 재무활동으로부터의 현금흐름

(주)고흥
부분재무상태표

	20×4	20×3
단기차입금	0	15,000
장기차입금	40,000	10,000
당기법인세부채	30,000	40,000
자본금	170,000	120,000
주식발행초과금	30,000	0
이익잉여금	100,000	55,000

〈추가정보〉

(1) 토지를 취득하기 위하여 장기차입금이 발행되었다.

(2) 자본의 증가는 주식의 현금발행을 통해 이루어졌다.

(3) 20×4년의 당기순이익은 70,000원이다.

〈물 음〉

위의 자료를 바탕으로 (주)고흥의 20×4년 재무활동으로부터의 현금흐름을 구하시오.

문제 17-11 재무상태표와 현금흐름표

(주)합천의 20×1년 부분재무상태표와 20×2년 현금흐름표가 아래에 제시되어 있다.

부분재무상태표

자 산	
현 금	80,000원
건물 및 설비자산	96,000
감가상각누계액	(30,000)
자 본	
자본금(300원, 100주)	30,000
자본잉여금	30,000
이익잉여금	86,000

현금흐름표

영업활동 현금흐름		
매출대금 회수	200,000원	
매입대금 지급	(100,000)	
급여 지급	(22,000)	
기타비용 지급	(16,000)	
순현금흐름		62,000
투자활동 현금흐름		
건물의 처분	14,000	
토지의 구입	(36,000)	
기계장치의 구입	(60,000)	
순현금흐름		(82,000)
재무활동 현금흐름		
유상증자	40,000	
배당금 지급	(32,000)	
순현금흐름		8,000
현금흐름의 증가(감소)		(12,000)

〈추가정보〉

(1) 당해 연도 감가상각비는 22,000원이다.

(2) 처분된 건물의 감가상각누계액은 12,000원이며 처분이익 8,000원이 발생하였다.

(3) 100주의 주식을 발행하여 유상증자를 실시하였다.

(4) 당기순이익은 48,000원이다.

〈물음〉

위의 자료를 바탕으로 하여 20×2년 (주)합천의 부분재무상태표를 작성하시오.

문제 17-12 현금흐름표의 작성

(주)진해

비교재무상태표

	20×3	20×2
자 산		
현 금	350,000	246,000
매출채권(순액)	420,000	280,000
재고자산	520,000	440,000
토 지	650,000	400,000
기계설비	1,160,000	1,266,000
감가상각누계액	(180,000)	(200,000)
자산 합계	2,920,000	2,432,000
부 채		
매입채무	660,000	500,000
미지급급여	540,000	520,000
사 채	260,000	360,000
자 본		
자본금(@10원)	500,000	420,000
주식발행초과금	466,000	340,000
이익잉여금	494,000	292,000
부채와 자본 합계	2,920,000	2,432,000

포괄손익계산서

(20×3. 1. 1 ~ 20×3. 12. 31)

매 출 액		1,600,000
매출원가		(720,000)
매출총이익		880,000
판매관리비		
급 여	386,000	
감가상각비	40,000	
기타비용	16,000	(442,000)
사채상환이익		44,000
이자비용		(32,000)
유형자산처분손실		(8,000)
법인세차감전순이익		442,000
법인세비용		(200,000)
당기순이익		242,000

〈추가정보〉

(1) 4,200주를 주당 30원에 현금발행하였다.

(2) 3,800주를 발행하고 그 대가로 80,000원의 가치를 갖는 토지를 취득하였다.

(3) 취득원가가 106,000원이며 장부금액이 46,000원인 기계장치를 38,000원에 처분하였다.

(4) 배당금 40,000원이 지급되었다.

(5) 토지를 170,000원에 취득하였다.

〈물음〉

위의 자료를 토대로 하여 현금흐름표를 작성하시오.

chapter 18
재무제표 분석

chapter

18 재무제표 분석

제 1 절 재무제표 분석과 재무비율[1]

1.1 재무제표 분석의 의의

재무제표 분석(financial statements analysis)은 기업의 회계기록과정을 통하여 작성된 재무제표에 포함된 정보를 이용하여 기업의 이해관계자가 자신의 의사결정에 이용할 수 있는 의미 있는 정보로 환원하는 과정을 말한다.

재무제표 분석의 목적은 재무제표를 이용하는 이용자의 의사결정 목적이 무엇인가에 따라 다르다. 기업의 재무제표는 기업이 수행한 경영활동의 결과 나타난 재무상태와 경영성과에 대해 다양한 정보를 제공하기 때문이다.

기업의 경영자들의 경우 기업의 경영환경이 복잡해짐에 따라 보다 효율적이고 효과적인 경영관리를 위하여 재무제표에 대한 분석을 하게 된다. 한편 기업의 투자자와 채권자들의 경우에는 투자의사결정과 신용제공에 대한 의사결정을 위하여 과거 및 현재의 기업의 재무상태나 재무상태의 변화, 일정한 기간 동안의 경영성과 등에 대한 정보를 얻기 위하여 재무제표를 분석하는 것이다.

재무제표 분석과 비슷한 의미로 재무 분석과 경영 분석이란 용어가 자주 언급되기도 하는데, 이들과 재무제표 분석은 엄밀한 의미에서 차이가 있다. 즉, 재무 분석(financial analysis)은 재무제표 분석에서 사용되는 정보뿐만 아니라 주식시장에서의 주식가격의 변동이나 기업의 위험에 대한 평가자료 등을 이용한 분석을 말한다.

---

1) 제18장의 내용은 대부분 이창우 외 공저, 「재무제표의 이해」를 참고하였다.

경영 분석(business analysis)은 재무 분석보다는 더욱 광범위한 의미로서 계량화할 수 있는 회계정보나 재무자료, 기업의 생산 및 인사관련 자료, 그리고 경제환경의 변화 등과 같이 계량화하기 힘든 자료까지를 포함하여 기업의 경영실태를 분석하고 경영성과를 측정하는 것을 말한다.

1.2 재무제표 분석방법

기업의 회계기록과정을 통하여 산출되는 재무제표가 그 본래의 목적을 달성하기 위하여서는 여러 이해관계자의 경제적 의사결정에 이용될 수 있도록 정보의 유용성(usefulness)이 있어야 한다. 여기에서 유용성이란 경제적인 의사결정자가 재무제표를 분석하고 해석하여 구체적인 의사결정의 자료로 사용할 수 있음을 의미한다.

그러나 재무제표에 나타난 회계정보는 여러 가지 가정과 경영자에 의해 선택된 회계처리방법에 의해 생성된 것이기 때문에, 단순히 재무제표에 나타난 수치만을 분석하는 경우 나타난 결과에 대해 잘못된 해석이 뒤따르게 될 가능성이 있다. 그러므로 재무제표를 중심으로 하는 분석이 보다 의미를 갖기 위해서는 재무제표와 관련된 감사인의 감사보고서, 재무제표의 작성을 위해 채택된 회계정책, 주석사항 및 부속명세서 등에 대한 정보도 동시에 고려하여야 한다.

재무제표의 분석방법에는 여러 가지가 있을 수 있으나, 가장 보편적으로 이용되는 방법은 재무비율 분석이라고 할 수 있다. 따라서 본 장에서는 재무비율 분석을 중심으로 논의를 전개할 것이며 구체적인 내용은 향후 보다 심도 있는 학습과정을 통하여 다루게 될 것이다.

1.3 재무제표 분석의 활용

재무제표 분석은 앞에서 언급한 바와 같이 정보 이용자에 따라 다양하게 활용될 수 있으나 일반적으로는 기업의 도산에 대한 예측, 채권 및 어음에 대한 등급평가, 여신결정 및 주식평가 등에 응용된다.

(1) 기업의 도산 예측

도산이란 만기가 도래하는 채무를 상환할 수 없는 기술적 지급불능상태를 말하는데 도산이 발생하게 되면 기업이 영업을 중지하는 파산 또는 청산과정을 거치게 된다. 일반적으로 도산은 기업의 지급불능이나 파산을 초래하는 심각한 재무상 또는 영업상의 곤란을 포괄하는 의미를 갖는다.

재무제표 분석은 기업의 재무제표가 그 기업의 재무상태와 경영성과를 정확하게 반영한다는 가정 하에 기업의 수익성, 유동성 및 재무구조 등에 관한 각종 재무비율을 분석함으로써 도산 가능성이 있는 기업을 판별할 수 있게 한다.

(2) 채권 및 어음에 대한 등급평가

채권 및 어음에 대한 등급평가란 전문적인 신용평가기관이 기업이 발행한 사채나 어음 등 유가증권의 원금과 이자가 약속한대로 상환될 수 있는지 여부를 재무제표에 나타난 정보를 활용하여 평가하고 그 결과를 'AAA' 또는 'BBB+' 등 알기 쉬운 기호로 등급을 매겨 그 유가증권의 위험도에 대한 정보를 투자자들에게 알리는 것을 말한다.

기업이 발행하는 채권이나 어음의 등급에 의해 표시되는 채무불이행에 대한 위험도는 채권이나 어음 발행회사의 외부 및 내부 환경변화에 대한 기업의 대응능력에 의하여 결정되는데, 이를 평가하기 위해서는 재무제표 분석을 포함한 기업에 대한 종합적인 분석이 필요하다.

우리나라의 신용평가기관이 등급평가를 하기 위하여 수행하는 분석의 내용은 경영 환경 분석, 기업 분석 및 발행하는 유가증권의 분석 등 세 가지로 나누어진다. 여기에서 기업 분석은 보다 세부적으로 사업 분석, 재무 분석, 자금조달능력 분석 등을 포함하며, 이들은 또 양적 분석과 질적 분석으로 세분화된다. 여기에서 양적 분석이라 함은 주로 재무제표 분석의 내용을 의미하는 것이다.

(3) 여신결정

금융기관의 여신결정은 자금수요자의 대출요청에 의하여 대출을 승인할 것인가의 여부, 그리고 대출을 승인한다면 대출금액, 이자율, 대출기간 및 담보여부 등의 대출조건을 어떻게 정할 것인가를 결정하는 것을 말한다.

금융기관의 여신결정에는 다양한 정보가 활용된다. 즉, 대출신청기업의 과거 및 현재의 재무제표, 주요 재무제표 항목에 대한 추정치, 세부사업계획서 및 담보로 제공될 자산의 내역 등이 이에 속한다. 이러한 자료들을 바탕으로 이루어지는 여신결정에서 가장 중요한 단계는 기업에 대한 신용 분석이라고 할 수 있다.

신용 분석(credit analysis)은 대출신청자의 채무상환능력을 평가하여 대출여부와 대출조건을 결정하는 것이다. 이러한 신용 분석의 과정에는 경영 및 영업활동 전반에 대한 전반적인 검토, 재무비율 분석, 현금흐름 분석 및 재무예측 등과 같은 내용이 포함되며 이러한 분석과정에서 기업의 재무제표는 가장 중요한 자료가 된다.

(4) 주식평가

주식평가모형에 의하면 이론적인 개별 주식의 가치는 그 주식을 소유함으로써 얻을 것으로 예상되는 미래의 소득을 그 주식의 위험을 반영하는 적절한 할인율로 할인한 현재가치의 합계액으로 결정된다. 이 때 미래의 소득을 무엇으로 보는가에 따라 배당흐름에 의한 주식평가모형과 이익흐름에 의한 주식평가모형으로 구분된다.

배당흐름에 의한 주식평가모형(dividend discount model)은 주식의 소유자가 미래 모든 기간에 받을 것으로 기대되는 현금배당수입을 적절한 할인율로 할인한 현재가치의 합계가 주식의 가치라는 것이다.

이익흐름에 의한 주식평가모형(earnings valuation model)은 주식 가격이 기업이 창출할 수 있는 미래의 이익흐름에 의해 결정된다는 것으로 기업이 미래에 창출하는 주당이익의 현재가치 합계가 주식의 가치가 된다는 것이다.

주식평가모형을 실무에서 이용할 수 있기 위해서는 미래의 주당이익과 주당배당금, 할인율 등을 추정하여야 한다. 기업의 재무제표는 이러한 평가모형을 이용하여 주식을 평가하는데 필요한 정보를 제공하는 것이다.

제 2 절 재무비율 분석

2.1 재무비율 분석의 의의

재무비율 분석(financial ratio analysis)이란 재무제표에 나타난 두 개 이상의 수치 사이에 존재하는 상관관계를 측정하는 것을 말한다. 재무비율 분석에 사용되는 수치는 하나의 재무제표로부터 두 개 이상의 수치를 사용할 수도 있고, 각각 다른 재무제표로부터 필요한 수치를 선택하여 비교하는 방법을 적용할 수도 있다.

재무비율은 단순한 항목의 수치만을 보는 것이 아니라 두 가지 이상의 항목

사이의 상관관계를 이용하여 보다 유용한 회계정보를 산출하는 것을 목적으로 한다. 항목간의 상관관계를 이용하여 비율 분석을 할 때 그 비율이 의미를 갖기 위하여서는 항목 상호간에 목적적합한 관련성이 있어야 하고, 기능적으로 상호 연계되어야 한다.

예를 들어, 매출채권과 대손상각비를 비교하는 것은 총매출액과 대손상각비를 비교하는 것보다 더 유용한 정보를 제공하는데 그 이유는 총매출액에는 현금매출액도 포함되어 있기 때문이다. 즉, 대손상각비와 매출채권의 관계는 대손상각비와 총매출액의 관계보다도 더 목적적합한 관련성이 있는 것이다.

한편 재무비율을 계산하여 기업의 재무상태나 경영성과를 평가하기 위해서는 특정기업의 재무비율을 비교 분석할 기준이 필요하다. 이 때 비교 분석의 기준이 되는 비율을 표준비율(benchmark ratio)이라고 하며 일반적으로 동종 산업의 평균비율, 당해 기업의 과거비율, 그리고 이상적인 표준비율 등이 사용되고 있다.

(1) 동종산업의 평균비율

동종산업의 평균비율은 표준비율로서 가장 널리 사용되는 것으로서 동종산업의 평균(mean)이나 중앙값(median)을 기준으로 특정 기업의 재무비율을 분석하는데 활용된다. 이 때 동종산업에 속한 전체 기업의 평균을 사용할 수도 있고 그 중의 일부 기업, 즉 기업의 규모나 활동 면에서 당해 기업과 유사하거나 경쟁상대가 되는 기업을 선정하여 그 그룹의 평균을 이용할 수도 있다.

동종산업의 평균비율을 표준비율로 사용하는 경우 유의할 점은 동종산업에 속한 기업들 간에 회계처리방법상의 큰 차이가 없어야 한다는 것이다.

(2) 동일기업의 과거비율

동일기업의 과거 평균비율을 비교의 기준으로 활용할 수도 있다. 이 비율은 경영자가 기업의 성과가 과거에 비해 개선되고 있는지 혹은 악화되고 있는지를 평가하는데 도움이 된다. 또 과거 평균비율이 아니고 과거의 추세와 비교하고자 할 때에는 추세 분석의 방법을 사용할 수도 있다.

과거 평균비율을 표준비율로 사용할 때에는 과거 기간 동안 회계정책에 변경이 있었는지 살펴보아야 한다.

과거 평균비율을 표준비율로 사용하는 경우는 다른 기업과 비교하는 것이 아니기 때문에 그 기업의 상대적인 업적평가나 경쟁력의 분석에는 도움이 되지 않지만 당해 기업의 경영성과의 추이 혹은 재무상태의 변화에 대한 정보를 제공한다는 장점이 있다.

(3) 이상적인 표준비율

동종산업에 속한 기업이나 당해 기업의 과거의 추세와는 관계없이 경영자가 이상적인 표준비율을 별도로 설정하여 경영관리의 목표로 이용할 수 있다. 이 때 경영자가 설정하는 이상적인 표준비율은 과거의 경험이나 혹은 동종산업에서 우량기업의 비율, 경영환경의 변화 등을 고려하여 당해 기업의 경영목표가 될 수 있는 비율로 설정되는 것이다.

2.2 유동성 비율

유동성 비율(liquidity ratio)에 속하는 재무비율은 기업의 단기채무의 변제능력을 평가하는 비율로서 주로 재무상태표의 현금흐름정보를 보완하는 역할을 한다. 일반적으로 유동성을 나타내는 재무비율은 단기간 내에 만기가 도래하는 단기부채와 단기간 내에 현금화가 가능한 유동자산의 상대적 크기에 의해서 측정된다. 유동성 비율은 기업에 자금을 대출하여 주는 금융기관이나 신용으로 제품을 공급한 공급자와 같은 단기채권자들의 주요 관심사이다.

기업의 유동성을 측정하는 비율에는 유동비율, 당좌비율 및 방어기간 등이 있다.

(1) 유동비율

유동비율(current ratio)은 운전자본비율이라고도 하며 기업의 단기채무에 대하여 이를 변제하기 위하여 필요한 유동자산, 즉 단기간 내에 현금화가 가능한 자산의 상대적인 크기로 측정된다. 이 비율은 단기채권자들이 가장 큰 관심을 가지고 있는 비율이며 유동비율이 높을수록 단기채권자의 안전도는 향상된다고 본다.

$$\text{유동비율} = \frac{\text{유동자산}}{\text{유동부채}}$$

유동비율은 일반적으로 크면 클수록 양호한 것으로 해석되지만 다음 사항들에 주의할 필요가 있다.

첫째, 경기후퇴기에 재고자산이 판매되지 않아 재고를 과다하게 보유하고 있는 경우 유동비율이 커지게 된다. 또한 경기후퇴기에는 기업의 활동이 위축되고 따라서 유동부채도 적게 발생하게 된다. 이 경우 유동자산의 규모가 축소되더라도 유동비율은 감소하지 않는다. 그러므로 유동비율의 계산에 포함되는 항목들의 내용도 함께 고려하여야 한다.

둘째, 유동비율이 높을수록 반드시 좋은 것은 아니다. 유동비율이 아주 높은 기업이 현금부족으로 경영활동에 곤란을 겪기도 한다. 즉, 유동비율이 높다는 것은 한편으로는 다른 목적을 위해 투자되어야 할 유동자산을 기업이 비효율적으로 과다하게 보유하고 있다는 증거이기도 한 것이다.

셋째, 영업활동에 계절성이 있는 기업의 경우, 보고기간말 재무상태표에 나타난 유동자산과 유동부채의 비율로 계산한 유동비율은 그 기업의 연간 유동성을 잘 나타낸다고 볼 수 없다.

(2) 당좌비율

당좌비율(quick ratio)은 산성시험비율(acid-test ratio)이라고도 하는데, 유동자산 중에서 가장 단시간 내에 현금화가 가능한 당좌자산과 이로써 상환할 유동부채의 상대적인 규모를 이용하여 측정하는 비율이다. 당좌비율은 기업의 단기지급능력을 유동비율보다 엄격하게 측정하는 비율이다.

당좌비율은 다음과 같이 구하며 일반적으로 100% 이상이면 양호하다고 한다. 당좌자산에는 유동자산 중에서 재고자산을 제외한 현금과 예금, 시장성 있는 유가증권(단기매매금융자산) 및 매출채권이 포함된다.

$$\text{당좌비율} = \frac{\text{당좌자산}}{\text{유동부채}}$$

(3) 방어기간

방어기간(defensive interval)은 기업의 당좌자산을 1일 평균 예상운영비지출액으로 나누어 다음과 같이 구한다. 즉, 방어기간은 현금과 예금, 시장성 있는 유가증권(단기매매금융자산) 및 매출채권과 같이 단기간 내에 현금화할 수 있는 당좌자산을 기업의 영업활동을 위해 투입되는 1일 평균 현금지출비용으로 나눈 기간을 말한다. 예를 들어, 방어기간이 150일이면 이는 기업에 다른 현금 유입이 없다고 하더라도 150일간 영업활동을 지속할 수 있는 능력이 있음을 나타내는 것이다.

$$\text{방어기간} = \frac{\text{당좌자산}}{(\text{매출원가} + \text{판매관리비} - \text{감가상각비} + \text{이자비용}) / 365}$$

위의 방어기간을 구하는 식에서 분모는 기업이 1일 평균적으로 현금으로 지출하여야 하는 비용을 계산한 것으로 이해하면 된다.

세 가지 유형의 유동성 비율 계산식을 정리해보면 〈자료 18-1〉과 같다.

자료 18-1 유동성 비율

1. 유동비율

$$\text{유동비율} = \frac{\text{유동자산}}{\text{유동부채}}$$

2. 당좌비율

$$\text{당좌비율} = \frac{\text{당좌자산}}{\text{유동부채}}$$

3. 방어기간

$$\text{방어기간} = \frac{\text{당좌자산}}{(\text{매출원가} + \text{판매관리비} - \text{감가상각비} + \text{이자비용}) / 365}$$

2.3 안전성 비율

안전성 비율(safety ratio)은 장기지급능력비율(long-term solvency ratio)이라고도 하며 기업의 두 가지 지분, 즉 채권자지분인 부채와 소유주지분인 자본의 관계를 이용하여 기업의 장기채무불이행위험을 평가하고 또한 경기변동에 따른 기업의 장기적인 대응능력을 평가하는 비율이다.

안전성 비율은 채권자에게는 장기채무에 대한 원금과 이자를 원만하게 지급할 수 있는 기업의 능력을 평가하고, 기업의 경영자에게는 자본조달에 관한 의사결정을 효율적으로 하는 데 이용될 수 있는 비율이다.

안전성 비율에는 부채비율, 자기자본비율, 이자보상비율, 고정장기적합률과 고정비율 등이 있다.

(1) 부채비율

부채비율(debt ratio)은 채권자가 제공한 자금이 소유주가 출자한 자금의 몇 배가 되는가 하는 것을 나타내는 비율이다. 채권자가 제공한 자금은 기업의 소유주가 출자한 자기자본과는 달리 일정기간 마다 이자를 지급해야 하며, 또한 만기일에는 원금을 상환해야 할 의무가 있기 때문에 자기자본에 대한 부채의 상대적인 크기는 기업의 재무위험(financial risk)을 나타내며 장기지급능력을 측정하는 데 이용된다.

$$\text{부채비율} = \frac{\text{유동부채} + \text{비유동부채}}{\text{자기자본}}$$

부채비율은 기업의 재무구조를 평가하는 데 중요한 척도로 이용되고 있으며, 일반적으로 낮은 것이 바람직하다고 볼 수 있으나 반드시 그런 것만은 아니다. 부채비율이 지나치게 높으면 이자부담 때문에 운영자금에 압박을 받을 수 있으나, 경기가 활성화 될 때에는 높은 부채비율이 이익확대효과를 가져와 오히려 유리하게 작용할 수도 있다.

예를 들어, 타인자본의 비용보다 높은 이익을 얻을 수 있는 투자대안이 있다면 기업은 타인자본을 많이 조달해서 사용함으로써 이익확대효과를 가져올 수 있고, 기업에 대한 지배권의 침해도 받지 않기 때문에 소유주에게는 유리하게 된다. 그러나 타인자본의 비중이 높아지게 되면 그만큼 기업의 위험이 커진다는 것을 고려하여야 한다.

(2) 자기자본비율

자기자본비율(debt-equity ratio)은 기업의 총자산 중에서 소유주의 몫이 얼마인가를 나타내는 비율이다.

$$\text{자기자본비율} = \frac{\text{자기자본}}{\text{총자산}}$$

자기자본비율이 높다는 것은 채권자의 입장에서 원금과 이자에 대한 안전도가 높다는 것을 의미하며, 자기자본비율은 부채비율과 더불어 기업의 재무구조를 측정하는 데 사용되는 중요한 지표이다.

(3) 이자보상비율

이자보상비율(times interest earned ratio)은 채권자에게 지급하여야 할 고정비용인 이자비용을 영업이익을 통하여 지급할 수 있는 능력을 평가하는 비율로서 이자비용과 법인세비용을 차감하기 전의 영업이익을 이자비용으로 나누어 계산한다.

$$\text{이자보상비율} = \frac{\text{영업이익}}{\text{이자비용}}$$

이자보상비율은 채권자에게 지급해야 할 이자비용에 대한 안전도(safety margin)를 나타내며, 이 비율이 높을수록 안전도가 높다고 본다.

(4) 고정장기적합률과 고정비율

고정장기적합률은 기업이 보유하고 있는 비유동자산은 장기자본의 조달로 충당하는 것이 기업의 장기적 안정성 면에서 바람직하다는 관점에서 자본의 고정화 정도를 측정하는 비율이다. 즉, 이 비율은 장기적인 자본의 안정성을 측정한다고 볼 수 있다.

$$\text{고정장기적합률} = \frac{\text{비유동자산}}{\text{자기자본} + \text{비유동부채}}$$

한편 고정비율은 비유동자산을 자기자본으로 나누어 산출하며 자기자본이 고정적인 자산에 얼마나 투입되어 운용되고 있는가를 나타내 준다.

$$\text{고정비율} = \frac{\text{비유동자산}}{\text{자기자본}}$$

앞에서 설명한 안전성 비율의 계산식을 정리하면 〈자료 18-2〉와 같다.

자료 18-2 안전성 비율

1. 부채비율

$$부채비율 = \frac{유동부채 + 비유동부채}{자기자본}$$

2. 자기자본비율

$$자기자본비율 = \frac{자기자본}{총자산}$$

3. 이자보상비율

$$이자보상비율 = \frac{영업이익}{이자비용}$$

4. 고정장기적합률과 고정비율

(1) 고정장기적합률

$$고정장기적합률 = \frac{비유동자산}{자기자본 + 비유동부채}$$

(2) 고정비율

$$고정비율 = \frac{비유동자산}{자기자본}$$

2.4 활동성 비율

활동성 비율은 기업이 보유하고 있는 자산을 얼마나 효율적으로 활용하고 있는가를 측정하는 재무비율로서, 기업의 수익을 나타내는 매출액과 특정자산 혹은 전체자산의 비율로 계산된다.

활동성 비율에는 매출채권회전율과 매출채권 평균회수기간, 재고자산회전율과 재고자산 평균보유기간, 그리고 총자산회전율과 자기자본회전율 등이 포함된다.

(1) 매출채권회전율과 매출채권 평균회수기간

매출채권은 종국적으로 현금화되어 기업의 영업활동에 사용된다. 매출채권의 잔액은 회수되지 않은 잔액을 의미하기 때문에 얼마나 신속하게 회수되느냐 하는 것이 바로 매출채권 회수의 효율성을 나타낸다고 볼 수 있다.

매출채권회수의 효율성은 연간 평균적으로 매출채권이 회수되는 속도를 나타내는 매출채권회전율과 매출채권이 현금으로 회수되는데 걸리는 평균일수인 매출채권 평균회수기간의 두 가지로 측정된다.

매출채권회전율(receivable turnover)은 순외상매출액 또는 매출액을 연평균 매출채권으로 나누어 구한다.

$$\text{매출채권회전율} = \frac{\text{순외상매출액}}{\text{연평균 매출채권}}$$

매출채권회전율이 낮은 경우 이는 기업의 매출채권에 대한 관리가 비효율적으로 이루어지고 있음을 의미한다.

매출채권 평균회수기간은 365일을 매출채권회전율로 나누어 구하는데, 이는 매출채권이 한번 회전하는 데 소요되는 기간을 나타낸다.

$$\text{매출채권 평균회수기간} = \frac{\text{365일}}{\text{매출채권회전율}}$$

예를 들어, 매출채권 회전율이 4회라고 한다면 매출채권을 회수하는 데 걸리는 평균회수기간은 약 90일(= 365 / 4)이 된다는 것이다.

매출채권의 회전율이나 평균회수기간은 기업의 신용조건과 관련시켜 해석하여야 한다. 만약 어느 기업의 신용조건이 일반적으로 60일이라면, 90일의 평균회수기간은 매출채권에 대한 회수가 비효율적으로 이루어지고 있다는 것을 의미한다.

(2) 재고자산회전율과 재고자산 평균보유기간

재고자산회전율(inventory turnover)은 재고자산에 투하된 자본이 얼마나 빨리 회수되는가를 측정하는 것으로, 재고자산회전율과 재고자산의 평균보유기간의 두 가지로 측정된다.

$$\text{재고자산회전율} = \frac{\text{매출원가}}{\text{재고자산 평균잔액}}$$

재고자산 평균보유기간은 365일을 재고자산회전율로 나누어 구한다.

$$\text{재고자산 평균보유기간} = \frac{365\text{일}}{\text{재고자산회전율}}$$

예를 들어, 재고자산 회전율이 6회라고 한다면 재고자산이 판매되는 데 걸리는 평균적인 기간은 약 60일(= 365 / 6) 정도가 된다는 의미이다.

재고자산의 회전율은 재고자산의 형태별로 원재료의 회전율, 재공품의 회전율, 완제품의 회전율로 각각 구할 수도 있다. 이 때 분자로 사용되는 금액은 원재료의 경우 당기에 사용된 원재료의 원가이며, 재공품의 경우는 당기 제품제조원가이다. 분모는 각 재고자산의 형태별로 연평균금액이 사용된다.

재고자산의 회전율은 기업의 수익성과 밀접한 관계를 가지고 있다. 예를 들어, 동일한 금액을 재고자산에 투자한다고 하고 한 번 회전할 때 얻을 수 있는 수익이 동일하다고 한다면 회전율이 높은 기업과 낮은 기업은 수익성에 있어 차이가 발생할 것이다.

그러나 재고자산의 회전율이 높다는 것은 기업의 재고수준이 적정 재고수준 이하이기 때문일 수도 있기 때문에 해석상에 주의를 요한다. 또 재고자산 회전율이 산업평균에 비해 상당히 낮은 경우에는 재고자산관리에 비효율이 발생되고 있을 가능성이 크다고 볼 수 있다.

상품을 매입하고 판매한 후 그 판매대금을 현금으로 회수하기까지의 과정을 영업주기(operating cycle)라 한다. 즉 영업주기는 상품의 매입시점부터 대금 회수 시점까지의 기간이므로 매출채권 평균회수기간과 재고자산 평균보유기간의 합으로 구할 수 있다.

(3) 총자산회전율과 자기자본회전율

총자산회전율은 기업이 보유하고 있는 총자산이 수익을 창출하는 데 얼마나 효율적으로 이용되는가를 측정하는 비율이며, 한 기간의 매출액을 그 기간 동안의 평균 총자산으로 나누어 구한다.

$$\text{총자산회전율} = \frac{\text{매출액}}{\text{평균 총자산}}$$

자산이란 기업이 수익을 창출하기 위하여 보유하고 있는 경제적인 자원이기 때문에 이러한 경제적인 자원 한 단위에 의해 창출되는 수익이 얼마인가를 측정하는 것은 기업의 경영자나 기업에 자금을 제공하는 투자가와 채권자들에게 중요한 정보가 될 것이다.

자기자본회전율은 총자산회전율과 마찬가지로 자기자본 한 단위에 의해 창출되는 수익의 크기를 측정하여 자기자본 활용의 효율성을 측정하는 비율이다.

$$\text{자기자본회전율} = \frac{\text{매출액}}{\text{평균 자기자본}}$$

위에서 언급한 활동성 비율을 요약하면 〈자료 18-3〉과 같다.

자료 18-3 활동성 비율

1. 매출채권회전율과 매출채권 평균회수기간

(1) 매출채권회전율

$$\text{매출채권회전율} = \frac{\text{순외상매출액}}{\text{연평균 매출채권}}$$

(2) 매출채권 평균회수기간

$$\text{매출채권 평균회수기간} = \frac{365\text{일}}{\text{매출채권회전율}}$$

2. 재고자산회전율과 재고자산 평균보유기간

(1) 재고자산회전율

$$\text{재고자산회전율} = \frac{\text{매출원가}}{\text{재고자산 평균잔액}}$$

(2) 재고자산 평균보유기간

$$\text{재고자산 평균보유기간} = \frac{365\text{일}}{\text{재고자산회전율}}$$

3. 총자산회전율과 자기자본회전율

(1) 총자산회전율

$$\text{총자산회전율} = \frac{\text{매출액}}{\text{평균 총자산}}$$

(2) 자기자본회전율

$$\text{자기자본회전율} = \frac{\text{매출액}}{\text{평균 자기자본}}$$

2.5 수익성 비율

수익성 비율은 기업의 경영성과에 대한 평가에 사용되는 비율이며 일반적으로 분자에는 포괄손익계산서상의 기간이익이 이용되고 분모에는 재무상태표상의 투자액이나 포괄손익계산서상의 매출액을 사용한다. 수익성 비율은 투자된 자본이 얼마나 효율적으로 사용되고 있는지 혹은 매출로부터 얼마만큼의 이익을 얻고 있는지를 측정한다.

수익성 비율에는 매출액이익률, 총자산이익률, 자기자본이익률 및 주당순이익 등이 포함된다.

(1) 매출액이익률

매출액이익률은 매출수익 한 단위당 이익금액을 백분비로 나타낸 것이다. 이는 기업의 가장 중요한 활동인 영업활동을 통하여 달성된 매출액 단위당 얼마의 이익(margin)을 얻고 있는가를 나타낸다.

이 비율은 분자에 어떠한 형태의 이익을 사용하는가에 따라 매출액총이익률, 매출액영업이익률, 매출액계속영업이익률, 매출액순이익률 등 여러 가지로 구분할 수 있으나 일반적으로는 매출액영업이익률과 매출액순이익률이 많이 사용된다.

$$\text{매출액순이익률} = \frac{\text{당기순이익}}{\text{순매출액}}$$

그러나 한 가지 주의할 점은 이 비율만 가지고는 기업의 수익성을 판단하는데 있어서 정확한 정보를 얻을 수 없다는 것이다. 그 이유는 매출액이익률이 매우 낮은 기업이라고 할지라도 투자한 자본에 비하여 매출액 규모가 아주 크다면, 매출액이익률은 낮으나 투자자본이익률이 높기 때문에 그 기업은 투자자본에 대한 수익성 측면에서는 양호하다고 볼 수 있기 때문이다.

(2) 총자산이익률

총자산이익률은 기업의 영업활동을 수행하기 위하여 총자산을 어떻게 효율적으로 사용하였는가를 측정하는 지표이다. 총자산이익률은 사용하는 이익의 개념에 따라 총자산계속영업이익률, 총자산영업이익률, 총자산순이익률 등으로 구분할 수 있다.

이 때 총자산순이익률은 투자수익률(ROI: return on investment)이라고도 하며, 이는 순이익을 매출액으로 나눈 매출액순이익률과 매출액을 총자산으로 나눈 총자산회전율의 곱으로 구성된다.

$$총자산순이익률 = \frac{순이익}{평균\ 총자산(총자본)}$$

$$투자수익률 = 매출액순이익률 \times 총자산회전율$$

(3) 자기자본이익률

자기자본이익률은 보통주 소유자들에 의해 출자된 자본이 얼마나 효율적으로 이용되고 있는지를 나타내는 지표이며, 분자에 사용되는 이익의 개념에 따라 자기자본순이익률, 자기자본계속영업이익률 등으로 구분된다.

자기자본이익률은 보통주의 소유자가 제공한 자본의 효율성을 측정하므로 분자의 계속영업이익이나 순이익에서 우선주 소유자에게 배정된 우선주배당금을 차감해야 하고, 분모의 자본은 총소유주지분에서 우선주자본을 제외한 금액의 평균이 되어야 한다.

$$자기자본계속영업이익률 = \frac{계속영업이익 - 우선주배당금}{평균자기자본 - 평균우선주자본}$$

(4) 주당순이익

주당순이익(EPS: earnings per share)은 보통주 1주당 할당될 수 있는 순이익 금액을 표시하는 것으로 당기순이익과 함께 기업의 경영성과를 측정하는 중요한 지표이다. 이 지표를 구할 때 분자에는 당기순이익에서 우선주에게 배정되는 배당금을 차감한 금액을 사용하며 분모에는 보통주의 연간 가중평균 유통주식수를 사용한다. 만약 분자에 당기순이익 대신 계속영업이익을 사용하면 주당계속영업이익이 된다.

$$주당순이익 = \frac{당기순이익 - 우선주배당금}{보통주\ 유통주식수}$$

주당순이익은 그 자체로서도 중요한 성과측정 지표가 되지만, 주가정보와 결합되어 후술하는 주가이익비율(PER: price earnings ratio)이라는 유용한 투자지표의 계산에 사용되기도 한다.

위에서 설명한 다양한 수익성 비율의 계산식을 정리한 것이 〈자료 18-4〉이다.

자료 18-4 수익성 비율

1. 매출액이익률

$$매출액순이익률 = \frac{당기순이익}{순매출액}$$

2. 총자산이익률

$$총자산순이익률 = \frac{순이익}{평균\ 총자산(총자본)}$$

$$투자수익률 = 매출액순이익률 \times 총자산회전율$$

3. 자기자본이익률

$$자기자본계속영업이익률 = \frac{계속영업이익 - 우선주배당금}{평균자기자본 - 평균우선주자본}$$

4. 주당순이익

$$주당순이익 = \frac{당기순이익 - 우선주배당금}{보통주\ 유통주식수}$$

2.6 성장성 비율

매출액이나 총자산과 같은 재무제표 항목의 연도별 변동률을 이용하면 기업의 성장률을 측정할 수 있다. 이 때 변동률은 연도간의 변동액을 기준연도의 금액으로 나누어 구한다.

성장성 비율에는 매출액증가율, 총자산증가율 및 순이익증가율 등이 포함된다.

(1) 매출액증가율

매출액증가율은 일정기간 동안에 매출액이 어느 정도 증가하였나를 측정하는 비율이다.

$$매출액증가율 = \frac{당기매출액 - 전기매출액}{전기매출액}$$

성장성을 나타내는 비율을 해석할 때에는 물가변동의 효과를 감안하여야 한다. 예를 들어, 어느 기업의 매출액 성장률이 20%인데 당해 연도의 물가상승률이 10%이었다면 당해 연도의 실질적인 매출액증가율은 20%보다 낮은 수준이 될 것이다. 즉, 매출액증가율에는 매출수량의 증가율뿐만 아니라 물가상승분도 포함되어 있는 것이다.

(2) 총자산증가율

총자산증가율은 일정한 기간 동안 기업의 자산규모가 어느 정도 확대되었는가를 측정하는 지표이다.

$$총자산증가율 = \frac{당기총자산 - 전기총자산}{전기총자산}$$

총자산증가율이 높다는 것은 기업의 투자활동이 적극적으로 이루어져 기업의 규모가 빠른 속도로 성장하고 있다는 것을 의미한다.

(3) 순이익증가율

순이익증가율은 일정기간 동안에 기업의 순이익이 어느 정도 증가하였나를 측정하는 지표이다.

$$순이익증가율 = \frac{당기순이익 - 전기순이익}{전기순이익}$$

순이익증가율을 계산할 때에는 전년도에 당기순손실이 발생한 경우와 같이 마이너스 금액이 기준연도의 금액이 된다거나 기준연도의 금액이 아주 작은 값을 취할 때에는 비율의 값을 구할 수 없거나 비정상적인 값이 되어 의미가 없어진다는 점을 유의할 필요가 있다.

성장성 비율을 요약하면 〈자료 18-5〉와 같다.

자료 18-5 성장성 비율

1. 매출액증가율

$$매출액증가율 = \frac{당기매출액 - 전기매출액}{전기매출액}$$

2. 총자산증가율

$$총자산증가율 = \frac{당기총자산 - 전기총자산}{전기총자산}$$

3. 순이익증가율

$$순이익증가율 = \frac{당기순이익 - 전기순이익}{전기순이익}$$

예제 18-1 재무비율 분석

다음의 각 거래가 재무비율에 미치는 영향을 설명하라. 단, 재무비율에 대한 영향은 증가, 감소, 영향 없음의 세 가지로 구분하기로 한다.

거 래	재무비율
(1) 주식을 발행하고 납입대금을 현금으로 수령하다.	총자산회전율
(2) 현금배당을 선언하다.	유동비율
(3) 자기주식을 처분하다.	자기자본이익률
(4) 어음을 발행하고 현금을 수령하다.	부채비율
(5) 급여를 지급하다.	재고자산회전율
(6) 현금을 지급하고 상품을 구입하다.	유동비율
(7) 설비자산을 처분하고 처분대금을 현금으로 수령하다.	매출채권회전율
(8) 상품을 외상으로 판매하다.	당좌비율
(9) 만기가 도래한 부채를 상환하다.	총자산이익률
(10) 매출할인을 제공하다.	매출총이익률
(11) 현금을 지급하고 단기매매목적의 유가증권을 구입하다.	당좌비율
(12) 5%의 주식배당을 선언하다.	유동비율

해 답

거래번호	재무비율에 대한 영향
(1)	감소
(2)	감소
(3)	감소
(4)	증가

(5)	영향 없음
(6)	영향 없음
(7)	영향 없음
(8)	증가
(9)	증가
(10)	감소
(11)	영향 없음
(12)	영향 없음

2.7 주가 및 배당금 관련 비율

(1) 주가이익비율

주가이익비율(PER: price earnings ratio)은 흔히 PER이라고도 하며, 자본시장에서 투자자가 매입할 주식을 선택할 때 많이 사용하는 재무비율이다. 이 비율은 보통주 1주당 시가를 보통주 1주당 순이익으로 나누어 구하는데, 다른 재무비율과는 달리 분자에 사용되는 주식의 시가는 재무제표에 나타나지 않는 정보라는 점이 특징이다.

$$\text{주가이익비율} = \frac{\text{보통주 1주당 시가}}{\text{주당순이익}}$$

주당순이익은 기업의 과거 영업실적을 나타내지만 일정시점의 주식가격은 기업의 미래이익의 흐름에 대한 투자자의 모든 기대가 반영된 것이라고 볼 수 있다. 그러므로 과거의 영업실적이 동일한 기업이라면 주가이익비율이 높은 기업은 낮은 기업에 비해 성장률에 대한 기대가 큰 기업이라고 해석할 수 있다.

즉, 낮은 주가이익비율을 가진 주식의 경우 장래 성장률에 대한 기대가 아직 주가에 반영되지 않았다면 이러한 주식은 장래에 가격이 상승할 가능성이 크다고 볼 수 있는 것이다. 이와 같은 관점에서 주가이익비율은 증권시장에서 아주 유용한 투자지표로 활용되고 있다.

(2) 주가장부가치비율

주가장부가치비율(PBR: price book value ratio)은 보통주 1주당 시장가격과 순자산 장부가치의 비율로서 주가순자산비율이라고도 한다. 보통주 1주당 순자산의 장부가치는 주당장부가치라고도 하며 보통주에 배정되는 순자산의 장부가치를 보통주의 가중평균 유통주식수로 나누어 구한다.

$$주가\ 대\ 장부가치\ 비율 = \frac{주당\ 주식시가}{주당\ 장부가치}$$

이 비율 주당 순자산의 장부가치가 증권시장에서 얼마의 가치로 평가되고 있는가를 나타낸다. 이 비율이 높다는 것은 장부가치와 시장가치의 차이가 크다는 것을 의미하고, 자본시장이 효율적이라고 가정한다면 이 주식의 성장가능성이 주식의 시장가치에 높게 반영되어 있다는 것을 의미한다. 이와는 반대로 이 비율이 낮은 주식은 성장성이 낮은 주식이라고 해석할 수 있다.

(3) 배당금 대 순이익 비율

배당금 대 순이익 비율은 단순히 배당성향(payout ratio)이라고도 하며 일정기간 동안에 보통주주에게 지급하기로 계획된 현금 배당액을 그 기간 동안의 보통주주에게 귀속될 당기순이익으로 나눈 비율을 말한다.

$$배당금\ 대\ 순이익\ 비율 = \frac{보통주주에\ 대한\ 배당액}{당기순이익 - 우선주배당금}$$

기업의 배당정책은 미래이익의 불확실성에 대한 경영자의 인식을 반영해 주기 때문에 배당성향은 경영자의 배당정책에 관한 정보를 전달해 주는 비율이 된다. 즉, 만약 어느 기업의 배당성향이 낮다는 것은 그 기업의 미래에 대한 불확실성이 크기 때문에 미래의 배당을 위하여 현재의 배당을 낮게 하려는 경영자의 의도가 배당정책에 반영된 것으로 해석할 수 있는 것이다.

(4) 배당금 대 주가 비율

배당금 대 주가 비율은 배당수익률(dividend yield)이라고도 하며, 보통주 1주당 배당액을 보통주 1주당 시장가격으로 나눈 비율이다. 이 비율은 주식투자자가 배당금을 통하여 얻은 투자수익률을 나타낸다.

$$배당금\ 대\ 주가\ 비율 = \frac{보통주\ 1주당\ 배당액}{보통주\ 1주당\ 시가}$$

이 비율의 분자에는 지난 기간 동안의 배당실적이 사용되고 분모에는 현재의 주식시장가치가 사용된다. 그러므로 분자와 분모는 서로 시간적으로 정확히 대응된다고 볼 수는 없으나, 개략적으로 주식투자에 대한 수익률을 나타내는 주요한 지표이다.

마지막으로 주가 및 배당금관련 비율을 정리하면 〈자료 18-6〉과 같다.

자료 18-6 주가 및 배당금 관련 비율

1. 주가이익비율

$$주가이익비율 = \frac{보통주\ 1주당\ 시가}{주당순이익}$$

2. 주가장부가치비율

$$주가\ 대\ 장부가치\ 비율 = \frac{주당\ 주식시가}{주당\ 장부가치}$$

3. 배당금 대 순이익 비율

$$배당금\ 대\ 순이익\ 비율 = \frac{보통주주에\ 대한\ 배당액}{당기순이익 - 우선주배당금}$$

4. 배당금 대 주가 비율

$$배당금\ 대\ 주가\ 비율 = \frac{보통주\ 1주당\ 배당액}{보통주\ 1주당\ 시가}$$

제 3 절 재무제표 분석의 한계

재무제표의 분석을 통해 그 분석 결과에 대하여 해석을 할 때에는 다음에 언급하는 여러 가지 문제점을 고려하여야 올바른 경영의사결정을 할 수 있다.

첫째, 재무제표 분석의 결과를 평가하기 위해서는 이를 비교할 수 있는 표준비율이 있어야 한다. 그러나 표준비율은 상대적인 개념으로서 표준비율로 선정된 비율이 절대적으로 최선의 비율이라고 볼 수는 없다.

둘째, 재무제표 분석은 재무제표에 나타난 정보를 이용하여 수행된다. 따라서 재무제표를 작성하는 데 적용된 모든 회계처리방법 등이 영향을 미치게 된다. 그러므로 재무제표를 분석할 때에는 비교되는 기업간의 회계처리방법의 차이에 대해서도 고려하여야 한다. 또한 재무제표에 반영되지 않는 질적인 정보, 즉 기업의 인적자원에 대한 정보와 기술개발능력, 노사관계 및 경영노하우 등을 고려하여 최종적인 평가를 해야 한다. 한편 동종산업 내에서도 생산하는 제품의 특성이나 기업의 성격 또는 경영자의 경영방침에 따라 재무비율이 다르게 나타날 수도 있다는 점에 유의하여야 한다.

예제 18-2 **재무제표 분석**

다음은 사당(주)의 포괄손익계산서와 재무상태표의 일부에 대한 정보이다. 이를 바탕으로 물음에 답하시오.

(1) 포괄손익계산서(20×1 회계연도)

매출액		27,000
매출원가		?
매출총이익		?
판매관리비 등		
판매비	?	
관리비	351	
이자비용	243	
법인세비용	930	?
당기순이익		?

(2) 재무상태표(20×1년 12월 31일)

현금	?	
매출채권(순액)	?	
재고자산	?	
총유동자산		?
기계설비 등(순액)		8,100
총자산		?
유동부채	?	
사채(연 9%)	?	
총부채		?
자본금(액면 10원)	4,500	
주식발행초과금	3,900	
이익잉여금	6,000	
총자본		14,400
부채와 자본 총계		?

〈추가정보〉

(1) 이자비용은 위의 사채와 관련하여 발생한 것이다. 이 사채는 액면에 발행되었다고 한다.
(2) 부채비율은 0.5이다.
(3) 유동비율은 3:1이며 당좌비율은 2:1이라고 한다.
(4) 매출채권회전율은 4.5이고, 재고자산회전율은 4.0이다.
(5) 총자산이익률은 10%이다.

〈물음〉

위의 자료를 근거로 사당(주)의 포괄손익계산서와 재무상태표를 작성하시오.

해 답

(1) 포괄손익계산서(20×1 회계연도)

매출액		27,000
매출원가		18,000
매출총이익		9,000
판매관리비 등		
판매비	5,316	
관리비	351	
이자비용	243	
법인세비용	930	6,840
당기순이익		2,160

(2) 재무상태표(20×1년 12월 31일)

현금	3,000	
매출채권(순액)	6,000	
재고자산	4,500	
총유동자산		13,500
기계설비 등(순액)		8,100
총자산		21,600
유동부채	4,500	
사채(연 9%)	2,700	
총부채		7,200
자본금(액면 10원)	4,500	
주식발행초과금	3,900	
이익잉여금	6,000	
총자본		14,400
부채와 자본 총계		21,600

연습문제

문제 18-1 재무비율 분석

재무비율을 계산하여 기업의 재무상태나 경영성과를 평가하기 위해서는 해당 기업의 재무비율을 분석할 기준이 필요하다. 이러한 기준에는 어떠한 것들이 있는지 설명하시오. 또한 이러한 기준이 갖는 문제점을 재무비율 분석의 한계점과 연관지어 설명하시오.

문제 18-2 유동비율의 개념

여러분이 출자하고 있는 회사의 재무제표를 분석한 결과 유동비율이 전년대비 20% 낮아진 것을 발견하였다. 이 경우 순운전자본(유동자산 − 유동부채)은 증가 혹은 감소하였겠는가? 또한 유동비율이 낮아졌다는 점은 해당 기업이 전년도에 비하여 어떠한 상황에 있다는 것을 의미하는가?

문제 18-3 재무정보의 이용자

재무비율 분석을 통하여 산출되는 정보 중에서 채권자와 주식투자자가 관심을 가지는 정보는 어떻게 다른가를 설명하시오.

문제 18-4 영업주기의 계산

(주)제주물산은 감귤을 매입하여 판매하는 상품매매기업이다. (주)제주물산의 20×1년의 회계자료가 다음과 같고, 계산의 편의상 1년을 360일로 간주할 때 평균 영업주기를 계산하시오(공인회계사 2003, 2004 1차 수정).

	기 초	기 말	1년 전체
매출채권	2,500원	1,500원	
재고자산	2,800	2,200	
매 출 액			12,000원
매 입 액			6,900

문제 18-5 투자수익률의 활용

청원건설은 주택사업부와 토목사업부의 두 사업부로 이루어져 있고 각각 사업부 경영자의 성과는 투자수익률(ROI)에 의해 평가되고 있다. 주택사업부는 올해 400,000

원의 자산을 투자하여 90,000원의 이익을 획득하였고, 새로 200,000원을 투자하여 30,000원의 이익을 얻을 수 있는 투자기회를 검토하고 있다. 한편 청원건설은 10%를 넘는 투자안에 대해서는 투자안을 채택하여 실행하고 있다.

〈물음〉

1. 당신이 주택사업부의 경영자라면 새로운 투자안을 채택할 것인가?
2. 당신이 청원건설의 CEO라면 새로운 투자안을 채택할 것인가?

문제 18-6 주가 및 배당금 관련 비율

다음은 부여(주)의 20×3년초 자본계정과 관련된 정보이다.

우선주자본금(@1,000원, 500주, 배당률 8%)	500,000원
보통주자본금(@500원, 2,000주)	1,000,000원
보통주주식발행초과금	1,500,000원
이익잉여금	1,200,000원

〈추가정보〉

(1) 당기순이익은 200,000원이며 보통주에 대한 배당금은 주당 50원씩 지급되었다.

(2) 현재 유통중인 우선주와 보통주의 시가는 각각 2,500원, 4,000원이다.

〈물음〉

1. 주주지분(① 시가기준, ② 장부금액기준)
2. 주가이익비율(PER: price earnings ratio)
3. 주가장부가치비율(PBR: price book value ratio)
4. 배당금 대 순이익비율(payout ratio)
5. 배당금 대 주가비율(dividend ratio)

문제 18-7 기간별 비교

아래의 자료는 충무(주)의 2년간의 포괄손익계산서와 재무상태표이다.

(1) 포괄손익계산서

	20×3년	20×2년
매 출 액	1,810,000	1,400,000
매출원가	(1,250,000)	(1,002,000)
매출총이익	560,000	398,000
판매관리비	(380,000)	(270,000)
영업이익	190,000	128,000
이자비용	(25,000)	(13,000)
법인세비용	(88,000)	(40,000)
당기순이익	77,000	75,000

(2) 재무상태표

	20×3년		20×2년	
현 금	18,200		21,400	
단기매매금융자산	12,000		16,000	
매출채권	60,400		74,200	
재고자산	335,200		298,800	
총유동자산		425,800		410,400
비유동자산		1,116,000		900,000
총 자 산		1,541,800		1,310,400
유동부채	183,200		187,400	
비유동부채	413,400		313,400	
총 부 채		596,600		500,800
총 자 본		945,200		809,600
부채와 자본 총계		1,541,800		1,310,400

〈물음〉

1. 20×2년과 20×3년의 유동비율과 당좌비율 그리고 이자보상비율을 구하고 채권자의 입장에서 충무(주)를 평가하시오.
2. 20×2년과 20×3년 회사의 당기순이익과 ROI를 비교하고 주식투자자 입장에서 충무(주)를 평가하시오(단, 재무상태표상 자산의 기말잔액이 연평균 총자산이라 가정한다).

문제 18-8 대출과 관련한 재무비율

여의도 은행은 다음과 같은 모형을 고려하여 회사에 대출여부를 결정한다. 즉 모형을 통하여 산출한 수치가 100 이상이면 해당 기업을 양호한 것으로 판단하여 대출을 하게 된다.

(유동비율 + 당좌비율) × 2
+ (부채비율 × 1.5 + 이자보상비율) × 3
+ 매출채권회전율
+ 매출액순이익률 × 100
+ (매출액증가율 + 순이익증가율) × 30

포항(주)의 양회계연도 재무제표가 아래와 같을 경우 20×3년 말에 여의도 은행이 포항(주)에 대하여 대출을 할 것인지를 결정하시오.

(1) 포괄손익계산서

	20×3년	20×2년
매 출 액	55,000	50,000
매출원가	36,000	33,500

매출총이익	19,000	16,500
판매관리비	11,200	10,400
영업이익	7,800	6,100
이자비용	500	800
법인세차감전이익	7,300	5,300
법인세비용	1,800	1,500
당기순이익	5,500	3,800

(2) 재무상태표

	20×3년		20×2년	
현 금	6,000		5,000	
매출채권	12,000		10,000	
재고자산	9,000		8,000	
총유동자산		27,000		23,000
기계설비 등(순액)		16,200		18,000
총 자 산		43,200		41,000
유동부채	9,000		10,000	
사채(연 9%)	5,400		6,000	
총 부 채		14,400		16,000
자본금(액면 10원)	9,000		9,000	
주식발행초과금	7,800		7,800	
이익잉여금	12,000		8,200	
총 자 본		28,800		25,000
부채와 자본 총계		43,200		41,000

문제 18-9 재무제표 분석

다음은 (주)목포의 20×3년 회계연도의 포괄손익계산서 및 재무상태표이다.

(1) 포괄손익계산서(20×3년 1월 1일 ~ 20×3년 12월 31일)

매 출 액	??
매출원가	??
매출총이익	??
판매비와 관리비	28,600
영업이익	??
이자비용	??
법인세차감전순이익	??
법인세비용	6,000
당기순이익	??

(2) 재무상태표(20×3년 12월 31일)

현　금	50,000	
단기매매금융자산	??	
매출채권	70,000	
재고자산	35,000	
총유동자산		??
비유동자산		170,000
총 자 산		??
단기차입금	??	
매입채무	35,000	
총유동부채		??
비유동부채		75,000
총 부 채		??
자본금(@10원)		50,000
주식발행초과금		25,000
이익잉여금		??
총자본		??
부채와 자본 총계		??

〈추가정보〉

(1) 유동비율은 1.8이다.

(2) 매출채권 평균회수기간은 73일이며, 자기자본회전율은 2.0이라고 한다.
(단, 재무상태표상의 기말잔액이 연평균잔액이라고 가정한다)

(3) 부채비율 100%이다.

(4) 매출총이익률(매출총이익÷매출액)의 경우 20%로 알려져 있다.

(5) 이자보상비율 4이다.

(6) 주당순이익은 5.01이며 회사는 우선주를 발행하지 않았다.

〈물음〉

위의 자료를 바탕으로 (주)목포의 포괄손익계산서와 재무상태표를 완성하시오.

부　　록

<부 록> 공정가치의 의미와 측정방법[1)]

제 1 절 공정가치의 정의

공정가치(fair value)란 측정일에 시장참여자들 사이의 정상적 거래(an orderly transaction)에서 자산의 판매 대가로 수취하거나 부채를 이전하면서 지급하게 될 가격을 말한다.

여기서 정상적 거래(an orderly transaction)란 측정일 전에 측정대상이 되는 자산이나 부채를 판매하거나 이전하기 위해 통상적인 마케팅활동을 할 수 있는 일정기간 동안의 시장노출을 전제로 한 거래이다. 즉, 강제적인 거래(예: 강제청산이나 투매)는 정상적 거래에 해당하지 아니한다. 그리고 정상적 거래는 반드시 거래가 실제로 이루어지는 것을 전제로 하는 것이 아니라 자산을 보유하거나 부채를 부담하고 있는 시장참여자의 관점에서 고려한 측정일의 가상거래(a hypothetical transaction)이다.

제 2 절 공정가치 측정

공정가치 측정의 목적은 측정일에 자산을 판매함으로써 수취하거나 부채를 이전하면서 지급해야 할 금액(유출가격, exit price)을 결정하는 데 있다. 공정가치 측정은 특정 자산이나 부채에 관한 것이다. 따라서 그 측정은 특정 자산이나 부채의 속성(예: 자산이나 부채의 상태나 위치)과 측정일에 자산의 판매나 사용에 관하여 존재하는 제한사항 등을 고려하여야 한다. 측정대상은 개별적인 자산이나 부채(예: 개별금융상품, 개별영업자산)가 될 수도 있고 자산이나 부채의 묶음(예: 자산묶음, 보고단위, 하나의 사업)이 될 수도 있다. 공정가치 측정 대상 자산이나 부채가 개별적인지 묶음인지는 회계단위에 의해 결정된다. 자산이나 부채의 회계단위는

---

1) 이 내용은 미국 FASB의 FAS(Statement of Financial Accounting Standard) No.157 'Fair Value Measurements'를 참조하여 작성하였음.

예외적인 경우를 제외하고는 여러 기준서의 적용목적과 규정에 의해 결정된다.

2.1 공정가치 측정의 가정

공정가치 측정은 다음과 같은 가정을 전제로 이루어진다.

첫째, 공정가치 측정은 측정일에 시장참여자간의 정상적 거래에서 자산이나 부채가 교환되어, 자산이 판매되거나 부채가 이전됨을 가정한다.

둘째, 공정가치 측정은 자산을 판매하거나 부채를 이전하는 거래가 해당 자산이나 부채의 주된 시장(주된 시장이 없을 경우에는 가장 유리한 시장)에서 발생함을 가정한다. 주된 시장(the principal market)이란 해당 자산이나 부채가 가장 많은 양과 빈도로 거래되는 시장을 의미한다. 가장 유리한 시장(the most advantageous market)이란 기업이 자산을 매각하거나 부채를 이전할 때, 자산에서 수수하는 금액을 극대화하고 부채를 이전하면서 지급하는 금액을 최소화할 수 있는 시장(거래비용을 고려)을 말한다. 어떤 경우에나, 주된(또는 가장 유리한) 시장은 자산이나 부채를 보유한 보고실체의 관점을 고려한 것이므로 상이한 활동을 수행하는 기업 간의 차이를 허용한다. 만약 주된 시장이 존재한다면, 주된 시장이 아닌 곳에서의 가격이 측정일에 더 유리할지라도 공정가치 측정은 주된 시장에서의 가격(가격은 직접적으로 관측될 수도 있고 가치평가기법을 이용하여 결정될 수도 있다)으로 나타내어야 한다. 또한 공정가치를 측정하기 위해 사용하는 주된(또는 가장 유리한) 시장의 가격은 거래관련비용에 의해 조정되지 아니한다. 거래관련비용은 주된(또는 가장 유리한) 시장에서 자산을 팔거나 부채를 이전할 때의 직접증분원가를 의미한다. 거래관련비용은 자산이나 부채의 속성이 아니라 거래의 속성이며, 기업의 거래방식에 따라 달라질 수 있다. 그러나 거래관련비용에는 자산이나 부채를 주된(또는 가장 유리한) 시장으로(혹은 그 시장에서) 운송하는 경우 발생할 원가는 포함되지 아니한다. 자산이나 부채의 위치가 자산이나 부채의 속성인 경우(예: 상품), 공정가치를 측정하기 위해 사용하는 주된(또는 가장 유리한) 시장의 가격은 자산이나 부채를 주된(또는 가장 유리한) 시장으로(혹은 그 시장에서) 운송하면서 발생하는 원가에 의해 조정되어야 한다.

2.2 시장참여자

시장참여자들은 해당 자산이나 부채의 주된(또는 가장 유리한) 시장의 다음과 같은 매수자와 매도자들이다.

(1) 보고기업과 독립적이다. 즉, 특수관계자가 아니다.

(2) 합리적인 판단력이 있다. 즉, 해당 자산이나 부채 및 적절한 수준의 노력으로 획득된 정보를 포함하여 모든 접근가능한 정보에 기반한 거래와 관련 있는 요소들에 대해 합리적으로 이해한다.

(3) 거래 능력이 있다.

(4) 자산이나 부채를 거래할 의도가 있다. 즉, 외부의 강요나 압력이 아닌 자발적 동기로 거래에 참여한다.

자산이나 부채의 공정가치는 시장참여자들이 해당 자산이나 부채의 가격을 결정할 때 사용하는 가정들에 근거하여 결정된다. 공정가치 측정을 위해 가정을 개발할 때 특정의 시장참여자를 구별할 필요는 없다. 그러나 보고기업은 (1) 특정 자산이나 부채와 관련된 요소, (2) 당해 자산이나 부채의 주된(또는 가장 유리한) 시장와 관련된 요소 그리고, (3) 그 시장에서 보고기업과 거래할 시장참여자와 관련된 요소를 고려하여, 일반적으로 시장참여자들을 구분해 주는 특성들을 식별하여야 한다.

2.3 자산의 공정가치 측정

자산의 공정가치 측정은 시장참여자의 관점에서 해당 자산을 가장 효율적이고 효과적으로 사용함을 가정한다. 이때 측정일에 해당자산의 물리적인 사용가능성, 법적인 허용여부, 재무적인 실행가능성을 고려하여야 한다. 대체로 자산을 가장 효율적이고 효과적으로 사용한다는 것은 개별자산 또는 그 개별자산이 이용되는 자산묶음(the group of assets)의 가치를 극대화하는 방향으로 시장참여자가 해당 자산을 사용함을 의미한다. 가장 효율적이고 효과적인 사용은 보고기업의 자산 사용의도와는 관계없이 시장참여자들에 의한 자산 사용에 근거하여 결정된다.

자산을 가장 효율적, 효과적으로 사용한다는 것을 전제로 자산의 공정가치를 측정하기 위해서는 다음과 같은 평가의 전제조건(valuation premise)이 고려되어야 한다.

(1) 계속사용(In-use): 만약 자산이 다른 자산과의 조합으로(예: 사용을 위해 설

치되는 경우) 사용됨으로써 시장참여자에게 최대한의 가치를 제공하는 경우라면 자산의 가장 효율적이며 효과적인 사용은 계속사용이 된다. 비금융자산의 경우가 해당 예가 될 수 있다. 자산을 가장 효율적이고 효과적으로 사용하는 방법이 계속사용하는 것이라면 계속사용을 평가의 전제조건으로 하여 공정가치를 측정하여야 한다. 계속사용을 평가의 전제조건으로 사용할 때, 자산의 공정가치는 자산을 판매하는 현재의 거래(단, 자산은 시장참여자에 의하여 획득가능한 다른 자산과 집단으로 사용됨을 가정한다)에서 받을 수 있는 가격에 근거하여 결정된다. 일반적으로 가장 효율적이고 효과적인 자산의 사용에 대한 가정은 해당 자산이 이용되는 집단 내의 모든 자산에도 일관되게 적용하여야 한다.

(2) 교환(In-exchange): 만약 개별자산이 독립적으로 시장참여자에게 최대한의 가치를 제공한다면 자산의 가장 효율적이고 효과적인 사용은 교환이 된다. 개별 금융자산이 그러한 예에 해당한다. 자산을 가장 효율적이고 효과적으로 사용하는 방법이 교환하는 것이라면, 공정가치는 교환을 평가의 전제조건으로 사용하여 측정되어야 한다. 교환을 평가의 전제조건으로 공정가치를 측정할 때, 자산의 공정가치는 개별 자산을 독립적으로 판매하는 현행 거래에서 받을 수 있는 가격에 근거하여 결정된다.

가장 효율적이고 효과적인 자산의 사용은 시장참여자들에 의한 자산의 사용을 근거로 결정되기 때문에, 공정가치 측정 시에는 시장참여자들이 자산의 가격을 결정하는데 계속사용(In-use)과 교환(In-exchange) 중 어떠한 평가의 전제조건을 사용하였는지를 고려해야 한다.

2.4 부채의 공정가치 측정

부채에 대한 공정가치 측정은 측정일에 부채가 시장참여자에게 이전(가정으로 해당 부채의 상대방은 계속 존재함. 즉, 부채는 결제되지 아니함)되며 해당 부채와 관련된 미이행위험(nonperformance risk)은 이전 전·후에 동일함을 가정하고 있다. 미이행위험은 의무가 이행되지 못할 위험으로 이전되는 부채의 가치에 영향을 미친다. 따라서 부채의 공정가치는 해당 부채와 관련된 미이행위험을 반영하여야 한다. 미이행위험은 보고기업의 신용위험(credit risk)을 포함하나, 신용위험만 제한적으로 포함하는 것은 아니다. 보고기업은 해당 부채가 공정가치로 평가되는 모든 기간의 신용위험(신용등급)의 영향을 고려하여야 한다. 이 때 그 영향은 부채마다 달리 고려될 수 있다. 예를 들어 현금을 이전해야 하는지(예: 금융부채) 아니면 재화나 용역을 이전해야 하는지(예: 비금융부채)에 따라 다르며, 부채와 관련된 신용보강 조건(terms of credit enhancements)에 따라 달라질 수 있다.

2.5 최초 인식 시점의 공정가치

교환거래를 통해 자산을 취득하거나 부채를 인수한 경우의 거래가격은 자산을 위해 지불하였거나 부채를 인수하기 위해 지급받은 금액(유입가격)이다. 반대로, 자산이나 부채의 공정가치는 자산에 대해 지급받거나 부채를 이전하기 위해 지불할 금액(유출가격)이다. 개념상, 이 가격들은 서로 다르다. 자산을 취득하기 위해 지불하였던 그 가격을, 처분하면서 반드시 회수하여야 하는 것은 아니다. 마찬가지로, 부채를 인수하면서 지급받았던 그 가격을 부채를 이전하면서 반드시 지불하여야 하는 것도 아니다.

대부분의 경우, 거래가격은 유출가격과 같을 것이므로, 최초 인식시점에서 자산과 부채의 공정가치를 대표할 것이다. 최초 인식시점에서 자산과 부채의 거래가격이 공정가치를 대표하는지 여부를 결정하는 데 있어, 보고기업은 거래 및 자산과 부채의 특수한 요인들을 고려하여야 한다. 예를 들어, 다음과 같은 경우에는 최초 인식시점의 거래가격이 해당 자산이나 부채의 공정가치를 대표하지 못할 것이다.

(1) 거래가 특수관계자와의 거래일 때

(2) 거래가 강요에 의해 발생했거나 매도자가 긴급함 때문에 해당 가격을 받아들일 수밖에 없을 때(예: 매도자가 재무적 곤경을 겪고 있을 때)

(3) 거래가격으로 표시되는 회계단위와 공정가치로 측정하는 자산이나 부채의 회계단위가 다를 때. 예를 들어, 공정가치로 측정되는 자산이나 부채는 거래에 포함된 구성요소 중 하나에 해당하지만, 해당 거래는 분리해서 측정할 수 없는 함축적 권리와 혜택을 포함하거나 해당 거래가격이 거래비용을 포함하고 있는 경우가 그러하다.

(4) 보고기업이 자산을 팔거나 부채를 이전하게 되는 시장(즉, 주된 시장 또는 가장 유리한 시장)이 거래가 발생한 시장과 다를 때. 예를 들어, 보고기업이 여러 시장에서 거래하는 증권 딜러(a securities dealer)라면 거래상대방이 소매고객(retail market)인지 또 다른 증권 딜러(inter-dealer market)인지에 따라 거래시장은 다를 수 있다.

제 3 절 공정가치 평가방법

공정가치를 측정하는 데 사용하는 평가방법들은 다음의 시장접근법, 이익접근법, 원가접근법과 개념적으로 일관되어야 한다. 이 접근법들의 주요 특징을 설명하면 다음과 같다.

3.1 시장접근법(Market approach)

시장접근법은 동일하거나 유사한 자산·부채(사업자체도 포함됨)에 대한 시장거래에서 발생하는 관측가능한 가격과 기타 관련정보를 이용하여 공정가치를 측정하게 된다. 예를 들어, 시장접근법은 비교대상과의 시장배수를 자주 사용하게 되며, 배수는 비교대상에 따라 다양한 범위에 존재하게 된다. 적절한 배수범위를 선택하는 것은 판단을 필요로 하며, 판단을 할 때에는 측정과 관련되어 있는 모든 개별적인 요소(질적 요소와 양적 요소)를 고려하여야 한다. 시장접근법에 해당하는 평가기법으로 매트릭스 가격결정모형(matrix pricing)이 있다. 매트릭스 가격결정모형은 특정 증권의 공표 가격(quoted prices)에 전적으로 의존하지 않고 기준공시증권(benchmark quoted securities)과의 관계에 의해서 가치평가를 주로 하는 수학적 기법에 해당한다.

3.2 이익접근법(Income approach)

이익접근법은 미래의 금액(예: 현금흐름이나 이익)을 현재의 할인된 단일금액으로 변환하는 평가기법이다. 측정은 미래금액에 대한 시장의 예측을 근거로 이루어진다. 이 접근법에 해당하는 평가기법으로는 현재가치 평가기법(예: 블랙-숄즈 모형이나 이항모형과 같은 옵션가격결정모형)과 특정의 무형자산에 대한 공정가치를 측정할 때 사용되는 다기간 초과이익법(multiperiod excess earnings method)이 있다.

3.3 원가접근법(Cost approach)

원가접근법은 해당 자산의 사용능력을 유지하면서 교체하는 데 필요한 현재의 금액(흔히 현행대체원가로 불린다)에 기초하는 방법이다. 시장참여자(매도인)의 입장에서 자산을 처분하고 받을 수 있는 금액은 상대방 시장참여자(매수인)가 자산을 취득하거나 대체자산을 제작하는 데 필요한 진부화를 고려하여 조정한 금액에 근거하여 결정한다. 여기서, 진부화는 물리적 상각, 기능적(기술적) 진부화, 경제적(외부적) 진부화를 포함하며, 재무보고 목적(역사적 원가의 배분)이나 세무목적(특정 서비스 내용연수에 근거)의 상각보다 더 넓은 개념이다.

공정가치를 측정할 때에는 상황에 적합하고 충분한 시장자료를 입수할 수 있는 평가기법을 사용하여야 한다. 경우에 따라 하나의 평가기법이 적절할 수도 있고(예: 동일한 자산이나 부채에 대한 정상거래시장의 공표가격을 이용할 경우), 여러 평가기법들을 함께 사용하는 것이 적절할 수도 있다(예: 보고기업 자체를 평가하는 경우). 공정가치를 측정하기 위해 여러 평가기법들을 사용하는 경우에는 각 평가방법별 공정가치인 결과치들을 적절하게 가중평균하여야 한다. 공정가치 측정은 그 상황에서 공정가치를 가장 잘 대표할 수 있는 범위 내의 한 값이 된다.

공정가치를 측정하는 데 사용하는 평가방법들은 일관성 있게 적용되어야 한다. 그러나 상황에 맞는 공정가치를 더욱 잘 나타내는 측정을 위해 평가방법이나 평가방법의 적용방식을 변경(예: 여러 평가기법들을 사용할 때, 기법별 가중치를 변경하는 것)하는 것이 적절하다. 예를 들어, 새로운 시장이 개발된다든지, 새로운 정보를 이용할 수 있게 되었다든지, 이용할 수 있었던 정보를 더 이상 입수할 수 없게 되었다든지, 평가기법들이 개선되었다든지 하는 상황이 그러하다. 그리고 평가방법이나 평가방법의 적용 방식의 변경으로 인한 수정사항은 회계추정의 변경으로 회계처리하여야 한다.[2)]

3.4 공정가치 평가방법의 투입요소

공정가치 평가방법의 투입요소는 시장참여자들이 자산이나 부채의 가격을 결정할 때 사용하는 가정들을 의미한다. 이 가정에는 공정가치를 측정하는 데 사용하는 특정한 평가방법(예를 들어, 가격결정모형)이 가진 고유한 위험이나 평가방법에 사용되는 투입요소가 가진 고유한 위험이 포함된다. 투입요소는 다음과 같이 관측가능하거나 관측가능하지 않을 수 있다.

---

2) FASB No. 154 Accounting Changes and Error Corrections의 문단 19.

(1) 관측가능한 투입요소: 시장참여자들이 자산이나 부채의 가격결정에 이용하는 가정이 보고기업과 독립적인 원천에서 입수된 시장의 자료를 근거로 할 때, 그러한 가정을 반영한 투입요소

(2) 관측불가능한 투입요소: 시장참여자들이 자산이나 부채의 가격결정에 이용하는 가정이 당시 상황에서 입수가능한 최선의 정보에 근거를 두고 있을 때, 보고기업 자체의 가정을 반영한 투입요소

공정가치를 측정할 때 이용하는 평가방법은 관측가능한 투입요소의 사용을 최대로 하고, 관측불가능한 투입요소의 사용은 최소로 하여야 한다.

<부표 - 1> 단일금액의 미래가치

복리이자요소($CVIF_{r,n}$) = $(1 + r)^n$

기 간	이 자 율									
	1%	2%	3%	4%	5%	6%	7%	8%	9%	10%
1	1.0100	1.0200	1.0300	1.0400	1.0500	1.0600	1.0700	1.0800	1.0900	1.1000
2	1.0201	1.0404	1.0609	1.0816	1.1025	1.1236	1.1449	1.1664	1.1881	1.2100
3	1.0303	1.0612	1.0927	1.1249	1.1576	1.1910	1.2250	1.2597	1.2950	1.3310
4	1.0406	1.0824	1.1255	1.1699	1.2155	1.2625	1.3108	1.3605	1.4116	1.4641
5	1.0510	1.1041	1.1593	1.2167	1.2763	1.3382	1.4026	1.4693	1.5386	1.6105
6	1.0615	1.1262	1.1941	1.2653	1.3401	1.4185	1.5007	1.5869	1.6771	1.7716
7	1.0721	1.1487	1.2299	1.3159	1.4071	1.5036	1.6058	1.7138	1.8280	1.9487
8	1.0829	1.1717	1.2668	1.3686	1.4775	1.5938	1.7182	1.8509	1.9926	2.1436
9	1.0937	1.1951	1.3048	1.4233	1.5513	1.6895	1.8385	1.9990	2.1719	2.3579
10	1.1046	1.2190	1.3439	1.4802	1.6289	1.7908	1.9672	2.1589	2.3674	2.5937
11	1.1157	1.2434	1.3842	1.5395	1.7103	1.8983	2.1049	2.3316	2.5804	2.8531
12	1.1268	1.2682	1.4258	1.6010	1.7959	2.0122	2.2522	2.5182	2.8127	3.1384
13	1.1381	1.2936	1.4685	1.6651	1.8856	2.1329	2.4098	2.7196	3.0658	3.4523
14	1.1495	1.3195	1.5126	1.7317	1.9799	2.2609	2.5785	2.9372	3.3417	3.7975
15	1.1610	1.3459	1.5580	1.8009	2.0789	2.3966	2.7590	3.1722	3.6425	4.1772
16	1.1726	1.3728	1.6047	1.8730	2.1829	2.5404	2.9522	3.4259	3.9703	4.5950
17	1.1843	1.4002	1.6528	1.9479	2.2920	2.6928	3.1588	3.7000	4.3276	5.0545
18	1.1961	1.4282	1.7024	2.0258	2.4066	2.8543	3.3799	3.9960	4.7171	5.5599
19	1.2081	1.4568	1.7535	2.1068	2.5270	3.0256	3.6165	4.3157	5.1417	6.1159
20	1.2202	1.4859	1.8061	2.1911	2.6533	3.2071	3.8697	4.6610	5.6044	6.7275
21	1.2324	1.5157	1.8603	2.2788	2.7860	3.3996	4.1406	5.0338	6.1088	7.4002
22	1.2447	1.5460	1.9161	2.3699	2.9253	3.6035	4.4304	5.4365	6.6586	8.1403
23	1.2572	1.5769	1.9736	2.4647	3.0715	3.8197	4.7405	5.8715	7.2579	8.9543
24	1.2697	1.6084	2.0328	2.5633	3.2251	4.0489	5.0724	6.3412	7.9111	9.8497
25	1.2824	1.6406	2.0938	2.6658	3.3864	4.2919	5.4274	6.8485	8.6231	10.835
30	1.3478	1.8114	2.4273	3.2434	4.3219	5.7435	7.6123	10.063	13.268	17.449
40	1.4889	2.2080	3.2620	4.8010	7.0400	10.286	14.974	21.725	31.409	45.259
50	1.6446	2.6916	4.3839	7.1067	11.467	18.420	29.457	46.902	74.358	117.39
60	1.8167	3.2810	5.8916	10.520	18.679	32.988	57.946	101.26	176.03	304.48

* *CVIF* >99,999

기 간	이 자 율									
	12%	14%	15%	16%	18%	20%	24%	28%	32%	36%
1	1.1200	1.1400	1.1500	1.1600	1.1800	1.2000	1.2400	1.2800	1.3200	1.3600
2	1.2544	1.2996	1.3225	1.3456	1.3924	1.4400	1.5376	1.6384	1.7424	1.8496
3	1.4049	1.4815	1.5209	1.5609	1.6430	1.7280	1.9066	2.0972	2.3000	2.5155
4	1.5735	1.6890	1.7490	1.8106	1.9388	2.0736	2.3642	2.6844	3.0360	3.4210
5	1.7623	1.9254	2.0114	2.1003	2.2878	2.4883	2.9316	3.4360	4.0075	4.6526
6	1.9738	2.1950	2.3131	2.4364	2.6996	2.9860	3.6352	4.3980	5.2899	6.3275
7	2.2107	2.5023	2.6600	2.8262	3.1855	3.5832	4.5077	5.6295	6.9826	8.6054
8	2.4760	2.8526	3.0590	3.2784	3.7589	4.2998	5.5895	7.2058	9.2170	11.703
9	2.7731	3.2519	3.5179	3.8030	4.4355	5.1598	6.9310	9.2234	12.166	15.917
10	3.1058	3.7072	4.0456	4.4114	5.2338	6.1917	8.5944	11.806	16.060	21.647
11	3.4785	4.2262	4.6524	5.1173	6.1759	7.4301	10.657	15.112	21.199	29.439
12	3.8960	4.8179	5.3503	5.9360	7.2876	8.9161	13.215	19.343	27.983	40.037
13	4.3635	5.4924	6.1528	6.8858	8.5994	10.699	16.386	24.759	36.937	54.451
14	4.8871	6.2613	7.0757	7.9875	10.147	12.839	20.319	31.691	48.757	74.053
15	5.4736	7.1379	8.1371	9.2655	11.974	15.407	25.196	40.565	64.359	100.71
16	6.1304	8.1372	9.3576	10.748	14.129	18.488	31.243	51.923	84.954	136.97
17	6.8660	9.2765	10.761	12.468	16.672	22.186	38.741	66.461	112.14	186.28
18	7.6900	10.575	12.375	14.463	19.673	26.623	48.039	85.071	148.02	253.34
19	8.6128	12.056	14.232	16.777	23.214	31.948	59.568	108.89	195.39	344.54
20	9.6463	13.743	16.367	19.461	27.393	38.338	73.864	139.38	257.92	468.57
21	10.804	15.668	18.822	22.574	32.324	46.005	91.592	178.41	340.45	637.26
22	12.100	17.861	21.645	26.186	38.142	55.206	113.57	228.36	449.39	866.67
23	13.522	20.362	24.891	30.376	45.008	66.247	140.83	292.30	593.20	1178.7
24	15.179	23.212	28.625	35.236	53.109	79.497	174.63	374.14	783.02	1603.0
25	17.000	26.462	32.919	40.874	62.669	95.396	216.54	478.90	1033.6	2180.1
30	29.960	50.950	66.212	85.850	143.37	237.38	634.82	1645.5	4142.1	10143.
40	93.051	188.88	267.86	378.72	750.38	1469.8	5455.9	19427.	66521.	*
50	289.00	700.23	1083.7	1670.7	3927.4	9100.4	46890.	*	*	*
60	897.60	2595.9	4384.0	7370.2	20555.	56348.	*	*	*	*

<부표 - 2> 연금의 미래가치

$$연금의\ 복리이자요소\{CVIF_{r,n}\} = \left[\frac{(1+r)^n}{r} - \frac{1}{r}\right]$$

기 간	이 자 율									
	1%	2%	3%	4%	5%	6%	7%	8%	9%	10%
1	1.0000	1.0000	1.0000	1.0000	1.0000	1.0000	1.0000	1.0000	1.0000	1.0000
2	2.0100	2.0200	2.0300	2.0400	2.0500	2.0600	2.0700	2.0800	2.0900	2.1000
3	3.0301	3.0604	3.0909	3.1216	3.1525	3.1836	3.2149	3.2464	3.2781	3.3100
4	4.0604	4.1216	4.1836	4.2465	4.3101	4.3746	4.4399	4.5061	4.5731	4.6410
5	5.1010	5.2040	5.3091	5.4163	5.5256	5.6371	5.7507	5.8666	5.9847	6.1051
6	6.1520	6.3081	6.4684	6.6330	6.8019	6.9753	7.1533	7.3359	7.5233	7.7156
7	7.2135	7.4343	7.6625	7.8983	8.1420	8.3938	8.6540	8.9228	9.2004	9.4872
8	8.2857	8.5830	8.8932	9.2142	9.5491	9.8975	10.260	10.637	11.028	11.436
9	9.3685	9.7546	10.159	10.583	11.027	11.491	11.978	12.488	13.021	13.570
10	10.462	10.950	11.464	12.006	12.578	13.181	13.816	14.487	15.193	15.937
11	11.567	12.169	12.808	13.486	14.207	14.972	15.784	16.645	17.560	18.531
12	12.683	13.412	14.192	15.026	15.917	16.870	17.888	18.977	20.141	21.384
13	13.809	14.680	15.618	16.627	17.713	18.882	20.141	21.495	22.953	24.523
14	14.947	15.974	17.086	18.292	19.599	21.015	22.550	24.215	26.019	27.975
15	16.097	17.293	18.599	20.024	21.579	23.276	25.129	27.152	29.361	31.772
16	17.258	18.639	20.157	21.825	23.657	25.673	27.888	30.324	33.003	35.950
17	18.430	20.012	21.762	23.698	25.840	28.213	30.840	33.750	36.974	40.545
18	19.615	21.412	23.414	25.645	28.132	30.906	33.999	37.450	41.301	45.599
19	20.811	22.841	25.117	27.671	30.539	33.760	37.379	41.446	46.018	51.159
20	22.019	24.297	26.870	29.778	33.066	36.786	40.995	45.762	51.160	57.275
21	23.239	25.783	28.676	31.969	35.719	39.993	44.865	50.423	56.765	64.002
22	24.472	27.299	30.537	34.248	38.505	43.392	49.006	55.457	62.873	71.403
23	25.716	28.845	32.453	36.618	41.430	46.996	53.436	60.893	69.532	79.543
24	26.973	30.422	34.426	39.083	44.502	50.816	58.177	66.765	76.790	88.497
25	28.243	32.030	36.459	41.646	47.727	54.865	63.249	73.106	84.701	98.347
30	34.785	40.568	47.575	56.085	66.439	79.058	94.461	113.28	136.31	164.49
40	48.886	60.402	75.401	95.026	120.80	154.76	199.64	259.06	337.88	442.59
50	64.463	84.579	112.80	152.67	209.35	290.34	406.53	573.77	815.08	1163.9
60	81.670	114.05	163.05	237.99	353.58	533.13	813.52	1253.2	1944.8	3034.8

* $CVIF > 99,999$

기 간	이 자 율									
	12%	14%	15%	16%	18%	20%	24%	28%	32%	36%
1	1.0000	1.0000	1.0000	1.0000	1.0000	1.0000	1.0000	1.0000	1.0000	1.0000
2	2.1200	2.1400	2.1500	2.1600	2.1800	2.2000	2.2400	2.2800	2.3200	2.3600
3	3.3744	3.4396	3.4725	3.5056	3.5724	3.6400	3.7776	3.9184	4.0624	4.2096
4	4.7793	4.9211	4.9934	5.0665	5.2154	5.3680	5.6842	6.0156	6.3624	6.7251
5	6.3528	6.6101	6.7424	6.8771	7.1542	7.4416	8.0484	8.6999	9.3983	10.146
6	8.1152	8.5355	8.7537	8.9775	9.4420	9.9299	10.980	12.136	13.406	14.799
7	10.089	10.730	11.067	11.414	12.142	12.916	14.615	16.534	18.696	21.126
8	12.300	13.233	13.727	14.240	15.327	16.499	19.123	22.163	25.678	29.732
9	14.776	16.085	16.786	17.519	19.086	20.799	24.712	29.369	34.895	41.435
10	17.549	19.337	20.304	21.321	23.521	25.959	31.643	38.593	47.062	57.352
11	20.655	23.045	23.349	25.733	28.755	32.150	40.238	50.398	63.122	78.998
12	24.133	27.271	29.002	30.850	34.931	39.581	50.895	65.510	84.320	108.44
13	28.029	32.089	34.352	36.786	42.219	48.497	64.110	84.853	112.30	148.47
14	32.393	37.581	40.505	43.672	50.818	59.196	80.496	109.61	149.24	202.93
15	37.280	43.842	47.580	51.660	60.965	72.035	100.82	141.30	198.00	276.98
16	42.753	50.980	55.717	60.925	72.939	87.442	126.01	181.87	262.36	377.69
17	48.884	59.118	65.075	71.673	87.068	105.93	157.25	233.79	347.31	514.66
18	55.750	68.394	75.836	84.141	103.74	128.12	195.99	300.25	459.45	700.94
19	63.440	78.969	88.212	98.603	123.41	154.74	244.03	385.32	607.47	954.28
20	72.052	91.025	102.44	115.38	146.63	186.69	303.60	494.21	802.86	1298.8
21	81.699	104.77	118.81	134.84	174.02	225.03	377.46	633.59	1060.8	1767.4
22	92.503	120.44	137.63	157.41	206.34	271.03	469.06	812.00	1401.2	2404.7
23	104.60	138.30	159.28	183.60	244.49	326.24	582.63	1040.4	1850.6	3271.3
24	118.16	158.66	184.17	213.98	289.49	392.48	723.46	1332.7	2443.8	4450.0
25	133.33	181.87	212.79	249.21	342.60	471.98	898.09	1706.8	3226.8	6053.0
30	241.33	356.79	434.75	530.31	790.95	1181.9	2640.9	5873.2	12941.	28172.3
40	767.09	1342.0	1779.1	2360.8	4163.2	7343.9	22729.	69377.	*	*
50	2400.0	4994.5	7217.7	10436.	21813	45497	*	*	*	*
60	7471.6	18535.	29220.	46058.	*	*	*	*	*	*

<부표 - 3> 단일금액의 현재가치

$$현가이자요소(CVIFA_{r,n}) = \left[\frac{1}{(1+r)^n}\right]$$

기 간	이 자 율									
	1%	2%	3%	4%	5%	6%	7%	8%	9%	10%
1	0.9901	0.9804	0.9709	0.9615	0.9524	0.9434	0.9346	0.9259	0.9174	0.9091
2	0.9803	0.9612	0.9426	0.9246	0.9070	0.8900	0.8734	0.8573	0.8417	0.8264
3	0.9706	0.9423	0.9151	0.8890	0.8638	0.8396	0.8163	0.7938	0.7722	0.7513
4	0.9610	0.9238	0.8885	0.8548	0.8227	0.7921	0.7629	0.7350	0.7084	0.6830
5	0.9515	0.9057	0.8626	0.8219	0.7835	0.7473	0.7130	0.6806	0.6499	0.6209
6	0.9420	0.8880	0.8375	0.7903	0.7462	0.7050	0.6663	0.6302	0.5963	0.5645
7	0.9327	0.8706	0.8131	0.7599	0.7107	0.6651	0.6227	0.5835	0.5470	0.5132
8	0.9235	0.8535	0.7894	0.7307	0.6768	0.6274	0.5820	0.5403	0.5019	0.4665
9	0.9143	0.8368	0.7664	0.7026	0.6446	0.5919	0.5439	0.5002	0.4604	0.4241
10	0.9053	0.8203	0.7441	0.6756	0.6139	0.5584	0.5083	0.4632	0.4224	0.3855
11	0.8963	0.8043	0.7224	0.6496	0.5847	0.5268	0.4751	0.4289	0.3875	0.3505
12	0.8874	0.7885	0.7014	0.6246	0.5568	0.4970	0.4440	0.3971	0.3555	0.3186
13	0.8787	0.7730	0.6810	0.6006	0.5303	0.4688	0.4150	0.3677	0.3262	0.2897
14	0.8700	0.7579	0.6611	0.5775	0.5051	0.4423	0.3878	0.3405	0.2992	0.2633
15	0.8613	0.7430	0.6419	0.5553	0.4810	0.4173	0.3624	0.3152	0.2745	0.2394
16	0.8528	0.7284	0.6232	0.5339	0.4581	0.3936	0.3387	0.2919	0.2519	0.2176
17	0.8444	0.7142	0.6050	0.5134	0.4346	0.3714	0.3166	0.2703	0.2311	0.1978
18	0.8360	0.7002	0.5874	0.4936	0.4155	0.3503	0.2959	0.2502	0.2120	0.1799
19	0.8277	0.6864	0.5703	0.4746	0.3957	0.3305	0.2765	0.2317	0.1945	0.1635
20	0.8195	0.6730	0.5537	0.4564	0.3769	0.3118	0.2584	0.2145	0.1784	0.1486
21	0.8114	0.6598	0.5375	0.4388	0.3589	0.2942	0.2415	0.1987	0.1637	0.1351
22	0.8034	0.6468	0.5219	0.4220	0.3418	0.2775	0.2257	0.1839	0.1502	0.1228
23	0.7954	0.6342	0.5067	0.4057	0.3256	0.2618	0.2109	0.1703	0.1378	0.1117
24	0.7876	0.6217	0.4919	0.3901	0.3101	0.2470	0.1971	0.1577	0.1264	0.1015
25	0.7798	0.6095	0.4776	0.3751	0.2953	0.2330	0.1842	0.1460	0.1160	0.0923
30	0.7419	0.5521	0.4120	0.3083	0.2314	0.1741	0.1314	0.0994	0.0754	0.0573
40	0.6717	0.4529	0.3066	0.2083	0.1420	0.0972	0.0668	0.0460	0.0318	0.0221
50	0.6080	0.3715	0.2281	0.1407	0.0872	0.0543	0.0339	0.0213	0.0134	0.0085

* 소수 넷째 자리까지 0임.

기 간	이 자 율									
	12%	14%	15%	16%	18%	20%	24%	28%	32%	36%
1	0.8929	0.8772	0.8696	0.8621	0.8475	0.8333	0.8065	0.7813	0.7576	0.7353
2	0.7972	0.7695	0.7561	0.7432	0.7182	0.6944	0.6504	0.6104	0.5739	0.5407
3	0.7118	0.6750	0.6575	0.6407	0.6086	0.5787	0.5245	0.4768	0.4348	0.3975
4	0.6355	0.5921	0.5718	0.5523	0.5158	0.4823	0.4230	0.3725	0.3294	0.2923
5	0.5674	0.5194	0.4972	0.4761	0.4371	0.4019	0.3411	0.2910	0.2495	0.2149
6	0.5066	0.4556	0.4323	0.4104	0.3704	0.3349	0.2751	0.2274	0.1890	0.1580
7	0.4523	0.3996	0.3759	0.3538	0.3139	0.2791	0.2218	0.1776	0.1432	0.1162
8	0.4039	0.3506	0.3269	0.3050	0.2660	0.2326	0.1789	0.1388	0.1085	0.0854
9	0.3606	0.3075	0.2843	0.2630	0.2255	0.1938	0.1443	0.1084	0.0822	0.0628
10	0.3220	0.2697	0.2472	0.2267	0.1911	0.1615	0.1164	0.0847	0.0623	0.0462
11	0.2875	0.2366	0.2149	0.1954	0.1619	0.1346	0.0938	0.0662	0.0472	0.0340
12	0.2567	0.2076	0.1869	0.1685	0.1372	0.1122	0.0757	0.0517	0.0357	0.0250
13	0.2292	0.1821	0.1625	0.1452	0.1163	0.0935	0.0610	0.0404	0.0271	0.0184
14	0.2046	0.1597	0.1413	0.1252	0.0985	0.0779	0.0492	0.0316	0.0205	0.0135
15	0.1827	0.1401	0.1229	0.1079	0.0835	0.0649	0.0397	0.0247	0.0155	0.0099
16	0.1631	0.1229	0.1069	0.0930	0.0708	0.0541	0.0320	0.0193	0.0118	0.0073
17	0.1456	0.1078	0.0929	0.0802	0.0600	0.0451	0.0258	0.0150	0.0089	0.0054
18	0.1300	0.0946	0.0808	0.0691	0.0508	0.0376	0.0208	0.0118	0.0068	0.0039
19	0.1161	0.0829	0.0703	0.0596	0.0431	0.0313	0.0168	0.0092	0.0051	0.0029
20	0.1037	0.0728	0.0611	0.0514	0.0365	0.0261	0.0135	0.0072	0.0039	0.0021
21	0.0926	0.0638	0.0531	0.0443	0.0309	0.0217	0.0109	0.0056	0.0029	0.0016
22	0.0826	0.0560	0.0462	0.0382	0.0262	0.0181	0.0088	0.0044	0.0022	0.0012
23	0.0738	0.0491	0.0402	0.0329	0.0222	0.0151	0.0071	0.0034	0.0017	0.0008
24	0.0659	0.0431	0.0349	0.0284	0.0188	0.0126	0.0057	0.0027	0.0013	0.0006
25	0.0588	0.0378	0.0304	0.0245	0.0160	0.0105	0.0046	0.0021	0.0010	0.0005
30	0.0334	0.0196	0.0151	0.0116	0.0070	0.0042	0.0016	0.0006	0.0002	0.0001
40	0.0107	0.0053	0.0037	0.0026	0.0013	0.0007	0.0002	0.0001	*	*
50	0.0035	0.0014	0.0009	0.0006	0.0003	0.0001	*	*	*	*

<부표 - 4> 연금의 현재가치

$$\text{연금의 현가이자요소}(PVIFA_{r,n}) = \left[\frac{1}{r} - \frac{1}{r(1+r)^n}\right]$$

기 간	이 자 율									
	1%	2%	3%	4%	5%	6%	7%	8%	9%	10%
1	0.9901	0.9804	0.9709	0.9615	0.9524	0.9434	0.9346	0.9259	0.9174	0.9091
2	1.9704	1.9416	1.9135	1.8861	1.8594	1.8334	1.8080	1.7833	1.7591	1.7355
3	2.9410	2.8839	2.8286	2.7751	2.7232	2.6730	2.6243	2.5771	2.5313	2.4869
4	3.9020	3.8077	3.7171	3.6299	3.5460	3.4651	3.3872	3.3121	3.2397	3.1699
5	4.8534	4.7135	4.5797	4.4518	4.3295	4.2124	4.1002	3.9927	3.8897	3.7908
6	5.7955	5.6014	5.4172	5.2421	5.0757	4.9173	4.7665	4.6229	4.4859	4.3553
7	6.7282	6.4720	6.2303	6.0021	5.7864	5.5824	5.3893	5.2064	5.0330	4.8684
8	7.6517	7.3255	7.0197	6.7327	6.4632	6.2098	5.9713	5.7466	5.5348	5.3349
9	8.5660	8.1622	7.7861	7.4353	7.1078	6.8017	6.5152	6.2469	5.9952	5.7590
10	9.4713	8.9826	8.5302	8.1109	7.7217	7.3601	7.0236	6.7101	6.4177	6.1446
11	10.3676	9.7868	9.2526	8.7605	8.3064	7.8869	7.4987	7.1390	6.8052	6.4951
12	11.2551	10.5753	9.9540	9.3851	8.8633	8.3838	7.9427	7.5361	7.1607	6.8137
13	12.1337	11.3484	10.6350	9.9856	9.3936	8.8527	8.3577	7.9038	7.4869	7.1034
14	13.0037	12.1062	11.2961	10.5631	9.8986	9.2950	8.7455	8.2442	7.7862	7.3667
15	13.8651	12.8493	11.9379	11.1184	10.3797	9.7122	9.1079	8.5595	8.0607	7.6061
16	14.7179	13.5777	12.5611	11.6523	10.8378	10.1059	9.4466	8.8514	8.3126	7.8237
17	15.5623	14.2919	13.1661	12.1657	11.2741	10.4773	9.7632	9.1216	8.5436	8.0216
18	16.3983	14.9920	13.7535	12.6593	11.6896	10.8276	10.0591	9.3719	8.7556	8.2014
19	17.2260	15.6785	14.3238	13.1339	12.0853	11.1581	10.3356	9.6036	8.9501	8.3649
20	18.0456	16.3514	14.8775	13.5903	12.4622	11.4699	10.5940	9.8181	9.1285	8.5136
21	18.8570	17.0112	15.4150	14.0292	12.8212	11.7641	10.8355	10.0168	9.2922	8.6487
22	19.6604	17.6580	15.9369	14.4511	13.1630	12.0416	11.0612	10.2007	9.4424	8.7715
23	20.4558	18.2922	16.4436	14.8568	13.4886	12.3034	11.2722	10.3741	9.5802	8.8832
24	21.2434	18.9139	16.9355	15.2470	13.7986	12.5504	11.4693	10.5288	9.7066	8.9847
25	22.0232	19.5235	17.4131	15.6221	14.0939	12.7834	11.6536	10.6748	9.8226	9.0770
30	25.8077	22.3965	19.6004	17.2920	15.3725	13.7648	12.4090	11.2578	10.2737	9.4269
40	32.8347	27.3555	23.1148	19.7928	17.1591	15.0463	13.3317	11.9246	10.7574	9.7791
50	39.1961	31.4236	25.7298	21.4822	18.2559	15.7619	13.8007	12.2335	10.9617	9.9148

기 간	이 자 율								
	12%	14%	15%	16%	18%	20%	24%	28%	32%
1	0.8929	0.8772	0.8696	0.8621	0.8475	0.8333	0.8065	0.7813	0.7576
2	1.6901	1.6467	1.6257	1.6052	1.5656	1.5278	1.4568	1.3916	1.3315
3	2.4018	2.3216	2.2832	2.2459	2.1743	2.1065	1.9813	1.8684	1.7663
4	3.0373	2.9137	2.8550	2.7982	2.6901	2.5887	2.4043	2.2410	2.0957
5	3.6048	3.4331	3.3522	3.2743	3.1272	2.9906	2.7454	2.5320	2.3452
6	4.1114	3.8887	3.7845	3.6847	3.4976	3.3255	3.0205	2.7594	2.5342
7	4.5638	4.2883	4.1604	4.0386	3.8115	3.6046	3.2423	2.9370	2.6775
8	4.9676	4.6389	4.4873	4.3436	4.0776	3.8372	3.4212	3.0758	2.7860
9	5.3282	4.9464	4.7716	4.6065	4.3030	4.0310	3.5655	3.1842	2.8681
10	5.6502	5.2161	5.0188	4.8332	4.4941	4.1925	3.6819	3.2689	2.9304
11	5.9377	5.4527	5.2337	5.0286	4.6560	4.3271	3.7757	3.3351	2.9776
12	6.1944	5.6603	5.4206	5.1971	4.7932	4.4392	3.8514	3.3868	3.0133
13	6.4235	5.8424	5.5831	5.3423	4.9095	4.5327	3.9124	3.4272	3.0404
14	6.6282	6.0021	5.7245	5.4675	5.0081	4.6106	3.9616	3.4587	3.0609
15	6.8109	6.1422	5.8474	5.5755	5.0916	4.6755	4.0013	3.4834	3.0764
16	6.9740	6.2651	5.9542	5.6685	5.1624	4.7296	4.0333	3.5026	3.0882
17	7.1196	6.3729	6.0472	5.7487	5.2223	4.7746	4.0591	3.5177	3.0971
18	7.2497	6.4674	6.1280	5.8178	5.2732	4.8122	4.0799	3.5294	3.1039
19	7.3658	6.5504	6.1982	5.8775	5.3162	4.8435	4.0967	3.5386	3.1090
20	7.4694	6.6231	6.2593	5.9288	5.3527	4.8696	4.1103	3.5458	3.1129
21	7.5620	6.6870	6.3125	5.9731	5.3837	4.8913	4.1212	3.5514	3.1158
22	7.6446	6.7429	6.3587	6.0113	5.4099	4.9094	4.1300	3.5558	3.1180
23	7.7184	6.7921	6.3988	4.0442	5.4321	4.9245	4.1371	3.5592	3.1197
24	7.7843	6.8351	6.4338	6.0726	5.4509	4.9371	4.1428	3.5619	3.1210
25	7.8431	6.8729	6.4641	6.0971	5.4669	4.9476	4.1474	3.5640	3.1220
30	8.0552	7.0027	6.5660	6.1772	5.5168	4.9789	4.1601	3.5693	3.1242
40	8.2438	7.1050	6.6418	6.2335	5.5482	4.9966	4.1659	3.5712	3.1250
50	8.3045	7.1327	6.6605	6.2463	5.5541	4.9995	4.1666	3.5714	3.1250

연습문제 해답

제 1 장: 생　략

제 2 장: 생　략

제 3 장

[3-1]~[3-4]: 생　략

[3-5]

1, 2: 생략

3. 계정잔액: 현금 = 7,450,000, 매출채권 = 750,000, 비품 = 1,100,000,
미지급금 = 500,000, 자본금 = 5,000,000, 매출 = 4,500,000,
임차료 등 = 700,000

[3-6]

1, 2: 생략

3. 포괄손익계산서: 매출 = 6,300,000, 당기순이익 = 320,000
재무상태표: 자산총계 = 8,720,000, 부채총계 = 3,400,000, 자본총계 = 5,320,000

[3-7]

포괄손익계산서: 수익 = 85,360,000, 당기순이익 = 81,810,000

재무상태표: 자산총계 = 118,290,000, 부채총계 = 5,700,000, 자본총계 = 112,590,000

[3-8]

회계등식 분석은 생략

포괄손익계산서: 매출 = 7,800,000, 당기순이익 = 3,200,000

재무상태표: 자산총계 = 57,200,000, 부채총계 = 4,000,000, 자본총계 = 53,200,000

[3-9]~[3-10]: 생 략

제 4 장

[4-1]~[4-3]: 생 략

[4-4]

1. 취득원가의 인위적 배분
2. 회계기간에 대응
3. 회계기간에 대응
4. 직접 비용처리
5. 수익과 1:1 대응
6. 자산 또는 부채의 평가

[4-5]: 생 략

[4-6]

1, 2: 생 략

3. 수정후잔액시산표: 차변합계 = 대변합계 = 11,850
4. 포괄손익계산서: 수익합계 = 4,800, 당기순이익 = 995
   재무상태표: 자산총계 = 7,045, 부채총계 = 2,640, 자본총계 = 4,405

[4-7]

1. 생략
2. 포괄손익계산서: 매출 = 73,500, 당기순손실 = 9,000
   재무상태표: 자산총계 = 50,350, 부채총계 = 17,450, 자본총계 = 32,900

[4-8]: 생 략

[4-9]: 수익: 임대료수익 1,000,000원, 공사수익 5,000,000원
비용: 수수료비용 1,075,000원, 이자비용 800,000원, 소모품비 450,000원

[4-10]: 생 략

제 5 장

[5-1]~[5-3]: 생 략

[5-4]

포괄손익계산서 column: 차변합계 = 82,500, 대변합계 = 73,500,

당기순손실(대변기입) = 9,000
재무상태표 column: 차변합계 = 59,350, 대변합계 = 68,350,
당기순손실(차변기입) = 9,000

[5-5]

1. 정산표: 포괄손익계산서 column 합계 = 4,800, 당기순이익 = 995
   재무상태표 column 합계 = 8,045
2. 마감분개: 이익잉여금으로 대체 = 995

[5-6]

1. 정산표 작성
   포괄손익계산서 column: 차변합계 = 29,310, 대변합계 = 49,000,
   당기순이익(차변기입) = 19,690
   재무상태표 column: 차변합계 = 46,600, 대변합계 = 26,910,
   당기순이익(대변기입) = 19,690
2. 마감분개

차>	수익합계	49,000	대>	집합손익	49,000
차>	집합손익	29,310	대>	비용합계	29,310
차>	집합손익	19,690	대>	이익잉여금	19,690
차>	이익잉여금	3,000	대>	배 당 금	3,000

[5-7]

1. 조정분개: 생 략
   마감분개: 이익잉여금으로 대체 = 48,800
2. 포괄손익계산서: 매출 = 94,500, 비용합계 = 45,700, 당기순이익 = 48,800
   재무상태표: 자산총계 = 부채와 자본총계 = 133,210

제 6 장

[6-1]~[6-4]: 생 략

[6-5]

(1) 220,000 (2) 80,000 (3) 480,000 (4) 510,000
(5) 930,000 (6) 100,000 (7) 250,000 (8) 370,000

[6-6]

1. 기중거래 분개는 생략
2. 총매출 10,000,000

매출에누리와환입	(505,000)
매출할인	(150,000)
순매출	9,345,000

[6-7]

1. 기중거래 분개는 생략
2. 순매입액 = 10,000,000 + 5,000 − 505,000 − 150,000 = 9,350,000
3. 54%

[6-8]

1. 도착지인도조건이므로 (주)신림의 재고임.
2. 선적지인도조건이므로 기말에 매입을 인식해야 함.
3. 도착지인도조건이므로 (주)신림의 재고가 아님.

[6-9]

1. 매출원가 = 159,000, 기말상품재고 = 29,000(감모손실 1,000 인식)
2. 매출원가 = 160,000, 기말상품재고 = 29,000

[6-10]

1. 기중거래 분개는 생략
2. 순매출 = 26,514, 순매입액 = 49,000,
   매출원가 = 18,000(실지재고조사법: 23,000)
3. 매출총이익 = 8,514(실지재고조사법: 3,514), 영업손실 = 86

[6-11]

매출 = 490,500, 매출원가 = 350,800, 매출총이익 = 139,700,
영업이익 = 19,000

제 7 장

[7-1], [7-2]: 생 략

[7-3]

1. 포괄손익계산서: 매출원가 = 413,000, 매출총이익 = 792,000, 영업이익 = 552,000
2. 재고자산 B/S: 원재료 = 8,500, 재공품 = 31,000, 제품 = 115,000

제 8 장

[8-1]~[8-3]: 생 략

[8-4]

현금및현금성자산 = 713,800 + 1,512,000 + 378,000 + 32,000 = 2,635,800

[8-5]: 생 략

[8-6]

차>	소모품비	100,000	대>	소액현금	195,000
	여비교통비	50,000			
	통 신 비	40,000			
	잡 손 실	5,000			
차>	소액현금	195,000	대>	당좌예금	195,000

[8-7]

수정후 잔액 = 2,965,000(회사측, 은행측 동일)

[8-8]

조정전 은행측 잔액 = 5,832,500

[8-9]

현금및현금성자산 = 760,000, 단기금융상품 = 800,000, 장기금융상품 = 650,000

제 9 장

[9-1]~[9-3]: 생 략

[9-4]

취득원가 = 3,000원×1,000주 = 3,000,000원

[9-5]

1. 3월 1일 취득원가 = 5,000,000, 4월 6일 취득원가 = 1,500,000
2. 단기매매금융자산평가이익 = 400,000

[9-6]

1. 5월 12일: 장부금액 = 303,000, 단기매매금융자산처분이익 = 2,000
   11월 23일: 장부금액 = 757,500, 단기매매금융자산처분손실 = 27,500
2. 5월 12일: 장부금액 = 290,000, 단기매매금융자산처분이익 = 15,000
   11월 23일: 장부금액 = 761,100, 단기매매금융자산처분손실 = 31,100
3. 5월 12일: 장부금액 = 300,000, 단기매매금융자산처분이익 = 5,000
   11월 23일: 장부금액 = 790,000, 단기매매금융자산처분손실 = 60,000

[9-7]

단기매매금융자산처분이익 = 500,000원

단기매매금융자산평가이익 = 2,000,000원

[9-8]

20×1년: 단기매매금융자산평가손실 = 70,000

20×2년: 단기매매금융자산평가손실 = 80,000

[9-9]

	차변	금액		대변	금액
1. 차>	단기매매금융자산	210,000	대>	현 금	218,000
	미수이자	8,000			
2. 차>	현 금	12,000	대>	미수이자	8,000
				이자수익	4,000
3. 차>	현 금	12,000	대>	이자수익	12,000
	단기매매금융자산	10,000		단기매매금융자산평가이익	10,000

[9-10]

단기매매금융자산처분손실 = 36,000, 이자수익 = 미수이자 = 6,000

[9-11]

이자수익 = 90,000, 단기매매금융자산처분손실 = 140,000

[9-12]

	차변	금액		대변	금액
1. 차>	단기매매금융자산	100,000	대>	현 금	100,400
	수수료비용	400			
차>	단기매매금융자산	82,000	대>	현 금	90,400
	미수이자	8,000			
	수수료비용	400			

2. 단기매매금융자산처분이익 = 15,220원(주식: 9,640원, 사채: 5,580원)

제10장

[10-1]~[10-3]: 생 략

[10-4]

1. 수령할 현금 = 94,667 + 149,650 = 244,317

2. 차입거래 간주

	차변	금액		대변	금액
차>	현 금	94,667	대>	단기차입금	100,000
	이자비용	5,333			
차>	현 금	149,650	대>	단기차입금	150,000
	이자비용	1,600		이자수익	1,250

3. 매각거래 간주

차>	현 금	94,667	대>	매출채권	100,000
	매출채권처분손실	5,333			
차>	현 금	149,650	대>	매출채권	150,000
	매출채권처분손실	1,600		이자수익	1,250

[10-5]

현금수취액 = 1,508,719

분개는 생략

[10-6]

1. 직접상각법

대손추정시: 분개 없음

대손확정시:	차>	대손상각비	100,000	대>	매출채권	100,000

2. 충당금설정법

대손추정시:	차>	대손상각비	150,000	대>	대손충당금	150,000
대손확정시:	차>	대손충당금	100,000	대>	매출채권	100,000

[10-7]

1. 차> 대손상각비 15,000 대> 대손충당금 15,000
2. 매출채권(총액) 500,000

대손충당금	(25,000)
매출채권(순액)	475,000

[10-8]

3.	차>	대손상각비	57,750	대>	대손충당금	57,750
5.	차>	대손상각비	44,000	대>	대손충당금	44,000
6.	차>	대손충당금	44,000	대>	매출채권	600,000
		대손상각비	556,000			
7.	차>	현 금	420,000	대>	대손충당금	420,000
8.	차>	대손충당금	120,000	대>	대손충당금환입	120,000

[10-9]

1. 대손충당금환입 = 18,000
2. 대손상각비 = 315,000
3. 대손상각비 = 35,000
4. 대손상각비 = 27,000

[10-10]

20×1년 3월:	차> 대손충당금	30,000	대> 매출채권	30,000
20×1년 6월:	차> 대손충당금	20,000	대> 매출채권	35,000
	대손상각비	15,000		
20×1년 11월:	차> 현　　금	20,000	대> 대손충당금	20,000
20×1년 12월:	차> 대손상각비	55,500	대> 대손충당금	55,500

[10-11], [10-12]: 생　략

제11장

[11-1]~[11-3]: 생　략

[11-4]

기중 회계처리: 생　략

재고자산 금액 = 7,500,000 + 2,700,000(운송중) + 4,550,000(적송품) = 14,750,000

[11-5]

기말재고액 = 70,000 + 20,000 + 45,000 = 135,000원

당기매출액 = 715,000 + 8,000 = 723,000원

당기매입액 = 545,000 + 45,000 = 590,000원

[11-6]

매출액 = 17,300,000, 매출원가 = 15,300,000, 매출총이익 = 2,000,000

[11-7]

1. 평균단가 = 1,050, 기말재고금액 = 315,000, 매출원가 = 1,680,000
   일자별 회계처리는 생략
2. 평균단가: 3월 21일 = 1,032, 6월 30일 = 1,059
   기말재고금액 = 424,050, 매출원가 = 1,570,950, 상품감모손실 = 105,900
   일자별 회계처리는 생략

[11-8]

1. 기말상품 = 520,000, 매출원가 = 4,640,000
2. 기말상품 = 520,000, 매출원가 = 4,640,000
3. 기말상품 = 510,000, 매출원가 = 4,650,000
4. 기말상품 = 500,000, 매출원가 = 4,660,000
5. 기말상품 = 517,500, 매출원가 = 4,642,500
6. 기말상품 = 516,000, 매출원가 = 4,644,000

[11-9]

1. 선입선출 매출원가 = 6,150,000, 후입선출 매출원가 = 6,340,000
2. 선입선출 매출원가 = 16,080,000, 후입선출 매출원가 = 16,130,000
3. 선입선출법 당기순이익이 168,000 더 크다.

[11-10]

기말상품 = 250,000, 매출원가 = 2,250,000 − 250,000 = 2,000,000

[11-11]

재고피해액 = 2,500,000

[11-12]

조정분개는 생략

기말상품 = 900,000(실사금액), 매출원가 = 10,540,000

[11-13]

1. 기말재고 = 2,750,000, 재고자산평가손실 = 50,000(상품 20,000 + 원재료 30,000)
2. 매출액 = 18,000,000, 매출원가 = 14,700,000, 매출총이익 = 3,300,000
3. 보수주의

[11-14]

1. 재고자산감모손실 = 700 × 1,100 − 600 × 1,100 = 110,000원
   매출원가 산입 = 110,000 × 40% = 44,000원
   재고자산평가손실 = 600 × 1,100 − 600 × 1,000 = 60,000원
   매출원가 = 500,000 + 7,300,000 − 770,000 + 44,000 + 60,000 = 7,134,000원
2. 조정분개는 생략

제12장

[12-1]: 생 략

[12-2]

1. 매도가능금융자산(보) = 11,200,000, 매도가능금융자산(우) = 2,800,000
2. 매도가능금융자산(보) = 12,000,000, 매도가능금융자산(우) = 2,000,000

[12-3]

1. 매도가능금융자산 = 2,300,000
2. 매도가능금융자산평가이익 = 100,000
3. 배당수익 = 10,000
4. 생략
5. 매도가능금융자산처분이익 = 184,546

[12-4]

1. 매도가능금융자산평가이익(구미) = 800,000, 매도가능금융자산평가손실(연희) = 1,200,000
2. 생략
3. i) 차> 매도가능금융자산평가이익 800,000 대> 매도가능금융자산 2,200,000
   매도가능금융자산평가손실 1,400,000
   차> 매도가능금융자산(신천) 200,000 대> 매도가능금융자산평가이익 200,000
   ii) 분개 없음

[12-5]

1. 2) 매도가능금융자산처분이익 = 400
2. 차> 매도가능금융자산(대치) 800 대> 매도가능금융자산평가손실 400
   매도가능금융자산평가이익 400
   차> 매도가능금융자산평가이익 400 대> 매도가능금융자산(선릉) 800
   매도가능금융자산평가손실 400
   차> 매도가능금융자산(일원) 200 대> 매도가능금융자산평가이익 200
3. 매도가능금융자산손상차손 600

[12-6]

1. 매도가능금융자산평가이익(언진) = 25,000
   매도가능금융자산손상차손(묘향) = 400,000
   매도가능금융자산손상차손(멸악)= 250,000
2. 매도가능금융자산손상차손(묘향) = 100,000
   매도가능금융자산평가이익(멸악)= 170,000

[12-7]

1. 차> 매도가능금융자산평가손실 50,000 대> 매도가능금융자산 50,000
2. 매도가능금융자산손상차손 400,000
3. 차> 매도가능금융자산 550,000 대> 매도가능금융자산평가이익 550,000
4. 매도가능금융자산처분이익 300,000

[12-8]

	당기순이익 보고시	현금배당 결의시
20×2년	차> 관계기업투자주식 96,000	차> 미수배당금 20,000
	대> 지분법이익 96,000	대> 관계기업투자주식 20,000
20×3년	차> 관계기업투자주식 112,000	차> 미수배당금 48,000
	대> 지분법이익 112,000	대> 관계기업투자주식 48,000

[12-9]

1. 20×2년 기말, 20×3년 기말: 분개 없음
   20×2년 현금배당, 20×3년 현금배당: 각각 20,000과 30,000의 배당수익 인식
2. 20×2년 기말, 20×3년 기말: 각각 100,000의 지분법이익과 30,000의 지분법손실 인식
   20×2년, 20×3년 현금배당시: 각각 20,000과 30,000의 관계기업투자주식 감소시킴

[12-10]

1. 20×1년, 20×2년 기말: 매도가능금융자산평가이익 각각 500,000과 250,000
   20×3년 기말: 차> 매도가능금융자산평가이익 750,000 대> 매도가능금융자산 950,000
   매도가능금융자산평가손실 200,000
   현금배당시: 20×1년, 20×2년, 20×3년 각각 72,000, 48,000, 24,000의 배당수익 인식
2. 20×1년, 20×2년 기말: 각각 144,000, 66,000의 지분법이익
   20×3년 기말: 60,000의 지분법손실
   현금배당시: 20×1년, 20×2년, 20×3년 각각 72,000, 48,000, 24,000의 관계기업투자주식 금액 감소시킴

[12-11]

기 간	재무상태표			포괄손익계산서	
	보증금	현재가치할인차금	선급비용	이자수익	임차료
20×1년 초	7,513	(2,487)	2,487		
20×1년 말	8,264	(1,736)	1,736	751	751
20×2년 말	9,090	(910)	910	826	826
20×3년 말	0	0	0	910	910

제13장

[13-1]: 생 략

[13-2]

토지 = 960,000 + 120,000 + 16,000 − 28,000 = 1,068,000

[13-3]

토지 = 227,000, 건물 = 163,500, 건물감가상각누계액 = 35,000

기계장치 = 72,950, 기계장치감가상각누계액 = 17,000

[13-4]

토지 = 280,000, 재고자산 = 56,000, 창고건물 = 224,000

[13-5]

각 자산의 취득원가(회계처리는 생략)

토지: 1,000,000 + 10,000 + 20,000 + 50,000 = 1,080,000원

매도가능금융자산: 150,000원

건물: 50,000 + 600,000 + 20,000 + 30,000 = 700,000원

기계장치: 375,000원　　차량운반구: 225,000원　　비품: 103,000원

[13-6]

7월 20일 지출분을 제외하면 모두 자본적 지출이므로 자산금액을 증가시킴

[13-7]

20×2년 감가상각비 = 250,000

20×4년 감가상각비 = 230,000

[13-8]

	20×3년	20×4년
1. 정액법	450,000	900,000
2. 정률법	1,030,000	1,847,820
3. 생산량비례법	810,000	1,125,000
4. 연수합계법	818,182	1,554,545
5. 이중체감법	1,000,000	1,800,000

[13-9]

취득당시 내용연수 = 10년

[13-10]

1. 취득원가 = 1,000,000원
2. 차> 감가상각비 72,000 대> 감가상각누계액 72,000

차>	현　금	300,000	대> 기계장치	1,000,000
	감가상각누계액	712,000	유형자산처분이익	12,000

[13-11]

1. 4,000
2. 9,333
3. 12,000

[13-12]

토지 = 10,000 × 70,000 − 60,000,000 = 640,000,000

[13-13]

1. 20×1년 말: 차) 유형자산재평가손실 5,000 대) 토 지 5,000
   20×2년 말: 차) 토 지 8,000 대) 유형자산재평가이익 5,000
   재평가잉여금 3,000

2.

	20×1년	20×2년
토 지	45,000	53,000
이익잉여금	(5,000)	0
재평가잉여금	0	3,000

3. 차) 현 금 57,000 대) 토 지 53,000
   유형자산처분이익 4,000
   차) 재평가잉여금 3,000 대) 이익잉여금 3,000

[13-14]

1. 43,500,000
2. ① 유형자산처분손실 = 19,500,000
   ② 유형자산처분이익 = 8,500,000
3. 유형자산폐기손실 = 43,500,000
   보상금수익 = 21,600,000

[13-15]

1. 20×2년 감가상각비 = 100,000원
   20×3년 감가상각비 = 100,000원, 유형자산손상차손 = 150,000원
2. 20×4년 감가상각비 = 50,000원
3. 유형자산손상차손환입 = 70,000원

[13-16]

1. 20×1년 말: 차) 투자부동산−토지 2,000 대) 투자부동산평가이익 2,000
   20×2년 말: 차) 투자부동산평가손실 3,000 대) 투자부동산−토지 3,000
2. 20×3년 초: 차) 유형자산−토지 9,000 대) 투자부동산−토지 9,000

제14장

[14-1], [14-2]: 생 략

[14-3]

영업권 = 20억 − 13.8억 = 6.2억

[14-4]

1. 최소한의 금액 = 순자산 공정가치 = 1,650,000
2. 영업권 = 350,000
3. 영업권 =(250,000 − 1,650,000 × 0.12) ÷ 0.12 = 433,333

[14-5]

개발비 = 1,200,000 + 800,000 + 2,600,000 + 900,000 = 5,500,000

[14-6]

연구비 = 380,000, 개발비 = 180,000, 무형자산상각비 = 100,000

[14-7]

〈물음 1〉: 무형자산상각비 = 675,000(개발비 = 625,000, 산업재산권 = 50,000)

〈물음 2〉: 무형자산상각비 = 925,000(산업재산권)

[14-8]

1. 무형자산상각비 = 10,000,000(저작권)
2. 무형자산상각비 = 270,000(산업재산권)
3. 무형자산상각비 = 1,800,000(소프트웨어)
4. 무형자산상각비 = 0(브랜드명, 비한정 내용연수)

[14-9]

법인세율 = 27%

[14-10]

1. 과세소득: 20×1 = 40,000, 20×2 = 220,000, 20×3 = 240,000,
   20×4 = 440,000, 20×5 = 580,000
2. 법인세 분개

20×1:	차>	법인세비용	41,000	대>	당기법인세부채	14,000
					이연법인세부채	27,000
20×2:	차>	법인세비용	78,000	대>	당기법인세부채	66,000
					이연법인세부채	12,000
20×3:	차>	법인세비용	60,000	대>	당기법인세부채	60,000
20×4:	차>	법인세비용	95,000	대>	당기법인세부채	110,000
		이연법인세부채	15,000			
20×5:	차>	법인세비용	92,000	대>	당기법인세부채	116,000
		이연법인세부채	24,000			

[14-11]

20×1:	차>	법인세비용	150,000	대>	당기법인세부채	120,000
					이연법인세부채	30,000

20×2: 차> 법인세비용 175,000 대> 당기법인세부채 175,000

20×3: 차> 법인세비용 150,000 대> 당기법인세부채 180,000
이연법인세부채 30,000

[14-12]

법인세비용 = 161,950

차> 이연법인세자산 10,800 대> 당기법인세부채 172,750
법인세비용 161,950

제15장

[15-1]~[15-3]: 생 략

[15-4]

1. 시장이자율 = 7%, 표시이자율 = 10%
2. 차> 이자비용 215,887 대> 현 금 300,000
사채할증발행차금 84,113
차> 사 채 3,000,000 대> 현 금 3,000,000

[15-5]

1. 사채발행금액 = 544,200, 사채할인발행차금 = 55,800, 분개는 생략
2. 사채발행금액 = 633,451, 사채할증발행차금 = 33,451, 분개는 생략

[15-6]

1. 취득금액 = 241,310,000
2. 분개는 생략

[15-7]

1. 사채발행금액 = 11,423,760, 사채할인발행차금 = 576,240
2. 상각표는 생략
3. 20×4/12/31: 차> 이자비용 353,509 대> 미지급이자 300,000
사채할인발행차금 53,509
20×5/09/30: 차> 미지급이자 300,000 대> 현 금 1,200,000
이자비용 1,060,527 사채할인발행차금 160,527
사 채 12,000,000 현 금 12,000,000

[15-8]

취득원가 = 940,278 ← 매도가능금융자산

20×2/06/30: 차> 현 금 60,000 대> 이자수익 65,819
매도가능금융자산 5,819

20×5/06/30: 차> 현 금 60,000 대> 이자수익 68,733
매도가능금융자산 8,733
20×5/07/01: 차> 현 금 1,000,000 대> 매도가능금융자산 990,637
매도가능금융자산처분이익 9,363

[15-9]

1. 차> 현 금 1,000 대> 이자수익 1,200
매도가능금융자산 200
차> 매도가능금융자산평가손실 900 대〉 매도가능금융자산 900
2. 매도가능금융자산처분손실 = 600

[15-10]

1. 장부금액 = 4,739,425
2. 사채상환손실 = 10,575

[15-11]

기중: 차> 판매보증비 3,270,000 대> 현 금 3,270,000
기말: 차> 판매보증비 6,730,000 대> 판매보증충당부채 6,730,000

[15-12]

20×2: 차> 하자보수비 1,200,000 대> 하자보수충당부채 1,200,000
20×3: 차> 하자보수충당부채 350,000 대> 현 금 350,000
20×4: 차> 하자보수충당부채 450,000 대> 현 금 450,000
20×5: 차> 하자보수충당부채 400,000 대> 현 금 500,000
하자보수비 100,000

[15-13]

회수가 예상되는 쿠폰 수량 = (10,000상자×2개×40%)÷4개 − 500개 = 1,500개
경품충당부채 = 1,500개×(1,500원 − 1,000원) = 750,000원

[15-14]

차> 구조조정비용 3,000 대> 구조조정충당부채 3,000

제16장

[16-1]: 생 략

[16-2]

차> 자본금(우) 35,000,000 대> 자본금(보) 17,500,000
주식발행초과금(우) 35,000,000 주식발행초과금(보) 52,500,000

[16-3]

6/10: 자기주식처분이익 = 30,000

7/16: 감자차손 = 45,000

9/24: 자기주식처분손실 = 80,000(자기주식처분이익 30,000 상계)

10/10: 감자차손 = 60,000

[16-4]

10/15: 감자차익 = 100,000

10/28: 감자차손 = 100,000(감자차익 100,000 상계)

12/31:	차> 이익잉여금	100,000	대> 감자차손	100,000

[16-5]

1. 분개는 생략
2. 자본의 부분 B/S

자본조정	- 배당건설이자	(180,000)
기타포괄손익누계액	- 매도가능금융자산평가이익	115,000

[16-6]

배당선언일:	차> 이익잉여금	630,000	대> 미지급배당금	300,000
			이익준비금	30,000
			미교부주식배당금	300,000
배당지급일:	차> 미지급배당금	300,000	대> 현　금	300,000
	미교부주식배당금	300,000	자 본 금	300,000

[16-7]

1. 분개는 생략

	현금배당	주식배당	주식분할
자본금	10,000,000	11,000,000	10,000,000
자본잉여금	2,000,000	2,000,000	2,000,000
이익잉여금	2,000,000	2,000,000	3,000,000

2. 현금배당만 배당수익 인식하고, 주식배당과 주식분할은 분개 없음.

[16-8]

회계처리: 이익잉여금 처분액 = 200,000

이익잉여금처분계산서: 미처분이익잉여금 = 300,000

차기이월미처분이익잉여금 = 100,000

[16-9]

주당순이익 = 48

[16–10]

20×1/12/31: 자본금 = 900,000, 자본잉여금 = 1,400,000, 자본조정 = (70,000),
기타포괄손익누계액 = 280,000, 이익잉여금 = 2,150,000,
자본총계 = 4,660,000

제17장

[17–1]: 생 략

[17–2]

영업활동 현금흐름 = 36,000

[17–3]

당기순이익 = 178,000

[17–4]

현금주의 매출액 = 1,175,000

[17–5]

재고자산 구입대금 = 149,800

[17–6]

1. 20×1년 12월 31일 미지급이자 = 1,320원

[17–7]

영업활동 현금흐름 = 78,000

[17–8]

1. −8,000 + 5,000 + 5,000 + 58,000 = 60,000원 가산
2. 투자활동 현금유입 = 35,000, 투자활동 현금유출 = 133,000
   투자활동 현금흐름 = (98,000)

[17–9]

투자활동 현금유입 = 162,000, 투자활동 현금유출 = 360,000

투자활동 현금흐름 = (198,000)

[17–10]

재무활동 현금유입 = 110,000, 재무활동 현금유출 = 40,000

재무활동 현금흐름 = 70,000

[17-11]

자 산		자 본	
현 금	68,000	자 본 금	60,000
토 지	36,000	자본잉여금	40,000
건물 및 기계장치	138,000	이익잉여금	102,000
감가상각누계액	(40,000)		

[17-12]

영업활동 현금흐름 = 206,000, 투자활동 현금흐름 = (132,000)

재무활동 현금흐름 = 30,000, 현금의 증가 = 104,000, 기말의 현금 = 350,000

제18장

[18-1]~[18-3]: 생 략

[18-4]

1. 영업주기 = 60일(매출채권 회수기간) + 120일(재고자산 보유기간) = 180일

[18-5]

1. 현재의 투자수익률은 22.5%(= 90,000/400,000)이지만, 새로운 투자안 채택 후의 투자수익률은 20%(= 120,000/600,000)로 하락하므로 투자안을 채택하지 않는다.
2. 새로운 투자안의 수익률이 15%(= 30,000/200,000)로서 회사의 기준인 10%를 상회하므로 투자안을 채택한다.

[18-6]

1. 생략
2. PER = 50
3. PBR = 2.16
4. 배당금 대 순이익 비율 = 0.625
5. 배당금 대 주가 비율 = 0.0125

[18-7]

1. 유동비율: 2.19 → 2.32, 당좌비율: 0.6 → 0.49, 이자보상비율: 9.85 → 7.6
2. 당기순이익: 75,000 → 77,000, ROI: 5.7% → 5%

[18-8]

점수 = 90.42 → 대출하지 않는다.

[18-9]

포괄손익계산서: 매출액 = 350,000, 영업이익 = 41,400, 당기순이익 = 25,050

재무상태표: 총자산 = 350,000, 총부채 = 175,000, 총자본= 175,000

국문색인

ㄱ

ㅂ

ㅅ

ㅇ

ㅊ

ㅌ

ㅍ

ㅎ

영문색인

A

B

C

D

E

F

M

N

O

P

Q

R

S

T

U

V

W

Y

공저자약력

이창우

서울대학교 경영학과 졸업
University of Illinois at Urbana-Champaign(회계학 석사)
University of California, Berkeley(경영학 박사)
한국공인회계사, 미국공인회계사
삼일회계법인 근무(1977~1979)
New York University 교수(1987~1992)
한국회계기준위원회 위원(2002~2005)
한국회계학회장(2008~2009)
현재: 서울대학교 경영대학 교수(1992~)

김갑순

서울대학교 경영학과 졸업
서울대학교 대학원 경영학과 졸업(경영학 석사)
서울대학교 대학원 경영학과 졸업(경영학 박사)
한라대학교 교수(1999~2002)
한국회계기준원 초빙연구위원(2000~2002)
금융감독원 회계제도실 자문교수(2006~2007)
한국회계기준원 회계기준자문위원회 위원(2007~)
공인회계사시험-세무사시험 출제위원
행정고등고시 시험출제 및 선정위원
현재: 동국대학교 회계학과 교수(2002~)

조형득

서울대학교 경영학과 졸업
서울대학교 대학원 경영학과 졸업(경영학 석사)
공인회계사
삼일회계법인 근무(2001~2003)
공군사관학교 경제경영학과 교관(2004~2007)
현재: 삼일회계법인 공인회계사(2007~)

제3판
IFRS 회계원리

2003年	9月	10日	初版發行
2004年	3月	5日	修訂版發行
2007年	9月	10日	第 2 版發行
2009年	9月	1日	第 3 版印刷
2009年	9月	10日	第 3 版發行

共著者 이창우 · 김갑순 · 조형득
發行人 安 鍾 萬
發行處 (株) 博 英 社
서울特別市 鍾路區 平洞 13-31番地
電話 (733)6771 FAX (736)4818
登錄 1959. 3. 11. 제300-1959-1호(倫)

저자와 협의하여 인지를 생략함

www.pakyoungsa.co.kr e-mail: pys@pakyoungsa.co.kr

定 價 33,000원 ISBN 978-89-7189-079-0